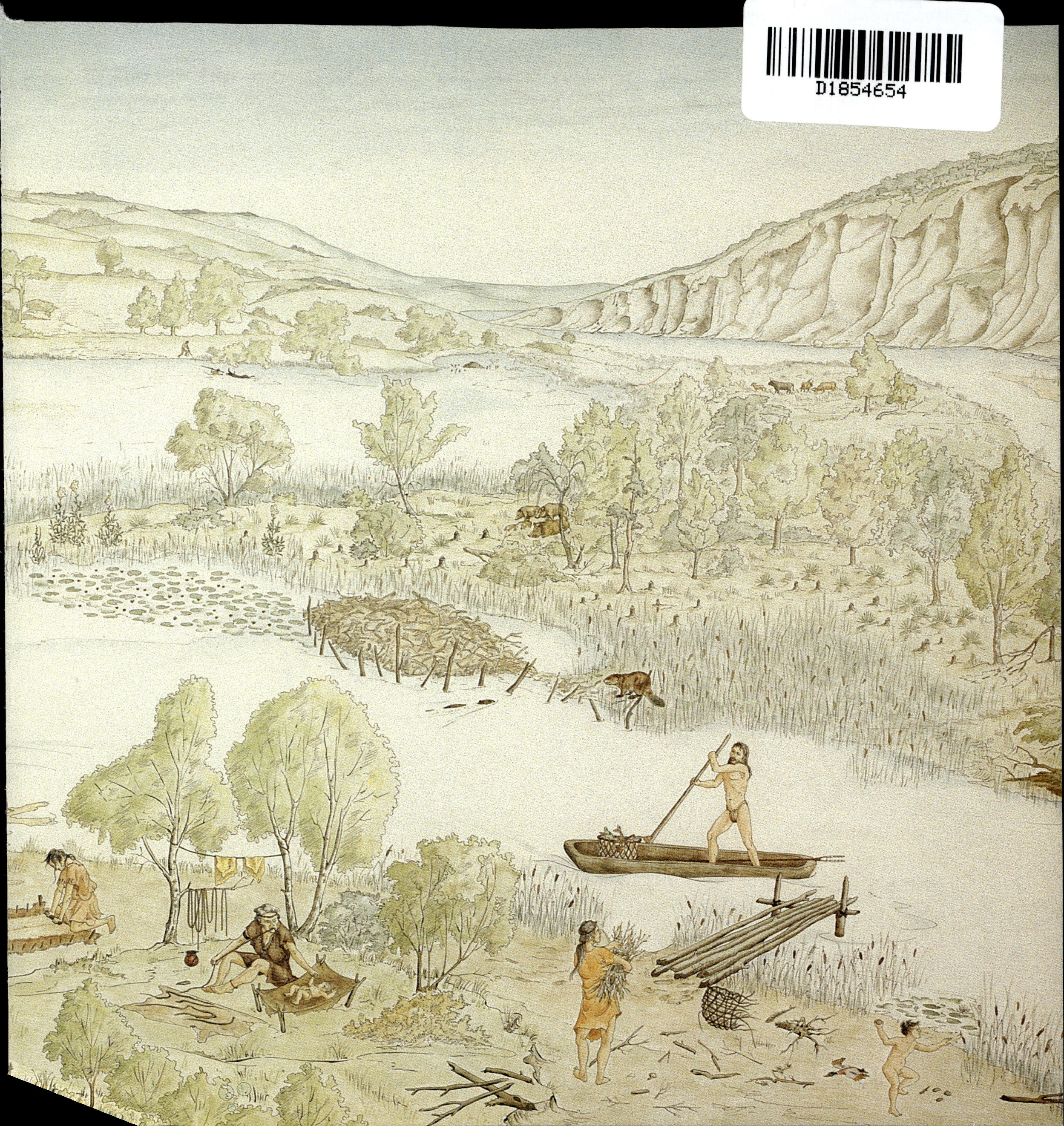

SCHRIFTEN ZUR BODENDENKMALPFLEGE IN NORDRHEIN-WESTFALEN

Band 1

ARCHÄOLOGIE IN NORDRHEIN-WESTFALEN

Geschichte im Herzen Europas

VERLAG PHILIPP VON ZABERN · MAINZ AM RHEIN

DER MINISTER FÜR STADTENTWICKLUNG,
WOHNEN UND VERKEHR
DES LANDES NORDRHEIN-WESTFALEN

Geschichte im Herzen Europas

Archäologie
IN NORDRHEIN-WESTFALEN

Römisch-Germanisches Museum der Stadt Köln

Herausgegeben von Hansgerd Hellenkemper,
Heinz Günter Horn, Harald Koschik, Bendix Trier

im Auftrag des Ministers für Stadtentwicklung,
Wohnen und Verkehr des Landes Nordrhein-Westfalen,
in Zusammenarbeit mit

dem Rheinischen Amt für Bodendenkmalpflege des
Landschaftsverbandes Rheinland,
dem Westfälischen Museum für Archäologie/Amt für
Bodendenkmalpflege des Landschaftsverbandes
Westfalen-Lippe
und dem Römisch-Germanischen Museum/
Amt für Bodendenkmalpflege der Stadt Köln

Begleitbuch zur Landesausstellung
ARCHÄOLOGIE IN NORDRHEIN-WESTFALEN
in KÖLN, Römisch-Germanisches Museum
30. März bis 8. Juli 1990

Leitung: Hansgerd Hellenkemper, Heinz Günter Horn

Koordination: Hansgeorg Stiegeler

Brigitte Beyer-Rotthoff, Alfred Hendricks, Stefan Neu,
Gisela Schumacher-Matthäus

Gestaltung: Herrmann Bischoff
Bauten: Paul Josef Kohlhof
Modellbau: Detlev von Brandt, Dietrich Evers

Restauratorische Betreuung durch die
Restaurierungswerkstätten des
Rheinischen Landesmuseums Bonn,
Westfälischen Museums für Archäologie/Amt für
Bodendenkmalpflege Münster,
Westfälischen Museums für Naturkunde Münster,
Römisch-Germanischen Museums/Amt für
Bodendenkmalpflege Köln

Umschlag vorne: Fränkische Goldscheibenfibel aus Niederkassel-Rheidt (s. S. 276ff.).

Vorsatz vorne: Mittelsteinzeitlicher Lagerplatz an der Erft. Lebensbild (s. S. 120ff.).

Frontispiz: Reliefblock mit einer tanzenden Mänade von einem römischen Grabmal aus Köln (s. S. 202ff.).

Vorsatz hinten: Jungsteinzeitlicher Flint(Feuerstein)abbau am Lousberg in Aachen. Lebensbild (s. S. 139ff.).

Umschlag hinten: Ausgrabungen in einem fränkischen Reihengräberfeld am Rande des Braunkohlentagebaues Frimmersdorf in Bedburg-Königshoven (s. S. 279ff.).

356 Seiten mit 89 Schwarzweiß- und 169 Farbabbildungen

ISBN 3-8053-1138-9
ISBN 3-8053-1213-X (Museumsausgabe)
Satz: Fotosatz Harten, Köln
Lithos: SWS-Repro, Wiesbaden
Papier: Papierfabrik Scheufelen, Lenningen
Gesamtherstellung: Verlag Philipp von Zabern, Mainz
Printed in Germany/Imprimé en Allemagne
Printed on fade resistant and archival quality paper
(PH 7 neutral)

Inhalt

Vorwort

Als eine der bedeutendsten Kulturlandschaften Europas ist Nordrhein-Westfalen außerordentlich reich an Bau- und Bodendenkmälern. Dieses kulturelle Erbe pfleglich zu behandeln, in seiner Substanz zu erhalten und dauerhaft zu schützen ist gerade in einer Zeit tiefgreifenden strukturellen Wandels, technischen Fortschritts und ökologischer Begrenzungen eine besondere Verpflichtung für Staat und Gesellschaft. Nur das Wissen um die Vergangenheit nämlich ermöglicht, die Zukunft sinnvoll zu gestalten; nur der behutsame Umgang mit der historisch gewachsenen Umwelt gibt dem Menschen die für seine Identitätsfindung erforderliche Orientierung, vermittelt ihm Geborgenheit, Wohlbefinden und damit Lebensqualität.

Vor allem Bodendenkmäler sind einzigartige Zeugnisse der Menschheitsgeschichte; nicht selten machen sie allein das Denken, Handeln und Vermögen einer bestimmten Epoche begreiflich.

Die Bodendenkmalpflege setzt deshalb zu Recht und ganz im Sinne unseres Denkmalschutzgesetzes alles daran, diese unverzichtbaren Geschichtsquellen für nachfolgende Generationen unangetastet im Boden zu belassen. Dies ist allerdings nicht immer möglich. Bodeneingriffe – und damit die Zerstörung archäologischer Substanz – sind oft unvermeidbar; in einem Abwägungsprozeß mit anderen öffentlichen Belangen kann die Bodendenkmalpflege nicht immer obsiegen. In diesen Fällen muß dann zumindest aber eine umfassende wissenschaftliche Untersuchung und Dokumentation des bedrohten Befundes garantiert sein.

Das Land, die Landschaftsverbände und die Stadt Köln, denen die notwendigen bodendenkmalpflegerischen Maßnahmen im Rheinland und Westfalen gesetzlich obliegen, geben für solche Rettungsgrabungen – Personal-und Sachkosten zusammengefaßt – pro Jahr mehr als 17 Millionen DM aus.

Weitere Mittel fließen der Bodendenkmalpflege aus den Stadterneuerungs- und Straßenbauprogrammen des Landes und des Bundes zu. Damit läßt sich vieles bewirken.
Die archäologische Forschung, insbesondere die Bodendenkmalpflege, kann in Nordrhein-Westfalen auf eine fast zweihundertjährige Tradition zurückblicken. Dies gilt auch für die Vermittlung ihrer Arbeitsergebnisse durch Veröffentlichungen und Ausstellungen. Der Erfolg blieb nicht aus: Die Bevölkerung unseres Landes identifizierte sich vor allem seit dem letzten Kriege zunehmend mit ihrer von den Archäologen wiedergewonnenen Geschichte. Ausgrabungs- und Fundplätze wie die Aldenhovener Platte, Haltern, Neuss, Xanten, Krefeld-Gellep, Warendorf oder Paderborn wurden international bekannt und begründeten über Europa hinaus den guten Ruf der Bodendenkmalpflege in Nordrhein-Westfalen.
Noch nie aber fanden sich das Rheinland und Westfalen zu einer Darstellung ihrer gemeinsamen Geschichte und Kultur zusammen. Ich begrüße es deshalb, daß die Bodendenkmalpflegeämter der Landschaftsverbände und der Stadt Köln meine Anregung aufgegriffen und erstmals eine Ausstellung „Archäologie in Nordrhein-Westfalen" ausgerichtet haben. Das beachtliche und zumeist einmalige Ausstellungsgut – von dem ca. 265 Millionen Jahre alten versteinerten Protosaurier aus Ibbenbüren bis hin zur Frechener Gebrauchskeramik des 19. Jahrhunderts – zeugt in eindrucksvoller Weise von dem breiten Spektrum der Bodenurkunden und der historischen Vergangenheit unseres Landes; nicht minder eindrucksvoll belegt es aber auch die erfolgreiche Arbeit der Archäologen, der Grabungsmannschaften und der technischen Stäbe in den Fachämtern seit 1980. Ich bin sicher, daß sie die verdiente Anerkennung sowohl in der Fachwelt als auch in der interessierten Öffentlichkeit findet.
Schließlich stellt sich die nordrhein-westfälische Bodendenkmalpflege trotz ihrer unterschiedlichen Trägerschaften in dieser Ausstellung erstmals der Öffentlichkeit als e i n e Landesarchäologie – wie in anderen Bundesländern auch – mit einer einheitlichen Aufgabenstellung und Zielsetzung dar; gleichzeitig gibt sie auch einen Rechenschaftsbericht über zehn Jahre – überwiegend positiver – Erfahrungen mit unserem Denkmalschutzgesetz.
Eine solche Ausstellung kann nur durch das Zusammenwirken und die Unterstützung vieler zustande kommen. Ihnen allen, vor allem den Leitern des Rheinischen und des Westfälischen Amtes für Bodendenkmalpflege, den Herren Dr. Harald Koschik und Dr. Bendix Trier, sei an dieser Stelle gedankt. Besonderer Dank gebührt dem Geschäftsführenden Direktor des Römisch-Germanischen Museums und Leiter des Amtes für Bodendenkmalpflege der Stadt Köln, Herrn Prof. Dr. Hansgerd Hellenkemper, der nicht nur maßgeblich an der Konzeption der Ausstellung mitgewirkt, sie sich zu eigen gemacht und überzeugend umgesetzt, sondern auch die für die Präsentation notwendigen organisatorischen Hilfen und Räumlichkeiten zur Verfügung gestellt hat. Seine langjährigen Erfahrungen sind dieser Ausstellung und dem sie begleitenden Buch sehr zugute gekommen.
Ich wünsche dieser ersten archäologischen Landesausstellung einen regen Besuch und viel Erfolg. Möge sie Freude bereiten und das Verständnis unserer Mitbürger für die Belange der Bodendenkmalpflege weiter vertiefen und die Arbeit der Denkmalbehörden sowie der Bodendenkmalpflegeämter in Zukunft erleichtern.

CHRISTOPH ZÖPEL
Minister für Stadtentwicklung, Wohnen und Verkehr des Landes Nordrhein-Westfalen

Bodendenkmäler und Bodendenkmalpflege in Nordrhein-Westfalen

Heinz Günter Horn

Keine der historischen Wissenschaften ist in den letzten Jahrzehnten so in das öffentliche Bewußtsein gelangt wie die Archäologie (griech.: Wissenschaft von den Anfängen). Der weltweite Tourismus hat die Monumente längst vergangener Kulturen bekannt und für (fast) jedermann erlebbar gemacht. Spektakuläre Ausstellungen sowie eine Fülle populärwissenschaftlicher Literatur und fesselnder Medienbeiträge, verbunden mit einer erfreulichen Mitteilsamkeit der Fachleute, haben hierzulande ein breites Interesse für Geschichte, insbesondere für die Archäologie, geweckt. Daß dabei vielfach das „Abenteuer Archäologie" im Mittelpunkt stand und steht, ist verständlich und auch legitim, obgleich gerade dieser Aspekt den Alltag des Archäologen am wenigsten prägt. Archäologie ist keine Schatzsuche, sondern zunächst die Wissenschaft vom Alltäglichen; sie schreibt Geschichte gewöhnlich aus dem Kulturmüll, den der Mensch hinterließ. „Sternstunden" sind dabei selten.

Was sind Bodendenkmäler?

Auch hier in Nordrhein-Westfalen liegt der größte Teil der Menschheitsgeschichte „unter unseren Füßen" und kann nur noch mit archäologischen Methoden aufgespürt und erforscht werden. Die Funde und Befunde im Boden, die Bodendenkmäler, sind oft die einzigen Zeugnisse menschlichen Lebens und Wirkens in früherer Zeit; oft belegen sie allein den Gang der Geschichte und damit auch gesellschaftliche, wirtschaftliche und kulturelle Entwicklungen. Ihr Zeugniswert ist dort besonders groß, wo die schriftliche Überlieferung fehlt; sie sind aber auch da für die Forschung unverzichtbar, wo sie Urkunden und zeitgenössische Berichte ergänzen. So wissen wir zum Beispiel nur durch archäologische Befunde und Funde, daß der Mensch in unserer Region vor ca. 7000 Jahren von seinem Jäger- und Sammlerdasein abließ und seßhaft wurde, feste Häuser und umwehrte Siedlungen baute, Wald rodete, Ackerbau und Viehzucht betrieb, mit der Vorratswirtschaft, dem Kunsthandwerk und dem Handel über größere Distanz begann. Diese „agrarische Revolution" war für die weitere Entwicklung der Menschheitsgeschichte ebenso richtungsweisend wie die Industrialisierung im 19. Jahrhundert; mit ihr nahm auch die Zerstörung der Umwelt des Menschen durch den Menschen ihren Anfang. Das Mittelalter ist literarisch gut bezeugt. Die Mittelalterarchäologie versteht es jedoch, darüber hinaus noch Bevölkerungsschichten, Sozialstrukturen und Lebensumstände zu fassen, über die sich die schriftlichen Quellen gewöhnlich ausschweigen.

◁ *Delbrück-Anreppen/Kreis Paderborn. Grabung im Bereich des Praetoriums. Geländespuren zeichnen sich in der Grabungsfläche durch dunkle Verfärbungen ab.*

Die Bodendenkmäler sind in ihrer Unmittelbarkeit sozusagen „ungeschminkte" Zeitdokumente, einzigartige Urkunden und Akten, die zumeist allerdings nur der Fachmann – der Archäologe – erfassen, lesen und hinreichend deuten kann. Der Boden, in dem sie ruhen, ist ein „Bodenarchiv" von unschätzbarem Wert für die Geschichtsforschung, das auch noch für unsere Nachkommen verfügbar sein muß. Ein professioneller und verantwortungsvoller Umgang mit ihm liegt deshalb im öffentlichen Interesse.
Bodendenkmäler, die bei Ausschachtungen, Abgrabungen und sonstigen Bodenbewegungen zerstört werden, sind für immer verloren, und mit ihnen die Geschichtlichkeit des Platzes, der Gemeinde, der Landschaft und des Landes. Selbst wissenschaftliche Ausgrabungen bedeuten stets die endgültige Zerstörung unersetzlicher Bodenurkunden. Ein „Rückbau" oder eine „Instandsetzung" von Bodendenkmälern ist nicht möglich, eine „Rekultivierung" der Geschichte ausgeschlossen. Deshalb meint Bodendenkmalpflege zunächst einmal Schutz und Erhaltung der archäologischen Substanz; sie auszugraben heißt, nur das Zweitbeste zu tun. Bodendenkmäler sind nach wie vor noch am besten im Boden geschützt. Ihm sollten sie eigentlich nur dann entrissen werden, wenn ihre Zerstörung aus Gründen anderer – übergeordneter – öffentlicher Interessen unvermeidlich ist. Reine Forschungsgrabungen an

zudem noch ungefährdeten Objekten sind aus bodendenkmalpflegerischer Sicht bedenklich.
Nach dem Denkmalschutzgesetz (DSchG) des Landes Nordrhein-Westfalen sind Bodendenkmäler „bewegliche oder unbewegliche Denkmäler, die sich im Boden befinden oder befanden", sowie „Veränderungen und Verfärbungen in der natürlichen Bodenbeschaffenheit, die durch nicht mehr selbständig erkennbare Bodendenkmäler hervorgerufen worden sind" (§ 2 Abs. 5 DSchG). Das Gesetz spricht von „Sachen" (§ 2 Abs. 1 DSchG), meint aber nicht ausschließlich Funde, sondern auch den Boden, in dem sie eingebettet sind, im Sinne des archäologischen Befundes. Nach dem Verständnis der Archäologen handelt es sich dann um Bodendenkmäler, wenn Objekte allein mit den Methoden der Archäologie ausfindig gemacht und in ihrer Funktion, Zeitstellung und Bedeutung erschlossen werden können. Bisweilen sind Bodendenkmäler zugleich auch Baudenkmäler.
Im Unterschied zu den Baudenkmälern sind nur die wenigsten Bodendenkmäler obertägig, d. h. im Gelände, sichtbar und damit beinahe für jeden leicht zu begreifen: Zum Beispiel haben sich in Höhlen, die den Menschen der Vorzeit als Unterschlupf dienten, gewöhnlich deutlich erkennbare Kulturschichten aufgebaut. Wehranlagen wie Ring- und Abschnittswälle oder Landwehren zeichnen sich oft durch Wall und Graben, Grabhügel oder Niederungsburgen (sog. Motten) durch hügelartige Aufschüttungen, aufgelassene Siedlungen häufig durch erhöhte Hauspodien unübersehbar im Geländerelief ab.
In der Regel sind die Bodendenkmäler – weil untertägig – nicht ohne weiteres zu erkennen, abzugrenzen und in ihrer Bedeutung abzuschätzen. Nicht jedem ist sofort verständlich, daß die unscheinbare Ammerter Mark bei Heek/Kreis Borken ein schützenswertes jungsteinzeitliches Siedlungsareal von europäischem Rang, der Fürstenberg bei Xanten/Kreis Wesel ein nicht minder bedeutender Militärplatz aus römischer Zeit ist oder unter den Ackerflächen bei Kloster Corvey/Kreis Höxter eine erhaltenswerte Stadtwüstung liegt. Bisweilen verrät hochgepflügtes Fundmaterial (z. B. Steine, Ziegelfragmente, Gefäßscherben) oberflächlich die Lage eines Bodendenkmals. Dies trifft vor allem für Siedlungsstellen zu, wie römische Lagerbereiche und Gutshöfe oder untergegangene Städte und Dörfer des Mittelalters. Häufig zeigen sich Bodendenkmäler im Luftbild. Durch die unterschiedlichen Bewuchsmerkmale heben sich dann jungsteinzeitliche Hausgrundrisse, metallzeitliche Grabanlagen, römerzeitliche Grabensysteme und Gebäudekomplexe, mittelalterliche Grenzmarkierungen oder historische Straßenführungen von ihrer Umgebung deutlich ab. Fast immer ist im Bereich von alten Burgen und Schlössern, Kirchen, Klöstern und Hofanlagen mit Vorgängerbauten, d. h. mit Bodendenkmälern, zu rechnen. Stets liegen unter den heutigen Altstädten noch ältere Stadt- und Siedlungsstrukturen von großer Bedeutung für die Geschichtsforschung.
Es gehört zur archäologischen Methode, auf Bodendenkmäler zu schließen, ohne sie auszugraben. Oberflächenfunde und Luftbilder, Widerstandsmessungen und Phosphatanalysen, alte Urkunden, Karten und bildliche Darstellungen, Namensgut und Flurbezeichnungen sowie vieles andere mehr ermöglichen es, ein Bodendenkmal zu fassen und in seinem Denkmalwert zu begründen. Vielfach können unter Hinweis auf bereits bekannte Objekte und Grabungsergebnisse andernorts im Analogieschluß umfassende und treffende Aussagen über die Form, die Größe und die Zeitstellung eines Bodendenkmals gemacht werden. So muß es sich bei einem jungsteinzeitlichen Hausbefund immer um ein Langhaus handeln oder das römische Lager stets von mindestens einem Graben umgeben sein. So sind für mittelalterliche Niederungsburgen fast ausnahmslos Haupt- und Vorburg sowie ein sie umgebendes Gräftensystem zu fordern.
Jedes Bodendenkmal ist – unabhängig von seiner Erfahrbarkeit, seinem materiellen Wert und seinem ästhetischen Reiz – ein „Tatort" der Geschichte; deshalb müssen alle Spuren im Boden, die mit ihm zusammenhängen, festgehalten und gedeutet werden. Erst die Summe aller Einzelheiten und Beobachtungen ergibt ein Gesamtbild. Abstriche und Verluste im Detail verringern den Zeugniswert und verfälschen die Aussage. Vor allem kommt der Umgebung eines Bodendenkmals große Bedeutung zu. So kann ein Schichtenprofil oder eine Baugrube wichtiger als eine noch so gut erhaltene Mauer sein, weil sie allein die notwendigen Datierungshinweise in Form von Scherben oder Münzen liefern. Häufig ist der Inhalt einer mittelalterlichen Latrine bedeutsamer als mancher Baubefund, weil er bei sachkundiger Auswertung mehr als alles andere die Lebensbedingungen, die Ernährungsweise oder die hygienischen Verhältnisse einer bestimmten Zeit belegt.

Warburg-Bonenburg/Kreis Höxter. Die von einer Tongrube bedrohte mittelalterliche Dorfwüstung Rozedehusen. Das Bodendenkmal zeichnet sich u. a. durch die Hauspodien ab. ▷

Römische und mittelalterliche Ackerterrassen bei Nettersheim/Kreis Euskirchen.

Die Grabungsmethoden der Archäologie haben sich in den letzten vierzig Jahren verfeinert; die Kooperation mit den Naturwissenschaften führt heute zu früher kaum für möglich gehaltenen Grabungsergebnissen. So datieren die Dendrochronologen Hölzer anhand der jährlichen Wachstumsringe vielfach auf das Jahr genau oder diagnostizieren die Osteologen selbst bei geringem Skelettmaterial Geschlecht, Alter, Mangelerscheinungen, Krankheiten oder Todesursachen der Verstorbenen. Die Bodenkundler ermitteln, ob ein Graben von Menschenhand vorsätzlich wieder verfüllt oder im Laufe der Zeit auf natürliche Weise allmählich zugeweht und eingeebnet wurde. Schließlich vermögen die Paläobotaniker durch die Pollenanalyse antike oder mittelalterliche Nutz-, Wild- und Zierpflanzen zu bestimmen und die seinerzeitige Vegetation zu rekonstruieren.

Oft lassen sich die Grundrisse vor- und frühgeschichtlicher Holzbauten nur noch an den Verfärbungen der Pfostenlöcher, der Schwellbalkenabdrücke, der eingeschwemmten Wandgräbchen oder Traufrinnen ablesen. Meistens können die Spitz- und Sohlgräben römischer Wehranlagen oder die Grubenhäuser des frühen Mittelalters allein noch an der dunkler gefärbten, humosen Einfüllung erkannt werden. Bodenverfärbungen weisen auch häufig auf Grabbauten und Grabgruben hin. Ausbruchgruben haben für den Archäologen eine fast ebenso große Bedeutung wie das ausgebrochene Objekt selbst. So konnten beispielsweise der Verlauf der Stadtmauer und die Hausgrundrisse der Colonia Ulpia Traiana/Xanten fast nur durch solche Befunde wiedergewonnen werden; die

Mittelalterliche/frühneuzeitliche Hohlwege bei Lübbecke/Kreis Minden-Lübbecke. ▷

antike Stadt hatte nämlich seit dem Mittelalter bis in das 19. Jahrhundert als Steinbruch gedient, so daß alle Steinmauern abgetragen bzw. ausgebrochen worden waren. Insgesamt gesehen sind also „Veränderungen und Verfärbungen in der natürlichen Bodenbeschaffenheit" (§ 2 Abs. 5 DSchG) tatsächlich verläßliche Indikatoren für Bodendenkmäler unterschiedlichster Art.

Der erweiterte Denkmalbegriff des Denkmalschutzgesetzes des Landes Nordrhein-Westfalen umfaßt auch im Bereich der Archäologie Objekte, die früher kaum Beachtung fanden. Dies gilt weniger für die Spuren steingewinnender oder bergbaulicher Aktivitäten, wie etwa den vorgeschichtlichen Flintabbau am Lousberg in Aachen, die römischen und mittelalterlichen Steinbrüche am Drachenfels bei Königswinter/Rhein-Sieg-Kreis oder die Pingenfelder, Abraumhalden und Meilerplätze verschiedenster Zeitstellung in der Nordeifel bzw. im Siegerland, die nach 1945 – wie andere „Industriedenkmäler" (z. B. Metallschmelz-, Kalkbrenn- und Töpferöfen oder die Spuren des frühen Steinkohlebergbaus im Ruhrrevier) – immer wieder Gegenstand archäologischer Forschung waren. Heute sind auch die römerzeitlichen Ackerterrassen in Nettersheim/Kreis Euskirchen oder die mittelalterlichen Wölbäcker im Münsterland und in Lippe, die neuzeitlichen Flachsgruben im Kreis Viersen und im Selfkant oder die verschütteten Mühlenkanäle am Niederrhein und die unterirdischen Maschinengruben der Spinnerei Cromfort in Hattingen/Kreis Mettmann schützenswerte Bodendenkmäler. Inzwischen zählen bereits vor- und frühgeschichtliche Hohlwege im Bergischen und im Sauerland, historische Wasserstraßen, wie die Fossa Eugeniana zwischen Rhein und Maas oder der Max-Clemens-Kanal in Westfalen aus dem 17. bzw. 18. Jahrhundert, selbst Teile des Westwalls und die Flakstellungen aus dem 2. Weltkrieg, die zum Schutz kranzförmig um das Braunkohlenkraftwerk Fortuna bei Bergheim/Erftkreis gelegt worden waren, zu den eingetragenen und damit gesetzlich geschützten Bodendenkmälern.

Mit Inkrafttreten des Denkmalschutzgesetzes wurden schließlich auch „Zeugnisse tierischen und pflanzlichen Lebens aus erdgeschichtlicher Zeit" (§ 2 Abs. 5 DSchG) Bodendenkmäler im Sinne des Gesetzes. Dies ist nur konsequent, denn die Fossilien dokumentieren den Entwicklungsprozeß der Erde über Jahrmillionen, ohne den es für den Menschen keine Lebensgrundlage gäbe und die Menschheitsgeschichte nicht in Gang gekommen wäre. Die versteinerten Ammoniten, Seelilien und Schwämme aus den fossilreichen Aufschlüssen Westfalens gewähren einen Blick in die Tier- und Pflanzenwelt vor mehr als 200 Millionen Jahren und setzen greifbar sonst kaum darstellbare Zeitmarken.

Aufgrund seiner naturräumlichen Voraussetzungen und seiner langen geschichtlichen Entwicklung ist Nordrhein-Westfalen ungewöhnlich reich an Bodendenkmälern. Derzeit sind mehr als 50.000 archäologische Fundplätze unterschiedlichster Zeitstellung in den Ortsarchiven der zuständigen Bodendenkmalpflegeämter erfaßt. Durch eine Intensivierung und Verfeinerung der Prospektionsmethoden, aber auch durch Zufallsfunde erhöht sich ihre Zahl ständig. Allein im Rheinland werden jährlich ca. 200 bislang unbekannte, noch nicht registrierte Bodendenkmäler entdeckt. Unerwartete Probleme mit Zeugnissen unserer Geschichte bei den vielfältigen Planungen, Bodenbewegungen und Baumaßnahmen sowohl im privaten als auch im öffentlichen Bereich werden deshalb auch nie ganz auszuschließen sein. Gleichwohl läßt sich die Zukunft nicht ohne, sondern nur mit „unseren" Bodendenkmälern sinnvoll und menschenwürdig gestalten. Denkmäler vermitteln auch in einer veränderten Welt die Maßstäbe, die sich der Mensch im Laufe seiner Geschichte gesetzt hat.

Bodendenkmäler in Gefahr – Ansätze zur Problembewältigung

Den vielfältigen Gefährdungen der Bodendenkmäler in Stadt und Land wirkungsvoll und mit Erfolg zu begegnen ist nicht immer leicht; häufig ist der Veränderungsdruck so groß, daß im Ausgleich der widerstrebenden Interessen nicht allein in Nordrhein-Westfalen, sondern auch in den übrigen Bundesländern nur noch die wissenschaftliche Ausgrabung und eine möglichst umfassende Dokumentation des bedrohten archäologischen Befundes bleiben. Dennoch ist es der nordrhein-westfälischen Bodendenkmalpflege in den letzten zehn Jahren – gestützt auf das Denkmalschutzgesetz – zunehmend gelungen, sich Gehör zu verschaffen und auch aus ihrer Sicht vorzeigbare Resultate zu erzielen.

Besondere Gefährdungstatbestände ergeben sich in der Regel bei Sanierungsmaßnahmen in historischen Stadtkernen. Vor allem der Bau von Tiefgaragen bedeutet dort stets den Eingriff in erhaltenswerte Denkmalsubstanz; auf diese Weise wurde beispielsweise erst in den Nachkriegsjahren das römische und mittelalterliche Bonn weitgehend zerstört. Stadtkerngrabungen sind zudem ohnehin mit

ungewöhnlich vielen Imponderabilien verbunden; wegen der oft komplizierten Befundlage läßt sich nämlich der tatsächliche organisatorische, finanzielle und zeitliche Aufwand archäologischer Maßnahmen nur selten vorhersehen.
Sicher sind die bodendenkmalpflegerischen Aktivitäten nicht überall so bestimmend und spektakulär wie an der Dammstraße in Düsseldorf, wo sie nicht nur zur Erhaltung bedeutender spätmittelalterlicher/frühneuzeitlicher Architekturreste, sondern durch die Berücksichtigung dieser Bodendenkmäler im weiteren Planungsverfahren auch zu einer insgesamt überzeugenden städtebaulichen Lösung geführt haben. In Minden, Münster oder Jülich konnten die sanierungsbedürftigen Altstadtbereiche allein durch die frühzeitige Beteiligung und Einbindung der Bodendenkmalpflege nahezu problemlos, d. h. mit einem ausreichenden Vorlauf und der notwendigen Wissenschaftlichkeit, archäologisch untersucht werden. Andernorts – wie in Dortmund, Höxter oder Siegburg – wurden Behinderungen und Verzögerungen der Bauprojekte durch entsprechende Arbeitsbeschaffungsmaßnahmen vermieden. In diesem Zusammenhang hat der Minister für Stadtentwicklung, Wohnen und Verkehr des Landes Nordrhein-Westfalen vornehmlich mit seiner Bereitschaft, die durch Stadterneuerungsmaßnahmen verursachten archäologischen Untersuchungen gesondert zu fördern, neue Möglichkeiten eröffnet. Dies gilt auch für das Sonderprogramm „Historische Stadtkerne“.
Der Straßenbau führt seit eh und je zu erheblichen Verlusten an Bodendenkmälern nicht nur in den eigentlichen Straßentrassen, sondern auch im Bereich der damit verbundenen Rastplätze, Brückenbauwerke und Abgrabungsflächen zur Gewinnung von Schüttmaterial. Zum Schutz von Bodendenkmälern veränderte Straßenführungen sind bislang selten. In Mechernich/Kreis Euskirchen gelang es auf diese Weise, im Zuge der L 477 einen römischen Gebäudekomplex zu erhalten; in Höxter wird die K 45 demnächst voraussichtlich so geführt, daß die mittelalterliche Stadtwüstung Corvey nicht tangiert ist.
Die Bodendenkmalpflegeämter konnten sich in der Vergangenheit häufig aus personellen und finanziellen Gründen nicht so intensiv wie eigentlich geboten mit den durch Straßenbau gefährdeten archäologischen Fundplätzen befassen. Diese Situation hat sich inzwischen vor allem dadurch entschärft, daß in Nordrhein-Westfalen die Träger der Straßenbaulast in zunehmendem Maße auch die Kosten für die straßenbaubedingten Ausgrabungen und Bergungen übernehmen. Bei Landstraßen werden sie in die Straßenbaukosten einbezogen; gleiches gilt für die vom Land geförderten Gemeinde- und Kreisstraßen. Beim Bau der B 219 in Saerbeck/Kreis Steinfurt, der A 31 in Heek/Kreis Borken und der A 44 in Düsseldorf erfolgte die Kostenübernahme durch den Bund in der Absicht, durch eine Intensivierung der archäologischen Untersuchungen im Vorfeld eine störungsfreie und termingerechte Durchführung der Straßenbaumaßnahmen sicherzustellen.
Im ländlichen Bereich werden Bodendenkmäler in großer Zahl nach wie vor zum einen durch eine intensive Landwirtschaft (Tiefpflügen, Umbrechen von Wiesen in Ackerland, Mineral- und Gülledüngung u. ä.), zum anderen durch neue Betriebsmethoden der Forstwirtschaft (Maschineneinsatz bei der Bodenkultivierung, der Naturverjüngung und dem Holzrücken, Kalkung u. ä.) stark in Mitleidenschaft gezogen. Daß der Wald den besten Schutz für Bodendenkmäler darstellt, trifft also nicht mehr zu; der archäologische Substanzverlust der letzten Jahre ist erschreckend. Von den Bodendenkmalpflegern geforderte Umwidmungen oder Bewirtschaftungseinschränkungen zum Schutz der Bodendenkmäler werden von den Betroffenen meist unter Hinweis auf wirtschaftliche Nachteile und Existenzgefährdung abgelehnt. Zahlreiche Geländeveränderungen, die Anlage völlig neuer Wege- und Gewässernetze und die Drainierung im Rahmen von Flurbereinigungsverfahren bedeuten ebenso Gefahren für die Bodendenkmäler.
Die neuen Programme des Landes und des Bundes, mit denen eine größere Rentabilität und Umweltverträglichkeit in der Land- und Forstwirtschaft erreicht werden soll, bieten noch kaum genutzte Möglichkeiten für den Bodendenkmalschutz. Bei Flächenstillegungen oder Ausweisungen von Feuchtwiesen etwa könnten vorrangig bodendenkmalrelevante Bereiche in Anspruch genommen und dadurch die dort befindlichen archäologischen Fundplätze geschützt werden.
Eine sinnvolle Kombination von Natur- und Denkmalschutz wird seit Jahren schon beispielhaft in Nettersheim/Kreis Euskirchen praktiziert. Auch die Nordrhein-Westfalen-Stiftung „Naturschutz, Heimat- und Kulturpflege“ ist um beides gleichermaßen bemüht, wenn sie bedeutende Bodendenkmäler käuflich erwirbt, die Flächen weitgehend aus der landwirtschaftlichen Nutzung herausnimmt und als „Archäologische Reservate“ dauerhaft sichert. In Heek hat das konstruktive Miteinander von Stiftung, Flurberei-

Siegburg/Rhein-Sieg-Kreis. Altstadtgrabung. Mittelalterliche/frühneuzeitliche Gerber(?)bottiche.

nigungs- und Denkmalbehörden zur Freilegung und damit zum Schutz des ca. 70 Hektar großen Bodendenkmals Ammerter Mark mit seinen hochrangigen jungstein- und eisenzeitlichen Landschafts- und Besiedlungsspuren geführt. Gleichzeitig werden dort die Grundlagen für ein Naturschutzgebiet geschaffen. Der Erwerb der ökologisch wertvollen Urdenbacher Senke, eines verlandeten Altrheinarms bei Monheim/Kreis Mettmann, bedeutete auch die Sicherung von Haus Bürgel, der besterhaltenen spätrömischen Wehranlage am Rhein, samt der zugehörigen römischen Friedhöfe und eines Abschnittes der ehemaligen Limes-Straße.

Ebenso führen die Bemühungen um eine langfristige Energieversorgung der Bevölkerung zu kaum lösbaren Konflikten mit der Bodendenkmalpflege. Im rheinischen Braunkohlenrevier zwischen Köln, Aachen und Mönchengladbach werden in den kommenden fünfzig Jahren, bis zum Ende des heute überschaubaren Zeitraums der Braunkohlenbergbauplanung, etwa 200 Quadratkilometer der bedeutendsten Kulturlandschaft Europas durch Braunkohlentagebaue in Anspruch genommen. Dabei gehen mindestens 20 000 archäologische Fundplätze, von denen mehr als die Hälfte schützenswerte Bodendenkmäler im Sinne des Denkmalschutzgesetzes sind, unwiederbringlich verloren. Die betroffene Landschaft wird später geschichtslos sein. Deshalb tut eine lückenlose Dokumentation der bedrohten archäologischen Zeugnisse not. Das rheinische Braunkohlenrevier ist seit der Jungsteinzeit bis in die Gegenwart intensiv besiedelt. Nirgendwo sonst in Europa kann ein Siedlungs-, Kultur- und Wirtschafts-

kontinuum so flächendeckend und umfassend beobachtet und wissenschaftlich untersucht werden, wie dies – durch den Braunkohlentagebau ausgelöst – hier der Fall ist.
Die Bedeutung der bodendenkmalpflegerischen Aktivitäten liegt in der in diesem Raum einmaligen Möglichkeit einer großflächigen Befundaufnahme und in den miteinander vergleichbaren Ergebnissen, die beispielhaft für andere Kulturlandschaften mit ähnlichen naturräumlichen Voraussetzungen sind. Die jungsteinzeitliche Aufsiedlung, die römische Agrikultur, die fränkische Landnahme und die mittelalterlichen Dorfstrukturen bilden nur einige der Forschungsschwerpunkte. Die Chance wird allerdings nur dann genutzt, wenn möglichst viele archäologische Fundplätze im Rheinischen Braunkohlenrevier erfaßt, dokumentiert und ausgewertet werden.
Auch durch die Nordwanderung des Steinkohlenbergbaus werden zum Teil bedeutende Bodendenkmäler gefährdet. Die damit verbundenen Probleme wurden jüngst im Zusammenhang mit der Verlagerung des Abbaus in das Nordfeld des Bergwerks Haus Aden und damit auch unter Schloß Cappenberg in Selm deutlich. Das weitere Vordringen des Kohlenabbaus in das Münsterland wird ebenso Auswirkungen auf Wasserburgen, Kirchen, Klöster und andere Baudenkmäler haben, die aufgrund ihrer langen Geschichte auch von bodendenkmalpflegerischem Interesse sind. Sämtliche Ertüchtigungsmaßnahmen für ein Baudenkmal, die in den Untergrund eingreifen, können eine Schädigung archäologischer Substanz, d. h. untertägiger Reste möglicher Vorgängerbauten, zur Folge haben. Bergsenkungen können großräumig zu Veränderungen des zu den Bodendenkmälern gehörenden Landschaftsbildes und in Einzelfällen auch zu kleinräumigen Verwerfungen und damit zur Verschiebung archäologisch bedeutsamer Fundschichten führen. Im Rheinischen Braunkohlenrevier beteiligt sich der Bergbautreibende durch freiwillige Sachleistungen an den Kosten der archäologischen Maßnahmen des zuständigen Bodendenkmalpflegeamtes. Um die gleichwohl bestehenden archäologischen Defizite abzubauen, wird nunmehr eine Stiftung „Archäologie im rheinischen Braunkohlenrevier" ins Leben gerufen, die aus ihren Kapitalerträgen zusätzliche Mittel bereitstellen soll. Für den Steinkohlenbergbau ist eine solche Regelung leider noch nicht in Sicht.
Die Abgrabungen zur Gewinnung von Baumaterialien (Kies und Sand) im Rheinland und in Westfalen bedeuten eine ähnliche Gefährdung der Bodendenkmäler wie der Braun- oder Steinkohlenabbau; sie finden in den siedlungsträchtigen Flußauen von Rhein, Lippe, Ems und Weser statt und zerstören – bislang weitgehend unkontrolliert und stetig fortschreitend – wertvolle Bodenurkunden und historische Zeugnisse. Die zahlreichen „Baggereifunde" belegen eindrucksvoll das Ausmaß des Verlustes. Nach erfolgter Auskiesung und Sandentnahme sind auch diese Landschaften geschichtlich steril. Es ist allerdings zu erwarten, daß sich in diesem Bereich schon bald mit abschwächender Abgrabungstätigkeit infolge geringerer Nachfrage die zur Zeit noch bestehenden bodendenkmalpflegerischen Probleme spürbar reduzieren werden.
Schließlich ist erst seit wenigen Jahren bekannt, daß Umweltschäden direkt oder indirekt auch zu einem erheblichen Verlust an Bodendenkmälern führen. Besonders betroffen scheinen Metalle und organische Materialien zu sein. So werden vielfach Gegenstände aus Eisen und Kupferlegierung nur noch stark korrodiert und kaum mehr restaurierbar, Holzkonstruktionen und Textilien fast völlig verrottet vorgefunden. Als Ursachen sind der Schadstoffeintrag aus der Luft und die sauren Niederschläge, die Überdüngung und die Waldkalkung der Land- bzw. Forstwirtschaft sowie die Grundwasserabsenkung durch großflächige Bodeneingriffe zu nennen. Zahlreiche Fundplätze sind durch Bodenerosion gefährdet. Bei konservierten Mauerbefunden stellen sich ähnliche Umweltprobleme wie bei Baudenkmälern ein.
Zuverlässige Unterlagen über bodendenkmalgefährdende Umweltschäden und ihre Folgen im Detail liegen noch nicht vor. Die Ergebnisse entsprechender Forschungsvorhaben könnten wichtige Hinweise auch für den Schutz und die Pflege von Bodendenkmälern geben. Deshalb muß dieser Problemkreis in Zukunft verstärkt angegangen werden; das Deutsche Nationalkomitee für Denkmalschutz hat auf diesem Gebiet nunmehr die Initiative ergriffen.

Die gesetzlichen Grundlagen

Seit dem 1. Juli 1980 hat Nordrhein-Westfalen ein Denkmalschutzgesetz; es löste das Preußische Ausgrabungsgesetz von 1914 mit seinen Ausführungsbestimmungen von 1920 ab. Der Bodendenkmalschutz und die Bodendenkmalpflege obliegen nun dem Land, den Gemeinden und den Gemeindeverbänden (§ 1 Abs. 2 i.V.m. § 20 DSchG). Die Bodendenkmalpflegeämter der beiden Landschaftsverbände Rheinland und Westfalen-Lippe sowie der Stadt Köln unterstützen und beraten mit ihrem Fachverstand vor allen die Unteren und Oberen Denkmalbehörden; sie wirken bei deren Entscheidungen mit (§ 22 Abs. 2 DSchG). Im Planungsbereich sind sie Träger öffentlicher Belange (§ 22 Abs. 3 Satz 6 DSchG); für Ausgrabungen bedürfen sie keiner gesonderten Genehmigung (§ 13 Abs. 1 DSchG). Bei der Erstellung fachlicher Gutachten sind sie als „Anwälte" der Bodendenkmäler weisungsunabhängig (§ 22 Abs. 4 DSchG) und haben das Recht, ggf. unmittelbar den zuständigen Minister als Oberste Denkmalbehörde des Landes Nordrhein-Westfalen anzurufen und um Entscheidung zu bitten (§ 21 Abs. 4 DSchG). Die Oberste Denkmalbehörde stellt auch das jährliche Denkmalförderungsprogramm auf (§ 36 Abs. 2 DSchG).

Damit verfügt die archäologische Denkmalpflege hierzulande über ein gesetzliches Instrument, mit dem sich arbeiten läßt. Es zielt zunächst auf die Erhaltung und die dauerhafte Sicherung der Bodendenkmäler ab (§ 1 Abs. 3 i. V. m. § 11 DSchG); ansonsten formuliert es die Voraussetzungen und Bedingungen für ihre Aufgabe und Beseitigung (vgl. § 9 DSchG). So gelingt es einerseits, oft schon bei der Erstellung von Gebietsentwicklungs-, Flächennutzungs- und Bebauungsplänen, von Landschafts- und Flurbereinigungsplänen einer drohenden Zerstörung von Bodendenkmälern erfolgreich entgegenzuwirken. So werden andererseits immer häufiger im Rahmen der Erlaubnisverfahren beispielsweise die Kosten unvermeidlicher Rettungsgrabungen den Verursachern auferlegt. Im übrigen jedoch sind Eigentümer grundsätzlich zur Erhaltung und denkmalgerechten Nutzung ihrer Bodendenkmäler verpflichtet (§ 7 und 8 DSchG).

Allerdings unterliegen nur rechtskräftig geschützte Bodendenkmäler – von den Zufallsfunden und -befunden einmal abgesehen (vgl. § 15 ff. DSchG) – den Bestimmungen des Denkmalschutzgesetzes (vgl. §§ 3 und 4 DSchG). Deshalb ist es eine vorrangige Aufgabe der Bodendenkmalpflege, zunächst die schützenswerten Objekte zu erfassen und in die Denkmalliste einzutragen. In diesem Zusammenhang bewährt sich besonders die Kommunalisierung des Denkmalschutzes und das fachlich-administrative Miteinander von Bodendenkmalpflegeämtern und Denkmalbehörden. Inzwischen wird auch die sog. Zweistufigkeit des Denkmalschutzgesetzes allgemein anerkannt. Es macht Sinn, zunächst allein über den Denkmalwert eines Objektes nach § 2 Abs. 1 und 5 DSchG zu befinden (= 1. Stufe) und ihn – falls vorhanden – durch Listeneintragung gem. § 3 DSchG festzuschreiben. Dadurch erhalten das fachliche Urteil Gewicht und das Bodendenkmal eine „Überlebenschance". In einem späteren Abwägungsprozeß (= 2. Stufe) läßt das Denkmalschutzgesetz unter bestimmten Umständen nicht nur die Veränderungen, sondern sogar die Beseitigung eines eingetragenen Bodendenkmals zu (§ 9 Abs. 1 und 2 DSchG). Dann werden nämlich die unterschiedlichen Interessen gegeneinander abgewogen, dann hat die Frage der Zumutbarkeit für den betroffenen Bürger Priorität. Nicht immer behält der Denkmalschutz die Oberhand. Nach dem Denkmalschutzgesetz Nordrhein-Westfalens ist also ein gerechter Interessensausgleich möglich.

Den Fachämtern gelingt es immer häufiger, mit ihren Unterschutzstellungsanträgen die Öffentlichkeit auf Anhieb zu überzeugen, obwohl die vom Denkmalschutzgesetz geforderte „parzellenscharfe" Abgrenzung, die genaue Datierung und der Bedeutungsnachweis bei einem zumeist untertägigen – und damit nur bedingt erkenn- und vermittelbaren – Bodendenkmal Probleme bereiten können. Sogenannte Ministerentscheidungen gem. § 21 Abs. 4 DSchG waren bislang selten, brachten jedoch stets eine grundsätzliche Klärung. Im Falle der Colonia Ulpia Traiana, der 73 Hektar großen Römerstadt in Xanten/Kreis Wesel etwa bestätigte die Oberste Denkmalbehörde, daß auch der Straßenraum und andere Freiflächen wie Plätze, Gärten und Brachen zum originären Erscheinungsbild einer römischen Stadt gehören und damit unverzichtbarer Bestandteil des Bodendenkmals sind. Im Zusammenhang mit der römischen Eifelwasserleitung nach Köln im Streckenabschnitt Kall-Sötenich/Kreis Euskirchen entschied sie, daß jeder Meter dieses insgesamt mehr als 100 km langen technischen Bauwerks aus der Römerzeit die Denkmalvoraussetzungen nach § 2 Abs. 1 und 5 DSchG erfüllt und deshalb unter Schutz gestellt werden muß. Bei der Ammerter Mark in Heek/Kreis Borken schließlich sah sie neben den jungstein- und eisenzeitlichen Siedlungsspuren auch die noch weitgehend intakten, von Menschenhand geschaffenen Landschaftselemente als schützenswerte Eigenheiten des Bodendenkmals an.

Das Denkmalschutzgesetz Nordrhein-Westfalens regelt auch die Bergungs- bzw. Ausgrabungsrechte, die Anzeigepflicht bei Gelegenheitsfunden und die Ablieferung bedeutender Fundstücke (§§ 13–17 DSchG). Danach bedarf

Lichtenau/Kreis Paderborn. Mittelalterliche Stadtwüstung Blankenrode mit Stadtgraben und Burgplatz. ▷

jede Nachforschung nach Bodendenkmälern – nicht erst die Ausgrabung, sondern auch schon der Einsatz von Metalldetektoren – einer behördlichen Genehmigung (§ 13 Abs. 1 DSchG). Alle zufällig entdeckten archäologischen Funde und Befunde müssen den Denkmalbehörden oder den Bodendenkmalpflegeämtern unverzüglich gemeldet (§ 15 DSchG) und die Fundstellen zunächst in unverändertem Zustand belassen werden (§ 16 Abs. 1 DSchG), damit eine eingehendere wissenschaftliche Untersuchung und Dokumentation möglich ist. Im Interesse der Grundstückseigentümer und anderer Betroffener sind hierfür jedoch enge zeitliche Fristen gesetzt (§ 16 Abs. 2 DSchG). Baustillegungen waren und sind nicht die Regel; ggf. besteht Anspruch auf Entschädigung (§ 33 DSchG). Die Bodendenkmalpflegeämter können Bodenfunde zum Zwecke der wissenschaftlichen Bearbeitung für eine gewisse Zeit (6 Monate) in Besitz nehmen (§ 16 Abs. 4 DSchG); danach müssen sie aber dem Eigentümer wieder zurückgegeben werden. Ist aber ein Fundstück so bedeutend, daß ein öffentliches Interesse an seiner Unterbringung z. B. in einem Museum besteht, kann eine Ablieferung gegen Entschädigung verlangt werden (§ 17 Abs. 1 und 4 i. V. m. § 34 DSchG). Während die Regierungspräsidenten das Ablieferungsverfahren durchführen (§ 17 Abs. 5 i. V. m. § 18 Abs. 2 DSchG), entscheidet die Oberste Denkmalschutzbehörde über die Reihenfolge der Erwerbsberechtigten, wenn mehrere Ablieferungsanträge gestellt worden sind (§ 17 Abs. 6 DSchG).

Dabei hat sich der Minister für Stadtentwicklung, Wohnen und Verkehr bislang zum einen von wissenschaftlich-konservatorischen, zum anderen auch von kulturpolitischen Erwägungen leiten lassen. Der miozäne Wal von Kevelaer-Kervenheim/Kreis Kleve wurde dem Geologischen Landesamt Krefeld als einer Landesinstitution zugesprochen, weil dort am ehesten seine wissenschaftliche Betreuung gewährleistet ist. Aus lokalhistorischen Gründen verblieben der jungsteinzeitliche Wangenstein eines Megalithgrabes aus Warburg/Kreis Höxter – einzigartig wegen seiner Ritzzeichnungen – und der hölzerne Einbaum aus Kirchlengern/Kreis Herford – einer der bedeutendsten mittelalterlichen Funde dieser Region – an ihren Fundorten. Zwar unterhalten die Landschaftsverbände archäologische Landesmuseen als zentrale Archive für Bodenfunde und Dokumentationsstätten der rheinischen und westfälischen Menschheitsgeschichte von ihren Anfängen bis in die Gegenwart; gleichzeitig muß aber auch die Möglichkeit gegeben sein, in Nordrhein-Westfalen kulturelle Akzente durch Zeugnisse der Geschichte zu setzen, wo immer sie zutage treten, zumal die Originale und ihre lokale Bedeutung mehr als alles andere das Heimatbewußtsein und das Selbstwertgefühl der Bevölkerung am Ort fördern und stärken; dies kommt dann wiederum direkt oder indirekt der Arbeit der Bodendenkmalpflege zugute.

Nach annähernd zehnjähriger Erfahrung mit dem Denkmalschutzgesetz kann die nordrhein-westfälische Bodendenkmalpflege eine positive Bilanz ziehen; daran ändert auch der gelegentliche Ruf der Fachämter nach einem zeitlich unbegrenzten Grabungsschutzgebiet oder einem Schatzregal wie in anderen Bundesländern wenig. Selbst die Regelungen bei Verstößen gegen die Bestimmungen des Denkmalschutzgesetzes reichen aus (§ 41 DSchG); sie müßten nur konsequenter praktiziert werden. Der grundsätzliche Schutz der Bodendenkmäler in Nordrhein-Westfalen, aber auch die Ergebnisse unvermeidbarer Rettungsgrabungen halten vielfach jeden internationalen Vergleich aus. Die sichere gesetzliche Grundlage hat der Bodendenkmalpflege unseres Landes nicht nur in der Vergangenheit zu hohem wissenschaftlichen Ansehen verholfen, sie bietet auch die Gewähr für planvolles und erfolgreiches bodendenkmalpflegerisches Handeln in der Zukunft.

Bodendenkmalpflege in Westfalen

Bendix Trier

Schon im Jahre 1934, als das Landesmuseum für Vor- und Frühgeschichte in Münster gegründet und A. Stieren als sein Direktor eingesetzt wurde, waren die Aufgaben dieses neuen Institutes klar umrissen. Es galt zum einen, die archäologischen Denkmäler in Westfalen zu registrieren, sich mit den damals gegebenen Möglichkeiten für ihre Erhaltung einzusetzen und diejenigen von ihnen durch Grabungen zu untersuchen, deren Zerstörung nicht abzuwenden war. Zum anderen galt es, die durch die Denkmalpflege gewonnenen Ergebnisse in der eigenen Schausammlung der Öffentlichkeit zu präsentieren und in Forschungsberichten für die Fachwelt zu veröffentlichen.
Bereits 1931 hatte Stieren, damals noch Leiter der vorgeschichtlichen Abteilung des Landesmuseums der Provinz Westfalen unter M. Geisberg, seinen Bericht über die ersten sechs Jahre seiner Arbeit unter die Überschrift „Vorgeschichte durch Denkmalpflege" gestellt. In diesen drei Worten ist ein Arbeitsprogramm formuliert, das die Belange der Denkmalpflege vor die der reinen, von Sachzwängen unabhängigen Forschung stellt: Für ihn als „gesetzlicher Denkmalpfleger" ist der Rahmen der archäologischen Feldarbeit allein durch die aus der Denkmalpflege sich ergebenden Verpflichtungen gesetzt. Vorrang hat also die Untersuchung der durch Bodeneingriffe aller Art bedrohten Bodenurkunden gegenüber einer systematischen, zielgerichteten Forschung. Daß die Vorgeschichte aber auch auf diese Weise gefördert werden kann, und zwar gleichzeitig im Bereich der Siedlungen und Gräberfelder wie auch der Burgen und der römischen Militäranlagen, zeigt Stieren überzeugend in seinen Arbeitsberichten. Diese neue Einstellung zu den Denkmälern, diese neu verstandene Verantwortung für die unersetzlichen Geschichtsquellen, ist im Laufe seiner Tätigkeit als Archäologe herangereift. Begonnen hatte Stieren noch in unbekümmertem Forschungsdrang, wie ihn die vorangegangenen Generationen gezeigt hatten, die keine Bedenken kannten, wenn sie beispielsweise ungefährdete Grabhügel aufgruben.
Allerdings muß man hier gerechterweise differenzieren; denn Stimmen, die unter dem Eindruck großflächiger Zerstörungen auf die denkmalpflegerische Verpflichtung der archäologischen Forschung hinweisen, hatte es schon sehr viel früher gegeben. So hat der Vredener Vikar E. Hüsing in seiner 1855 erschienenen Übersetzung des Nünningschen Werkes von 1713 auf die große Gefahr für die Grabhügelfelder aufmerksam gemacht, die von der Aufteilung und Kultivierung der zuvor als Allmende genutzten Marken ausging. Er weist darauf hin, „... daß von den alten Grabstätten, den einzigen Überresten aus unserer vorschriftlichen Zeit, die eben darum jedem Altertumsfreunde ein so lebhaftes Interesse bieten, schon nach einigen Jahren auch die letzten Spuren verschwunden sein werden. Wenn also die Wissenschaft sie noch benutzen will, ist es an der Zeit".
In diesen Worten Hüsings, mit denen er auf die damals schon bestehenden Gefährdungen durch die landwirtschaftliche Nutzung hinweist, kommt zum Ausdruck, daß als einzige Möglichkeit, auf diese großflächige Bedrohung der Bodenurkunden zu reagieren, nur das rechtzeitige Ausgraben gesehen wird. Eine Unterschutzstellung von Bodendenkmälern, um auf diese Weise ihrer Zerstörung vorzubeugen, lag damals noch außerhalb der denkbaren Möglichkeiten.
Auch Stieren stand noch kein Denkmalschutzgesetz zur Verfügung. Er konnte sich lediglich auf das „Preußische Ausgrabungsgesetz" von 1914 und seine aus dem Jahre 1920 stammenden Ausführungsbestimmungen stützen. Die Schutzfunktion des Gesetzes beschränkte sich darauf, insbesondere den absichtlichen Zugriff auf die Bodenaltertümer durch eine Ausgrabung, aber auch das Verhalten beim Auftreten von „Gelegenheitsfunden" zu regeln.
Als Verantwortliche für die Bodendenkmalpflege in bestimmten Bezirken oder in der gesamten Provinz sah das Gesetz die Berufung von „Vertrauensmännern für kulturgeschichtliche Bodenaltertümer" durch den Fachminister vor. Nachdem in der Provinz Westfalen zuvor mehrere von ihnen gewirkt hatten, wurde Stieren 1934 zum alleinigen „Staatlichen Vertrauensmann für kulturgeschichtliche Bodenaltertümer" berufen. Als Direktor des Landesmuseums für Vor- und Frühgeschichte war er Angehöriger

des Provinzialverbandes, des späteren Landschaftsverbandes Westfalen-Lippe; als Leiter der unter staatlichem Auftrag stehenden Bodendenkmalpflege war er zugleich dem Kultusminister unterstellt. Diese gemischte Trägerschaft der Bodendenkmalpflege durch Land und Landschaftsverband ist 1980 durch das Gesetz zum Schutz und zur Pflege der Denkmäler im Lande Nordrhein-Westfalen abgeschafft worden. Mit Erfolg hatten sich die Landschaftsverbände bei der Planung des neuen Gesetzes darum bemüht, den fachlich-wissenschaftlichen Teil der Denkmalpflege zu übernehmen und durch die eigenen auf diesem Gebiet bisher tätigen Institutionen durchführen zu lassen, während die hoheitlichen Funktionen im Rahmen des Denkmalschutzgesetzes den Kommunen, Kreisen und dem Ministerium als Untere, Obere und Oberste Denkmalbehörden zugewiesen sind. Mit der vom Gesetz geforderten fachlichen Beratung der Unteren und Oberen Denkmalbehörden und mit der Übernahme einer Reihe von weiteren Aufgaben, die das Gesetz den Fachämtern der Landschaftsverbände überträgt, sind letztere allerdings nun auch in die Pflicht genommen, diesen bindenden Verpflichtungen durch entsprechende Ausstattung ihrer Ämter mit Personal und Sachmitteln nachzukommen.

In der Tat ist seit dem Inkrafttreten des Denkmalschutzgesetzes das in der Bodendenkmalpflege tätige Personal des Westfälischen Museums für Archäologie/Amt für Bodendenkmalpflege, spürbar verstärkt worden. Der Zuwachs von Planstellen für Wissenschaftler und Techniker hat es erlaubt, die Bodendenkmalpflege in Westfalen-Lippe neu zu organisieren und auf Gebietsreferate aufzuteilen. Neben der seit 1939 bestehenden Außenstelle in Bielefeld, die für den Regierungsbezirk Detmold (ehemals Minden) zuständig ist, konnte 1982 auch für den Regierungsbezirk Arnsberg in Olpe wieder eine Außenstelle eingerichtet werden. Die alte, 1939 in Arnsberg geschaffene Außenstelle war wegen mangelnder Planstellen aufgegeben worden, als ihr Leiter, Hans Beck, 1960 nach Münster überwechselte, um die Nachfolge von A. Stieren als Direktor des Landesmuseums für Vor- und Frühgeschichte anzutreten. Mit der Neugründung der Außenstelle in Olpe war in Südwestfalen endlich wieder die Möglichkeit geschaffen, ein Netz ehrenamtlicher Mitarbeiter aufzubauen und damit die Erkundung des bis dahin über weite Strecken scheinbar fundleeren Gebirgslandes voranzutreiben.

Mit der Ausstattung der Außenstellen in Bielefeld und Olpe sowie des für den Regierungsbezirk Münster zuständigen Gebietsreferates in Münster mit festem Personal konnte die denkmalpflegerische Arbeit, insbesondere die Erkundung bisher unbekannter Fundstellen, die fachliche Beratung der Denkmalbehörden und die Rettungsgrabungen, stark dezentralisiert werden. Die Verlagerung der Gebietsreferate mitten in die zu betreuenden Bereiche hinein hat sich außerordentlich bewährt; denn trotz der in den letzten Jahrzehnten stark verbesserten Verkehrsverhältnisse ist von der Zentrale in Münster aus bei weitem nicht so rasch z. B. auf Fundmeldungen ehrenamtlicher Mitarbeiter zu reagieren, wie das von diesen im Arbeitsgebiet eingerichteten Stationen aus möglich ist. Gerade um den Kontakt mit ehrenamtlichen Mitarbeitern zu halten und auszubauen, ist die Präsenz vor Ort eine wichtige Voraussetzung. Nur wenn der verantwortliche Archäologe in der Region persönlich bekannt ist, kann Glaubwürdigkeit und Vertrauen entstehen. Dies ist nicht nur eine wesentliche Voraussetzung für die Zusammenarbeit mit den ehrenamtlichen Helfern, sondern auch für den Umgang mit den Denkmaleigentümern und den Partnern in den Denkmalbehörden. Nur auf dieser Basis kann die Arbeit auf Dauer erfolgreich sein, nur so kann gewährleistet werden, daß die Unterschutzstellung von Bodendenkmälern von den Betroffenen nicht als willkürlicher Eingriff in das Eigentum aufgefaßt, sondern als ein Vorgang verstanden wird, mit dem bedeutende Quellen zur Geschichte des Menschen vor unbedachter Zerstörung bewahrt werden.

Neben den drei für die Regierungsbezirke Arnsberg, Detmold und Münster zuständigen Gebietsreferaten wurden für Spezialgebiete der Bodendenkmalpflege drei weitere Referate geschaffen, und zwar die Fachreferate für Mittelalter-Archäologie, für provinzialrömische Archäologie und für die paläontologische Bodendenkmalpflege. In ihren jeweils ganz Westfalen-Lippe umfassenden Arbeitsgebieten erforschen sie mit eigenem Personal die Bodendenkmäler ihres Fachbereichs, stellen den jeweils zuständigen Gebietsreferaten die für die Unterschutzstellungsverfahren notwendigen Unterlagen und Begründungen zur Verfügung und führen Rettungsgrabungen durch, wo eine Unterschutzstellung des bedrohten Bodendenkmals nicht möglich ist.

Neu für die westfälische Archäologie ist die intensive Tätigkeit auf dem Gebiet der Mittelalter-Archäologie. Noch für die vorangehende Archäologengeneration galt als zeitliche Obergrenze für die archäologische Arbeit die Zeit Karls des Großen, die Zeit der Christianisierung des westfälischen Raums. Inzwischen ist diese zeitliche Obergrenze unter der Einsicht gefallen, daß die archäologische

Borchen/Kreis Paderborn. Mittelalterliche Wallanlage Hünenburg. Dreieckiges Kernwerk mit Vorburgen und Vorbauten.

Forschung überall dort arbeiten muß, wo sich durch ihre Methoden neue Geschichtsquellen hinzugewinnen lassen. So reicht der Arbeitszeitraum der Mittelalter-Archäologie notwendigerweise über das Mittelalter hinaus bis tief in die Neuzeit.

Neu für die westfälische Bodendenkmalpflege ist auch der Aufgabenbereich der paläontologischen Bodendenkmalpflege. Hierfür hat der Landschaftsverband entsprechende Planstellen am Westfälischen Museum für Archäologie eingerichtet, so daß dieses dritte Fachreferat schon 1980 seine Arbeit aufnehmen konnte. Inzwischen ist die organisatorische Einheitlichkeit der Bodendenkmalpflege Westfalen-Lippe vom Landschaftsverband dadurch verändert worden, daß das Personal des Fachreferates für paläontologische Bodendenkmalpflege vom Westfälischen Museum für Naturkunde übernommen worden ist. Letzteres ist seither auf dem Gebiet der paläontologischen Bodendenkmalpflege in Amtshilfe für das Westfälische Museum für Archäologie tätig.

Weit mehr als zunächst erwartet binden allein schon die laufenden Eintragungsverfahren erhebliche Kräfte der Gebietsreferate. Die Information der Grundeigentümer, der Unteren Denkmalbehörden und der politischen Entscheidungsgremien vor Ort über das zur Eintragung vorgeschlagene Bodendenkmal nimmt viel Zeit in Anspruch. Gilt dies oft schon bei obertägig sichtbaren, für jedermann erkennbaren Objekten wie Grabhügeln, Wallanlagen und Hohlwegen, so noch in viel höherem Maße bei den untertägigen Bodendenkmälern, wie z. B. bei Siedlungsplätzen und Gräberfeldern. Allein die Existenz dieser an der Oberfläche nicht erkennbaren Bodendenkmäler, geschweige denn ihre Ausdehnung ausreichend zu begründen, bedeutet oft einen erheblichen Zeitaufwand. Er muß jedoch aufgebracht werden, sind doch gerade die untertägigen Bodendenkmäler oft besonders hochrangig. Zu dieser unscheinbaren Denkmälergattung gehörte beispielsweise das vor wenigen Jahren von der Baden-Württembergischen Bodendenkmalpflege aufgedeckte Grab des Keltenfürsten von Hochdorf.

Es kann deshalb keine Frage sein, daß sich die Bodendenkmalpflege mit besonderer Sorgfalt gerade der untertägigen Bodendenkmäler annehmen muß. Nachdem es dank erheblicher Förderung durch das Land Nordrhein-Westfalen in den Jahren von 1977 bis 1989 gelungen ist, im Rahmen des Programms zur „Erfassung des denkmalwerten Kulturgutes" die bisher bekannt gewordenen obertägigen Bodendenkmäler zu dokumentieren und zu beschreiben, um damit eine zuverlässige Grundlage für die Unterschutzstellung der wichtigsten Bodendenkmäler zu schaffen, ist jetzt die ganze Kraft auf die untertägigen Bodendenkmäler zu richten. In der Einsicht, daß die Inventarisation der Bodendenkmäler auch nach dem Auslaufen der Landesförderung Ende 1989 weitergeführt werden muß, unternimmt der Landschaftsverband Westfalen-Lippe trotz der angespannten Haushaltslage große Anstrengungen, um Planstellen für die Bewältigung dieser Aufgabe einzurichten. Ziel ist es, die Gebiets- und Fachreferate personell so auszustatten, daß die zuvor vom Land gewährleistete Arbeitskapazität auf dem Gebiet der Denkmälerinventarisation spätestens 1991 wieder erreicht wird.

Selbst wenn mit der Erfassung auch der untertägigen Bodendenkmäler die Inventarisation der bis dahin bekannten Bodendenkmäler beendet und die Eintragung aller schützenswerten Denkmäler abgeschlossen sein würde: an Arbeit wird es den Inventarisationsabteilungen in den einzelnen Referaten auch in Zukunft nicht fehlen; denn da sich ja erst ein Bruchteil der tatsächlich vorhandenen Bodendenkmäler zu erkennen gegeben hat, sind noch für nicht abschätzbare Zeit die neu entdeckten Denkmäler zu inventarisieren. Außerdem nimmt mit jedem eingetragenen Denkmal die Zahl der Fälle zu, in denen im Rahmen des § 9 DSchG Verhandlungen über die von den Grundeigentümern geplanten, in die Substanz des Bodendenkmals eingreifenden Maßnahmen aufzunehmen sind.

Die Erfahrungen der westfälischen Bodendenkmalpflege seit Inkrafttreten des Denkmalschutzgesetzes auf dem oben behandelten Gebiet der „fachlichen Beratung und Erstattung von Gutachten in allen Angelegenheiten des Denkmalschutzes und der Denkmalpflege" (§ 25 Abs. 3,1 DSchG) zeigen eindringlich, daß der Arbeitsumfang zunächst unterschätzt worden ist. Allein diese Aufgabe beansprucht bereits wesentliche Teile der Arbeitskraft eines Gebietsreferates. Das Denkmalschutzgesetz verpflichtet jedoch die Landschaftsverbände mit ihren Fachämtern zu weiteren, arbeitsintensiven Aufgaben. Hier sind insbesondere die „wissenschaftlichen Ausgrabungen" zu nennen, eben jene Rettungsgrabungen, die als letztes Instrument der Denkmalpflege eingesetzt werden müssen, wenn zerstörende Eingriffe nicht abgewendet werden können. Sie retten zwar nicht die Bodenurkunde in ihrer Substanz, aber sie bewahren jedenfalls ihre Aussage für die Nachwelt, allerdings immer nur so weit, wie sie vom Ausgräber aufgrund seines derzeitigen Wissensstandes von den Befunden und Funden abgelesen werden kann.

Präsentation der Forschungsergebnisse

Mit dieser durch den Ausgräber vorgenommenen „Abschrift" der Originalurkunde in Form von Zeichnungen, Fotos und Beschreibungen ist zwar schon viel gewonnen, doch es fehlt noch ihre wissenschaftliche Aufbereitung und Veröffentlichung. Nur durch sie können die Grabungsergebnisse in die Forschung eingebunden werden und sie fördern. Deshalb verlangt das Denkmalschutzgesetz auch die Veröffentlichung der Forschungsergebnisse. Zur Information der Fachwelt, aber auch der Denkmalbehörden in Westfalen-Lippe und der an der archäologischen Denkmalpflege interessierten Öffentlichkeit stehen dem Westfälischen Museum für Archäologie mehrere Publikationsorgane zur Verfügung. Es ist zunächst die Fachzeitschrift „Ausgrabungen und Funde in Westfalen-Lippe", die jedes Jahr mit einer Reihe von Aufsätzen und einer Fundchronik erscheint. In letzterer wird, geordnet nach Regierungsbezirken, Kreisen und Gemeinden, aus dem zwei Jahre zurückliegenden Jahr über die Ergebnisse der Rettungsgrabungen wie auch über neu entdeckte Fundstellen und Funde berichtet. In der Reihe „Bodenaltertümer Westfalens" werden meist in monographischer Form ausführliche Berichte über Grabungen, aber auch Abhandlungen über allgemeine Themen aus der Ur- und Frühgeschichte vorgelegt. Für die Veröffentlichung umfangreicher

Blick in die römische Abteilung des Westfälischen Museums für Archäologie, Münster. Funde aus den römischen Lippelagern.

Berichte aus dem Arbeitsgebiet der Mittelalter-Archäologie steht die gemeinsam mit dem Westfälischen Amt für Denkmalpflege herausgegebene Reihe „Denkmalpflege und Forschung in Westfalen" zur Verfügung. Gemeinsam mit dem Westfälischen Museum für Naturkunde wird die Reihe „Geologie und Paläontologie in Westfalen" herausgegeben, in der die Ergebnisse auf dem Arbeitsgebiet der paläontologischen Bodendenkmalpflege bekanntgegeben werden.

Wird durch diese Veröffentlichungen überwiegend die Fachwelt informiert, richten sich zwei weitere Organe mehr an den interessierten Laien. Es ist zunächst die Reihe „Einführung in die Vor- und Frühgeschichte Westfalens". Mit ihr wird der Leser in leicht verständlicher Form mit bestimmten Perioden, Themen oder mit der Ur- und Frühgeschichte bestimmter Regionen bekannt gemacht. Schließlich ist der „Neujahrsgruß" zu nennen. In ihm berichtet der Direktor des Hauses am Ende des Jahres in knapper Form über die wichtigsten Ereignisse und Ergebnisse der letzten zwölf Monate, wobei die Arbeit der Referate im Hause wie auch der Gebiets- und Fachreferate angesprochen wird. Mit dieser raschen Information wird vor allem auch die Verbindung mit den Helfern und ehrenamtlichen Mitarbeitern im Lande gehalten, ohne die eine effektive Bodendenkmalpflege nicht möglich wäre.

Doch auch auf dem Gebiet des Publikationswesens zeigt sich immer stärker, daß die personelle Ausstattung des Hauses noch nicht der vom Gesetz geforderten Leistungsfähigkeit entspricht. Unter der Beanspruchung durch die Verfahren im Rahmen der Denkmälereintragung und unter dem Druck der Rettungsgrabungen können sich die in der Bodendenkmalpflege eingesetzten Wissenschaftler der Publikation ihrer Grabungsergebnisse oft nur in Zeitabschnitten des Tages und der Woche widmen, die im allgemeinen als Freizeit bezeichnet werden. Ein anderer Engpaß im Arbeitsprozeß von der Grabung bis zur fertigen Publikation liegt in der Vorbereitung der eingegangenen Manuskripte zum Druck. Ihrer Vielzahl ist die Redaktionsabteilung des Hauses bei ihrer augenblicklichen Ausstattung nicht mehr gewachsen. Nur durch eine Verstärkung des wissenschaftlichen Personals in den Referaten der Bodendenkmalpflege wie auch im Zentralreferat, die es den Ausgräbern erlaubt, längere Zeitspannen am Schreibtisch zu verbringen, und die im Zentralreferat für eine deutliche Kapazitätserweiterung in der Redaktion sorgt, können die vom Gesetz gestellten Aufgaben auf dem Gebiet des Publikationswesens erfüllt werden.

Doch nicht nur die Publikationen stellen die Verbindung mit der Fachwelt und der Öffentlichkeit her. Eine ganz wesentliche Vermittlerrolle zwischen den Ergebnissen der Bodendenkmalpflege und der Öffentlichkeit kommt den Schausammlungen des Hauses in Münster und in der Museumsaußenstelle in Paderborn zu. Das Westfälische Museum für Archäologie gehört zu den leider selten gewordenen Institutionen in der Bundesrepublik, in denen die Aufgaben der Bodendenkmalpflege mit der Aufgabe der Präsentation der Grabungs- und Forschungsergebnisse in einer eigenen Sammlung verbunden sind. In dieser Verbindung liegt die große Chance, neue Grabungsergebnisse rasch vorstellen und damit die Schausammlung als Schaufenster der Bodendenkmalpflege immer auf dem aktuellen Forschungsstand halten zu können. Dies wiederum bietet für den Besucher den Anreiz, das Museum immer wieder zu besuchen, um Neues zu sehen und dabei bereits Gesehenes wieder in die Erinnerung zu rufen.

Eine möglichst enge Heranführung des Museumsbesuchers an das aktuelle Geschehen im Lande, an die Erfolge, aber auch an die Not der Bodendenkmalpflege vermag Verständnis für ihre Arbeit zu erwecken, ein Verständnis, ohne das Unterschutzstellungen von Bodendenkmälern, ohne das die archäologische Feldarbeit nicht möglich wären; denn Bodendenkmalpflege muß notwendigerweise in die privaten Interessen der Denkmaleigentümer eingreifen. Es kann sogar gelingen, über ein wohlwollendes Verständnis hinaus die Bereitschaft zu wecken, selbst aktiv zu werden und die Bodendenkmalpflege dort zu unterstützen, wo sie am meisten der Hilfe bedarf, nämlich auf dem bereits oben angesprochenen Gebiet der Denkmälererkundung. So kann die Schausammlung die Arbeit der Bodendenkmalpflege fördern.

Aufmerksamkeit vermag das Schausammlungsreferat jedoch nicht nur mit der stehenden Schausammlung, sondern auch durch Sonderausstellungen zu wecken. Sie ergänzen das Programm entweder durch außerwestfälische Themen, die den Besucher die Stellung Westfalens im weltweiten Geschehen, insbesondere in den von den führenden Kulturen ausgehenden Strömungen erkennen lassen, oder durch Präsentationen westfälischer Materialien unter einem besonderen Thema.

Ein reges Echo pflegen auch die kleinen Sonderausstellungen zu finden, die bei Gelegenheit von den Referaten der Bodendenkmalpflege an den Orten größerer Grabungen präsentiert werden. Durch die in Sparkassen oder Rathäusern gezeigten Grabungsergebnisse wird den Anwoh-

Museum in der Kaiserpfalz Paderborn; nach den Ausgrabungsbefunden des 11. Jahrhunderts wiedererrichtet.

nern deutlich, daß Archäologie vor der eigenen Haustür stattfindet, daß das Archiv wertvoller Geschichtsquellen buchstäblich unter unseren Füßen liegt und deshalb der besonderen Aufmerksamkeit aller bedarf.
Der Gedanke, die Ergebnisse der Untersuchungen auf Fundplätzen von besonderer Bedeutung an Ort und Stelle zu präsentieren, hat in Paderborn zu einer dauerhaften Einrichtung geführt: Mitten im Grabungsgelände nördlich des Paderborner Doms, dort, wo von 1964 bis 1970 eine karolingische Pfalzanlage und ihre ottonisch-salische Nachfolgerin untersucht worden sind, wurde über den freigelegten Mauerstümpfen der jüngeren Anlage ein Neubau errichtet, der das Bauvolumen der Architektur des 11. Jahrhunderts wieder erfahrbar macht. Im Untergeschoß des großen Saalbaus kann sich der Besucher anhand der Funde und Befunde aus dem großen Grabungsfeld über die Bedeutung dieses Platzes als weltliches und zugleich kirchliches Zentrum im früh- und hochmittelalterlichen Ostwestfalen informieren.
Sicherlich ist es die Aufgabe eines archäologischen Landesmuseums, seinen Besuchern die Möglichkeit zu bieten, sich an zentraler Stelle einen Überblick über alle wichtigen Erscheinungen und Erkenntnisse im ganzen Land zu verschaffen. Dies schließt jedoch nicht aus, daß besondere Abschnitte, die sich wegen ihrer in sich geschlossenen Thematik dafür eignen, auch außerhalb in Zweigmuseen gezeigt werden. Solche Fälle einer Dezentralisierung der Schausammlung sind jedoch nur dann gerechtfertigt, wenn die Möglichkeit besteht, Fund- und Präsentationsort eng miteinander zu verbinden. Diese faszinierende, die Aufmerksamkeit des Besuchers im besonderen Maße anregende Verbindung, wie sie in Paderborn schon gelungen

Modell des geplanten Westfälischen Römermuseums in Haltern/ Kreis Recklinghausen.

ist, wird in absehbarer Zeit auch in Haltern verwirklicht werden. Unmittelbar südlich des Hauptlagers von Haltern wird als Zweigmuseum des Westfälischen Museums für Archäologie das Westfälische Römermuseum entstehen. Es soll anhand der Grabungsergebnisse, insbesondere in den Lagern von Holsterhausen, Haltern, Oberaden und Anreppen, über die Auseinandersetzungen zwischen Germanen und Römern in den Jahren um Christi Geburt informieren. Von den ausgestellten Materialien aufblickend, wird der Besucher auf das von der Bebauung freigehaltene westliche Viertel des augusteischen Lagers sehen können, aus dem die weitaus meisten Funde und Befunde stammen.
Die Verlagerung von Funktionen des Westfälischen Museums für Archäologie aus der Zentrale in Münster in andere Regionen Westfalens hinein hat natürlich ihre Grenze. Sie liegt dort, wo die Leistungsfähigkeit des Hauses geschwächt wird. Eine solche Beeinträchtigung wäre zweifellos dann gegeben, wenn Funktionsbereiche des Hauses, die auf einen engen Kontakt mit anderen Institutionen in Münster, seien es Institute, Archive oder Ämter, angewiesen sind, aus der Zentrale in Münster herausgelöst würden.
Die Aufmerksamkeit sei nunmehr einem schon unter den Pflichtaufgaben genannten Tätigkeitsfeld zugewandt. Es sind die Rettungsgrabungen, eben jene archäologischen Untersuchungen, die überall dort angesetzt werden müssen, wo ein Schutz der bedrohten Bodendenkmäler gegenüber anderen Interessen nicht durchzusetzen ist. Diese wirklich letzte Möglichkeit, sich für die Schutzbefohlenen einzusetzen, wird der Bodendenkmalpflege heute in einem Maße abverlangt, das die personellen und finanziellen Kräfte weit überfordert.
Ein wesentlicher Gewinn gegenüber früheren Verhältnissen vor 1980 liegt darin, daß auch die Bodendenkmalpflege nun als „Träger öffentlicher Belange“ anerkannt ist und ihr auf diese Weise alle wichtigen Bauplanungen zur Begutachtung vorgelegt werden müssen. So können schon in einem frühen Stadium durch Planungsänderungen Kollisionen der Bauprojekte mit Bodendenkmälern vermieden werden. Lassen sich Kollisionen dennoch nicht abwenden, erhält die Bodendenkmalpflege durch die frühzeitige Beteiligung zumindest einen zeitlichen Vorsprung, um die notwendigen Rettungsgrabungen durchzuführen.
Der durch das Denkmalschutzgesetz verbriefte Status der Bodendenkmalpflege als einer Institution, die mit der Erforschung und Erhaltung der Bodenurkunden als unverzichtbare Quellen zur Geschichte des Menschen wie auch ihren Rettungsgrabungen einen wichtigen Dienst für die Allgemeinheit leistet, hat in letzter Zeit neue Wege auch im Bereich der Finanzierung der Rettungsgrabungen ermöglicht. Hatte es das Land Nordrhein-Westfalen bisher allein übernommen, die Grabungen mit Sachbeihilfen zu fördern, während der Landschaftsverband das Personal stellte, ist es in den letzten Jahren gelungen, den Umfang der Grabungen durch zusätzliche Mittel von anderer Seite beträchtlich zu steigern. Grabungen, die durch Baumaßnahmen der öffentlichen Hand ausgelöst werden, insbesondere durch den Bau von Bundesautobahnen, Bundesstraßen und Landstraßen, können nunmehr mit den Straßenbaumitteln des Bundes und des Landes gefördert werden. Schon zuvor hatte der Minister für Stadtentwicklung, Wohnen und Verkehr die Möglichkeit eröffnet, Grabungen in mittelalterlichen Stadtkernen mit Mitteln der Städtebauförderung zu unterstützen, und zwar dann, wenn große Bauvorhaben in Sanierungsgebieten archäologische Voruntersuchungen erfordern.
Schließlich war es in den letzten Jahren dank der verständnisvollen Hilfe der jeweils zuständigen Arbeitsämter auch möglich, große Grabungen im Rahmen von Arbeitsbeschaffungsmaßnahmen durchzuführen. Auf diese Weise

können z. B. wichtige Stellen im Bereich der römischen Lager von Haltern, Oberaden und Anreppen, die durch Überbauung oder landwirtschaftliche Nutzung gefährdet sind, für deren Untersuchung aber die normale finanzielle und personelle Ausstattung des Hauses nicht ausreicht, mit der notwendigen Sorgfalt untersucht werden.
Trotz der Erschließung dieser zusätzlichen Finanzierungsmöglichkeiten, trotz aller Unterstützung durch Bund, Land und Landschaftsverband, trotz der Hilfe auch im Bereich des Personaleinsatzes, die dem Landschaftsverband zu verdanken ist, bleibt auf dem Gebiet der Rettungsgrabungen ein erhebliches Defizit. So gehen in Westfalen-Lippe täglich aus dem Archiv unter unseren Füßen viele Bodendenkmäler verloren, neben den ungezählten unbekannten auch allzuviele bekannte Fundstellen, ohne daß sie zuvor untersucht und ihre Nachrichten für die Nachwelt festgehalten werden können.
Diese Tatsache muß für alle, die Verantwortung tragen, Ansporn sein, das Leistungsdefizit Schritt für Schritt zu verringern. Sinnvoll kann dies nur dadurch erfolgen, daß die Leistungsfähigkeit der amtlichen Bodendenkmalpflege verstärkt wird. Nur dadurch kann landesweit ein einheitliches Handeln gewährleistet werden. Eine Stärkung der zentralen Bodendenkmalpflege ist auch deshalb unbedingt erforderlich, um die zunehmenden denkmalpflegerischen Aktivitäten von anderer Seite, so von archäologischen Arbeitsgemeinschaften und von Städten mit eigenem Fachpersonal, entsprechend koordinieren zu können.
Der Rat, den die Bodendenkmalpflege oft hört, wenn sie ihre Not auf dem Gebiet der Rettungsgrabungen schildert, sie müsse sich eben auf die wichtigsten Objekte beschränken, geht weitgehend an der Wirklichkeit vorbei; denn archäologische Denkmäler entziehen sich jeder Beurteilung und Wertung, solange sie nicht vollständig ausgegraben sind. Dennoch muß man eine Auswahl zu treffen versuchen, und zwar unter der Fragestellung, welche Denkmälergattungen in den verschiedenen Perioden noch gar nicht oder erst wenig bekannt sind. Auf diese Weise füllen sich nach und nach „Löcher" in den Bildern auf, die von der Bodendenkmalpflege für die verschiedenen Perioden erarbeitet werden. Derartige Fehlstellen gibt es noch in weiten Bereichen. So kennen wir aus der jungsteinzeitlichen bandkeramischen und Rössener Kultur eine Anzahl von Hausgrundrissen, bisher aber noch kein einziges Grab. Umgekehrt sind aus der ausgehenden Jungsteinzeit und der Bronzezeit zahlreiche Grabhügel und Brandgräberfriedhöfe bekannt, bisher jedoch kaum sicher zuweisbare Hausgrundrisse.
Über einige der seit 1980, seit dem Inkrafttreten des Denkmalschutzgesetzes gewonnenen Ergebnisse der bodendenkmalpflegerischen Arbeit in Westfalen-Lippe soll im folgenden kurz berichtet werden.

Ergebnisse des Gebietsreferates Arnsberg

Der 1982 gegründeten Außenstelle in Olpe ist es auf der einen Seite gelungen, durch Ausbau und Betreuung eines Netzes ehrenamtlicher Mitarbeiter in dem bis dahin über weite Bereiche und Zeiträume scheinbar fundleeren Gebirgsland eine Fülle neuer Geländedenkmäler und Fundstellen zu ermitteln. Zu den bisher bekannten Wallburgen der Vorrömischen Eisenzeit haben sich zahlreiche Siedlungsplätze und auch Friedhöfe finden lassen. Auf diese Weise beginnen sich die bisher isolierten Höhenburgen als Zentren eines dicht besiedelten Umlandes zu erweisen. Überraschend ist dabei, daß die Siedlungen und Friedhöfe oft in Höhenlagen angetroffen werden, nämlich zwischen 400 und 600 m ü. NN, die man bis vor kurzem als zu siedlungsungünstig angesehen und deshalb auch kaum in die Prospektion einbezogen hatte.
Auf der anderen Seite konnte die Außenstelle durch die archäologische Untersuchung einiger durch land- und forstwirtschaftliche Nutzung gefährdeter Plätze wichtige Aussagen zur Siedlungsweise, zum Hausbau und zum Grabbrauch der vorrömischen Eisenzeit gewinnen. Eine wesentliche Komponente des Siedlungswesens bilden die zugehörigen Werkplätze mit Rennfeuer- und Schmiedeöfen. Insbesondere im Süden des Arbeitsgebietes beginnt sich in Umrissen Leben und Wirken einer eisenverhüttenden Bevölkerung abzuzeichnen. Wie weit sie sich kontinuierlich aus einer einheimischen, voreisenzeitlichen Wurzel entwickelt hat oder ob Menschengruppen angenommen werden müssen, die in der Späthallstattzeit auf der Suche nach Eisenerz in das Gebirgsland eingewandert sind, werden künftige Forschungen zu klären haben (s. S. 165 ff.). Bisher konnte erst in einem einzigen Fall (Siegen, Hütschelsbachtal) eine Eisenverhüttung nachgewiesen werden, die bis in die späte Hallstattzeit, in die Zeit der Brandgräberfriedhöfe von Birkefehl und Netphen-Deuz, Kr. Siegen-Wittgenstein, zurückreicht (s. S. 162 ff.).
Über die Besiedlung des südlichen Teils des Regierungsbezirkes Arnsberg, also der Kreise Olpe und Siegen-Wittgen-

stein, während der Bronzezeit lassen sich derzeit noch keine Angaben machen. Auffällig ist, daß sich zwar durch neue Entdeckungen die Südgrenze der Grabhügelverbreitung im Bereich zwischen Ruhr und Möhne im Norden und der Lenne im Süden inzwischen bis in den Kreis Olpe vorgeschoben hat, im Kreis Siegen-Wittgenstein hingegen bisher noch kein einziger Grabhügel bekannt geworden ist.

Brandgrab der vorrömischen Eisenzeit bei Erndtebrück-Birkefehl/ Kreis Siegen-Wittgenstein, durch den Pflug zerstört.

Diese mit der Neugründung der Olper Außenstelle aktivierten Forschungen im Regierungsbezirk Arnsberg stehen vor dem Hintergrund einer starken Bedrohung der Bodendenkmäler, insbesondere durch die landwirtschaftliche Nutzung. Die geringmächtige Humusdecke, die Hangneigung und die allgemeine Tendenz, den Pflug immer tiefer einzustellen, führen zu einer starken Erosion der Ackeroberfläche und zu immer tieferen Eingriffen in die archäologische Substanz. Nur die unter Wiesen und Weiden liegenden Fundstellen geben im allgemeinen keinen Anlaß zur Sorge.

Ergebnisse des Gebietsreferates Detmold

In Ostwestfalen, im Arbeitsbereich der für den Regierungsbezirk Detmold zuständigen Außenstelle in Bielefeld, haben sich in den letzten Jahren mehrere Forschungsschwerpunkte entwickelt. Einer von ihnen liegt im Bereich der jungsteinzeitlichen Befestigungen und Großsteingräber. Durch Befliegungen, die vom Referat für Provinzialrömische Archäologie durchgeführt werden, und Kontrollbegehungen konnte in den letzten Jahren im südlichen Teil des Regierungsbezirkes Detmold eine Reihe von zum Teil durch mehrere hintereinander gestaffelte Gräben befestigten Erdwerken ermittelt und durch Grabungen nachgewiesen werden. Von den Erbauern dieser in Westfalen bisher sehr selten aufgetretenen Anlagen, in die sich die umwohnende Bevölkerung bei Gefahr mit ihrem Vieh zurückziehen konnte, stammen auch die aus großen Steinblöcken errichteten Grabkammern, die sogenannten Galeriegräber. Mehrere der ursprünglich unterirdischen Kammern mußten in den letzten Jahren untersucht werden, da ihre Reste durch den Pflug bedroht waren. Dabei konnten wichtige Erkenntnisse über die Bauweise dieser von den Familien einer Siedlungsgemeinschaft gemeinsam genutzten Grüfte gewonnen werden, aber auch über den Totenbrauch. Anhand der als Beigaben in die Kammern gelangten Steingeräte und Gefäße sind auch Aussagen über die kulturellen Verbindungen dieser Ackerbau und Viehzucht treibenden Bevölkerung möglich. Ihre Beziehungen nach Nordhessen zeigten sich jüngst besonders eindrucksvoll an den eingepickten Bildzeichen, die zum ersten Mal in Westfalen an einem vollständig erhaltenen Wandstein des Galeriegrabes von Warburg-Kernstadt, Kr. Höxter, entdeckt worden sind (s. S. 143 ff.). Zu den stark abstrahiert dargestellten Rindern finden sich gute Parallelen an den Wandsteinen des nordhessischen Galeriegrabes von Züschen. Die Grabungen in einem durch die landwirtschaftliche Nutzung gefährdeten Brandgräberfriedhof in Hiddenhausen-Eilshausen, Kr. Herford (6. bis zum 2. Jahrhundert v. Chr.), haben wichtige Erkenntnisse zur Entwicklung der vorrömischen Eisenzeit Ostwestfalens ergeben. Die Bestattungen des 6. Jahrhunderts v. Chr. weisen auf Verbindungen mit dem westlichen Niedersachsen hin. Die jünge-

Jungsteinzeitliches Erdwerk von Salzkotten-Oberntudorf/Kreis Paderborn. Die fünf parallel verlaufenden Befestigungsgräben und die Torlücken zeichnen sich im Bewuchs ab. ▷

ren Bestattungen hingegen lassen anhand ihrer relativ reichen Metallbeigaben deutliche Kontakte der Bevölkerung mit dem keltischen Kulturraum im Süden erkennen.
Über mehrere Jahre zogen sich die Grabungen hin, die in Bielefeld-Sieker durch die Überbauung eines Siedlungsplatzes der jüngeren Kaiserzeit ausgelöst worden sind (s. S. 264 ff.). Es gelang hier, große Teile einer aus mehreren Höfen bestehenden Siedlung aufzudecken und zum ersten Mal in Westfalen weitgehend vollständige Grundrisse von Langhäusern nachzuweisen, die wahrscheinlich als Wohnstallhäuser genutzt worden sind. Auch hierin zeigen sie Verbindungen zu entsprechenden Häusern im Nordseeküstenraum. Dieser Platz ist auch deshalb besonders interessant, weil bereits in den fünfziger Jahren in unmittelbarer Nachbarschaft anläßlich der Erweiterung des modernen Friedhofs in Sieker der zugehörige Brandgräberfriedhof entdeckt und untersucht werden konnte und hier auf diese Weise ein vollständigeres Bild vom Siedlungswesen in der jüngeren Kaiserzeit gewonnen wurde. Das Beispiel zeigt, daß es selbst bei einer Denkmalpflege, die mit ihren Rettungsgrabungen immer nur auf die von außen kommenden Vorgaben reagieren kann, möglich ist, auch nach vielen Jahren noch Fehlstellen in dem Bild vom Leben des ur- und frühgeschichtlichen Menschen mit anpassenden Stücken zu ergänzen.

Ergebnisse des Gebietsreferates Münster

Auch dem Gebietsreferat Münster ist es gelungen, in seinem Arbeitsgebiet, dem Regierungsbezirk Münster, durch Rettungsgrabungen Ergebnisse beizusteuern, die das bisherige Bild mit vielen neuen Fakten bereichern. Dies gelang in den letzten Jahren beispielsweise auf dem Gebiet des Totenbrauchs in der jungsteinzeitlichen Trichterbecherkultur. Bekannt sind in Westfalen zwei unterschiedliche Grabformen: Einerseits wurden die Toten in den Großsteingräbern bestattet, in jenen meist aus Findlingen errichteten, von einer Siedlungsgemeinschaft gemeinsam genutzten Grabkammern, die im Norden und Westen des Regierungsbezirks als Geländedenkmäler bekannt sind, andererseits aber auch in sogenannten Flachgräbern. Die Toten liegen hier einzeln in tiefen Grabschächten in seitlicher Hockerlage, oft ausgestattet mit zahlreichen Beigaben, von denen sich reich verzierte Tongefäße und Steingerät erhalten haben. Die Funde entsprechen dem Beigabenmaterial aus den Großsteingräbern, die Frage jedoch, warum offensichtlich von derselben Bevölkerung zwei unterschiedliche Bestattungsformen überliefert sind, ist bisher ungeklärt. Die bis vor kurzem noch sehr seltenen Flachgräber konnten in der Bauerschaft Averbeck der Gemeinde Heek, Kreis Borken, erstmals mit ungewöhnlich aussagefähigen Befunden erkannt und untersucht werden. Wie so oft in der überraschungsreichen Archäologie zeigten sich kurz danach weitere Befunde dieser Art auf anderen Grabungen, so daß inzwischen durch zahlreiche Befunde aus dem Westmünsterland, aber auch aus dem Stadtgebiet von Münster die Zahl der Belege sprunghaft angewachsen ist.
Zum Forschungsbereich Trichterbecherkultur gelang darüber hinaus vor kurzem eine wichtige Ergänzung unserer Kenntnisse: In der Ammerter Mark, ebenfalls in der Gemeinde Heek, gelang es, auf der Trasse der geplanten Autobahn A 31 in der Nähe einer Gruppe von Flachgräbern die Standspuren von drei Pfostenhäusern aufzudecken. Es sind die ersten Hausbefunde in Westfalen, doch auch in dem westlich und nördlich anschließenden Verbreitungsgebiet der Trichterbecherkultur gehören sie noch zu den Seltenheiten (s. S. 149 ff.).
In der Ammerter Mark ist jedoch noch eine weitere Entdeckung gelungen, die den Blick über Friedhof und Häuser hinauslenkt und die bewirtschaftete Altlandschaft im Umkreis der Siedlung erkennen läßt: Durch den Ackerbau sind schon vor 5000 Jahren erhebliche Veränderungen im Relief der Umgebung ausgelöst worden. Die Erosion der Felder durch Wind hat zu einer Überdeckung der jungsteinzeitlichen Oberfläche in benachbarten flachen Senken durch den abgewehten Sand geführt. Dort hat sich unter dem Flugsand eine von den jungsteinzeitlichen Menschen begangene und bewirtschaftete Oberfläche erhalten. Dadurch, daß sie in den Bereich des Grundwasserspiegels geriet, konnten sich organische Materialien, vor allem Samen und Blütenpollen von Nutzpflanzen und Unkräutern, erhalten – ein reiches Forschungsfeld für die Paläobotanik, die anhand dieser Pflanzenreste die Zusammensetzung der damaligen Vegetation im Umkreis der Siedlung rekonstruieren kann.
An diesem Beispiel wird ein Stück Forschungsweg der Archäologie deutlich. So wie sie gelernt hat, nicht mehr allein den Fund zu betrachten, sondern den größeren, oft nur noch aus Erdverfärbungen bestehenden Befund zu erkennen, in dem der Fund angetroffen wird, geht die moderne Archäologie noch einen Schritt weiter und bezieht auch noch die vom Menschen durch seine Bewirt-

Münster-Gittrup. Rekonstruktion eines frühmittelalterlichen Hauses mit Außenstreben.

schaftung bestimmte Umwelt ein. Die Erkenntnis, welche Fülle von Ergebnissen diese Erweiterung des Blickfeldes bringt, vor allem dann, wenn mit naturwissenschaftlichen Disziplinen zusammengearbeitet wird, muß auch zu neuen Dimensionen unseres Bemühens führen, derartige Plätze für künftige Forschungen unter den Schutz des Denkmalschutzgesetzes stellen zu lassen. So laufen z. Z. Bemühungen, die in der Ammerter Mark unter Schutz gestellte Fläche von insgesamt 70 Hektar mit Hilfe der „Nordrhein-Westfalen-Stiftung Naturschutz, Heimat- und Kulturpflege" anzukaufen. Das Ziel ist, möglichst große Teile von ihr aus der intensiven landwirtschaftlichen Nutzung herauszunehmen und Bedingungen zu schaffen, unter denen die Erhaltung der Befunde auf Dauer gewährleistet ist.

Ein anderer, sich in den letzten Jahren aus denkmalpflegerischen Notwendigkeiten ergebender Arbeitsschwerpunkt des Gebietsreferates Münster liegt auf dem Gebiet der früh- und hochmittelalterlichen Siedlungskunde. An verschiedenen Stellen im Münsterland konnte in den letzten Jahren jener frühmittelalterliche Haustyp nachgewiesen werden, der in den fünfziger Jahren zum ersten Mal in Warendorf erkannt worden war: Ein im Inneren stützenfreies Haus, dessen Wände von außen durch Streben abgestützt waren. Von ihm konnten nicht nur jüngere, in das Hochmittelalter reichende Entwicklungsstufen mit anderem Grundriß und anderem, zum Niederdeutschen Hallenhaus überleitenden Konstruktionsprinzip beobachtet werden, sondern es waren auch Verlagerungen der Hausplätze im Laufe der Zeit in Richtung auf die heutigen Hofstellen zu beobachten. Dieser Vorgang wird nur verständlich, wenn das bewirtschaftete Umland und die sich dort vollziehenden Veränderungen der Bewirtschaftung in die Untersuchungen einbezogen werden. In Münster-Gittrup haben sich im Bereich der frühmittelalterlichen Häuser anhand von Pflugspuren Flurrelikte zu erkennen gegeben. Die Befunde zeigen, daß der lediglich aufreißende Haken durch den schollenwendenden Streichbrettpflug abgelöst worden ist. Offenbar liegt hier eine Intensivierung des Ackerbaus auf den leichten Böden des Münsterlandes vor. Im Zuge der Einführung der Plaggendüngung und des Streichbrettpfluges entsteht an der Stelle der frühmittelalterlichen Siedlung der Esch mit neuer Flurform, der Langstreifenflur. Es scheint, als habe der Esch die Hofplätze an seinen Rand gedrängt, wo sie noch heute liegen (s. S. 283 ff.).

Ergebnisse des Fachreferates Mittelalter-Archäologie

Mit dieser in das Hochmittelalter reichenden Entwicklung sind wir bereits im Arbeitszeitraum des Fachreferates für Mittelalter-Archäologie. Es befaßt sich u. a. auch mit ländlichen Wüstungen, mit jenen oft erst im Hochmittelalter im Zuge des Landausbaues gegründeten und zumeist im Spätmittelalter schon wieder aufgegebenen Siedlungen. Ihre systematische Erkundung durch Auswertung alter Urkun-

Münster. Stadtkerngrabung am Alten Steinweg. Keller des 12. Jahrhunderts.

den, Flurnamen und Karten, durch Befliegungen und durch Begehungen wird vom Referat vorangetrieben, um die wichtigsten unter Schutz zu stellen und bei Gefährdung durch Rettungsgrabungen eingreifen zu können.
Neben den Wüstungen gehören zum Arbeitsprogramm des Mittelalter-Referates die mittelalterlichen Stadtkerne, deren Bodendenkmäler aufgrund von Text- und Bildquellen zu erkunden und gegebenenfalls durch Grabungen zu untersuchen sind. So konnten in Minden an der Bäckerstraße und in Münster am Alten Steinweg bedeutende Erkenntnisse zur bürgerlichen Besiedlung im Mittelalter gewonnen werden, insbesondere zur Ausrichtung, zum Zuschnitt und zur Veränderung der Parzellen, ferner zur Bauweise der Häuser und zum Übergang von der Holz- zur Steinbauweise. Von besonderer Bedeutung sind die Aussagen zur Nutzung der Häuser und zur sozialen Stellung ihrer Bewohner.

Innerhalb der Stadtkerne sind auch die Kirchen immer wieder Schauplatz von Grabungen. Sie werden meist durch den Einbau von Heizungsanlagen erzwungen und haben die Erkundung von Vorgängerbauten zum Ziel. Die Aufmerksamkeit des Mittelalter-Referates gilt aber auch den innerhalb der Städte im Spätmittelalter entstandenen Klöstern (z. B. St. Annen in Lippstadt, Kr. Soest), die sich u. a. die Versorgung der Kranken zur Aufgabe gemacht hatten. Besondere Schwerpunkte der Forschung bilden jedoch die bereits im Frühmittelalter gegründeten Klöster. Die Untersuchung des ehemaligen Domklosters in Münster konnte 1989 abgeschlossen werden, die Grabungen im ehemaligen Kanonissenstift in Wadersloh-Liesborn, Kr. Warendorf, hingegen werden ebenso wie die Grabungen im ehemaligen hochadligen Damenstift in Herford erst 1990 zu beenden sein.

Außerhalb der Städte sind es vor allem die Burgen, deren Entstehung im Hochmittelalter und deren Ausbau bis in die Neuzeit hinein durch archäologische Untersuchungen zu klären ist, wenn, wie in der Wasserburg Haus Herbede in Witten, Sanierungsmaßnahmen anstehen (s. S. 312 ff.).
Alle diese Arbeiten liefern Ergebnisse, durch welche die schriftliche Überlieferung wesentlich ergänzt wird und an Anschaulichkeit gewinnt. Sie zeigen mit ihrer Fülle und Aussagekraft, daß Archäologie nicht dort aufhören darf, wo die schriftlichen Quellen einsetzen. Vielmehr stellen die archäologischen Urkunden auch noch in Zeiten mit reicherer schriftlicher Überlieferung eine unverzichtbare Geschichtsquelle dar. So ist der pflegliche Umgang mit ihnen genauso geboten wie mit den Bodenurkunden aus schriftloser Zeit.

Ergebnisse des Fachreferates provinzialrömische Archäologie

Die Arbeit des Fachreferates für provinzialrömische Archäologie führt zurück in die Zeit der römischen Feldzüge um Christi Geburt, und zwar in den Zeitraum von 12 vor bis 16 nach Chr. Eine Fülle von Fakten konnte in den letzten Jahren durch die Rettungsgrabungen hinzugewonnen werden. In Haltern haben insbesondere die Untersuchungen in dem durch Überbauung bedrohten Gräberfeld, das zu den römischen Militäranlagen gehört, überraschende Einblicke in den Totenbrauch der augusteischen Zeit ergeben. Grundriß und Bauart aufwendiger Grabanlagen, die sich offenbar an einem antiken Weg parallel zur Lippeniederung hinziehen und bereits über eine Strecke von 450 m verfolgt werden konnten, aber auch die überaus reiche Ausstattung der Toten lassen enge Beziehungen zum italischen Mutterland und einen für diesen weit in Feindesland vorgeschobenen Posten erstaunlichen Aufwand und Qualitätsstandard erkennen (s. S. 187 ff.).
Im Nordwestbereich des im Jahre 11 v. Chr. gegründeten Lagers von Oberaden haben die durch Bauplanungen ausgelösten Grabungen wichtige Einblicke in die Phasen des Ausbaus eines römischen Lagers erlaubt. Nach dem ersten, notwendigsten Schritt, der Errichtung der Befestigungswerke, folgt der Ausbau der Unterkünfte für die Truppe. Deutlich wurde, daß zunächst jeweils nur für den Centurio ein Holzhaus gebaut wurde, während die Legionäre noch in Zelten einquartiert waren.
Die Grabungen im Zentrum des Lagers von Oberaden haben die Grundrisse der Principia und des Praetoriums zutage gefördert. Die Untersuchungen erlauben einen überraschenden Einblick, welche Freiheit in der Anordnung dieser beiden Hauptgebäude, und zwar sowohl zueinander als auch zur Hauptachse des Lagers, zur Via principalis, im Jahre 11 v. Chr. noch bestand. Ein frühes Element zeigt vielleicht auch das Lager von Anreppen; denn sein Umriß hat nicht die später übliche, rechteckige, sondern eine dem Gelände angepaßte, unregelmäßige Form. Die in den letzten Jahren auch hier wieder aufgenommenen Grabungen haben im Zentrum des Lagers das Praetorium erfaßt. Sein Grundriß zeigt Parallelen zu den entsprechenden Gebäuden sowohl in Oberaden wie auch in Haltern.

Mit der Erforschung der augusteischen Lageranlagen in Westfalen wird eine Phase des römischen Lagerbaues erfaßt, in der sich das später allgemein gültige Bebauungsschema eines Legionslagers konsolidiert. Von besonderem Interesse wäre ein Lager aus der Spätphase der römischen Angriffskriege unter Germanicus (14–16 n. Chr.), um die gesamte Entwicklung über fast drei Jahrzehnte verfolgen zu können. Hier ist noch sehr viel zu tun für die provinzialrömische Archäologie in Westfalen. Sie ist sich bewußt, daß es hier nicht nur um westfälische Probleme geht, sondern ihre Forschung für den gesamten Bereich des Imperium Romanum von großer Bedeutung ist (s. S. 169 ff.).

Brilon-Nehden / Hochsauerlandkreis. Steinbruch. Fundstelle kreidezeitlicher Pflanzen- und Tierreste.

Ergebnisse der paläontologischen Bodendenkmalpflege

Die paläontologische Denkmalpflege, deren fachlicher Teil seit 1988 vom Westfälischen Museum für Naturkunde in Münster geleistet wird, hat sich in den letzten Jahren auf die Erfassung der paläontologischen Fundstellen in Westfalen-Lippe konzentriert (s. S. 40 ff.). Mit Mitteln, die das Land im Rahmen des Programms zur Erfassung des denkmalwerten Kulturgutes bis Ende 1989 zu Verfügung gestellt hat, sowie mit zusätzlichen Arbeitsbeschaffungsmaßnahmen ist es gelungen, den Bestand an Fundstellen, abgesehen von noch in Arbeit befindlichen Bereichen in Südwestfalen, weitgehend aufzunehmen. Die erarbeiteten Text-und Planunterlagen zu den zahlreichen Tongruben und Steinbrüchen, in denen für Westfalen bedeutende Fossilien aufgeschlossen sind, bilden zusammen mit den Ergebnissen kleinerer Sondierungsgrabungen eine zuverlässige Grundlage für die Anträge der zuständigen Gebiets-

referate des Westfälischen Museums für Archäologie auf Unterschutzstellung der Vorkommen mit denkmalwerten „Zeugnissen tierischen und pflanzlichen Lebens aus erdgeschichtlicher Zeit“ (§ 2 Abs. 5 DSchG).

Im Zusammenhang mit der Unterschutzstellung aufgelassener Steinbrüche wird immer wieder die Frage diskutiert, ob ein Steinbruch mit denkmalwertem Fossilvorkommen verfüllt werden darf, oder ob damit der Wert als paläontologisches Bodendenkmal wesentlich beeinträchtigt wird. Sie stellt sich in einer Zeit, in der die Abfalldeponien überquellen, mit besonderer Dringlichkeit; ihre Beantwortung im Sinne der an einem freien Zugang interessierten Paläontologen bedarf jedoch noch sorgfältiger Absicherung.

Größere paläontologische Grabungen, die sich mit den oft mehrere Jahre dauernden archäologischen Untersuchungen vergleichen ließen, waren bisher noch nicht erforderlich. Insgesamt befindet sich die paläontologische Bodendenkmalpflege in einer glücklicheren Lage als die archäologische Bodendenkmalpflege; denn im Gegensatz zu den Verhältnissen im archäologischen Bereich ist das Volumen der zerstörenden Eingriffe in die paläontologische Substanz gegenüber dem unermeßlichen Volumen der fossilführenden Schichten im allgemeinen gering. Doch gibt es natürlich auch paläontologische Denkmäler, die wegen ihrer Bedeutung große Rettungsgrabungen erfordern, sollten sie in Gefahr geraten. Als Beispiel ist die bekannte Fundstelle Brilon-Nehden, Hochsauerlandkreis, zu nennen, eine kreidezeitliche, tonige Füllung einer Karstspalte im devonischen Massenkalk mit pflanzlichen und tierischen Resten, darunter Knochen von Sauriern der Gattung Iguanodon. Dieser zu den wichtigsten Aufschlüssen Europas für die Kenntnis der unterkreidezeitlichen Fauna und Flora gezählte Fundplatz konnte jedoch, da der Steinbruch bereits stillgelegt war, sehr rasch von der Stadt Brilon aufgekauft und als erstes paläontologisches Bodendenkmal in Westfalen-Lippe unter Schutz gestellt werden.

Der Streifzug durch die Tätigkeitsfelder der Bodendenkmalpflege in Westfalen-Lippe hat gezeigt, daß auch bei einer Beschränkung der Grabungen auf die gefährdeten Objekte die Forschung mit wichtigen Ergebnissen vorangetrieben und das Bild vom Leben des Menschen vor unserer Zeit schrittweise vervollständigt werden kann. In der heutigen Zeit, in der die Veränderungen der bewohnten und bewirtschafteten Erdoberfläche Dimensionen angenommen hat, die vor fünfzig Jahren unvorstellbar waren, gilt mehr denn je das von Stieren aufgestellte Arbeitsprogramm „Vorgeschichte durch Denkmalpflege“.

Paläontologische Bodendenkmalpflege in Westfalen

Alfred Hendricks

Stuckenbusch, Stadt Herten/Kreis Recklinghausen. Grabung 1986. Stabilisierung eines paläontologischen Fundes mit einem Gipsmantel.

Das 1980 in Kraft gesetzte Denkmalschutzgesetz des Landes Nordrhein-Westfalen berücksichtigt auch paläontologische Objekte. Die Erforschung der Tier- und Pflanzenwelt der Vorzeit und die damit verbundenen Untersuchungen zur Geschichte des Lebens sind Aufgaben der Paläontologie. Objekte der Betrachtung sind in der Regel die Versteinerungen von Lebewesen aus den verschiedenen Erdzeitaltern: fossile Pflanzen und fossile Tiere. Die Geologie befaßt sich mit den Gesteinen, mit deren Aufbau, Zusammensetzung und Entstehung. Innerhalb der geologischen Untersuchungen liefert die Paläontologie häufig wichtige Informationen. Die Entwicklung des Lebens von seinen einfachen Anfängen bis hin zur heutigen Formenvielfalt ist grundsätzlich eine Fragestellung der Paläontologie.

Die Erde entstand vor etwa 4,5 bis 5 Milliarden Jahren. Im Laufe der folgenden Jahrmillionen entwickelte sich über Vorgänge, die bis heute nicht endgültig wissenschaftlich geklärt sind, zunächst einzelliges Leben. Pflanzen und Tiere fanden ihren ersten Lebensraum in den Meeren. Später eroberten die Organismen in langsamen Stufen auch das Festland als Lebensraum. Aus dem Präkambrium, der Zeit vor mehr als 570 Millionen Jahren, sind relativ wenige Reste versteinerten Lebens überliefert. Erst aus der folgenden Zeit, also seit dem Kambrium, kennen wir viele Fossilien.

Von den Lebensformen vergangener Zeiten werden in der Regel nur Hartteile wie Schalen, Gehäuse oder Skelette versteinert oder als Abdruck im Gestein überliefert. Die Prozesse der Versteinerung sind vielgestaltig und nur wenige Lebewesen können beim Zusammentreffen vieler günstiger Umstände versteinert werden. So ist der Fund eines vollständigen und gut erhaltenen Fossils schon eine große Seltenheit. Einzigartige Funde, also Funde von großer wissenschaftlicher Bedeutung, sind äußerst selten.

Paläontologische Fundorte ▷

„Obere Kreide"
1 Stemweder Berg (Lemförde, Haldem)
4 Halle-Foerth
5 Ascheloh
6 Holtwick
7 Baumberge
8 Coesfeld
10 Sendenhorst
12 Wüllen

„Protorosaurus speneri"
2 Ibbenbüren-Uffeln

„Riesenammonit"
9 Dülmen

„Auerochse"
3 Sassenberg

„Encrinus liliiformis"
11 Bad Driburg

„Fossiler Wal"
13 Kervenheim

Minden
Weser
Münster
Ems
MÜNSTERSCHE BUCHT
Wesel
Lippe
Paderborn
Dortmund
Essen
Ruhr
Diemel
Lenne
Arnsberg
NIEDERRHEINISCHE BUCHT
Krefeld
Düsseldorf
Eder
Rhein
ROTHAAR-GEB.
Köln
Siegen
Marburg
Aachen
Sieg
Bonn
Gießen
RHEINISCHES SCHIEFERGEBIRGE
Lahn
Koblenz

Erdgeschichtliche Epochen

		Beginn vor Mio. Jahren
Erdneuzeit	Quartär	1,5
	Tertiär	67
Erdmittelalter	Kreide	137
	Jura	195
	Trias	225
Erdaltertum	Perm	285
	Karbon	350
	Devon	405
	Silur	440
	Ordovizium	500
	Kambrium	570
Präkambrium		4.500

In Nordrhein-Westfalen finden sich Gesteine vom Kambrium bis zum Quartär, d. h. Gesteine aus allen erdgeschichtlichen Epochen mit Ausnahme des Präkambriums.

Im Rahmen des Denkmalschutzgesetzes nehmen die Landschaftsverbände Westfalen-Lippe und Rheinland sowie die Stadt Köln durch Bodendenkmalpflegeämter wichtige Aufgaben wahr. Neben der fachlichen Beratung der Denkmalbehörden gehören wissenschaftliche Ausgrabungen, Bergung und Restaurierung von Bodendenkmälern sowie deren Dokumentation zu den wichtigsten Aufgaben. Das Denkmalschutzgesetz ist im Bereich der Archäologie seit langer Zeit in das Verständnis einer großen Öffentlichkeit gedrungen. Die Gültigkeit des Gesetzes für den Bereich der Paläontologie muß erst noch in das Bewußtsein der Öffentlichkeit gebracht werden. Unter dem Begriff Paläontologie (Lehre von der Geschichte der Erde) weiß man sich häufig sogar überhaupt nichts vorzustellen. Aufklärende Information ist daher eine wichtige Aufgabe der paläontologischen Bodendenkmalpflege.

Als Folge des Gesetzes hat der Landschaftsverband Westfalen-Lippe zur Wahrnehmung der gesetzlichen Aufgaben 1980 ein Fachreferat für paläontologische Bodendenkmalpflege innerhalb des Amtes für Bodendenkmalpflege gegründet. Es bestand zunächst aus einem Wissenschaftler der Fachrichtung Paläontologie. Später wurde das Referat durch einen paläontologischen Präparator verstärkt. Nach diesem Einstieg, der in Nordrhein-Westfalen nur beim Landschaftsverband Westfalen-Lippe erfolgte, erkannte man relativ schnell, daß noch weitere Schritte folgen mußten. Zunächst wurde eine paläontologische Schriftenreihe gegründet, in der die wissenschaftlichen Ergebnisse der paläontologischen Arbeiten publiziert werden konnten. Die Zeitschrift „Geologie und Paläontologie in Westfalen" erschien erstmals 1983 in der gemeinsamen Herausgeberschaft des Westf. Museums für Archäologie als Amt für Bodendenkmalpflege und des Westf. Museums für Naturkunde, ebenfalls einer Einrichtung des Landschaftsverbandes Westfalen-Lippe. Das Westf. Museum für Naturkunde nimmt seit 1983 die Aufgaben der Zentralen Präparationswerkstatt für das Land Nordrhein-Westfalen wahr. Es ist daher auch innerhalb der paläontologischen Präparationswerkstatt, die im Westf. Museum für Archäologie fehlt, gut ausgerüstet. Zugleich sollten die im Rahmen der paläontologischen Bodendenkmalpflege geborgenen Funde nicht fachfremd im Westf. Museum für Archäologie magaziniert und ausgestellt werden, sondern im Westf. Museum für Naturkunde, das über eine große naturwissenschaftliche Ausstellung verfügt.

Durch diese Verknüpfungen kam man innerhalb der Verwaltung des Landschaftsverbandes Westfalen-Lippe zu der Auffassung, daß es günstig wäre, die paläontologische Bodendenkmalpflege in Amtshilfe für das Westf. Museum für Archäologie durch das Westf. Museum für Naturkunde vornehmen zu lassen. Mit der Umsetzung des Personals des Fachreferates für paläontologische Bodendenkmalpflege in das Westf. Museum für Naturkunde wurde 1988 diese Auffassung realisiert. Noch vorher waren zwei Grabungstechniker und drei Grabungshelfer eingestellt worden. Mit den zusätzlichen Wissenschaftlern und Präparatoren des Westf. Museums für Naturkunde steht nun ein leistungsfähiges Team zur Verfügung, das innerhalb der Paläontologischen Bodendenkmalpflege einsetzbar ist.

Um die Bedeutung der Paläontologie in die Öffentlichkeit zu tragen, wurde 1987 im Westf. Museum für Naturkunde eine Sonderausstellung mit dem Titel „Neue Funde aus der Kreide-Zeit Westfalens“ eröffnet. Die Ausstellung, die später noch in weiteren Städten Westfalens zu sehen war, zeigte die ersten Arbeitsergebnisse der paläontologischen Bodendenkmalpflege. So konnten die im Bereich der paläontologischen Bodendenkmalpflege eingesetzten Mitarbeiter eine Vielzahl wissenschaftlich bedeutsamer Fossilien bergen, die ansonsten unwiederbringlich verloren gewesen wären.

Nach § 22 Abs. 2 des Denkmalschutzgesetzes beraten und unterstützen die Landschaftsverbände die Gemeinden und Kreise in der Denkmalpflege. Insbesondere bei der Erfassung von Objekten für die Denkmallisten sowie bei der Unterschutzstellung ist der fachliche Rat der Landschaftsverbände gefragt. Zur Bewältigung dieser Aufgaben wurde 1985 im Bereich des Landschaftsverbandes Westfalen-Lippe ein System zur Erfassung der paläontologischen Objekte in Westfalen entwickelt und begonnen. Im Rahmen der Schnellinventarisation werden seit dieser Zeit von Wissenschaftlern, die über Zeitverträge, Arbeitsbeschaffungsmaßnahmen und Werkverträge beschäftigt sind, flächendeckend alle paläontologischen Objekte Westfalens erfaßt. Nach Kenntnis aller vorliegenden Objekte können dann die Objekte von den Denkmalbehörden unter Schutz gestellt werden, die Bodendenkmäler im Sinne des Gesetzes sind.

Die Erfassung der paläontologischen Objekte ist in Westfalen sehr weit fortgeschritten. Bearbeitet wurden bisher 21 Kreise bzw. kreisfreie Städte. Es wurden ca. 3200 Objekte inventarisiert, von denen ca. 200 die Kriterien paläontologischer Bodendenkmäler erfüllen. Anhand des bereits erarbeiteten Inventars ist gleichzeitig eine qualifizierte Arbeit zur Wahrnehmung öffentlicher Belange bei der Bearbeitung von Planungen und Maßnahmen im Interesse der paläontologischen Bodendenkmalpflege möglich.

Trotz dieser Anstrengungen zeigt sich, daß nicht allen Hinweisen nachgegangen und nicht alle Baustellen, Steinbrüche und Sandgruben regelmäßig kontrolliert werden können. Zu häufig müssen Termin- und Personaleinsatzplanungen umgeworfen werden, wenn plötzlich bedeutsame Fossilien entdeckt und in Notgrabungen unverzüglich geborgen werden müssen. Mit einer Personalverstärkung ist in absehbarer Zeit nicht zu rechnen. Daher soll in den nächsten Jahren ein Kreis von ehrenamtlichen Beauftragten für die paläontologische Bodendenkmalpflege aufgebaut werden. Diese Beauftragten sollen den hauptamtlichen Mitarbeitern einen Teil der Arbeit vor Ort abnehmen. Die hier geschilderte Situation bezieht sich auf den Arbeitsbereich des Landschaftsverbandes Westfalen-Lippe, der seine Aufgabe seit Inkrafttreten des Denkmalschutzgesetzes wahrnimmt und große Anstrengungen unternommen hat, innerhalb der Paläontologie qualifizierte Arbeit in Westfalen zu leisten.

Ibbenbüren-Uffeln/Kreis Steinfurt. Grabung 1984. Dokumentation eines paläontologischen Fisches im Kupferschiefer.

Bodendenkmalpflege im Rheinland

Harald Koschik

Das Jahr 1987 bedeutete eine scharfe Zäsur in der Geschichte der rheinischen Bodendenkmalpflege. Zum Jahresbeginn wurde das seit 1980 bestehende sogenannte „Doppelamt“ Rheinisches Landesmuseum Bonn/Rheinisches Amt für Bodendenkmalpflege aufgelöst und das Fachamt als selbständige Einrichtung institutionalisiert. Die zuvor vom Landesmuseum betriebene archäologische Denkmalpflege fußte auf einer langen und erfolgreichen Tradition. Ihre Entwicklung begann im vergangenen Jahrhundert, nachdem 1820 das „Königlich Preußische Museum Vaterländischer Alterthümer in den rheinisch-westphälischen Provinzen“ zu Bonn – der Vorvorgänger des Rheinischen Landesmuseums Bonn – und 1841 der „Verein von Alterthumsfreunden im Rheinlande“ gegründet worden waren. Träger des Landesmuseums ist seit 1953 der Landschaftsverband Rheinland als Nachfolger des Provinzialverbandes der Rheinprovinz. Das nordrhein-westfälische Denkmalschutzgesetz von 1980 schuf neue juristische Grundlagen für die archäologische Denkmalpflege. Es definierte den Begriff des Bodendenkmals, ordnete das Verfahren von Schutzmaßnahmen und übertrug umfangreiche Verantwortlichkeiten bei der Ausführung des Gesetzes. Maßgeblicher Träger der Schutzaufgaben wurden nun die Gemeinden als Untere Denkmalbehörden – insgesamt 164 im Rheinland (ohne die Stadt Köln). Durch das Amt für Bodendenkmalpflege hat der Landschaftsverband Rheinland unter der Maßgabe fachlicher Grundsätze zahlreiche Aufgaben wahrzunehmen. Diese reichen von der Mitwirkung an öffentlichen Planungen über die Durchführung von Grabungen bis hin zur wissenschaftlichen Erforschung der Bodendenkmäler, um nur einige der wichtigsten Verpflichtungen zu nennen. Das Fachamt, dessen Mitarbeiter sich aus dem Stamm der Museumskräfte rekrutierten, war integrierter Bestandteil des Landesmuseums. Die aufgrund des neuen Denkmalschutzgesetzes enorm gestiegenen Anforderungen mußten im wesentlichen mit dem vorhandenen Personal bewältigt werden. Es bedurfte somit eines Höchstmaßes an Kreativität und Energie, um die wichtigsten Teile des bodendenkmalpflegerischen Aufgabenkatalogs zufriedenstellend bearbeiten zu können. Der schier erdrückenden Fülle von Rettungsgrabungen versuchte man mit Hilfe von außen, z. B. dem Institut für Ur- und Frühgeschichte der Universität Köln, Herr zu werden. Städte wie Krefeld, Duisburg und Neuss leisteten durch ihre Museen und andere Institutionen tatkräftige Unterstützung. Anderswo wurde die amtliche Grabungstätigkeit verschiedenen Grabungsfirmen übertragen, die zeitweilig bis zu 200 Mitarbeiter beschäftigten. Aus arbeitsrechtlichen Gründen mußte dieses Verfahren 1985 aufgegeben werden. Die dadurch entstandenen Engpässe im Grabungswesen konnten in der Folgezeit auch durch die personelle Verstärkung des Amtes nicht überwunden werden.

Die Selbständigkeit des Rheinischen Amtes für Bodendenkmalpflege seit dem 1. 1. 1987 mußte zwangsläufig zu einer neuen Amtsstruktur führen, deren schrittweise Realisierung von den finanziellen Möglichkeiten des Landschaftsverbandes Rheinland abhängt und auch weiterhin abhängen wird. Bei den Strukturplanungen zeigte sich ganz deutlich, daß die Lücken in den Hauptproblembereichen – beispielsweise in der Fundbearbeitung und -dokumentation sowie in der wissenschaftlichen Auswertung – nur durch eine Mehrung des Personals zu schließen sind. Der unbedingt nötige und exakt begründete Zuwachs an Mitarbeitern in allen Tätigkeitsbereichen des Amtes mußte folglich in einem auf mehrere Jahre verteilten Stufenplan festgelegt werden, dessen erste Schritte derzeit verwirklicht werden könnten. Zudem verursacht die seit 1989 veränderte Zweckbestimmung von erheblichen Zuweisungen des Landes Nordrhein-Westfalen im Rahmen des jährlichen Denkmalförderungsprogramms eine Steigerung des Sachmitteleinsatzes. Die damit verbundene innovative Wirkung bedeutet für die verantwortlichen Kräfte der rheinischen Bodendenkmalpflege eine nicht zu unterschätzende Herausforderung.

Nach dem derzeitigen Stand und den geplanten Strukturverbesserungen gliedert sich das Rheinische Amt für Bodendenkmalpflege in folgende Abteilungen bzw. Sachbereiche mit entsprechenden Tätigkeiten: Neben der Direktion hat sich die Verwaltung um die äußerst umfang-

Römische Tempelanlage von Mariaweiler-Hoven/Kreis Düren. Die Reste des Heiligtums zeichnen sich im Bewuchs ab.

reichen administrativen Aufgaben zu bemühen, die schon durch die regelrecht „unternehmerische" Tätigkeit des Amtes in Form der zahlreichen Ausgrabungen mit hohem Personal- und Materialeinsatz ein besonderes Gewicht erhalten.

Im Bereich Prospektion beschäftigt man sich mit Geländebegehungen zur Aufnahme von Fundstellen, mit der Vermessung von Bodendenkmälern und mit sondierenden Ausgrabungen, beispielsweise um Ergebnisse von Luftbildern und Feldbegehungen, aber auch neue Untersuchungsmethoden und Techniken der Geländearbeit zu überprüfen. Eine besonders wichtige Rolle kommt der Luftbildarchäologie zu. Die systematischen Befliegungen liefern schon seit Jahrzehnten sichere Nachweise und Aufschlüsse über archäologische Stätten im Lande. Vor allem die sogenannten „untertägigen" Bodendenkmäler, die im Laufe der Zeit verebnet und an der Erdoberfläche bzw. aus der „Mannperspektive" nicht zu erkennen sind, bedürfen des Luftbildes als Hilfsinstrument, mit dem anhand von Bodenverfärbungen und unterschiedlichen Bewuchsmerkmalen Art und Ausmaß der archäologischen Überreste festgestellt werden können. Das Luftbildarchiv umfaßt derzeit etwa 75 000 Luftbilder.

Die Abteilung Praktische Bodendenkmalpflege/Grabungskoordination ist zuständig für die Ausgrabungen und damit für den publikumswirksamsten Teil der archäologi-

schen Arbeit. Ihr sind die vier Außenstellen in Zülpich, Overath, Xanten und Niederzier mit derzeit rund 80 Mitarbeitern zugeordnet, die vor Ort alljährlich etwa 130 Rettungsgrabungen und Fundbergungen durchführen. Zusätzlich sind zahlreiche Kontakte zu öffentlichen Stellen wie privaten Einrichtungen und Personen zu pflegen.
Sozusagen das Herzstück des Amtes bildet die Abteilung Denkmalschutz/Archiv. Hier werden im Vollzug des Denkmalschutzgesetzes und in Verbindung mit den zuständigen Denkmalbehörden alle Planungen zur Gebietsentwicklung, Flächennutzung und Bebauung sowie die entsprechenden Bauanträge bearbeitet. Pro Jahr sind etwa 3000 dieser zumeist arbeitsintensiven Vorgänge zu erledigen. Weiterhin gehören aufwendige Unterschutzstellungsverfahren zu den vorrangigen Aufgaben, die mitunter sehr personal- und zeitintensiv sind und manchmal bis zu Bürgeranhörungen mit vierzig und mehr Beteiligten führen. Bislang sind gut 1100 Vorgänge durch die Unteren Denkmalbehörden abgeschlossen worden. Als Grundlagenarbeit wird außerdem die vom Lande Nordrhein-Westfalen bis 1989 maßgeblich geförderte Denkmälererfassung betrieben. Seit Ende der siebziger Jahre konnten mehr als 1800 sogenannte Bodendenkmalblätter zu über 2300 Denkmälern angefertigt werden, die mit genauer Beschreibung, Fotos und Plänen die fachliche Begründung für die förmliche Unterschutzstellung archäologischer Denkmäler liefern. Im Archiv werden die Grabungsdokumentationen, aber auch alle sonstigen Informationen zu den nordrheinischen Fundstellen zentral gesammelt. Die Bodendenkmälerdatenbank enthält ca. 40 000 Fundstellen aus allen Epochen der Menschheitsgeschichte, die Gesamtzahl archäologischer Plätze im Rheinland schätzt man auf mindestens 150 000. Die Unterlagen stehen auch externen Benutzern, z. B. Studenten und Wissenschaftlern auswärtiger Institutionen, aber ebenso dem interessierten Bürger zur Verfügung.
Eine weitere Abteilung zeichnet für den Aufgabenbereich Wissenschaftliche EDV/Geophysikalische Verfahren verantwortlich. Hier werden Hard- und Software für die elektronischen Programme zu Datenbanken und wissenschaftlichen Auswertungen entwickelt, außerdem geophysikalische Methoden und Geräte, die beispielsweise bei der archäologischen Prospektion zum Einsatz kommen. Die hier erarbeiteten Programme wurden inzwischen auch von anderen Bodendenkmalpflegeämtern in der Bundesrepublik und darüber hinaus übernommen. Eine neue Generation der EDV-Technik wird in Zukunft auch in der Grabungsdokumentation schneller und leichter zu verbesserten Ergebnissen führen.
Die Abteilung Wissenschaftlicher Dienst/Öffentlichkeitsarbeit soll das Leistungsspektrum des Rheinischen Amtes für Bodendenkmalpflege vervollständigen. Neben Wissenschaftlern verschiedener archäologischer Fachrichtungen werden hier auch Naturwissenschaftler wie ein Paläontologe, ein Anthropologe und ein Osteologe angesiedelt, um die gesetzlichen Verpflichtungen zum Schutz aller Bodendenkmäler, so auch der aus erdgeschichtlicher Zeit wie fossiler Tier- und Pflanzenreste, zu erfüllen. Neben der eigenen fachspezifischen Arbeit müssen Konzepte erstellt und Maßnahmen koordiniert werden, die zur Auswertung und Veröffentlichung alter und neuer Grabungen beispielsweise durch Magister- und Doktorarbeiten führen. Zur Behandlung aktueller Themen der Bodendenkmalpflege und Landesarchäologie sind Kolloquien unter Beteiligung benachbarter Einrichtungen und Wissenschaften geplant. Probleme der Konservierung und Restaurierung von „ortsfesten" Bodendenkmälern im Lande sollen mit Hilfe eines Architekten und mit technischem Personal gelöst werden. Schließlich zählt auch das weite Feld der Öffentlichkeitsarbeit zu diesem Ressort. Nach wie vor bedarf es eines ständigen Werbens in der Verwaltung, in der Politik und in der Bevölkerung um Verständnis und Unterstützung für die oft recht unbequemen Anliegen der archäologischen Denkmalpflege. Die Möglichkeiten zur Darstellung der eigenen Arbeit, der Gewinne und Verluste im täglichen Ringen um die Erhaltung einmaliger Geschichtszeugnisse sollen intensiver genutzt werden – von Presseartikeln über Informationsschriften bis hin zu Veranstaltungen wie Sonderausstellungen, Vorträgen, Führungen und vieles mehr.
Die Leistungen der rheinischen Bodendenkmalpflege seit 1980 sind ohne Zweifel eindrucksvoll und erweisen die fachliche Kompetenz und das persönliche Engagement der Beteiligten auf allen Arbeitsebenen. Allerdings muß in Betracht gezogen werden, daß die Entwicklung des Fachamtes keineswegs organisch und kontinuierlich abgelaufen ist. Es hat allen Anschein, als seien sich die Verantwortlichen des immensen Aufwands an Personal und

Düsseldorf, Dammstraße. Teile der mittelalterlichen Stadtbefestigung (links) und der Zitadelle des 16. Jahrhunderts (rechts). ▷

Material nicht bewußt geworden, als das neue Denkmalschutzgesetz 1980 einen umfangreichen Aufgabenkatalog einem Amt übertrug, das danach nur unwesentliche Organisations- und Ausstattungsverbesserungen erfuhr. Vor allem führte die Umstellung vom System der Grabungsfirmen auf Festpersonal im Jahre 1985 zu spürbaren Irritationen und Störungen. Bei einer Bilanz ist auch zu berücksichtigen, daß der weitere Ausbau des jungen Fachamtes wegen der Ebbe in den öffentlichen Kassen nur mit kleinen Schritten vorankommt.

Seit den frühen achtziger Jahren ist die Zahl der Rettungsgrabungen – kleinere Fundbergungen nicht eingeschlossen – von 50 auf etwa 130 pro Jahr angestiegen. Damit ist die Kapazität des Fachamtes sowie der kommunalen Bodendenkmalpflegen von Krefeld, Duisburg und Neuss ausgeschöpft. Anzahl und Zeitaufwand der Ausgrabungen bilden jedoch keinen zuverlässigen Gradmesser für die Anforderungen an die rheinische Bodendenkmalpflege und für deren Aktivitäten. In den vergangenen Jahren sah man sich gezwungen, dem ständig steigenden Leistungsdruck mit Grabungen von kürzerer Dauer beizukommen. Dieses Verfahren befriedigt trotz aller rationellen Untersuchungsmethoden nicht. Daher ist beabsichtigt – soweit es die Umstände zulassen – wieder längere Grabungen zugunsten einer besseren Arbeitsqualität durchzuführen.

Die ungemein regen Bauaktivitäten in den Ballungszentren, vor allem in den Altstädten des Rheinlandes, führten zwangsläufig zu erhöhter Grabungstätigkeit. Bedeutende Ausgrabungen in den alten Stadtkernen haben während des vergangenen Jahrzehnts u. a. in Aachen, Bonn, Düsseldorf, Duisburg, Neuss und Siegburg stattgefunden. Die mittelalterlichen und neuzeitlichen Befunde machen den größten Teil der alljährlichen Grabungs- und Fundstatistik aus und übertreffen damit das römerzeitliche Fundaufkommen. Dennoch wird Römisches in der Öffentlichkeit immer wieder als spektakulär empfunden, was in Anbetracht der Massierung und Bedeutung großer militärischer Stützpunkte und ziviler Siedlungen in der Provinz Germania inferior kaum verwundert. Gerade dort, wo unsere modernen Orte auf römischen Vorgängern gründen, verursacht nahezu jeder Bodeneingriff eine Grabung oder Bergung zur Sicherung der unwiderruflich abgehenden Zeugnisse aus fünfhundert Jahren römischer Geschichte. Umfang- und ergebnisreiche Ausgrabungen sind in Bonn, Dormagen, Krefeld-Gellep, Neuss, Xanten und in vielen anderen Orten durchgeführt worden.

Überblickt man die wichtigsten Grabungsunternehmen und die aus ihnen gewonnenen Erkenntnisse für die Archäologie im Rheinland, so wird deutlich, daß ein besonderes und in seiner Bedeutung und Wirkung weit über das Rheinland ausstrahlendes Kapitel der Bodendenkmalpflege in den Lößbörden westlich von Köln geschrieben wird. Der weiträumige Braunkohlenabbau verschlingt zur Zeit alljährlich noch ca. 500 Hektar Fläche einer Landschaft, die seit der Jungsteinzeit – vor etwa 7000 Jahren – wegen ihrer günstigen naturräumlichen Eigenschaften dicht besiedelt war. Die zuständige Außenstelle in Niederzier-Hambach, mittlerweile die personalstärkste des Amtes, vermag pro Jahr etwa 20 Hektar, d. h. 5 Prozent des vom Tagebau gefährdeten Bereiches systematisch auszugraben. Zuvor wird versucht, mit Hilfe der Prospektion zu Erkenntnissen über die zu erwartenden Fundstellen und das darauf auszurichtende Grabungs- und Bergungsprogramm zu kommen. Im Vorfeld der verschiedenen Tagebaue waren und sind großflächige Ausgrabungen notwendig und möglich, wie sie in den zersiedelten städtischen Ballungsräumen an der „Rheinschiene" bislang nicht durchgeführt werden konnten. Sofern man die systematischen Beobachtungen, Bergungen und Ausgrabungen mit dem erforderlichen bodendenkmalpflegerischen Aufwand betreiben kann, lassen sich tiefe Einblicke in die Besiedlungsgeschichte der Rheinischen Bördenlandschaft gewinnen, die man noch vor zwanzig Jahren für unvorstellbar gehalten hätte. Die Auswertung der archäologischen Befunde, die in den Feuchtbodenzonen durch reiche pflanzliche und tierische Reste auf höchst wertvolle Weise erweitert werden, erfolgt in enger Zusammenarbeit mit Naturwissenschaften wie beispielsweise der Paläobotanik, -zoologie und -klimatologie. Seit Ende der siebziger Jahre sind allein auf der Materialgrundlage der im Braunkohlengebiet zutage gekommenen Funde fast dreißig akademische Arbeiten an einem Dutzend verschiedener Universitäten entstanden.

Keinesfalls darf man aber die Archäologie im Lößgebiet und Braunkohlenrevier losgelöst von vor- und frühgeschichtlichen Zeitläuften auf der einen sowie den bodendenkmalpflegerischen Verpflichtungen und Fragestellungen im übrigen Rheinland auf der anderen Seite sehen. Was unter anderen Notwendigkeiten und Arbeitsbedingungen hier vollständig untersucht und erkannt werden kann, eröffnet dort an den meist bruchstückhaften Befunden willkommene Möglichkeiten für Vergleiche und Rückschlüsse.

Eine kleine Auswahl aus der Liste beachtlicher Resultate

der rheinischen Bodendenkmalpflege in den letzten Jahren beginnt mit einem hervorragenden Fund aus erdgeschichtlicher Zeit. 1987 konnte das mittlerweile präparierte, nahezu vollständige Skelett eines tertiären Wales in einer Kiesgrube bei Kervenheim, Stadt Kevelaer, geborgen werden (s. S. 113 ff.). Vermutlich handelt es sich bei dieser Fundstelle um einen regelrechten Fischfriedhof an der Meeresküste vor etwa 10 Millionen Jahren, da auch Reste von verendeten Haifischen entdeckt wurden. Die fortschreitenden und großräumigen Auskiesungen in dieser Region und die damit gegebene akute Gefährdung der Fossilien gemahnen zu höchster Wachsamkeit.
Die bislang ältesten Zeugnisse menschlichen Lebens im Rheinland konnten in Rheindahlen, Stadt Mönchengladbach, festgestellt werden. Grabungen über mehrere Jahre hinweg erbrachten stratigraphisch gesicherte Nachweise über Wohnplätze, die seit dem ältesten Abschnitt der Altsteinzeit vor schätzungsweise mehr als 300 000 Jahren bis in das Jungpaläolithikum immer wieder aufgesucht worden sind.
Die Freilandstation Lommersum, Gem. Weilerswist/Kr. Euskirchen, gehört zu den wenigen komplett ergrabenen Plätzen ihrer Art in Deutschland. Genaue Untersuchungen der Ablagerungsschichten, der Steingeräte, Knochenreste und Pflanzenpollen ermöglichten die Rekonstruktion eines Lebensbildes aus der mittleren Altsteinzeit vor etwa 30 000 Jahren. Demnach machte eine Gruppe von 15 bis 20 Menschen im April und Mai Jagd auf Rentiere und zerlegte die Beute an der Wohnstelle. Darüber hinaus werden Einzelheiten zur Jagdtechnik, zu Wanderungsbewegungen und zu wirtschaftlichen Verflechtungen – z. B. der Austausch von Steinmaterial aus entfernteren Gegenden für Werkzeug und Waffen – deutlich. 1987 gelang es zum ersten Mal im Rheinland, eine Jagdstation aus der Zeit des Überganges vom Paläolithikum zum Mesolithikum auszugraben. Mit der sachgerechten Erforschung der Fundstelle im Braunkohlenrevier bei Königshoven, Stadt Bedburg/Erftkreis, wird man der seit langem gewünschten Klärung von Fragen im Zusammenhang mit der Situation an der Nahtstelle zweier Epochen erheblich näherkommen. Besonderes Interesse verdient an diesem sommerlichen Aufenthaltsort des Menschen der Fund zweier sogenannter Hirschgeweihmasken (s. S. 120 ff.). Bisher kennt man den Kopfschmuck steinzeitlicher Schamanen, wie er auf einer Felszeichnung in einer Höhle der französischen Pyrenäen dargestellt ist, in Europa nur von fünf Fundpunkten.
Bedauerlicherweise stammt die überwiegende Masse von Funden aus dem Mesolithikum fast ausschließlich aus Aufsammlungen. Eine Ausnahme macht die flächige Ausgrabung eines Siedlungsplatzes von Dabringhausen, Stadt Wermelskirchen/Rheinisch-Bergischer Kreis. Die Beobachtungen an Befund und Material dieses rechtsrheinischen Ortes ergänzen die Ergebnisse von den wenigen anderen, nur in kleinen Ausschnitten untersuchten Fundorten, beispielsweise in der Teverner Heide bei Übach-Palenberg und in Wickrathberg, Stadt Mönchengladbach. Die bis jetzt erreichte Befundbasis reicht aber bei weitem nicht aus, die Siedlungsstrukturen und Lebensweisen der mittleren Steinzeit nachvollziehen zu können. Da dies auch für die Altsteinzeit gilt, wird man in Zukunft gesteigertes Augenmerk auf Freilandstationen dieser Epochen richten und gefährdete Plätze mit dem hohen Arbeitsaufwand untersuchen müssen, wie er für derartige Wohnstätten typisch und notwendig ist.
Ein herausragender Schwerpunkt für die Erforschung der Jungsteinzeit zeichnet sich seit den siebziger Jahren in der Lößlandschaft des rheinischen Braunkohlenreviers ab. Beispielhafte Ergebnisse von weitreichender Bedeutung lieferten die von der Deutschen Forschungsgemeinschaft geförderten Arbeiten des Projektes „Siedlungsarchäologie des Neolithikums auf der Aldenhovener Platte". Mit den Beobachtungen aus den jüngeren und laufenden Untersuchungen der Bodendenkmalpflege im Gelände verdeutlicht sich das Bild von Siedlungsweise, Hausbau und Umweltsituation während der Jungsteinzeit zusehends. Vor allem für die ältere und mittlere Phase des Neolithikums liegen genügend Befunde vor, um wichtige Charakteristika, wie beispielsweise die dichte, kettenartige Reihung der Siedlungen an den Talhängen der Bäche und Veränderungen der natürlichen Landschaft durch Rodungen und Viehweide, nachweisen zu können. Die großflächigen Ausgrabungen setzen den Blick frei auf komplette Dorfstrukturen, auf Befestigungswerke, auf Friedhöfe und sogar auf Systeme der Feldwirtschaft (s. S. 133 ff.). Im Rahmen der experimentellen Archäologie wurden neolithische Wehranlagen wiederaufgebaut und der Verfallsablauf von Graben, Wall und Holzpalisade dokumentiert.
Das bislang größte bekannte Silex- bzw. Feuersteinbergwerk in Deutschland konnte auf dem Lousberg in Aachen untersucht werden. Dort wurde am Ende des Neolithikums das plattige Material im Tagebau aus den Kalkschichten des Berges gebrochen und teilweise noch an Ort und Stelle zu Beilklingen verarbeitet. Bergmännische Abbautechniken lassen sich auf dem Lousberg ebenso

erschließen wie der exakte Herstellungsprozeß von Beilklingen (s. S. 139 ff.).
Im Vergleich zu den reichen neolithischen Fundmaterialien liegen Befunde aus der Bronze- und Urnenfelderzeit nur in weitaus geringerem Maße vor. Eine der Ursachen hierfür dürfte darin liegen, daß die Pfosten bronzezeitlicher Häuser nur wenig in den Boden eingesenkt waren und die Spuren somit der starken Erosion – im Lößgebiet bis zu 1 m – und dem Ackerbau zum Opfer gefallen sind. Die rheinische Bodendenkmalpflege ist daher bestrebt, in den Gefährdungszonen vor allem gut erhaltene Siedlungsbereiche auszugraben. Der spätbronzezeitliche Wohnplatz von Lohn, Stadt Eschweiler/Kr. Aachen, ist mit vier Hektar Fläche der erste vollständig ausgegrabene seiner Art im Arbeitsgebiet. Die dörfliche Lebensgemeinschaft der Zeit um 1000 v. Chr. siedelte in unregelmäßig um Speichergruben gruppierten Vier- bis Sechspfostenbauten. Ein Gräberfeld der späten Bronzezeit und frühen Eisenzeit mit 180 Bestattungen in Grabanlagen unterschiedlicher Bauweise konnte bei Königshoven, Stadt Bedburg/Erftkreis, freigelegt werden.
Die bereits erwähnten problematischen Erhaltungsbedingungen gelten auch für die Siedlungsreste der vorrömischen Eisenzeit. In ihrer Gesamtheit wurde bislang nur die Siedlung von Hambach, Gde. Niederzier/Kr. Düren, erforscht. Innerhalb einer langovalen Wehranlage, bestehend aus Graben und Wall mit Brustwehr, ließen sich auf einer Fläche von drei Hektar die Grundrisse von etwa 265 Häusern nachweisen. Der Ort mit knapp 1000 Einwohnern bestand in der Zeit von 120/100 bis 60/50 v. Chr. Obwohl keine Anzeichen für ein gewaltsames Ende sprechen, liegt es nahe, die Siedlung mit dem Stamm der Eburonen in Verbindung zu bringen, der von Caesar im Jahr 53 v. Chr. in dieser Gegend vernichtend geschlagen wurde. Von diesem Grabungsplatz stammt ein bemerkenswerter Goldschatz.
Aus der Masse der Grabungen, die das Rheinische Amt für Bodendenkmalpflege ständig in den großen und kleinen Orten der Römerzeit im Rheinland vorzunehmen hat, verdienen die Untersuchungen der vergangenen Dekade in Bonn besondere Beachtung. So konnte festgestellt werden, daß das kleine Militärlager etwa im Bereich zwischen der heutigen Universität und dem Bertha-von-Suttner-Platz beim Bau des großen Legionslagers im Norden aufgelassen wurde. Bauwerke militärischer Zweckbestimmung schnitt man südlich der Universität an. Zahlreiche Aufschlüsse zur römischen Topographie des zivilen Bonn erbrachten neuerdings auch Rettungsgrabungen im jetzigen Regierungsviertel. Dort stieß man auf die dichte Bebauung eines ausgedehnten Handwerkerviertels beiderseits der Limesstraße nach Süden – gut sechs km vom Legionslager entfernt. Erhöhte Aufmerksamkeit widmet die Bodendenkmalpflege bei ihren Grabungsaktivitäten in Bonn den Spuren der vorrömischen, ubischen Besiedlung. In wenigen Jahren haben sich viele archäologische Hinweise auf einen Hauptort dieses germanischen Stammes seit etwa 40 v. Chr. ergeben, so beispielsweise Gußformen für Münzschrötlinge und ein Töpferofen.
Archäologische Untersuchungen im Zuge von Baumaßnahmen in Dormagen/Kr. Neuss und Krefeld-Gellep haben in den vergangenen Jahren die Kenntnisse über die dortigen Auxiliarkastelle vertieft. Besonders in Gellep gelang es den kommunalen Bodendenkmalpflegern des Museums Burg Linn, die Geschichte des Lagers auch für die Spätantike, also die Zeit nach den Frankeneinfällen in der zweiten Hälfte des 3. Jahrhunderts, nachzuzeichnen. Die Belegung der großen Friedhöfe von Gellep-Gelduba – bis jetzt wurden an die 5700 Gräber untersucht – erstreckt sich ohne zeitliche Unterbrechung vom frühen 1. Jahrhundert bis zum Ende des 7. Jahrhunderts (s. S. 223 ff.). Kontinuierliche Bestattungen in Gräberfeldern – ein erheblich kleinerer, von der Spätantike bis ins frühe Mittelalter belegter Friedhof mußte 1986/87 in Jülich/Kr. Düren ausgegraben werden – fordern auch den archäologischen Nachweis einer entsprechenden ununterbrochenen Besiedlung am Ort.
Ein breites Spektrum von Fragestellungen zur ländlichen Infrastruktur der römischen Epoche konnte seit 1980 wiederum im Braunkohlenrevier entwickelt und einer weitestgehenden Klärung zugeführt werden. Am Beispiel von fünf benachbarten Gutshöfen bei Hambach, Gem. Niederzier/Kr. Düren, die im Abstand von 400 bis 800 m voneinander entfernt lagen und Hofflächen von ein bis drei Hektar einnahmen, lassen sich die wirtschaftlichen Grundlagen der florierenden provinzialrömischen Zivilisation der Römerorte im Rheinland ermessen. Die Auswertung der Grabungen in den landwirtschaftlichen Gütern mit ihren parzellierten Feldfluren, den Wohn- und Wirtschaftsgebäuden, den Brunnen und Grabstätten führt zu umfassenden Neuerkenntnissen über die Lebensverhältnisse der Landbevölkerung ebenso wie über die Produktion zur eigenen und fremden Versorgung (s. S. 235 ff.). Erzeugt wurde hauptsächlich Getreide, das über ein gut ausgebautes Straßen- und Wegenetz zum Verbraucher transportiert

werden konnte. Sichtbar werden auch der immense Landbedarf als Folge extensiver Wirtschaftsweisen und für das Rheinland zum ersten Mal Umweltschäden in Form starker Erosionsauswirkungen in einer immer mehr veränderten Kulturlandschaft.
Zu den bedeutendsten archäologischen Denkmälern der nördlichen römischen Provinzen zählt zweifellos der gemauerte Wasserkanal aus der Eifel bei Nettersheim/Kr. Euskirchen nach Köln. Das viele Jahre beanspruchende Forschungsprojekt einer archäologischen und topographischen Untersuchung der 95,4 Kilometer langen, über weite Strecken ausgezeichnet erhaltenen Fernwasserleitung, das

Goldschatz aus der eisenzeitlichen Siedlung von Niederzier-Hambach/Kreis Düren. Keltische Halsringe, Armring und Münzen.

1986 mit einer mustergültigen Publikation abgeschlossen werden konnte, klärte zahlreiche Fragen zur Technik und Baugeschichte dieser außergewöhnlichen antiken Ingenieurleistung (s. S. 196 ff.).
Wie bereits kurz angedeutet, verbinden sich viele Aspekte der provinzialrömischen Archäologie im Rheinland mit der Frage nach der Kontinuität, der bruchlosen Siedlungsfolge seit der vorrömischen Zeit bis in das frühe Mittelalter. Ein spezielles Interesse der archäologischen Denkmalpflege gilt in diesem Zusammenhang der einheimischen Bevölkerung und dem Romanisierungsprozeß, der in gewissen ländlichen Regionen der Provinz Germania inferior offenbar unterschiedlich abgelaufen ist. Ausgrabungen während der letzten Jahre in einem Gräberfeld bei Tönisvorst/Kr. Viersen und in Landsiedlungen bei Weeze/Kr. Kleve sowie Dülken, Stadt Viersen, bestätigten die aufgrund von Prospektionsresultaten angenommene Existenz einer Besiedlung durch eine eingesessene Bevölkerung vom 1. bis 3. nachchristlichen Jahrhundert mit deutlichen Bezügen zur vorausgehenden Spätlatènezeit.
Nach der fränkischen Inbesitznahme des Rheinlandes um die Mitte des 5. Jahrhunderts verdichtet sich wieder das archäologische Fundspektrum. Gezielte Fragestellungen der Bodendenkmalpflege befassen sich mit den frühmittelalterlichen Siedlungsstrukturen des 6. und 7. Jahrhunderts, die vielfach die Grundlage für die spätere Entwicklung von Dörfern und Städten bilden. Aus den mehr oder weniger vollständig ausgegrabenen oder auch nur durch Einzelfunde lokalisierten Reihengräbern jener Zeit mit bisweilen reichen Bestattungen des Ortsadels lassen sich unter Berücksichtigung historischer Quellen wie am Beispiel Rheidt, Stadt Niederkassel/Rhein-Sieg-Kreis, Rückschlüsse auf die fränkischen Hoflagen ziehen (s. S. 276 ff.).
Im rheinischen Braunkohlenrevier gelingt es der archäologischen Denkmalpflege besonders dort, wo Dörfer und Weiler unserer Zeit den Kohlebaggern weichen müssen, die diffizilen Nachweise frühmittelalterlicher Holzbauten zu erbringen. Bei Königshoven, Stadt Bedburg/Erftkreis, wurde so die Siedlungsgeschichte seit der Entdeckung des bekannten Adelsgrabes von Morken im Jahre 1955 durch die neueren Untersuchungen des zeitgleichen Hauptfriedhofs und von Hausresten Schritt um Schritt ergänzt (s. S. 279 ff.).
Die siedlungsarchäologischen Aktivitäten vor den Abbaukanten im rheinischen Braunkohlengebiet liefern auch neue Aspekte zur Aufsiedlung der Lößbörden während des hohen und späten Mittelalters. Es zeigt sich u. a., daß im 10. Jahrhundert Einzelhöfe und verstreute Hofgruppen das Siedlungsbild bestimmten und eine Konzentration zu geschlossenen Dörfern an Straßenzügen erst später einsetzte. Ortslagen wie Lohn, Stadt Eschweiler/Kr. Aachen, wurden zwischen 1982 und 1984 durch Grabungsflächen und Suchschnitte mit einer Gesamtausdehnung von ca. 150 000 m^2 untersucht. Ein bemerkenswerter Einzelerfolg der planmäßigen Feldforschung in den abgehenden Ortschaften ist die für das Rheinland erstmalige Entdeckung eines mittelalterlichen Fluchtgangsystems im ehemaligen Kern des schon mehrfach erwähnten Ortes Königshoven.

Es bedarf wohl keiner besonderen Betonung, daß in zahlreichen historischen Stätten vom Mittelalter bis zur Neuzeit – man denke nur an Turmburgen, Stadtbefestigungen, Klöster, Kirchen und Synagogen, um nur einige zu nennen – immer wieder Sondagen und Grabungen zur dokumentarischen Bewahrung der bedrohten archäologischen Substanzen durchgeführt werden müssen, die unser durch schriftliche Zeugnisse oftmals nur unzulänglich gestütztes Wissen in vielen Fällen erheblich bereichern. In den Altstädten können auch nur punktuell vorgenommene, dem jeweiligen Anlaß entsprechende Rettungsgrabungen und Beobachtungen von Bodenaufschlüssen in ihrer Summe nach gewisser Zeit wichtiges Material für stadtarchäologische Forschungen ans Tageslicht fördern. Ungleich ergiebiger sind jedoch konzentrierte Sicherungsgrabungen, wie sie seit 1980 in Duisburg von der dortigen städtischen Bodendenkmalpflege mit hohem Einsatz betrieben werden. Am Alten Markt war es möglich, Baureste und Schichtenfolgen vom 5. bis ins 20. Jahrhundert freizulegen und die Baugeschichte dieses typischen Stadtquartiers in zahlreichen Einzelheiten nachzuzeichnen (s. S. 294 ff.).
Profunde neue Erkenntnisse für die Sozialgeschichte des Mittelalters, Medizin(geschichte) und Anthropologie versprechen die jüngsten Untersuchungen des Friedhofs bei der Leprastation Gut Melaten, Stadt Aachen. Diese soziale Einrichtung des Mittelalters, die als solche in vielen Städten Europas zwar historisch nachgewiesen, aber noch nie mit den Methoden der Archäologie, Medizin und Naturwissenschaften erforscht wurde, bestand augenscheinlich schon vor ihrer ersten urkundlichen Erwähnung im Jahr 1230. Auch über die weitere Nutzung von Hof und Begräbnisstätte nach dem Verschwinden der Seuche und der Auflösung des Leprosoriums in der Mitte des 16. Jahrhunderts werden die nun anstehenden Auswertungen, die weit über

Bau des Fluchtgangsystems von Jüchen-Garzweiler/Kreis Neuss (Rekonstruktion).

das gewohnte Alltagsgeschäft der Bodendenkmalpflege hinausreichen, Klarheit verschaffen.

Nirgendwo sonst finden sich auf so engem Raum Töpfereien und Töpfereizentren des Mittelalters und der frühen Neuzeit in solch großer Zahl wie im Rheinland. Die Bodendenkmalpflege hat sich dieser Denkmälergattung während der vergangenen Jahre mit besonderer Sorgfalt angenommen und im Verlauf von Rettungsgrabungen in Duisburg, Frechen, Langerwehe und Siegburg Brennöfen und Fehlbrandhalden untersucht. Über die Keramiktypologie und die technischen Produktionsvorgänge hinaus werden vor allem für das 15. bis 17. Jahrhundert, lange vor dem industriellen Zeitalter, frühe Entwicklungszüge rheinischer Wirtschaftsgeschichte sichtbar (s. S. 341 ff.).

Das vorläufig jüngste Zielobjekt der bodendenkmalpflegerischen Bemühungen im Rheinland um Denkmäler, deren Bedeutung und Wertschätzung in Verbindung mit ihrem Alter einer ständigen Relativierung unterworfen ist, stellt der Westwall dar, dessen Reste auf weite Strecken erhalten sind. Als bedrückendes Zeugnis der Zeitgeschichte erfüllen die verfallenden Bunker, Geschützstellungen und Höckerlinien die Bedingungen einer Unterschutzstellung, die für lange Abschnitte bereits erfolgt ist.

Visitenkarte und Bilanzvorlage jeder wissenschaftlichen

Einrichtung sind die Publikationsaktivitäten. Die rheinische Bodendenkmalpflege hat sich seit jeher bemüht, die Ergebnisse ihrer Arbeit schnell und mit hohem Qualitätsstandard zu veröffentlichen. Dies geschieht in verschiedenen Reihen und Jahrbüchern, die weitestgehend seit Jahrzehnten bestehen und einen festen Platz in der Fachliteratur innehaben. Angestammtes Publikationsinstrument für große und kleine Abhandlungen, den Jahresbericht und die Fundchronik sind die international renommierten „Bonner Jahrbücher", die gemeinsam vom Amt, vom Landesmuseum und vom Verein von Altertumsfreunden im Rheinlande herausgegeben werden und deren 190. Band Ende 1990 erscheinen wird. Monographien, aber auch gesammelte Beiträge zu bestimmten Themenkreisen, können in der Reihe „Rheinische Ausgrabungen" vorgelegt werden, die bisher 29 Bände umfaßt, von denen die letzten neun seit 1980 herausgekommen sind. Nach wie vor besteht die Möglichkeit, die Forschungen interner und externer Wissenschaftler zur rheinischen Bodendenkmalpflege und Feldarchäologie in den bestehenden Reihen des Landesmuseums zu drucken, so beispielsweise in den „Beiheften der Bonner Jahrbücher", in den „Schriften des Rheinischen Landesmuseums" sowie in den „Archaeo-Physika". Letzterer Reihentitel ist für technische und naturwissenschaftliche Beiträge zur Archäologie bestimmt. Wenig zweckmäßig erscheint die Fortsetzung der Reihe „Archäologische Funde und Denkmäler des Rheinlandes", in der bis 1982 Kreisinventare nach dem Stand vor der Gebietsreform von 1975 vorgelegt worden sind. Immerhin liegt der 1982 von Manfred Groß verfaßte Band über das eingetragene Bodendenkmal „Der Westwall zwischen Niederrhein und Schnee-Eifel" nun in der dritten Auflage vor. Sonderpublikationen wie die „Zeichenrichtlinien für topographische Pläne der archäologen Denkmalpflege" runden die Produktion an fachwissenschaftlicher Literatur ab.

Zu den vorrangigen Aufgaben der Bodendenkmalpflege zählen nicht nur die wissenschaftliche Auswertung und Veröffentlichung ihrer Forschungen für den naturgemäß begrenzten Kreis von Fachleuten inner- und außerhalb der Region. Nicht minder wichtig ist es, neue Entdeckungen und Erkenntnisse einer breiten Öffentlichkeit, dem „interessierten Bürger" zu vermitteln. Aufmerksamkeit für das Fach in größerem Kreise zu wecken und zu fördern und damit auch um Verständnis für die mitunter recht komplizierten Anliegen der archäologischen Denkmalpflege zu werben ist das Ziel von allgemeinverständlichen Publikationen. Öffentlichkeitsarbeit dieser Art wurde von der rheinischen Bodendenkmalpflege schon immer betrieben, dennoch bestand und besteht Bedarf an verstärkter populärwissenschaftlicher Publikationstätigkeit. Seit 1988 wird daher vom Amt das Jahrbuch „Archäologie im Rheinland" herausgegeben, in dem zahlreiche Autoren die aktuellen Ergebnisse ihrer Arbeit aus dem Vorjahr in knapper Form und mit ansprechender Illustration präsentieren. Eine weitere neue Publikationsreihe liegt in den „Führern zu archäologischen Denkmälern im Rheinland" vor, deren erster Band von Klaus Grewe über den „Römerkanalwanderweg" von der Eifel nach Köln 1988 erschienen ist. Weitere Titel sind für die kommenden Jahre geplant.

Durch die Ausrichtung von Ausstellungen wendet die rheinische Bodendenkmalpflege ein weiteres wirksames Kommunikationsmittel in der Öffentlichkeit an. Seit 1976 wurden in Bonn regelmäßig große Ausstellungen zu den neuesten Ausgrabungen veranstaltet – bis 1980 in einjährigem, von 1981 bis 1987 in zweijährigem Turnus. Zu diesen gutbesuchten „Mustermessen der rheinischen Archäologie" erschienen unter dem Titel „Ausgrabungen im Rheinland" instruktive Führer. Es ist beabsichtigt, nach der Konsolidierung des Fachamtes wieder mit derartigen Präsentationen fortzufahren, wobei gegenüber der früher geübten Form einer mehr allgemeinen Leistungsschau nun der Vorzug einem bestimmten Schwerpunktthema gegeben werden könnte, wie dies schon bei der letzten Ausstellung 1987 der Fall war, die man den siedlungsarchäologischen Aspekten in Dörfern und Städten des Rheinlandes gewidmet hatte. Neben solchen Großausstellungen veranstaltet das Fachamt durch seine Außenstellen immer wieder kleinere Präsentationen in den Kommunen des Arbeitsbereiches, um der Bevölkerung möglichst rasch Einblick in frisch gewonnene Erkenntnisse aus dem unterirdischen Archiv zu verschaffen.

Zum weiten und in Zukunft noch intensiver zu nutzenden Feld der Erkenntnisvermittlung gehören auch die konservierten, restaurierten und zum Teil rekonstruierten archäologischen Denkmäler im Gelände. Als buchstäblich und leibhaftig begehbare Lehr- und Schauobjekte sind sie bestens geeignet, archäologische Zeugnisse weiten Bevölkerungskreisen begreiflich und faßbar zu machen.

Beliebte Ausflugsziele des „Bildungstourismus" sind zum Beispiel die konservierten Reste von römischen Matronenheiligtümern bei Bad Münstereifel und Nettersheim/Kreis Euskirchen und die Tempelanlage von Varnenum bei Aachen-Kornelimünster. Auch der 1988 eingerichtete,

Matronenheiligtum von Bad Münstereifel-Noethen (Pesch).

etwa 115 km lange Wanderweg entlang der römischen Wasserleitung von der Eifel bis nach Köln erfüllt seinen Zweck, nämlich Kulturdenkmalkunde in der Natur, an Ort und Stelle, direkt zu gewähren und damit das Verständnis für Geschichte zu fördern.

Die Erhaltung und Präsentation archäologischer Denkmäler gelingt nicht nur auf dem freien Lande. Auch in städtischen Bereichen ist es möglich – wenn auch in aller Regel weitaus mühsamer – Relikte der Vergangenheit vor ihrer endgültigen Zerstörung durch den Bagger zu bewahren und als archäologische Zonen in das urbane Umfeld zu integrieren. Beispiele hierfür sind, um nur einige zu nennen, die spätmittelalterlichen/neuzeitlichen Töpferöfen in Frechen, die Stadtstrukturen des Mittelalters im Zentrum von Duisburg sowie die Hafenbefestigungen des 16. Jahrhunderts in Düsseldorf. Am originalen Fundort können charakteristische Baureste römischer Thermen in Zülpich/Kreis Euskirchen, und am Collegium Albertinum in Bonn besichtigt werden. Es sollte aber selbstverständlich sein, daß die dauerhafte Erhaltung archäologischer Originalbefunde nicht nur Konservierungs- und Restaurierungsarbeiten, sondern auch die Erschließung durch Informationshilfen vor Ort und Literatur sowie die angemessene Pflege der Anlage bedeuten. Dies zusammengenommen kann von den Archäologen im Dienste der Bodendenkmalpflege nicht geleistet werden; sie bedürfen hier ganz besonders der Unterstützung durch die Bürger und die zuständigen Kommunen, die derartigen Projekten zumeist aufgeschlossen gegenüberstehen.

Fortschritte waren jüngst auch in einem anderen wichtigen Teilbereich der amtlichen Bodendenkmalpflege zu erzielen. Wie man weiß, bedürfen die professionellen Archäologen allerorts der Unterstützung seitens ehrenamtlicher Mitarbeiter. Selbst bei einer Idealausstattung mit Personal und Sachmitteln wäre die Landesarchäologie niemals in der Lage, die geforderten Leistungen so flächendeckend zu erbringen, wie dies von Laienhelfern im Lande uneigennützig und beständig getan wird. Man denke nur an die Masse von Fundplatz- und Baustellenbeobachtungen sowie an Kontakte mit Grundeigentümern, Bauherren und örtlichen Behörden. Manche Aktivitäten von amtlicher Seite entstehen erst aufgrund der Meldung eines ehren-

amtlichen Mitarbeiters, und viele laufende Untersuchungen werden durch diese Helfer, die aus allen Kreisen der Bevölkerung kommen, tatkräftig gefördert.
Die Zusammenarbeit zwischen dem Rheinischen Amt für Bodendenkmalpflege und seinen ehrenamtlichen Mitarbeitern bedurfte einer Neuorientierung. 1988 gelang es, die partnerschaftlichen Ziele, Aufgaben und Pflichten in der Kooperation der Beteiligten durch grundsätzliche Richtlinien neu zu fassen. Damit verpflichten sich auf der einen Seite das Amt zur kontinuierlichen fachlichen Betreuung und auf der anderen Seite die „Ehrenamtlichen" zu einem ebenso sachgerechten wie selbstlosen Einsatz fernab jeglicher Altertumsromantik und Sammelleidenschaft.
Die praxisgerechte Aus- bzw. Fortbildung des fachlichen Nachwuchses gehört ebenfalls zu den Aufgaben der rheinischen Bodendenkmalpflege. In der Grabungstechnik Auszubildende durchlaufen im Fachamt eine dreijährige Lehrzeit, die zur Teilnahme an der Grabungstechnikerprüfung berechtigt. Für den wissenschaftlichen Nachwuchs aus archäologischen und benachbarten Fächern, der in aller Regel auf den Einsatz in einer Fachbehörde nicht oder nur unzulänglich vorbereitet ist, sind zweijährige Volontariate eingerichtet.
Jeder Gedanke an Perspektiven und zukünftige Aktivitäten hat sich an der Arbeitssituation der Bodendenkmalpflege zu orientieren, die sich je nach konjunkturellen und regionalen Voraussetzungen unterschiedlich darstellt und die sich auch jederzeit verändern kann. Damit werden die Arbeitsbedingungen als Basis aller Tätigkeiten zum ersten Ansatzpunkt von Erwägungen, wie sich die rheinische Bodendenkmalpflege in Zukunft gestalten läßt. Was also ist zunächst erforderlich, um die vorrangigen Ziele – die Verrichtung der Alltagsarbeit, der Abbau von Altlasten und die Entwicklung und Durchführung neuer Arbeitsschwerpunkte – zu erreichen?
Der oben schon geschilderte Ausbau des Fachamtes mit Personal sowie die sachgerechte materielle Ausstattung sind die grundlegenden Voraussetzungen für eine wirkungsvolle Bodendenkmalpflege im bevölkerungsreichsten Land der Bundesrepublik. Verbesserte Rahmenbedingungen werden schon nach dem Umzug von drei der vier Außenstellen in neue, zweckmäßige Quartiere spürbar. Ende 1989 konnte die Außenstelle Overath ihre provisorische Unterbringung in der Bonner Zentrale verlassen und das Gut Eichthal bei Overath/Rheinisch-Bergischer Kreis beziehen. Die Außenstelle Zülpich wird in Nideggen-Wollersheim/Kreis Düren und die Außenstelle Niederzier in Titz-Höllen/Kreis Düren geeignete Domizile finden. Schließlich ist auch für die Amtszentrale in Bonn wegen des bevorstehenden Umbaus des Landesmuseums eine neue Unterkunft in operativer Nähe zu diesem Nachbarinstitut vorgesehen, womit die drangvolle Enge in allen Amtsräumen endlich behoben sein wird.
Selbst bei denkbar besten personellen und materiellen Voraussetzungen wird es notwendig sein, innerhalb der umfassenden und durch das Denkmalschutzgesetz vorgeschriebenen Aufgaben Schwerpunkte zu Lasten anderer Arbeitsbereiche zu bilden. Solche Schwerpunkte sind schon deshalb unumgänglich, weil ein Fachamt wissenschaftlichen Anforderungen in hohem Maße gerecht werden muß und seine Arbeit auf vielen Ebenen durch stets neu zu entwickelnde Fragestellungen und Methoden dem Fortschritt zu folgen hat. Es versteht sich von selbst, daß eine direkt in den Vollzug des Denkmalschutzgesetzes eingebundene Fachbehörde rein akademischen Fragen, so interessant und bedeutsam sie auch immer sein mögen, nicht nachgehen kann. Wissenschaftliche Schwerpunkte in der Landesarchäologie müssen so gesetzt werden, daß die Ergebnisse unmittelbar in die Theorie und Praxis der Bodendenkmalpflege einfließen können.
Die rheinische Bodendenkmalpflege befaßt sich neben den seit längerem laufenden Schwerpunktarbeiten – z. B. im speziellen Komplex der Archäologie im Braunkohlerevier – mit einer Reihe von neuen Themen. So wird derzeit im interdisziplinären Erfahrungsaustausch über die Grenzen des Rheinlandes hinaus versucht, die bodendenkmalpflegerischen Erfordernisse im Zusammenhang mit Stadtsanierungen genauer zu definieren. Laufende und geplante Sanierungsmaßnahmen in zahlreichen Städten des Rheinlandes gefährden die letzten unversehrten Reste vergangener Stadtstrukturen in den wenigen verbliebenen Freiflächen. Zusammen mit dem zuständigen Ministerium, den Stadtverwaltungen und mit Historikern, Architekten und Stadtplanern muß ein Weg gefunden werden, die archäologisch bedeutsamen Bereiche dauerhaft zu erhalten oder dort, wo ein solcher Schutz erwiesenermaßen nicht möglich ist, als letzten und stets problematischen Schritt eine planmäßige Ausgrabung als wenigstens dokumentierte Zerstörung des Bodendenkmals vorzunehmen. Andere Schwerpunktprogramme des Fachamtes sind auf die Entwicklung von Kulturlandschaften, hier am Beispiel der Region am Niederrhein bei Kleve, auf die Erforschung der Römerstraßen im Rheinland sowie auf die Spuren frü-

her Industrie in der Eifel und im Bergischen Land ausgerichtet.
Die Bodendenkmalpflege im Rheinland ist stets bestrebt, Unterstützung von anderer Seite zu erhalten, um eine kostenträchtige Idee trotz bestehender Zwangslage im Personal- und Sachmittelbereich doch noch in die Tat umzusetzen. Neben der Deutschen Forschungsgemeinschaft und verschiedenen Stiftungen, die entsprechende Mittel bereitstellen, sind die Kommunen als organisatorische Helfer besonders nützlich, wenn beispielsweise mit Zeitpersonal gezielte Maßnahmen durchgeführt werden müssen, die ansonsten nicht zu realisieren wären. Arbeitsbeschaffungsmaßnahmen der Bundesanstalt für Arbeit spielen dabei eine besondere Rolle. Von großer Bedeutung für die zukünftige Arbeit der archäologischen Denkmalpflege im Braunkohlerevier wird die „Stiftung zur Förderung der Archäologie im Rheinischen Braunkohlerevier" sein, die seit Jahren in der Diskussion steht und die jetzt von der Rheinbraun AG und dem Land Nordrhein-Westfalen eingerichtet werden soll. Der jährliche Stiftungsertrag wird es ermöglichen, zusätzliche Untersuchungsvorhaben von der Prospektion über die Ausgrabungen bis zur Auswertung und Veröffentlichung durchzuführen.
Vornehmstes Ziel jeder archäologischen Denkmalpflege muß die dauerhafte Erhaltung der Bodendenkmäler sein. Ausgrabung, Dokumentation und Auswertung sind nur die Folgeerscheinungen eines Urteilsspruches zuungunsten der Bodenurkunde, die stets einmalig und nicht reproduzierbar ist. Auch im Rheinland gilt es daher, die Schutzbestimmungen des Gesetzes voll zu nutzen und darüber hinaus nach weiteren Möglichkeiten zu suchen, gefährdete archäologische Stätten wirkungsvoll zu sichern. Ein probates, aber aufwendiges Mittel ist die Ausweisung von „Archäologischen Reservaten". Hierzu muß das betreffende Gelände angekauft und in öffentlichen bzw. zweckorientierten Besitz übergeführt werden. Erstmals im Rheinland gelang dies 1989 mit Hilfe der Nordrhein-Westfalen-Stiftung, die die Urdenbacher Kämpe bei Monheim mit dem Schloßgut „Haus Bürgel" erwarb, in dessen brüchigem Gemäuer noch meterhoch die Reste eines spätrömischen Kastells erhalten sind. Im selben Jahr konnte auf gleiche Weise grünes Licht für den Ankauf von Flächen einer römischen Siedlung am Tempelbezirk von Varnenum bei Aachen-Kornelimünster gegeben werden. Das durch Bauprojekte, landwirtschaftliche Nutzung und nicht zuletzt durch Raubgräber ständig bedrohte riesige Areal des römischen Legionslagers Vetera I auf dem Fürstenberg bei Xanten soll demnächst als „Archäologisches Reservat" eingerichtet werden und somit einer Nachwelt erhalten bleiben, die bei ihrer Suche nach historischer Erkenntnis auf den Bestand an antiken Denkmälern angewiesen ist, den wir ihr heute hinterlassen.

Die Colonia Ulpia Traiana und der Archäologische Park Xanten

Gundolf Precht

Als der königlich preußische Notar Ph. Houben vor mehr als 150 Jahren auf eigene Kosten Ausgrabungen nordwestlich der mittelalterlichen Stadt Xanten unternahm, galt sein Interesse weniger der Erforschung der von Kaiser Traian um 100 n. Chr. gegründeten Zivilstadt Colonia Ulpia Traiana, deren steinerne Überreste durch mittelalterlichen Steinraub obertägig längst verschwunden waren, als vielmehr dem Besitz schöner Funde für seine Sammlung antiker Kostbarkeiten. Eine Genehmigung für seine Arbeiten benötigte er damals noch nicht. Archäologische Ausgrabungen wurden ausschließlich von interessierten, begüterten Privatleuten oder vom herrschenden Adel durchgeführt.

Im Jahre 1839 veröffentlichte Ph. Houben in einem reich bebilderten, handkolorierten Werk mit dem Titel „Denkmäler von Castra Vetera und Colonia Traiana in Ph. Houben's Antiquarum zu Xanten" seine Grabungsergebnisse. Houben verdanken wir so den ersten archäologischen Fundstellenplan Xantens. Seine Sammlung wurde indes nach dem Tode versteigert und zerstreut. Doch das wissenschaftliche Interesse an der Römerstadt war geweckt. In der 2. Hälfte des 19. Jahrhunderts nahm sich der Niederrheinische Altertumsverein der Erforschung der Römerstadt an.

Es konnten der Verlauf der Stadtmauer festgestellt und erste Hinweise auf Großbauten, darunter einen Thermenkomplex, gewonnen werden. In der Südostecke der Stadt fand man im Jahre 1888 das Amphitheater. Der Nachweis der eigentlichen städtischen Struktur entzog sich jedoch den damaligen Untersuchungsmethoden.

In den dreißiger Jahren setzte das Rheinische Landesmuseum Bonn die Ausgrabungen in der antiken Stadt fort, wobei unter anderem die Fundamente des Amphitheaters freigelegt wurden. Wegen der Einmaligkeit der antiken Arena im nördlichen Rheinland entschloß man sich, die Reste zu konservieren und zur Besichtigung freizugeben. Das Amphitheater wurde zur Attraktion für viele Besucher am Niederrhein. Damals fand man auch bereits die Hafenanlagen vor der östlichen Stadtmauer.

Erst nach dem Zweiten Weltkrieg begann die Überbauung antiker Stadtareale, als die Stadt Xanten Flächen für die Gewerbeansiedlung benötigte. Bei den seinerzeit vom Rheinischen Landesmuseum Bonn unternommenen Notgrabungen wurden ein Handwerker- und Gewerbeviertel, die bereits im 19. Jahrhundert entdeckten Thermen sowie einige Straßen freigelegt. Trotz der in großer Eile durchgeführten Grabungen konnten erste Einblicke in das städtische Gefüge dieser Römerstadt gewonnen werden.

Die Ergebnisse der Notgrabungen, ihr fielen große Teile der Westhälfte der Kolonie zum Opfer, fanden in wissenschaftlichen Veröffentlichungen ihren Niederschlag. Vor Ort blieb nichts, da die Überreste der römischen Bauten teils abgetragen, teils unter den Fundamenten moderner Hallen verschwanden. Bis Ende der sechziger Jahre dauerte der Raubbau an diesem einmaligen Bodendenkmal. Seine archäologische Bedeutung lag vor allem darin, daß die Kolonie als einziges antikes Stadtareal nördlich der Alpen lange Zeit unüberbaut geblieben war, wohingegen die beiden anderen römischen Städte Köln und Trier fortwährend besiedelt wurden und nur noch unzulänglich erforscht werden können. Der drohende Verlust dieses für die archäologische Forschung und die Öffentlichkeit somit bedeutenden Bodendenkmals konnte erst gestoppt werden, als es gelang, die noch verbliebenen römischen Stadtareale im Rahmen einer Freizeit- und Ferienerholungsanlage, die nördlich der antiken Stadt im Gefolge einer großen Auskiesungsmaßnahme geplant wurde, zu integrieren. Ein zwischen der Stadt Xanten und dem damaligen Kreis Moers (heute Wesel) sowie dem Landschaftsverband Rheinland abgeschlossener Vertrag sollte das erste archäologische Reservat in der Bundesrepublik für die Öffentlichkeit und archäologische Forschung sichern. In der Präam-

Xanten, Archäologischer Park. Ostteil der Colonia Ulpia Traiana. Blick von Süden auf das ausgelegte Straßennetz und auf die Teilrekonstruktionen von Amphitheater (unten), Stadtmauer (rechts), Tempel am kleinen Hafentor (oben) und die Rekonstruktion der Herberge (Mitte). ▷

bel des 1973 zwischen den Vertragsparteien geschlossenen Vertrages ist das Vorhaben umrissen:
„Der Archäologische Park Colonia Ulpia Traiana, Bestandteil einer geplanten Wochenend- und Ferienerholungsanlage, ist ebenso wie die Gesamtanlage als aktiver Freizeitbereich entsprechend Ziff. 6.12 des Nordrhein-Westfalen-Programmes 1975 geplant. Durch die Anlage des Parks soll unter Offenlegung und Sicherung der römischen Anlagen sowie durch Teilrekonstruktion antiker Einrichtungen und Landschaften der Bevölkerung eine bildungsbezogene Erholungsmöglichkeit populärwissenschaftlichen Charakters erschlossen werden."

Konzeption

Der Archäologische Park sollte zunächst über dem östlichen Drittel des antiken Stadtareals einschließlich des ehemaligen Rheinhafens errichtet werden. Die westlichen Stadtareale mit dem ehemaligen Stadtzentrum, durch eine im Jahre 1928 über die Römerstadt geführte Bundesstraße getrennt, blieben nach dieser Planung außerhalb des Archäologischen Parks. In dem als öffentlicher Park ausgewiesenen Schutzgebiet sollte der Bodendenkmalpflege die Möglichkeit geboten werden, die baulichen Überreste der Kolonie wissenschaftlich zu erforschen und anschließend der Öffentlichkeit zugänglich zu machen.
Grundvorstellung war, in diesem Archäologischen Park die Struktur der antiken Stadt mit ihren Straßen und Baublöcken (insulae), den Verlauf der Stadtbefestigung mit Gräben, Mauern, Türmen und Toren und einigen charakteristischen Bauten – öffentlichen wie privaten – sichtbar zu machen. Darüber hinaus sollten im Park „aktuelle Grabungen" Einblick in die tägliche Arbeit der Archäologen bieten und den Besucher am Prozeß der Ergebnisfindung beteiligen.
Infolge mittelalterlichen Steinraubes hat sich von der Colonia Ulpia Traiana über dem heutigen Gelände nichts mehr erhalten. Die Stadtanlage läßt sich daher nur durch Grabungen erschließen. Unter dem Gesichtspunkt eines größeren Informationswertes und besserer Anschaulichkeit sollten Teilrekonstruktionen von Bauwerken und technischen Einrichtungen vorgenommen werden.
In der ersten Phase der Erstellung des Parks wollten die Archäologen in der Südostecke der Colonia Ulpia Traiana die Stadtbefestigung, das Amphitheater sowie den Teilbereich einer Insula mit der Privatbebauung (Wohn-, Handwerker- und Gewerbebauten) ausgraben, konservieren und gegebenenfalls in Teilen rekonstruieren. Planungsziel war, die Anlagen nach Möglichkeit in der Nähe des Hafentores und des Amphitheaters zu konzentrieren, um in einem baulichen Ensemble – eingebunden durch die Ost- und Südmauer der Stadtbefestigung mit der Hafenanlage – Charakter und Bedeutung der römischen Stadt darzustellen.
In diesem „urbanen Bereich" sollte sich der zukünftige Besucher zugleich über die Arbeitsweise der Archäologen, über wesentliche Einrichtungen der römischen Stadtkultur (Zentralheizung, Wasserver- und -entsorgung und andere Infrastrukturen) informieren sowie in Handwerker- und Gewerbebauten an antiken Gerätschaften Arbeitsweisen und Produktionsvorgänge selbst nachvollziehen können, d.h. die konservierten und wiederhergestellten Einrichtungen sollten einen Aktivbereich bilden.
Die Gestaltung der Südostecke mit dem in den Jahren 1934-36 ausgegrabenen Amphitheater bildete den ersten Planungsschwerpunkt. Zunächst jedoch sollte die Begrenzung der Stadt archäologisch untersucht und anschließend durch Bepflanzung wieder sichtbar gemacht werden, wobei die Rekonstruktion eines Teilabschnittes einer Mauerkurtine mit Eckturm in die Überlegungen mit einbezogen wurde. Das Straßennetz sollte, nach den Untersuchungen wiederhergestellt, das Wegenetz des Parkes bilden. Alleebäume sollten die Begrenzungen der Insulae markieren, wobei der Rhythmus der Baumstämme an die die Straßen begleitenden Portikusständer erinnern würde. Die von Straßen begrenzten, ehemals dicht besiedelten Baublöcke sollten als Rasen bzw. Wiesenflächen hergerichtet und später für weitere wissenschaftliche Untersuchungen zur Verfügung stehen. An Einzelbeispielen sollten schließlich die Bereiche des Wohnens, Arbeitens und Handelns, des Vergnügens und der Spiele sowie der Bereich der Kulte, wenn auch nicht in ihrem ursprünglichen Umfang, so doch in wesentlichen Teilen wieder für jeden anschaulich dargestellt werden.
Nach den Vorstellungen des Rheinischen Landesmuseums Bonn, in dessen Obhut das Projekt durchgeführt wurde, sollten somit wichtige Elemente der Römerstadt und ihre städtebauliche Struktur nach und nach wieder entstehen und somit in einem einmaligen Nebeneinander von mittelalterlicher und römischer Stadt die städtebauliche Entwicklung seit der Römerzeit anschaulich dargestellt werden.

Realisation

Das für den Archäologischen Park vorgesehene östliche Stadtareal war bis auf wenige Bereiche völlig unerforscht. Erste systematische Grabungen durch das Rheinische Landesmuseum Bonn fanden in den dreißiger Jahren dieses Jahrhunderts an der Mittelzone der östlichen Stadtmauer statt. Hier konnten ein hölzerner Hafenkai und damit der Nachweis eines antiken Hafens an einem Rheinarm geführt sowie hinter der Stadtmauer ein größerer Podiumsbau angeschnitten werden. Die in diesem Grabungsbereich zum ersten Mal aufgedeckten älteren Siedlungsbefunde wurden mit einer einheimischen Siedlung des 1. Jahrhunderts n. Chr. in Verbindung gebracht. In der Südostecke der Stadt wurde damals auch das bereits im Jahre 1888 lokalisierte Amphitheater ausgegraben und in einer Grünanlage der Öffentlichkeit zugänglich gemacht. Nach dem Zweiten Weltkrieg fanden auf diesem Areal nur zwei kleine Untersuchungen statt, die aber keinen größeren Zusammenhang erkennen ließen.

Zunächst galt es, die bereits im 19. Jahrhundert an verschiedenen Stellen aufgedeckte Stadtmauertrasse durch exakte Ausgrabungen zu ermitteln. Bereits die ersten Untersuchungsergebnisse waren vielversprechend. So konnten schon bald der genaue Verlauf und Aufbau der Befestigungsanlage geklärt werden. Überraschend stellte sich heraus, daß die Mauer mit einer Reihe von Türmen befestigt war, die im Schnittpunkt jeder Straßenachse mit der Mauer angeordnet waren. Vor der Mauer lag zumindest auf der Südseite ein Doppelgraben. Auch die Mauerausbildung erwies sich komplizierter als angenommen. So konnte an der südlichen Mauertrasse eine Erdanschüttung (vallum) nachgewiesen werden, für die flußseitige Trasse jedoch eine mit Vorlagen gegliederte Mauer. Offenbar fürchtete man hier den Erddruck des Vallums bei Hochwasser, so daß man die relativ schwach dimensionierte Mauer (im Fundament ca. 1,80 m) anstelle des Vallums durch Wandvorlagen zur Stadtseite hin verstärkte. Werkplätze im Bereich der Mauer mit nicht verbauten Tuffhandquadern sicherten archäologisch den nur noch im Fundament bzw. Ausbruchgraben angetroffenen Mauerwerksaufbau. Schieferplatten im Umkreis der Türme und schließlich ein herabgestürztes Schieferdach gaben wichtige Hinweise für den oberen Abschluß der Turmbauten.

So konnten im Verlauf der archäologischen Untersuchungen genügend Hinweise zusammengetragen werden, die die Rekonstruktion eines Mauerabschnittes mit Türmen erlaubten. Diese Rekonstruktion der Südostecke mit dem differenzierten Mauersystem (Mauer mit Vallum und vorlagengegliederte Mauer mit hölzernem Wehrgang), den Türmen und den vorgelagerten Gräben vermittelt heute ein eindrucksvolles Bild einer römischer Stadtbefestigung des 2. Jahrhunderts n. Chr.

Durch die Rekonstruktion der Stadtmauer konnte das inzwischen in Teilen wiedererrichtete Amphitheater gleichsam architektonisch eingebunden werden. Dieses größte antike Bauwerk der Colonia Ulpia Traiana war seit der Ausgrabung in einer Grünanlage Besuchern Xantens zugänglich, aber durch Kriegs- und Umwelteinflüsse stark in Mitleidenschaft gezogen. Der Restaurierung des Ausgrabungsbefundes, im wesentlichen handelt es sich um die Fundamente, schloß sich eine gründliche wissenschaftliche Nachuntersuchung der bereits von Konrad Heidenreich 1940 vorgelegten Rekonstruktion an. Im Jahre 1978 wurde mit der Teilrekonstruktion eines Viertelsegments auf einem durch mittelalterlichen Steinraub weniger gut erhaltenen Bereich begonnen. Wegen der unbefriedigenden äußeren Erscheinung dieser Teilrekonstruktion wurde die gesamte Arenamauer mit dem dahinter liegenden Podium in den Wiederaufbau mit einbezogen, um somit einen fließenden Übergang zu dem restaurierten Grabungsbereich zu erreichen. Im Jahr 1983 konnten erstmalig mit Erfolg kulturelle Veranstaltungen im Arenarund abgehalten werden.

Erschlossen wird der Archäologische Park durch das in den siebziger Jahren nachgewiesene Straßennetz. Die Untersuchungen gestalteten sich seinerzeit schwieriger als angenommen, da, wie wir jetzt wissen, Straßentrassen vorcoloniazeitlicher Siedlungen bei Gründung der Colonia Ulpia Traiana zum Teil wiederaufgenommen worden waren, deren Achsen gelegentlich gegenüber den im Westteil der Kolonie beobachteten Straßenachsen divergieren. Nach den Untersuchungen wurden die Straßen mit Kies befestigt und entsprechend ihrer Richtung und Bedeutung mit unterschiedlichen Baumarten gesäumt.

Während bei der Rekonstruktion eines Stadtmauerabschnittes mit Türmen und bei der Teilrekonstruktion des Amphitheaters die antiken Baubefunde überbaut wurden und heute nicht mehr zugänglich sind, wurde über den freigelegten Bauresten an der Nordostecke der Hofumbauung des Kapitoltempels ein Schutzdach errichtet, das die Baubefunde vor Witterungseinflüssen schützen soll.

Eine ungewöhnliche und wohl einmalige Verknüpfung von Grabungsbefund, Schutzbau und Teilrekonstruktion

Xanten, Colonia Ulpia Traiana/Archäologischer Park. Teilrekonstruktion des Tempels am kleinen Hafentor.

Xanten, Colonia Ulpia Traiana/Archäologischer Park. Rekonstruktion des nördlichen Stadttores (sog. Burginatium-Tor). Stadtseitige Ansicht.

wurde mit der Präsentation des „Hafentempels" erreicht. Der bereits im Jahr 1934 sondierte Podiumsbau wurde in den Jahren 1976–78 systematisch untersucht. Das Ergebnis war eine monumentale, noch über 2 m hoch erhaltene Fundamentplatte von 24 x 36 m Größe, auf deren Oberfläche sich Abdrücke großer Quader erhalten hatten. Der Baubefund ließ einen Podiumstempel mit Säulenkranz und Cella erschließen. Von der aufgehenden Architektur hatten sich nur mehr faustgroße Reste erhalten; offenbar war der aus lothringischem Kalkstein bestehende Oberbau zerschlagen und zu Kalk gebrannt worden. Dennoch gelang es, sichere Hinweise auf Gestalt und Aufbau dieses Tempels zu gewinnen. Das Ergebnis der wissenschaftlichen Bearbeitung ließ es gerechtfertigt erscheinen, diesen bedeutenden antiken Befund zu sichern und gleichzeitig eine Teilrekonstruktion zu wagen. Der verlorengegangene Unterbau (Podium) des Tempels wurde in seinen Umrissen über dem archäologischen Baubefund freitragend hohl als Schutzbau wiederhergestellt, jedoch statisch so ausgelegt, daß darüber eine Teilrekonstruktion entstehen konnte und der Besucher jederzeit Befund und Rekonstruktion kontrollieren kann. Eine Information im Ausgrabungsbereich verdeutlicht die Zusammenhänge.
Bereits im Jahre 1975 begannen in der Nähe des sogenannten Kleinen Hafentores Untersuchungen mit dem Ziel, ein Handwerker- und Gewerbehaus, wie sie im Westteil der Kolonie nachgewiesen sind, aufzufinden und zu rekonstruieren, um exemplarisch ein römisches Wohn- und Handwerkerhaus vorzuführen und darüber hinaus zu beleben. Doch konnte aus den Ausgrabungsbefunden ein solches Haus nicht erschlossen werden. Vielmehr deutete der ergrabene Grundriß mit einer kleinen Thermenanlage auf eine Herberge. Ihre günstige Lage zum Hafen hatte ehemals den ankommenden Reisenden Unterkunft und Erfrischung geboten.
Im Rahmen eines wissenschaftlichen Fachkolloquiums wurde, wie bei allen übrigen Rekonstruktionsvorhaben im Archäologischen Park, das Projekt vorgestellt und erörtert. Wenn auch nicht in allen Aussagen letzte Übereinstimmung gewonnen werden konnte – der Baubefund hatte sich bestenfalls nur bis zur Fundamentoberkante erhalten – so konnten doch die entscheidenden Funktionsbereiche herausgearbeitet werden. Die Höhe des Gebäudes, das heißt die Zahl der Geschosse, ließ sich aus den aufgefundenen 0,65 m breiten Fundamentresten nicht eindeutig erschließen. Eher gaben die recht kräftigen Wandvorlagen auf der Ostseite des Gebäudes, die sich nicht mit einer eingeschossigen Bauweise erklären lassen, einen Hinweis. Auch die Straßenportikus vor dem Südtrakt, die sich mit ihrem Pultdach an eine höhere Fassadenwand gelehnt haben muß, spricht dafür, daß wir uns einen zweigeschossigen Baukomplex vorzustellen haben. Die Erschließung des Obergeschosses geschah wohl über hölzerne Treppen, die in den schmalen Korridoren des Osttraktes gelegen haben müssen. Die hofseitige, zweigeschossige Säulen-Portikus diente der Querverteilung zu den Einzelräumen und Appartements. Diese Architektur dürfte wohl manchen Reisenden aus den südlichen Regionen des Imperiums an seine mittelmeerische Heimat erinnert haben.
Die ursprüngliche Absicht, eines der typischen Handwerkerhäuser auszugraben und wieder aufzubauen, konnte mit dem aufgedeckten Herbergsgebäude nicht verwirklicht werden. Trotzdem schien es den Ausgräbern nicht uninteressant, diese Herberge mit ihren vielfältigen Funktionsbereichen wieder herzustellen und dem Besucher zugänglich zu machen. Heute kann der Besucher die Herberge mit den Unterkunftsräumen, dem großen Empfangssaal (oecus), mit der Küche und den einzelnen Appartements sehen. In einem Teilbereich betreibt ein Gastronom eine Taberna und eine römische Garküche (thermopolium). Dort kann der Besucher – soweit es die heutige Gastronomie möglich macht – römisches Bewirten erleben. Gekocht wird nach den Rezepten des römischen Gourmets Apicius (1. Jahrhundert n. Chr.).
Seit wenigen Monaten sind die Herbergsthermen fertiggestellt. Sie gehörten ursprünglich zur Herberge wie heute in manchen Hotels Schwimmbad und Sauna. Diese Herbergsthermen wurden voll funktionsfähig rekonstruiert, so daß in Zukunft zum ersten Mal in antiken Thermen Heizversuche durchgeführt werden können mit dem Ziel, den Wirkungsgrad der fossilen Brennstoffe zu messen, das Strömungsverhalten der Heizgase in den Hypokausten und Abgaskanälen sowie die Temperaturen der Baderäume, Wasserbecken, Böden und Wände genau zu ermitteln. Bereits jetzt kann man sicher sein, daß sich das Wagnis der Rekonstruktion für die Wissenschaft als ertragreich erwiesen hat. Indem die aus den Grabungen gewonnenen Erkenntnisse über römische Bautechnik in die Praxis umgesetzt werden, ist der Archäologische Park nicht nur eine Publikumsattraktion geworden, sondern zugleich eine Chance, die Methode römischen Bauens „im Experiment" nachzuvollziehen.
1985 wurden die Außenstellen Archäologischer Park und Regionalmuseum Xanten des Rheinischen Landesmu-

seums Bonn/Amt für Bodendenkmalpflege im Rahmen einer Neuorganisation zu einem selbständigen Institut innerhalb der Kulturabteilung des Landschaftsverbandes Rheinland. Seitdem nimmt das Amt die Aufgaben der Bodendenkmalpflege auf dem Gebiet des Archäologischen Parks Xanten wahr. Zu diesen Aufgaben gehören die Planung und Durchführung der Ausgrabungen in der Colonia Ulpia Traiana einschließlich der zum Archäologischen Park Xanten gehörenden Gebiete und die wissenschaftliche Auswertung, Publikation und Präsentation der Funde im Regionalmuseum, die Konservierung der Grabungsbefunde und deren Einbindung in den Archäologischen Park. Die archäologischen Untersuchungen auf diesem wohl herausragendsten Bodendenkmal in Nordrhein-Westfalen werden mit dem Ziel durchgeführt, diesen für die Geschichte der Region und des Landes bedeutenden Siedlungsplatz weiterhin systematisch zu erforschen und für die Öffentlichkeit zu erschließen und zugänglich zu machen.

Im Archäologischen Park Xanten kann der Besucher heute den Archäologen ungehindert über die Schulter schauen und sie bei der mühevollen Arbeit beobachten und dabei miterleben, wie Zug um Zug Mauerreste freigelegt, vermessen, gezeichnet und fotografiert werden. Hier wird die Erforschung einer antiken Stadt sichtbar, und der Besucher ist am Prozeß der Ergebnisfindung beteiligt.

Die sorgfältige, vom Druck der Bautermine befreite Forschungsarbeit der letzten Jahre hat bereits vielfältige wissenschaftliche Ergebnisse gebracht, die bei den Notgrabungen in den 50er und 60er Jahren nicht gemacht werden konnten. Damals mußte man sich zumeist auf die Freilegung der obersten Siedlungsschichten beschränken. Trotz der in aller Eile durchgeführten Notgrabungen gelang es den engagierten Archäologen, so gewaltige Bauten wie die großen Thermen ebenso aufzudecken wie die Häuser von Handwerkern und Gewerbetreibenden.

Heute wissen wir aufgrund unserer verfeinerten Grabungsmethodik und genaueren Beobachtungen, daß das Siedlungsareal der Römerstadt wesentlich vielschichtiger ist als zuvor angenommen wurde. So fand sich unter dem Forum der antiken Stadt zwischen den tief hinabreichenden, mächtigen Steinfundamenten der Forumsbasilika (Gerichtshalle) noch unterhalb frührömischer Fachwerkbauten aus dem 1. Drittel des 1. Jahrhunderts n. Chr. ein hallstattzeitlicher Friedhof, der bis in das 12. Jahrhundert v. Chr. zurückreicht. Die dazugehörende bronze- und früheisenzeitliche Siedlung konnte bisher noch nicht ausgemacht werden. Sie wird nicht allzu weit von diesem Friedhof gelegen haben und eines Tages unter den Siedlungsschichten der antiken Stadt zum Vorschein kommen. Ungeklärt sind bisher Funde aus dem Neolithikum, die vereinzelt bei den Ausgrabungen herausgekommen sind. Sie belegen zumindest, daß der Siedlungsplatz der späteren römischen Kolonie seit der jüngeren Steinzeit besiedelt war. Ob man sich diese Besiedlung kontinuierlich vorzustellen hat, läßt sich heute noch nicht sagen.

Auch die unmittelbar der Koloniegründung um 100 n. Chr. vorangehende Siedlungstätigkeit ist erst skizzenhaft erkennbar. Wohl können wir heute davon ausgehen, daß bereits in tiberischer Zeit (ca. 20/30 n. Chr.) am Ufer eines schiffbaren Nebenarms des Rheins von den Römern eine geplante Siedlung mit geradlinigen Straßen und Wegen, die sich zum Teil mit den Straßen der späteren Kolonie decken, angelegt wurde. Doch läßt sich noch nicht sicher sagen, ob ihre frühesten Bauspuren militärischen Ursprungs sind. Immerhin sind bereits vier aufeinanderfolgende Siedlungshorizonte des 1. Jahrhunderts n. Chr. sicher auszumachen.

Die bei den Ausgrabungen zutage geförderten Funde – in erster Linie handelt es sich dabei um Bruchstücke von Gefäßkeramik – sind für die Bewertung, Deutung und Datierung der Siedlungsbefunde von größter Bedeutung. Schwierigkeiten bereitet indes die wissenschaftliche Aufarbeitung des großen Fundaufkommens. Erst seit einem Jahr verfügt die Dienststelle über einen Personal-Computer, um die Fülle der Funde datenmäßig erfassen und auswerten zu können. Vor Einsatz dieses technischen Hilfsmittels muß jeder Einzelfund zunächst gereinigt, beschriftet und wissenschaftlich bestimmt werden. Wünschenswert für die Zukunft wäre es, auch die zeichnerische Dokumentation über die Datenverarbeitung zu erfassen, um die wissenschaftliche Bearbeitung zu rationalisieren und zu beschleunigen. Denn nach wie vor sind die meisten Grabungen der Nachkriegszeit unbearbeitet, so daß viele archäologisch bereits gesicherte, aber brachliegende Erkenntnisse für die weitere Forschung nicht zur Verfügung stehen.

Vielversprechend ist die in den letzten Jahren begonnene Zusammenarbeit mit den einschlägigen Instituten der Universitäten. Im Rahmen von Magisterarbeiten und Dissertationen kann hier ein Großteil älterer unpublizierter Grabungen aufgearbeitet und dadurch der Forschung zugänglich gemacht werden. Darüber hinaus sind mit dem archäologischen Institut einer benachbarten Universität in

den nächsten Jahren gemeinsam durchzuführende Ausgrabungen auf dem Areal des Archäologischen Parks geplant, um die Probleme zur Entwicklung dieser Siedlung in enger wissenschaftlicher Zusammenarbeit zu lösen. Damit zeichnet sich für die Zukunft eine der Hauptaufgaben der Bodendenkmalpflege in Xanten ab. Ihre Ergebnisse können vermutlich auch Hinweise auf bisher noch ungeklärte Fragen der Besiedlung des Kölner oder Bonner Raumes in römischer Zeit geben, deren Erforschung wegen der dichten mittelalterlichen und neuzeitlichen Bebauung dort wohl kaum noch möglich ist.

Das Land Nordrhein-Westfalen und der Landschaftsverband Rheinland haben sich nachdrücklich dafür ausgesprochen, die archäologische Forschung im Archäologischen Park Xanten schwerpunktmäßig zu fördern. Zweifellos wird das Nebeneinander von archäologischer Feldarbeit, konservierten Grabungsbefunden und Rekonstruktionen im Archäologischen Park als eine besondere Attraktion empfunden. Das Experiment, Geschichte zum Anfassen zu vermitteln, zu begreifen und zu erleben, scheint gelungen zu sein. Neben der didaktisch-musealen Präsentation des Archäologischen Parks gilt die Rettung eines der bedeutendsten Kulturdenkmäler, der letzten noch unüberbauten Römerstadt auf deutschem Boden, für die archäologische Forschung als der größte Erfolg.

Nach der breiten Zustimmung von Besuchern und Politikern gelang es wenige Jahre nach Eröffnung, das Konzept des Archäologischen Parks, der zunächst nur auf dem östlichen Stadtareal der Römerstadt errichtet werden sollte, auf das gesamte antike Stadtgebiet auszudehnen und somit in einer dicht bevölkerten Industrieregion mit stets drängenden Bauinteressen ein archäologisches Reservat von fast 100 Hektar Größe zu schaffen. Hier können in Zukunft, wo im Lande sonst jährlich tausende archäologische Fundstellen für immer verlorengehen, systematische Ausgrabungen durchgeführt werden mit dem Ziel, auch Bereiche antiken Lebens wissenschaftlich zu erforschen, die nicht durch schriftliche Quellen erfaßt oder deren Zeugnisse später durch kriegerische Ereignisse und Katastrophen verloren gegangen sind. Hier im Archäologischen Park wird man auch solche Bodenfunde aufspüren und erforschen können, die sich nur als Verfärbungen im Untergrund erhalten haben. Auf der Grundlage sorgfältiger wissenschaftlicher Arbeit wird hier Geschichte aufgedeckt und sichtbar gemacht.

◁ *Xanten, Colonia Ulpia Traiana/Archäologischer Park. Rekonstruierte Herberge. Säulenhalle (links), Hof und Badeanlage.*

Archäologie und Bodendenkmalpflege in Köln

Hansgerd Hellenkemper

Aus dem Selbstverständnis ihrer Geschichte begann Köln, die zweitgrößte Stadt Preußens, im 19. Jahrhundert mit eigenen archäologischen Forschungen.

Zwei Institutionen waren – in der Konkurrenz mit dem Rheinischen Provinzialmuseum in Bonn – Träger der frühen Bodendenkmalpflege in Köln, die Römische Abteilung des Wallraf-Richartz-Museums und das Prähistorische Museum (im Bayenturm der Kölner Stadtbefestigung). Bis zum Ersten Weltkrieg hatte sich die Kölner Forschung so weit eigenständig entwickelt, daß auf der Grundlage des Preußischen Ausgrabungsgesetzes für Köln ein „Staatlicher Vertrauensmann für kulturgeschichtliche Bodenaltertümer" ernannt wurde, dem die Archäologie und Bodendenkmalpflege in der Stadt oblag. Staatliche Vertrauensleute waren die jeweiligen Direktoren der städtischen archäologischen Sammlungen und – seit der Gründung im Jahre 1946 – des Römisch-Germanischen Museums.

Mit Verkündung des neuen Denkmalschutzgesetzes des Landes Nordrhein-Westfalen übertrug der Gesetzgeber 1980 in der Tradition des preußischen Gesetzes der Stadt Köln die wissenschaftlich-fachlichen Aufgaben der Bodendenkmalpflege für ihr Gebiet. Die parlamentarischen Vertreter würdigten damit die besondere Leistung und Eigenverantwortung der Stadt. In wirtschaftlich oft kritischer Zeit, insbesondere in den zwanziger und frühen dreißiger Jahren, hat Köln allein aus eigenen Mitteln die Verpflichtungen eingelöst und die archäologische Stadtforschung besonders gefördert.

Die Jahrzehnte nach Ende des Zweiten Weltkriegs standen für das Römisch-Germanische Museum im Zeichen des Wettlaufs mit dem unaufhaltsamen Wiederaufbau, der zu herausragenden Forschungen und Funden führte, aber zugleich auch große Verluste unterirdischer Geschichte bedeutete.

Mit dem Inkrafttreten des Denkmalschutzgesetzes begann nahezu zeitgleich die akute Finanznot der Kommunen, aus der Einsparungen, insbesondere im Personalhaushalt der Stadt Köln, resultierten. Die Bodendenkmalpflege des Römisch-Germanischen Museums war hiervon besonders hart betroffen, weil die Stellen wissenschaftlicher Mitarbeiter, die einem auswärtigen Ruf folgten, Opfer der Sparmaßnahmen wurden. Dies war um so schmerzlicher, als das Gesetz die Ziele bedeutend erweitert hatte: Schutz, Noteinsatz und wissenschaftliche Erschließung waren nun gleichrangige Aufgaben der Bodendenkmalpflege.

In dieser kritischen Lage erwies sich die Bindung der Bodendenkmalpflege an das Römisch-Germanische Museum für das archäologische Erbe der Stadt als rettender Anker. Dank des Engagements aller Mitarbeiter konnte die Schwelle zwischen Museums- und Feldarchäologie aufgehoben, die unterschiedlichen Aufgaben – trotz der Personalnot – gemeinsam und konzentriert wahrgenommen werden. Die Sorgen und Befürchtungen der Bodendenkmalpflege, die notwendigen Rettungsarbeiten und den Schutz der Bodendenkmäler nicht mehr angemessen unternehmen zu können, ließen sich durch das Engagement der verbliebenen Mitarbeiter und mit Hilfe des Ministers für Stadtentwicklung, Wohnen und Verkehr wie auch des Regierungspräsidenten lindern.

Heute nimmt das Römisch-Germanische Museum die Aufgaben eines archäologischen Fachamtes und der Unteren Denkmalbehörde für den Arbeitsbereich der Bodendenkmalpflege in Köln selbstbewußt und engagiert wahr. Das Römisch-Germanische Museum hat in den vergangenen Jahren einen tiefgreifenden inhaltlichen Wandel vollzogen. Erstes sichtbares Zeichen war die Unterschutzstellung des Neumarktes, ein weitläufiger Platz inmitten der Kölner Altstadt, der unter seinem Pflaster noch bedeutende Ausschnitte von zwei römischen Bauquartieren birgt. Dieser unterirdische Reichtum blieb bewahrt, weil sich seit der Wende zum zweiten Jahrtausend hier eine Marktfläche ausdehnte, die die römischen Zeugnisse nicht antastete. Der Rat der Stadt Köln entschied sich mit überwältigender Mehrheit für den Schutz dieses Erbes – bedroht durch die

Köln, Große Brinkgasse. Mosaikreste aus einer Villa vor den Toren der römischen Stadt. Dokumentation und Rettung während der Tiefbauarbeiten. ▷

STEINWEG

Hifi · Video · TV SONY
STADTSPARKASSE

Planungen einer Tiefgarage. Die bundesweite öffentliche Diskussion hat die Abwägung der unterschiedlichen Belange deutlich gemacht. Es ging nicht um die Bewahrung des Kulturerbes einerseits oder um die wirtschaftliche Entwicklung der Stadt andererseits, sondern um das sinnvolle Miteinander von Geschichte und Zukunft. Das unterirdische Archäotop (Archäologisches Reservat) Neumarkt bleibt erhalten, der notwendige Parkraum wird in unmittelbarer Nachbarschaft geschaffen.

Köln hat nach 1945, d. h. innerhalb einer Generation, mehr Bodendenkmäler verloren als in den zwei Jahrhunderten zuvor. Je geringer das noch vorhandene historische Erbe, desto bedeutender ist sein Wert für Gegenwart und Zukunft. Daher muß es das vorrangige Bestreben der Bodendenkmalpflege sein, die verbliebenen Denkmäler im Boden langfristig zu schützen und erst auszugraben, wenn alle anderen alternativen Schutzmöglichkeiten ausgeschöpft sind. Eine Ausgrabung bedeutet in der Regel den vollständigen Untergang des Bodendenkmals. Der Schutzgedanke hat daher Vorrang vor jeder wissenschaftlichen Neugier. Eine Reihe von Bodendenkmälern in Köln ist bereits in die Liste der Bodendenkmäler eingetragen und rechtskräftig unter Schutz gestellt, für andere sind die Verfahren eingeleitet.

Die wissenschaftliche Bearbeitung und Veröffentlichung der Ausgrabungsergebnisse hat mit der endlosen Kette von Notgrabungen und -bergungen in den vergangenen sechzig Jahren nicht Schritt gehalten. Daher sind bedeutende historische Urkunden nicht öffentlich zugänglich. Um solche „Altlasten" nicht weiter anzuhäufen, sondern in absehbarer Zeit abzutragen, hat das Römisch-Germanische Museum mit Förderung des Ministers für Stadtentwicklung, Wohnen und Verkehr ein Programm entwickelt, das es erlaubt, neben den täglichen Rettungsaufgaben die notwendige wissenschaftliche Arbeit zu leisten. Oft sind hierfür im Vergleich zu den Kosten einer Ausgrabung wesentlich geringere Aufwendungen notwendig, der Ertrag ist jedoch ungleich höher. Die Erfolge dieses Programms sind bereits erkennbar: So liegt eine Neubearbeitung des berühmten bandkeramischen Dorfes in Köln-Lindenthal vor, die Geschichte der synanthropen Vegetation in Köln, Studien zur Siedlungsgeschichte in Köln-Blumenberg, dem römischen Töpfereibezirk am Rudolfplatz, zu den Kölner Fundmünzen bis zum Jahre 1980, Untersuchungen zur Wasserverteilung und -entsorgung in der römischen Stadt sowie des reichen römischen Friedhofs an der Jakobstraße in Köln. Im Manuskript abgeschlossen sind „Die Ausgrabungen in St. Severin" und „Die römischen Malereifunde in Köln".

Die Erweiterung des wissenschaftlichen Gesichtskreises spiegelt sich nicht zuletzt im „Kölner Jahrbuch für Vor- und Frühgeschichte", gemeinsam vom Römisch-Germanischen Museum und der Archäologischen Gesellschaft herausgegeben.

Alle bisher aus Köln bekannt gewordenen römischen Inschriften einschließlich der Neufunde liegen gedruckt vor. Diese vollständige Inschriftensammlung erlaubt nun, einen Schritt weiterzugehen und ein archäologisches Inschriftenkataster zu erstellen, um Fragen zur ursprünglichen Aufstellung, Gruppenbildung oder auch zur Verschleppung in antiker und mittelalterlicher Zeit zu beantworten.

Aus den archäologischen Arbeiten haben sich Fragen ergeben, die ein Historiker mit seinem Handwerkszeug genauer beantworten kann. So vergab das Römisch-Germanische Museum Aufträge zur Untersuchung der rechtlichen Bedingungen von Wasserversorgung und -entsorgung im mittelalterlichen und frühneuzeitlichen Köln. In der Kölner Altstadt werden vielfach Brunnen aus dem Mittelalter und der frühen Neuzeit angeschnitten, deren Bau, Nutzungsrechte und Pflege städtischen Vorschriften unterlagen. Archäologische und historische Quellen können vielfach einander ergänzen; so ist beispielsweise die mittelalterliche Überlieferungsgeschichte des spätrömischen Kastells in Köln-Deutz ein Zeugnis für die Nutzung und das Nachleben römischer Bauten am Rhein.

Es ist verständlich, daß das Römisch-Germanische Museum ein solches Forschungsprogramm nicht allein leisten kann. So hat sich das Museum zu einer Verbundforschung mit zahlreichen auswärtigen Wissenschaftlern und Institutionen zusammengeschlossen. Die Arbeit an den unterschiedlichen Projekten führte zu einer Kooperation mit der Universität zu Köln – Institut für Klassische Archäologie, Institut für Altertumskunde und den natur-

◁◁ *Der Neumarkt in Köln. Ein Bodendenkmal mit zwei unterirdischen römischen Stadtquartieren.*

◁ *Das ehemalige mittelalterliche jüdische Kultzentrum am Kölner Rathaus, ein geschütztes Bodendenkmal (mit einer Glaspyramide über dem jüdischen Kultbad).*

wissenschaftlichen Laboratorien des Instituts für Ur- und Frühgeschichte – und der Rheinisch-Westfälischen Technischen Hochschule Aachen – Lehrstuhl für Alte Geschichte. Die gemeinsamen Erfahrungen mündeten in der Gründung des Archäologiezentrums Köln, eines Kreises von Wissenschaftlern mit dem Ziel, für Köln beispielhafte interdisziplinäre Forschungen zu unternehmen. In Köln ist damit die Chance gegeben, eine innovative Stadtarchäologie zu betreiben und so europaweit zu wirken.
Eingebunden in die Aufgaben der Bodendenkmalpflege und des Museums sind jährlich bis zu sechzig Studierende der Kulturwissenschaften aus dem In- und Ausland, die im Rahmen von Praktika an der archäologischen Dokumentation in den Ausgrabungen und Sammlungen des Museums teilnehmen. Erfahrungen und Gespräche haben ergeben, daß nicht Lehrgrabungen, sondern nur die Bedingungen der täglichen Praxis vor Ort die Realität archäologischer Arbeit und Forschung spiegeln und auf einen künftigen Beruf vorbereiten.
Zum Rückgrat der Archäologie und Bodendenkmalpflege im Römisch-Germanischen Museum gehören das Ortsarchiv mit seiner Dokumentation, die wissenschaftliche Inventarisation und das Fundarchiv. Das Ortsarchiv sammelt alle archäologischen Nachrichten zur Stadtgeschichte bis in die frühe Neuzeit. Die ältesten Quellen reichen bis in das 16. Jahrhundert zurück. Die Ordnung orientiert sich an der topographischen Gliederung der Stadt. Nach Straßen und Hausnummern erfaßt, sind alle bisher bekannten Fundnachrichten, Meldungen, Notbergungen und Ausgrabungsakten, insgesamt weit über 100 000 Einzelbelege, gesammelt; hinzu kommen Karten und Fundpläne. Jährlich werden derzeit bis zu 12 000 Bauanträge und Bebauungspläne mit diesen Archivunterlagen verglichen, Vorstudien unternommen und die Ausgrabungen vorbereitet. In gleicher Weise bieten die Archivalien Grundlagen für die Liste der Bodendenkmäler. Die wisssenschaftliche Inventarisation erfaßt alle beweglichen Funde aus den Ausgrabungen für die archäologische Auswertung. Im Fundarchiv sind die erfaßten beweglichen Kleindenkmäler seit 1923 jahrgangsweise geordnet. Zugleich erschließt eine nunmehr nahezu vollständige Standortkartei den gegenwärtigen Aufbewahrungsort, sei es in den öffentlich zugänglichen Schausammlungen des Museums, in den Studiensammlungen oder im Fundarchiv. Parallel hierzu

Köln, Gereonsviertel. Kopie eines Soldatengrabsteines zur Erinnerung an einen ehemaligen römischen Friedhof (Ausgrabungen 1985 und 1986).

sind Karteien zu den beweglichen Denkmälern im Aufbau, die das bisherige wissenschaftliche Schrifttum und die Restaurierungen festhalten.
Verfeinerte Bergungsmethoden und eine hohe Funddichte haben dazu geführt, daß die Restaurierungswerkstatt sich nahezu ausschließlich den Neufunden widmen muß, bei denen erste Sicherungsmaßnahmen sowohl für die organischen (Holz, Textilien, Leder u. a.) als auch für die anorganischen Stoffe (insbesondere Buntmetalle, Malerei und Glas) notwendig sind. Erst seit zwei Jahrzehnten gelingt es, römische Malerei in Köln in größeren Teilen zu bergen und zu restaurieren. Mittlerweile konnte in einem langfristigen Restaurierungsprogramm der wohl umfangreichste Bestand römischer Malerei in Deutschland dauerhaft konserviert werden.
Dem Römisch-Germanischen Museum obliegt die Pflege der ortsfesten archäologischen Denkmäler in der Stadt: Die Ruinen des Praetoriums, des römischen Statthalterpalastes unter dem Rathaus; das Judenviertel mit der neugestalteten Mikwe, dem mittelalterlichen rituellen Bad der jüdischen Gemeinde; Teile der römischen Stadtmauer, der römischen Fernwasserleitung und der Abwasserkanäle; die Hügelgräber-Friedhöfe im rechtsrheinischen Köln.
Seit der Eröffnung des ersten eigenen Hauses im Jahre 1974 hat sich der Ruf des Römisch-Germanischen Museum im Bewußtsein der Stadt vertieft. Kompetenz, öffentliches Wirken und Bürgernähe haben die Identifikation mit den Aufgaben und Zielen des Museums gefördert. Als Mittler hat hier auch die Archäologische Gesellschaft, gegründet 1950, die Gesellschaft der Freunde und Förderer des Römisch-Germanischen Museums, gewirkt. So konnte die Bodendenkmalpflege ihre Verpflichtung zum Schutz, der Pflege und der Rettung der archäologischen Quellen zur Stadt- und Landschaftsgeschichte einlösen. Dennoch sind die stillen Verluste nicht zu übersehen. Köln verliert täglich als Preis für das Leben der Stadt einen Abschnitt seiner unterirdischen Geschichte. So bedarf es hartnäckiger Überzeugungsarbeit, um der Gefahr zu begegnen, daß das unterirdische Archiv der Stadt ausgelöscht wird. Es wäre eine Zukunft ohne Vergangenheit.

Köln-Blumenberg, südlich des ehemaligen Worringer Rheinbogens. Ausgrabungen in einem frühkeltischen Weiler. ▷

Archäologische Forschungen in Köln seit 1980

HANSGERD HELLENKEMPER

Das gesamte Stadtgebiet in Köln, eine Fläche von 405 Quadratkilometern, ist täglich von Eingriffen in das natürliche, über Jahrtausende gewachsene Geländerelief betroffen. Diese Eingriffe bedrohen eine der reichsten historischen Siedlungskammern in Europa. Die Gunst der Lage am Rhein hat seit siebentausend Jahren Siedler in die fruchtbare Talschaft geführt. So bietet die Stadtfläche wie in einem Brennglas Zeugnisse aus allen vor- und frühgeschichtlichen Epochen, oftmals am gleichen Platz von historischen Spuren bis in die jüngste Vergangenheit überlagert.

Urgeschichtliche Siedlungen

Die urgeschichtlichen Siedlungsstellen im Bereich der Kölner Altstadt sind durch die jüngere intensive Nutzung des Geländeschildes vielfach schon in römischer Zeit zerstört

Cologne.
Werth.
Lirergesberg
WORRINGEN
M A I R I E
Route de Neuss à Cologne.
Steinstrass
Eispohl
D E
Krebelshoff
Bergerhoff
Everbüschen.
Roggendorf
Thenhoven.
Bletschbach.
Worringerbroich.
A G E N.
Fuh
Weiler
Escher Busch
Volckoren.

worden. Nur gelegentlich finden sich hier vorrömische Spuren, so beispielsweise an der Jakobstraße ein Grab der Hallstattzeit (nach 700 v. Chr.). Hofstellen oder vielleicht ein Weiler aus weitaus älterer Zeit wurden in Ausschnitten in Köln-Mengenich ausgegraben (1977); die bandkeramischen Siedlungsreste sind ungefähr zeitgleich mit dem Dorf in Köln-Lindenthal und stammen aus dem Ende des 5. Jahrtausends v. Chr.

Seit wenigen Jahren ist eine bislang stille Landschaft im linksrheinischen Kölner Norden durch Planungen für dringend notwendige Neubauviertel gefährdet. Ein Kernbereich am Worringer Bruch, einer noch sichtbaren alten Rheinschleife, kann hoffentlich auf Dauer als Archäotop (Archäologisches Reservat) geschützt werden, andere weitläufige Flächen mit urgeschichtlichen, römischen und mittelalterlichen Siedlungsorten müssen in einem Rettungsprogramm vor der endgültigen Zerstörung ausgegraben werden. Diese umfangreiche archäologische Unternehmung wird als Schwerpunkt vom Minister für Stadtentwicklung, Wohnen und Verkehr besonders gefördert, weil hier in interdisziplinärer Zusammenarbeit eine bedeutende Siedlungskammer erschlossen wird. Die Siedlungsplätze liegen über den Altwasserarmen auf flachen Höhenrücken, die sich aus Hochflutlehmen gebildet haben. Die Oberflächenfunde reichen bis in das 4. Jahrtausend v. Chr. zurück, doch haben die Erosion und die intensive landwirtschaftliche Nutzung offenbar die ältesten Bodenspuren abgetragen. Erhalten blieben die Vorrats- und Abfallgruben wie auch die tiefgegründeten Baugruben für die Trägerpfosten der Haus- und Speicherbauten der Hallstattzeit (700–550 v. Chr.) sowie der mittleren bis späten Latènezeit (300–100 v. Chr.). Allein im Jahre 1989 wurden rund 6 000 Einzelfunde geborgen. Die ganzjährigen Ausgrabungen auf einer Fläche von möglicherweise weit über zehn Hektar werden fünf bis sechs Jahre in Anspruch nehmen.

Die römische Innen- und Außenstadt

Der Kern der Kölner Altstadt war ehemals von einer mächtigen, vier Kilometer langen Stadtmauer aus Opus caementicium umschlossen. Umfangreiche Nachforschungen im Zusammenhang mit der Denkmalerfassung zur Unterschutzstellung haben ergeben, daß außer den in der Stadt sichtbaren Teilen noch bedeutende unterirdische Mauerabschnitte, insbesondere breite Fundamente, erhalten sind, die es zu schützen gilt.

Bisher waren Datierung und Bauzeit dieser Stadtmauer unumstritten; sie galt als ein Bauwerk, das unmittelbar nach Verleihung der Kolonierechte im Jahre 50 n. Chr. begonnen wurde. Mittlerweile haben sich in der internen wissenschaftlichen Diskussion Aspekte und Indizien ergeben, die größere Vorsicht gebieten. Mit einer erweiterten Untersuchung ist zu klären, ob die Kölner Stadtmauer zwar als einheitliches Bauwerk geplant, aber vielleicht zwei oder drei Jahrzehnte jünger ist als bisher angenommen wurde und somit vielleicht erst im späten 1. Jahrhundert entstand.

Innerhalb der Mauern war die Stadt in öffentliche und private Bauviertel gegliedert. Trotz der tiefen mittelalterlichen und neuzeitlichen Überbauung haben sich in rückwärtigen Grundstücksbereichen römische Baubefunde erhalten, die die Kenntnis zur Gliederung der römischen Innenstadt entscheidend erweitern. Ausgrabungen im Bereich Gertrudenstraße/Wolfstraße (1980), Zeppelinstraße (1987), An St. Kolumba (1985), an der Schwalbengasse (1987/1988) und am Appellhofplatz (1988/1989) wie auch die Bearbeitung von Untersuchungen der Vorkriegszeit im Bereich des Neumarktes (zur Begründung der Unterschutzstellung) haben herausragende Zeugnisse für römische Privathäuser, insbesondere mit Peristylen (Säulenhöfen), erbracht.

Wenn auch die Häuser und Höfe nicht in ihrem Gesamtgrundriß zu erschließen waren, so weist ihr Zuschnitt dennoch auf einen weitbemessenen Grundstücksumfang in privater Hand. Indirekt kann diese Grundstücksverteilung auf die Bevölkerungszahl der Stadt verweisen. Reiche Malereifunde belegen nicht nur eine gehobene Bauausstattung, sondern auch Bautraditionen, die bislang in Köln in diesem Umfang noch nicht erkannt worden sind: Weit über 90 Prozent der neuen römischen Wandmalereifunde bezeugen Lehmmauerwerk in unterschiedlicher Technik. Die in Sturzlage oder als Verfüllschutt geborgenen Bruchstücke waren ursprünglich Teile eines flächendeckenden Wandputzes, der auf Lehmziegel- oder Stampflehmwände (Pisé), seltener auf Fachwerkwände aufgetragen war. Nur Fundamente und Mauersockel waren in der Regel aus Naturbruchstein gemauert. Die gelegentliche Beobach-

◁ *Köln. Die seit der Jungsteinzeit besiedelte Kulturlandschaft am ehemaligen Worringer Rheinbogen (Landesaufnahme des frühen 19. Jahrhunderts; Tranchot-Karte).*

tung horizontal abgestrichener Steinmauersockel bei Privathäusern der mittleren römischen Kaiserzeit erklärt sich nun deutlicher als bisher als indirektes Zeugnis für einen weitverbreiteten Lehmbau. Lehmziegel- und Stampflehmbau besaßen neben besonderen klimatischen Vorzügen zugleich einen Kostenvorteil, denn gebrannte Ziegel und Kalkmörtel müssen erheblich teurer gewesen sein. Die Lehmbauweise auf Steinsockeln war im privaten Baubereich bis in die Mitte des 4. Jahrhunderts vorherrschend. Dieser Schluß läßt sich aus den hohen, stark verziegelten Lehmbrandschichten ziehen, die offenbar von der Zerstörung der römischen Innenstadt im Dezember 355 n. Chr. herrühren.

Seit der frühen Kaiserzeit blieb die Beschaffung von Baustoffen ein besonderer Kostenfaktor. Bisher glaubte man, daß der Abbruch römischer Steinmauern in großem Umfang erst im frühen Hochmittelalter einsetzte. Mittlerweile lassen sich aber zunehmend Ausbruchgräben ehemaliger Mauern (sog. „Geistermauern") aus römischer Zeit nachweisen; sie sind Belege dafür, daß es sich auch vor der Mitte des 3. Jahrhunderts n. Chr. wirtschaftlich lohnte, aufgegebene Steinbauten abzubrechen, um das importierte Natursteinmaterial anderweitig zu verwenden (Beobachtungen in der Schwalbengasse und im Martinsviertel). Selbst Dachziegelbruch oder bereits bei der Herstellung zerbrochene Ziegel wurden als Baumaterial weitergenutzt (römische Mauersockel aus Ziegelbruch in der Hahnenstraße und in Köln-Fühlingen).

Dendrochronologische Untersuchungen römischer Bauhölzer aus Köln und dem römischen Rheinland verweisen auf nichtheimische Baumstandorte, vielmehr auf Importe aus dem Bereich des Mittelrheins, jedenfalls nicht aus der Kölner Bucht oder der Eifel. Dieses überraschende Ergebnis scheint eine historische Umweltsituation zu spiegeln, die bisher noch nicht in ihrer Tragweite erkannt worden ist: Die römische Landnahme am Rhein in den Jahrzehnten um die Zeitenwende stützte sich auf das unmittelbar verfügbare Baumaterial, auf Holz. Der ungeheure Bedarf an Bauholz für den militärischen und zivilen Bereich hat wohl sehr früh zur Zerstörung der Wälder im Bereich der Voreifel und des Niederrheins geführt. Nach vielleicht zwei Generationen war bereits der Vorrat an Nutzholz so weit dezimiert, daß in der Folgezeit Bauholz aus den Wäldern am Mittelrhein herangeführt werden mußte.

Bereits in der Mitte des 1. Jahrhunderts n. Chr. war die Parzellierung und Bebauung der römischen Innenstadt so weit fortgeschritten, daß spätestens gegen Ende des Jahrhunderts keine freien Baulose mehr verfügbar waren. Der Druck der wachsenden Bevölkerung ließ Neubauviertel vor den Toren der Stadt entstehen. Neuere Ausgrabungen machen diese umfangreiche Ausweitung der Bauzonen sichtbar. Im Süden der Stadt, parallel zur Fernstraßenachse Waidmarkt/Severinstraße, wurde ein bisher unbekannter Straßenzug – beiderseits von Hauszeilen und Laubengängen eingefaßt – erschlossen (1985).

Auffällig ist, daß zumindest im Süden außerhalb des Mauerringes vom Achsplan der Stadt abweichende Baufluchtlinien vorherrschen. Die Achse der Severinstraße knickt an der Hohen Pforte um 10 Grad nach Südosten ab; diese Bauflucht nimmt die östliche römische Parallelstraße offensichtlich maßgenau auf. Einer weiteren, wohl durch das Geländerelief bedingten (und gewählten) Bauachse folgt die römische Villa auf dem Pantaleonshügel. An der Severinstraße, im Winkel zur Spitzengasse, lag seit dem 1. Jahrhundert n. Chr. eine verdichtete Baugruppe, ca. 400 m südlich des Südtores an der Hohen Pforte.

Von besonderer Bedeutung für die Entwicklungsgeschichte der Stadt ist ein Befund im Westen der römischen Innenstadt an der Hahnenstraße (1989). Eine römische Villa des 2. Jahrhunderts überschneidet ein Friedhofsareal des 1. Jahrhunderts n. Chr. Hier hat also der Bedarfsdruck an Baugrundstücken zur Aufgabe und Verlagerung des Friedhofes geführt. Die Villa wurde im späten 3. Jahrhundert verlassen und verfiel. Die Aufgabe der Villa muß im Zusammenhang mit den Wirren dieser Zeit gesehen werden; Brandhorizonte lassen sich jedoch nicht nachweisen. So bleibt offen, ob der Besitzer aus Furcht in die mauergeschützte Stadt gezogen ist oder ob die Zerstörungen in den Jahren um 270 n. Chr. bis unmittelbar vor die Stadttore reichten. Augenscheinlich waren die Mauern der Villa im frühen 4. Jahrhundert schon so weit verfallen oder abgetragen, daß dieses Grundstück erneut als Friedhof genutzt wurde.

In der Nachbarschaft der Villa lag zwischen Mauritiuswall und Rudolfplatz ein weitläufiges Wirtschaftsviertel mit zahlreichen Töpferbetrieben. Eine neue übergreifende Untersuchung läßt überraschend erkennen, daß der Zusammenbruch der Töpferproduktion nicht mit den Frankeneinfällen um 270 n. Chr. zu verbinden ist, sondern

Köln-Vogelsang. Notgrabungen in einem durch Tiefpflugarbeiten bedrohten Areal einer römischen Villa. ▷

Köln-Vogelsang. Estrichboden mit Reißspuren eines Tiefpfluges im Badegebäude der römischen Villa.

bereits ein halbes Jahrhundert früher in einer Zeit wirtschaftlicher Prosperität erfolgt ist. Hier scheinen die Herstellungskosten (so u. U. die teure Beschaffung des Heizmaterials) so hoch geworden zu sein, daß die Kölner Produkte nicht mehr mit den Waren aus den wohl billiger produzierenden Betrieben am Mittelrhein konkurrieren konnten.

Die Ausstattung der Villen im Vorfeld der Stadt war nicht geringer als die der Bauten innerhalb der Mauern. Eine Villa in der Großen Brinkgasse (1980) hatte Bodenmosaiken und Stuck, vielleicht auch Wandmosaiken, eine weitere in der Kardinalstraße (1980) vor der Nordmauer wohl ein kleines Bad.

Oberflächenfunde, oft durch den Tiefpflug aufgeworfen, und Luftbildprospektionen verdichten zunehmend Kenntnis und Zahl landwirtschaftlicher Gutsbetriebe (villae rusticae) im Weichbild der römischen Stadt. Die Zahl der Rettungsuntersuchungen läßt derzeit keine Möglichkeit sinnvoller großflächiger Ausgrabungen zu, um beispielhaft solche differenzierten Villenanlagen in ihrer Gesamtausdehnung zu erschließen. In Köln-Vogelsang (1989) bedrohte das fortgesetzte Tiefpflügen die Fundamentspuren einer offenbar reichen Villa. Hier wurde bei Testuntersuchungen der Grundriß eines kompakten Privatbades in unmittelbarer Nähe des Herrenhauses freigelegt.

Südlich der Altstadt lag in Köln-Marienburg auf einem hochwasserfreien Plateau über einem Rheinbogen das Hauptquartier der römischen Flotte. Umfangreiche Ausgrabungen haben 1927 weite Abschnitte des Lagerareals aufgedeckt, Funde und Dokumentation der Ausgrabung sind jedoch 1943 in großen Teilen untergegangen. Der Bau einer Tiefgarage machte erneut archäologische Untersuchungen notwendig, die bewußt nicht flächendeckend angelegt wurden, sondern sich auf eine möglichst genaue Erschließung der Bauperioden innerhalb des Lagerareals konzentrierten. Die bis zu 3,50 m hoch erhaltenen Schichten erlauben eine Scheidung von mindestens fünf verschiedenen Bauhorizonten vom frühen 1. bis zum späten 3. Jahrhundert n. Chr. Der Beginn des planvollen Lagerausbaus liegt in spätaugusteischer Zeit (ca. 1. Jahrzehnt n. Chr.) mit typischen Fachwerkbauten, die nach Bränden achsengleich neu errichtet wurden. Ein stärkerer Zerstörungshorizont mit nachfolgender Neubebauung scheint mit den historisch bezeugten Ereignissen des Bataveraufstandes in den Jahren 69/70 n. Chr. in Verbindung zu stehen. Den zahlreichen Feuerstellen nach zu schließen, handelt es sich teilweise um eine kleinteilige Wohnbebauung. Die zunehmend reichere Ausstattung der Räume mit Malerei und Heizungsanlagen deutet auf Offizierswohnungen, ebenso ein Steinkellerbau. Um 265/270 n. Chr. ist, nach dem Münzhorizont zu urteilen, das Lager aufgegeben oder zerstört worden. Die Steinbauten dienten offenbar bereits im 4. Jahrhundert – und erneut im Hoch- und Spätmittelalter – als Steinbruch.

Auf den mächtigen Lehmfluren im Norden der römischen Stadt (Köln-Fühlingen) breiteten sich neben römischen Villen private und militärische Wirtschaftsbetriebe, mehrheitlich römische Ziegeleien aus. Die Qualität der Lehmlagen und die Nähe zum Wasserweg (Rhein) – und damit zu den Abnehmern in Köln und den Militärlagern am Rhein – waren vermutlich für den Standort bestimmend. Die erheblichen Mengen an Brennholz mußten wohl aus größerer Entfernung (aus der Eifel oder aus rechtsrheinischen Gebieten?) herangeführt werden. In den Öfen wurden von der Legio V Alaudae (Lerchenlegion), stationiert in Xanten, und einem mit MLB signierenden Unternehmen Mauer- und Dachziegel, aber auch Baukeramik produziert.

Sechs weitläufige römische Friedhöfe, mehrheitlich an den Achsen der Fernstraßen orientiert, umgreifen in einem Halbkreis die antike Stadt. Das Militärlager der Rheinflotte verfügte über ein eigenes Friedhofsareal ebenso wie die Weiler und Villen des Umlandes. Die kaum mehr zu zählenden Bauausschachtungen in diesen ehemaligen Friedhofsflächen – insgesamt umfangreicher als das ummauerte Stadtareal – erfordern Notbergungen und Ausgrabungen nahezu ohne Unterbrechung. Allein im Friesenviertel, dem ältesten römischen Friedhof der Stadt in der Umgebung von St. Gereon, sind in den Jahren 1985 bis 1989 über 850 römische Brand- und Körpergräber ausgegraben worden. Es sind vor allem Bestattungen des 1. und 2. Jahrhunderts, unter ihnen ein hoher Anteil der einheimischen, noch nicht romanisierten Bevölkerung. Indiz für die einheimische Sitte der Begräbnisse ist die Niederlegung der Toten in gestreckter Bauchlage, d. h. mit dem Gesicht zur Grabgrube gekehrt. Überraschend ist die geringe Zahl – nur ein Viertel – der Gräber mit Beigaben, wohl ein Zeichen, daß hier die ärmeren Schichten der Stadtbevölkerung bestattet wurden.

Die fränkische Stadt

Das Ende der römischen Herrschaft in Köln zu Anfang des 5. Jahrhunderts war offenbar nicht von heftigen Katastro-

Köln-Marienburg (Alteburg). Ausgrabungen im Lager der römischen Flotte vor dem Bau einer Tiefgarage.

phen begleitet; der Übergang zur fränkischen Landnahme und Herrschaft vollzog sich vielmehr lautlos. Die folgenden fünf Jahrhunderte sind für die Stadtarchäologie nur schwer zu fassen. Die besondere Fundarmut bedeutet jedoch keine Siedlungsleere, sondern weist auf völlig veränderte Baugewohnheiten. Die Stadt wird in merowingischer und karolingischer Zeit von Holzbauten geprägt; Steinbauten bestehen offenbar nur aus lehmgebundenen Steinspolien, weil die Herstellung von Kalk aufwendig und somit teuer war. Die Häuser haben, wenn überhaupt, nur gering eingetiefte Fundamente; sie hinterließen nach ihrem Verfall kaum Spuren; die kräftigeren und aufwendigeren hoch- und spätmittelalterlichen Häuser greifen tiefer in die Bodenflächen und beseitigten so die älteren Zeugnisse. So erklärt sich, daß in Köln die zweite Hälfte des 1. Jahrtausends kaum faßbar ist. Gleiches gilt für die Grablegen dieser Zeit in und außerhalb der frühen Stadtkirchen; auch hier greifen die jüngeren Bestattungen in die älteren Gräber ein. Funde dieser „dunklen Jahrhunderte" sind daher stärker als andere historische Perioden von den sehr zufälligen Erhaltungsbedingungen bestimmt. So sind die Möglichkeiten solcher Nachweise in der Kölner Altstadt besonders selten. In der inneren Immunität von St. Ursula ließen sich zwischen spätrömischen Bestattun-

Köln-Fühlingen. Ausgrabungen in einem neuangelegten Industriegebiet. Römischer Ziegelofen.

gen und hochmittelalterlichen Gruben Siedlungszeugnisse der spätmerowingisch-karolingischen Zeit erschließen. Im Bereich des Westwerkes von St. Kunibert können beigabenlose Gräber noch aus spätmerowingisch-karolingischer Zeit stammen.
Die Nutzung des römischen Friedhofes im Severinsviertel wird, wenn auch in geringerem Umfang, kontinuierlich in merowingischer Zeit fortgesetzt. So wurden bei Ausgrabungen in der Corneliusstraße sowohl römische als auch merowingische Gräber nachgewiesen.
Von tiefgreifender Überbauung noch nicht so betroffen sind merowingische Funde in den Dörfern im Umkreis der mittelalterlichen Stadt. Mindestens drei neue fränkische Gräber in Worringen gehören wohl zu einem kleineren Reihenfriedhof eines merowingischen Hofes oder eines Weilers. Ihre Lage scheint offenbar noch nicht an eine frühe Kirche gebunden.

Mittelalterliche Altstadtkirchen

Ungefähr die Hälfte aller archäologischen Untersuchungen nach 1945 war in Köln der Zeit des Mittelalters gewidmet. Dieser Anteil besteht zu Recht, da die Bedeutung der Stadt im mitteleuropäischen Gefüge des Hochmittelalters ungleich höher war als in römischer Zeit.
Die Arbeiten konzentrierten sich auf die Altstadtkirchen, weil hier die neuzeitlichen Bodeneingriffe wesentlich geringeren Umfang hatten als in den Parzellen der Wohnviertel und so das Wachsen der Kirchen die historische Entwicklung spiegelt. Ein Beispiel ist die Bauentwicklung der Kirche St. Kolumba, deren Anfänge mit einem einschiffigen Saalbau bis in die spätmerowingische Zeit zurückreichen. Bis zum Spätmittelalter werden hier am gleichen Platz vier oder fünf – immer größere – Kirchenbauten errichtet. Anlaß der Ausgrabungen war die geplante Überbauung zu einer Kirchenakademie. Diese Pläne ruhen; die ausgegrabenen Fundamente der verschiedenen Kirchenanlagen liegen unter einem provisorischen Dach, sind aber nicht vor Witterungseinflüssen und Wildkrautbewuchs geschützt. Die Ausgrabungszone St. Kolumba macht damit das Problem der Bodendenkmalpflege deutlich, wie ein ergrabener, damit aber auch skelettierter Befund dauerhaft bewahrt werden kann.
Seit 1945 kam es zu einer euphorischen Ausgrabungsbewegung, die kaum eine Kölner Altstadtkirche verschonte. Die Arbeiten schienen archäologisch und historisch ertragreich, eine schnelle öffentliche Rechtfertigung anhand der Ergebnisse stellte sich nahezu von selbst ein.
Die Ausgrabungsmethode war in Köln schon vor und während des Krieges in St. Severin, St. Georg und St. Ursula erprobt worden. Und so wurden die Ausgrabungen im Dom, in St. Pantaleon, St. Ursula, St. Maria im Kapitol, St. Jakob, St. Cäcilien, St. Peter, St. Andreas u. a. m. aus forschendem Drang begonnen – bis hin zu den jüngsten Beispielen in den siebziger und achtziger Jahren St. Gereon, St. Kunibert und Groß St. Martin.
Die Anlässe dieser Ausgrabungen waren in der Regel durch den geplanten Wiederaufbau der Kirchen gegeben. Allerdings bestanden selten baukonstruktive Gründe, die versiegelten Böden zuvor durch Ausgrabungen aufzubrechen und die historisch gewachsene Substanz ganz oder in Teilen zu entfernen.
Dieser teils geduldete, teils selbstverschuldete Verlust hat die Bodendenkmalpflege zu einer Neubesinnung geführt. Der weiteren Zerstörung soll durch eine genaue Prüfung, wie weit bei Sanierungsmaßnahmen der Verlust weiterer Bodenurkunden gerechtfertigt ist, Einhalt geboten werden. Die Bodendenkmalpflege muß hier den eigenen Forschungsdrang vorbildhaft zügeln und denkmalschonend vorgehen. Eine solche Zurückhaltung wurde jüngst in den romanischen Kirchen St. Ursula, St. Maria Lyskirchen und an St. Gereon geübt, um nachfolgenden Generationen keine geschichtslosen Kirchenböden zu hinterlassen und ihnen Chancen zur wissenschaftlichen Überprüfung zu geben.

Mittelalterliche Stadtviertel

Während die Kirchenarchäologie in Köln ein besonderer Schwerpunkt war, hat sich die Erforschung einzelner Stadtviertel oder -quartiere nach dem Zweiten Weltkrieg nicht recht entwickelt, obwohl auf den ersten Blick die Möglichkeiten auf den Trümmerfeldern günstig erschienen. Die neuerdings anderenorts „Kellerarchäologie“ genannte Forschungsrichtung der Mittelalter-Archäologie hat in Köln nach 1945 keine so günstigen Voraussetzungen wie seit nunmehr zwei Jahrzehnten in nord- oder süddeutschen Mittelstädten.
Die Entschuttung und der Abbruch der Kellermauern der Trümmergrundstücke geschahen nach dem Krieg – und auch heute – mit schwerem Gerät, die Bodendenkmalpflege war hier ohne Chance. Fritz Fremersdorf klagte

schon 1951 im Jahresbericht des Museums: „Wenn weiterhin die mechanischen Hilfsmittel (Bagger, Förderband usw.) bei den Bauarbeiten auf stadtkölnischem Boden eine so große Rolle spielen, wenn außerdem die Arbeiten im Akkord, Tag- und Nachtarbeit usw. ausgeführt werden, so wird das in absehbarer Zeit das Ende der Forschungen bedeuten; denn von einer regulären Beobachtung, der Aufnahme von Profilen u. dgl. kann dann keine Rede mehr sein. Gegen diese Entwicklung können wir uns nicht wehren, sie wird über uns hinweggehen."

Die Bodendenkmalpflege konzentrierte sich außerhalb der Kirchen mit den geringen verfügbaren Kräften auf die Dokumentation römischer Befunde. Für die Erschließung profaner mittelalterlicher Befunde fehlte noch weitgehend das wissenschaftliche Rüstzeug. Erst seit den siebziger Jahren sind in einzelnen Bauinseln während der Ausgrabungen die Baubefunde der Häuser und ihrer Hinterhöfe bis zum 19. Jahrhundert in Ausschnitten dokumentiert worden, so beispielsweise am Quatermarkt, im Martinsviertel, an St. Kolumba und an St. Ursula.

Hier zeigten sich Schäden, die bei der systematischen Enttrümmerung nach dem Krieg eingetreten waren: Die älteren Kellermauern sind oftmals gefährlich verdrückt, so daß eine zeichnerische Aufnahme mit erheblichen Gefahren verbunden ist. Der eingeschränkte Zeitrahmen der Ausgrabungen zwingt überdies, Schwerpunkte zu setzen, die oft zugunsten der älteren, tiefliegenden Stadtschichten des Hochmittelalters oder der römischen Zeit entschieden werden.

Das Geländeniveau ist in Köln seit dem Hochmittelalter nicht mehr angewachsen. Dies ist leicht ablesbar an den Schwellenhöhen der romanischen Kirchen. Der intensive spätmittelalterliche und neuzeitliche Stadtausbau hat die älteren Kellerbauten verstümmelt oder ausgebrochen; oft nur in Hinterhöfen sind gelegentlich ältere Spuren erhalten. Der relativ trockene Boden des Geländeschilds der Altstadt bewahrt in den oberen Schichten nur selten organische Funde, die vielleicht Hinweise auf unterschiedliche Gewerbe bieten könnten. Daher hat die Mittelalter-Archäologie hier nur ein sehr dürres Arbeitsfeld.

Mittelalterliche Dorfkirchen

Im Weichbild der mittelalterlichen Stadt außerhalb des Bannkreises lag eine Vielzahl kleiner Dörfer, Weiler und Höfe, die im 19. und 20. Jahrhundert eingemeindet wurden. Diese Siedlungsplätze, zumal die linksrheinischen, standen oft in einer wirtschaftlichen Verflechtung mit der Stadt. Kirchlicher und privater Außenbesitz verknüpfte die Stadt mit diesen Dörfern, deren älteste urkundliche Erwähnungen in der Regel ein Jahrtausend zurückreichen. Daher können dort auch archäologische Quellen vermutet werden. Einer solchen „Dorfarchäologie" stehen jedoch erhebliche Probleme der Überlieferungsbedingungen entgegen. Das Erscheinungsbild der alten Dorfkerne im Stadtgebiet Köln, beiderseits des Rheins, hat sich nach der Eingemeindung grundlegend gewandelt. Die Ortskonstanz blieb in der Regel bestehen, aber der Ortsausbau mit festen, „autogerechten" Straßen und der Wechsel vom Fachwerk zum Steinbau haben die Spuren älterer Bauzustände innerhalb des zuweilen noch erschließbaren Parzellengefüges verwischt oder vollständig beseitigt. Die Bodeneingriffe für die Fundamente von Häusern, Scheunen und Ställen reichten nur bis zu einem Meter in die Geländeoberfläche, Keller waren höchst selten.

Diese oberflächennahen Spuren können heute kaum mehr erschlossen werden; nur vereinzelt sind Brunnen, Abtritte oder auch ein Dorfteich (Köln-Widdersdorf) zu erkennen. Bei den Lesefunden überwiegt die spätmittelalterliche und frühneuzeitliche Gefäßkeramik. So beschränkten sich die archäologischen Möglichkeiten auf die Dorfkirchen und ihre unmittelbare Umgebung, weil sich hier durch das Wachsen der Kirchengebäude zuweilen Zeugnisse von Bauzuständen erhalten haben, die älter als die urkundliche Überlieferung sind.

Die über Jahrhunderte bewahrte Bodensubstanz dieser Kirchen ist seit der Nachkriegszeit erheblich gefährdet. Großflächige Heizungseinbauten, Sanierungen und Trockenlegungsarbeiten – von gelegentlich zweifelhaftem Ausmaß und Erfolg – führen zu einem unterirdischen Denkmalverlust, der oft nicht einmal ausreichend dokumentiert werden kann, weil Bautermine durch ein kameralistisches Haushaltssystem diktiert werden und somit die Arbeiten oft in großer Eile erfolgen. Für die Geschichte der Dörfer und Weiler geht mit diesen Verlusten oft die einzige materielle Quelle ganz oder teilweise verloren.

So versucht die Kölner Bodendenkmalpflege seit über einem Jahrzehnt, die mittelalterlichen Quellen im Umfeld der Stadt wenigstens ausschnittweise festzuhalten. Dies gelang teilweise mit beachtlichen Ergebnissen in Köln-Merheim, St. Gereon; Köln-Rheinkassel, St. Amandus; Köln-Widdersdorf, St. Jakobus und in Köln-Weiler, St. Cosmas und Damian.

Archäologisches Stadtkataster

In der Peter- und Paulsnacht 1943 hat die Römisch-Germanische Abteilung des Wallraf-Richartz-Museums nahezu den gesamten reichen Bestand an archäologischen Planaufnahmen seit dem 19. Jahrhundert bei einem Bombenangriff verloren. Die Mehrheit der schriftlichen Fundakten wurde gerettet; sie sind aber ohne Pläne oft kaum verständlich. Als weiterer erschwerender Umstand kommt hinzu, daß sich die Fundberichte auf das Vorkriegskataster der Jahre 1920 bis 1939 stützen, das im Katasteramt der Stadt ebenfalls verbrannte.

Seit den zwanziger Jahren und erst recht seit Beginn der fünfziger Jahre hat der Grundriß der Altstadt eine so tiefgreifende Umgestaltung erfahren, daß mehr als die Hälfte der topographischen Bezugspunkte, auf die sich die Fundnachrichten der Vorkriegszeit beziehen, verloren ist. Damit schien die gesamte Erschließung der Architekturbefunde in der römischen und mittelalterlichen Stadt vor 1943 endgültig vernichtet.

Um dennoch einen möglichst großen Teil des früheren Wissens wiederzugewinnen, hat sich das Römisch-Germanische Museum entschlossen, neben der täglichen Rettungsarbeit in einem langfristigen und aufwendigen Verfahren ein archäologisches Innenstadtkataster aufzubauen.

Hierzu wurde das Kataster der Jahre 1948/1949, das noch weitgehend das Kataster der Vorkriegszeit spiegelt, mit dem Kataster der Jahre nach 1970 auf eine Folie übertragen, so daß die Veränderungen der letzten dreißig Jahre unmittelbar sichtbar werden.

Weite Teile der Kölner Altstadt haben auch im Grundriß ihr Gesicht tiefgreifend verändert. Winklige Straßen, über Jahrhunderte gewachsen, wurden begradigt, verbreitert oder sind in der Trümmerwüste und der Neuplanung verlorengegangen. Der schmerzlichste Eingriff in das alte Gefüge ist eine Schneise, die die Altstadt in eine Ost- und eine Westhälfte teilt. Ihr beziehungsreicher Name Nord-Süd-Fahrt – nicht als Straßenname ausgewiesen, aber im Volksmund hartnäckig gebraucht – zerfurcht in tiefen Einschnitten das organisch gewachsene Stadtbild.

Der Bau dieser Achse (1961/1962) geschah ohne Präsenz der Bodendenkmalpflege; die Gründe lassen sich heute kaum mehr erkennen: Resignation, Personalmangel, bewußte Behinderung, mangelnde Sensibilität? Die Bedingungen haben sich bis heute nicht grundsätzlich geändert. Die Bodendenkmalpflege kann bei einem solchen Projekt

Köln. Veränderungen im Stadtbild durch straßenbaubedingte Neuparzellierung (Tunisstraße). Katasterausschnitt der Vorkriegs- und Nachkriegszeit (Unterbrochene Linien: Vorkriegssituation).

nicht mithalten; dies war beim U-Bahn-Bau in der Innenstadt in den sechziger Jahren genauso wie beim Bau des Rheinufertunnels (1981/1982).
Das archäologische Stadtkataster wird einerseits die bereits endgültig verlorenen Flächen, sei es mit oder ohne archäologische Untersuchungen, ausweisen, andererseits zeigen, wie wenig die Stadt noch an unterirdischem historischen Erbe bewahrt.

Archäologie und Computer

In unmittelbarem Zusammenhang mit der fortschreitenden Erschließung der römischen Friedhöfe steht erstmals auch eine archäologische Kölner Datenerfassung. Das Römisch-Germanische Museum der Stadt Köln war bislang in der Diskussion um den Einsatz des Computers zögerlich, weil die notwendigen Mittel fehlten, und skep-

Köln. Baugrube für die Philharmonie, das Wallraf-Richartz-Museum und das Museum Ludwig. Hier wurden zahlreiche römische Reliefs gefunden (s. S. 202ff.).

Köln. Ausgrabungen im ehemaligen römischen Hafengelände vor der Errichtung der Philharmonie und der Museumsneubauten. Im Vordergrund eine Holzplanke eines römischen Lastschiffes.

tisch, da die europaweiten Versuche in der Archäologie keinen oder keinen erkennbaren Fortschritt erbrachten. Es war eher die Faszination eines neuen Spielzeugs als die anwendungsorientierte Arbeit zur Lösung archäologischer Probleme. Der Aufwand zur Vorbereitung einer Materialgruppe und die Kosten der Eingabe und Speicherung standen in keinem sinnvollen Verhältnis zu den erhofften Resultaten. Ein archäologischer Spezialist erweist sich bei den oft zu geringen Massenzahlen dem Computer überlegen.

Abgesehen von der Masse der römischen und mittelalterlichen Gefäßkeramik (deren mengenstatistische Aussagen eine noch zu geringe historische Aussagekraft haben) und der römischen Fundmünzen (die in Köln vorbildlich und zeitnah veröffentlicht sind) liegen nur die römischen und merowingerzeitlichen Gräber aus dem Stadtgebiet in einem Zahlenumfang vor, den ein einzelner auch wegen der verstreuten Dokumentation nicht mehr überblicken kann. Die Schätzungen der seit dem 19. Jahrhundert erschlossenen oder mitgeteilten Befunde belaufen sich auf bis zu 12 000 Einzelgräber.

Ein sinnvoll aufgebautes Programm des Archäologischen Instituts der Universität München zur Bearbeitung der hellenistisch-römischen Nekropole der süditalienischen Stadt Tarent ließ sich erfolgreich für Köln umschreiben und erweitern. Ein Fragenkanon mit 130 Kriterien als Befundschlüssel für ein einzelnes Grab (Lage, Grabform, Bestattungssitte, Beigabenausstattung) erlaubt eine differenzierte Aufnahme der vorhandenen, qualitativ unterschiedlichen Dokumentation. Mit der Eingabe des so aufbereiteten Materials steht sofort ein wissenschaftliches Corpus (PENK = Programm zur Erforschung der Nekropolen Kölns) mit bereits nahezu einer Million Einzeldaten zur Verfügung, die durch vielfache Fragenkombinationen neue Antworten erlauben. Diese Materialfülle kann nun auch ein einzelner Wissenschaftler für seine Forschung nutzen. Bisher sind aus den Archivbeständen des Römisch-Germanischen Museums über 5 600 Gräber aufgenommen worden.

Nun wird es zum ersten Mal möglich sein, beispielsweise die sieben großen Friedhöfe der römischen Stadt und des Flottenlagers untereinander zu vergleichen, sowohl im Umfang, in ihrer Dichte als auch in ihrer historischen Schichtung (Belegungsphasen). Unterschiedliche Bestattungsbräuche und Grabausstattungen werden sichtbar.

In Verbindung mit der Aufnahme der römischen Friedhöfe wurde mit Unterstützung des Katasteramtes der Plan der Stadt für die Friedhofsareale digitalisiert. Dieses Verfahren erlaubt, archäologische Fundkarten mit unterschiedlichen Kartenausschnitten auf einen Bildschirm zu projizieren oder zu drucken. Damit ist ein erster Schritt zu flächendeckenden digitalisierten Fundkarten des Stadtgebietes Köln unternommen.

Mittelfristig werden mit diesem Pilotverfahren mehrere Ziele erreichbar: Eine archäologische Vorprüfung von bis zu 12 000 jährlich eingehenden Bauvoranfragen und Bauanträgen rückt hiermit in greifbare Nähe, rechtskräftige und projektierte Schutzzonen der Bodendenkmäler werden sichtbar, archäologische Fund- und Verwaltungskarten lassen sich mit unterschiedlichen Fragemustern kombinieren. Diese Wünsche sind derzeit noch eine Vision, aber so könnte die traditionsgeprägte archäologische Arbeitsweise entscheidend erweitert und wissenschaftliches Material verfügbar werden. Hier liegen die entscheidenden Vorteile einer konzentrierten Stadtarchäologie: Der topographische Raum ist überschaubar.

Speners frühe Echse

JÖRG NIEMEYER

Protorosaurus speneri, so lauten der Gattungs- und Artname dieses kleinen Sauriers, der am Rande des Kupferschiefer-Meeres (Perm-Zeit) vor rund 265 Millionen Jahren gelebt hat. Die erste Beschreibung stammt vom Leibarzt des Königs von Preußen, Christian Maximilian Spener, der 1710 einige in der Nähe von Eisenach in Thüringen gefundene, fossil gewordene Wirbeltierreste einem Krokodil zuordnete. Gottfried Wilhelm Leibniz (1646–1716) korrigierte Spener und wies den Fund der zoologischen Ordnung der Schuppenechsen (Squamata) zu. Die erste umfassende wissenschaftliche Bearbeitung dieser Saurier-Art erfolgte erst 1842 durch den berühmten Wirbeltier-Paläontologen Hermann von Meyer (1801 bis 1869).

Der Neugierde eines sechzehnjährigen Schülers verdankt die paläontologische Bodendenkmalpflege den in seiner Vollständigkeit einmaligen Fund eines solchen Sauriers. Eine im Jahre 1984 mit Mitteln der Bodendenkmalpflege durchgeführte Grabung in einem Steinbruch am Rande des Schafbergs bei Ibbenbüren (Kreis Steinfurt), die dem Nachweis der Schutzwürdigkeit dieses Aufschlusses galt, hinterließ zwei etwa drei Meter tiefe Gruben. Stutzig geworden, was „man" denn dort wohl gesucht haben könnte, begann dieser Schüler neben einer dieser Gruben seine (nach den Bestimmungen des Denkmalschutzgesetzes nicht erlaubte!) Grabung.

Die im Rahmen der denkmalpflegerischen Aufgaben unternommenen Untersuchungen waren sehr erfolgreich verlaufen. Die zahlreichen Fischfunde in den im Steinbruch anstehenden Gesteinsschichten des Kupferschiefers erbrachten den Nachweis für die Schutzwürdigkeit dieses Aufschlusses. Die eigentliche Sensation aber war der Fund des kleinen Sauriers, den die illegale Grabung zutage förderte.

Dieser Saurierfund bestand anfangs nur aus einem Haufen unscheinbarer Gesteinsplatten. Und so war es eben nicht nur der Schüler, sondern schon der geübte Fossiliensammler (und vielleicht spätere Paläontologe), der die Besonderheit dieser Gesteine erkannte.

In der Bestimmung noch unsicher, vertraute er sich einem

Gesteinsbruchstücke mit Saurierresten aus einem Steinbruch im Kupferschiefer nahe Ibbenbüren/Kreis Steinfurt.

ihm bekannten Paläontologen der Universität Tübingen an. Dieser übergab den Fund einem Kollegen in Stuttgart, dem besten Kenner gerade jener Art von Sauriern. Nun endlich erfuhr auch das in Münster ansässige (und zuständige!) Amt für Bodendenkmalpflege von diesem Fund.

Nach Klärung der Rechtslage begannen die Präparationsarbeiten, die sich unter wissenschaftlicher Leitung fast ein Jahr lang hinzogen. Durchgeführt wurden sie am Staat-

Restaurierter Saurier aus dem Kupferschiefer von Ibbenbüren-Uffeln/Kreis Steinfurt.

lichen Museum für Naturkunde in Stuttgart, das aufgrund seiner Tradition die größte Erfahrung in der schwierigen Wirbeltier-Präparation besitzt. Die erheblichen Kosten übernahm das Land Nordrhein-Westfalen aus dem Etat Denkmalpflege. Die erste öffentliche Vorstellung des Sauriers in seinem jetzigen Zustand fand 1988 statt.
Diese frühen Reptilien sind entwicklungsgeschichtlich eng mit den heutigen Eidechsen verwandt. Sie erreichten erwachsen eine Länge von ca. eineinhalb Metern. Das 1,20 Meter lange Exemplar dürfte somit noch nicht ausgewachsen gewesen sein. Die spitz-konisch zulaufenden Zähne weisen diese Gruppe als Raubsaurier aus, deren Beute wohl aus kleinen Amphibien, anderen kleinen Reptilien und Gliederfüßlern bestand – Tieren also, die, wie die Protorosaurier selbst, an den Ufern des Kupferschiefer-Meeres lebten. Diese Regionen waren damals wohl der

einzige Ort, wo festländisches Leben gedeihen konnte. Abseits herrschte eine lebensfeindliche Wüste.
Einen Hinweis auf die klimatischen Verhältnisse jener Zeit zeigt auch das Skelett dieses Sauriers: die deutlich zurückgebogene Halswirbelsäule. Ein derartiges Erscheinungsbild entsteht beim Vorgang der Mumifizierung. Vielleicht hat ein Unwetter, wie es auch in Wüsten vorkommt, den „vertrockneten" Rest mit seinen Wassermassen ins Meer gespült. Um dem Wissenschaftler die Arbeit einer zeitlichen Einstufung zu erleichtern, gab die Natur dem Saurier noch einen Fisch bei. Dabei handelt es sich um die Art Palaeoniscum freieslebeni, Leitfossil der Ablagerungen des Kupferschiefer-Meeres („Freiesleben's alte Assel", wohl so genannt aufgrund der Schuppenanordnung bei dieser Fischart, benannt nach dem Bergwerksdirektor Johann Karl Freiesleben, 1774–1846).
Die Kupferschiefer-Sedimente sind wegen ihres Gehalts an edlen Metallen, insbesondere Silber, bekannt geworden. Thüringen und Nordhessen sind ihr Hauptverbreitungsgebiet. Und so ist es dann auch kein Zufall, daß im Zuge des dort lange umgehenden Bergbaues schon früher häufig Reste von Protorosaurus speneri gefunden wurden. Doch ein so hervorragend erhaltenes Stück wie das westfälische Exemplar ist weltweit einmalig. Es wird nach einer wissenschaftlich umfassenden Auswertung wichtige erd- und lebensgeschichtliche Wissenslücken füllen helfen.

Encrinus liliiformis

Jörg Niemeyer

Ein treffend gewählter Name: Sehr frei in die deutsche Sprache übertragen, bedeutet er soviel wie „lilienförmige Lilie". Es war Baron Ernst Friedrich von Schlotheim (1765–1832), der 1820 in seiner Abhandlung „Die Petrefactenkunde auf ihrem jetzigen Standpunkte" die erste wissenschaftliche Beschreibung dieser marinen Tierart verfaßte. Um welch seltsame Tiere handelt es sich? Kaum aus dem Ei eines Muttertieres geschlüpft, beginnt die frei im Meerwasser driftende Larve mit der Suche nach einem geeigneten Platz für ihre weitere Entwicklung. In der Regel dauert es nur wenige Stunden, bis dieser in Form eines „Hartgrundes" (Gesteinsstücke, Muschelschalen), auf dem sie sich ansiedeln kann, gefunden ist. Der von der Natur vorgezeichnete Wachstumsprozeß, an dessen Ende eine neue „Seelilie" steht, kann beginnen.

Das kalkige Skelett einer solchen Seelilie besteht grob gesehen aus der Wurzel oder Haftscheibe, verantwortlich für die Verbindung mit dem Untergrund, dem gegliederten, dadurch beweglichen Stiel, der mehrere Meter Länge erreichen kann, und der Krone, gebildet aus Kelch und Armen. Der Kelch enthält alle für ein tierisches Leben notwendigen Organe. Die ihn schützend umschließenden

Versteinerte Seelilien aus der Umgebung von Bad Driburg/ Kreis Höxter.

Arme sind mit dünnen Fiederfäden (Cirren) versehen, mit deren Hilfe die meist planktonische Nahrung herangestrudelt wird.

Über den nahezu gesamten Zeitraum der durch Fossilfunde belegten Erdgeschichte gehören Seelilien (in der zoologischen Nomenklatur die Klasse der Crinoidea) zum Bestand der wirbellosen Tierwelt. Im Kambrium noch fraglich, sind sie seit dem Ordovizium bis heute nachgewiesen. Das entspricht einem Zeitraum von 500 Millionen Jahren! Ihr Lebensraum in der geologischen Vergangenheit waren in der Regel die Flachmeere; die wenigen, heute noch lebenden Formen sind fast alle in die Tiefsee abgewandert.

Bei dem festsitzenden (sessilen) Encrinus liliiformis und verwandten Arten kam es zur Bildung ganzer „Seelilien-Wälder“. Eine andere Lebensweise bevorzugten jene Formen, die besonders eindrucksvoll in den Jura-Museen Süddeutschlands zu bewundern sind: Sie hefteten sich an Treibhölzer. Auch frei schwimmende Seelilien ohne Stiel sind bekannt, fossil aber seltener.

Die versteinerten Reste von Encrinus liliiformis sind in den rund 200 Millionen Jahre alten Gesteinen des Muschelkalks (genauer des Oberen Muschelkalks), dem marinen Zeitabschnitt der deutschen Trias-Formation, recht häufig zu finden. Sie wurden schon früh in Steinbrüchen und anderen Aufschlüssen gefunden und gesammelt. Vorrangig waren es die Kronen, die aufgrund ihres auch für den Laien schönen Baues Aufmerksamkeit erregten. Die meist isoliert zu findenden Einzelteile der Stiele, die Stielglieder oder Trochiten – im Volksmund auch als „Rädersteine“ oder „Bonifaziuspfennige“ bekannt –, treten stellenweise so gehäuft auf, daß sie Gesteinspakete aufbauen (Trochitenkalk).

Neben den bekannten Fundorten in Süddeutschland, wie etwa zwischen Heilbronn und Crailsheim, gibt es auch in Nordrhein-Westfalen bedeutende Fundstellen, so besonders in den Kreisen Lippe und Höxter. Die hier gezeigte Platte stammt aus der Nähe von Bad Driburg.

Die Entdeckung der Fundstelle ist, wie bei derartigen Funden eigentlich schon die Regel, dem Zufall zu verdanken. Zwei Jugendliche fanden auf den waldreichen Höhen um Bad Driburg in einem kleinen, lange verlassenen Steinbruch herausgewitterte Reste von Encrinus liliiformis. Neugierig geworden, begannen sie gezielt nach weiteren Stücken zu suchen. Sie wurden fündig und bargen aus dem Gestein einige gut erhaltene Kronen (ohne zu wissen, was sie gefunden hatten). Zwecks Aufbesserung des Taschen-

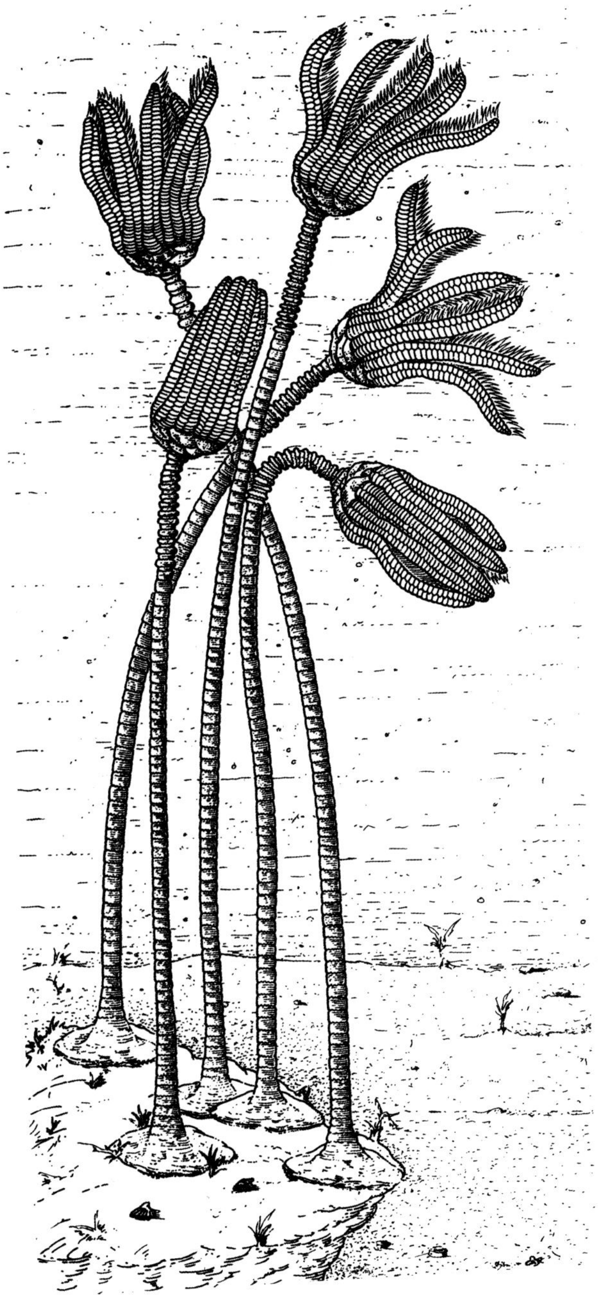

Seelilie (encrinus liliiformis), Rekonstruktionszeichnung.

Versteinerte Seelilien aus der Umgebung von Bad Driburg/Kreis Höxter.

geldes gelangten ihre Funde auf eine der inzwischen weit verbreiteten Fossilien- und Mineralienbörsen, um dort verkauft zu werden. Ein Besucher dieser Börse, zugleich Mitarbeiter des Amtes für Bodendenkmalpflege in Münster, entdeckte die Stücke, womit der weitere Gang der Dinge vorgezeichnet war.
Nachdem die Lage der Fundstelle dieser Seelilienkronen bekannt war, hat die Bodendenkmalpflege eine Grabung angesetzt, um die Bedeutung der Lagerstätte als Bodendenkmal zu erkunden. Ein Ergebnis ist eine fast vier Quadratmeter große Gesteinsplatte, die mehrere hundert Exemplare von Encrinus liliiformis zeigt. Daneben sind bei genauerem Hinsehen Reste von Muscheln, Armkiemern (Brachiopoden) und Schnecken als Begleitfauna zu erkennen.
Deutlich sichtbar ist das Relief des hier nun versteinert vor-

Versteinerte Seelilien aus der Umgebung von Bad Driburg/Kreis Höxter (Ausschnitt).

liegenden Meeresbodens mit „Rippelmarken" in Form parallel verlaufender Rinnen und wenige Zentimeter hoher „Schwellen". Dabei wirkten die Rinnen naturgemäß als Fossilfallen, unschwer erkennbar an der Masse der hierin angesammelten Seelilien. Die in Längsrichtung eingeregelten Stiele weisen auf eine leichte Bodenströmung hin. Auffällig ist das nach der Kronengröße gleiche Alter der einzelnen Seelilien. Erkenntnisse über die Ursache ihres sicherlich gemeinsamen Todes müssen weiteren Untersuchungen von Gesteinsplatte und Fundstelle vorbehalten bleiben. Die Schutzwürdigkeit dieser Fundstelle im Sinne des Denkmalschutzgesetzes steht aber schon jetzt außer Frage.

Fossillagerstätten der Oberen Kreide in Westfalen

Wolfgang Riegraf

Westfalen ist reich an Ablagerungen der Oberen Kreide; in ihr finden sich charakteristische Beispiele der Tierwelt jener Zeit. Eine Vielzahl der aufgefundenen Fossilien stammt vorwiegend aus Ausgrabungen der paläontologischen Bodendenkmalpflege in den vergangenen acht Jahren.
Da die meisten der Tiergruppen gegen Ende der Kreidezeit ohne Nachkommen ausgestorben sind, weiß man nicht genau, wie sie einst ausgesehen oder gelebt haben. Im Vergleich mit heute lebenden Organismen und anhand der überlieferten Hartteile der Fossilien können jedoch einige Schlußfolgerungen über die einstigen Lebewesen gezogen werden. So wie ein heute lebendes Tier mit seiner Umwelt untrennbar verbunden ist, so darf man auch ein Fossil und das umgebende Gestein nicht getrennt voneinander betrachten, will man über das Fossil, seine Lebensweise und seinen Lebensraum etwas erfahren.

Das Oberkreide-Meer in Westfalen

Vor etwa 100 Millionen Jahren, zu Beginn der Oberkreide, stieg der Meeresspiegel weltweit sehr stark an. Wissenschaftler halten heute eine Anstiegshöhe von etwa 300 bis 600 m für wahrscheinlich. Als Folge erreichten die Weltmeere ihre größte Ausdehnung in der Erdgeschichte und überfluteten große Teile der bestehenden Festländer. Gleichzeitig fand weltweit eine merkliche Erwärmung des Klimas statt. Westfalen bildete zu dieser Zeit den Randbereich eines ausgedehnten Schelfmeeres im Bereich der heutigen Nordsee, von der aus das Meer nach Norddeutschland eingedrungen war. Die südliche Küstenlinie dieses Meeres verlagerte sich im Verlauf der Kreidezeit vom nördlichen Westfalen immer mehr in das Sauerland und erreichte schließlich die Region von Aachen-Limburg und die nördliche Eifel. Der Meeresboden zerbrach während der fortschreitenden Öffnung des Atlantiks und dem Auseinanderdriften von Europa und Amerika durch Bewegungen in der Erdkruste auch in Westfalen in zahlreiche einzelne Schollen. Gleichzeitig hoben sich das Sauerland, der Teutoburger Wald, das Wiehen- und das Eggebirge und bildeten untermeerische Schwellen. Die Bildung eines tieferen Meeresbeckens in der westfälischen Oberkreide hängt mit der Bruchzone des zentralen Nordseegrabens (Verlauf etwa Nord-Süd) zusammen, der sich wohl damals bis in den westfälischen Raum fortsetzte. Sonst wäre die Bildung eines tieferen Meeres auf dem Kontinent, d. h. in Norddeutschland, kaum zu erklären.

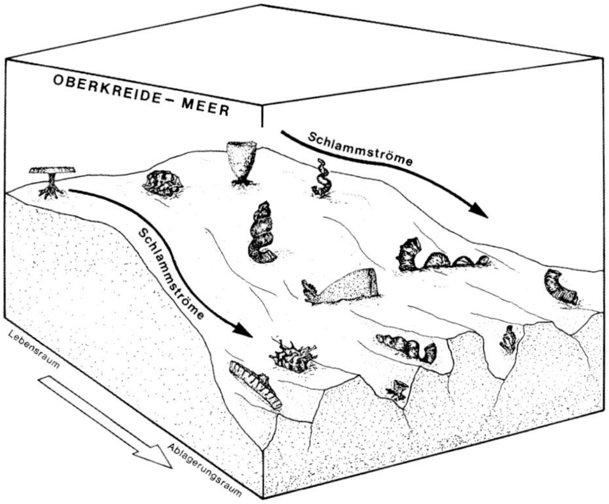

Schematische Darstellung des Meeresbodens während der Kreidezeit in Westfalen (Ausschnitt).

Die Kreide-Ablagerungen in Westfalen spiegeln dadurch die extremen Gegensätze zwischen flacherem und tieferem, wärmerem und kälterem Wasser wider. Unter Flachwasserbedingungen lagerten sich in wärmeren Meeresteilen Tonsteine, Sandsteine und vereinzelt auch Schreibkreide ab. Die tieferen und damit auch kälteren Meeresbereiche sind durch äußerst fossilarme, sehr feinkörnige Tonmergelsteine und Kalksteine gekennzeichnet. Neuer-

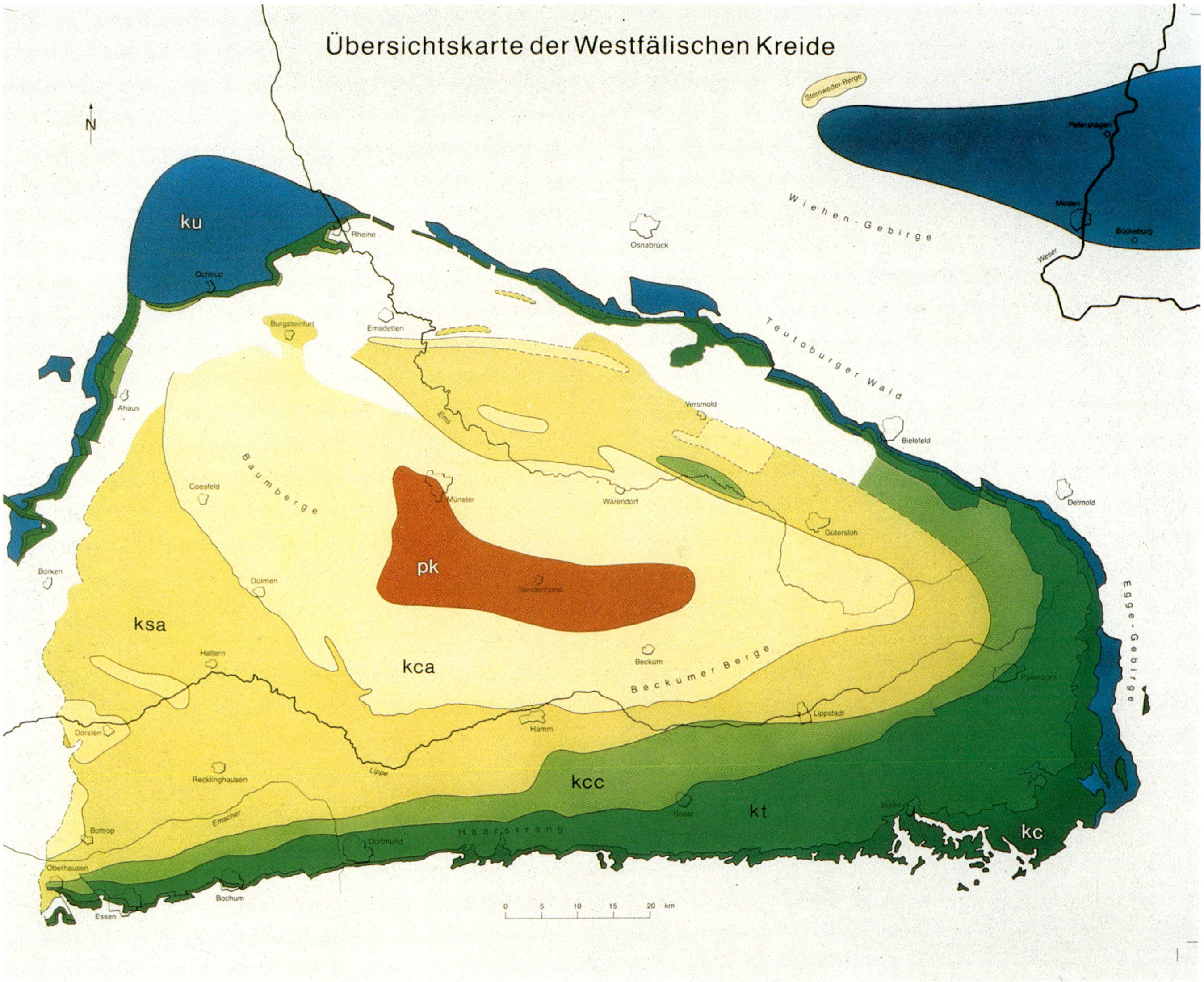

Verbreitung der Oberkreide in Westfalen

kca	*Campanium*	*kc*	*Cenomanium*	*kcc*	*Coniacium*	*pk*	*Verbreitungsgebiet der*
ksa	*Santonium*	*ku*	*Untere Kreide*	*kt*	*Turonium*		*„Plattenkalke von Sendenhorst"*

dings nehmen Paläontologen für diese Tiefwasserbereiche eine Wassertiefe von 200 bis 600 m an. Im Gegensatz zu den benachbarten Kreidegebieten in Belgien, den Niederlanden, Schleswig-Holstein und Niedersachsen fehlen in Westfalen Feuersteinbildungen. Offensichtlich bildeten sich Feuersteine nur in der Schreibkreide, aber nicht in den Gesteinen, die in Westfalen vorkommen.

Während der Oberkreide-Zeit herrschten in Westfalen für

Versteinerter Schwamm (Astracladia subramosa) aus Holtwick/Kreis Coesfeld.

Versteinerte Schwämme. Links: Aphrocallistes cylindrodactylus aus Holtwick/Kreis Coesfeld, rechts: Becksia soekelandi aus Coesfeld-Lette.

viele Meeresorganismen mit kalkigen oder kieseligen Schalen oder Skeletten ausgezeichnete Lebensbedingungen. So kam es zur Massenvermehrung von frei im Wasser lebenden, kalkabscheidenden Algen (Calcisphaeren), von bestimmten Foraminiferen, von Einzellern mit Kieselgehäuse (Radiolarien) und von Kieselschwämmen. Die großen Mengen ihrer abgestorbenen Reste oder Gehäuse in den Oberkreide-Ablagerungen erklärt man mit einem „Überdüngungseffekt", den man heute vor allem in stark verschmutzten Schelfmeeren beobachtet (Nordsee, Ostsee, Adria). Eine übermäßige Zufuhr von Nährstoffen führt dort zur Massenvermehrung bestimmter Algenarten. Ähnlich verhielt es sich im Kreidemeer: Unter subtropischen Bedingungen, mit warmem Wasser zumindest an der Meeresoberfläche, brachten aufdringende kalte Tiefenströmungen aus dem Norden, dem Bereich der heutigen Nordsee, reichlich Nährstoffe mit sich und führten zu einer Massenvermehrung der Mikroorganismen. Diese kleinen Lebewesen bildeten gleichzeitig die Ernährungsgrundlage vieler höherentwickelter Meereslebewesen. Über die Nahrungskette profitierten fast alle Meeresbewohner von solchen Massenvermehrungen. So fällt in der westfälischen

Versteinerte Schwämme aus Holtwick/Kreis Coesfeld. Links: Sporadoscinia decheni, rechts: Jerea quenstedti.

Versteinerungen entrollter Ammoniten aus dem Plänerkalk von Halle-Foerth/Kreis Gütersloh. Links: Eubostrychoceras saxonicum, rechts: Hyphantoceras reussianum.

Oberkreide auf, daß bei den kalkschaligen Einzellern, bestimmten Muschelgattungen (Inoceramus) und einigen Ammonitengattungen Riesenwuchs auftritt. Da alle drei Gruppen dieser Meeresbewohner als Gemeinsamkeit Kalkschalen bzw. -gehäuse aufweisen, müssen wir zusätzlich annehmen, daß nicht nur das überreichlich vorhandene Nahrungsangebot diesen Riesenwuchs verursacht haben kann. Vielmehr muß auch die Ausscheidung von Kalk überdurchschnittlich begünstigt worden sein, so beispielsweise durch warmes Klima oder ein erhöhtes Kalkangebot im Meerwasser. Großwüchsige Meereslebewesen bewohnen heutzutage den offenen Ozean, vor allem die Kontinentalabhänge, die sich an die Schelfbereiche anschließen.

Untermeerische Rutschungen und Gleitungen größerer, zur Kreide-Zeit noch unverfestigter Schlammablagerungen stellen eine weitere Besonderheit der westfälischen Oberkreide-Schichten dar. Am Meeresboden wechselten in dieser unruhigen Zeit Höhenrücken mit tiefliegenden Beckenbereichen ab und führten zu einem reich gegliederten Relief. Als Folge rutschten die auf solchen Schollen abgelagerten, sehr wasserreichen, instabilen Schlämme,

Versteinerte Schwämme aus dem Kreis Coesfeld. Links und Mitte: Leptophragma murchisoni, rechts: Coeloptychium lobatum.

z. B. während stärkerer Erdbeben, in die tiefergelegenen Bereiche ab. Diese niedergehenden Schlamm-Massen, auch Suspensions- oder Trübeströme (Turbidite) genannt, rissen immer wieder mit unvorstellbarer Wucht die Flachwasserablagerungen, selbst größere Gerölle und die am Meeresgrund lebenden Organismen mit sich in die Tiefe. Hier wurde alles nach Gewicht und Größe sortiert nach und nach wieder abgelagert. Die Schlammtrübe in der Wassersäule darüber erstickte aber auch viele schwimmende Tiere, z. B. Fische. Reste von Organismen, die schwebend in der Wassersäule (planktonisch) lebten, rieselten in gesteinsbildender Menge auch auf den Meeresboden. Auf diesem vermischten sich so Flach- und Tiefwasserablagerungen sowie die Organismen der verschiedensten Meerestiefen und Lebensräume miteinander. Die Basisschichten solcher Ablagerungen sind oft durch die

Anreicherung bestimmter Fossilien gekennzeichnet, so von Fischzähnchen, Seeigel, Belemniten, Ammoniten und Muscheln.
Ein Beispiel für eine derartige Fossilanreicherung sind die Haizähnchen aus einer fossilen Rutschmasse im Cenomanium von Ascheloh bei Halle/Westf. Hier konnten neben zahllosen, wohlerhaltenen Fischzähnchen auch einige Riesenammoniten, Seeigel und Muscheln bei einer Notbergung gewonnen werden. Die ganze Rutschmasse bestand im übrigen aus den winzigen Schalenbruchstücken von einigen Millionen Muscheln der Gattung Inoceramus. Derartige Rutschungen bestimmen die Verteilung von Fossilien in den Ablagerungen der westfälischen Oberkreide maßgeblich mit.
In den tiefergelegenen Meeresräumen, die im Bereich des heutigen zentralen Münsterlandes lagen, überlebten nur solche Organismen auf Dauer, die sich gegen die tödlichen Schlamm-Massen erfolgreich wehren oder sich ihnen entziehen konnten. Ansonsten mußte ein durch Rutschungen weiträumig verschütteter Meeresboden jedesmal von außerhalb neu besiedelt werden. Für die Paläontologie und die paläontologische Bodendenkmalpflege haben diese Rutschungen durch die Bildung von sogenannten „Fossillagerstätten" einen erfreulichen Nebeneffekt: Einerseits reicherten sie größere Fossilien durch ihr Eigengewicht unter dem Einfluß der Schwerkraft in bestimmten Lagen an. Andererseits bewirkten sie die rasche Verschüttung der Meereslebewesen, die ohne diese Bedeckung sehr schnell durch Aasfresser, Verwesung oder Strömungen der Zerstörung anheimgefallen wären. Eine solche vorzügliche Erhaltung der Fossilien finden wir in Westfalen vor allem bei den Schwämmen und den seit langem bekannten und weltberühmten Hochseefischfaunen aus den Plattenkalken von Sendenhorst und dem Baumberger Sandstein.

Zusammengeschwemmtes Fossilnest (Conulus subrotundus) aus der Gegend von Wüllen bei Ahaus/Kreis Borken.

Gehäuse eines Seeigels (Phymosoma ornatissimum) aus dem Kreis Coesfeld.

Neben diesen unruhigen Meeresräumen, die vor allem im Zentrum, im Nordosten, Osten und Südosten des Münsterlandes lagen, gab es vor allem in flacheren Meeresteilen im Westen und Südwesten Gebiete, in denen sich das Bodenleben viel ungestörter und reichhaltiger entfalten konnte.
Der Geologe oder Paläontologe, der sich heute mit der Oberkreide in Westfalen beschäftigt, steht damit oft vor seltsamen Widersprüchen: so finden sich die Überreste von Landpflanzen z. B. zusammen mit Tiefwasserfischen in der obersten Kreide der Baumberge 15 Kilometer westlich von Münster. Im Raum Coesfeld begleiten Schildkrötenreste die Tiefwasserschwämme und Hochseeforaminiferen. In den Beckumer Schichten, die zwischen Ennigerloh, Beckum-Neubeckum und Ahlen zur Zementherstellung abgebaut werden, wechseln die Meeresfaunen in den Ablagerungen von einem Zentimeter zum anderen: So findet man eingeschwemmte Flachwasserbewohner, aber gleich wieder solche Organismen, die nur in größerer Tiefe gelebt haben können. Während der Tiefseecharakter der zentralen westfälischen Oberkreide anhand der Fische und Schwämme bereits um 1860 erkannt wurde, glaubte man bis in die 60er Jahre dieses Jahrhunderts wieder, diese einer Wassertiefe von 20 bis 40 m zuordnen und die Rutschungen auf Prielbildungen im Wattenmeer zurückführen zu können.
Als Folge dieses reich gegliederten Meeresbodens mit seinen verschiedenartigen Lebensräumen finden wir in der westfälischen Oberkreide entsprechend den unterschiedlichsten Gesteinen in den einzelnen Regionen auch sehr unterschiedliche Faunen. Vom Festland wurden darüber hinaus auch Reste von Landpflanzen und Wirbeltierleichen eingeschwemmt. In den flacheren Meereszonen kamen jedoch reiche Vergesellschaftungen von Schwämmen, Muscheln, Schnecken, Armfüßlern und Kopffüßlern (Ammoniten, Belemniten oder Donnerkeile, Nautiliden) zur Ablagerung. Die tieferen Meeresteile wiesen dagegen oft eine große Armut an bodenbewohnenden, größeren Tieren auf. Gerade die wichtigsten Leitfossilien, mit denen man die Oberkreide in Norddeutschland gliedert (Ammoniten, Belemniten, Seeigel, Muscheln), gehören jedoch zum Bodenleben. Deshalb haben Geologen und Paläontologen erhebliche Schwierigkeiten bei der Untergliederung und Alterseinstufung der Oberkreide-Ablagerungen in Westfalen. Deren Erforschung reicht zum Teil heute noch nicht über den Stand des 19. Jahrhunderts hinaus, als die norddeutsche Kreide-Paläontologie unter ihren großen Altmeistern Georg August Goldfuss (1782–1848), August Hosius (1825–1896), Georg Graf zu Münster (1776–1844), Wilhelm von der Marck (1815–1900), Friedrich Adolf Roemer (1809–1869) und Clemens August Schlueter (1835–1906) ihre Blütezeit erlebte.

Fauna und Flora

Unter den Organismen, die das westfälische Oberkreidemeer bevölkerten, sind ohne Zweifel die mikroskopischen Formen wegen ihres massenhaften Auftretens am wichtigsten. Einige Gruppen erreichen in der Oberkreide ihre erste Blütezeit, die sich in einer vorher nicht gekannten Artenvielfalt darstellt. Gesteinsbildend treten vor allem kalkabscheidende primitive Algen (Calcisphaeren und Coccolithophoriden genannt) sowie im freien Wasser schwebende oder am Meeresboden lebende tierische und pflanzliche Einzeller mit Kalkgehäusen (Foraminiferen) oder mit einem zarten, wunderschön gebauten Gehäuse aus Kieselsäure (Radiolarien, Diatomeen) auf.
Korallen sind im Oberkreidemeer Westfalens relativ selten. Bekannt sind vor allem Einzelkelche von Tiefwasserkorallen. Ihre Länge beträgt maximal 6–7 cm. Eine zweite, noch kleinere Tiefwasserart erreicht bei einem Durchmesser von etwa 2 bis 3 mm nicht mehr als 1–2 mm Kelchhöhe. Korallenriffe gab es nicht. Dafür war das Meer wohl zu tief, vielleicht wegen vorhandener kalter Strömungen auch nicht immer warm genug. Auch ständige Anlieferung von feinstem Schlamm verhindert das Wachstum von Korallenriffen.
Die größte Formenvielfalt unter den Meeresbewohnern ist jedoch unter den Schwämmen zu beobachten. Besonders die Baumberge und ihre Umrandung lieferten in der obersten Kreide, dem Campanium, eine Reihe auffallender, verschiedenartiger, aber auch ästhetisch schöner Schwämme. Eine größere Anzahl von ihnen, die man aufgrund ihres Skelettes aus Kieselsäure „Kieselschwämme“ nennt, sind nur aus Westfalen und nur aus der Oberen Kreide bekannt; einige der westfälischen Arten und Gattungen kommen wenigstens noch im benachbarten Nie-

Krebs (Paraclythia nephropsiformis) aus dem Kreis Coesfeld. ▷

dersachsen vor. Nur ganz wenige Formen sind auch aus den Nachbarländern wie den Niederlanden, Belgien, England sowie Polen und der Sowjetunion beschrieben.
Kennzeichen der meisten Oberkreide-Schwämme aus Westfalen sind eine baumwurzelartige, auffallende und weit ausladende Verankerungsvorrichtung im Schlamm sowie ihre dünnen Wandungen und ihre zierlichen, ja teilweise sehr zerbrechlichen Gestalten. Im Gegensatz zu den Schwämmen aus dem Oberen Jura Süddeutschlands und der Nordschweiz bilden die gezeigten Kreideschwämme keine Riffe. In seltenen Fällen findet man einen Schwamm, der sich auf einem anderen, umgestürzten Schwamm angesiedelt hat. Dies spiegelt die ständige „Wohnraumnot“ dieser Schwämme auf dem weichen, wasserreichen Schlamm wider: Sie waren auf einen festen Untergrund angewiesen, da der instabile Schlammboden nicht genug Halt bot.
Der kleinste unter diesen Schwämmen ist die weitverbreitete, fast kugelrunde, höchstens erbsengroße Porosphaera globularis (Philipps), die zu den Formen mit Kalkskelett gehört. Unter den größeren Gattungen sticht am meisten die Gattung der Pilzschwämme, Coeloptychium, ins Auge. Einige Exemplare dieser Gruppe werden in der Ausstellung gezeigt. Coeloptychium ist ein ausgesprochener Tiefwasserschwamm, der auf weichen Schlamm-oder Sandböden siedelte und deshalb zur Verankerung eine starke „Wurzel“ ausbildete. Warum er so eine absonderliche Gestalt aufweist, weiß man nicht sicher. Wahrscheinlich sog er Wasser auf der Unterseite des „Hutes“ ein und stieß es auf der Oberseite wieder aus. Damit könnte der pilzförmige Hut vielleicht die Aufgabe gehabt haben, die Unterseite wie mit einem Regenschirm oder Pilzhut gegen einen eventuellen Absatz von feinem Schlamm zu schützen. Gleichzeitig könnte das oben ausströmende Wasser aufgelagerten Schlamm oder feinsten Sand wieder aufgewirbelt haben, so daß der Schwamm immer von Sediment freigehalten wurde. Alle am Meeresboden siedelnden Tiere, vor allem solche in tiefergelegenen Schlammgründen, müssen stets gegen die Bedeckung mit Schlamm oder Sand ankämpfen; bei Schwämmen wird sonst der Wasserstrom durch sie hindurch und damit ihre Atmung und Nahrungsversorgung unterbunden. Dies würde zum Absterben des Tieres führen. Pilzschwämme der Gattung Coeloptychium sind auf die Obere Kreide beschränkt und sämtlich ohne Nachkommen ausgestorben. Wir wissen deshalb nicht genau, wie die lebenden Tiere ausgesehen haben könnten.

Muscheln und Schnecken sind in der Oberen Kreide lokal sehr artenreich und häufig vertreten, so im Santonium des südwestlichen Münsterlandes (Halterner Sande) und im Campanium des Stemweder Berges im Kreis Minden-Lübbecke. Nahe den berühmten Fundorten Haldem und Lemförde haben sandig-glaukonitische Kalkmergelsteine die wohl artenreichste Molluskenfauna der westfälischen Oberkreide geliefert. In der gesamten westfälischen Oberkreide trifft man allenthalben auf die weitverbreitete, dünnschalige Muschel Inoceramus, die sogar wichtige Leitarten stellt. Ihre größten Exemplare aus der obersten Kreide der Baumberge erreichen Schalenlängen von wenigstens 50 cm. In den tieferen Meeresbecken Westfalens treffen wir jedoch kaum Muscheln und Schnecken an. Die Ausnahme bilden einzelne, eingeschwemmte Schalen und die wohl sehr anspruchslose und kleinwüchsige Nußmuschel (Gattung Nucula). Ein seltener Fund wohlerhaltener Muscheln zeigt eine Reihe von Exemplaren der Gattung Spondylus, die als Fossilnest zusammengespült wurden. Ihre langen, dünnen Stacheln auf der Schale dienten der Verankerung im Schlamm.
Die bekanntesten und beliebtesten Fossilien in der Oberkreide sind die Cephalopoden oder Kopffüßler. Die Nautiliden kommen allerdings nur mit ganz wenigen Gattungen und Arten in der westfälischen Oberkreide bis zur Fußballgröße vor. Sie sind recht selten und zumeist verdrückt erhalten.
Die Belemniten, auch „Donnerkeile“, „Teufelsfinger“ oder „Katzensteine“ genannt, sind fossil gewordene kalkige Innenskelette von kalmarartigen Tintenfischen. In der Oberkreide sind sie sehr wichtige Leitfossilien. Ihre anschaulichen, oft honigfarbenen Rostren bleiben jedoch in den meisten Oberkreide-Schichten – im Gegensatz zum Jura – relativ selten. Man merkt ganz deutlich, daß diese Tiergruppe in der Oberkreide zunehmend an Bedeutung verliert und ihrem Aussterben entgegengeht.
Die charakteristischsten und beliebtesten Fossilien sind die Ammoniten. Unter ihnen treten gerade in der Oberkreide die absonderlichsten Formen auf, bei denen sich die normale Gehäusespirale zur merkwürdigen haken-, knäuel-, stab- oder korkenzieherartigen Gestalt abgewandelt hat. Man nennt diese Formen deshalb „aberrant“ oder „entrollt“ (heteromorph). Vertreter der Gattung Eubostrychoceras und Hyphantoceras stammen aus dem Turonium von Halle/Westf. Sie wurden im Rahmen einer Notbergung gewonnen. Ihre unversehrte Freilegung aus dem Gestein ist besonders schwierig und erfordert große hand-

werkliche Geschicklichkeit. Oft sind die Gehäuse mit dünnen, empfindlichen Stacheln besetzt, die bei der Präparation nicht zerstört werden sollten.
Über die Lebensweise dieser seltsamen Ammonitenformen sind sich die Fachleute bis heute nicht einig. Bei den „normal" in einer ebenen Spirale eingerollten Ammoniten gilt eine räuberische Lebensweise, d. h. auf dem Meeresboden kriechend oder darüber schwebend, als wahrscheinlich. Immerhin erbrachte die Untersuchung von fossilen Mageninhalten jurassischer Ammoniten aus Deutschland und England, daß sie sich von Krebsen, Muscheln und anderen Meeresbodenbewohnern ernährten. Vermutlich erbeuteten sie ihre Nahrung genauso wie das heute noch im Indischen Ozean verbreitete Papierboot (Nautilus). Dies ist der einzige Verwandte dieser altertümlichen Kopffüßler, den man noch heute lebend beobachten kann. Da der Nautilus zu langsam ist, um seinen wesentlich beweglicheren Beutetieren am Tage nachjagen zu können, überfällt er nachts urplötzlich schlafende Fische und Krebse, die ihm dann nicht mehr entfliehen können.
Wie die absonderlich geformten Oberkreide-Ammoniten lebten, ist nicht bekannt: Sie sind sämtlich ohne Nachkommen gegen Ende der Kreidezeit ausgestorben. Möglicherweise führten einige der wie Turmschnecken geformten Ammoniten auch wie manche Turmschnecken am Meeresboden eine räuberische Lebensweise. Die geradegestreckten, stabförmigen Gehäuse der Gattung Baculites findet man jedoch als ein sehr häufiges Fossil in fast allen Oberkreide-Gesteinen und an beinahe allen Fundorten. Entweder haben diese Ammoniten schwimmend im Wasser gelebt, oder ihre Gehäuse trieben nach dem Tode des Tieres – von Verwesungsgasen gefüllt – in alle Teile des Münsterländer Kreidemeeres.
Von Würmern findet man zumeist nur deren Grabspuren im festgewordenen Schlamm des Meeresbodens. Noch seltener sind ihre mikroskopisch kleinen Kiefer, die man in Schlämmproben der Baumberge gewinnen kann. Vollständig erhaltene Wurmkörper aus der Oberkreide von Westfalen sind nicht bekannt.
Seelilien, Seesterne und Schlangensterne sind zumeist nur durch ihre mikroskopisch kleinen, aber sehr zahlreichen Kalk-Skelettelemente aus Schlämmproben bekannt. Nur an wenigen Fundstellen sind ihre Körper unversehrt überliefert.
Nur die Seeigel sind mit ihren ziemlich stabilen Kalkgehäusen in der westfälischen oberen Kreide recht charakteristische und auch bedeutende Fossilien. Die regulären

Wirbel eines größeren Haies der Familie Cretolamnidae aus Halle-Foerth/Kreis Gütersloh.

Seeigel mit langen, kräftigen Stacheln und reichverzierten Gehäusen sind als Bewohner von Felsgründen oder andersartigen Hartböden in Westfalen meistens selten und insgesamt auch wenig verbreitet. Ihre Hauptentfaltung liegt im Jura. In der Oberkreide entwickeln sich dagegen die irregulären Seeigel – so genannt wegen ihrer unregelmäßigen, gelegentlich sogar herzförmigen Gestalt – außerordentlich; sie sind wichtige Leitfossilien. Sie haben scheinbar glatte Gehäuse, deren feine Stächelchen fossil kaum überliefert werden. Auf den Gehäusen lassen sich noch die zarten Wärzchen erkennen, an denen die Stächelchen ursprüglich saßen. Die meisten der irregulären Seeigel durchwühlten den Schlamm am Meeresboden nach

Nahrung, bewohnten also weiche Schlammgründe. Dadurch wurden ihre Gehäuse oft auch viel rascher eingebettet als die der regulären Seeigel.
In der westfälischen Oberkreide gibt es sogar einige Massenvorkommen solcher irregulären Seeigel. Eines davon sind zusammengeschwemmte Seeigelgehäuse der Gattung Conulus aus dem Turonium von Wüllen bei Ahaus. Andere Vorkommen liegen an der Straße Coesfeld-Legden, wo Seeigel früher so häufig gefunden wurden, daß man diesen Ort als „Straße der Seeigel" bezeichnete.
Größere Krebse sind in der westfälischen Kreide nicht sehr verbreitet. Krebspanzer zerfallen nach dem Tode des Tieres sehr rasch in ihre Einzelteile. Die mikroskopisch kleinen Schalen der winzigen Muschelkrebse sind in Schlämmproben jedoch massenhaft nachweisbar.
Mit Ausnahme der Fische sind die gesuchten und beliebten Wirbeltierfunde in der westfälischen Oberkreide fast an einer Hand abzuzählen. Außer einigen fragmentarischen Schildkrötenknochen sind rund ein halbes Dutzend Skelettreste von Mosasaurus gefunden worden, so in den Baumbergen bei Schöppingen, am Stemweder Berg in Nordostwestfalen, bei Soest und in den Zementsteinbrüchen der Umgebung von Beckum. Mosasaurus ist ein mariner, etwa 5–10 m langer, räuberisch lebender Schwimmsaurier von krokodilähnlichem Aussehen, der jedoch eher mit den Waranen und Schlangen verwandt ist. Er hat besonders schöne, große, kegelförmige Zähne.

Haizähne aus Ascheloh bei Halle/Kreis Gütersloh.

Die berühmten Fischlagerstätten der westfälischen Oberkreide haben vor allem in den dunkelgrauen, bituminösen, schiefrigen Mergellagen zwischen den hellen Kalken wohlerhaltene Fische an der Grenze von Cenomanium/Turonium in Nord- und Nordostwestfalen geliefert. Diese Vorkommen sind wissenschaftlich bisher praktisch unbearbeitet, so daß wir über die Fauna nicht viel wissen. Die gute Erhaltung der Fischskelette ist auf sehr sauerstoffarme Verhältnisse am Meeresboden zurückzuführen. Die Sauerstoffarmut ließ die Fischleichen nicht zerfallen, und so blieben sie als Fossil erhalten.
Einen anderen Typ von Fischlagerstätten, der auf die erwähnten Schlamm-, Trübe- oder Suspensionsströme zurückgeht, stellen die klassischen Lokalitäten der Plattenkalke von Sendenhorst und des Baumberger Sandsteins dar. Das zuerst genannte Vorkommen reicht über ein Areal von Münster-Nienberge, Senden, Albersloh und Sendenhorst bis nach Oelde. In heute unter Wasser stehenden oder längst zugeschütteten Steingruben wurden im letzten Jahrhundert zahlreiche, außerordentlich schön erhaltene Fische, zum Teil mehrere auf einer Platte, gefunden. Heute können wir solche Funde nur noch in wenigen größeren Museen bewundern.
Eine zweite, ebenso bekannte Fischlagerstätte erstreckt sich im Baumberger Sandstein westlich und nordwestlich von Münster über das gesamte Gebiet der Baumberge, insbesondere jedoch zwischen Schapdetten, Coesfeld, Billerbeck, Höpingen und Havixbeck. Durch den umfangreichen Abbau des Baumberger Sandsteins kamen seit dem 16. Jahrhundert immer wieder prachtvoll erhaltene Fischskelette zum Vorschein. Da der Baumberger Sandstein heute jedoch überwiegend maschinell ausgebeutet und bearbeitet wird und bis auf zwei alle etwa hundert Steingruben und Steinbrüche nicht mehr in Betrieb sind, werden solche Fischfunde nur noch selten erkannt.
Es sei jedoch daran erinnert, daß beide Lagerstätten außer Fischfunden auch sehr schöne Pflanzen und Krebse führen. Unter den Pflanzen sind Araucarien, Zypressenarten, Sequoia (Mammutbäume), Gummibäume, Lorbeergewächse, Eucalyptus, Platanen und Eichen beschrieben worden. Diese fossilen Oberkreidefloren wurden in diesem Jahrhundert nicht mehr untersucht, so daß die Zuordnung solcher Gattungen zu heutigen Pflanzengruppen kritischer als früher zu sehen ist.
Unter den Baumberger und Sendenhorster Fischen fallen ganz abenteuerliche Gestalten auf: So gibt es Fische mit Leuchtorganen, fliegende Fische und häufig auch Fische,

die durch ein überdimensioniertes Gebiß auffallen. Gerade die letzteren sind mit ihren isolierten Zähnchen in der oberen Kreide Westfalens recht häufig. Nach einem Vergleich mit Fischen aus den heutigen Meeren bestehen die Fischfaunen aus den Baumbergen und von Sendenhorst eindeutig aus Hoch- und Tiefseebewohnern. Bodenbewohnende Formen sind unter ihnen ganz selten. Auch fehlen die bekannten Flachwasserfische, die man aus den benachbarten Kreidegebieten Frankreichs, Belgiens, der Niederlande, Niedersachsens, Sachsens und Böhmens kennt. Da es jedoch sehr unwahrscheinlich ist, daß solche Fischleichen ohne Anzeichen von Verwesung oder unbeschädigt aus der Tiefe in das Flachmeer gelangen können, müssen wir allein aufgrund dieser Fischfunde für die westfälische Oberkreide solche Tiefwasserbedingungen annehmen, wie sie oben bereits geschildert wurden. Auch die übrigen fossilen Faunen sowie Untersuchungen des einbettenden Gesteins bestätigen diese Annahmen.

Lit.: H. Arnold, Die Erforschung der westfälischen Kreide und zur Definition der Oberkreidestufen und -zonen. Fortschr. Geol. Rheinl. u. Westf. 7, 1964, 1–14. – J. Hesemann, Geologie Nordrhein-Westfalens. Bochumer Geographische Arbeiten, Sonderreihe Bd. 2 (1975). – M. Kaever, K. Oekentorp, P. Siegfried, Fossilien Westfalens. Teil 1: Invertebraten der Kreide. Münster. Forsch. Geol. Paläont. 33–34, 1974. – A. Müller, L. Schöllmann, Neue Selachier (Neoselachii, Squalomorphii) aus dem Campanium Westfalens (NW-Deutschland). N. Jb. Geol. Paläont. Abh. 178, 1989, 1–35. – W. Riegraf, A. Müller, „Flysch"-Sedimentation im Oberen Campanium Westfalens (Oberkreide, NW-Deutschland). Auswirkungen auf Fauna und Biostratigraphie. Paläontologische Gesellschaft 59. Jahrestagung in Bonn 1989, 79–80.

Ein neuer Riesenammonit aus der Westfälischen Kreide

Peter Lanser

Die Ammoniten sind eine ausgestorbene Gruppe der Mollusken, die mit den heute lebenden Tintenfischen in der Gruppe der Cephalopoden (d. h. Kopffüßer), zusammengefaßt werden. Die Bezeichnung rührt von dem meist planspiral aufgerollten Gehäuse her, das entfernt an ein Widdergehörn erinnert und damit an die ägyptische Gottheit Ammon bzw. an den römischen Jupiter-Ammon, die mit einem Widderkopf dargestellt wurden.
Ammoniten lebten in den Meeren, die vom Erdaltertum (Paläozoikum, ab 570 Millionen Jahre) bis zum ausgehenden Erdmittelalter (Mesozoikum, bis vor 67 Millionen Jahren) weite Teile des heutigen Westfalens und des Rheinlandes bedeckten. Am Ende der Kreidezeit, der jüngsten Stufe des Mesozoikums, starben sie neben vielen anderen Tiergruppen aus.
Versteinerte Ammonitengehäuse sind charakteristische und sehr auffällige Fossilien, die schon sehr früh die Neugierde und das Interesse der Menschen weckten. In den ehemaligen Meeresablagerungen aus der Zeit des Erdmittelalters, die heute weite Bereiche unseres Landes als Festgestein bedecken, finden sich solche Versteinerungen verhältnismäßig häufig. Es ist daher verständlich, daß Ammoniten bald das Interesse der Paläontologen fanden, deren Wissenschaft von den fossilen (vorzeitlichen) Lebewesen sich seit Beginn des vorigen Jahrhunderts entwickelte. So wurden Ammoniten von Paläontologen in verschiedenen Ländern systematisch erforscht. Bereits in der zweiten Hälfte des 19. Jahrhunderts waren zahlreiche Familien, Gattungen und Arten beschrieben worden. Man konnte daher annehmen, daß die Ammoniten in ihrer Gesamtheit weitgehend bekannt sein müßten.
Um so größer war aber die Überraschung, als im Jahre 1887 in einem Steinbruch bei Seppenrade, einem Dorf wenige Kilometer westlich von Lüdinghausen im südlichen Münsterland, ein riesiger Ammonit gefunden wurde. Dieser übertraf mit einem Durchmesser von ca. 1,50 m alle bisher bekannten Maße. Man hatte zwar schon vorher große Ammoniten gefunden, aber der Durchmesser der größten bis dahin bekannten reichte selten über einen Meter. Der Fund gelangte in den Besitz des Westfälischen Provinzialvereins für Wissenschaft und Kunst in Münster. Der Direktor der zoologischen Sektion dieses Vereins war Professor Hermann Landois, Gründer des Zoos und des Westfälischen Provinzialmuseums für Naturkunde in Münster, dem heutigen Westfälischen Museum für Naturkunde.
Landois richtete in der Zeitschrift der deutschen Geologischen Gesellschaft einen Aufruf an alle Paläontologen mit der Bitte, ihm Nachricht zu geben, falls ein noch größerer Ammonit der Fachwelt bekannt sei. Es meldete sich jedoch niemand und Landois konnte mit Recht behaupten, daß sich der größte Ammonit der Erde in Münster befinde.
Das Stück erregte in der Fachwelt allgemeines Aufsehen. Einer der bekanntesten deutschen Paläontologen der Zeit, Oskar Fraas, verglich ihn sogar mit den Riesenquadern von Edfu und Sakkara in Ägypten, die er einst vermessen habe und vor denen er ebenso vor Ehrfurcht erschaudert sei wie vor diesem wahrlich riesenhaften Fossil.
Das Interesse der Öffentlichkeit hatte sich kaum beruhigt, als Landois am 23. Februar 1895 ein Telegramm des Kaufmanns Nopto aus Seppenrade bekam: „Seppenrade. Zweiter Riesenammonit gefunden, Durchmesser 1,80 m. Nopto.“ Tatsächlich hatte man im gleichen Steinbruch, in dem auch schon der erste Riese entdeckt worden war, 100 Schritt weiter nach Westen, etwa 7 m tief, ein weiteres Riesenexemplar entdeckt.
Der neue Fund stellte aufgrund seiner Maße den ersten Riesenammoniten weit in den Schatten. Bei der Bergung brach der Koloß in sieben Teile, die später wieder zusammengefügt wurden. Das Gewicht betrug 3,5 t. Das Stück wurde für 125 Goldmark, franco Abladestelle Westfälischer Zoologischer Garten Münster, angekauft.
Auch dieser Ammonit war nicht vollständig erhalten, d. h. die Wohnkammer fehlte weitgehend. Landois rekonstruierte mit Hilfe von Draht und Papier die vollständige Schale. Dabei stützte er sich auch auf den natürlichen Negativabdruck in dem Gestein, das den Ammoniten in der Fundlage umgeben hatte. Dieser Negativabdruck konnte aber nicht geborgen werden. Die Schale erhielt somit einen Durchmesser von 2,55 m und einen Gesamt-

Lebensbild: das westfälische Kreidemeer mit Muscheln, Schwämmen, Ammoniten, Korallen und Seeigeln.

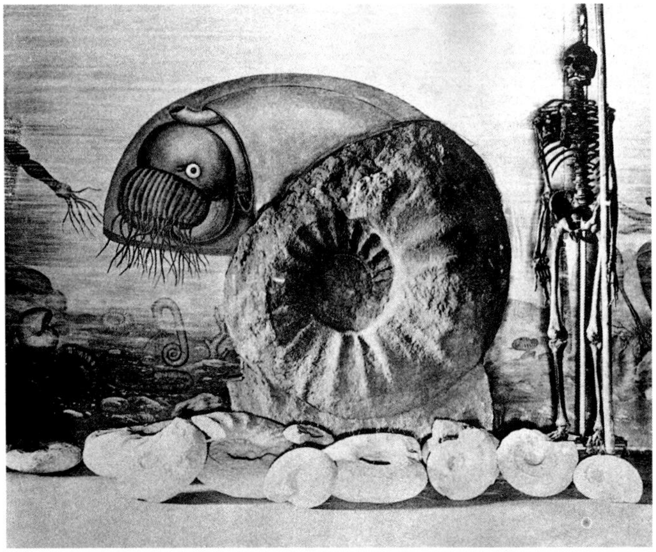

Riesenammonit (Parapuzosia seppenradensis) aus Seppenrade/Kreis Coesfeld, gefunden 1887. Rekonstruktion und Ausstellung um 1895.

Riesenammonit aus Seppenrade/Kreis Coesfeld, gefunden 1895. Links: Prof. H. Landois.

umfang von 6,67 m. Landois beschrieb diesen Neufund und gab ihm den wissenschaftlichen Namen Pachydiskus seppenradensis. Spätere Bearbeiter änderten die Bezeichnung in Parapuzosia seppenradensis, aufgrund von Ähnlichkeiten mit der Ammonitengattung Parapuzosia.

Die beiden Riesenammoniten – besonders der zuletzt gefundene, der noch heute als der größte Ammonit der Welt gilt – waren fortan besondere Attraktionen des Westfälischen Provinzial-Museums für Naturkunde. In zahlreichen internationalen Naturkundemuseen wurden Abgüsse des größten der beiden Riesenammoniten ausgestellt; in zahlreichen Lehrbüchern der Geologie und Paläontologie wurde er abgebildet.

Es ist einleuchtend, daß man seit dieser Zeit hoffte, weitere Riesenammoniten aus den Gesteinsschichten der Kreidezeit in Westfalen zu finden. Diese Hoffnung war jedoch lange Zeit vergeblich. Es hat weder an Bodenaufschlüssen in Steinbruchbetrieben oder Baustellen, u. a. für das Wasser- und Straßennetz, noch an Wissenschaftlern und Sammlern in den vergangenen Jahrzehnten gemangelt. Zwar fand man hin und wieder sehr große Ammoniten, doch die erreichten nie die Maße der Funde von Seppenrade, oder aber die Fossilien waren durch den Abbau in Steinbruchbetrieben oder durch die Verwitterung schon so weit zerstört, daß sie nur noch als Bruchstücke erhalten waren, die ihre ursprüngliche Größe nur erahnen ließ.

Auch außerhalb Westfalens, in Deutschland wie auch im Ausland, fand man in der Zwischenzeit sehr große Ammoniten, die jedoch die Maße des größeren der beiden Ammoniten von Seppenrade nicht erreichten.

Nach genau 90 Jahren wurde endlich wieder ein Riesenammonit gefunden, diesmal nicht bei Seppenrade – der alte Steinbruch, in dem die beiden Riesen gefunden worden waren, hat seinen Betrieb schon lange eingestellt –, sondern in der Umgebung von Dülmen. Dort war im Jahre 1985 in einer Baugrube ein großes rundes Steingebilde aufgefallen, das sich bei näherem Hinsehen als Ammonit erwies. Der Ammonit wurde von einem Sammler geborgen und gelangte durch Ankauf in den Besitz des Westfälischen Museums für Naturkunde.

Riesenammonit aus Dülmen/Kreis Coesfeld, gefunden 1985. ▷

SPEED

Dieser Ammonit ist im Gegensatz zu den beiden Stücken von Seppenrade nicht an einer Seite von Nebengestein umschlossen, vielmehr liegen Vorder- und Rückseite jeweils frei. Die obere Fundseite weist Verwitterungsspuren auf, während die Unterseite sehr gut erhalten ist und deutlich die Lobenlinien und die Schalenrippen zeigt.
Der Neufund wird als Parapuzosia cf. seppenradensis bezeichnet aufgrund seiner Ähnlichkeit mit den beiden Stücken von Seppenrade.
Der neugefundene Ammonit hat folgende Maße: 145,8 cm max. Durchmesser, 47,1 cm Nabelweite, 53,8 cm Windungshöhe, 135,6 cm Windungsbreite (Oberfläche beschädigt).
Auch dieser Ammonit ist nicht vollständig erhalten. Ein Teil der Wohnkammer und die Mündungsöffnung fehlen. Die Gesteinsfüllung der erhaltenen Wohnkammer ist wie bei den beiden Ammoniten von Seppenrade mit Fossilien durchsetzt, die nach der Verwesung des Ammonitenweichkörpers mit Sand und Schlamm in die Wohnkammer geraten sind. Unter ihnen befinden sich auch mehrere Fischwirbel.
Sowohl die beiden Riesenammoniten von Seppenrade als auch der Neufund von Dülmen stammen aus der Zeit der oberen Kreide, genauer aus Gesteinsschichten, die in dem Übergangsbereich Santon – Campan entstanden sind. Das Alter dieser Ammoniten beträgt somit ca. 80 Millionen Jahre. Das Meer, das zur damaligen Zeit unser Gebiet bedeckte, muß sehr günstige Lebensbedingungen für diese Ammoniten geboten haben, um die Entwicklung solcher Riesenformen zu fördern. Aufgrund ihrer besonderen Größe darf man annehmen, daß diese Tiere Bewohner der offenen See waren. Wohl nur selten sind einzelne Exemplare gegen den Strand getrieben worden, wo durch eine schnelle Überdeckung mit Sand und Schlamm die Voraussetzung für eine fossile Überlieferung gegeben war. Vermutlich ist dies der Grund für die große Seltenheit solcher auffälligen Funde.
Der Riesenammonit aus Dülmen ist der größte, der in diesem Jahrhundert aus der Westfälischen Kreide geborgen werden konnte. Es ist zu hoffen, daß es auch in Zukunft möglich sein wird, weitere für die paläontologische Erforschung unseres Landes so wichtige Objekte dieser Art zu sichern und zu erhalten.

Ein zehn Millionen Jahre alter Wal am Niederrhein

Josef Klostermann

Im Frühsommer 1987 fanden der Verfasser und seine Mitarbeiter im Norden der Niederrheinischen Bucht ein fossiles, etwa 6,5 m langes Walskelett. Ein solcher Fund ist nicht mit gewöhnlichen Methoden möglich. Im Jahr 1987 wurde mit der geologischen Kartierung in der Umgebung von Kervenheim begonnen. In einer geologischen Karte wird der Aufbau der obersten Erdkruste dargestellt. Man kann aus der Karte entnehmen, welche Gesteine den Untergrund aufbauen, wie sie entstanden und wie alt sie sind. Auch Aussagen über Flora und Fauna jener fernen Vergangenheit sind möglich. Um eine solche Karte herstellen zu können, ist es notwendig, den Untergrund genau zu erkunden. Bohrungen müssen niedergebracht und verfallene Kiesgrubenwände freigelegt werden, um den Aufbau zu studieren, Proben zu entnehmen und Laboruntersuchungen durchführen zu können. Diese Arbeiten wurden im Frühsommer 1987 in der Nähe von Uedem durchgeführt. In einer Kiesgrube wurden dabei Knochenreste gefunden.

Der Wal aus Kevelaer-Kervenheim/Kreis Kleve in Fundlage. Einzelne Knochen des Skeletts sind bereits mit Polyester gesichert.

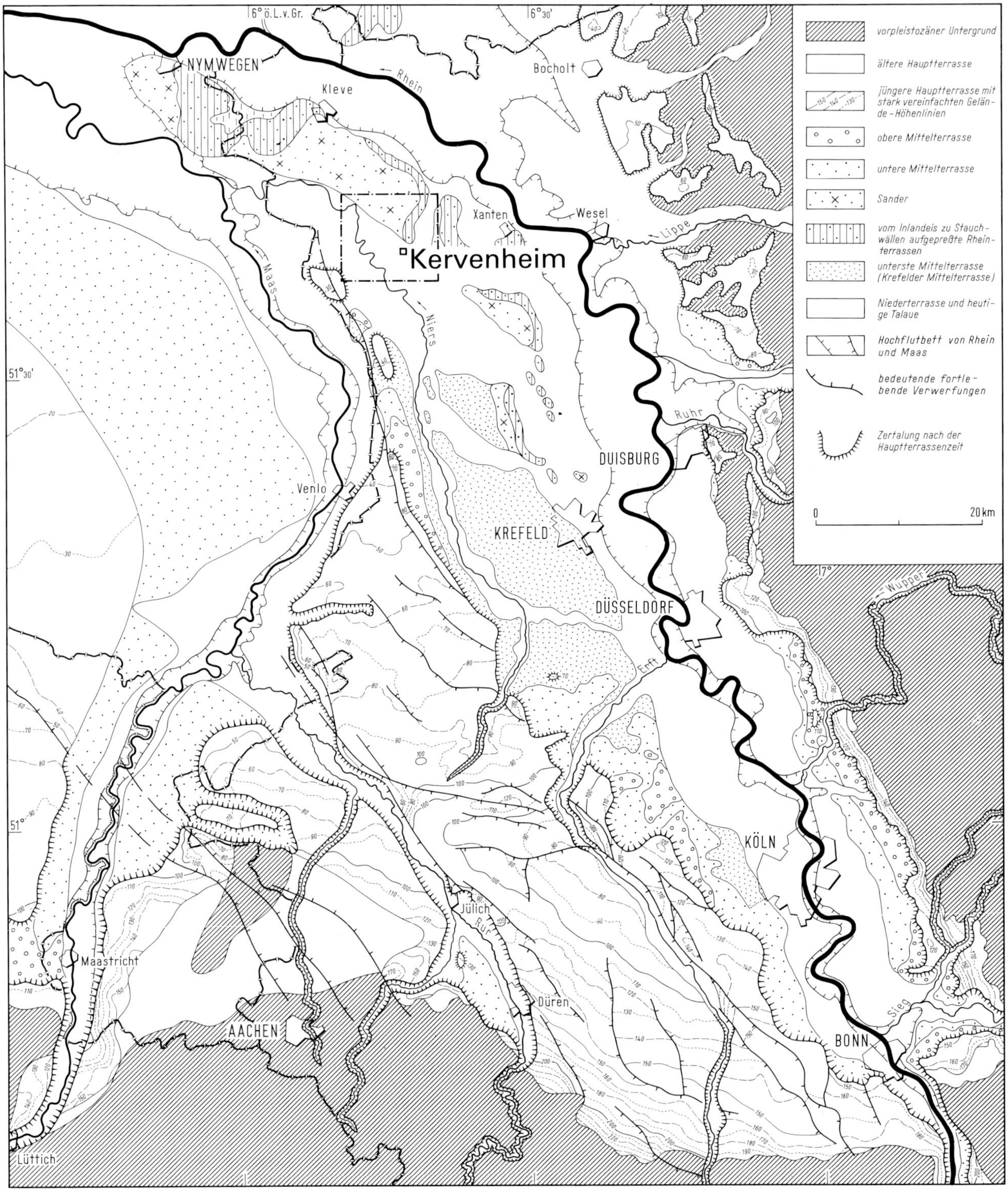

vorpleistozäner Untergrund
ältere Hauptterrasse
jüngere Hauptterrasse mit stark vereinfachten Gelände-Höhenlinien
obere Mittelterrasse
untere Mittelterrasse
Sander
vom Inlandeis zu Stauchwällen aufgepreßte Rheinterrassen
unterste Mittelterrasse (Krefelder Mittelterrasse)
Niederterrasse und heutige Talaue
Hochflutbett von Rhein und Maas
bedeutende fortlebende Verwerfungen
Zertalung nach der Hauptterrassenzeit
0
20 km
6° ö.L.v.Gr.
6°30'
7°
51°30'
51°
NYMWEGEN
Kleve
Bocholt
Rhein
Xanten
Wesel
Lippe
Kervenheim
Maas
Niers
Ruhr
DUISBURG
Venlo
KREFELD
DÜSSELDORF
Wupper
Erft
KÖLN
Jülich
Rur
Maastricht
Düren
AACHEN
BONN
Sieg
Lüttich

Es gelang den Mitarbeitern des Geologischen Landesamtes Nordrhein-Westfalen den 2 m langen Schädel eines fossilen Wals herauszupräparieren. In enger Zusammenarbeit mit dem Rheinischen Amt für Bodendenkmalpflege in Bonn wurde anschließend ein fast vollständiges Walskelett auf einer Länge von etwa 6,5 m freigelegt.

Der Tod, das Klima und der Wal

Wie kommt der Wal, ein so riesiges Meereslebewesen, an den Niederrhein und dort in die Sandschichten des Niederrheinischen Höhenzuges? Vor 10 Millionen Jahren herrschte am Niederrhein subtropisches Klima. Der Norden der Niederrheinischen Bucht war zu dieser Zeit von einem flachen Meer bedeckt, dessen Südküste etwa bei Xanten und Kervenheim lag. Neben zahlreichen anderen Meereslebewesen wie Meeresplankton, Korallen, zahlreichen Fischarten und Haifischen lebte auch der im Jahre 1987 gefundene Wal in diesem Meer. Als er, aus welchen Gründen auch immer, verendet war, wurde er an den flachen Meeresstrand in der Nähe des heutigen Kervenheim geschwemmt. Haifische müssen an dem Kadaver gefressen haben, wie 200 direkt beim Walskelett gefundene Haifischzähne zeigen. Ebenfalls dort geborgene Haifischwirbel werfen ein düsteres Licht auf die dramatischen Ereignisse, die sich vor 10 Millionen Jahren in der flachen Meeresbucht bei Kervenheim abgespielt haben müssen. In dieser Bucht sind offenbar mit dem Wal auch einige Haifische zu Tode gekommen. Bald nach dem Tod dieser Meereslebewesen begannen Strömung und Wellen ihr Zerstörungswerk. Von den Haifischen blieben nur Wirbel und Zähne übrig. Das Walskelett dagegen überstand diese Zerstörungsprozesse fast unbeschadet. Dies ist wohl in erster Linie dem glücklichen Zufall zu verdanken, daß es schon bald, nachdem es auf den Meeresgrund gesunken war, von feinkörnigen Sanden zugedeckt wurde. So konserviert ruhte es mehr als 7 Millionen Jahre lang im schützenden Meeressand. Vor 2,5 Millionen Jahren verschlechterte sich das Klima auf unserer Erde dramatisch, das Eiszeitalter hatte begonnen. Eisige Schneestürme häuften ungeheure Eismassen (mehr als 3000 m dick) auf den Nordkontinenten unserer Erde an. Wie ein zäher Brei floß dieser „Eiskuchen" unter seinem eigenen Gewicht auseinander und erreichte so mit seinem immer noch 150 m hohen Rand den Niederrhein. Dort trafen die Gletschermassen auf die fast 10 Millionen Jahre alten Meeresablagerungen mit dem darin ruhenden Walskelett. Durch den enormen Druck des vorrückenden Gletscherrandes wurden die Schichten mit dem Walskelett um fast 40 m in die Höhe gepreßt. Nur der Tatsache, daß die Sandschichten mit dem darin liegenden Skelett hart gefroren waren, ist es zu verdanken, daß der Wal auch das Aufpressen durch das Eis unbeschadet überstand.

◁ *Geologische Karte der Niederrheinischen Bucht mit Kervenheim, dem Fundort des Walskeletts.*

Schädel des Wals aus Kervenheim mit den auf den Oberkiefer gedrückten Unterkieferästen.

Ein Wal wird verpackt und konserviert

Nachdem die Knochen des Wals freigelegt waren, mußten sie zunächst gehärtet werden. Beim Zutritt von Luftsauerstoff wären sie sonst binnen kurzer Zeit zerfallen. Um das Skelett nach möglicherweise auftretenden Schäden bei der Bergung und dem späteren Transport befundgerecht restaurieren zu können, wurde das gesamte Objekt von Mitarbeitern des Westfälischen Museums für Naturkunde, Münster, zunächst mit einer Silikonschicht überzogen und anschließend in eine Polyesterschale gehüllt. Der Silikonabzug erlaubte es, später einen originalgetreuen Abguß des Skelettes herzustellen. Nun wurde der Wal zusammen mit den ihn umschließenden Sandschichten freigelegt, so daß er am Ende auf einem Sandbett lag. Der so entstandene Sandblock erhielt einen Rahmen aus stabilen Wänden.

Danach wurde mittels hydraulischen Pressen eine Stahlplatte unter den gesamten Sedimentblock hindurchgepreßt. Auf diese Weise waren nun Sandblock und Walskelett als Einheit in einem festen Behälter zum Transport bereit. Mit einem Autokran wurde dieses Behältnis im September 1987 auf einen Tieflader gehoben und ins Westfälische Museum für Naturkunde nach Münster transportiert. Dort nahm man die endgültige Präparation des Skelettes vor.

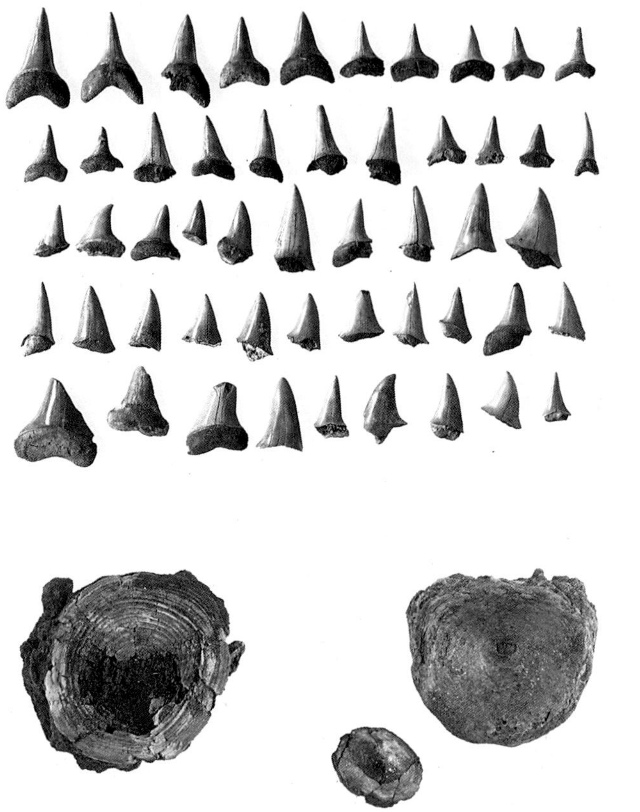

Haifischzähne (oben) und Haifischwirbel (unten) von der Fundstelle des Kervenheimer Walskeletts.

Vorläufige Bestimmung des Fundes und Lebensweise der Bartenwale

Schon bei der Freilegung des Skelettes stellt sich die Frage, welcher Unterordnung der Wale der Fund zuzurechnen sei. Dazu war es zunächst erforderlich, das Alter der Fundschicht zu bestimmen. Da es sich um Meeresablagerungen handelt, wurde die Zusammensetzung des fossilen Meeresplanktons (Plankton = im Wasser treibende und schwebende Organismen) untersucht. Diese winzigen Meereslebewesen änderten im Laufe der vergangenen Jahrmillionen ständig ihre Form. Zu einer bestimmten Zeit gab es auch nur ganz bestimmte Gehäuseformen des Meeresplanktons. Durch die Gehäuseform des Meeresplanktons ließ sich die Fundschicht auf etwa 10 Millionen Jahre datieren.
Es gibt drei Unterordnungen der Wale: die Urwale, die Zahnwale und die Bartenwale. Da die Urwale bereits vor 20 Millionen Jahren ausstarben, blieben nur noch die Zahn- und die Bartenwale übrig. Bei einem Zahnwal hätte man in den Kiefern Zähne oder zumindest die Ansatzstellen von Zähnen finden müssen. Außerdem unterscheiden sich Zahnwale von Bartenwalen dadurch, daß sie nur ein Blasloch haben. Das 1987 gefundene Skelett besaß weder Zähne noch waren die Ansatzstellen von Zähnen zu erkennen. Außerdem konnte vermutlich ein Blasloch identifiziert werden, das jedoch asymmetrisch zur Schädelmitte saß. Dies läßt die Existenz eines zweiten Blasloches vermuten. Bei dem gefundenen Walskelett handelt es sich daher mit großer Wahrscheinlichkeit um Resté eines Bartenwales.
Hinweise auf das Lebensalter des Tieres gibt möglicherweise die Größe des Skelettes. Die ursprüngliche Länge dürfte zwischen 7 und 8 m gelegen haben. Da Waljunge bereits bei ihrer Geburt ein Viertel bis ein Drittel der Länge eines ausgewachsenen Tieres besitzen, könnte es sich bei dem Fund um ein Jungtier handeln, das in ausgewachsenem Zustand 21 bis 30 m groß geworden wäre. Aber es gibt auch kleinere Walarten, die selbst als ausgewachsene Exemplare nur bis zu 10 m groß werden. Dazu zählt der Zwergwal. Da das Meer bei Kervenheim vor 10 Millionen Jahren sehr flach war, ist die Wahrscheinlichkeit relativ gering, daß das Skelett einer der großen Bartenwalarten zuzurechnen ist.

Der Niederrhein und das Meer

Heute ist der gesamte Niederrhein landfest. Anders vor 30 Millionen Jahren; damals war die Niederrheinische Bucht

Lebensbild: Haie fressen einen im miozänen Nordmeer verendeten Wal.

von einem flachen Meer erfüllt, das bis nach Bonn und an den Nordrand der Eifel reichte.
In den darauffolgenden Jahrmillionen zog sich das Meer allmählich nach Norden zurück, bis seine südliche Küstenlinie vor 10 Millionen Jahren etwa bei Kervenheim lag. Auf dem im Süden anschließenden Festland wuchsen damals weite Sumpfwälder, die uns heute als mächtige Braunkohlenflöze westlich von Köln überliefert sind. In diesen Braunkohlen fand man Krokodile und Schildkröten, aber auch Palmen und andere Pflanzen, die Rückschlüsse auf das damalige Klima zulassen. Danach muß der Niederrhein zu der Zeit, als der Wal lebte, im subtropi-

Kevelaer-Kervenheim/Kreis Kleve. Links: das mit Polyester eingeschäumte und durch einen Stahlcontainer gesicherte Walskelett. Rechts: Verladung des Sedimentblocks mit dem Walskelett.

schen Klimabereich gelegen haben. Die Temperaturen des Meerwassers lagen jedoch nur wenig über 10°C, also noch unter den Wassertemperaturen, die in der heutigen Nordsee gemessen werden. Die damaligen Wassertemperaturen lassen sich unter anderem durch die Bestimmung der Haifischzähne erschließen. Man kennt den Lebensraum heute noch vorkommender Exemplare und weiß, bei welchen Wassertemperaturen die entsprechenden Haiarten vorkommen. Auch Korallenfunde in den entsprechenden Schichten lassen Schlüsse auf die damals herrschenden Wassertemperaturen zu. Kernphysikalische Untersuchungen an den Kalkschalen des Meeresplanktons bestätigen die genannten Temperaturen.

Die Wale – Vergangenheit und Zukunft

Die Wale stammen von ehemaligen Landsäugetieren ab, die vor langer Zeit ins Meer zurückgegangen sind. Möglicherweise waren die auf dem Land lebenden Vorfahren der Wale Insektenfresser. Einen solchen Schluß lassen bestimmte Merkmale im Skelett der Wale zu. Ins Meer zurückgegangen, entwickelten sich die Wale zu den größten Lebewesen, die es jemals auf der Erde gegeben hat. Nicht einmal die Saurier wurden so groß wie die Wale. Die ältesten Wale, die Urwale oder Archaeoceti, erschienen erstmals vor 50 Millionen Jahren in den Meeren unserer Erde. Die Urwale hatten noch große Ähnlichkeit mit ihren auf dem Lande lebenden Vorfahren. Sie besaßen noch ihre hinteren Extremitäten. Aber schon 20 Millionen Jahre vor unserer Zeit starb diese Unterordnung der Wale wieder aus. Die zweite bekannte Unterordnung, die Zahnwale oder Odontoceti, tauchten erstmals vor 40 Millionen Jahren in unseren Ozeanen auf. Ihr bekanntester Vertreter ist der Pottwal. Schon 3 Millionen Jahre nach den ersten Zahnwalen entwickelten sich aus dieser Unterordnung die Bartenwale oder Mysticeti. Der bekannteste Angehörige der Bartenwale ist der Blauwal.

Wale sind faszinierende Lebewesen. Neueste Forschungsergebnisse zeigen, daß Wale zu den intelligentesten und lernfähigsten Tieren unserer Erde zählen. Sie können sich über die Entfernung ganzer Ozeane hinweg durch die sogenannten „Walgesänge" untereinander verständigen. Sie benutzen zu diesem Zweck ein umfangreiches Tonrepertoire, das zum Teil im Ultraschallbereich liegt. Der Einsatz von Schraubendampfern auf unseren Ozeanen mit ihrer starken Geräuschentwicklung hat die Verständigung der Wale über diese riesigen Distanzen unmöglich gemacht. Aber die Wale zeigen auch hinsichtlich ihres körperlichen Leistungsvermögens außergewöhnliche Fähigkeiten. So kann beispielsweise ein Pottwal länger als eine Stunde tauchen und dabei Tiefen von bis zu 1000 m erreichen. Bezüglich ihrer Größe übertreffen die Wale alles bisher im Laufe der Erdgeschichte dagewesene, einschließlich der Saurier. Heutige Blauwale können bis zu 30 m lang werden und fast 150 Tonnen wiegen.

Leider lassen sich Wale auch industriell in vielfältiger Weise nutzen. Dies war der Grund dafür, daß sie in unserem Jahrhundert mit modernen Walfangflotten stark bejagt wurden. Infolgedessen kam es zu einer so dramatischen Verringerung des Walbestandes, daß inzwischen einige Arten vom Aussterben bedroht sind.

Lit.: J. Klostermann, Ein fossiler Wal aus dem Tertiär von Kervenheim. Natur am Niederrh. N.F. 2 (2), 1987, 43-54.

Bedburg-Königshoven. – Ein Fundplatz des frühen Mesolithikums am Niederrhein

Martin Street

Der Fundplatz Bedburg-Königshoven liegt im Tal der Erft ca. 20 Kilometer südöstlich von Mönchengladbach im Braunkohletagebau Garzweiler. Die Fundsituation war anders als bei den üblichen Ausgrabungen im Vorfeld des Braunkohleabbaues. Hier war ein Sedimentblock inmitten der Kohlengrube übrig geblieben. Auf ihm hatten sich noch Reste eines Fundplatzes der frühen Mittelsteinzeit (Mesolithikum) erhalten. Trotz des nur bruchstückhaften Ausschnittes des Ausgrabungsgeländes war es möglich, das ursprüngliche Umfeld zu rekonstruieren und bedeutende

Bedburg-Königshoven/Erftkreis. Mittelsteinzeitliche Hirschgeweihmaske II in Fundlage.

Ergebnisse zum Verständnis der Ökologie und Ökonomie der frühen Mittelsteinzeit zu gewinnen. Mit Hilfe der Tranchot-Karte aus dem Anfang des 19. Jahrhunderts ließ sich feststellen, daß die Fundstelle ehemals an einem Altarm der Erft gelegen hatte, der sich bis in die Neuzeit als sumpfige Niederung zeigte.

Der Fundplatz war in Sedimente gegliedert, die während der Verlandung eines Gewässers unter Wasser abgelagert worden waren. Durch Pollenanalyse und Radiokarbon-Messungen ließ sich die Verlandung in die ausklingende Eiszeit und in die beginnende Nacheiszeit datieren. Die fundführende Schicht, ein kalkhaltiges organisches Sediment (Mudde), gehört in die früheste Phase der Nacheiszeit (das Präboreal) um 7700 v. Chr., somit in den ältesten Abschnitt der Mittelsteinzeit.

Die Basis der Mudde bildete ein schmales Band aus Verlandungstorf mit Schilf und Rohrkolben, das an die Grenze zwischen Eiszeit und Nacheiszeit zu datieren ist. Auf der Mudde lagerte ein Schilftorf, ebenfalls in das Präboreal datiert, der selbst von einem jüngeren Bruchwaldtorf aufgelagert wurde. Die Pollenanalyse der Fundschicht zeigt sowohl die lokale, durch Wasser- und Uferpflanzen geprägte Vegetation als auch die zeitliche Entwicklung der regionalen Vegetation auf dem Festland. Zum ersteren

Darstellung eines Schamanen der sibirischen Tungusen im frühen 18. Jahrhundert. Zeichnung des holländischen Reisenden N. Witsen.

Bedburg-Königshoven/Erftkreis. Mittelsteinzeitliche Hirschgeweihmaske I. Die Durchlochung des Schädelknochens ist gut zu erkennen; das Nasenbein fehlt.

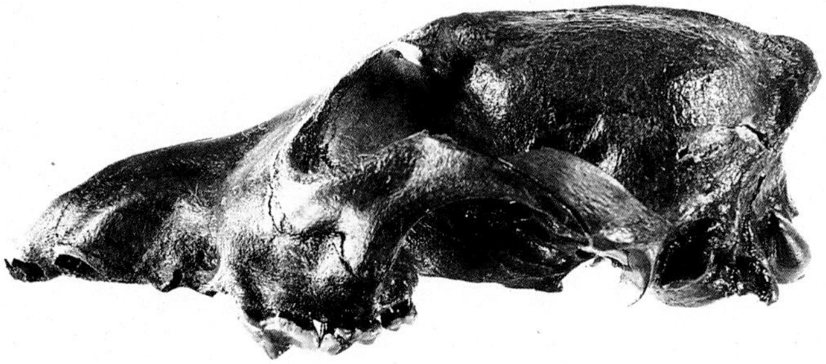

Bedburg-Königshoven/Erftkreis. Schädel eines kleineren Hundes aus der Mittelsteinzeit.

gehören Schilf und Rohrkolben sowie See- und Teichrosen, die auch durch Samen belegt sind. Bei den Festlandarten ist zu erkennen, wie typische Sträucher und Kräuter der offenen späteiszeitlichen Landschaft, so Wacholder und Sonnenröschen, abnehmen. Statt einer Steppentundra herrschte eine lockere Bewaldung aus Birke, Pappel und Kiefer, mit Weiden, Erlen und Hasel.

Das Ende des Präboreals wird gekennzeichnet durch eine rapide Ausbreitung der Hasel und der Bäume des Eichenmischwaldes, die zu einer Verdichtung des Waldes und dem Verschwinden der letzten offenen Flächen führte. Geborgen werden konnten nur noch die unter Wasser abgelagerten Funde, die vor dem eigentlichen Siedlungsplatz lagen. Es bestand wegen der schon erfolgten Abtragung des Geländes keine Möglichkeit, Fundmaterial auf dem Festland – und somit Behausungen und andere Siedlungsbefunde – auszugraben. Der fundreichste Abschnitt lag nahe dem Ufer des ehemaligen Gewässers. Aus diesem Bereich (190 qm) wurde das Sediment gehoben und später durch feinmaschige Siebe geschlämmt. Mit zunehmender Entfernung vom Ufer nahm das Fundaufkommen deutlich ab; die uferferne Fläche (180 qm) wurde ausgegraben, das Sediment jedoch nicht gehoben. Das Ausschlämmen des Sedimentes gab uns die Gewißheit, daß trotz Zeitmangels bei der Ausgrabung auch kleinste Objekte gefunden wurden.

Tierreste

Das Fundmaterial besteht zum größten Teil aus Tierresten. So wurden auch durch den Schlämmvorgang Schuppen und Knochen vom Barsch und vom Hecht gefunden. Ob die Fischreste mit der Besiedlung in Zusammenhang stehen oder von natürlich verendeten Tieren stammen, bleibt offen. Knochen von mehreren Vogelarten legen nahe, daß ein Teil von ihnen als Jagdbeutereste zu deuten ist. Andere sind mit Sicherheit als natürlich verendete Wasservögel bestimmt worden. Die meisten Knochen stammen von Großsäugetieren. Die häufigste Tierart ist der Ur, der mit mindestens elf Individuen belegt werden kann. Vom Rothirsch sind Reste, darunter auch Geweihe von mindestens zwei Tieren gefunden worden. Pferde sind durch Knochen und Zähne belegt. Pferde bedürfen größerer Grasflächen; der Fund bestätigt, daß noch kein völlig geschlossener Wald zu dieser Zeit vorhanden war. Reh und Wildschwein belegen hingegen auch bewaldete Flächen. Nicht nur Pflanzenfresser wurden gejagt. Der Dachs ist mit zwei Individuen nachgewiesen. Er wurde sicherlich seines Felles wegen erlegt. Dies trifft vielleicht auch für den Biber zu. Unter den Funden lag auch der sehr gut erhaltene Schädel eines kleinen Hundes. Zwar ist der Hund von Oberkassel bei Bonn um etwa 4000 Jahre älter als der Bedburg-Hund, doch dieses Tier bezeugt erneut den frühen Zeitpunkt der Domestikation des Wolfes. Dies ist vielleicht in erster Linie darauf zurückzuführen, daß der Hund als Jagdhilfe diente; daher erfolgte seine Domestikation lange vor der anderer Tierarten in Mitteleuropa.

Zerlegung der Jagdbeute

Zahlreiche Spuren von Steinwerkzeugen auf den Knochen beweisen, daß es sich bei den Großsäugerresten um eine Jagdbeute des Menschen handelt. Vor allem die vielen Knochenfragmente des Urs zeigen, daß die Zerlegung der Tiere und die Verwertung des Fleisches nach festgelegten Regeln erfolgten. An den Gelenkenden weisen solche Spuren auf das Abtrennen und Auslösen der Gliedmaßen hin. Dies geschah bei den großen Auerochsen wohl am Tötungsplatz. So traten nicht nur beim Zertrennen der Körperteile, sondern auch beim Filetieren des Fleisches solche Knochenspuren auf den Rippen und Schulterblättern des Urs auf. Beim Auslösen der Zunge entstanden Schnitte am Kiefer und Zungenbein des Wildrinds. Die Knochen sind vielfach zertrümmert worden, um an das Knochenmark heranzukommen. Selbst die Fußknochen, die nur kleine Mengen Knochenmark enthalten, wurden auf diese Weise zerschlagen.

Darüber hinaus finden sich auch Spuren von Tierverbiß. Die Knochen lagen, nach ihrem unverwitterten Zustand zu urteilen, nur kurze Zeit an der Oberfläche. In manchen Fällen ist deutlich zu erkennen, daß die Knochen von Tieren benagt wurden und erst dann von den Menschen in das Gewässer geworfen wurden. Es liegt nahe, Hunden die Bißspuren zuzuschreiben.

Die Analyse der Knochen ergab auch Hinweise zur Jahreszeit der Besiedlung. Ein schädelechtes Gehörn vom Reh stammt von einem Tier, das zwischen April und November erlegt wurde. Mehrere Knochen belegen Auerochsenkälber, die kurz nach der Geburt im Frühjahr getötet wurden. Zwei ältere Tiere wurden im Sommer erlegt. Auch die Knochen eines Weißstorchs, der als Zugvogel nur im Sommer hier erscheint, weisen auf die Jahreszeit des Aufenthalts der Jägergruppe hin.

Geräte aus Stein und Knochen

Es wurden nahezu zweihundert Steinartefakte gefunden. Unter ihnen überraschen die langen, regelmäßigen Klingen. Auch sorgfältig bearbeitete Kernkantenklingen belegen eine fortgeschrittene Klingenherstellung. Solche Formen sind eher typisch für das Jung- und Spätpaläolithikum und in dieser Form im Mesolithikum am Niederrhein unbekannt. Typisch für das bisher bekannte Mesolithikum sind kleinere Lamellen, die ebenfalls in Bedburg vorhanden sind. Ein solches Klingenensemble ist charakteristisch für Inventare der frühen Mittelsteinzeit, beispielsweise auf Fundstellen in England. Vielleicht war dieses älteste Mesolithikum, wie es nun in Bedburg vorliegt, in unserer Region bisher unbekannt.

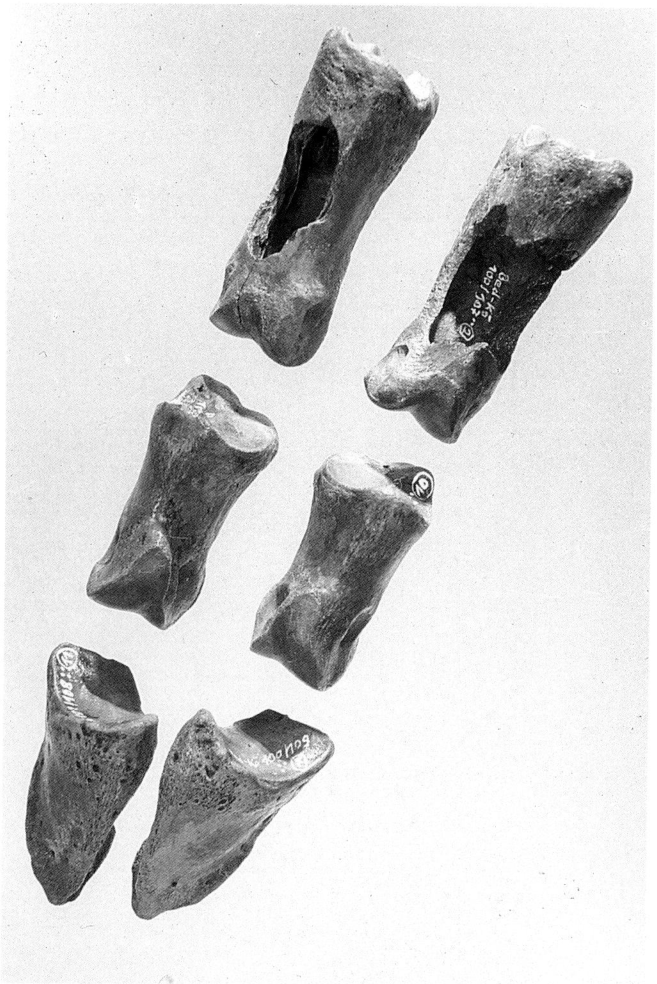

Bedburg-Königshoven/Erftkreis. Fußknochen vom Rothirsch; sie sind teilweise zur Entnahme des Kochenmarks aufgeschlagen.

Bedburg-Königshoven/Erftkreis. Mittelsteinzeitliche Knochenwerkzeuge: Spitze (links) und „Meißel" (rechts).

Unter den Werkzeugen finden sich am häufigsten Kratzer und Schaber, die vermutlich zur Bearbeitung von Tierfellen verwendet wurden. Bei diesen Stücken ist die Arbeitskante durch eine Nachbearbeitung halbrund gestaltet. Ein Exemplar weist Hitzespuren auf und belegt so den Gebrauch von Feuer an der Fundstelle. Feuer läßt sich außerdem durch Holzkohlereste nachweisen.
Kleine Spitzen aus Feuerstein – Mikrolithen –, in typischen Formen des Frühmesolithikums, dienten als Einsätze in Pfeilschäften. Das Rohmaterial ist mehrheitlich Feuerstein, der teilweise über längere Entfernungen zum Fundplatz transportiert werden mußte. Der Maasschotterfeuerstein stammt aus Flußterrassen ungefähr 30 Kilometer westlich der Fundstelle, der „baltische" Feuerstein dagegen aus Moränenablagerungen 30 Kilometer entfernt im Nordosten. Bei einigen Artefakten scheint es sicher, daß es sich um Feuerstein aus den anstehenden Kreideformationen westlich von Aachen handelt. Das Rohmaterial ist somit mehr als 50 Kilometer transportiert worden. Dies zeigt, daß die Menschengruppe ein größeres Schweifgebiet hatte.
Der in Form von kleinen Geröllen örtlich vorkommende Maaseifeuerstein, das sonst im Mesolithikum der Region am häufigsten verwendete Rohmaterial, wurde in Bedburg kaum benutzt. Hier liegt wohl eine bewußte Wahl zugrunde, denn das Rohmaterial war zur Herstellung längerer Klingen kaum geeignet. Örtlich vorkommende Kieselschiefer und Quarzit wurden ebenfalls nur selten verwendet.
Unter den Knochenwerkzeugen ragt eine sorgfältig geglättete Knochenspitze heraus, deren eigentliche Spitze abgebrochen ist – genauso wie es bei modernen Schießversuchen mit solchen Formen beobachtet wurde. Möglicherweise handelt es sich um eine Speerspitze. Ein „meißelartiges" Knochenwerkzeug ist bereits von anderen Fundplätzen des Frühmesolithikums in Nordeuropa bekannt. Diese Geräte hatten wohl nicht die Funktion von Meißeln, sondern haben wohl eher bei der Fellbearbeitung eine Rolle gespielt. Das Bedburger Exemplar ist aus der Speiche eines jungen Hirsches gearbeitet worden.
Solche frühmesolithischen Fundplätze mit ähnlichem Fundmaterial sind aus Nordeuropa bekannt. Zu dieser Zeit war die Nordsee noch Festland, da noch immer erhebliche Wassermengen in den Resten der eiszeitlichen Gletscher gebunden waren. Die Fundplätze verteilten sich in nahezu ununterbrochener Folge von England bis zur Ostsee. Der Fundort Bedburg liegt vor dem Mittelgebirge am Südrand des Verbreitungsgebietes.

Hirschgeweihmasken

Von vier Fundstellen dieser Zeit kennen wir eine besondere Fundgruppe. Es sind die sogenannten „Hirschgeweihmasken" – Schädel vom Rothirsch, die vom Men-

schen zu einem Kopfschmuck verarbeitet wurden. Bisher waren solche Funde von Star Carr in Ost-England, Hohen Viecheln und Plau in Mecklenburg und Berlin-Biesdorf bekannt.
Der eigentliche Anlaß für die Ausgrabung in Bedburg war die Entdeckung einer solchen Maske in der Abbauwand des Tagebaus. Während der Ausgrabung wurde dann ein zweites Exemplar entdeckt. Die erste Geweihmaske stammt von einem „Vierzehnender" und das zweite Exemplar von einem „Zwölfender". Beide Masken haben die typische Durchlochung des Schädelknochens, beim zweitem Stück ist auch das Nasenbein erhalten, was sonst nie der Fall ist.
Die Funktion der „Masken" ist nicht genau bekannt. Beobachtungen aus der Völkerkunde können hier behilflich sein. Die Verwendung einer Kopfbedeckung aus Geweih als Tarnung bei der Jagd ist dort mehrfach belegt. Dies ist jedoch nicht die einzig mögliche Interpretation.

Schamanismus

Der Brauch einer Kopfbedeckung aus Hirschgeweih bei schamanistischen Zeremonien ist unter Jägervölkern ein weitverbreitetes Phänomen. Der Schamane vermittelt in einem herbeigeschworenen Zustand der Ekstase zwischen der Welt des Menschen und den Welten der Tiere und Geister.
Bekannt ist die Darstellung eines Schamanen der Tungusen, der von dem holländischen Reisenden Nikolas Witsen im frühen 18. Jahrhundert in Sibirien beobachtet wurde. Im Bild ist zu erkennen, daß nicht nur das Geweih eines Hirsches, sondern auch ein Teil des Schädels mit Fell und Ohren getragen wurde. Der Schamane trägt neben einem Tierfell auch an Händen und Füßen die Pranken eines Bären.
Eine berechtigte Frage wäre, ob man die Bräuche der Jägervölker der jüngsten Vergangenheit auf die der Mittelsteinzeit übertragen darf.
Aus der altsteinzeitlichen Höhlenkunst französischer Fundstellen, vor allem aber vom Bild des „Dieu Cornu" von Les Trois Frères, Frankreich, weiß man, daß Rothirschgeweihe bereits für die Menschen des Jungpaläolithikums eine symbolische Bedeutung hatten. Merkmale, wie z. B. die Bärenpranken dieser Gestalt, unterstreichen die Ähnlichkeiten zwischen den Bräuchen des heutigen Schamanismus und den Vorstellungen des paläolithischen Malers.
Die Bedburger Funde und die anderen Geweihmasken des Mesolithikums vermitteln zeitlich zwischen den Belegen für die Vorstellungswelt des Jungpaläolithikums und die bis heute durchgehend bei Jägervölkern belegte Vorstellungswelt des Schamanismus.

Lit.: M. Street, Jäger und Schamanen. Bedburg-Königshoven, ein Wohnplatz am Niederrhein vor 10 000 Jahren (1989).

Der Fund eines Ur-Skelettes bei Sassenberg im Münsterland

PETER LANSER

Im Frühjahr 1985 fanden spielende Kinder in aufgeschüttetem Erdreich, das auf dem Gelände eines Bauernhofes bei Sassenberg lagerte, ein Schädelfragment mit einem Hornzapfen, zwei vordere Halswirbel und das Bruchstück eines Oberschenkelknochens. Diese Funde wurden 1986 dem Heimatverein Sassenberg übergeben, der sie an das Westfälische Museum für Naturkunde in Münster weiterleitete.

Die Funde erwiesen sich als Skelettreste eines Auerochsen oder Urs. Da aufgrund der Zusammensetzung dieser Funde der Verdacht nahelag, daß noch weitere Skelettreste an der Fundstelle zu finden sein könnten, wurde eine Ortsbegehung unternommen. Diese ergab, daß es sich bei dem Erdreich um Aushubmassen handelte, die bei der Anlage eines Teiches angefallen waren. Der Aushub war auf den Bauernhof gebracht worden, wo Kinder die Knochen gefunden hatten. Der Teich, aus dem der Aushub stammte, lag ca. 1 km nördlich am Rande des Niederterrassenanstiegs der Hessel, einem Nebenfluß der Ems. Da mit den Aushubmassen Unebenheiten auf den Ackerflächen ausgeglichen werden sollten, war Eile geboten, um gegebenenfalls weitere Funde durch Mitarbeiter des Westfälischen Museums für Naturkunde bergen zu können.

Die torfigen Feinsande, in denen die Knochen gefunden worden waren, wurden gesiebt. Nach kurzer Zeit fanden sich ein weiteres Schädelbruchstück mit dem zweiten Hornzapfen wie auch Rippen und Extremitätenknochen. Nachdem die Sandhaufen innerhalb von zwei Wochen durchgesehen worden waren, wurde die Aktion am ausgebaggerten Teich, dem Herkunftsort der Skeletteile, fortgesetzt. Dort hatte man im Uferbereich einen Wall aus einem Teil des Aushubs angeschüttet. Schon mit dem ersten Spatenstich, der an der Westseite des Teiches ange-

Ur-Skelett, gefunden bei Sassenberg/Kreis Warendorf. Rekonstruktion im Westfälischen Museum für Naturkunde, Münster. ▷

Älteste neuzeitliche Abbildung eines Wisent. Nach Freiherr von Herberstain, 1549.

Älteste neuzeitliche Abbildung eines Urs. Nach Freiherr von Herberstain, 1549.

setzt wurde, kam der linke Mittelfußknochen des Auerochsen zum Vorschein. Hier am Westufer konzentrierten sich in der Folge auch die weiteren Funde, die augenscheinlich alle zu einem Skelett gehörten. Im östlichen Bereich des Teiches fanden sich keine weiteren Reste des Skelettes, nur vereinzelte Knochen von anderen Tieren, darunter Geweihreste vom Rothirsch.

Nach Beendigung der Felduntersuchungen waren etwa zwei Drittel des Ur-Skelettes geborgen. Außer dem beschädigten Schädel lagen die meisten Wirbel und Rippen vor, daneben waren die Extremitätenknochen des vorderen Skelettes, also Ober- und Unterarmknochen und die beiden Mittelhandknochen – teilweise ebenso beschädigt – zum Vorschein gekommen. Das Becken, die Schienbeine (Tibien) und die Mittelfußknochen (Metatarsen) fehlten.

Die aufgefundenen Skelettreste stammten von einem ausgewachsenen, kapitalen Auerochsen. Dies zeigen die geschlossenen Schädel- und Epiphysennähte wie auch die Maße des Schädels und der Extremitätenknochen. Ein Vergleich mit anderen Meßwerten z.B. neolithischer Ure aus Schweizer Pfahlbausiedlungen oder der Skelette aus der Umgebung von Braunschweig und Berlin, die allerdings nicht datiert sind, ergab, daß der Auerochse von Sassenberg ein besonders starkes Exemplar war. Wie sich an den Skelettresten anderer Fundplätze ablesen läßt, wiesen die Ure einen ausgeprägten Geschlechtsdimorphismus auf, der sich in unterschiedlichen Körpergrößen zwischen männlichen und weiblichen Tieren und in unterschiedlichen Schädelproportionen, insbesondere der Stärke des Gehörns, zeigt. Demnach handelt es sich bei dem im Jahre 1844 bei Füchtorf (wenige Kilometer von Sassenberg) aufgefundenen Ur um das Skelett einer Ur-Kuh.

Die vorhandenen Knochen des Urs von Sassenberg wurden abgeformt und fehlende Teile ergänzt bzw. nachgebildet. Dies erfolgte anhand vereinzelter Auerochsenknochen von anderen Fundstellen, wie aus den eiszeitlichen Ablagerungen der Niederrheinischen Bucht. Für die spätere Skelettmontage wurden die wenigen vorhandenen und in der Literatur beschriebenen Ur-Skelette, Skelettdarstellungen von Hausrindern wie auch überlieferte Lebensbilder von Uren zugrunde gelegt.

Die Radiokarbon(C-14)datierung einer Knochenprobe durch das Niedersächsische Landesamt für Bodenforschung ergab ein Alter von 7485 v. Chr. (± 70 Jahre). Dies entspricht der frühen Mittelsteinzeit (Mesolithikum). Zur Lebenszeit des Auerochsen von Sassenberg hatte sich das Klima nach dem Ende der letzten Eiszeit vor ca. 9500 Jahren bereits wieder erwärmt, und die Wiederbewaldung hatte eingesetzt. Nach dem Aussterben der eiszeitlichen Dickhäuter Mammut und Nashorn und dem Abwandern der Rentierherden, die dem zurückweichenden Eis folgten, waren Wisente, Ure, Rothirsche und Elche die hauptsächliche Jagdbeute des Menschen in der Mittelsteinzeit.

Ob der Auerochse von Sassenberg der menschlichen Jagd zum Opfer fiel, läßt sich heute nicht mehr beurteilen. Am Fundort des Schädels fand sich zwar eine Feuersteinspitze, der Fundzusammenhang mit dem Skelett ist aber aufgrund der es umgebenden Sandschichten nicht mehr nachweisbar.

Ure oder Auerochsen lassen sich in Europa seit der vorletzten Warmzeit, dem Holstein-Interglazial, also seit ca. 250 000 Jahren, nachweisen. Ihren Ursprung hatten sie wie die übrigen europäischen eiszeitlichen Rinder, Wisent und Wasserbüffel, in Südasien. Von dort haben sich die Ure nach Vorderasien, Nordafrika und Europa ausgebreitet. Während der Wasserbüffel nur selten während der Warmzeiten des ca. 2,5 Millionen Jahre andauernden Eiszeitalters oder Pleistozän nach Zentraleuropa einwanderte, erschienen Wisente gemeinsam mit den ersten Elefanten und Pferden schon seit dem Beginn des Pleistozäns als Neueinwanderer in Europa. Von Asien aus drangen Wisente über die zeitweilig landfeste Beringstraße nach Amerika vor, wo sie als Büffel in riesigen Herden bis zum Ende des vorigen Jahrhunderts die Prärien bevölkerten.

Seit dem Endstadium der letzten Eiszeit, d.h. seit etwa 20 000 Jahren, sind Tierdarstellungen der eiszeitlichen Jägerkulturen vor allem in Höhlen in Spanien und Frankreich überliefert. Diese zeigen deutlich die Anwesenheit von zwei verschiedenen Rinderarten zur damaligen Zeit. Neben dem meist sehr charakteristisch dargestellten Wisent (mit seiner stark nach vorne ansteigenden Rückenlinie, den seitwärts gebogenen Hörnern und der typischen Behaarung des Kopfes und des vorderen Rumpfteiles) wird, allerdings seltener, auch ein anderes Rind abgebildet. Dieses bei polychromen Darstellungen häufig schwarz oder rotbraun dargestellte Rind zeigt zumeist eine fast gerade Rückenlinie, die Hörner sind oft frontal nach vorne gebogen. Soweit aus den eiszeitlichen Bildern ersichtlich,

Nachfahren des ausgestorbenen Urs: Schottische Hochlandrinder im Zoo zu Basel. ▷

Darstellung eines Urs nach einem Ölgemälde aus dem ersten Viertel des 16. Jahrhunderts. Kopie von Hamilton Smith, 1827.

scheint seine Behaarung, im Gegensatz zum Wisent, glatt oder ein wenig struppig gewesen zu sein. Es steht außer Zweifel, daß es sich bei diesen Bildern um Darstellungen des Auerochsen handelt.
Deutlicher erscheint die Gestalt des Urs in ägyptischen und mesopotamischen Darstellungen. Diese zeigen meist Szenen der Jagd, die bei diesem kräftigen Wild nicht ungefährlich gewesen ist. Bei den ägyptischen Darstellungen zeigt sich eine verhältnismäßig große Variabilität der Gehörnausbildung, die auch bei eiszeitlichen Höhlenmalereien des spanisch-französischen Raumes festzustellen ist. Die häufig abgebildeten Ure mit deutlich auf- oder abwärtsgerichteten Gehörnen deuten vielleicht auf die Ausbildung verschiedener Rassen dieser weitverbreiteten Rinderart hin.
Caesar nennt bei der Aufzählung der wilden Tiere, die im großen hercynischen Wald lebten, der damals ganz Germanien bedeckte, unter anderem auch den Urus (Wildrind). Dieser wird als Stier charakterisiert, der nach der Art der Farbe und dem Aussehen dem Hausstier, dem Taurus, ähnelt. Von diesem unterscheidet er sich durch seine enorme Größe; er soll nur wenig kleiner als ein Elefant sein. Sicher wollte Caesar mit dieser Übertreibung nur den Größenunterschied zu den normalen Hausrindern verdeutlichen. Die Kraft und die Schnelligkeit des Urus werden besonders hervorgehoben.
Antike Autoren, so Plinius und Seneca, erwähnen den Ur und unterscheiden ihn deutlich vom Wisent, indem sie beim Ur die weitausladenden Hörner und beim Wisent die Behaarung betonen.
Aus der Zeit des Mittelalters liegen uns keine genauen Beschreibungen darüber vor, wie der Auerochse ausgesehen hat. Vereinzelte Berichte vermerken immerhin seine Anwesenheit in bestimmten Gegenden. Um 1200 muß er noch am Oberrhein und im Schwarzwald vorgekommen sein. In der Braunschweiger Gegend soll er, wie auch der Wisent, noch im Jahre 1240 gelebt haben. In jüngerer Zeit wird der Ur nur noch im östlichen Teil Deutschlands sowie in Polen und Litauen erwähnt. Der Auerochse scheint demnach von Westen nach Osten zurückgedrängt worden zu sein. Neben der Jagd durch den Menschen werden dabei vor allem die fortschreitende Urbarmachung und Rodung ausgedehnter Waldgebiete im Laufe des Mittelalters und die damit verbundene Einengung seines Lebensraumes die Ursachen gewesen sein.
Allmählich verlor sich der Ur aus dem Gedächtnis der Menschen, so daß man in Deutschland den Auerochsen bald mit dem Wisent verwechselte, der dann die Bezeichnung Auerochs erhielt. Der wahrscheinlich flüchtigere Wisent hielt sich noch lange auf deutschem Boden; das letzte Exemplar wurde erst 1755 in Ostpreußen bei Tilsit gewildert, in Polen und im Kaukasusgebiet hat er sich in Restbeständen bis heute halten können.
Aus dem östlichen Teil Europas stammen die ersten genaueren Beschreibungen des Auerochsen und auch des Wisents in neuerer Zeit. So schrieb Freiherr Sigismund von Herberstain, Neyperg und Guetenhag (1486–1566), der als kaiserlicher Gesandter Polen, Litauen und Rußland mehrfach bereist hatte, in seinem Reisebericht „Rerum Moscoviticarum Commentarii", den er 1549 mit zahlreichen Abbildungen herausgab, auch über die wilden Tiere Litauens. Herberstain schreibt, daß der Ur nur in Masovien vorkomme, also im westlichen Teil des damaligen polnischen Reiches. Er unterscheide sich nicht von den zahmen Hausrindern, außer daß er schwarz wäre mit einem weißlichen Streifen auf dem Rücken. Der Autor betont besonders die weitausladenden Gehörne, die den Ur deutlich vom Wisent unterschieden. Nach Herberstains Bericht wurden die Tiere damals nur noch in einigen Reservaten gehalten und gepflegt. Wisent und Ure werden von Herberstain abgebildet, allerdings nicht nach lebenden, sondern, wie spätere Autoren überzeugend darlegten, nach ausgestopften Tieren, die Herberstain in seinem Wiener Palais hatte aufstellen lassen.

Trotz der Mängel der Darstellung, die weniger auf den Zeichner als auf den niedrigen Stand der Technik der Dermoplastik zu dieser Zeit zurückzuführen sind, vermittelt die Abbildung eine ungefähre Vorstellung vom Aussehen der mitteleuropäischen Auerochsen. Im Gegensatz zum Wisent ist das Haar beim Auerochsen glatt oder höchstens struppig. Der Zeichner hat sich bemüht, das Tier schwarz darzustellen, indem er die Binnenzeichnung weiß anlegte. Die Rückenlinie, und das war entscheidend für unsere Skelettrekonstruktion, ist wie bei einem Rind fast gerade und nur im Schulterbereich etwas erhöht. Konrad Gessner schreibt im Jahre 1606 über die Auerochsen, die in Polen als Thur bezeichnet wurden: „Sie sind den Hausochsen völlig ähnlich, aber viel größer und mit längeren Hörnern bekleidet. Sie haben zwei nach vorne gerichtete schlanke Hörner. Die Stirn gewährt wegen der krausen zusammengedrehten Haare einen schrecklichen Anblick".
Die letzten freilebenden Ure lebten im Wald von Jaktorow, südwestlich von Warschau in einem Reservat. Ihre Zahl minderte sich als Folge von Inzucht und Wilddiebereien. Das letzte Tier, eine Ur-Kuh, starb hier im Jahre 1627. Lange nach dem Aussterben der letzten Ure erschien eine Zeichnung, die vielleicht noch nach dem Bild eines lebenden Tieres gefertigt wurde.

Ur-Skelett, gefunden bei Sassenberg/Kreis Warendorf. Rekonstruktion im Westfälischen Museum für Naturkunde, Münster. Besonders deutlich zu erkennen: die gerade, nur im Schulterbereich etwas erhöhte Rückenlinie.

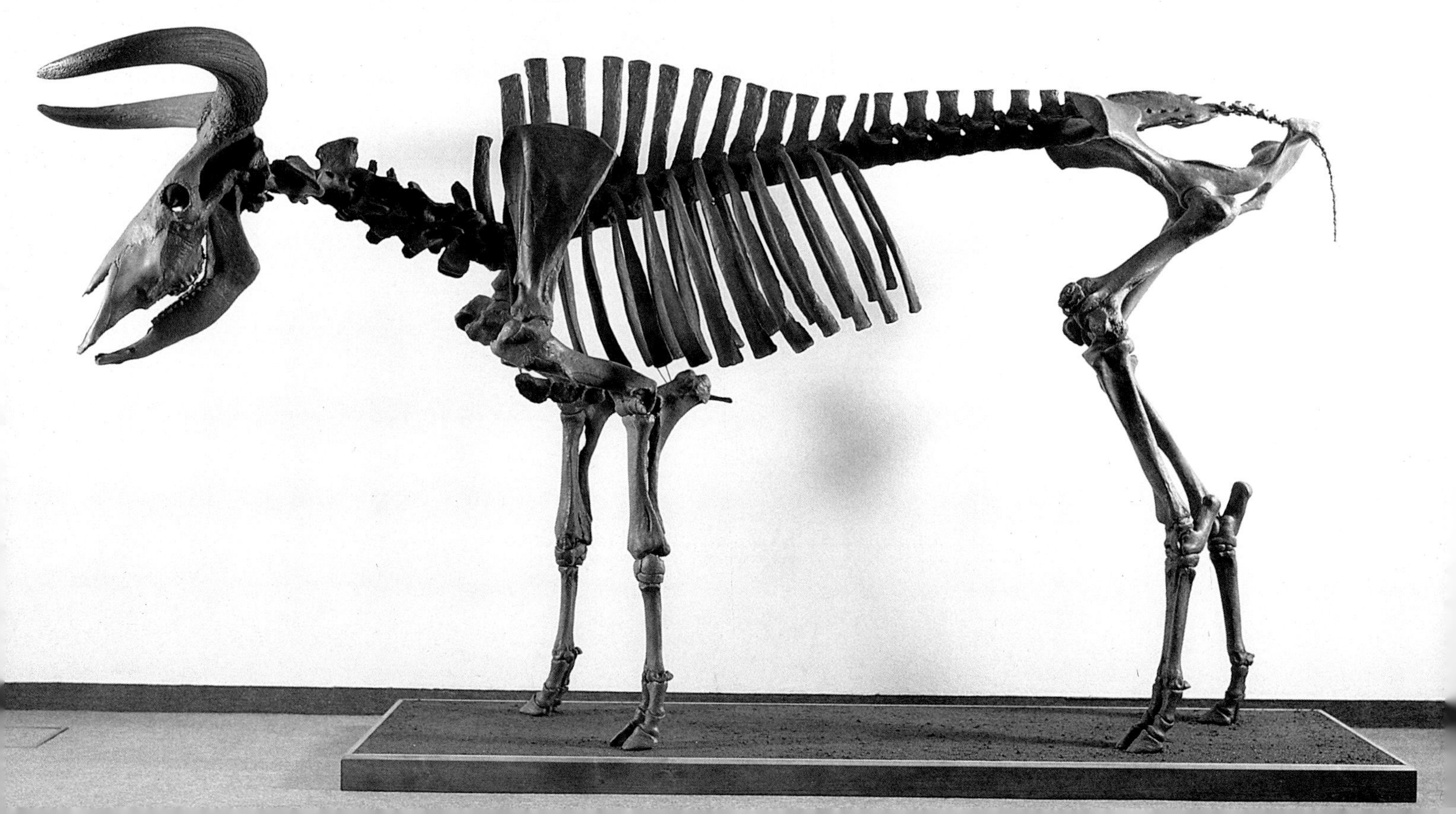

Hamilton Smith, Mitherausgeber des »Animal Kingdom« (Band 4), hatte bei einem Kunsthändler in Augsburg ein Ölbild entdeckt, das – nach dem Stil zu urteilen – aus dem 1. Viertel des 16. Jahrhunderts stammte. Von dem inzwischen verschollenen Original fertigte er eine Kopie, die später in zahlreichen Publikationen abgebildet wurde. Das Bild zeigt augenscheinlich einen jungen Ur-Stier; daneben waren Reste von Schildträgern sichtbar und das Wort „Thur". Dieses Bild zeigt deutlich das Aussehen der mitteleuropäischen Auerochsen kurz vor ihrem Aussterben. Die frontal nach vorne gerichteten Hörner, das dunkle struppige Fell und die im Schulterbereich ein wenig aufgewölbte Rückenlinie decken sich mit der Darstellung von Herberstain und mit den eiszeitlichen Höhlenmalereien. Das lockige Fell auf der Stirn des Tieres war nach den überlieferten Berichten des 16. Jahrhunderts die Trophäe des Erlegers gewesen. In ähnlicher Form verfährt man heute noch mit den Geweihen von Reh- oder Rotwild.

Aus den wenigen überlieferten Darstellungen des Urs geht hervor, daß es sich um Wildrinder gehandelt hat, die sich, abgesehen von der Größe der Fellfärbung und der Stärke der Hörner, kaum von urtümlichen Hausrindrassen unterschieden haben. Vor allem im Skelettbau sind die Unterschiede zu den Hausrindern nur gering. Auch die Hausrinder stammen letztlich von wildlebenden Uren ab. Bei den spanischen Kampfstieren oder englischen Parkrindern treten die Merkmale der Wildform des Urs oder Auerochsen heute noch am deutlichsten hervor. Der auffallende Größenunterschied zu den Hausrindern, der sich im Zuge der Domestikation einstellte, verdeutlicht das Skelett von Sassenberg mit einer Gesamtlänge von 3,05 m und einer Schulterhöhe von ca. 1,65 m.

Die neolithische Besiedlungsgeschichte der Rheinischen Lößbörden

Winrich Schwellnus

Die Lößbörden der Niederrheinischen Bucht mit ihren nährstoffreichen und leicht zu beackernden Böden stellen seit Beginn des Ackerbaus das landwirtschaftliche „Rückgrat" des Rheinlands dar. Noch heute ist die Landschaft zwischen Köln im Osten, Aachen im Westen, der Eifel im Süden und Mönchengladbach im Norden weitgehend durch die Landwirtschaft mit Weizen- und dem im 19. Jahrhundert eingeführten Zuckerrübenanbau geprägt, auch wenn ihre sich seit ein oder zwei Generationen beschleunigende Veränderung durch die Industrialisierung inzwischen unübersehbar geworden ist.

Seit Ende des letzten Jahrhunderts begann der Braunkohlentagebau einzugreifen – liegt doch unter dem Löß und den eiszeitlichen Schotterablagerungen von Maas und

Bedburg-Königshoven. Ausgrabungen in einer mitteljungsteinzeitlichen Siedlung an der Abbaukante des Tagebaues Frimmersdorf-Süd.

Rhein die größte heimische Braunkohlenlagerstätte. Von den Rändern her erfaßt der Braunkohlentagebau seit den sechziger Jahren in Großtagebauen von über 50 Quadratkilometern inzwischen auch den zentralen Teil der Bördenzone und wird nach der heutiger Planung bis zum Jahr 2040 mehrere hundert Quadratkilometer dieser Kulturlandschaft zerstört haben.

Seit Mitte der sechziger Jahre wurde die Archäologie verstärkt einerseits auf das Problem aufmerksam, andererseits aber auch auf die Möglichkeiten, die sich für die archäologische Erforschung dieser zentralen rheinischen Landschaft eröffneten.

Mehr oder weniger zufällig – das Institut für Ur- und Frühgeschichte der Universität Köln hatte sich gerade zu einem Schwerpunkt der Jungsteinzeitforschung entwickelt – richtete sich die erste Aufmerksamkeit auf die ältesten Ackerbaugruppen des Rheinlandes. Mit Hilfe der Deutschen Forschungsgemeinschaft und unterstützt von der Rheinischen Bodendenkmalpflege und den Rheinischen Braunkohlenwerken entstand ein Forschungsprojekt, das die Aufgabe hatte, das Neolithikum der Rheinischen Bördenzone, das – wie wir heute dank präziser naturwissenschaftlicher Datierungsmethoden wissen – den Zeitraum von etwa 5300 bis 1800 v. Chr. umfaßt, also rund dreieinhalb Jahrtausende zu erforschen. Bis 1974 waren über 25 Hektar jungsteinzeitlicher Siedlungsflächen im westlichen Teil des Braunkohlengebietes (Aldenhovener Platte) ausgegraben und damit eine sehr gut untersuchte Kleinregion dokumentiert. Die Auswertung der hier gewonnenen Zeugnisse dauert zwar heute noch an, doch läßt sich schon jetzt sagen, daß dieses Projekt eine neue Dimension der Jungsteinzeitforschung eröffnet hat. Die Rheinische Bodendenkmalpflege richtete Mitte der siebziger Jahre für das Braunkohlengebiet eine eigene, inzwischen die personell stärkste Außenstelle ein. Für das Neolithikum setzt sie nun die Arbeit des Pilotprojektes im gesamten Braunkohlengebiet fort und arbeitet bei der wissenschaftlichen Auswertung eng mit Universitätsinstituten, vor allem in Köln und Frankfurt, zusammen.

Heutiger Kenntnisstand

In dem Erstaunen über die spektakulären Grabungserfolge der späten sechziger und frühen siebziger Jahre war zunächst übersehen worden, daß trotz intensiver und systematischer Geländearbeit nicht alle Epochen der jungsteinzeitlichen Entwicklung von dem Fortschritt der Erkenntnis gleichermaßen profitieren konnten. Immerhin ist der entstandene Datenzuwachs beeindruckend: Aus der Zeit des frühen Neolithikums, der Bandkeramik (ca. 5300–4900 v. Chr.), war bis Anfang der sechziger Jahre ein gutes Dutzend Fundplätze bekannt. Ihre Zahl hat sich bis heute mehr als verzehnfacht. Westlich von Köln war bis dahin kein einziger Hausgrundriß ergraben worden. Heute sind es weit mehr als zweihundert, die meisten davon im Braunkohlengebiet. Außer aus Köln-Lindenthal (gegraben in den dreißiger Jahren dieses Jahrhunderts) waren in dieser Zeit im Rheinland keine Grabenanlagen (Erdwerke) der Bandkeramik bekannt. Heute ist ihre Zahl auf elf angewachsen. Das erste und bislang einzige Gräberfeld wurde in den siebziger Jahren untersucht.

Die Zahl der Fundplätze des Mittelneolithikums (Kulturgruppen Großgartach, Rössen, Bischheim – älteres 5. Jahrtausend v. Chr.) hat sich bei geringerem Ausgangsbestand ebenfalls auf über fünfzig verzehnfacht. Bis Mitte der sechziger Jahre war aus diesem Zeitabschnitt landesweit kein Hausgrundriß bekannt; heute sind es allein im Braunkohlengebiet etwa fünfzig. Dazu sind immerhin drei mittelneolithische Grabenanlagen zu stellen, die vorher ebenfalls unbekannt waren.

Demgegenüber fällt das Jungneolithikum (spätes 5. Jahrtausend und Abschnitte des 4. Jahrtausends v. Chr.) mit einem Bestand von nur zehn eindeutigen Fundplätzen deutlich ab. Es ist auch heute nicht ein einziger Hausgrundriß bekannt, wohl aber inzwischen allein im Kartenausschnitt des Braunkohlengebietes vier große Grabenanlagen, zu denen zwei weitere in der Niederrheinischen Bucht zu stellen sind (Swisttal-Miel und Bonn).

Der folgende Zeitabschnitt des Spätneolithikums (späteres 4. und älteres 3. Jahrtausend v. Chr.) ist nach wie vor die dunkelste Epoche der rheinischen Kulturgeschichte überhaupt. Es liegt bisher nur ein einziger datierbarer Fundkomplex aus Titz-Hasselsweiler vor, der sich am ehesten mit der niederländischen Vlaardingen-Kultur in Verbindung bringen läßt.

Die Zahl der endneolithischen Fundplätze (seit Mitte des 3. Jahrtausends v. Chr.) ist – im Gegensatz zum sonstigen Trend – außerhalb der rheinischen Lößbörden weiterhin größer als innerhalb dieses Raumes. Im Braunkohlengebiet konnten seit Ende der sechziger Jahre nur sechs Fundplätze lokalisiert werden. Mindestens bei dreien dürfte es sich um die Reste von zerstörten Gräbern gehandelt haben.

Rekonstruktion des frühneolithischen Landschafts- und Siedlungsbildes im Merzbachtal/Kreis Düren. Modell.

War man unter dem Eindruck der Grabungserfolge der ersten Jahre geneigt, dieses überraschende Mißverhältnis als einen Ausdruck realer historischer Situationen zu werten, so müssen wir angesichts der Geländearbeit der letzten zehn Jahre zu dem Schluß kommen, daß wir es mit einem archäologiespezifischen Problem zu tun haben, d.h. bei der

Rekonstruktion eines bandkeramischen Siedlungsplatzes im Merzbachtal/Kreis Düren. Modellausschnitt.

bisherigen archäologischen Technik und Methodik werden diese Epochen vernachlässigt. Ihre Überreste sind weitaus schlechter erhalten, schwieriger zu lokalisieren und zu ergraben.
Wenn wir heute von einer Spitzenstellung des Rheinlands bei der Erforschung der jungsteinzeitlichen Siedlungsgeschichte sprechen, sollten wir nicht übersehen, daß es sich nur um Abschnitte dieser über dreitausendjährigen Epoche handelt.

Altneolithikum

Dank ausgezeichneter Grabungsergebnisse und ihrer archäologischen Aufbereitung und Auswertung, präzisen naturwissenschaftlichen Datierungen (C-14 und Dendrochronologie) und Untersuchungen (Pollenanalyse und Paläoethnobotanik) läßt sich heute der Beginn der Jungsteinzeit in den rheinischen Lößbörden und die der folgenden Jahrhunderte gut nachzeichnen. Es handelt sich erstaunlicherweise um den am besten bekannten Abschnitt der rheinischen Urgeschichte. Unsere Kenntnisse sind so gut, daß es möglich ist, realistische Modelle oder Karten der Kulturlandschaft anzufertigen.
Die früheste Ackerbau-Kultur Mitteleuropas (Bandkeramische Kultur), die sich im Vorfeld des früher neolithisierten Balkans und, wie neueste Ergebnisse zeigen, auch unter dem Einfluß eines älteren süd- und mittelfranzösischen Neolithikums bildet, erreicht die rheinische Bördenzone um 5300 v. Chr. Sie trifft auf eine waldbedeckte Landschaft. Auf den nur schwach geneigten Lößhochflächen stockt ein dunkler Lindenhochwald. Die Fluß- und Bachtäler sind gesäumt von Auen- und Galeriewäldern, in denen Ulme und Eiche vorherrschen. Um die für den Ackerbau benötigten Freiflächen zu schaffen, müssen die Siedler Rodungsinseln in den Lindenhochwald schlagen, auf denen sie mehrere Weizenarten, Erbsen und Linsen sowie die Ölpflanzen Lein und Mohn anpflanzen. Die Auenwälder werden unter Bevorzugung von Esche und Ulme waldwirtschaftlich genutzt (Erzeugung von Blattfutter für das Vieh, Eichenholz für den Hausbau). Pollenanalyse und die Bestimmung von Holzkohleresten zeigen die Veränderung der siedlungsnahen Umwelt: das kurzzeitige Auftreten von Birke auf den entstandenen Freiflächen (sogar der Holzaschestaub der Rodungen ließ sich im Pollenprofil nachweisen) sowie eine Mantelvegetation aus Hasel, Schlehe, Weißdorn, Wildapfel und -birne an den so entstandenen künstlichen Waldrändern. Letztere Gehölze fanden vor allem als Brennholz Verwendung. Das Siedlungsbild dieser frühen Ackerbaugruppen ist durch Siedlungslagen an Bachtälern und Quellaustritten geprägt, die sich zu Agglomerationen verdichten können. Größere Landschaftsteile bleiben allerdings frei von Siedlungen. Wichtig ist die Feststellung, daß es sich um Dauersiedlungen handelt, die zumindest mehrere Generationen, in manchen Fällen bis zu 400 Jahren, Bestand hatten. Im Merzbachtal, der am intensivsten untersuchten Kleinlandschaft, ist die Gründung von „Tochtersiedlungen“, ausgehend von dem ältesten und größten Platz, anzunehmen. Die einzelnen Siedlungsplätze liegen im Nahbereich zueinander und sind manchmal kaum zu trennen. Sie bestehen aus Gruppen von gleichzeitigen Langhäusern (ca. 200 Quadratmeter Innenfläche), die offensichtlich die eigentlichen wirtschaftlichen und sozialen Grundeinheiten darstellen. Eine soziale Differenzierung ist im Hausbau und in der Siedlungsanlage nicht zu erkennen. Die größte Siedlung hat bis zu elf gleichzeitige Langhäuser. Das Ackerland lag im Nahbereich der Siedlung auf der Lößhochfläche. Für je ein Langhaus ist mit einer Ackerfläche von 1 bis 2 ha zu rechnen.
Obwohl die Siedlungsplätze einen uniformen Eindruck vermitteln, sind sie nicht im vollen Sinne autark. Das Rohstoffmaterial der Steingeräte und ihrer Produktionsabfälle zeigt vielmehr ein regionales und überregionales Netz von Handels- oder Austauschbeziehungen. Das Feuersteinmaterial kommt überwiegend aus dem Maasgebiet (Rijckholt), verschiedene Sandsteinarten für die Mahlsteine

stammen aus der Eifel, Basalte und Amphibolite für die geschliffenen Holzbearbeitungsgeräte (Dechsel) und Hämatit zur Farbherstellung weisen auf noch weiträumigere Beziehungen hin. Dieses Beziehungsgeflecht scheint – wie das bevorzugte Feuersteinmaterial zeigt – über den ganzen Zeitraum stabil geblieben zu sein.
Wie lückenhaft alle Geländebeobachtungen noch immer sind, zeigt die Tatsache, daß es bislang nicht gelungen ist, mehr als ein Gräberfeld aufzufinden. Hierbei spielt die für unsere Region bodenbedingte Knochenzersetzung sicher eine Rolle. Auch die für die Bandkeramik typischen Haustierarten (Rind, Schwein, Schaf, Ziege) sind im Rheinland bisher nur in der umgegrabenen Siedlung von Müddersheim im Zülpicher Trockengebiet nachgewiesen.
An das Ende der bandkeramischen Entwicklung gehören die Erdwerke, deren Befestigungscharakter gelegentlich bestritten wird. Sie schließen mit Spitzgräben von etwa 4 m Breite ein Areal von ca. einem Hektar ein. Manche dieser Anlagen sind sicher mehrphasig, andere verfügen über einen doppelten oder sogar dreifachen konzentrischen Grabenring. Innenliegende Palisaden wurden bisher im Rheinischen Braunkohlengebiet nicht nachgewiesen, doch liegen sie inzwischen an anderer Stelle vor, so auch bei zwei vergleichbaren Anlagen des zeitlich anschließenden frühen Mittelneolithikums im Braunkohlengebiet.

Mittelneolithikum

In vielfacher Beziehung erscheint das Mittelneolithikum (Großgartach, Rössen, Bischheim) heute als eine Fortsetzung der altneolithischen Entwicklung. Unser Kenntnis- und Auswertungsstand ist allerdings deutlich schlechter. Die Wirtschaftsgrundlage scheint trotz gewisser Veränderungen dieselbe geblieben zu sein. Der Hausbau zeigt eine deutliche Abhängigkeit von der bandkeramischen Tradition. Allerdings werden nun auch konstruktive Merkmale verändert. Die Bauten haben sehr unterschiedliche Dimensionen; sie erreichen aber Längen bis zu 60 m Abmessungen, die im urgeschichtlichen Rheinland ihresgleichen suchen. Charakteristisch ist das Auftreten von Kleinbauten, die im Zusammenhang mit den Langhäusern stehen und so den Eindruck von Hofanlagen im modernen Sinne erwecken. Mehrfach belegte längere Zäune legen eine engere organisatorische Zuordnung mehrerer „Höfe" zu einer Gruppensiedlung nahe. Unterschiede werden auch im Siedlungsmuster deutlich. Manche im Altneolithikum besiedelten Landschaftsteile werden verlassen, dafür aber bislang freie Bereiche – auch auf den Lößhochflächen selbst – belegt. So entsteht ein netzartiges Verteilungsmuster der Siedlungen, das die Landschaft systematischer erfaßt, auch wenn die Siedlungen wie die bandkeramischen Plätze zu Gruppen agglomerieren. Die Pollenanalyse zeigt zu Beginn des Mittelneolithikums einen Rückgang der menschlichen Beeinflussung der natürlichen Vegetation, dem dann erneut ein nun deutlich stärkeres Ansteigen folgt.
Am Ende der mittelneolithischen Entwicklung verlieren wir mit der Bischheimer Gruppe sicheren archäologischen Boden. Aus diesem Zeitabschnitt konnte bislang keine einzige Siedlung mit gutem Ergebnis ergraben werden. Ein Grund scheint ein Bruch in der Hausbautradition zu sein. Ein einziger Bischheimer Platz zeigt Hinweise auf kleinere, schwach eingetiefte Bauten ohne deutliche konstruktive Elemente (Pfosten). Es ist dies der bislang jüngste Wohnbau des rheinischen Neolithikums. Danach gibt es keine gesicherten archäologischen Kenntnisse zum Hausbau und einer inneren Siedlungsstruktur.

Freigelegter mittelneolithischer Hausgrundriß im Gebiet des Braunkohlentagebaues Hambach/Kreis Düren.

Jungneolithikum

Bei den Fundplätzen des Jungneolithikums (Michelsberger Kultur) handelt es sich zum einen um unscheinbare kleine Plätze mit dem Nachweis meist nur einzelner Gruben, zum anderen um sehr ausgedehnte Plätze, die bei

Ausgrabung eines Erdwerkes der Michelsberger Kultur vor der Abraumhalde des Braunkohlentagebaues Hambach/Kreis Düren.

Grabungen fast stets zur Aufdeckung von großen Befestigungsanlagen führten. Die durch breite Sohlgräben, oft mit innenliegenden Palisaden umschlossenen Areale erreichen Größenordnungen von knapp 10 bis über 60 Hektar. Eine einzige Anlage ist fast vollständig ausgegraben, erbrachte aber keine Hinweise auf eine Innenbesiedlung. Die bisher bekannt gewordenen „Siedlungen" müssen leider noch als Einzelplätze behandelt werden und können nicht in den sinnvollen Zusammenhang einer Kulturlandschaft gebracht werden. Immerhin ist die Sachkultur dieses Zeitabschnitts gut bekannt. Das Rohmaterial der Feuersteingeräte und sein Produktionsabfall stammen aus dem Maasgebiet, wo auch der Lieferant bekannt ist: das im Untertagebetrieb arbeitende Feuersteinbergwerk von Rijckholt bei Maastricht.

Spätneolithikum und Endneolithikum

Der bisher einzige spätneolithische Fundplatz – bestehend aus einer einzigen Grube in der Grabungsfläche einer bandkeramischen Siedlung – erlaubt keine weiteren archäologischen Rückschlüsse. Eine Reihe von Oberflächenfundplätzen, die durch einen hohen Anteil von Lousberg-Feuerstein geprägt sind, aber bisher zu keinem nennenswerten Grabungserfolg führten, werden am ehesten in diese Zeit gehören.
Auch die wenigen fundarmen Fundplätze des Endneolithikums verschließen sich einer siedlungsgeschichtlichen Interpretation, wie sie für das Alt- und Mittelneolithikum möglich geworden ist.
Eine Lösung dieser schwierigen Erkenntnisprobleme der jüngerneolithischen Entwicklung in den rheinischen Lößbörden wird von der Archäologie mit anderen Techniken und Methoden als denen kurzfristiger Rettungsgrabungen im Tagebauvorfeld oder bei anderen Gefährdungstatbeständen erarbeitet werden müssen. Die bisherigen Möglichkeiten sind weitgehend ausgereizt. Ein auch für die Rettungsarchäologie dringend notwendiger Erkenntnisschub kann nicht wie im Falle des Altneolithikums von ihr selbst kommen, sondern muß mit gezielten Forschungsgrabungen und -programmen auf bekannten oder durch mittel- bis langfristige Prospektionsmaßnahmen zu lokalisierenden Plätzen dieser Zeitstellung unter guten Erhaltungs- und Beobachtungsbedingungen gewonnen werden.

Lit.: Untersuchungen zur neolithischen Besiedlung der Aldenhovener Platte I–XII. Bonner Jahrb. 171, 1971 – 182, 1982 – J.-P. Farrugia, R. Kuper u. a., Der bandkeramische Siedlungsplatz Langweiler 2. Rhein. Ausgr. Bd. 13 (1973). – R. Kuper, H. Löhr u. a., Der bandkeramische Siedlungsplatz Langweiler 9. Rhein. Ausgr. Bd. 18 (1977). – Der bandkeramische Siedlungsplatz Langweiler 8. Rhein. Ausgr. Bd. 28 (1989). – A. Jürgens, Die Rössener Siedlung von Aldenhoven, Kr. Düren. Rhein. Ausgr. Bd. 19 (1979) 191 ff. – M. Dohrn-Ihmig, Das bandkeramische Gräberfeld von Aldenhoven-Niedermerz, Kreis Düren. Rhein. Ausgr. Bd. 24 (1983) 47 ff. – J. Lüning, Siedlung und Kulturlandschaft in bandkeramischer und Rössner Zeit. Offa 39, 1982, 9 ff. – A. J. Kalis, Zur Umwelt des frühneolithischen Menschen, ein Beitrag der Pollenanalyse. Forsch. u. Ber. zur Vor- u. Frühgeschichte Baden-Württemberg 31, 1988, 125 ff. – W. Schwellnus, Archäologische Untersuchungen im Rheinischen Braunkohlengebiet 1977–1981. Rhein. Ausgr. Bd. 24 (1983) 1 ff. – P. Stehli, Merzbachtal – Umwelt und Geschichte einer bandkeramischen Siedlungskammer. Germania 67, 1989, 51 ff.

Der Lousberg in Aachen. – Ein Feuersteinbergwerk aus der Jungsteinzeit

Jürgen Weiner

Das bisher einzige bekannte rheinische Feuersteinbergwerk aus der Jungsteinzeit liegt unmittelbar am Rand des Aachener Stadtzentrums: Der Lousberg hebt sich als steilaufragender, langgestreckter sog. Zeugenberg über die tiefgelegene Mulde der Stadt. Die Hauptmasse des Lousbergs besteht aus mächtigen Sandschichten, die von einer mehrere Meter dicken, horizontal gelagerten Kreidekalkplatte überdeckt werden. Sie enthält bis zu 25 Lagen eines rauhen, dunkelgrau-braun gefärbten Plattenfeuersteins, der eine Dicke von 10 cm erreichen kann.

In den ersten Jahrzehnten dieses Jahrhunderts sammelte der Aachener Heimatforscher Professor Josef Liese auf den steilen Hängen und vor allem auf der zentralen Hochfläche des Lousberges zahlreiche Geräte und Werkzeuge aus Feuerstein. Im Jahre 1930 veröffentlichte er die Ergebnisse seiner Forschungen und erkannte, daß hier in der jüngeren Steinzeit ein intensiver Feuersteinbergbau betrieben worden sein muß und zugleich die Verarbeitung des Flintes zu Beilklingen vorgenommen wurde. Tatsächlich ist aus den in der Jungsteinzeit intensiv besiedelten, fruchtbaren, aber feuersteinfreien Lößböden des Rheinlandes eine unübersehbar große Anzahl von Beilklingen aus dem charakteristisch gefärbten Lousberg-Feuerstein bekannt. Vereinzelt gelangten solche Beilklingen sogar bis nach Südbelgien und die niederländische Provinz Drenthe, über 200 km von Aachen entfernt. Nahezu fünfzig Jahre nach Lieses Veröffentlichung unternahmen Wissenschaftler des Institutes für Ur- und Frühgeschichte der Universität zu Köln in Zusammenarbeit mit dem Deutschen Bergbau-Museum Bochum im Rahmen eines Forschungsprojektes

Der Lousberg in Aachen aus südwestlicher Richtung.

umfangreiche Ausgrabungen auf dem Lousberg. In den Jahren 1978 bis 1980 fanden drei Grabungskampagnen mit einer Dauer von insgesamt fast acht Monaten statt. Es sollte geklärt werden, ob tatsächlich auf dem Lousberg steinzeitlicher Bergbau betrieben worden war und wenn ja, ob dies im Tiefbau oder Tagebau vor sich gegangen war. Bereits während der ersten Grabungskampagne im Jahre 1978 stellte sich heraus, daß die heute noch gut erkennbaren zahlreichen kleinen, unterschiedlich hohen Hügel im Bereich des zentralen Plateaus nicht als natürliche Landschaftsform zu erklären sind; es sind vielmehr Abraumhalden des steinzeitlichen Bergbaubetriebes. Die aus zahlreichen Schichten kleinstückiger Brocken feuersteinfreien Kreidekalkes aufgeworfenen Halden enthielten neben verworfenen, d. h. unbrauchbaren Feuersteinplatten auch viele vollständige und zerbrochene Halbfabrikate von Beilklingen und die bei ihrer Herstellung anfallenden Abfallstücke. Im Verlauf der Kampagne des Jahres 1979 wurde am Ostrand des Haldengeländes ein über 30 m langer, 6 m breiter und nahezu 5 m tiefer Suchgraben angelegt. Zur Überraschung der Archäologen wurden nirgendwo Reste der ehemals vorhandenen feuersteinführenden Kreidekalkplatte angeschnitten; lediglich die horizontal verlaufende Grabensohle bestand aus feuersteinfreiem Kreidekalk mit einer Dicke von ca. 1 m. Somit stand fest, daß es sich bei dieser Kalkschicht um den letzten Rest der ursprünglich wesentlich dickeren Kalkplatte handeln mußte. Die Untersuchungen der Grabenwände

Schlaggerät aus Hirschgeweih zur Bearbeitung des Feuersteins vom Lousberg in Aachen.

ergab, daß diese bis zur heutigen Oberfläche ausschließlich aus angeschnittenen, vielfach übereinander geschichteten steinzeitlichen Abraumhalden aufgebaut waren. Auch diese Halden lieferten ein reiches Fundmaterial; erstmals fanden die Archäologen Überreste der bergmännischen Abbaugeräte, der sog. Gezähe. Es handelt sich um Fragmente schwerer Steinhämmer aus hartem Felsgestein, vorwiegend Quarzit, aber auch um hackenähnliche Geräte aus dem ungleich weicheren, aber wesentlich zäheren Hirschgeweih. Schließlich konnten mehrere Holzkohleproben aus den Halden entnommen werden, und die späteren naturwissenschaftlichen Untersuchungen haben ergeben, daß die Blütezeit des Feuersteinabbaus in die erste Hälfte des 3. Jahrtausends v. Chr. (ca. 3000 bis ca. 2500 v. Chr.) datiert werden kann.

Die Beobachtungen am Suchschnitt des Jahres 1979 erlauben die Rekonstruktion der steinzeitlichen Feuersteingewinnung auf dem Lousberg (s. Vorsatz hinten): Die auf den obersten Sandschichten lagernde feuersteinführende Kalkplatte, deren ursprüngliche Dicke unbekannt ist, bildete eine annähernd horizontale Fläche. Oberhalb der steilen sandigen Berghänge endete diese Platte und bot dadurch im gesamten Bereich der Bergflanken einen natürlichen Aufschluß; hier waren auch die grau-braunen Feuersteinlagen im gelblich-weißen Kreidekalk deutlich sichtbar. Die ersten jungsteinzeitlichen Bergleute – vielleicht Prospektoren auf der Suche nach Rohmaterialvorkommen – stießen bereits am Bergfuß überall auf den im Handschutt liegenden ausgewitterten Feuerstein. Und nach Entdeckung des eigentlichen Vorkommens auf dem Plateau war es eine naheliegende Entscheidung, den Feuerstein im Tagebau zu gewinnen. Dies wird mit der geringen Dicke der Kalkplatte zu erklären sein, die die mühsame Anlage von Schächten und abzweigenden Strekken oder Abbauweitungen unter Tage erübrigte. Es hat den Anschein, daß der Feuersteinabbau an der Kante der Kalkplatte am oberen Steilhang des Lousberges einsetzte. Zur Gewinnung der Silexplatten war es lediglich nötig, die über oder zwischen den einzelnen Feuersteinlagen vorhandenen, unterschiedlich harten und dicken Kreidekalkschichten abzubauen. Das war an dieser Stelle des Berges besonders leicht möglich, und außerdem konnte eines der größten bergmännischen Probleme, die Beseitigung des wertlosen Abraumes, hier mühelos gelöst werden: Das taube Kalkgestein wurde hangwärts verkippt. Nach kurzer Zeit wurde erkannt, daß die unterste Kalkschicht keinen Feuerstein enthielt, und so wurde diese Schicht auch nicht weiter

Abraumhalden des Feuersteinbergwerkes auf dem Hochplateau des Lousbergs in Aachen.

gebrochen. Im weiteren Verlauf der Feuersteingewinnung wurde die Kalkplatte bis auf diese Tiefe vollständig abgebaut und gleichzeitig die aktive Abbauwand, die sog. Ortsbrust, weiter in Richtung des Plateauzentrums vorgetrieben. Dabei bildete die unterste Kalkschicht eine natürliche horizontale Arbeitsplattform. Durch die stetige Verlagerung der Ortsbrust vergrößerte sich jedoch die Entfernung zum Berghang, und der Transport des Abraums zu den früher dort aufgeschütteten Halden wurde immer mühsamer. Auch dieses Problem wurde von den Bergleuten gelöst: Die riesigen Abraummassen wurden jetzt auf der bereits abgebauten freien Fläche der Arbeitsplattform, wenige Meter von der Ortsbrust entfernt, verkippt. Auf diese Weise wurden allmählich alle dem Feuersteinabbau zum Opfer gefallenen Flächen mit weiteren Halden zugesetzt. Da die Ausdehnung der Kalkplatte auf das relativ kleine Lousbergplateau begrenzt ist, muß damit gerechnet werden, daß der Tagbau in der beschriebenen Art an zahlreichen Stellen am Oberhang des Berges gleichzeitig betrieben worden ist. Dies führt zu der Annahme, daß am Ende der Feuersteingewinnung gegen 2500 v. Chr. der weitaus größte Teil der Kreidekalkplatte vollständig abgebaut worden war; seine Stelle nahm nun eine großflächige Haldenlandschaft ein, in der lediglich kleinere Kalkklippen sichtbar waren. Beobachtungen im Gelände lassen jedoch vermuten, daß sich ungestörte Reste der ehemaligen Kalkplatte im Zentrum des Plateaus erhalten haben. Bei der Suche nach anstehenden Kalkresten konnte zu Beginn der

Kampagne des Jahres 1980 in der Nähe des heutigen Wasserturmes in fast 5 m Tiefe in einem Suchschnitt eine ca. 1 m hohe und 1,20 m breite Kalkklippe freigelegt werden. Sie enthielt mehrere Feuersteinlagen; die Oberfläche der an dieser Stelle stark verkieselten und deshalb sehr harten und homogenen Kalkschichten war übersät von charakteristischen Schlag- und Kratzspuren steinzeitlicher Abbaugeräte: Endlich war es gelungen, eine originale Ortsbrust des alten Tagebaubetriebes zu finden. Die größte Überraschung stellte die gleichzeitige Entdeckung einer steinzeitlichen Werkstatt zur Beilklingenproduktion dar. Im Zentrum einer Fläche von nur acht Quadratmetern lag ein großer Kalkbrocken, der Sitzplatz der Steinbearbeiter, der von Zehntausenden von Feuersteinabfallstücken umgeben war. Im Abfall fanden sich zusätzlich Beilklingen in allen Bearbeitungsstadien sowie Schlagsteine aus Flußgeröllen. Bislang einmalig aus einem europäischen Feuersteinbergwerk sind hammerähnliche Schlaggeräte aus Hirschgeweih, die ohne Zweifel zur Beilklingenherstellung benutzt worden sind. Ebenfalls ohne Parallele ist ein Geweihhammer mit Schaftloch zur Aufnahme des Stieles. Dieses einzigartige Werkzeug besitzt ein zusätzliches Schäftungsende, das wahrscheinlich zur Aufnahme einer kleinen Beilklinge gedient haben wird. Fragmente und Halbfabrikate zahlreicher Abbaugeräte aus Felsgestein und Geweih lassen vermuten, daß in dieser Werkstatt auch die Gezähe der Bergleute angefertigt wurden. Hervorzuheben ist das Halbfabrikat einer Beilklinge aus Lousberg-Flint, das unmittelbar neben dem Sitzstein gefunden wurde. Begünstigt durch die aufwendige Ausgrabungs-und Dokumentationstechnik gelang es, aus dem ca. 320 kg Feuersteinabfall mit insgesamt ca. 40 000 Einzelstücken nahezu alle ehemaligen Zurichtungsabschläge herauszusuchen und an das Halbzeug anzupassen. Durch dieses langwierige Puzzle war die vollständige Rekonstruktion eines ursprünglichen Feuersteinrohstückes möglich. Tatsächlich wird jetzt die außerordentliche Materialkenntnis und virtuose Beherrschung der Steinbearbeitungstechnik des steinzeitlichen Spezialisten erkennbar; zur optimalen Ausnutzung des Rohstückes hat er die zukünftige Beilklinge in Richtung der längsten Ausdehnung der Feuersteinplatte orientiert. Ein weiteres Ergebnis dieser bislang einmaligen Zusammensetzung ist die Kartierung der genauen Lage aller anpassenden Zurichtungsabfälle. Es zeigt sich, daß die Abfallstücke ausnahmslos auf der südlichen Fläche der Werkstatt vor dem Sitzstein liegen. Diese Verteilung erlaubt die Rekonstruktion weniger Momente einer Tätigkeit vor mindestens 4500 Jahren: Offensichtlich hat der damalige Handwerker seine Sitzposition bewußt so ausgewählt, daß er mit dem Rücken nach Norden und dem Blick zur hellen Südseite ausgerichtet auf dem Sitzstein saß, als er die Beilklinge anfertigte. Die Ergebnisse der Ausgrabungen auf dem Lousberg haben die Vermutungen Lieses bestätigt. Ergänzend konnte festgestellt werden, daß der Feuerstein in einem großflächigen Tagebau während eines späten Abschnittes der jüngeren Steinzeit zwischen ca. 3000 und ca. 2500 v. Chr. gewonnen wurde.
Der Lousberg gehört zu den ältesten technischen Denkmälern Deutschlands; Feuersteinbergbau und gleichzeitige Rohstoffverarbeitung sind Zeichen frühester Produktionsteilung. Die Massenproduktion eines von Spezialisten für den Export hergestellten Produktes geht weit über die einfache handwerkliche Tätigkeit hinaus. Das Feuersteinbergwerk auf dem Lousberg ist somit wohl der älteste Industriebetrieb des Rheinlandes.

Lit.: J. Liese, Das Aachener Land in der Steinzeit. Aachener Beitr. zur Heimatkunde Bd. 8 (1930). – J. Weiner, Intra-Site Analysis by Refitting Lithic Artifacts from a Flint-Workshop on the Neolithic Flint-Mine "Lousberg" in Aachen (Northrhine-Westphalia, FRG). In: N. Arts, E. Cziesla, S. Eickhoff, D. Winter (Hrsg.), The Big Puzzle. Proc. Int. Sympos. on Refitting Stone Artifacts. Monrepos 1987. Brit. Archaeol. Rep. Int. Ser. (im Druck) – J. Weiner, G. Weisgerber, Die Ausgrabungen des jungsteinzeitlichen Feuersteinbergwerks „Lousberg" in Aachen 1978–1980 (D 3). In: G. Weisgerber, R. Slotta, J. Weiner (Hrsg.), 5000 Jahre Feuersteinbergbau. Die Suche nach dem Stahl der Steinzeit. Veröffentlichungen aus dem Deutschen Bergbau-Museum Bd. 22 (1980) 92–119.

Ein Großsteingrab mit Bildzeichen bei Warburg

Klaus Günther

Steintransport im Neolithikum. Ein Ochsengespann zieht den steinbeladenen Schlitten über Rollen.

Nordrhein-Westfalen gehört zum Verbreitungsgebiet der Megalithgräber (Großsteingräber), die während der Jungsteinzeit, im 5. bis 4. Jahrtausend v. Chr., in West- und Mitteleuropa entstanden sind. In den nördlichen Landesteilen gibt es die bekannten, aus Findlingen errichteten „Hünengräber", im östlichen bis südöstlichen Westfalen hingegen findet man eine andere, für den Mittelgebirgsraum typische Form von Großsteingräbern, die aus den natürlich anstehenden Gesteinsarten – vor allem aus Kalkstein- und Buntsandsteinplatten – erbaut sind. Diese Galeriegräber, wie der archäologische Fachausdruck lautet, unterscheiden sich in der Bauweise und der Lage unter Bodenniveau deutlich von den zeitgleichen Emsländischen Kammergräbern und anderen Formen des Megalithgrabbaues in der Norddeutschen Tiefebene, wobei gelegentlich in Grenzbereichen Misch- und Übergangsformen vorkommen.

Das „klassische" Galeriegrab besteht aus einer mehr oder weniger langen rechteckigen Grabkammer, deren Stirnseite mit einem Eingang und einem davorliegenden, zu Kultzwecken bestimmten Vorraum versehen ist. Der Eingang, der in die Grabkammer führt, hat meist die Form eines runden, ovalen oder bogenförmigen Türloches (sog. Seelenloch), das in einen einzigen Stein gehauen oder aus zwei gekehlten Steinen zusammengesetzt sein kann. Die ganze Anlage ist, je nach den natürlichen Bodenverhältnissen, mehr oder weniger tief in die Erde eingesenkt. Manche Galeriegräber sind heute noch vollständig im Boden verborgen. Andere, die an felsigen Stellen lagen, wurden nur teilweise eingegraben und oben zusätzlich mit einem langgestreckten Erdhügel bedeckt.

Durch ihre unterirdische Lage oder die frühzeitige Zerstörung vieler Kammern während des Mittelalters kennt man nur einen Teil des ehemaligen Bestandes. Im östlichen Westfalen sind während des letzten Jahrzehnts die Überreste von vier Galeriegräbern, die im Ackerland der Paderborner Hochfläche und der Warburger Börde lagen, neu entdeckt worden. Anlaß war in allen Fällen das heute in der Landwirtschaft übliche, tiefere Pflügen der Felder. Dabei waren entweder bislang unberührt im Boden liegende Steinblöcke erstmals vom Pflug erfaßt oder schon länger störende Hindernisse von den Bauern freigelegt und gehoben worden. Drei dieser ehemaligen Galeriegräber, an denen bereits der schützende Steinrahmen der

Grabkammer fehlte, mußten nach der Entdeckung vollständig ausgegraben werden, um die noch vorhandenen Reste vor der gänzlichen Zerstörung durch die intensive landwirtschaftliche Nutzung der Felder zu retten.

Herausragender Neufund ist ein 1986 am nordwestlichen Stadtrand von Warburg, Kreis Höxter, entdecktes und 1987–1989 archäologisch untersuchtes Galeriegrab, das sich durch die ungewöhnliche Größe der Kammer und seltene, in einen Wandstein gravierte Symbole kultisch-religiöser Art auszeichnet.

Zu Beginn der Grabungen war von dem einst bedeutenden Bauwerk oberirdisch nichts mehr sichtbar. Die aus großen Buntsandsteinplatten zusammengesetzte Grabkammer war, vermutlich schon bei der Rodung und Kultivierung des Grundstücks im Mittelalter, fast vollständig zerstört worden. Die Stelle war in Vergessenheit geraten, bis der tiefer gehende Pflug wieder Sandsteintrümmer erfaßte und zutage förderte. Das ortsfremde Gestein gab den Hinweis für Suchschnitte, mit denen 1986 die ehemalige Lage und Ausdehnung des Megalithgrabes festgestellt wurde.

Ausgrabungen im Bereich des Großsteingrabes von Warburg/Kreis Höxter.

Bei der folgenden planmäßigen Ausgrabung zeigte sich, daß unter der Pflugschicht noch beachtliche Reste des Grabmals vorhanden waren. Es fanden sich die Stümpfe einiger Wandsteine am ehemaligen Standort aufrecht im Boden, dann ein fast vollständig erhaltener Wandstein, der bei der Zerstörung der Kammer nach innen gekippt und bis unter Pflugsohlentiefe versenkt worden war, und schließlich Standspuren sowie viele Bruchstücke von zertrümmerten Steinen. Im teilweise stark durchwühlten Boden des Innenraumes lagen noch zahlreiche menschliche Skelettreste und einige Grabbeigaben. An einer ungestörten Stelle wurde auf dem Boden der Grabkammer das Skelett einer Frau noch im anatomischen Zusammenhang angetroffen. Sie war ausgestreckt auf dem Rücken liegend auf einem Pflaster aus Kalksteinplatten beigesetzt worden.

Aus dem Grabungsbefund und aus den materiellen Resten läßt sich das Megalithgrab trotz weitgehender Zerstörung der ehemals aufragenden Teile recht gut rekonstruieren. Es bestand aus einer rechteckigen 22,5 m langen, etwa 2,7 m breiten und 2 m hohen Grabkammer. Daran schloß auf der nordöstlichen Schmalseite ein gleich breiter 3,2 m langer Vorraum an. Die beiden Räume waren durch eine 0,5 m starke Querwand getrennt. Darin muß ein Türloch (Seelenloch) gelegen haben, von dem im Abbruchschutt ein Fragment mit bearbeiteter, grob gepickter Oberfläche gefunden wurde. Der nach Nordosten offene Vorraum war auf beiden Seiten von je einer Steinplatte flankiert, die den Erdhügel begrenzt und abgestützt hatte. Die große, mit Sandsteinplatten abgedeckte Grabkammer war ursprünglich in diesen Langhügel eingebettet und von ihm geschützt.

In dem großen Gemeinschaftsgrab haben die Erbauer und mehrere Generationen nach ihnen ihre Toten beigesetzt. Die Skelettreste, die in der Kammer gefunden wurden, stammen von Männern, Frauen und Kindern verschiedenen Alters. Sie werden nach der anthropologischen Untersuchung, die noch aussteht, über die vor 5000 Jahren dort lebenden Steinzeitmenschen Auskunft geben: über ihre

Rekonstruktion des Großsteingrabes von Warburg/Kreis Höxter. Die Grabkammer war mit Steinen abgedeckt und in einem Langhügel verborgen.

Gestalt, Größe, Kopf- und Gesichtsform, ihr Sterbealter sowie über Krankheiten, Unfälle und Mangelerscheinungen, die an Knochen und Zähnen ihre Spuren hinterlassen haben.

Von der Kleidung der Toten, von Schmuck und Amuletten, Waffen und Gerätschaften, die ihnen für das Leben im Jenseits mit ins Grab gegeben wurden, sind nur Dinge aus unvergänglichem Stoff erhalten geblieben: im Warburger Grab vor allem an Ketten getragene Bernsteinperlen, Pfeilspitzen, Sichel- und Messerklingen aus Feuerstein, eine Beilklinge aus sog. Wiedaer Schiefer und Tongefäße, die Speisen und Getränke enthalten hatten. Besonders genannt sei eine tönerne Kragenflasche, die als Kultgefäß zur Aufbewahrung seltener Flüssigkeiten diente.

Die Beigaben des Warburger Grabes, vor allem die Tongefäße, gleichen in Form und Verzierung anderen Grab- und Siedlungsfunden der sog. Wartberg-Kultur, einer Bauernkultur der späten Jungsteinzeit, die um 3000 v. Chr. im nördlichen Hessen und östlichen Westfalen verbreitet war. Angehörige dieser Kulturgruppe hatten auch die Warburger Börde besiedelt. Sie bauten auf dem fruchtbaren Lößboden Getreide an und hielten Nutztiere, vor allem Rind, Schaf, Ziege und Hausschwein.

Durch Oberflächenfunde, die auf Feldern und im Wald aufgesammelt worden sind, kennt man in der Warburger Börde und auf den umgebenden Randhöhen auch Siedlungsplätze, zu denen die großen Galeriegräber gehört haben können. Siedlungsweise und Hausbau der Wartberg-Kultur sind bisher noch wenig erforscht. Es ist aber anzunehmen, daß die jungsteinzeitlichen Bauern hier wie in anderen Gegenden Mittel- und Nordeuropas in geräumigen, aus Holz, Flechtwerk und Lehm erbauten Häusern wohnten.

Im Gegensatz zu den Wohnhäusern, die nach etwa 30 Jahren baufällig wurden und daher von jeder Generation neu errichtet werden mußten, waren die Gräber der Wartberg-Kultur sehr aufwendig aus Stein und gleichsam für die Ewigkeit gebaut. Es gibt Hinweise, daß sich die Mitglieder mehrerer Sippen oder Dörfer beim Bau eines Megalithgrabes gegenseitig halfen und es in der Nähe ihrer Wohnsitze errichteten. Am Standort des Warburger Grabes kommt das megalithische Baumaterial nicht vor. Die mannsgroßen Buntsandsteinblöcke und -platten mußten von einem weiter entfernten Ort, wo das Gestein ansteht, herangeholt werden. Günstige geologische Verhältnise, die im Bereich der Warburger Börde herrschen, ermöglichen es, für das Megalithgrab von Warburg wie auch für die nahegelegenen Gräber von Hohenwepel und Rimbeck die Herkunft des Baumaterials verhältnismäßig genau zu bestimmen und die ehemaligen Transportwege nach den Geländeformen zu rekonstruieren.

Das nächste, vom Hauptverbreitungsgebiet in Hessen isolierte Vorkommen des Buntsandsteins liegt 2,5 km südwestlich des Warburger Grabes bei Germete. Dort sind die dickbankigen Schichten des Mittleren Buntsandsteins an einem Steilhang des Kälberbachtales aufgeschlossen und dürften schon in der Steinzeit leicht zugänglich gewesen sein. Der Transportweg führte vom Steinbruch durch die Talaue der Diemel über einen 50 m höheren Muschelkalkrücken in die von Lößboden bedeckte Senke, an deren Rand das Galeriegrab erbaut werden sollte.

Im Steinbruch und an der Baustelle wird man die 3 bis 5 Tonnen schweren Steine mit Hebeln und Rollen bewegt haben. Für den Transport über größere Strecken verwendete man aber – wie auch bildliche Darstellungen aus Ägypten belegen – einfache, stabile Lastschlitten, deren Kufen aus Baumstämmen zugehauen waren, mit paarweise im Joch gehenden vorgespannten Ochsen. Als gleitfähige Unterlage könnte beim Transport im Sommer nasser Schlamm und im Winter – auf gefrorenem Boden – Schnee oder Eis verwendet, es könnten aber auch Rollen aus Rundhölzern untergelegt worden sein. Daß die Erbauer der Großsteingräber über die Zugkraft von Rindergespannen verfügten, die auch Wagen, Pflüge und Eggen ziehen konnten, bezeugen die abstrahierenden Bilder von Rinderpaaren und -gespannen an den Wänden der Galeriegräber von Warburg in Westfalen und Züschen in Hessen. Wie die Rekonstruktion der Grabstätte zeigt, mußten insgesamt 42 große Steine von 3 bis 4 Tonnen Gewicht herangeschafft werden. Dazu kommt eine große Menge ortsnaher Kalksteinplatten und -quader für Bodenpflaster, für Keil- und Unterlegsteine und für lehmgebundene Mauern, mit denen Lücken zwischen den großen Wandsteinen ausgefüllt wurden. Die riesige Arbeitsleistung, die für den Bau eines Steinkammergrabes mit einfachsten Geräten und technischen Hilfsmitteln aufgebracht wurde, ist nur vor dem Hintergrund eines ausgeprägten Glaubens an das Weiterleben im Jenseits und eines damit verbundenen machtvollen Toten- und Götterkultes verständlich. Die symbolischen Zeichen am Megalithgrab von Warburg geben Einblick in diese sonst schwer zugängliche geistig-religiöse Vorstellungswelt.

Die Zeichen sind mit spitzen Steingeräten, wahrscheinlich Quarzkieseln, in mehrere Flächen des einzigen noch in fast ganzer Größe vorhandenen Wandsteines eingepickt. Dadurch blieben sie – im Gegensatz zu gemalten Bildern, die unter feuchten Klimabedingungen vollständig verwittern können – über die lange Zeit von rund 5000 Jahren erhalten. Am häufigsten sind Rinder, einzeln oder paarweise, in einfachster, auf Körper und Gehörn reduzierter Form, durch sog. gabelförmige Zeichen dargestellt. Einmal scheint auch ein Rinderkopf mit Gehörn und Ohren in der Vorderansicht wiedergegeben worden zu sein. Ein Rinderpaar mit lyraförmigen Hörnern ist in Warburg durch einen Querstrich verbunden, der – ebenso wie an dem hessischen Galeriegrab von Züschen – als Joch zu deuten ist. Ein anderes Rinderpaar war anscheinend vor einen Wagen gespannt, der in Warburg nur durch ein rechtwinkliges Teilstück angedeutet, auf einer Grabstele in Züschen dagegen vollständig mit Deichsel, Achse, Rädern und abgerundetrechteckigen Wagenkasten abgebildet ist. Außer diesen Figuren gibt es in Warburg geometrische Zeichen, die ebenfalls eine konkrete Bedeutung hatten und nach Beispielen in den alten Hochkulturen oder aufgrund völkerkundlicher Vergleiche lesbar sind. Danach symbolisiert der Kreis die Sonne, die Kammlinie den Regen und Zickzack-

Wandstein mit stilisierten Bildzeichen (Ochsengespanne, kosmische Symbole) aus dem Großsteingrab von Warburg/Kreis Höxter. ▷

Steinbeilklingen, Pfeilspitzen und Messerklingen aus dem Großsteingrab von Warburg/Kreis Höxter.

Sog. Kragenflasche aus dem Großsteingrab von Warburg/Kreis Höxter.

linie oder -band das Wasser bzw. in allgemeiner Form die Lebenskraft.

Die symbolischen Zeichen sind in Warburg nicht nur auf der inneren Breitseite des Wandsteines angebracht, wo sie im Grabraum sichtbar waren. Die Mehrzahl von ihnen findet sich erstaunlicherweise auf der rechten Schmalseite des Steines, die nach seinem Einbau in die Kammerwand von dem nächsten Wandstein bzw. von einer Zwischenmauer verdeckt war, mit der man größere Lücken auszufüllen pflegte. Zwei Rinderpaare waren vor dem Einbau sogar in die spätere Standfläche graviert worden.

Aus der verborgenen Lage der meisten Zeichen ergeben sich wichtige Hinweise auf ihr hohes, mit dem Bau des Megalithgrabes zeitgleiches Alter und auf ihre Bedeutung im Totenkult der Jungsteinzeit. Es bestätigt sich der Eindruck, daß sie keineswegs nur zur Verzierung der Grabkammer dienten. Es kann sich aber auch nicht um die Darstellung bestimmter Ereignisse oder um bildliche Opfergaben von Rindern, Gespannen und Wagen handeln, die für einzelne in der Grabgruft beigesetzte Personen bestimmt waren.

Alle Anzeichen sprechen vielmehr dafür, daß die Zeichen als religiöse Symbole zu deuten sind, die auf eine im Jenseits herrschende göttliche Macht – die sog. Dolmengöttin – hinweisen. Die Rinderpaare zogen offenbar den mythischen Sonnen- und Götterwagen, der in Mittel- und Südosteuropa zu den Attributen jener weiblichen Göttergestalt gehörte. Über ihre Wesenszüge geben die überlieferten archäologischen Denkmäler keine genauere Auskunft. Die übrigen Bildzeichen des Warburger Grabes lassen aber erkennen, daß die Göttin mit den großen, für das bäuerliche Leben wichtigen kosmischen Naturerscheinungen – der Sonne und dem Regen – in mythischer Form verbunden war.

Lit.: K. Günther, Neolithische Bildzeichen an einem ehemaligen Megalithgrab bei Warburg, Kreis Höxter (Westfalen). Germania 68, 1990 (im Druck).

Ausgrabungen in Heek

Walter Finke

Anfang dieses Jahrhunderts wurden von A. Baum, damals Museumsdirektor in Dortmund, in Heek-Nienborg, Kreis Borken, in der Ammerter Mark 299 Grabhügel kartiert. Obertägig sind die Grabhügel inzwischen vollständig eingeebnet. Daß diese Gräber jedoch als untertägige Bodendenkmäler noch erhalten sind, bewiesen schon 1937/1938 und 1957 in diesem Gebiet unternommene Grabungen. Das über 70 Hektar große Grabhügelfeld reichte ursprünglich weit über das von Baum 1905 kartierte Gelände hinaus. Westlich des von Baum kartierten Bereiches sind auch heute noch einzelne Grabhügel obertätig sichtbar. „Bis etwa zur Wende vom 19. zum 20. Jahrhundert hatten sich weite Gebiete nördlich des Gutes Ammert als unberührte Naturlandschaft erhalten. Das wellige, von vielen seichten

Heek-Wichum/Kreis Borken. Landschafts- und Siedlungsbild an der Dinkel während der römischen Kaiserzeit. Auf dem Geländerücken rechts die durch eine Holz-Erde-Mauer gesperrte Straße.

Heek/Kreis Borken. Ammerter Mark. Grundriß eines Hauses der Trichterbecherkultur.

Tümpeln und trägen Wasserläufen durchsetzte Gelände war über weite Flächen mit dichtem Heidekraut und Ginsterbüschen bedeckt, gelegentlich vom niedrigen Gestrüpp verkrüppelter Eichen und Kiefern unterbrochen. Die wirtschaftliche Nutzung beschränkte sich auf den Einschlag von Brennholz in der Nähe der wenigen Wege und auf den Abstich von Heideplaggen, die als Streumaterial für Viehställe verwendet wurden. In dieser Abgeschiedenheit hatte eine große Menge zum Teil sehr mächtiger, zum Teil kaum sichtbarer Hügelgräber in der Nähe des alten Weges zwischen Epe und Metelen, Kreis Steinfurt, die Jahrtausende überdauert" (K.-L. Voss). Der Bau der Autobahn A 31, die über die Ammerter Mark das Ruhrgebiet mit Ostfriesland verbinden wird, drohte Teile des Gräberfeldes zu zerstören. Im Herbst 1986 wurde daher zunächst die Baufläche der Brücke untersucht, die inzwischen die Straße von Metelen nach Gronau-Epe über die A 31 führt. Es zeigte sich, daß das Gräberfeld an dieser Stelle bis unmittelbar an die heutige Autobahn heranreicht. Es konnte noch ein von einem Kreisgraben eingehegtes Grab freigelegt werden. Wenige Meter weiter im Westen wurden die östlichen Randbereiche einer mit dem Gräberfeld zeitgleichen Siedlung aufgedeckt. Die ehemaligen Grabhügel und die Siedlungsspuren der späten Bronzezeit/frühen Eisenzeit konzentrieren sich auf heute flache, etwa Ost-West verlaufende Dünenkuppen.

Überraschend wurden in der gleichen Fläche, zwischen den Siedlungsspuren, Erdgräber der jungsteinzeitlichen Trichterbecherkultur gefunden. Die Grabschächte der teilweise reich mit Keramik und Steingeräten ausgestatteten Gräber reichten alle nur noch wenige Zentimeter in den anstehenden Boden.

Inzwischen wurden nahezu zwanzig Erdgräber dieser Art in der Ammerter Mark ausgegraben. Insgesamt konnten in den letzten Jahren im Regierungsbezirk Münster an verschiedenen Fundorten über fünfzig Einzelgräber der Trichterbecherkultur untersucht werden. Die große Zahl dieser Gräber auf relativ engem Raum mit ihren teilweise sehr reichhaltigen geschlossenen Inventaren lassen auf weitere typologische Erkenntnisse hoffen. Eine größere Zahl von

C-14-Proben aus diesen Gräbern werden neue, absolute Daten zur Trichterbecherkultur liefern. Zum Bestattungsbrauch konnten wichtige Details erkannt werden. So wurde 1980 in Heek-Averbeck aus einem Grab der Leichenschatten eines Toten auf einem Lackabzug geborgen. Dieser zeigt, daß der Tote auf einer organischen Unterlage, vielleicht einem Fell oder einer Decke, mit angezogenen Beinen und auf den Knien abgestützten Händen auf der linken Seite liegend, beerdigt wurde. Verallgemeinert man die Erkenntnisse aus mehreren Gräbern, so haben die Bauern dieser Zeit für einen Teil ihrer Toten Grabgruben von etwa 2 m x 1 m Größe angelegt, die sie über 1,50 m in die Erde eintieften. Die Grube wurde in den Ecken mit Pfosten versehen, an die Bretter einer Holzverschalung für die Grabgrube angeschlagen wurden. Auf einer organischen Unterlage wurden die Toten als linksseitige Hocker niedergelegt. Eine Orientierung der Gräber in eine bestimmte Himmelsrichtung ist nicht festzustellen. Neben einigen beigabenlosen Gräbern gab es andere, bei denen den Toten zwischen zwei und sieben Tongefäße und/oder Steingeräte und Schmuck (etwa Bernsteinperlen) mit in das Grab gelegt wurden. Nicht immer wurden alle Beigaben gleichzeitig ins Grab gebracht. In einigen Fällen ist der Tote mit einer Schicht Sand bedeckt worden. Der Bestattungsritus war damit jedoch nicht abgeschlossen, denn die Gräber sind in weiteren Schichten geschlossen worden, auf die jeweils zusätzliche Beigaben oder auch Holzkohle von Feuern aus der Nähe der offenen Gräber gelegt wurden. Bei manchen Gräbern wurde eine letzte Schicht, bevor die Gräber ganz verschlossen wurden, mit kopfgroßen Steingeröllen bedeckt.

Es hat den Anschein, als gruppierten sich beigabenführende Gräber an einzelnen Stellen eines größeren Gräberfeldes mit einer Anzahl beigabenloser Gräber. Diese beigabenlosen Gräber sind allerdings nur schwer gesichert nachzuweisen, doch zeigen einzelne rechteckige Gruben mit C-14-datierter Holzkohle, daß sie zeitgleich mit beigabenführenden Gräbern sind. Daher ist wohl mit einer größeren Anzahl beigabenloser Gräber zu rechnen.

In einer kleinen Erweiterungsfläche unmittelbar nordöstlich der Flachgräber, die vor der Zerstörung durch die Baumaschinen untersucht werden mußte, konnten Abschnitte einer sehr gut erhaltenen alten Geländeoberfläche freigelegt werden. In ihr fanden sich verzierte und unverzierte Keramikscherben, u. a. Bruchstücke von sog. Backtellern, Teile von Handmühlen und Beilen, Flintgeräte und -abfall, die den Platz der Trichterbecherkultur zuordnen. Es handelt sich um Siedlungsfunde, die allerdings typologisch eine Phase jünger sind als das Inventar der Gräber. Während weiterer Untersuchungen in der Autobahntrasse konnten annähernd vollständige Grundrisse von drei trichterbecherzeitlichen Häusern ergraben werden.

Im Verlauf der Untersuchungen wurde festgestellt, daß in größeren Bereichen der Ammerter Mark die jungsteinzeitliche Geländeoberfläche erhalten war. Dabei handelt es sich in allen Fällen um Oberflächen aus jungsteinzeitlichen Dünentälern, die heute an einigen Stellen aufgrund einer Profilumkehr durch Winderosion auf sanften Höhenrükken liegen. An mindestens einer Stelle taucht ein solches

Heek/Kreis Borken. Ammerter Mark. Erdgrab der Trichterbecherkultur mit Beigaben.

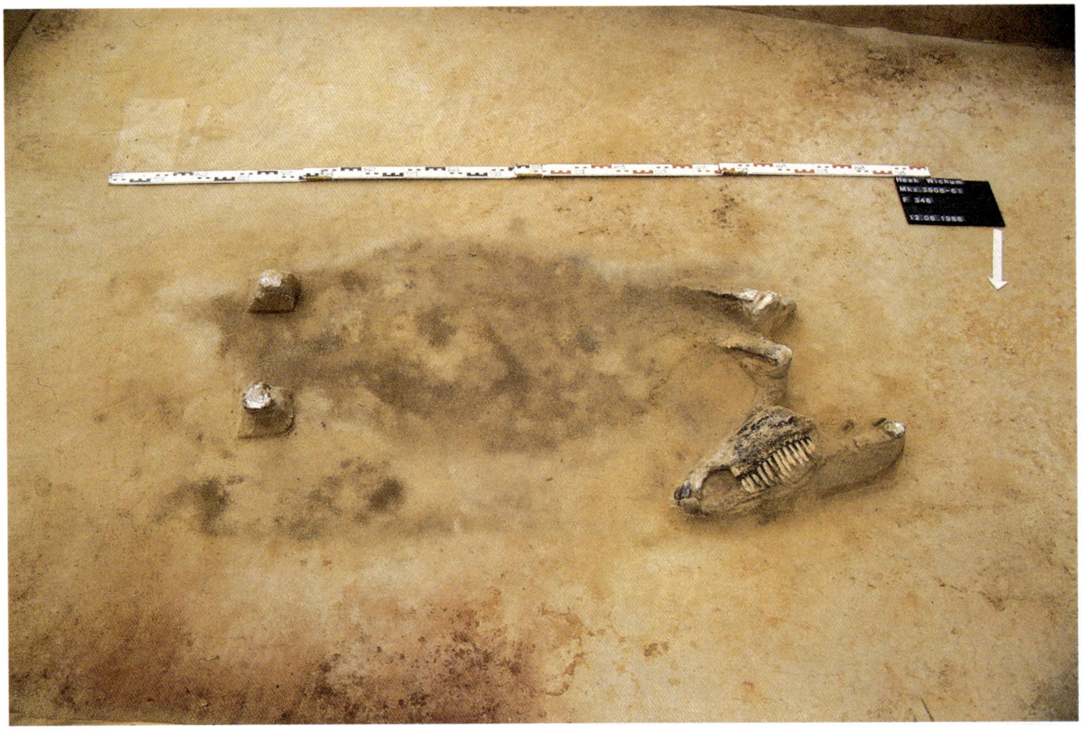

Heek-Wichum/Kreis Borken. Pferdegrab in der spätkaiserzeitlichen Siedlung.

ehemaliges Dünental auch heute bis zu 0,80 m unter die Oberfläche ab und lag damit seit dem Endneolithikum im Grundwasserbereich. Die Befunde ermöglichen Aussagen über die Entstehung des heute vorhandenen Landschaftsbildes.
Die Landschaftsveränderung stellt sich im Augenblick so dar: In einem von langgestreckten Dünenrücken geprägten Gebiet siedeln sich in der jüngeren Jungsteinzeit Ackerbauern der Trichterbecherkultur in der Ammerter Mark an. Durch ihre Eingriffe in den natürlichen Bewuchs geben sie mindestens zeitweilig das Gelände der Winderosion preis. Gleichzeitig verschlechtert sich das Klima, und die Dünentäler, die etwa 2-3 m unter den Dünenkuppen liegen, vernässen. Der Wind greift zunächst die trockenen Dünenkuppen an und weht den Humus der Kuppen in die feuchteren Täler. In dieser Phase war es noch möglich, zumindest in den Dünentälern Nahrung zu produzieren. In der gesamten aufgewehten Humusschicht finden sich Scherben einer jüngeren Phase der Trichterbecherkultur. Nachdem der Humus der Dünenkuppen in die Täler umgelagert war, folgte ihm der sterile Sand, der den Humus in den Tälern begrub. Seit dieser Zeit war die Ammerter Mark eine Sandwüste, in der ein Leben für die Ackerbauern der Trichterbecherkultur nicht mehr möglich war. Das ehemals relativ stark reliefierte Gelände war bis auf wenige Dezimeter Höhenunterschied eingeebnet. Die ehemaligen Dünenrücken hoben sich nur noch wenig von den ehemaligen Tälern ab, in denen sich in der weiteren Entwicklung Blenken (wechselnd wasserführende Teiche) bildeten. In diese veränderte Landschaft zogen Hirtennomaden der Becherkulturen ein. Von ihnen zeugen auf den Dünenresten Keramikscherben, aber auch ein Körpergrab, dessen etwa 2 m x 1 m großer Grabschacht eng von einem Kreisgraben umgeben war. Dem Toten waren zwei Becher mit ins Grab gegeben worden.
Nach etwa einem Jahrtausend hatte sich die Landschaft wohl so weit erholt, daß sie spätestens von der mittleren Bronzezeit an wieder von Menschen kontinuierlich besiedelt werden konnte. Diese Menschen bestatteten ihre Toten auf dem Restdünenrücken. Weiter im Westen außerhalb des Gräberfeldes schloß sich ein zeitgleicher Siedlungsplatz an. Die Besiedlung dauerte etwa bis zur Zeitenwende. Danach wurde die Ammert erst sehr spät wieder als Mark genutzt. Plaggenmahd führte an einigen Stellen

Heek-Wichum/Kreis Borken. Spätkaiserzeitliche Siedlung. Brunnen mit Holzleiter und „Holzkeule".

zu einer weiteren Veränderung der alten Oberfläche. Erst in diesem Jahrhundert, zum Teil erst nach dem Zweiten Weltkrieg, wurde die Ammerter Mark urbar gemacht.
Bei Untersuchungen im Bereich des Brückenbauwerks im Verlauf der Straße Nienborg – Gronau-Epe wurde eine dreireihige Pfostenkonstruktion aufgedeckt, die ursprünglich wohl als Holz-Erde-Mauer den sanften Höhenrücken sperrte, der die einzige trockene Wegetrasse in dem moorigen Gebiet des Laster Venns, der Dinkelaue und dem östlich anschließenden Ströen Feld war. Genau läßt sich diese Moorbrückensperre noch nicht datieren, doch ist als jüngstes mögliches Alter die Zeit der ersten Jahrhunderte n. Chr. wahrscheinlich. Dies zeigt, daß es sich bei der Straße nach Epe um eine sehr alte Verbindung durch mooriges Gebiet mit hoher strategischer Bedeutung handelt. Darauf weist auch die wesentlich später in unmittelbarer Nähe angelegte bischöfliche Burg Nienborg.
Im Trassenbereich des Weges über ein benachbartes Brükkenbauwerk wurden erste Siedlungsspuren einer germanischen Siedlung aus der Zeitenwende freigelegt. Neben einigen Speichergebäuden konnten auch drei ungewöhnlich große, in die Erde eingetiefte Häuser ergraben werden. Nach Aufgabe eines dieser Häuser wurde die Hausgrube mit Siedlungsabfall verfüllt, in dem sich ein außerordentlicher Reichtum unterschiedlicher Tongefäßformen fand. So stammen aus dieser Verfüllung weit über einhundert verschiedene, rekonstruierbare Tongefäße, die zu gleicher Zeit in dieser Siedlung genutzt wurden.

Untersuchungen südlich des Brückenbauwerks jenseits der Dinkelaue in der Bauernschaft haben bemerkenswerte Funde erbracht. Neben dem aus römischen Provinzen importierten Material – Schmuck, Münzen, Glas, Bronzen, Keramik – sind auch einheimische Erzeugnisse reich vertreten. Schlacken und Bruchstücke von Gußtiegeln weisen auf eine intensive Handwerkertätigkeit hin. Ein in der Siedlung liegender Teich, der wahrscheinlich während der Nutzung der Siedlung verlandete, bewahrte durch einen bis heute andauernden hohen Grundwasserstand viele organische Materialien, unter ihnen eine gut erhaltene, hölzerne Leiter. Darüber hinaus weisen mindestens zwei Pferdebestattungen im Siedlungsbereich auf eine zumindest in Westfalen bedeutende Siedlung der späten Kaiserzeit und frühen Völkerwanderungszeit hin.

Waffen und Geräte der Bronzezeit und Hallstattzeit im Rheinland

Hans-Eckart Joachim

Lange Zeit galt für die Ältere Bronzezeit (ca. 1500 bis 1200 v. Chr.) im Rheinland, daß sie fundarm und daher schlecht zu erforschen sei. Im Gegensatz zur jüngeren, urnenfelderzeitlichen Phase (ca. 1200–750 v. Chr.) sind ältere Siedlungsreste bisher selten nachweisbar und Grabfunde nur spärlich vertreten. Das gleiche gilt für Verwahr- und Opferfunde. Berücksichtigt man aber alle einzeln gefundenen Objekte dieser Zeit, so ist weder am Mittel- noch am Niederrhein eine auffallende Fundleere festzustellen. In unterschiedlicher Menge sind bronzene Waffen und Trachtbestandteile vertreten, wobei Randleistenbeile, Absatzbeile und Nadeln häufiger als Schwerter und Armringe vorkommen. Die Fundplätze dieser Gegenstände bieten eine Erklärung dafür, warum zur Älteren Bronzezeit kaum Grab- und Verwahrfunde existieren: Wie viele Fundstellen im Rhein und seinen Nebenflüssen zeigen, wurden die Stücke in größerer Zahl als Opfergaben in Gewässer versenkt; sie besaßen diese Funktion wohl auch auf Land, denn bronzene Grabbeigaben sind kaum bekannt. Den Opfercharakter unterstreicht die Tatsache, daß die Gewässerfunde meist spitz und scharf, d. h. ungebraucht sind.

In der Frühen und Älteren Bronzezeit war das Rheinland auf Roherz- und Handelsimporte angewiesen, denn die Kupfervorkommen im Hunsrück und Westerwald wurden erst seit Ende der Bronzezeit ausgebeutet, und am Niederrhein fehlen Erzvorkommen. Hier blieben Steingeräte sicherlich noch lange im Gebrauch, auch wenn vereinzelte Metallgegenstände seit der Kupferzeit (seit ca. 1800 v. Chr.) im Umlauf waren.

In welchem Umfang sich das Nordrhein-Gebiet zur Älteren Bronzezeit an dem neuen Verfahren der Metallgewinnung und -verarbeitung, dem Handel und Kult beteiligte, vermögen einige Gegenstände zu beleuchten, die im letzten Jahrzehnt gefunden wurden. Es handelt sich um Waffen, die aus dem Boden wie auch aus Gewässern stammen. In Rheinbach, Rhein-Sieg-Kreis, wurde auf einem Acker eine nur 8,6 cm lange Dolchklinge gefunden, deren rundliche Griffplattte vier Nietlöcher für die Befestigung eines ehemals organischen Griffes aufweist. Die Dolchspitze ist alt umgebogen. Die geraden Schneidenbahnen umschließen eine spärliche, parallel verlaufende Rillenverzierung auf der Dolchmitte. Kleine Griffplattendolche dieser Formgebung sind bisher in wenigen Exemplaren – vor allem als Flußfunde – im Pariser Becken bekannt und gehören in die Endphase der Älteren oder in den Beginn der Mittleren Bronzezeit.

Aus der gleichen Zeit stammt ein 24,5 cm langer Dolch aus Nörvenich, Kr. Düren, den man auch schon als Kurz-

Griffplattendolche der mittleren Bronzezeit aus Nörvenich/Kreis Düren und aus Rheinbach/Rhein-Sieg-Kreis.

Lanzenspitzen der Älteren Bronzezeit aus Xanten/Kreis Wesel.

schwert bezeichnen kann. Diese Art von Dolchen ist vor allem in der Schweiz verbreitet, wo auch dieses Exemplar, wie ein Fund aus dem Rhein bei Mainz, hergestellt worden sein kann. Wiederum fehlen die sechs Pflockniete und der organische Griff an der Griffplatte. Ein besonderes Merkmal dieser Waffe sind die das ganze Blatt überziehenden Riefen, die im oberen Bereich am deutlichen Mittelgrat zusammenstoßen, weiter unten hingegen parallel zur Spitze hin verlaufen. Man kann daher auch von einem kannelierten Griffplattendolch sprechen, der wie der aus Rheinbach als kostbare Prunk(stich)waffe einem sozial gehobenen Mann gedient haben mag.
Im Gegensatz zu den beiden Dolchen stammen zwei in Xanten, Kr. Wesel, geborgene Lanzenspitzen sicher aus einem Gewässer, wie die Farbe und der Erhaltungszustand zeigen. Die größere Spitze weist eine feine Doppelllinienverzierung über dem Tüllenmund auf. Die relativ kleine Form, das schmale Blatt und die durchgehende, bis zur Spitze laufende Tülle erlaubt eine Datierung beider Stücke in die Ältere Bronzezeit, wobei es noch nicht recht möglich ist, die Verbreitung dieses gebräuchlichen Typs näher zu umschreiben.
Nicht als Waffen, sondern als Arbeitsgeräte sind zwei Bronzebeile aus Euskirchen einzustufen. Das eine Exemplar von 8,4 cm Länge besitzt ausgeprägte Randleisten, eine betont ausschwingende Schneidenpartie und einen tief sitzenden horizontalen Mittelsteg. Es zählt zur sogenannten Variante Queckborn vom Typ Oldendorf, die vor allem in der Älteren Hügelgräber-Bronzezeit zwischen dem Rhein-Main-Knie und dem südlicheren Westfalen mit deutlichem rechtsrheinischen Schwerpunkt verbreitet ist.
Das andere Beil ist ein späturnenfelder- bis älterhallstattzeitliches Exemplar (8. Jh. v. Chr.), also ein wesentlich jüngeres Gerät als das vorige. Auch aus dieser Zeit sind nicht viele Bronzen im nordrheinischen Gebiet bekannt, da die seit der Älteren Bronzezeit bestehenden ökonomischen Verhältnisse fortdauern. Das dünnwandige Tüllenbeil aus Euskirchen mit Öse unter dem gerippten Tüllenmund besitzt einen nahezu quadratischen Querschnitt und weist eine ausschwingende Schneidenpartie auf. Es gehört zum Typ Geistingen, könnte als Votiv- oder Kultgerät, aber auch als „Beilgeld" gedient haben, und kommt fast ausschließlich im Niederrhein-Maas-Gebiet vor. Dort scheint diese Beilform in einer einzigen Werkstatt hergestellt worden zu sein.
Schließlich ist ein westeuropäisches Griffzungenschwert aus Wesel zu nennen, das wohl als Gewässerfund anzusehen ist. Das beschädigte fragmentarische Stück besitzt von den vier Nieten nur noch einen auf dem Heft und hat unterhalb des Heftausschnittes eine Klinge mit typisch weidenblattförmiger Gestalt. Derartige Hiebschwerter vom Mindelheim-Typ für sozial gehobene Reiter- und Wagenkrieger datieren wie das besprochene Tüllenbeil in die Ältere Hallstattzeit. Sie wurden in Süddeutschland und Oberösterreich gefertigt, von wo sie als Variante auch ins Rheinland gelangt sind.
Wie in der Älteren Bronzezeit wirken also auch in jüngerer Zeit, in der späten Urnenfelder- und älteren Hallstattzeit, kulturelle Einflüsse von Norden und Süden auf den nordniederrheinischen Raum ein und bestimmen das zivilisatorische Gesicht dieser Landschaft.

Randleisten- und Tüllenbeile aus Euskirchen. Ältere Bronzezeit; hallstattzeitlich.

Lit.: J. Driehaus, Urgeschichtliche Opferfunde aus dem Mittel- und Niederrhein. Vorgeschichtliche Heiligtümer und Opferplätze in Mitteleuropa (1970) 40 ff. – G. Gallay, Die kupfer- und altbronzezeitlichen Dolche und Stabdolche in Frankreich (1981) 70 ff. – W. Janssen, Niederrheinische Funde der Bronzezeit aus dem Nachlaß von Rudolf Stampfuß. Vor- und Frühgeschichte des unteren Niederrheins (1982) 47 ff. – K. Kibbert, Die Äxte und Beile im mittleren Westdeutschland I u. II. (1980 u. 1984) 137 ff. u. 166 ff. – K. J. Narr, G. Lass, Später Gebrauch von Steinwerkzeugen. Das Rheinische Landesmuseum Bonn H. 3–4, 1986, 36 f. – P. Schauer, Die Schwerter in Süddeutschland, Österreich und der Schweiz I. (1971) 17 f.; 192 ff.; 215 f.

„Bronze“zeit in Westfalen?

Gisela Schumacher-Matthäus

Als Hilfsmittel für eine zeitliche Einordnung haben sich in der Archäologie Oberbegriffe eingebürgert, die den Entwicklungsstand der Menschheit grob umreißen. So umschreibt der Begriff Steinzeit die Epoche, in der die Menschen – erst Jäger und Sammler, dann Ackerbauern und Viehzüchter – wichtige Gerätschaften und Waffen aus Stein gefertigt haben. Deren Form war auf die Funktion ausgerichtet, deren Material wurde weitgehend durch die natürlichen Vorkommen bestimmt.

Im Laufe der Steinzeit entwickelten sich die Kenntnisse der Menschen so weit, daß sie sich in der Lage sahen, andere Rohstoffe – z. B. Kupfer – abzubauen und zu verarbeiten. War das relativ weiche Kupfer nur bedingt für Werkzeuge oder Waffen einsatzfähig, so verhalf die Beimengung von Zinn und anderen Metallen zur Schaffung eines härteren Materials, nämlich Bronze. Zu ihrer Erzeugung mußten sämtliche „Zutaten“ geschmolzen werden; die Weiterverarbeitung erfolgte dann im Guß oder durch Treibarbeit, so daß der Spielraum zur Entwicklung neuer Formen relativ groß war und die Herstellung von verschiedensten Waffen und Geräten, Schmuckgegenständen und Geschirr erlaubte. Auch wenn Steingeräte nicht vollständig außer Gebrauch kamen, wird Bronze doch zum vorherrschenden Werkstoff (neben Ton und Holz).

Mit dem Begriff Bronzezeit wird demnach ein Entwicklungsstadium umschrieben, das auf einer Basis gemeinsamer Errungenschaften verbreitet ist – allerdings nicht überall zur gleichen Zeit. Es entwickeln sich bronzezeitliche „Formenkreise“. Diese Formenkreise, charakterisiert durch spezifische Schmuck- und Trachtelemente, durch spezifische Waffen und Geräte, geben Hinweise auf kulturelle Eigenarten, bestimmte Lebens- und Verhaltensweisen, Brauchtum und wirtschaftliche Strukturen.

Neben den Bronzen finden sich meist weitere Gemeinsamkeiten, z. B. in der Keramik, im Siedlungswesen und im Grabkult. Die Vergesellschaftung von Bronzegegenständen mit Keramik und anderen Kleinfunden in Gräbern und Siedlungszusammenhängen erlaubt es demnach, auch fragmentarische oder ausschnitthafte Befunde – z. B. keramische Einzelformen oder Grabformen – dem gleichen kulturellen Gefüge zuzuordnen.

Es sind zahlreiche vorgeschichtliche Kupferbergwerke und Verhüttungsplätze bekannt. Sie liegen meist in den Gebieten, in denen auch die vielfältigsten Bronzegegenstände in großer Zahl auftreten (z. B. in den Gebirgszonen Mittel- und Südosteuropas, auf der Iberischen Halbinsel und auf Zypern). Um „wettbewerbsfähig“ zu bleiben (dies gilt für den wirtschaftlichen Bereich ebenso wie für die Kriegsführung), waren natürlich auch die Bewohner von Gebieten ohne oder nur mit geringen Erzlagerstätten bestrebt, die zur Bronzeherstellung fehlenden Rohstoffe zu erwerben.

Wie fügt sich nun Westfalen, das nur wenige Kupfervorkommen im südlichen Bergland, deren prähistorische Nutzung bisher nur vermutet werden kann, aufweist, in die Geschichte des 2. und des beginnenden 1. Jahrtausends v. Chr. ein? Welche Kenntnisse haben wir über den langen Zeitraum, in dem wir in anderen Gebieten „Fürstengräber“, Burgen, große Stadtanlagen und teilweise sogar schriftliche Erzeugnisse kennen? Hat eine Region, deren Landschaftsbild vornehmlich von Wäldern, Heide, Mooren und Ackerflächen geprägt war, eine der für die menschliche Sozial- und Wirtschaftsgeschichte folgenreichsten Epochen verschlafen?

Vergegenwärtigen wir uns, daß durch Abbau, Verarbeitung und Handel mit Kupfer und Bronze die „beschauliche“ Welt der Bauern gestört wurde, daß die Umstrukturierung der Gesellschaft durch berufliche Spezialisierung und stärker werdende soziale Differenzierung weitreichende Konsequenzen für alle Lebensbereiche hatte.

Verglichen mit anderen Regionen wirken die bronzezeitlichen Hinterlassenschaften in Westfalen vordergründig etwas dürftig. Fehlen doch flächendeckend konkrete Angaben über das Siedlungswesen und ist die Anzahl von Metallgegenständen, die eine feinere chronologische Differenzierung und demnach das Nachvollziehen von Entwicklungsabläufen erlauben, beschränkt.

Im Rahmen von Siedlungsbefunden sind bisher nur an einigen Stellen Gehöfte ausgegraben worden. Es handelt

Rekonstruktion der „schlüssellochartigen“ Grabformen des bronzezeitlichen Friedhofes von Nordrheda/Kreis Gütersloh.

sich dabei um Wohn-Stall-Häuser, die für Nordwestdeutschland typische Hausform, mit Nebengebäuden. Die Bodenforschung wird zum Teil durch die moderne, intensive Nutzung und durch bewaldete Zonen, zum Teil durch Sandüberwehung weiter Gebiete behindert. Grabungen und Zufallsbeobachtungen gerade der letzten Jahre haben bestätigt, daß an manchen Plätzen tief im Boden noch gute Befunde zu erwarten sind.

Die bronzezeitlichen Kulturperioden Westfalens werden hauptsächlich durch Grabfunde belegt – und zwar in einer erfreulich großen Anzahl. Die Bestattungssitten geben wichtige Hinweise darauf, daß Westfalen während der Bronzezeit an allgemeinen Entwicklungsabläufen teilgehabt hat.

In der älteren Bronzezeit wurde ein Verstorbener in gestreckter Lage in einem Baumsarg begraben, über den man einen recht aufwendig gebauten Hügel errichtete. Die Sitte der Baumsargbestattungen ist vor allem in den nördlichen Teilen Europas beheimatet.

In der jüngeren Bronzezeit setzte sich in Westfalen – wie in weiten Teilen Mitteleuropas – die Brandbestattung durch; der Leichenbrand wurde meist in einer Urne oder einem Behältnis aus organischem Material beigesetzt. Werden hiermit einerseits für die Jenseitsvorstellungen grundlegende Aspekte aus angrenzenden Gebieten übernommen, so läßt sich andererseits erkennen, daß sich einheimische Traditionen, eingebunden in ein eigenständiges kulturelles Gepräge, erhalten.

In der älteren Bronzezeit sind die Grabhügel, die oft auf markanten Anhöhen oder an Verkehrswegen angelegt wurden, mit Steinen (im oder am Gebirgsland) oder einem Graben (im Flachland) abgegrenzt, um gleichsam eine Trennung zwischen der Welt der Toten und der Lebenden zu verdeutlichen.

In der jüngeren Bronzezeit wird die Sitte, Hügel über den Gräbern aufzuschütten, beibehalten, ebenso die Begrenzung um den Hügel herum. Hierbei kristallisiert sich im Flachland ein besonderer Umhegungstyp heraus: Der Graben wird an einer Seite (überwiegend im Osten) trapezförmig erweitert. Im Grundriß hat die Grabumhegung eine Form, die an ein Schlüsselloch erinnert. Ein Zugang in die Erweiterung, die nicht überhügelt war, und gelegentliche Scherbenfunde von Trinkgeschirr lassen vermuten, daß man dort Zeremonien zu Ehren des Verstorbenen durchführte. Einen Hinweis auf das ursprüngliche Aussehen dieser Gräber mag Schaubild, erstellt nach dem Gräberfeldplan von Nordrheda, Stadt Rheda-Wiedenbrück, vermitteln. Von hier stammt auch ein Grab, das besondere Beachtung verdient, veranschaulicht es doch einen weiteren Aspekt des Totenkults. Eine große Urne enthielt den Leichenbrand einer etwa 25jährigen Frau und ihres Säuglings, während zwei Miniaturgefäße offenbar dem Kind zusätzlich mit ins Jenseits gegeben worden waren. Anscheinend waren die Grabsitten entsprechend dem Lebensalter differenziert. Die Miniaturgefäße sind sehr sorgfältig gearbeitet und, da sie keinem praktischen Gebrauchszweck unterliegen, wohl speziell für die Grablege hergestellt worden.

Gräber sind oft eine ergiebige Quelle für Metallfunde. Zur Zeit, als die Körperbestattung in der Bronzezeit vorherrschte, war es in weiten Teilen Europas üblich, die Verstorbenen mit ihrem Schmuck, ihren Gerätschaften und Waffen (nach Geschlechtern differenziert) zu begraben. Diese Erscheinung ist in westfälischen Gräbern nicht so ausgeprägt. Die Gründe können entweder in dem Wert des Materials gelegen haben (das immer wieder eingeschmolzen und neu verarbeitet worden sein kann), oder möglicherweise auf eine gesellschaftliche Staffelung weisen, wobei der Besitz von Metall in größerer Menge vielleicht nur einigen Familien oder Individuen vorbehalten war. Die Beigabe von Metallgegenständen kann aber auch durch Bräuche des Totenkults und von Jenseitsvorstellungen bestimmt worden sein, die wir heute nicht mehr rekonstruieren können.

Nach dem bisherigen Forschungsstand sieht es so aus, daß Metallbeigaben in der älteren Bronzezeit in Ostwestfalen, das sich naturräumlich eng an Gebiete mit einem reicheren Bestand an bronzenen Hinterlassenschaften anschließt, häufiger vorkommen. In der jüngeren Bronzezeit hingegen verteilt sich die gelegentliche Sitte der Bronzebeigaben auf ganz Westfalen. Die Formen finden ihre Entsprechung sowohl im nördlichen Europa („Nordischer Kreis") als auch in südlichen Bereichen (Urnenfelderkultur).

Bisher ist in Westfalen nur eine Gußform bekannt, doch sprechen die Formen einiger Bronzegegenstände für eine einheimische Herstellung. Schon die Quellenlage, nämlich viele Gräber, aber geringe Siedlungsspuren, verbietet derzeit nähere Aussagen über den Umfang einer eigenen Bronzeverarbeitung – sind doch die Werkstätten am ehesten im Bereich oder in unmittelbarer Nähe von Siedlungen zu vermuten.

Mögen die bisherigen Erkenntnisse über die Bronzezeit in Westfalen – kontinuierliche Besiedlung von der Jungsteinzeit bis zur Eisenzeit, deren markantester Einschnitt ein sich langsam vollziehender Übergang von der Körper- zur Brandbestattung zu sein scheint – ein grobes Gerüst darstellen, so ist es die Aufgabe der heutigen Forschung, durch das neu gewonnene und noch zu ergrabende Material den Verlauf und die Entwicklung dieser Zeitepoche weiter zu erhellen. Mögen auch manchmal, bedingt durch die Beschädigung der alten Oberfläche, die erwünschten Funde oder Befunde nicht mehr erhalten sein, so ist doch jeder neue Hinweis ein Steinchen im großen Mosaik. Die unterschiedlichen kulturellen Einflüsse anderer Gebiete auf Westfalen lassen sich gut an einigen Neufunden der letzten zehn Jahre nachweisen.

Ein exzeptionelles Einzelstück stellt das gegossene Bronzebecken aus Münster-Gittrup dar. Die Vorform dieser Bronzebecken ist in der älteren Bronzezeit im „Nordischen Kreis" entstanden und diente, nach Ausweis von Grabfunden, vermutlich als Gürtelschmuck von Frauen. In der jüngeren Bronzezeit änderte sich die Form. Ähnelten diese Schmuck- oder Trachtgegenstände in der älteren Bronzezeit einer geradwandigen Dose, so nehmen sie jetzt eher die Gestalt eines Beckens an. Die Mündung war mit einem Deckel aus organischem Material verschlossen. Ob die Funktion im Rahmen der Frauentracht weiterbestanden hat, ist nicht mit Sicherheit zu sagen, zumindest könnte sie aber auch in anderem Zusammenhang zu sehen sein. Die Fundumstände des Gittruper Exemplars sind bisher einzigartig: Es wurde am Rand einer spätbronzezeitlichen Siedlung innerhalb einer Pfostenstellung gefunden. Die besonderen Fundumstände und die Tatsache, daß es sich bei diesem Stück erst um das dritte in Westfalen gefundene Bronzebecken handelt, lenken die Aufmerksamkeit auf neue Interpretationsmöglichkeiten des Kontaktes zwischen Westfalen und dem Norden bzw. dem mittel-

Ausgrabungen auf dem bronzezeitlichen Friedhof von Nordrheda/Kreis Gütersloh. Die charakteristische, „schlüssellochartige" Grabform wird in der Bodenverfärbung deutlich.

deutschen Raum, wo der Verbreitungsschwerpunkt liegt. Eine schlüssige Erklärung der bemerkenswerten Fundumstände ist bislang nicht möglich. Man könnte an eine Niederlegung aus kultischen Gründen (Opfer?) denken.
An dieser Stelle können drei Beigabenensembles (zwei aus Saerbeck, Kreis Steinfurt, eines aus Nordrheda, Stadt Rheda-Wiedenbrück) vorgestellt werden, die aufgrund der Rasiermesser zu Männergräbern gehören (diese Annahme wird in Nordrheda durch die anthropologische Untersuchung des Leichenbrandes bestätigt). Die Kombination Rasiermesser und/oder Pinzette mit Nadel ist kein Einzelfall in jungbronzezeitlichen Gräbern Westfalens. Es ist also auch hier mit regelhaften Beigabenkombinationen zu rechnen. Sie waren demnach nicht zufällig, sondern unterlagen gewissen kultisch oder sozial bestimmten Regeln.

Das zweischneidige Rasiermesser ist das dritte mit ähnlicher Griffgestaltung in Westfalen. Auffallend bei dem Neufund ist, daß das Rasiermesser – wenn überhaupt – nur kurzfristig in Gebrauch gewesen ist (dies gilt auch für die Pinzette). Der Mann war mit etwa 40 Jahren gestorben. Wären die Gegenstände lange in seinem Besitz gewesen, hätte man Gebrauchsspuren erwartet, wie sie z. B. bei dem Grabensemble in Saerbeck zu erkennen sind: Die Pinzette war schon einmal auseinandergebrochen und dann mit Verbundguß repariert worden. Auch das Rasiermesser besitzt nicht mehr die ursprüngliche Form.
Für alle Bronzegegenstände dieser drei Gräber gilt, daß die Verbreitungsschwerpunkte außerhalb Westfalens liegen. Eine Aussage, ob die Gegenstände importiert oder in heimischen Werkstätten nachempfunden wurden, wäre derzeit noch verfrüht. Auch die Frage, warum in Nordrheda

Münster-Gittrup. Gegossenes Bronzebecken der jüngeren Bronzezeit.

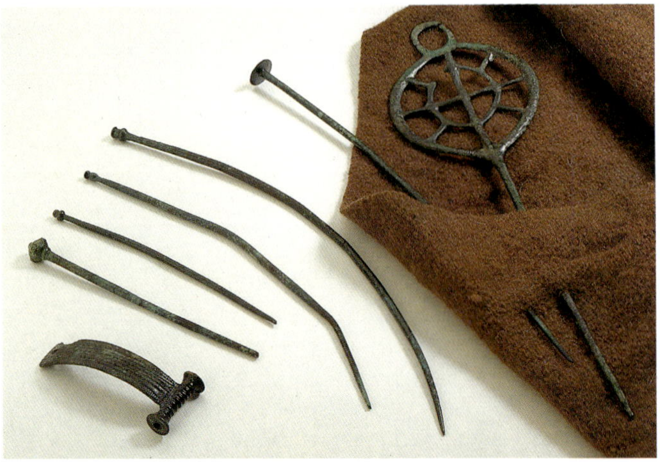

Gewandspange und Nadeln aus verschiedenen bronzezeitlichen Gräbern in Westfalen (von links: Nordrheda, Jottrop, Saerbeck, Werther).

ein Rasiermessertyp gefunden wurde, dessen Ursprung am Mittelrhein zu suchen ist, und in Saerbeck ein Typ des „Nordischen Kreises", muß vorerst noch offenbleiben. Das Vorkommen beider Formen verteilt sich über ganz Westfalen. Eine vermutete zeitliche Abfolge kann erst durch die Auswertung aller neuen Grabfunde untermauert werden.
Wie die Rasiermesser, so lassen sich auch bei den Gewandnadeln weitreichende Kulturbeziehungen erkennen. Die sog. Doppelradnadel aus Werther, Kreis Gütersloh, gehört zu einer kleinen Gruppe, deren Vorbilder in der hessischen Hügelgräberkultur zu suchen sind. Eine Ausgrabung an der Fundstelle ergab, daß sie aus einem mittlerweile verschliffenen älterbronzezeitlichen Hügelgrab stammte, in dem eine Frau begraben war. Sowohl in der älteren als auch in der jüngeren Bronzezeit haben wir nur wenige Anhaltspunkte für Frauenschmucktrachten – ganz im Gegensatz zu anderen Regionen. Die Radnadel ist ein weiteres Indiz dafür, daß die Gründe vielleicht auch in der Quellenlage begründet sind.
Aus der jüngeren Bronzezeit stammen die Nadeln aus Saerbeck. Die Scheibenkopfnadel ist mit dem „nordischen" Rasiermesser zusammen gefunden worden. Sie hatte demnach einem Mann gehört. Parallelen dazu gibt es in Niedersachsen.
Die sog. Vasenkopfnadeln kommen im gesamten süddeutschen Urnenfelderbereich vor; in Westfalen treten sie so häufig auf, daß an eine heimische Herstellung gedacht werden muß. Die Impulse sind allerdings von anderen Gebieten ausgegangen, wobei sowohl der Urnenfelderbereich als auch Norddeutschland in Frage kommen, denn dort hat man auch zahlreiche kleinköpfige Vasenkopfnadeln gefunden.
Aus einem jungbronzezeitlichen Gräberfeld von Bottrop stammt eine sehr sorgfältig gearbeitete Nadel mit Kugelkopf, der mit „Warzen" besetzt ist. Auch hier finden sich Parallelen im Norden. Nicht nur reguläre Grabungen der Bodendenkmalpflege vertiefen unsere Kenntnis der bronzezeitlichen Kultur Westfalens, sondern auch die Mitarbeit archäologisch und historisch interessierter Altertumsfreunde. Zu den Zufallsfunden, die durch sie bekannt geworden sind, zählen neben der Doppelradnadel aus Werther auch die beiden älterbronzezeitlichen Lanzenspitzen aus Wadersloh und Greven. Die größere Lanzenspitze findet ihre nächsten Parallelen in Norddeutschland und Skandinavien, während die kleinere mit rhombischem Blatt ursprünglich aus dem Lüneburger Raum kommt.
Gleichfalls ein Einzelfund ist das jungbronzezeitliche Vollgriffmesser aus Petershagen-Hävern/Kreis Minden–Lübbecke. Messer dieser Art, die wohl keinem praktischen Gebrauchszweck dienten, sind in Westfalen mehrfach vertreten und lassen sich bis an die Nordsee verfolgen. Ein ähnliches Exemplar steht in Dänemark vereinzelt da. Vom

Quellenbild her mag die Herkunft und Ausprägung dieses Typs in Westfalen (oder im Ems-Weser-Bereich) liegen, in der Regel zeigen jedoch die Verbindungen einen umgekehrten Verlauf.

Der besondere Wert der Bronzen, auch wenn ihre Zahl in Westfalen im Vergleich zu anderen mittel- und nordeuropäischen Landschaften gering ist, liegt in ihren kulturgeschichtlichen Aussagemöglichkeiten: Gerade sie lassen erkennen, daß das westfälische Gebiet von den vielfältigsten Anregungen profitierte. So werden Einflüsse aus dem „Nordischen Kreis" deutlich, aus Niedersachsen und aus Mitteldeutschland sowie aus dem Bereich der Urnenfelderkultur Süddeutschlands. Können wir auch im einzelnen noch nicht viel über die innerwestfälischen Strukturen, den Handel und die Wechselbeziehungen zu den Nachbargebieten aussagen, so lassen sich doch einige Anhaltspunkte dafür gewinnen, daß die bronzezeitliche Bevölkerung Westfalens an den allgemeinen Entwicklungen teilgehabt, Anregungen aufgenommen und selbständig verarbeitet hat. Besonders aber im Grabbrauch werden auch unverwechselbare lokale Züge deutlich.

Lit.: G. Sudholz, Die ältere Bronzezeit zwischen Niederrhein und Mittelweser. Münstersche Beiträge zur Vorgeschichtsforschung Bd. 1 (1964). – H. Aschemeyer, Die Gräber der jüngeren Bronzezeit im westlichen Westfalen. Bodenaltertümer Westfalens Bd. 9 (1966). – W. R. Lange, Vor- und Frühgeschichte im Weserbergland bei Höxter. Einführung in die Vor- und Frühgeschichte Westfalens 3, 1981, 20–32. – K. Wilhelmi, Die jüngere Bronzezeit zwischen Niederrhein und Mittelweser. Kleine Schriften aus dem Vorgeschichtlichen Seminar Marburg Bd. 15 (1983). – D. Bérenger, Vor 3400 Jahren: Das Grab einer vornehmen Frau bei Werther und die Bronzezeit im Ravensberger Land. Ravensberger Blätter 2, 1989, 5–9. – W. Best, Ein bronzezeitlicher Friedhof und eine eisenzeitliche Siedlung in Nordrheda-Ems, Kr. Gütersloh. Ravensberger Blätter 2, 1989, 10–14.

Das eisenzeitliche Gräberfeld von Birkefehl

Anna Helena Heidinger

Siebenunddreißig Jahre sind vergangen, seit H. Beck den Forschungsstand im südlichen Westfalen erstmals zusammenfaßte. Vergleicht man seine Fundverbreitungskarten mit den heutigen, stellt man fest, daß inzwischen Fundstellen aus Regionen bekannt wurden, die man früher als fundleer bezeichnet hat. Als Beispiel ist der Berleburger Raum zu nennen, obwohl man dort bereits seit langem mehrere Ringwallanlagen kennt. Die wachsende Zahl neuer Fundplätze ist einerseits auf die tiefen Bodeneingriffe der Landwirtschaft zurückzuführen, andererseits gezielten und intensiven Geländebegehungen interessierter Heimatfreunde zu verdanken. Zu einem solchen Fundplatz gehört auch das 1981–83 untersuchte Gräberfeld von Birkefehl, Gemeinde Erndtebrück, Kreis Siegen-Wittgenstein.

Erndtebrück-Birkefehl / Kreis Siegen-Wittgenstein. Rekonstruktion eines eisenzeitlichen Urnengrabes.

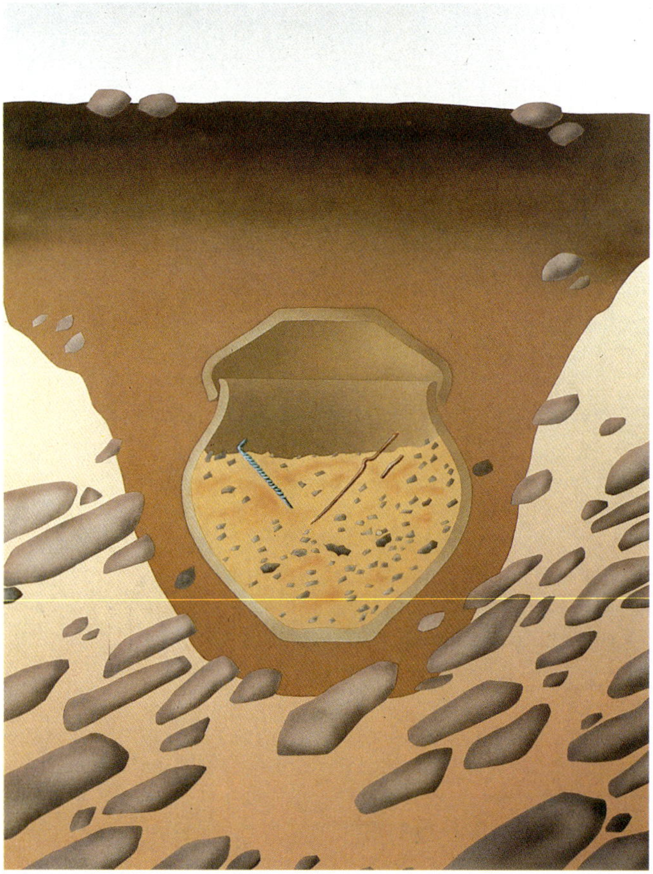

Trotz des – quantitativ gesehen – reichhaltigen Materials von den über 100 neuen Lokalitäten der vorrömischen Eisenzeit (700 – Zeitenwende) ist ein präzise zeitliche Differenzierung der Funde, besonders der der älteren Eisenzeit (um 700 v. Chr.), im angesprochenen Raum noch nicht möglich. In den meisten Fällen handelt es sich um Lesefunde, systematische Grabungen fehlen. Berücksichtigt man die neuesten Ergebnisse der vegetationsgeschichtlichen und pflanzensoziologischen Untersuchungen von R. Pott in unserem Raum, stellt man fest, daß die Besiedlung früher begonnen haben muß, als man bisher angenommen hat. Da uns aber für diesen Zeitabschnitt Hinweise auf eine gezielte Eisenproduktion und Eisenverarbeitung fehlen, müssen wir davon ausgehen, daß die karge Berglandschaft von einer Bevölkerung besiedelt wurde, die mehr von der Viehwirtschaft als vom Ackerbau gelebt hat. Diese Hypothese widerspricht auch nicht der allgemein angenommenen Entwicklung. Am Ende der Urnenfelderzeit ist eine Besiedlungsexpansion in Regionen zu verzeichnen, die bis dahin als siedlungsfeindlich angesehen wurden.

Wenn eine Fundstelle systematisch erforscht und nicht, wie in den meisten Fällen, aus zeitlichen oder finanziellen Gründen nur als Rettungsgrabung gesichtet werden kann, verbinden sich damit Erwartungen, die über die spezifische Aussage des einzelnen Fundstückes wesentlich hinausgehen. So deutet z. B. die Vielfalt der Grabbeigaben darauf hin, daß zwischen Lebenden und Toten keine scharfe Trennlinie bestand. Die Verbundenheit zeigt sich in der Sitte, Verstorbene mit ihrer Tracht und ihrem Schmuck beizusetzen und sie mit Speisen und vermutlich auch mit Getränken auszustatten. In diesem Brauch spiegelt sich der

Glaube wider, daß die Toten ähnliche Bedürfnisse haben wie die Lebenden.
H. L. Janssen hat diese Vorstellung mit den Worten charakterisiert: „Die Toten leben weiter in der menschlichen Gemeinschaft, nehmen an all ihren Schicksalen teil; man erinnert sich ihrer ständig."
Aus dem bisher untersuchten Areal in Birkefehl sind Brandbestattungen in Flachgräbern bekannt, die deutlich zwei Beisetzungsarten erkennen lassen, das Urnengrab und das Knochenlager. Welche religiöse Vorstellung sich hinter der Leichenverbrennung verbirgt, entzieht sich weitgehend unserer Kenntnis. Der eigentliche Verbrennungsplatz konnte in Birkefehl nicht lokalisiert werden. Nach der Einäscherung, die sicherlich in einem feierlichen Rahmen stattfand, wurden die Brandreste sorgfältig aus der Asche aufgelesen und in ein Tongefäß oder in einen Behälter aus organischem Material gelegt. Der geringe Anteil an Holzkohle bei beiden Bestattungsarten deutet auf eine vorsichtige und behutsame Behandlung der sterblichen Überreste hin. Wie die Grabgruben jeweils beschaffen waren, konnte nicht ermittelt werden. Eindeutig bestimmen ließ sich nur die Tiefe einzelner Bestattungen. Die Urnengräber waren meist tiefer eingebettet als die Knochenlager.
Diese keramischen Behälter wurden teilweise mit Mustern verziert, wobei die Abrollung eines Halsringes – der einen Bestandteil der Tracht bildete – besondere Beachtung verdient. In Birkefehl beobachtete man bei zahlreichen Urnen eine Deckschale. Wo diese fehlt, wäre eine Abdeckung aus organischem Material wie Holz oder Stoff durchaus denkbar. Am Totenkult läßt sich am deutlichsten erkennen, daß festgefügte, traditionell gebundene Vorstellungen die Gemeinschaft bestimmten. Alle Gefäße, in denen sterbliche Überreste deponiert wurden, hatte man eigens für den Totenkult hergestellt. Als „Sonderanfertigung" lassen sich in Birkefehl zwei Urnen ansprechen, die vermutlich aus demselben eisenhaltigen Tonmaterial hergestellt waren. Die zweite Bestattungsart, das Knochenlager, bestand in ungestörtem Zustand aus einer kompakten Leichenbrandkonzentration, deren runde oder ovale Form vermutlich von einem organischen Behälter herrührte. Als Material hat man wahrscheinlich Textilien, Leder oder Holz verwendet. Zwischen den einzelnen Gräbern fand man fundleere, unterschiedlich tiefe, stark mit Holzkohle durchsetzte Verfärbungen. Über ihre Bedeutung läßt sich vorläufig nichts Sicheres sagen. Es wäre denkbar, daß sie auf kultische Handlungen zurückzuführen sind.

Zusammen mit den Knochenbrandresten enthielten die Urnen – ebenso wie die Knochenlager – Metallgegenstände und Miniaturgefäße aus Ton. In einigen Urnen fand man sogar verbrannte Schweineknochen. Bei den Metallstücken handelt es sich überwiegend um Schmuckgegenstände, die als Bestandteile der Tracht anzusehen sind, die die Verstorbenen bei der Beisetzung getragen hatten. Ob diese Tracht auch von den Lebenden benutzt wurde, läßt sich nicht beantworten. Die vorgefundenen Beigaben waren teilweise nur fragmentarisch erhalten. Sie ließen Brandspuren erkennen oder waren vom Feuer stark beschädigt. Daß alle Teile Brandbeschädigungen aufweisen, deutet darauf hin, daß der Verstorbene in voller Tracht eingeäschert wurde. Bei den unvollständig geborgenen

Erndtebrück-Birkefehl / Kreis Siegen-Wittgenstein. Rekonstruktion eines eisenzeitlichen Knochenlagers.

Erndtebrück-Birkefehl / Kreis Siegen-Wittgenstein. Urnen und Beigefäße aus dem eisenzeitlichen Gräberfeld.

Schmuckbeigaben bleibt zu überlegen, ob man diese Stücke nicht absichtlich, etwa als Symbol, in dieser fragmentarischen Form mitgegeben hat. Andernfalls müßte man annehmen, daß die verbrannten Überreste nachlässig aufgelesen wurden.

Die Schmuckgegenstände aus dem Gräberfeld, ob beschädigt oder unbeschädigt, geben Einblick in die Lebensverhältnisse und, mit Einschränkung, auch in die soziale Struktur der damaligen Gesellschaft. Die verschiedenen Hals-, Arm- und Ohrringe aus Bronze wie auch die Nadeln aus Eisen sind sicher nicht nur Ausdruck eines ästhetischen Empfindens, sondern auch Indiz einer kontaktfreudigen, für Neuheiten aufgeschlossenen Bevölkerung. Etwas überraschend ist das Fehlen von Waffen und Gebrauchsgegenständen des Alltags, so von Arbeitsgeräten.

Die funktionelle Bestimmung der einzelnen Typen beruht auf dem Vergleich mit den Inventaren zeitgleicher, benachbarter Körpergräber. Zu den schönsten Funden von Birkefehl zählen unbestritten die scharflappigen Wendelringe aus Bronze. Diese in einem sehr aufwendigen Herstellungsverfahren angefertigten Formen werden in der älteren Literatur häufig als Totenkränze oder Totenkronen bezeichnet. Wegen der messerscharfen Kanten muß ihre Funktion als Halsring hypothetisch bleiben. Sie stellen eine Leitform im Typenspektrum der nördlichen Randprovinzen des späthallstattzeitlichen Kulturkreises dar.

Die Verteilung der Bestattungen läßt, soweit man den Befund verallgemeinern darf, deutlich gewisse Konzentrationen erkennen. Diese kleinen Einheiten mit einem variablen Verhältnis von Urnengräbern zu Knochenlagerbestattungen spiegelt vermutlich die innere Struktur einer Gesellschaft wider. Nicht nur die Lage der Gräber, sondern auch eine gewisse Anordnung innerhalb der einzelnen Gruppen scheint darauf hinzuweisen, daß in Birkefehl die Gräberkonzentrationen eine Art von Familienbezirken darstellen. Als Beispiel sei die Bestattungsgruppe im südlichen Teil des Gräberfeldes genannt. Sie weist sowohl Urnen wie auch Knochenbrandbestattungen auf. Manche von ihnen enthalten Beigaben, andere sind beigabenlos. Zwei der Urnengräber, die nach der anthropologischen Bestimmung einer Frau und einem Mann zuzuordnen sind, führen Beigaben mit, die auch ihren sozialen Status zum Ausdruck bringen dürften. Zu den Beigaben einer Frau gehörte ein scharflappiger Wendelring, dem Mann wurde hingegen eine eiserne Nadel mitgegeben. Hinzu kommt, daß die Machart der beiden Urnengefäße identisch ist, als ob man damit auch ein personelle Zusammengehörigkeit anzeigen wollte.

Der wirtschaftliche und kulturelle Aufschwung, der am Ende der Hallstattzeit faßbar wird, machte sich auch in den peripheren Gebieten bemerkbar. Die Erweiterung des Siedlungsraumes bis in die weniger fruchtbaren Berglandschaften hinein weckte Impulse, die im materiellen wie auch im geistigen Bereich Veränderungen bewirkten. Der in den Grabensembles nachgewiesene Formenreichtum weist auf intensive Verbindungen sowohl nach Westen wie nach Osten hin, doch sind auch eigenständige Elemente anzunehmen. Als einheimische Komponente darf man wohl die zahlreichen Eisenfunde betrachten. Zwar hat sich bisher im Wittgensteiner Land trotz vieler Siedlungsspuren keine späthallstattzeitliche Industrie nachweisen lassen; es dürfte aber nur eine Frage der Zeit sein, bis sich diese Forschungslücke schließen läßt.

Lit.: H. L. Janssen, Die Toten im Brauchtum und Glauben der Germanischen Vorzeit. Mitteilungen der Anthropologischen Gesellschaft in Wien 72, 1942, 1 ff. (bes. 90). – A. H. Heidinger (mit Beiträgen von B. Herrmann u. H. Laumann), Das eisenzeitliche Gräberfeld von Birkefehl, Gem. Erndtebrück, Kr. Siegen-Wittgenstein. Ausgrabungen und Funde in Westfalen-Lippe 5, 1987, 121 ff. (mit weiterer Literatur). – R. Pott, Vegetationsgeschichtliche und pflanzensoziologische Untersuchungen zur Niederwaldwirtschaft in Westfalen. Abhandlungen aus dem Westfälischen Museum für Naturkunde 47, H. 4, 1985, 4 ff.

Eisenzeitliche Forschungen im Siegerland

Hartmut Laumann

Das Siegerland, im südlichen Zipfel Westfalens gelegen, gehört sicher nicht zu den von der Natur begünstigten Gebieten. Tief eingeschnittene Täler und steile Hänge, die bis auf Höhen von 600 Metern ansteigen, prägen das Landschaftsbild. Große landwirtschaftliche Flächen fehlen in diesem Teil des rechtsrheinischen Schiefergebirges völlig. Dazu kommen karge Böden, lange Winter und hohe Niederschläge, die sicher nicht dazu einladen, hier ein Leben unter prähistorischen Bedingungen zu verbringen. So gibt es vorgeschichtliche Epochen der frühen Menschheitsgeschichte, in denen dieser Raum nur dünn besiedelt beziehungsweise völlig gemieden wurde. Nach dem heutigen Forschungsstand können wir im Abschnitt der prähistorischen Metallzeiten nur mit einer permanenten Besiedlung zur vorrömischen Eisenzeit im südlichen Westfalen rechnen. Im 7. Jahrhundert v. Chr. setzt sich nördlich der Alpen die Kenntnis der Eisenverhüttung und -verarbeitung immer mehr durch. So mögen sich aus den fruchtbaren umliegenden Gebieten wie Oberhessen, dem Rheingau, der Wetterau oder dem Neuwieder Becken auch Prospektoren in diesen Raum aufgemacht haben, um der immer größer werdenden Nachfrage nach dem begehrten neuen Metall zu genügen (innere Kolonisation).

Im Bereich der Sieg und deren Nebenflüsse traf man fast ideale Voraussetzungen an. Zahlreiche Erzgänge aus Brauneisenstein (oxydische Umwandlungsprodukte des Spateisensteins), die sich sehr gut zu hochwertigem Eisen verhütten lassen, reichen hier in breiten Adern bis an die Oberfläche, so daß die Schürfer keine Mühe hatten, genügend Erz zu gewinnen. In den kleinen Tälern steht Lehm und Wasser zum Bau der Schmelzöfen unbegrenzt zur Verfügung, und aus den endlosen Wäldern läßt sich die zur Reduktion nötige Holzkohle meilern. So ist es nicht verwunderlich, daß bald im gesamten Siegerland die erste mitteleuropäische „Metallregion“ entstand.

Nach den umfangreichen Geländebegehungen steht fest,

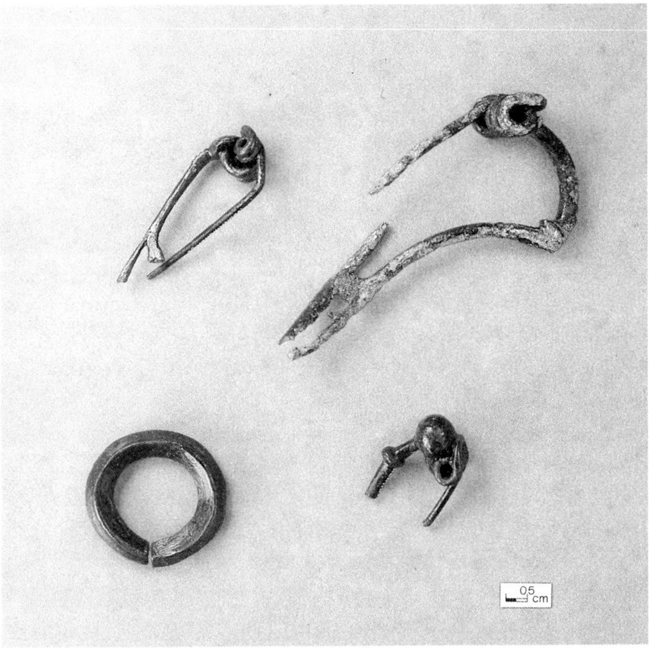

Neunkirchen-Zeppenfeld / Kreis Siegen-Wittgenstein. Bronzene und eiserne Gewandnadeln (Fibeln) und Eisenring aus einem spätlatènezeitlichen Urnengrab.

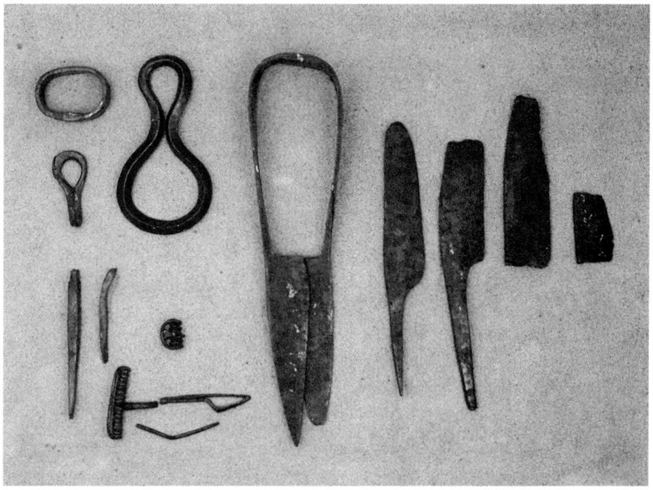

Siegen-Oberschelden / Kreis Siegen-Wittgenstein. Eisen- und Bronzefunde von einem latènezeitlichen Siedlungsplatz.

daß fast in jedem Tal Verhüttung betrieben wurde. Diese Kenntnis verdanken wir dem Lehrer O. Krasa, der bereits seit Anfang der dreißiger Jahre sorgfältig Hunderte von alten Schmelzplätzen im Gelände entdeckte und kartierte. Bereits 1932 wurden erstmals Scherben der vorrömischen Eisenzeit bei einem Verhüttungsofen gefunden, die ein hohes Alter der Anlagen bestätigen. In den folgenden Jahren konzentrierten sich die Ausgrabungen, unterstützt von der Altertumskommission für Westfalen, auf die Freilegung von Ofenkomplexen (Engs- und Minnerbach, Stadt Siegen), um über Aufbau und Funktion der Schmelzen nähere Aufschlüsse zu erhalten. Zahlreiche Verebnungen im Hang von 25–30 m Länge und bis 12 m Breite, die im Umkreis der Verhüttungsplätze entdeckt wurden, konnten nach Grabungen in Siegen-Trupbach (1937) als Siedlungsplätze interpretiert werden. Indes blieben die Befunde gering und ließen zur Bebauung und Funktion nur wenige Aussagen zu. Der Krieg und die schweren Zeiten danach ließen die hoffnungsvoll begonnenen Arbeiten nahezu ein Vierteljahrhundert lang ruhen.

Mit der Einrichtung einer Außenstelle des Amtes für Bodendenkmalpflege Münster in Olpe konnten seit 1982 im südlichen Westfalen die Forschungen wieder intensiv aufgenommen werden. Neben einer umfangreichen Inventarisation der gesamten Bodendenkmäler fanden inzwischen mehrere Ausgrabungen statt, die, anknüpfend an die Vorkriegsergebnisse, die Kenntnis der vorgeschichtlichen „Montanregion Siegerland" erheblich erweitert haben.

Standen früher vor allem die technischen Abläufe der Eisengewinnung im Vordergrund der Grabungen, so bemüht sich der Archäologe heute, das gesamte Umfeld der Eisenschmelzen zu erforschen (Siedlungen, Gräber). Dies setzt natürlich finanzielle Aufwendungen für Ausgrabungen voraus, die vor einigen Jahrzehnten nicht denkbar waren.

Im Volkersbachtal (Gemeinde Neunkirchen) entdeckten Heimatforscher am Rande eines neugeschobenen Waldweges ein Urnengrab. Eine Nachuntersuchung führte zur Freilegung eines weiteren Brandgrabes mit Beigaben der Spätestlatènezeit. Beide Bestattungen lagen innerhalb einer rechteckigen Steinsetzung von 12 m x 12 m. Den vermutlichen Siedlungsplatz zu diesen Gräbern entdeckte man in rund 150 m Entfernung. Deutlich heben sich im Hang zwei rund 25 m auseinanderliegende Verebnungen ab. Eine eingetiefte Feuerstelle mit einem steinernen Amboß, ein kleiner Köhlerplatz sowie eine Abfallgrube legten die Vermutung nahe, hier eine Schmiede ergraben zu haben. Auf dem zweiten Platz fehlten Schlacken und große Feuerstellen, dafür wurden mehrere bis in 1 m Tiefe reichende Pfostengruben aufgedeckt, die sich zum Grundriß eines gut 8 m x 4 m großen Hauses rekonstruieren lassen. Ebenso wie auf dem Schmiedepodium fanden sich hier neben zahlreichen Keramikfragmenten auch Eisengegenstände, die den Schluß erlauben, daß beide Anlagen zur gleichen Zeit nebeneinander bestanden haben und darüber hinaus auch zeitgleich mit dem Gräberfeld datieren. Unterhalb des Arbeits- und Wohnplatzes ließen sich im Quellgebiet des Volkersbaches zahlreiche schwere Schlacken feststellen, wohl ein Hinweis darauf, daß an dieser Stelle das in der Nähe im Tagebau gewonnene Erz verhüttet wurde.

Faßt man die Befunde der Grabungen im Volkersbachtal zusammen, so läßt sich die Existenz einer kleinen Gruppe von Menschen rekonstruieren, die innerhalb eines Tales Eisenerz nicht nur schürfte, sondern auch weiterverarbeitete. Daß dies keine saisonale Tätigkeit war, darauf deuten das stabile Holzhaus sowie der Bestattungsplatz hin.

Die in Neunkirchen entdeckten Arbeits- und Wohnstrukturen konnten bei Grabungen in den folgenden Jahren (Siegen-Alchen, -Oberschelden) bestätigt werden. Auffällig ist, daß die geborgenen Funde eines Platzes stets nur einen archäologischen Horizont umfassen und in ihrem Formenspektrum ausschließlich in den keltischen Raum weisen. Bislang läßt sich eine kontinuierliche Besiedlung über einen Zeitraum von fast 600 Jahren im Siegerland erschließen; der Schwerpunkt der Metallverhüttung liegt im Bereich der fortgeschrittenen und späten Latènezeit (ca. 300 v. Chr. bis zur Zeitenwende). Das arbeitsteilige, höchst spezialisierte Eisengewerbe des Siegerlandes war auf den Export seiner Produkte in die keltische Welt angewiesen. Mit dem Ende dieser Kultur um die Zeitenwende mußte zwangsläufig auch diese enge Verflechtung Schaden nehmen. So kennen wir aus der Römischen Kaiserzeit keinen einzigen Schmelzofen in diesem Raum. Erst unter den Bedingungen der fränkischen Reichsbildung wird die alte Tradition wiederaufgenommen; das Siegerland erlangt erneut seine führende Stellung als Zentrum der mitteleuropäischen Eisengewinnung.

Lit.: H. Laumann, Ein spätlatènezeitlicher Schmiedeplatz von Neunkirchen-Zeppenfeld, Kr. Siegen-Wittgenstein. Ausgrabungen und Funde in Westfalen-Lippe 3, 1985, 49–70.

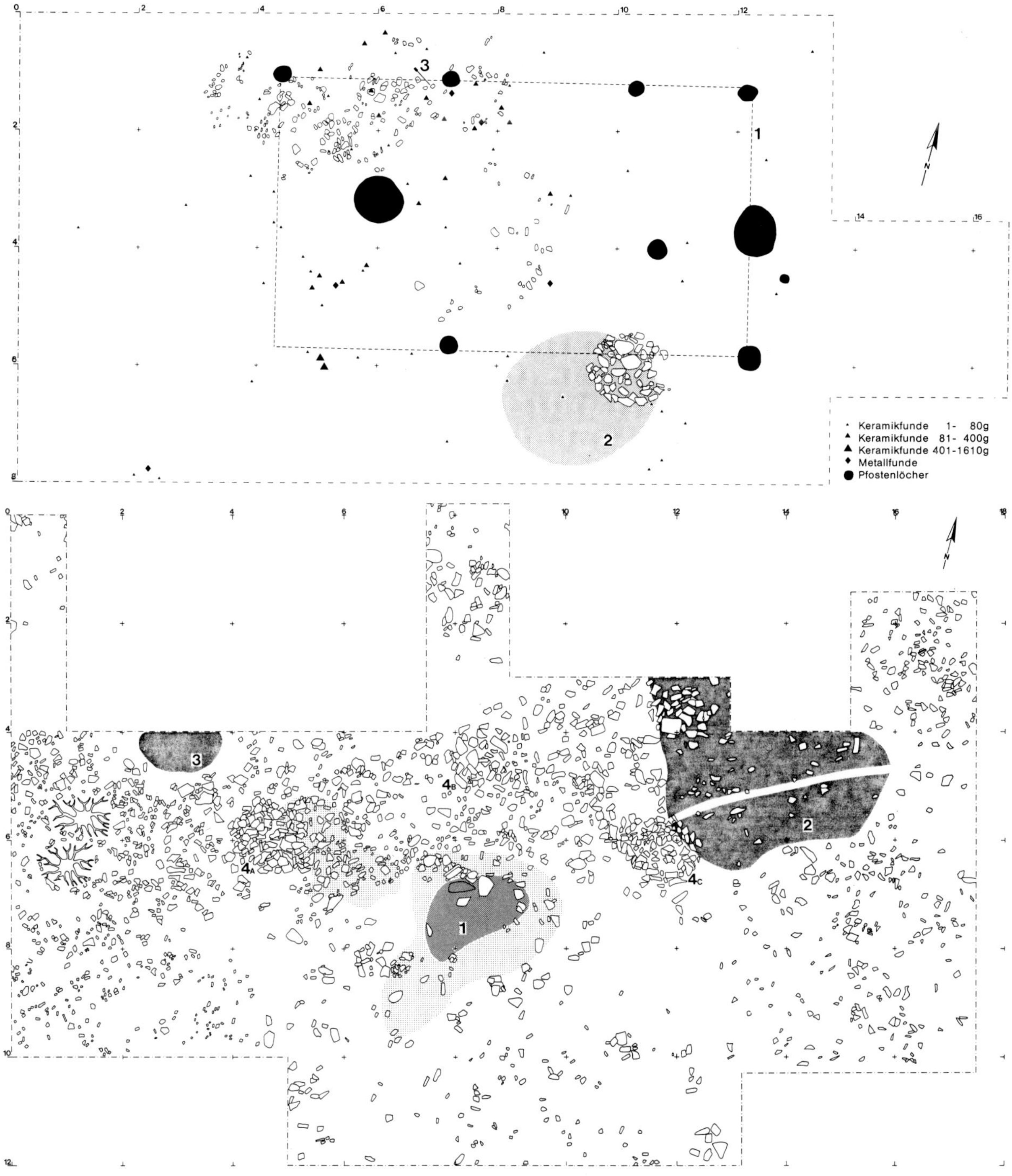

Neunkirchen-Zeppenfeld / Kreis Siegen-Wittgenstein. Oben: Befund eines Wohnpodiums: 1 Hausgrundriß; 2 Brandstelle; 3 Fundstelle einer Herdschaufel. – Unten: Befund eines Schmiedepodiums: 1 rote Verfärbung (Schmiedeofen); 2 Köhlerplatz; 3 Grube; 4 a–c moderne Lesesteinhaufen.

Ein hölzerner Steigbaum aus Oberaden

Elisabeth Noll

Im Bereich des römischen Militärlagers Oberaden wurden bei verschiedenen Grabungskampagnen immer wieder auch vorrömische Siedlungskomplexe entdeckt. Das Fundmaterial, u.a. das häufige Vorkommen von Siedlungskeramik, belegt, daß dieser Ort bereits in der mittleren und späten vorrömischen Eisenzeit aufgesucht wurde. Eine Kontinuität zwischen beiden Siedlungshorizonten konnte bisher nicht nachgewiesen werden. Auch eine exakte Datierung ist mit Hilfe des archäologischen Fundmaterials nicht möglich, da das wichtigste Hilfsmittel zur Datierung, die Keramik der vorrömischen Eisenzeit, nur grob chronologisch eingeordnet werden kann. Denn die Gefäße, die zur Zubereitung und Aufbewahrung von Lebensmitteln dienten, veränderten ihre Form und ihr Aussehen über Jahrhunderte nicht entscheidend.

Dank der ausgezeichneten Erhaltungsbedingungen haben sich verschiedene hölzerne Brunneneinfassungen aus römischer und vorrömischer Zeit erhalten. Mit Hilfe der Dendrochronologie konnte das jahrgenaue Fälldatum einzelner Hölzer ermittelt werden. So wurde für die aus einem Eichenstamm gespaltenen Bohlen einer Grube beispielsweise das Fälljahr 407 v. Chr. von B. Schmidt bestimmt. Auf diese Weise erhalten wir einen Hinweis auf den Zeitpunkt dieses Brunnenbaus und somit auch für die Anlage und Nutzung der gesamten Siedlung.

Die 16 Spaltbohlen, die noch eine Länge von 2,50 m aufweisen, sind in unregelmäßigen Abständen ringförmig in den anstehenden Mergel eingeschlagen worden, wie die sorgfältig zugespitzten Enden der Bohlen belegen. Im Brunnenloch selbst befand sich ein 1,70 m langer Steigbaum aus Eichenholz. Das als Leiter benutzte Gerät weist drei stufenartige Einkerbungen auf, die in einem Abstand von jeweils etwa 0,40 m eingeschnitzt waren. Der Steigbaum war in leichter Schräglage an die Brunnenwand gelehnt. Die untere Spitze des Steigbaumes ist durch Beilhiebe sorgfältig zugespitzt worden und wurde wahrscheinlich, ebenso wie die Hölzer der Brunnenfassung, in den anstehenden Lehmboden gerammt. Möglicherweise diente er zu Reinigungszwecken, denn in der Regel wird das Wasser mit Hilfe von Schöpfvorrichtungen in Eimern

Bergkamen-Oberaden / Kreis Recklinghausen. Hölzerner Steigbaum aus der vorrömischen Eisenzeit.

entnommen worden sein. Die unregelmäßige Anordnung der Spaltbohlen legt zudem die Vermutung nahe, daß es sich bei dieser im Durchmesser 1,30 m großen Anlage eher um eine Wasserstelle und Tränke für das Vieh gehandelt hat. In einem ca. 11 m x 8 m großen Bereich war der Brunnen von dunklen, humosen Sanden umgeben. Hier wurden zahlreiche Tierknochen, Keramik, Spinnwirtel, aber auch organisches Material gefunden. Entsprechende, zu dieser Siedlungsstelle gehörige Häuser und Speicherbauten konnten bisher archäologisch noch nicht nachgewiesen werden.

Die augusteischen Militärlager an der Lippe

Johann-Sebastian Kühlborn

Die Untersuchungen in den frührömischen Lagern an der Lippe, die im Verlauf der Germanenkriege unter Kaiser Augustus 12 v. Chr. bis 16 n. Chr. errichtet worden sind, haben im letzten Jahrzehnt bedeutende Fortschritte genommen. Schwerpunktmäßig wurden im größeren Umfang Rettungsgrabungen im Legionslager Oberaden (Stadt Bergkamen), im sog. Feldlager Haltern sowie im römischen Friedhof Berghaltern (Stadt Haltern) und seit kurzem auch im Lager Anreppen (Stadt Delbrück) durchgeführt. Dank umfangreicher Unterstützung durch die Bundesanstalt für Arbeit konnten seit 1984 die Grabungen im Zusammenwirken mit den Städten Haltern, Bergkamen und Delbrück in allen drei Lagern intensiv ausgeweitet werden.

Die Grabungen in Oberaden (1977–1989)

Für das älteste der Lippelager, dem vom Feldherrn Drusus 11 v. Chr. angelegten Oberaden, ergab sich die große Chance, grundsätzliche Probleme der Innenbebauung zu klären. Aufgrund der modernen Bauplanung richtete sich die Grabungstätigkeit auf zwei unterschiedliche Areale des Lagers: So wurde in den Jahren 1977 bis 1986 im Bereich der nordwestlichen Lagerecke und an der Nordwestfront gearbeitet, seit dem Jahre 1985 im Lagerzentrum.
Während in der Lagermitte die Grundrisse der zentralen Gebäude, Praetorium und Principia, aufgedeckt werden konnten, dienten die Untersuchungen im Umfeld der nordwestlichen Lagerecke der Erforschung der Holz-Erde-Mauer sowie des angrenzenden Areals. Bereits um 1908 muß an dieser Stelle der 4–5 m breite und 2–3 m tiefe Spitzgraben vollständig ausgehoben worden sein, da man hier die berühmten „pila muralia" („Mauerspeere", Annäherungshindernisse) gefunden hatte. Die Holz-Erde-Mauer wies die übliche Breite von etwa 3 m auf, im Abstand von etwa 25 m waren Mauertürme integriert. An die Innenseite der Nordwestecke ist eine Plattform angebaut worden, wahrscheinlich zum Aufstellen von Wurfgeschützen. Aufgrund der feuchten Bodenverhältnisse haben sich die unteren Enden der hölzernen Standpfosten der Mauer gut erhalten. Einigen dieser Standpfosten waren Querhölzer unterlegt worden, eine Sicherungsmaßnahme, mit der die römischen Bauleute den instabilen Bodengegebenheiten Rechnung trugen.
Interessant sind die Verhältnisse in den östlich der Holz-Erde-Mauer gelegenen Flächen. Nach der ersten Grabungspublikation hatte dieses Areal als „umgegrabenes Gelände" zu gelten, wobei jedoch damals keine Befunde festgestellt worden sind. Die Grabungen der Jahre 1977 bis 1986 haben allerdings diese scheinbar befundleere Situation widerlegt.
Längs der etwa 25 m breiten Wallstraße (Via sagularis) waren bereits im Jahre 1963 die ersten Gebäude beobachtet worden; deren Funktionsbestimmung wurde aber erst durch die Untersuchungen in den östlich anschließenden Arealen möglich. Zwischen diesen Gebäuden und einer im Abstand von rund 55 m dazu verlaufenden, etwa 26 m breiten parallelen Lagerstraße waren keine Baubefunde zu fassen. Dafür aber einige, teilweise von Gräbchen eingefaßte Reihen massiver Konzentrationen an Abfallgruben, in deren strenger, paralleler Ausrichtung sich das allgemeine Schema der Straßen- und Baufluchten widerspiegelt. In diesen Grubenzeilen geben sich schmale Gassen zu erkennen, in denen die Soldaten wiederholt ihren täglichen Abfall vergraben hatten.
Obgleich im Bereich der Nordwestecke, mit Ausnahme der Einzelbauten, die eigentlichen Kasernengebäude fehlen, lassen sich dennoch die den einzelnen Truppenkontingenten zugewiesenen Flächen nachweisen. Deutlich erkennbar ist der Lagerbereich einer Kohorte: Fünf an der Via sagularis gelegene Gebäude, von denen das mittlere als Doppelhaus konzipiert worden ist, können als Quartiere für sechs Centurionen angesprochen werden. An diese schließt sich im Osten der eigentliche Lagerbereich der zugehörigen Mannschaften an, der im Norden und Süden von je einer Gassenreihe, im Osten von der großen Lagerstraße begrenzt wird. Während in den Gebäuden an der Via sagularis die Mannschaftsführer untergebracht waren, standen demnach im Bereich der Nordwestecke

den Mannschaften keine festen Kasernenbauten zur Verfügung. Sie müssen vielmehr in provisorischen Unterkünften, wahrscheinlich in Zelten, gelegen haben. Bereits bei den Grabungen vor dem ersten Weltkrieg hatte sich angedeutet, daß das Legionslager Oberaden zu keiner Zeit flächendeckend mit festen Gebäuden bebaut war. Vereinzelte Kasernen sind an anderer Stelle bislang lediglich im Jahre 1937 erkannt worden. Die einzeln stehenden Gebäude weisen starke Ähnlichkeiten mit den Centurionenquartieren am Kopf der frühkaiserzeitlichen Manipelkasernen auf, wie sie im sog. Hauptlager von Haltern belegt sind. In diesem Lagerareal ist lediglich der Ausbau der Mannschaftsunterkünfte (contubernia) nicht erfolgt.

Wenn auch feste Kasernenbauten weitgehend fehlen, so läßt sich doch anhand der Grabungsbefunde zweifelsfrei feststellen, daß die den einzelnen Truppenkontingenten zugewiesenen Flächen streng parzelliert waren. In einzelnen Fällen wurden sogar Spuren von Zäunen o.ä. nachgewiesen, die die Zeltgassen begrenzten. Von den Zelten selbst fehlt jegliche Spur, dagegen konnten wiederholt Zeltheringe aus den benachbarten Abfallgruben geborgen werden. Aus diesen Abfallgruben stammen auch einige Waffenfunde, die sowohl Legions- als auch Auxiliarsoldaten zuzuordnen sind.

In den Jahren 1985 bis 1989 konzentrierte sich der zweite Schwerpunkt der Untersuchungen auf das Lagerzentrum. Hier war bereits in den Jahren 1906–1914 das Praetorium freigelegt worden. Die älteren Untersuchungen hatten einen 67m x 58,5 m großen Gebäudekomplex ergeben. Das Charakteristische des Grundrisses ist darin zu sehen, daß dieses Gebäude – wie fast alle zwischen den Jahren 1906 und 1914 ergrabenen Innenbauten – allem Anschein nach auf einem rostartigen Gewirr von parallelen und sich rechtwinklig schneidenden Fundamentgräbchen gegründet war. Eine spezifische Untergliederung in einzelne Räume und eventuelle Innenhöfe war nicht erkennbar.
In der nachfolgenden Zeit zeigte sich jedoch schon bald, daß diese eigentümlich rostartigen Grundrißstrukturen eine unlösbare Problematik in sich bargen, blieben sie doch in der Folgezeit ohne Beispiel im gesamten Imperium Romanum. Diskussionen, insbesondere über die Entwicklungsgeschichte der frühen Principiabauten, machen das Unverständnis gegenüber der damaligen Planvorlage deutlich: Die Forschung ließ das Oberadener Mittelgebäude weitgehend unberücksichtigt. Wegen der zentralen Lage erfolgte lediglich eine inzwischen nicht mehr aufrechtzuerhaltende Umbenennung von Praetorium in Principia.
Diese offenkundigen Probleme konnten in den Jahren 1985 bis 1987 in langwierigen Nachuntersuchungen gelöst werden. Dabei wurde die Fragwürdigkeit des in der ersten Grabungsphase gewonnenen Gebäudegrundrisses offenkundig. So setzt sich nach den neuen Untersuchungsergebnissen der zentrale, etwa 2420 m^2 große Gebäudekomplex aus drei Baugruppen zusammen: dem Mittelgebäude mit jeweils einem seitlichen Annex an der West- und der Ostseite. Die Breite der gesamten Südfront, einschließlich der seitlichen Anbauten, beläuft sich auf 71 m.
Das eigentliche Hauptgebäude ist 41 m x 59 m groß. Der Bau ist im ganzen achsensymmetrisch ausgerichtet, wobei die einzelne Raumgestaltung nicht in jedem Fall dekkungsgleich ist. Das Mittelgebäude läßt sich in einen vorderen und einen hinteren Gebäudeteil aufgliedern. Entlang der an der Via principalis gelegenen Frontseite verläuft eine Flucht von gleichartigen Räumen, die in der Mittelachse des Baukörpers eine 3 m breite Öffnung für den Eingang aufweisen. Der Eingangsbereich ist durch eine 11,5 m breite Vorhalle, die um 14,5 m in die Via principalis vorspringt, architektonisch betont. Der Form nach ist diese Vorhalle als Groma ausgebildet. Dahinter liegt ein 10 m breiter und 28 m tiefer Vorhof oder eine Halle, von der man durch etwa 1 m schmale, seitliche Korridore in den eigentlichen Innenhof gelangen konnte. Zwischen diesen beiden Korridoren findet sich ein zum großen Innenhof offener, wahrscheinlich überdachter Raum. Zu seiten des Vorhofes bzw. der Halle schließen sich seitliche, je um einen etwa 7m x 10 m großen, atriumartigen Innenhof angeordnete Räume an.
Nördlich des vorderen Gebäudetraktes folgt ein 25,5 m x 18,5 m großer Innenhof, der an den Seiten von unterschiedlich dimensionierten Räumen flankiert wird; ihre Länge differiert, die Raumtiefe liegt bei 3 m.
Der Gebäudekomplex wird im Norden durch einen rückwärtigen Gebäudeflügel mit unregelmäßiger Raumaufteilung abgeschlossen. In der Mittelachse liegt ein allein schon durch seine Abmessungen (7m x 11,5 m) hervorgehobener Raum. Westlich dieses Raumes führt ein Korridor auf eine an der Rückseite des Mittelgebäudes entlanglaufende Straße (Via quintana?). Im westlichen Raumflügel hat es einen größeren Raum gegeben, der durch einen von

Bergkamen-Oberaden/Kreis Unna. Römisches Lager. Plan des Praetoriums und der Principia. ▷

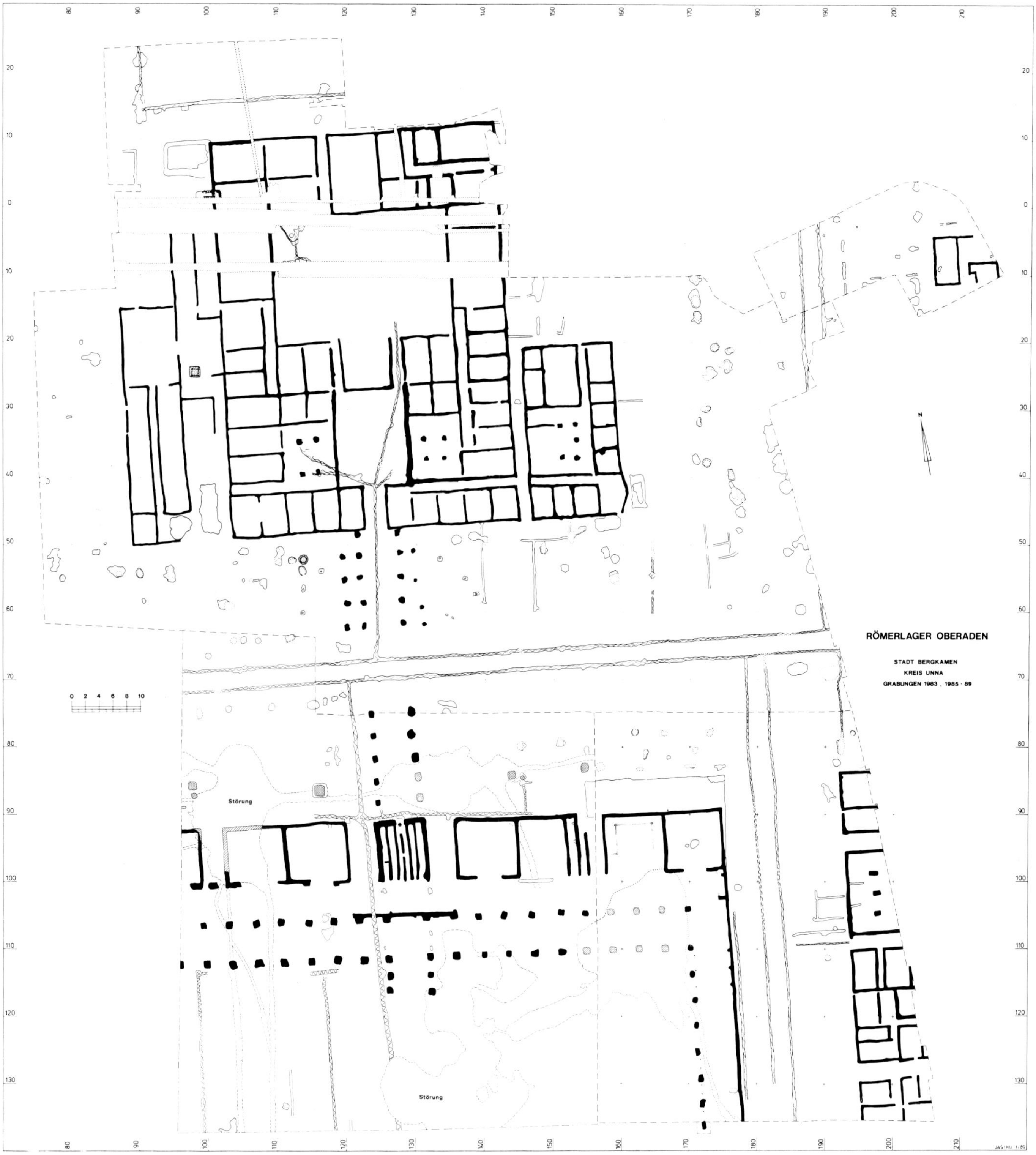
RÖMERLAGER OBERADEN
STADT BERGKAMEN
KREIS UNNA
GRABUNGEN 1983 , 1985 - 89
Störung
Störung
N
0 2 4 6 8 10

Bergkamen-Oberaden/Kreis Unna. Plan der Grabungsbefunde in der Nordwestecke des römischen Lagers. Graben und Holz-Erde-Mauer, Teilstücke von Kasernen, Lagergassen.

Bergkamen-Oberaden/Kreis Unna. Römisches Lager. Spuren des Grabens und der Holz-Erde-Mauer in der Grabungsfläche.

außen zu bedienenden Ofen beheizt werden konnte. Interessant ist die Folge der östlich des zentralen Raumes gelegenen Zimmer. Die Aufteilung in relativ kleine, von einem umbiegenden Korridor aus erschlossene Räume läßt weniger an Amts- und Büroräume denken, eher an kleinere Zimmer, die Wohnzwecken gedient haben könnten.

Aufgrund der großen Dachflächen entstand bei Regen zwangsläufig ein starker Anfall an Regenwasser, das über Entwässerungskanäle abgeleitet werden mußte. Diese waren teilweise noch in dem großen Innenhof sowie in den beiden kleineren atriumartigen Innenhöfen nachzuweisen. Sie führten durch den Eingangsbereich und waren an die beiden Straßenkanäle der Via principalis angeschlossen.

Unmittelbar östlich des Mittelgebäudes lag im Abstand von nur 1,2 m ein 13,5 m x 26 m großes Tribunenhaus. Ein in das Mittelgebäude führender Korridor weist darauf hin, daß dieser östliche Annex in die architektonische Gesamtkonzeption von Anfang an einbezogen war. Der direkte Zugang zum Hauptgebäude muß für die hier untergebrachte Person von erheblicher Bedeutung gewesen sein. Der im Westen gelegene 14,5 m breite Anbau ist vorläufig in der Funktionsbestimmung nicht eindeutig zu interpretieren.

Südlich der in diesem Bereich etwa 43 m bis 44 m breiten Via principalis wurde in den Jahren 1988 und 1989 in Teilen ein weiterer Großbau freigelegt, in dem überraschenderweise die Principia von Oberaden erkannt werden konnten. Die Principia lagen demnach – wider allen Erwartungen – nicht im Lagerzentrum. In der Annahme, daß das Gebäude achsensymmetrisch angelegt war, wird man mit einer Gebäudebreite um 95 m zu rechnen haben. Die Tiefe bleibt vorerst unbekannt, da bislang erst ein 47m großer Teilbereich der hinteren Principia-Hälfte freigelegt werden konnte. Nach dem gegenwärtigen Grabungsstand kann in der rückwärtigen Raumflucht vermutlich mit neun Räumen gerechnet werden. In dem zentralen, zum großen Innenhof hin offenen Raum sind in engem Abstand Pfostengräbchen eingezogen, die dafür sprechen, daß hier ein überhöhter Boden angelegt worden war. Zu beiden Seiten dieses Raumes führt jeweils ein etwa 4 m breiter Korridor auf die Via principalis. Nach Osten folgen vier ungefähr gleich große Räume. Zwischen dem zweiten und dritten dieser Räume liegt wiederum ein etwa 3,5 m breiter, auf die Via principalis führender Korridor. Auffällig ist der an der östlichen Seite des Raumes 2 eingezogene, schmale Korridor. Die Räume 2 und 3 müssen wegen der fehlenden Wandgräbchen zum Innenhof hin offen gewesen sein; an entsprechender Stelle weisen die Räume 1 und 4 etwa 3 m breite Öffnungen innerhalb der Wandgräbchen auf. Der Innenhof ist von 5 m breiten Portiken eingefaßt. Der lichte Abstand zwischen den Pfostengruben beträgt 3 m. Vor der rückwärtigen Raumflucht ist die Portikusstellung gedoppelt; die zweite Pfostenreihe verläuft vor der ersten in einem Abstand von 5 m. Die Mittelachse ist architektonisch durch eine kleine, in den Peristylhof ragende Vorhalle hervorgehoben. Auch das in der Mittelachse liegende Interkolumnium der doppelten Portikusreihe ist von 3 m auf 5 m verbreitert. Dabei fällt auf, daß zwischen den vier mittleren Stützen der nördlichen Portikus eine flach gegründete Brüstung oder Schwelle verläuft. Von der Via principalis führt eine 5 m breite, aus fünf Säulenpaaren bestehende Konstruktion auf die Mitte der nördlichen Außenfront der Principia zu. Wie bei frühen augusteischen Principia üblich, fehlen auch hier die von jüngeren Principia-Bauten bekannten Kammerreihen zu beiden Seiten des großen Hofes.

Der gegenwärtige Grabungsstand läßt die Dimensionen des Lagerforums erahnen. Im Vergleich nehmen sich die 53 m x 40 m großen Principia von Haltern bescheiden aus. Selbst die 75 m x 80 m großen Principia im tiberischen Legionslager C von Neuss scheinen in den Dimensionen von dem Oberadener Stabsgebäude übertroffen zu werden. Zweifellos stehen die außergewöhnlichen Größenverhältnisse der Oberadener Principia mit der Anzahl der hier stationierten Legionen in einem unmittelbaren Zusammenhang.

Im Falle Oberadens fällt es nach den intensiven Grabungen der zurückliegenden Jahre schwer, das Mehrlegionenlager nur als Marschlager aufzufassen. Nach den vorliegenden Befunden im zentralen Lagerbereich muß man teilweise mit einer massiven Bautätigkeit rechnen. Andererseits sind nachweislich andere Lagerteile – zu denken ist dabei an das Areal an der West- und Nordfront – nur schwach ausgebaut worden. Nach dem jetzigen Wissensstand ist die Nutzung als nur temporär belegtes Marschbzw. Sommerlager ausgeschlossen. So bleibt festzustellen, daß mit seiner ungewöhnlichen Disposition von Praetorium und Principia das Legionslager von Oberaden eine ausgesprochene Sonderstellung einnimmt.

Zur Geschichte des Platzes haben die Grabungen der letzten Jahre Entscheidendes beitragen können. Die seit langer Zeit gehegte Vermutung, Oberaden sei mit der bei Cassius Dio 54, 33, 4 für das Jahr 11 v. Chr. bezeugten Lagergründung „am Zusammenfluß von Lippe und Elison" identisch, hat starke Unterstützung durch die dendrochronologische Untersuchung der neueren Holzfunde erhalten. Der dendrochronologische Befund ist eindeutig: Die Bauhölzer der Holz-Erde-Mauer wurden im Spätsommer bzw. Herbst des Jahres 11 v. Chr. gefällt und saftfrisch verbaut.

Eine ältere Auffassung, der zufolge die vielfach im Lagerareal beobachteten Brandspuren auf eine gewaltsame Zerstörung seitens der Sugambrer bezogen wurden, kann inzwischen als widerlegt gelten. Das nur über wenige Jahre genutzte Lager Oberaden wurde planmäßig aufgelassen. Die Vergiftung mehrerer Brunnen mit Tierkadavern und Fäkalien ist erwiesen. Da diese Fäkalien u.a. mediterrane (Oliven, Weintrauben, Feigen, Mandeln etc.) und überseeische Pflanzenreste (Pfeffer) enthielten, können diese Brunnenvergiftungen nur der römischen Besatzung angelastet werden. In Zusammenhang mit den Brandspuren muß man davon ausgehen, daß das Oberadener Lager absichtlich unbrauchbar gemacht wurde. Offensichtlich war es planmäßig geräumt und niedergebrannt worden. Archäologische Kriterien belegen die Kurzlebigkeit dieses Lagers. Die Auflassung des Legionslagers Oberaden ist kein Einzelfall, da zur gleichen Zeit alle bislang bekannten augusteischen Lager östlich des Rheines aufgegeben wurden, so das Nachschublager Rödgen bei Bad Nauheim und das am Hochrhein gelegene Legionslager Dangstetten.

Im Bereich der Nordwest-Ecke des Legionslagers sind in den letzten Grabungskampagnen zahlreiche Siedlungsreste der jüngeren vorrömischen Eisenzeit bekannt geworden. Bislang spricht jedoch nichts dafür, daß diese Siedlung von den Römern zerstört wurde, um an ihrer Stelle das Legionslager anlegen zu können.

Die Grabungen in Anreppen (1981, 1988–1989)

Über den Innenausbau des etwa 23 Hektar großen Lagers Anreppen lagen bislang nur geringe Erkenntnisse vor, da sich die Untersuchungen der Jahre 1968 bis 1981 vorrangig auf die Feststellung der Befestigungslinie konzentriert hatten. Immerhin konnten an der Ost- und Nordfront die Spuren ehemaliger Holzbauten nachgewiesen werden. Aus dem Lagerinneren ist eine Straßenkreuzung bekannt, in der Entwässerungsgräben und Abfallgruben angelegt worden waren. Diese Befunde ließen bislang auf einen festen Innenausbau des Lagers schließen.

Im Jahre 1988 wurden nach längerer Unterbrechung die Grabungen wiederaufgenommen. Dabei kam ein dem Oberadener Praetorium vergleichbares Gebäude zum Vorschein. Im Westen grenzt der Bau an eine bereits in früheren Jahren erkannte, nord-südlich verlaufende Lagerstraße. Obgleich nur etwa zwei Drittel des Gebäudes untersucht werden konnten, sind die wesentlichen Elemente erkennbar. Die Länge der östlichen Frontseite belief sich auf etwa 47,5 m, etwa 71 m erstreckte sich der Bau in die Tiefe.

In Entsprechung zum Mittelgebäude von Oberaden läßt sich der Bau in zwei Teile untergliedern: in einen vorderen Gebäudekomplex und einen hinteren, von seitlichen Räumen flankierten Hof. Die Eingangsfront lag an einer etwa 8,5 m bis 9 m breiten, von Norden nach Süden verlaufenden Straße. Der Zugang in den vorderen Gebäudetrakt erfolgte durch einen 6,7 m breiten Eingang mit zwei eingestellten Säulen. Das mittlere Interkolumnium dürfte etwa 2,5 m, die seitlichen etwa 1,9 m breit gewesen sein. Die sich im Inneren des Gebäudes anschließende, etwa 11 m breite und 18 m tiefe gedeckte Vorhalle wird durch vier Säulenpaare unterteilt. Im Anschluß folgt ein zur Eingangsseite hin offener, 12 m tiefer Raum. In Analogie zum Oberadener Mittelgebäude wurde dessen Breite zugunsten der beiden seitlichen, etwa 1,2 bis 1,5 m engen Korridore, die in einen großen Hof führten, auf 6 m reduziert. Der vordere, annähernd 37,5 m tiefe Gebäudetrakt teilt sich in seitliche Raumkomplexe auf, die weitgehend in achsensymmetrischer Ausrichtung zu beiden Seiten des Eingangsbereiches und der Vorhalle angeordnet sind.

Im Westen schließt der 26 m x 25 m große Innenhof an, der allseitig von etwa 3,5 m breiten Laubengängen umgeben wird. Die 650 m^2 große Grundfläche des Innenhofes ist ungewöhnlich groß. Seitlich der Portiken liegen unterschiedlich dimensionierte Kammerreihen. Den Gebäudekomplex schließt im Westen eine rückwärtige, bislang erst an der Südwestecke erfaßte Raumflucht ab.

Delbrück-Anreppen/Kreis Paderborn. Römisches Lager. Plan des Praetoriums und der anschließenden Gebäude. ▷

Delbrück-Anreppen/Kreis Paderborn. Ausgrabungen im römischen Lager. Spuren des Praetoriums und der anschließenden Gebäude. ▷▷

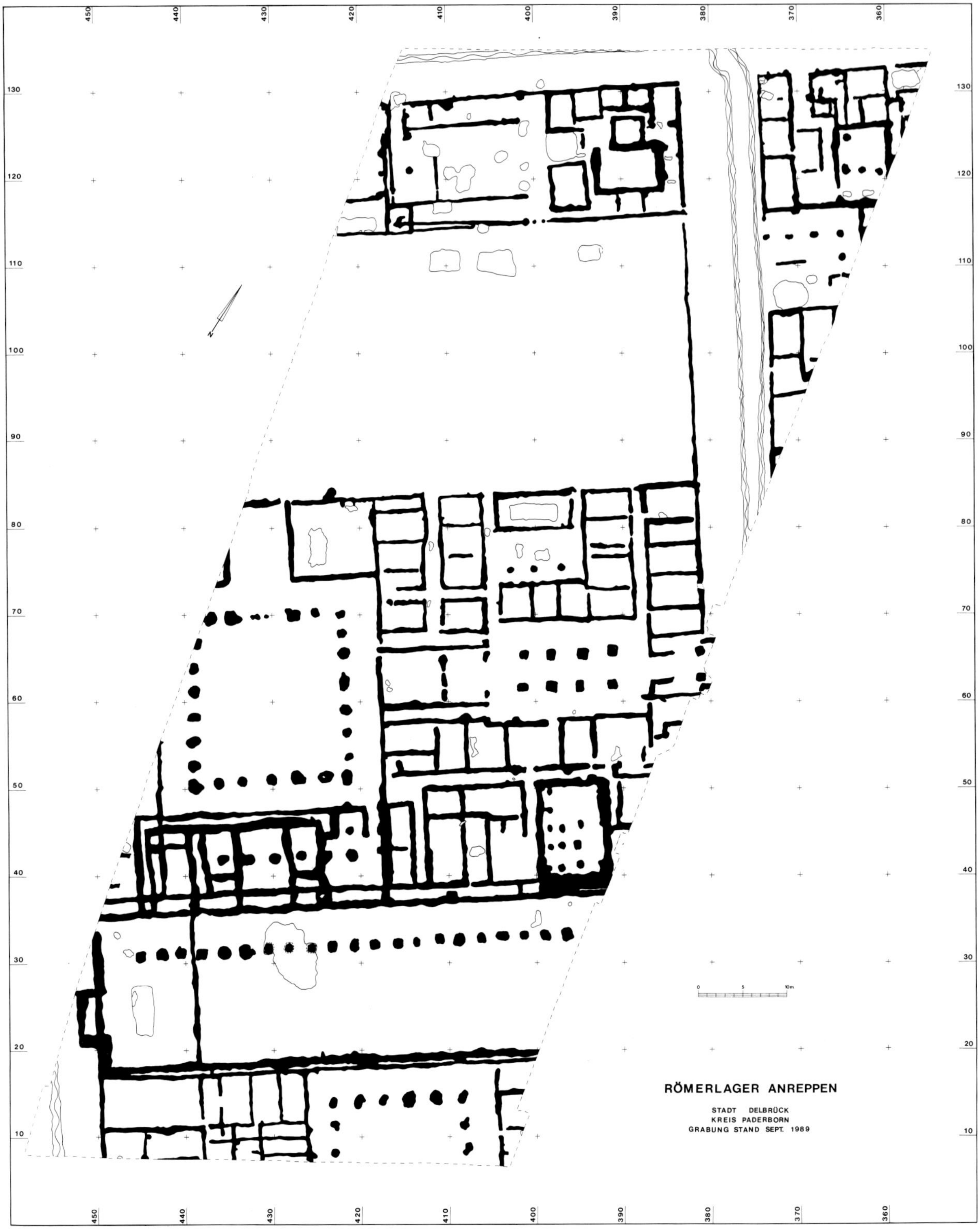
RÖMERLAGER ANREPPEN
STADT DELBRÜCK
KREIS PADERBORN
GRABUNG STAND SEPT. 1989

Das über einer Grundfläche von etwa 3375 m^2 errichtete Großgebäude stand nicht isoliert. Im Süden folgten zwei benachbarte Gebäude, die jedoch nur zu geringen Teilen erfaßt werden konnten: ein 17 m breiter, umfriedeter Innenhof mit einem etwa 4 m breiten Laubengang längs der nördlichen Hofseite sowie ein weiteres, bislang erst zu geringen Teilen ergrabenes Gebäude, von dem unterschiedlich geschnittene Räume und ein kleiner, zumindest auf drei Seiten von Säulen umgebener Innenhof freigelegt wurden. Auch im Norden des Praetoriums lagen ein weiterer, allerdings 30,5 m breiter Hof und ein etwa 15,5 m breites und vermutlich 71 m langes Gebäude, das an eine von Westen nach Osten verlaufende Straße grenzte. In diesen Hof konnte man über schmale Zugänge sowohl in das Praetorium wie auch in den langgestreckten Gebäudetrakt gelangen.

Die Eingangsfront des Praetoriums lag – anders als im Falle Oberadens – nicht an der Via principalis, sondern an einer mit etwa 8,5 m bis 9 m Breite vergleichsweise schmal ausgefallenen Straße, die von Norden nach Süden verlief. Folglich war das Praetorium nach Osten ausgerichtet; jenseits dieser Straße müssen die Principia gelegen haben. Ein Teilbereich der nördlich der vermuteten Principia gelegenen Bebauung ist bereits angeschnitten worden. Die längs der Rückseite des Praetoriums verlaufende Straße wird mit der Via quintana identisch sein. Durch die gesicherte Lage des Praetoriums und den ungefähren Standort der Principia liegen Anhaltspunkte für die annähernde Position der noch unbekannten Toranlagen vor.

Unter den drei bekannten Standlagern an der Lippe ist das Praetorium von Anreppen mit einer überbauten Grundfläche von etwa 3375 m^2 am stattlichsten ausgefallen. Im Vergleich dazu weisen die Praetoria im Lager Oberaden eine überbaute Fläche von 2420 m^2 und im Hauptlager von Haltern eine von 2120 m^2 auf. Mit der Entdeckung des Praetoriums und der seitlich anschließenden Gebäudekomplexe wird jedoch klar, daß das Römerlager Anreppen offensichtlich für eine längere Belegungszeit konzipiert worden ist und zumindest zeitweilig als Legionslager genutzt wurde. Dem würde auch die Lagergröße von etwa 23 Hektar entsprechen.

Für die zeitliche Einordnung des Lagers Anreppen ist kein wesentlich neues Material gewonnen worden. Die neuen Funde an keramischem und numismatischem Material bestätigen den bislang gültigen Zeithorizont, der im Fundgut von Haltern seine nächste Parallele findet. Kurz vor Ende der Grabungsaktivitäten des Jahres 1989 konnten aus einem holzverschalten Keller sechs Holzpfosten geborgen werden, die begründete Hoffnung auf dendrochronologisch gesicherte Daten wecken.

Die Grabungen in Haltern (1982–1989)

Im Westen der Nordfront des Feldlagers gab die Erschließung eines Baugebietes Anlaß zu mehrjährigen Untersuchungen (1982–1985) in Haltern. Im Inneren des kurzfristig belegten Marsch- oder Sommerlagers zeigten sich in lockerer, unsystematischer Streuung lediglich Abfallgruben und vereinzelt auch Backöfen. Im Vergleich zu den Abfallgruben des jüngeren Hauptlagers enthielten die feldlagerzeitlichen nur geringes Fundmaterial. In Übereinstimmung zu älteren Feststellungen blieben feldlagerzeitliche Bebauungsspuren wiederum aus, ebenso auch eventuelle Standspuren von Zeltreihen. Hinweise auf einen hinter dem Spitzgraben aufgeworfenen Wall fehlten ebenfalls. Der Spitzgraben war über weite Strecken deutlich erkennbar, da er mit holzkohlehaltigem Abfallmaterial aus dem Hauptlager verfüllt worden war. Auch innerhalb des ehemaligen Feldlagerareales hat sich eine flächige Planierung des fundreichen Abfalls nachweisen lassen. Im Fundmaterial standen vor allem Keramikbruch, Eisenteile und Schlacken mengenmäßig an erster Stelle. Diese Abfallmassierung kann man als einen Teil der hauptlagerzeitlichen Mülldeponierung ansprechen.

Zahlreichen Profilschnitten war zu entnehmen, daß der Feldlagergraben sich nicht über einen längeren Zeitraum auf natürliche Weise verebnet haben konnte. Das zeitliche Verhältnis zwischen Feldlager und Hauptlager ist eindeutig, da der Feldlagergraben von den Doppelgräben des Hauptlagers überlagert wurde. Trotz Freilegung größerer Flächen gelang es nicht, geeignetes Fundmaterial zu gewinnen, mit dem das Feldlager genauer als bisher hätte datiert werden können.

An der westlichen Südfront des Feldlagers wurde 1989 in der Baugrube des künftigen Museums ein bislang unbekannter Spitzgraben festgestellt. Der neuentdeckte Spitzgraben muß älter als das Feldlager sein, da er von dem

Modell des römischen Militärlagers von Haltern/Kreis Recklinghausen. Ausschnitt: Via Principalis mit Principia. ▷

Spitzgraben des Feldlagers geschnitten wurde. So ist überraschenderweise ein neues Lager gewonnen worden, das nunmehr den Anspruch erheben kann, als das älteste auf dem Silverberg zu gelten.

Zum ersten Mal konnte im Jahre 1984 außerhalb des Hauptlagers eine Straße nachgewiesen werden. Dabei handelte es sich um ein Teilstück der aus der Porta decumana hinausführenden Straße. Sie gab sich allein aufgrund der seitlichen Straßengräben zu erkennen, eine Straßenbefestigung war nicht feststellbar. Die Distanz zwischen den beiden Straßengräben differiert zwischen 7m und 9 m.

Die achtziger Jahre brachten die Entdeckung der augusteischen, zwischen dem Annaberg und dem Silverberg verlaufenden Gräberstraße. Hier konzentrierten sich im Vorfeld eines Bebauungsplanes die eigentlichen Grabungsaktivitäten (seit 1982) im Raume Haltern.

Bislang wurden 53 Gräber und Grabanlagen festgestellt. Sie lagen am nördlichen Rand einer 37 m breiten Straße. Auch diese Straße ließ sich nur anhand der seitlichen Straßengräben ausmachen, eine Straßenschüttung war nicht zu beobachten. Man hat davon auszugehen, daß die Zahl der Bestattungen ursprünglich um einiges größer war; denn häufig waren die Gräber sehr flach angelegt worden, so daß durch die agrarische Nutzung mit einem Verlust in unkalkulierbarem Umfang zu rechnen ist.

Die Gräber fanden sich entlang der Straße in einem bis zu 50 m tiefen Streifen. In allen Fällen lag Brandbestattung vor. Abgesehen vom einem einzigen urnenlosen Brandschüttungsgrab wurde der Leichenbrand in Urnen, überwiegend in Gefäßen vom sog. Typus Haltern 57, beigesetzt. Zweifelsfreie Verbrennungsplätze sind nicht gesichert, lediglich flachgründige Areale, die in erster Linie durch Konzentrationen von Holzkohle und Keramikbruch auffielen. Neben den einfachen Urnengräbern und Brandschüttungsgräbern mit Urnen waren auf dem römischen Friedhof auch aufwendige, ehemals obertägig sichtbare Grabanlagen errichtet worden. Dazu zählen Gräber, die von Kreisgräben und von einfachen, teils doppelten rechteckigen Gräben eingeschlossen waren. In einem Fall ist ein oktogonal ausgebildeter Graben belegt. An einigen der kreisförmigen und rechteckigen Gräben zeigten sich Unterbrechungen, entweder im Norden oder im Süden. Die größeren, kreisförmig umschlossenen Grabanlagen weisen bei einem Durchmesser von über 10 m einen inneren, konzentrischen Kranz aus Pfostengruben auf. Die Grabgruben lagen häufig nicht im Zentrum dieser Grabanlagen.

Wegen der homogenen, humosen Grabenfüllungen vermutete man in einem ersten, inzwischen überholten Rekonstruktionsversuch, daß es sich bei den kreisförmigen und rechteckigen Gräben um Pflanzgräben handeln könnte. Die Einfriedung der Gräber hätte demnach aus einer Hecke bestanden. Neuerdings wird jedoch die Annahme vorgezogen, wonach diese Gräben als Pfostengräben zu interpretieren sind. Die jetzigen Rekonstruktionsversuche gehen davon aus, daß die Grabanlagen von Haltern in Anlehnung an italische Tumuli obertägig als Grabhügel ausgebildet waren. Der Fuß größerer Grabhügel war durch eine hölzerne, teilweise im Boden eingelassene Konstruktion gegen Erosion geschützt. Innenpfosten und rechteckige Holzeinbauten dürften zur Stabilität der aufgeworfenen Erdmassen beigetragen haben. Nach den ersten Teilergebnissen der Leichenbranduntersuchung muß davon ausgegangen werden, daß auch Frauen bestattet wurden. Demnach können die Gräber nicht ausschließlich mit den in Haltern stationierten Truppenkontingenten in Verbindung gebracht werden.

In einigen Fällen wurden die Verstorbenen auf Betten verbrannt, die mit figürlichen und vegetabilen, teils mit Blattgold überzogenen Beinschnitzereien verziert waren. Dagegen sind die Grabbeigaben vergleichsweise spärlich. Die Standardausstattung bestand in der Regel aus dem üblichen Gefäß (Typus Haltern 57, seltener auch 58) für den Leichenbrand und meist völlig zerscherbten, während des Verbrennungsvorganges verzogenen Salbölfläschchen (Unguentaria). Die Beigabe von einfachen Krügen und Bechern kommt gelegentlich vor; eher zu den Ausnahmen ist die Beigabe von Weinamphoren, Terra Sigillata und Glasbalsamarien zu zählen. Trachtbestandteile sind in den Gräbern ebenfalls selten vertreten. In einigen Fällen wurden auch Fehlbrände als Beigabengefäße genutzt.

Lit.: J.-S. Kühlborn, in: Kaiser Augustus und die verlorene Republik. Ausstellungskatalog Berlin (1988) 529–541; 580–605. – ders., in: B. Trier (Hrsg.), 2000 Jahre Römer in Westfalen. Ausstellungskatalog Oberaden (1989) 44 ff.

Holzfunde aus Oberaden

Eichenpfosten der Holz-Erde-Mauer

Die Holzpfosten der Holz-Erde-Mauer stammen aus dem Bereich der Nordwestecke des Legionslagers Oberaden.

Bergkamen-Oberaden/Kreis Unna. Römisches Militärlager. Links: äußerer Pfostengraben der Holz-Erde-Mauer mit noch teilweise erhaltenen Eichenpfosten. – Rechts: Holzverschalung eines Kastenbrunnens.

Neben den erwähnten Oberadener „pila muralia" sind hier vor allem die zahlreichen holzverschalten Brunnenwandungen zu nennen. Von der durchschnittlich 3 m breiten Holz-Erde-Mauer haben sich noch einige der senkrechten Standpfosten erhalten. Diese Standpfosten sind die Überreste zweier, parallel zueinander verlaufender Schalwände. Zwischen ihnen war das aus dem vorgelagerten Spitzgraben stammende Erdmaterial eingefüllt worden. Die sich gegenüberliegenden Standpfosten der äußeren und inneren Schalwand müssen durch hölzerne Binder miteinander verbunden gewesen sein. Andernfalls wäre die Holz-Erde-Mauer durch den enormen Druck des eingefüllten Materials auseinandergebrochen. Die Standpfosten wurden in den jeweiligen Pfostengräbchen in unregelmäßigem Abstand gesetzt. Die Distanz variierte zwischen 0,8 m bis 1,2 m. Mit Hilfe der rechtwinklig zugebeilten Pfosten ist auf dendrochronologischem Wege das präzise Gründungsdatum von Oberaden gewonnen worden. Die als Bauholz verwendeten Eichenpfähle wurden nach Abschluß der Wachstumsphase im Spätsommer bzw. Herbst des Jahres 11 v. Chr. gefällt und in saftfrischem Zustand verbaut. Diese Datierung bestätigte die bisherige, auf archäologischem Wege erarbeitete Zeitstellung. Damit steht die Identifizierung des Legionslagers von Oberaden mit der bei Cassius Dio 54, 33, 4 für das Jahr 11 v. Chr. angeführten Lagergründung fest, wonach Drusus auf dem Rückmarsch des Heeres in die linksrheinischen Winterquartiere ein Lager gegen die Sugambrer an der Lippe anlegen ließ.

Lit.: E. Hollstein, Mitteleuropäische Eichenchronologie. Trierer Grabungen und Forschungen Bd. 11 (1980) 102 f. – J.-S. Kühlborn, in: Kaiser Augustus und die verlorene Republik. Ausstellungskatalog Berlin (1988) 581.

Hölzernes Faß als Brunnenverschalung

Die Trinkwasserversorgung gehörte zu den elementaren Voraussetzungen, ein Lager mitten in Feindesland unterhalten zu können. In Oberaden wurde die Truppe über holzverschalte, bis zu 9 m tiefe Grundwasserbrunnen versorgt. Schätzungsweise sind von 1906 bis zum Jahre 1989 etwa 75 Brunnen bekannt geworden. Einige Brunnen hatten eine Holzverschalung, die unter Verwendung von Eichenbrettern rechteckig gezimmert war. In den meisten Fällen waren aber sog. Faßbrunnen nachzuweisen. Bei ihnen bestand die Brunnenbewandung nicht aus eigens für diesen Zweck hergestellten Verschalungen. Vielmehr wurden große Transportfässer genutzt, um in Zweitverwendung in den Boden abgetäuft zu werden. In einer solchen Brunnenröhre waren, je nach Grundwasserstand, mehrere, meist zwei bis drei Fässer übereinander gesetzt. Die meisten dieser Fässer werden wegen der festgestellten Spundlöcher Weinfässer gewesen sein. Wiederholt sind auf den Faßdauben Küfernamen, die im oberitalischen und südfranzösischen Raum gut belegt sind, mit Hilfe eines Stempeleisens eingebrannt oder eingeschlagen worden. Das Ursprungsgebiet der Oberadener Weinfässer ist am ehesten in Südfrankreich zu vermuten. Von Chalon-sur-Saône ist ein Fundplatz mit einer Massierung von Amphorenbruch bekannt. Möglicherweise wurde hier Wein aus Amphoren in Fässer umgefüllt, um ihn dann auf dem Land- und Wasserwege in größeren Gebinden kostengünstig bis in die rheinischen und innergermanischen Lager weitertransportieren zu können. Darüber hinaus erreichte die Militärlager auch Wein in Amphoren. Für Haltern sind u. a. Weinamphoren aus Knidos (Griechenland) und der Tarraconensis (Spanien) gesichert.

Neben Weinfässern sind aus Oberaden auch fünf Transportfässer bekannt, die – allem Anschein nach – nicht als Weinfässer genutzt werden konnten. Denn in die Wandung dieser Fässer waren große, rechteckige Öffnungen geschnitten; Spundlöcher waren nicht festzustellen. Eines der Fässer gehört zu einem von insgesamt drei Brunnen, die außerhalb des Lagers, etwa 150 m bis 180 m vor dem Westtor lagen. Da von dieser Fundstelle auch Teile der Holzschäftung eines Pilums ans Tageslicht kamen, erscheint es fraglich, ob man die außerhalb gelegenen Brunnen als einen ersten Hinweis auf die Canabae legionis (Lagervorstadt) werten darf.

Bergkamen - Oberaden / Kreis Unna. Römisches Militärlager. Römisches Transportfaß aus Holz, das als Brunnenverschalung wiederverwendet wurde.

Lit.: S. v. Schnurbein, Riesige Weinfässer im Brunnen. Kölner Römer-Illustrierte 2, 1975, 140. – J.-S. Kühlborn, in: Kaiser Augustus und die verlorene Republik. Ausstellungskatalog Berlin (1988) 581 f.

Hölzernes Tischbein

Das Tischbein ist aus Ahornholz geschnitzt. Die obere Partie wurde in der Gestalt eines Löwenkopfes, die untere als

Rekonstruktion eines Holztisches aus dem römischen Militärlager von Bergkamen-Oberaden/Kreis Unna. Darauf eine Bronzelampe in Adlerform und ein Glasteller aus Haltern/Kreis Recklinghausen. ▷

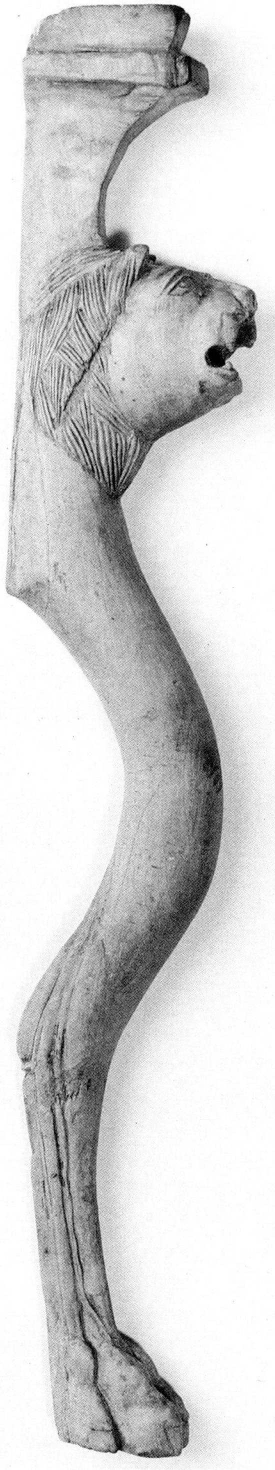

Löwenbein gearbeitet. Die runde Öffnung des weit aufgerissenen Maules wirkt unnatürlich, ebenso die fast kreisrunde Gestaltung der seitlichen Lefzen. Die Nasenpartie ist stark hervorgehoben. Im Gegensatz zu den vollplastisch gearbeiteten Reißzähnen ist die Anlage der weiteren Details mehr oder wenig stark stilisiert wiedergegeben. Mandelförmig sind die Augen, halbkreisförmig die Pupillen gezeichnet. Von unterschiedlicher Länge sind die Augenbrauen. Die Löwenmähne ist in zusammenhängende, zottelige Partien untergliedert. Das unterhalb des Löwenkopfes ansetzende glatte, konvex gebogene Mittelstück geht in ein Löwenbein über. Muskel- und Sehnenstränge des Unterschenkels treten stark hervor und sind teilweise – besonders auf der Rückseite – ornamental überzeichnet. Die Klauen der Tatzen sind durch tiefe Einschnitte voneinander abgesetzt. Das Tischbein war einfarbig gefaßt. Rote Farbreste blieben besonders in der Mähne, an den Ohren, den Augenpartien und am Fuß erhalten. Das aus einem Brunnen geborgene Tischbein zählt zu den äußerst selten erhaltenen Möbeln aus Holz; das Fragment gehörte zu einem ursprünglich dreibeinigen, runden Tisch. Derartige Tische sind in bildlichen Darstellungen von Gelageszenen oft belegt.

Lit.: J.-S. Kühlborn, in: Kaiser Augustus und die verlorene Republik. Ausstellungskatalog Berlin (1988) 592 f.

Militärfunde aus Oberaden

Infanteriehelm

Der im restauriertem Zustand etwa 32 cm lange und 16,5 cm hohe Helm ist aus Eisen gefertigt und wurde 1988 im westlichen Anbau des Praetoriums geborgen. Bei der Auffindung war der Helm stark verdrückt, einige Partien waren zerstört. An der vorderen Helmkalotte und am Nackenschirm mußten daher Ergänzungen vorgenommen werden. Die Wangenklappen fehlen; eventuell liegen ihre Überreste in einigen zusammenhanglosen Bruchstücken vor. Die ursprüngliche Gestalt des Helmes ist dennoch im wesentlichen gesichert. Der Umriß der aus einem etwa

Bergkamen - Oberaden / Kreis Unna. Römisches Militärlager. Hölzernes Tischbein.

Bergkamen-Oberaden / Kreis Unna. Römisches Militärlager. Eiserner Infanteriehelm.

1 mm dünnen Eisenblech gearbeiteten Helmkalotte ist von ovaler Form: In Höhe der Ohrausschnitte liegt das Maß bei etwa 20,5 cm, vom Stirnrand bis zum Nackenansatz bei etwa 22,5 cm. Aus der Helmkalotte sind zwei S-förmig geschwungene, stilisierte Augenbrauen getrieben. Ein massiver, oberhalb der Ohrausschnitte befestigter Stirnbügel diente als Stirnschutz. An der Rückseite der Helmkalotte sind drei erhabene, horizontale Rippen aus dem Eisenblech getrieben worden. Der knapp 7cm breite Nakkenschirm geht annähernd rechtwinklig von der Helmkalotte ab. Auch hier sind Treibarbeiten zu beobachten: eine etwa 1 cm breite Rippe sowie zwei sichelförmig getriebene Flächen.

Die Beschläge des Helmes wurden aus messingfarbigem Buntmetall gearbeitet. Entlang des Stirnrandes verläuft ein etwa 1 cm breiter, in der Mitte und an den Seiten jeweils mit einem Niet befestigter Zierstreifen. Vor den Ohrausschnitten sind jeweils zwei, auf messingfarbenen Zierscheiben befestigte Nietköpfe sichtbar. Mit diesen Nieten waren auf der Innenseite der Kalotte die Scharniere der Wangenklappen angebracht worden. Das linke Scharnier ist durch eine antike Reparaturmaßnahme ersetzt worden. Für die Aufnahme des Helmbusches ist auf dem Scheitel ein quadratisches, in der Längsachse des Helmes hülsenartig aufgezogenes Blech mit vier Nieten befestigt worden. Oberhalb der horizontalen Nackenrippen befindet sich ein weiterer Niet mit einer nach oben weisenden Eisenschlaufe; auch hier ist dem Nietkopf eine Zierscheibe unterlegt worden. In der Mitte des Nackenschirmes sitzt ein weiter Nietkopf mit Zierscheibe, mit dem auf der Unterseite eine Eisenschlaufe mitsamt einem Bronze- oder Messingring befestigt war. Dieser Haltering zeigt deutliche Abnutzungsspuren.

Die halbkugelförmigen Nietköpfe fallen durch eine intensive rote Farbe auf. Analysen stehen hierzu noch aus. Bei der Restaurierung wurden unter dem Stirnbügel, der Helmbuschhalterung sowie den Zierscheiben zusammengeschmolzene Reste einer dünnen silberfarbigen Metallfolie beobachtet. Offensichtlich war ursprünglich der gesamte Helm mit dieser Folie überzogen. Da die Eisenteile eine deutliche Brandpatina aufwiesen, ist diese Folie vermutlich durch Hitzeeinwirkung verlorengegangen.

Zuzuweisen ist der Helm dem sog. Typus Weisenau, als dessen Charakteristika der Stirnbügel und der ausladende, waagerechte Nackenschutz gelten. Der Neufund ist durch die historische und archäologische Einordnung seines Fundortes gut datierbar: Der Helm muß spätestens im Jahre 8 v. Chr. in den Boden gekommen sein. Allerdings lassen die Reparatur des linken Wangenklappenscharniers und die Abnutzungsspuren am Haltering auf einen längeren Gebrauch schließen. Ein etwa zeitgleiches, allerdings stark fragmentiertes Exemplar war bislang aus dem Legionslager Dangstetten bekannt. Mit dem Oberadener Helm liegt nunmehr der älteste, nahezu vollständig erhaltene Helm vom sog. Typus Weisenau vor.

Dolch aus Oberaden

Der knapp 30 cm lange Dolch (Pugio) stammt aus einer unmittelbar vor der Nordwand der Principia gelegenen Grube. Der 11,7cm lange Griff und die 18,2 cm lange Klinge sind aus Eisen gefertigt. Die Klingenkontur ist leicht geschwungen. Auf der Klinge sind seitlich der Mittelrippe schwach erkennbar linienförmige Strukturen, die auf eine Streifendamaszierung zurückgehen. Demnach wurde die Härtung der Klinge durch eine besondere Schmiedetechnik erreicht. Der Griff besteht aus zwei Griffschalen, von denen eine weitgehend zerstört ist. Beide Griffschalen sind ursprünglich durch vier sichtbare und zwei unsichtbare Nieten zusammengehalten worden. Das aus organischem Material – Holz oder Bein – bestehende Futter zwischen beiden Griffschalen ist vergangen. Der Griffknauf endet in

Bergkamen - Oberaden / Kreis Unna. Römisches Militärlager. Eiserner Dolch.

Bergkamen - Oberaden / Kreis Unna. Römisches Militärlager. Hölzernes Übungsschwert.

einer halbkreisförmigen Scheibe. Auf dem oberen Abschlußblech sind drei Nietköpfe aus Bronze angebracht worden. In der Griffmitte befindet sich eine kleine runde Zierscheibe. Die Schultern der Parierstange fallen nach den Seiten hin leicht ab. Beide Griffschalen waren ursprünglich tauschiert.

Die Dekorationselemente waren einfacher Natur. Die Vorderseite des Dolchknaufes ist mit kreisförmigen Linien verziert, die Rückseite mit stilisierten Blättern oder Blütenblättern. Von den beiden seitlichen Nieten sind die bronzenen Zierköpfe erhalten, von dem mittleren Niet ist lediglich noch eine eiserne Erhebung erkennbar. Die Dekoration der Mittelscheibe ist in einzelne, radiale Segmente unterteilt, die mit einfachen bogenförmigen Linien verziert sind. Die Mitte ist durch einen auf einem Niet angebrachten Zierkopf aus Bronze betont. Der von der Mittelscheibe unterbrochene Griffsteg fällt zu den Seiten hin leicht ab. Die Verzierung besteht in der oberen und unteren Hälfte aus längsrechteckigen Feldern, die seitlich der Mittelachse angebracht sind. In diesen Feldern finden sich vertikale, enge Zickzacklinien. Auf der Schulter der Parierstange verläuft eine auseinandergezogene Zickzacklinie, auf der Parierstange befinden sich stilisierte, eiförmige Dekorationselemente.

Lit.: J.-S. Kühlborn, in: Kaiser Augustus und die verlorene Republik. Ausstellungskatalog Berlin (1988) 585 ff.

Hölzernes Übungsschwert

Das Kurzschwert fällt durch Material und Klingenform aus dem Rahmen. Knauf, Griff, Parierscheibe und gekrümmte Klinge mit Mittelgrat sind in einem Stück aus Eschenholz gearbeitet. Somit handelt es sich hier offensichtlich um eine zu Übungszwecken hergestellte Waffenattrappe. Die typische, gekrümmte Klinge läßt sich am ehesten mit einer im thrakischen Bereich gebräuchlichen Sica in Verbindung bringen. Bei Gladiatorenkämpfen ist die Sica die typische Waffe des sog. Thrax. Diesem ethnischen Bereich sind zwei Phalerae (militärische Orden) zuzuordnen, deren Herkunft aufgrund stilistischer Erwägungen aus dem dakisch-thrakischen Raum abgeleitet wurde. So könnte die hölzerne Sica neben den beiden Phalerae durchaus für die Anwesenheit einer auf dem Balkan rekrutierten Hilfstruppe sprechen. Sie kann aber auch in einem gänzlich anderen Sinn interpretiert werden: als Übungswaffe von Gladiatoren. Mit Auftritten der von Lager zu Lager ziehenden Gladiatoren ließen sich die Truppen bei Laune halten.

Lit.: S. v. Schnurbein, Eine hölzerne Sica aus dem Römerlager Oberaden. Germania 57, 1979, 117 ff. – J.-S. Kühlborn, in: Kaiser Augustus und die verlorene Republik. Ausstellungskatalog Berlin (1988) 587 f.

Zu den römischen Gräbern von Haltern

Rudolf Asskamp

Daß zu den römischen Militäranlagen in Haltern ein Gräberfeld gehören müsse, war aufgrund einzelner Grabfunde im Gebiet östlich des Annaberges schon seit langem bekannt. Es dauerte jedoch bis 1982, ehe mit systematischen Ausgrabungen im bislang einzigen ausschließlich augusteisch datierbaren Gräberfeld nördlich der Alpen begonnen werden konnte.
Bis heute kennt man 53 Gräber, die sowohl bisher unbekannte Grabbefunde als auch ungewöhnliche Funde erbracht, aber auch neue Fragen aufgeworfen haben. Die Gräber – bislang ausschließlich Brandbestattungen – befinden sich alle in einem ca. 45 m breiten und in Ost-West-Ausdehnung bisher fast 500 m langen Geländestreifen, der vom Annaberg aus in nordöstlicher Richtung auf das Hauptlager zuläuft. Erst in der Grabungskampagne von 1987 wurde deutlich, daß sich die Gräber an einer südlich vorbeiführenden Straße orientierten. Auf der anderen Seite dieser Straße scheinen in Haltern allerdings keine Gräber gelegen zu haben, wie man es von sog. Gräberstraßen beispielsweise in Cambodunum (Kempten) her kennt.

In römischer Zeit wurde der Leichnam mit einem Bett auf einem Scheiterhaufen aufgebahrt und mit verschiedenen Beigaben verbrannt. Der Verbrennungsplatz (ustrina) lag häufig nicht in dem Bezirk, in dem die Gräber angelegt waren; in Haltern konnte er bisher nicht gefunden werden. Nach der Verbrennung wurden die Knochenüberreste, der sog. Leichenbrand und die Reste der verbrannten Beigaben ausgelesen und in einer Grabgrube niedergelegt. Je nach Art der Aufbewahrung des Leichenbrandes spricht

Rekonstruktion eines römischen Rundgrabes im Gräberfeld östlich des Annaberges in Haltern/Kreis Recklinghausen.

Haltern/Kreis Recklinghausen. Römisches Gräberfeld. Als Urne verwendeter und mit einer Tonschüssel abgedeckter Kochtopf.

Haltern/Kreis Recklinghausen. Römisches Gräberfeld. Als Urne verwendeter „Halterner Kochtopf" mit einem Salbfläschchen aus Ton als einziger Beigabe.

man von Urnengräbern, Brandschüttungsgräbern oder Brandgrubengräbern. Bei den Bestattungen in Haltern überwiegen die Brandschüttungsgräber, bei denen in der Grabgrube neben der Urne mit dem Leichenbrand auch die Reste der verbrannten Beigaben sowie Brandschutt deponiert worden sind. Daneben wurden nur wenige Urnengräber ohne weitere Beigaben in den Grabgruben gefunden.

Die Überraschung in Haltern waren im Zusammenhang mit den Bestattungen Bodenbefunde, die auf die Anlage von Grabbauten und Grabhügeln schließen lassen. Die häufigste Erscheinungsform dieser Befunde waren Kreisgräben mit Durchmessern von 4 m bis 14 m, die oft keinen geschlossenen Kreis bildeten, sondern Unterbrechungen an der Nord- oder Südseite aufwiesen. Eine Besonderheit, die bei den größeren Kreisgräben sichtbar wurde, läßt Rückschlüsse zu, die eine Rekonstruktion dieser Anlagen erlauben. Im Innenraum, den diese Kreisgräben umschlossen, wurden radial ausgerichtete Pfostengruben sichtbar. Diese stammen von Standpfosten, von denen man zunächst annahm, daß sie die Wandstützen eines hölzernen Grabbaues gebildet hätten, der innerhalb eines bepflanzten Kreisgrabens gestanden hätte. Heute erscheint es wahrscheinlicher, daß der Kreisgraben die Fundamentspur der Umfassungsmauer eines Tumulus (Grabhügel) ist und die radialen Standpfosten Entlastungspfeiler waren, die im Inneren des Tumulus den Druck der Erdmassen auf die Umfassungsmauer abfangen sollten. Wie die römische militärische Architektur in Haltern, so werden auch diese Bauten in Fachwerkbauweise errichtet worden sein. Die jeweilige Architektur dürfte in der Tradition italischer Grabbauten aus Stein an Vorbildern aus der Heimat der römischen Legionäre orientiert gewesen sein. In Haltern standen damals Grabanlagen, die in ihrer Form großenteils nördlich der Alpen bisher noch nicht belegt sind. Dieser Umstand bedeutet, daß ihre typologische Einordnung und ihre Rekonstruktion zusätzlich erschwert sind. Der Aufwand, der mit der Errichtung solcher Grabanlagen verbunden war, dürfte gewaltig gewesen sein. Die signifikanten Unterschiede zu anderen Gräbern, bei denen sich lediglich die Urne mit Leichenbrand im Boden fand, lassen sich am ehesten mit der Zugehörigkeit der Verstorbenen zu unterschiedlichen sozialen Schichten erklären. Ein Tribunus legionis, möglicherweise aus stadtrömischem Adel stammend, oder ein altgedienter Centurio dürften mit mehr Aufwand bestattet worden sein als ein einfacher Legionär oder ein Angehöriger des Trosses.

Haltern/Kreis Recklinghausen. Römisches Gräberfeld. Die mit einer Tonschüssel abgedeckte Urne im Grabungsbefund.

Für die geplante Entwicklung des Stützpunktes Haltern zu einem zivilen Mittelpunkt scheint es bezeichnend zu sein, daß hier eine groß dimensionierte Gräberstraße mit kleineren Grabanlagen und Grabbauten sowie riesigen Grabhügeln angelegt wurde.
Im Gegensatz zu den gewaltigen Grabanlagen war die Ausstattung der Gräber mit Beigaben häufig recht einfach. Die Urnen, die verwendet wurden, waren einfache Kochtöpfe, die zum Teil im Hauptlager von Haltern hergestellt worden waren (Formen Ha 57 und Ha 58; sog. Halterner Kochtopf, Form Ha 91). Dazu gehörten fast immer ein oder mehrere Ölfläschchen (Formen Ha 30 und 31), deren Inhalt bei der Kremation mitverbrannt war. Auch verbrannte Reste von Krügen und Trinkgefäßen wurden häufig gefunden, die wohl zur „Normalausstattung" der Halterner Gräber gehörten. Bei besser ausgestatteten Begräbnissen waren auch Ölfläschchen aus Glas verwendet worden. Während Nägel vom Schuhwerk der Toten häufig gefunden wurden, fehlen sonstige Trachtbestandteile, so beispielsweise Fibeln. Auch Öllampen und Münzen sind bisher in Halterner Grabgruben und Urnen nicht angetroffen worden. Vielleicht zeigt die weitgehend normierte Grabausstattung die Zugehörigkeit der Bestatteten zu Begräbnisvereinen (Collegia funeraticia), in die die Legionäre zu Lebzeiten eingetreten waren.
Eine Reihe von Gräbern, bislang fünf, zeichnet sich durch

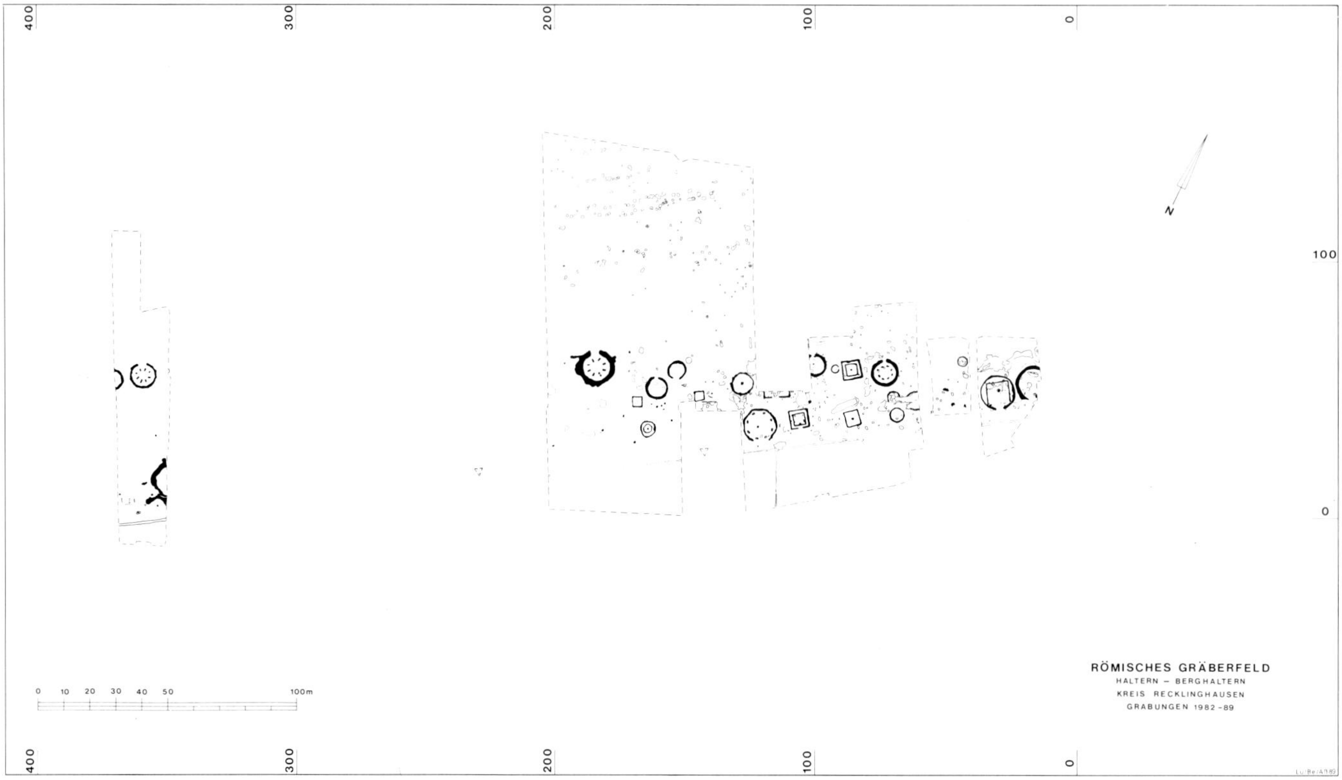

Haltern/Kreis Recklinghausen. Plan des römischen Gräberfeldes östlich des Annaberges.

eine größere Zahl von verwendeten Gefäßen aus, zu denen dann mehrere Amphoren und bis zu zwölf Ölfläschchen aus Ton gehören konnten. In solchen Gräbern wurden auch Fragmente von figürlichen und ornamentalen Schnitzereien aus Tierknochen gefunden. Sie stammen von hölzernen Betten, die bei einem römischen Begräbnis Verwendung fanden. Auf ihnen wurde der Tote aufgebahrt, im Leichenzug zum Verbrennungsplatz getragen und schließlich auf dem Scheiterhaufen verbrannt. Gewöhnlich haben in den meisten Gräbern von diesen „Totenbetten“ nur die Eisennägel, mit denen sie zusammengezimmert waren, die Verbrennung überdauert. Hin und wieder fanden sich allerdings Reste von Knochenschnitzereien, mit denen kostbarere Betten verziert waren. Die Halterner Fragmente aus augusteischer Zeit sind nun genau datierbare Beispiele.

Wie es von anderen unverbrannten und vollständig erhaltenen Betten her bekannt ist, bildeten die floralen Elemente und die figürlichen Darstellungen (Köpfe, Hermen, Vögel u.v.a.) Beläge auf den Seitenteilen der Betten, während die zahlreichen gerippten Elemente zu den Ummantelungen der Bettfüße gehörten. Der ausdrucksvolle Kopf

Haltern/Kreis Recklinghausen. Römisches Gräberfeld. Spuren eines Rundgrabes im Grabungsbefund. Deutlich zu erkennen sind: der Kreisgraben, die radial angelegten Pfostengruben der inneren Verstärkung und die Grabgrube (dunkler). ▷

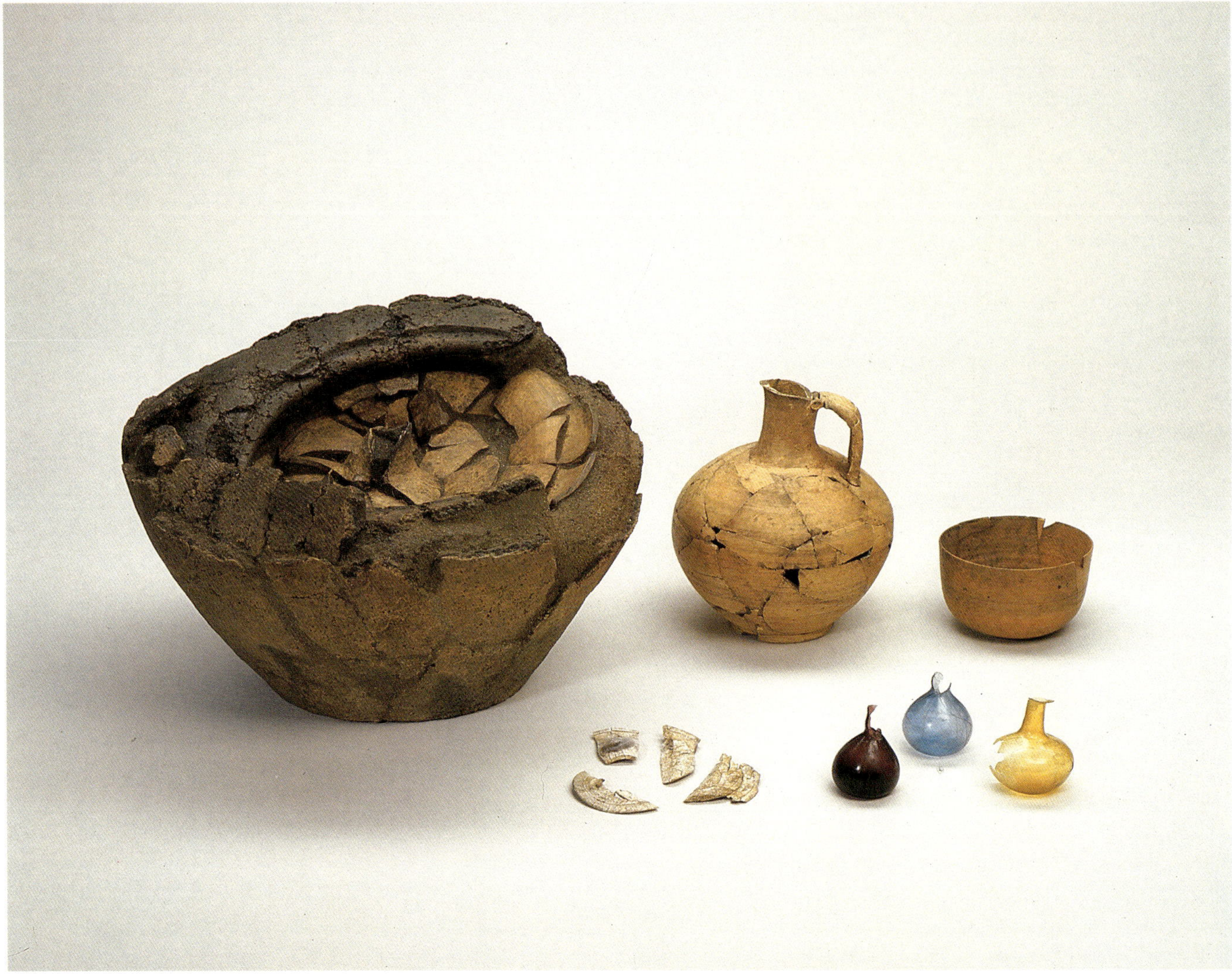

Haltern/Kreis Recklinghausen. Römisches Gräberfeld. Inventar eines Brandgrabes, u. a. mit den Resten der Beinschnitzereien von einem Totenbett.

mit den eingelegten Augen aus Glas könnte auch die Vorderseite einer Lehne geschmückt haben. Farbspuren an einzelnen floralen Elementen zeigen überdies, daß diese Knochenschnitzereien bemalt waren.
Es ist kaum vorstellbar, daß ein gewöhnlicher Legionär in seinem Marschgepäck ein solches Bett mitgeführt hat. Diese Betten, die als Totenbetten verwendet wurden, gehörten sicherlich zur Wohnungsausstattung von höheren Offizieren und Beamten. Die Frage, ob auch Frauen und Zivilisten aus der Lagervorstadt auf solchen Totenbetten verbrannt und auf diesem Gräberfeld bestattet worden sind, kann erst nach der Analyse der Leichenbrände beantwortet werden.

Haltern/Kreis Recklinghausen. Römisches Gräberfeld. Schnitzarbeit aus Bein von einem Totenbett. Kopf mit eingelegten Glasaugen. ▷

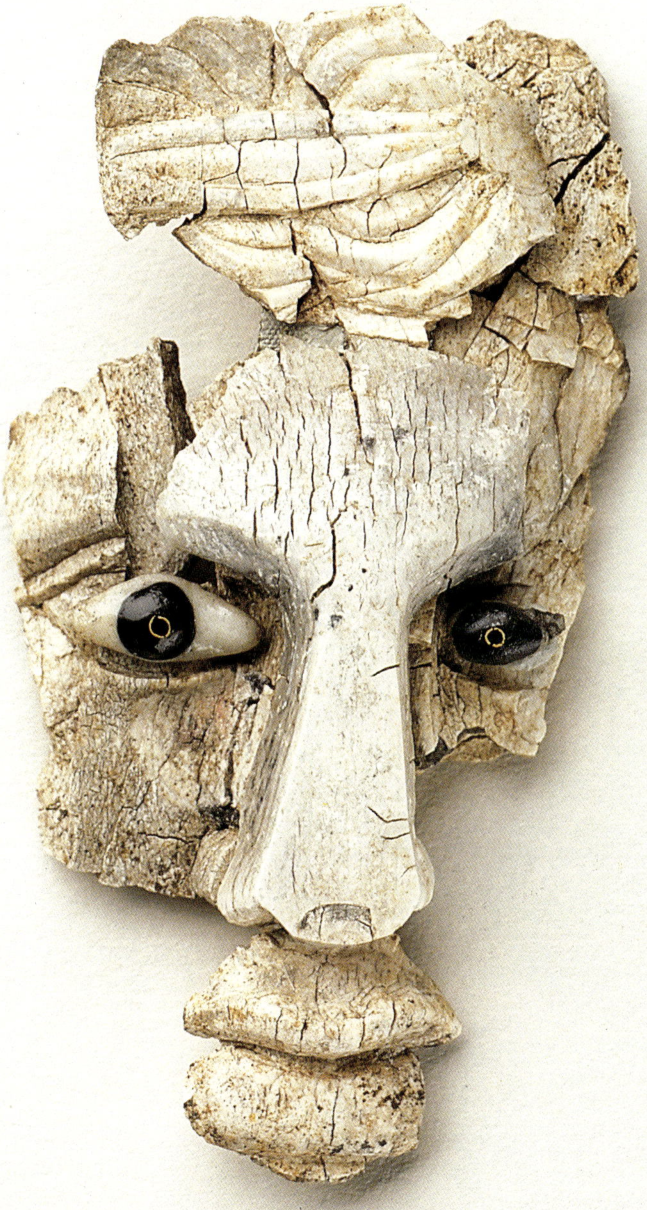

Haltern/Kreis Recklinghausen. Römisches Gräberfeld. Aus Bein geschnitzte Blätter. Verzierung eines Totenbetts.

Haltern/Kreis Recklinghausen. Römisches Gräberfeld. Aus Bein geschnitzte Zierornamente eines Totenbettes.

Die Unterschiede in der Ausstattung der Begräbnisse mit Beigaben und – falls vorhanden – in der Größe der Grabbauten waren vermutlich von Rang und Stellung der Verstorbenen abhängig. Auffällig ist allerdings oft der Gegensatz zwischen der Einfachheit der Grabausstattung und der Größe des jeweiligen Grabbaues. Drückt sich hierin vielleicht der Anspruch des Römers aus, seine im Leben innegehabte Stellung und gesellschaftliche Bedeutung auch nach dem Tode der Nachwelt sichtbar zu halten? Dies konnte durch große Grabbauten, an denen vermutlich noch Inschriften mit Herkunft und Karriere des Toten angebracht waren, eher erreicht werden als durch reiche Grabbeigaben, die den Vorübergehenden verborgen bleiben mußten.

Bisher dürften etwa 20 Prozent des Halterner Gräberfeldes ergraben worden sein. Viele Fragen müssen offenbleiben, bis das Gräberfeld so vollständig wie möglich ausgegraben und ausgewertet sein wird.

Lit.: R. Aßkamp, J.-S. Kühlborn, Die Ausgrabungen im römischen Gräberfeld von Haltern. Ausgrabungen und Funde in Westfalen-Lippe 5, 1987, 205 ff. – R. Aßkamp, in: B. Trier, 2000 Jahre Römer in Westfalen. Ausstellungskatalog Bergkamen u. a. (1989) 39 ff.

Haltern/Kreis Recklinghausen aus der Luft. Der Annaberg ist überwaldet (links). Im oberen Bildteil der stark überbaute Bereich des römischen Feld- und des Hauptlagers. Davor das zugehörige Gräberfeld. ▷

De aquis Coloniae. – Wasser für das römische Köln

Klaus Grewe

Sextus Iulius Frontinus, von Kaiser Nerva im Jahre 97 n. Chr. zum Curator aquarum Roms bestellt, nennt seine Bestandsaufnahme der Wasserversorgung der Stadt „De aquaeductu urbis Romae". Mit diesem Werk besitzen wir eine ausgezeichnete zeitgenössische Schriftquelle über Technik und Verwaltung dieses Teils der Infrastruktur der Hauptstadt des Imperiums. Ein Buch „De aquis Coloniae" ist vermutlich nie geschrieben worden. Aber in den Provinzen sind die Schriftquellen allgemein spärlicher, so auch in Köln. Für die Wasserversorgung der Colonia Claudia Ara Agrippinensium/CCAA ist uns beispielsweise keine schriftliche Nachricht, etwa in Form einer Bauinschrift, überliefert.

Einzig die Bodenurkunden geben Aufschluß über das größte antike Technik-Bauwerk nördlich der Alpen. Die mit den Methoden der Archäologie gewonnenen Erkenntnisse erlauben allerdings einen tiefen Einblick in Planung, Trassierung und Bautechnik einer Wasserleitung. Nach Abschluß mehrjähriger gezielter Forschungsarbeit, die in der Herausgabe des „Atlas der römischen Wasserleitungen nach Köln" ihren Niederschlag gefunden hat, kann die Eifelwasserleitung als eine der wenigen durchgängig dokumentierten Fernwasserleitungen gelten.

Diese Leitung verfügt zwar nicht über Aquäduktbrücken wie den Pont du Gard, Siphonstrecken wie im Verlauf der Leitungen Lyons, oder Tunnels wie in Italien, ihre Dimensionen sind dennoch imponierend: Mit 95,4 km Länge – mit den Nebenkosten war sie 130 km lang – haben die Römer am Rhein eine der umfangreichsten Wasserleitungen gebaut. Die Tagesleistung von 20 000 Kubikmeter entspricht dem Versorgungsstandard einer römischen Stadt von der Größe der CCAA. Dieses Wasser wurde aus der Eifel herangeführt, wobei schwierige Geländehindernisse zu überwinden waren.

Für Köln waren fünf Quellen erschlossen worden, deren Fassungen entweder in die Grundwasser führenden Erdschichten eingetieft oder als Sickergalerien angelegt worden waren. All diese Quellen liegen in der nördlichen Eifel 50 km Luftlinie von Köln entfernt. Darüber hinaus liegen sie sämtlich über ein Gebiet verteilt, das wir heute geologisch die „Sötenicher Kalkmulde" nennen; das hier zu findende kalkhaltige Wasser hat die Ansprüche an Qualität und Geschmack sicherlich erfüllt. Erst im Bewußtsein dieser antiken Qualitätsansprüche wird der Grund erkennbar, warum die Römer sich aus so weit von der Stadt entfernt liegenden Quellen versorgt haben, obwohl ergiebige Quellen durchaus schon in der Voreifel zu finden gewesen wären.

Auch durch die in den Eifeler Quellen angetroffenen Schüttmengen war der Aufwand, den der Bau einer fast 100 km langen Leitung erforderte, durchaus gerechtfertigt, denn täglich wurden durch den „Römerkanal" 20 Millionen Liter Wasser nach Köln geführt, womit pro Kopf und Tag etwa 1200 Liter Wasser zur Verfügung standen; immerhin rund das Achtfache der Menge, die heute verbraucht werden kann.

Die Diskrepanz von 95,4 km ausgebauter Trassenlänge gegenüber einer Luftlinie von „nur" 50 km liegt an dem zu bewältigenden Gelände, das im Falle der Kölner Leitungen als besonders schwierig bezeichnet werden muß.

Eine dieser Schwierigkeiten lag in der Überwindung der Wasserscheide zwischen Urft und Erft und damit zwischen Maas- und Rheingebiet. Um das Wasser der Quelle „Grüner Pütz" bei Nettersheim, Kr. Euskirchen, aus dem Urfttal in das Einzugsgebiet des Rheins zu führen, war eine vorsichtige Trassenplanung mit schwachem Gefälle in das Gelände zu übertragen, denn nur an einer einzigen Stelle war es möglich, diese Wasserscheide zu überwinden. Daß an derselben Stelle die im 19. Jahrhundert gebaute Eisenbahnlinie Köln–Trier über die Wasserscheide geführt worden ist, macht die qualitätvolle Arbeit der römischen Ingenieure deutlich, die bei ihren Trassierungen ohne die Kartenunterlagen der modernen Planer auskommen mußten.

Das größte Geländehindernis im Gesamtverlauf der Eifelwasserleitung war allerdings der sich von Süden nach Nor-

Mechernich-Breitenbenden/Kreis Euskirchen. Teilstück der römischen Eifelwasserleitung nach Köln mit einem Einstiegschacht. ▷

Mechernich-Vollem/Kreis Euskirchen. Kleine Aquädukt-Brücke der römischen Eifelwasserleitung nach Köln.

den erstreckende Höhenrücken der Ville. Wie ein Riegel schiebt er sich quer in die Luftlinie zwischen dem Quellgebiet und dem Versorgungsgebiet. Von Köln aus betrachtet, steigt das Vorgebirge 100 m hoch an, um auf seiner Westseite um 50 m zum weiten Tal der Erft hin, die sich hier mit dem Swistbach vereinigt hat, abzufallen. Der Anstieg von der Erft zu den Eifelquellen macht zwar noch einmal 300 m aus, hier werden allerdings keine größeren Geländeschwierigkeiten offenkundig, wenn wir von der Wasserscheide und einigen lokalen Problemen absehen.

Das Vorgebirge bildete für die Wasserleitung einen 50 m hohen Sperriegel. Wäre die Wasserleitung der Luftlinie folgend gebaut worden, so hätte man zur Überwindung des Swistbachtales vor Erreichen des Villerückens eine mehrere Kilometer lange und bis zu 50 m hohe Aquäduktbrücke oder eine Druckleitungsstrecke entsprechender Dimensionen errichten müssen. Auch durch den Bau eines Tunnels wäre das Vorgebirge zu überwinden gewesen. Man hat sich aber vor der Swist-Niederung für eine Lösung entschieden, die einfacher zu bauen und wohl auch kostengünstiger war: In einer ostwärts geführten Trassenschleife, die den Leitungsverlauf um rund 20 Kilometer verlängerte, hat man das Swistbachtal in einem weiten Bogen ausgefahren. Diese Umgehung wurde so weit geführt, wie es zur höhengleichen Erreichung des Villerückens notwendig war, darauf achtend, genügend Gefälle für das Wasser zur Verfügung zu haben.

Im Scheitel dieses großen Trassenbogens wurde zur Überquerung des Swistbaches eine Aquäduktbrücke errichtet, die man zu den Großbauwerken im Trassenverlauf von

Mechernich-Lessenich/Kreis Euskirchen. Römische Eifelwasserleitung nach Köln. Tosbecken zum Ausgleich einer Höhendifferenz.

Aquädukten rechnen darf: zwar nur rund 11 m hoch über der Talsohle, erreichte die Brücke mit knapp 300 Bogenstellungen aber eine Länge von 1400 m.

Wenn wir im Verlauf der Kölner Leitung beeindruckende Bauwerke wie den Pont du Gard mit seinen 50 m Höhe vermissen, so liegt das sicher nicht an dem mangelnden technischen Können der Ingenieure, sondern an den Erfordernissen, die durch die Lage der Quellen zur Stadt und durch die Form der zu durchfahrenden Landschaft gestellt waren. Neben den beiden großen Aquäduktbrükken über die Erft (550 m lang) und über den Swistbach waren zahlreiche kleine Brücken zur Überquerung von Bächen und Seitentälern erforderlich. Eine dieser kleinen Brücken mit einer Länge von 7,3 m und einer Durchlaßweite von 1,12 m konnte 1981 bei Mechernich komplett erhalten ausgegraben werden.

Das Kanalbauwerk hat einen Aufbau, der fast auf der gesamten Länge der Trasse gleichmäßig ausgeführt worden ist: In einem ausgehobenen Baugraben wurde zuunterst eine Stickung (Packlage) aus Bruchsteinen gesetzt, worauf die Sohle aus Opus caementicium gegossen wurde. Dann brachte man für die Errichtung der Seitenwangen entweder eine Holzschalung ein oder man mauerte aus handlichen Quadersteinen eine „verlorene“ Schalung auf; in beiden Fällen wurde der Raum zwischen Schalung und Baugrubenwand mit Beton ausgegossen.

In bergigem Gebiet des Trassenverlaufs wurde als zusätzliches Element auf der Bergseite des Kanals eine Drainage aus losen Steinen eingebracht, durch die später das Oberflächenwasser seitlich vom Bauwerk bis zu einem Drainagekanälchen in Höhe der Stickung durchsickern, auf diese Weise also nicht in die Leitung eindringen konnte.

Um dem Gerinne Dichtigkeit zu verleihen, wurde es auf der Sohle und an den Wangen mit einer Schicht hydraulischen (wasserdichten) Putzes (Opus signinum) verkleidet, den man in den unteren Ecken zu einem Viertelstab ausformte, um diese bruchgefährdeten Stellen besonders vor Rissen zu schützen. Die hydraulische Wirkung dieses Verputzes erzielte man durch gemahlenen Tuff aus der Mayener Gegend oder, im Falle der Wasserleitungen nach Köln, durch Zuschlag von zerstoßenen Ziegelsteinen, die noch als rötliche Färbung der Innenflächen in verschiedenen Trassenabschnitten erkennbar sind.

Nach Fertigstellung der Wangen wurde ein Lehrgerüst in Form eines Halbzylinders aufgesetz , das eine der Oberkanten der Wangen als Schulter benutzte und auf der gegenüberliegenden Seite auf Stelzen gelagert wurde. Auf diese Weise waren der Wiederausbau und die Weiterverwendung möglich. Auf dem Lehrgerüst wurde dann unter reichlicher Verwendung von Mörtel das Gewölbe gesetzt, ehe der Kanal mit einer etwa 1 m starken Lage Erdreich zur Frostsicherung abgedeckt wurde.

In unterschiedlichen Abständen, deren Länge von der Beschaffenheit des durchfahrenen Geländes abhing, hat man auch Einstiegschächte für Revisionszwecke und Reparaturarbeiten eingebaut.

Neben den Quellfassungen und den Brücken waren im Verlauf der Kölner Leitungen einige Kleinbauwerke erforderlich. Hierzu gehören Sammelbecken, in denen das Wasser zweier Leitungsäste vereinigt wurde, Absetzbecken zur Klärung des Wassers und Tosbecken zur Ausgleichung von Höhendifferenzen, die an der Nahtstelle von zwei

Hürth-Hermülheim/Erftkreis. Bergung von Teilstücken der Eifelwasserleitung nach Köln.

Baulosen auftreten konnten. Die Existenz eines Wasserschlosses (Castellum divisorium) können wir aufgrund der archäologischen Befundlage am Endpunkt der Leitung in Köln annehmen.
Von hier wurde das Wasser, wie in anderen antiken Städten auch, in ein Druckleitungsnetz aus Bleirohren überführt und über das Stadtgebiet verteilt. Dabei wurden sowohl die öffentlichen Brunnen und Thermen als auch verschiedene Privatanschlüsse versorgt. Im Falle Kölns ist dieses Rohrnetz allerdings Opfer spätantiker oder mittelalterlicher „Bleigewinnung“ geworden.
Auch die steinerne Eifelleitung ist über weite Streckenabschnitte ein Opfer des Mittelalters geworden, wobei besonders die oberirdischen Brückenbauwerke begehrt waren. Dabei war nicht nur das Mauerwerk Ziel der Steinbruchtätigkeit, sondern in ganz besonderem Maße auch die bis zu 30 cm starke Schicht der Kalkablagerungen. Während man aus den gewonnenen Steinblöcken Burgen, Kirchen und Klöster in der Umgebung errichtete, wurde der Kalksinter zu Säulen, Altarplatten u.ä. verarbeitet und diente vornehmlich der Ausschmückung der romanischen Kirchen. Dieses Material war ein so begehrtes Handelsgut, daß wir es selbst in Dänemark und in den Niederlanden wiederfinden.
Im Zuge einer Sondage vor Beginn einer Baumaßnahme wurde in Hürth-Hermülheim, Friedrich-Ebert-Straße 10, die römische Eifelwasserleitung angetroffen. Es zeigte sich bald, daß dort der Baukörper noch hervorragend erhalten

war; deshalb wurde die Leitung im August 1989 auf 17 m Länge freigelegt und untersucht. Von dem ehemals den gesamten Kanal abdeckenden Gewölbe aus Grauwacken mit reichlich Mörtel war im Grabungsbefund noch ein etwa 6 m langes Teilstück vorhanden.
Da der Befund an Ort und Stelle nicht erhalten werden konnte, wurde die Leitung in einer Aktion des Rheinischen Amtes für Bodendenkmalpflege in neun etwa 1,5 m lange Teilstücke zersägt und gehoben. Die auf diese Weise gewonnenen beweglichen Bodendenkmäler geben nun in Braunschweig, Düsseldorf, Koblenz, Köln, Siegburg und Swisttal Einblick in die römische Technik des Wasserleitungsbaues.
In Zusammenarbeit zwischen dem Rheinischen Amt für Bodendenkmalpflege und dem Eifelverein ist ein 115 km langer Wanderweg entlang der Wasserleitungstrasse zwischen Nettersheim und Köln eingerichtet worden; dazu ist ein anschaulicher Führer mit Kartenbeilagen erschienen. De aquis Coloniae – Wasser für das römische Köln, unter diesem Titel führt auch ein Video-Film des Rheinischen Amtes für Bodendenkmalpflege in die Technik der Wasserversorgung einer antiken Stadt ein. Am Beispiel der Leitungsbergung in Hürth-Hermülheim werden u.a. die Probleme des Schutzes eines solchen Bodendenkmals deutlich gemacht.

Lit.: K. Grewe, Atlas der römischen Wasserleitungen nach Köln. Rhein. Ausgr. Bd. 26 (1986). – ders., Der Römerkanal-Wanderweg (1988) – ders., Planung und Trassierung römischer Wasserleitungen. Schriftenreihe der Frontinusgesellschaft, Suppl. Bd. I (1985).

Ein geborgenes Teilstück der römischen Eifelwasserleitung wird verladen.

Römische Reliefs am Kölner Rheinufer

Stefan Neu

Die Ausgrabung in der Baugrube des neuen Wallraf-Richartz-Museums, des Museums Ludwig und der Philharmonie erbrachte wichtige Befunde zur Geschichte des römischen Köln. Das rund 11 000 Quadratmeter große Baugrundstück liegt vor der Nordostecke der Colonia Claudia Ara Agrippinensium. Die flußseitige römische Stadtmauer stand im Westteil der Baugrube in ungefähr nordsüdlicher Richtung. Eine schwere Bohlenkonstruktion an ihrer Ostseite wird als Kaianlage gedient haben. In dem hier vorbeifließenden Flußarm wurden die Reste von Schiffen gefunden, die zeigen, daß hier im 1. Jahrhundert n. Chr. ein Teil des Hafens lag. Dieser sandete anscheinend zu und wurde anschließend mit Schutt verfüllt – wohl im 2. Jahrhundert, wenn die vorläufige Durchsicht der in den Füllschichten gefundenen Keramik nicht täuscht.
Die westliche Uferbefestigung der Rheininsel, die der Stadt östlich vorgelagert war, wurde nur an einer Stelle erfaßt; es hatte dort den Anschein, daß es sich um eine provisorische Anlage handelte im Gegensatz zu den mächtigen, sauber bearbeiteten Pfählen der Kaianlage längs der Stadtmauer. Auf dem Inselrücken wurde eine nordsüdlich gerichtete, mit Lisenen verstärkte Mauer dokumentiert, wie sie ähnlich die Speicherbauten an und unter der Kirche Groß St. Martin, die ebenfalls auf der Rheininsel lagen, zeigen. Man wird also auch hier derartige Horrea annehmen. Wenig nördlich dieser Mauer (dort wo Dani Caravan den hoch

Köln, Rheinufer. Arztrelief mit Wundbehandlung, 2. Hälfte 1. Jahrh. n. Chr. ▷

Köln, Rheinufer. Reliefblock von einem römischen Grabmal. Arztszene (Detail).

aufragenden architektonischen Akzent des neugeschaffenen Heinrich-Böll-Platzes baute) lag ein aus Spolien mörtellos errichtetes Fundament, von dessen rund 75 Kalksteinblöcken 41 reliefiert waren.

Die Deutung des Fundaments, in dem die meisten der Reliefs – bis auf eine Architravverkleidungsplatte sämtlich Teile von Grabmälern – wiederverwendet wurden, ist offen. Die Datierung des Bauwerks in das spätere 3. oder 4. Jahrhundert n. Chr. verbindet es vielleicht mit den zahlreichen Bauten in Nordostgallien und Niedergermanien, die unter Verwendung von Spolien im 4. Jahrhundert in den unsicher gewordenen Gebieten errichtet wurden. Die Mehrzahl jener Verteidigungsbauten ist als turmbewehrte, ungefähr kreisförmige Wehrmauer zu erkennen. Das rechteckige Fundament in Köln, hatte keine Verbindung mit einer Verteidigungsmauer, sondern stand isoliert auf dem Rücken der ehemaligen Rheininsel. Da keine Spuren aufgehenden Mauerwerks zu beobachten waren, liegt die Annahme nahe, daß das eigentliche Gebäude aus vergänglichem Material, etwa Holz, bestand. Es ist jedoch nicht auszuschließen, daß höhere Steinlagen im Mittelalter als Spolien geraubt und anderweitig verwendet wurden. Früh- bis hochmittelalterliche Keramik wurde unmittelbar auf dem Fundament gefunden; ob diese Keramik aus Abfallgruben oder aus der Verfüllung von Gräben, die bei der Spoliensuche entstanden, stammt, konnte nicht festgestellt werden. Es lagen keine Mörtelreste auf der Oberfläche der Quader.

Die Untersuchung der Blöcke nach typologischen und stilistischen Kriterien brachte interessante Ergebnisse: überraschend ist die Zahl der Grabbauten, von denen sie stammen. Nur wenige der Quader passen Fläche an Fläche; einige können aufgrund übereinstimmender Maße und Stileigentümlichkeiten, die auf eine gemeinsame Werkstatt hinweisen, demselben Grabmal zugewiesen werden. Mindestens 20, wohl eher 30 Blöcke passen jedoch nicht zueinander; sie müssen also zu verschiedenen Grabbauten gehört haben. Bedenkt man, daß die erhaltenen Denkmäler nur einen geringen Prozentsatz des einst Vorhandenen ausmachen, so ist auf eine sehr hohe Zahl von ehemals in Köln errichteten Grabbauten zu schließen, zumal außer den aus den Blöcken des Fundaments zu erschließenden dreißig Reste weiterer Grabbauten – allen voran das Poblicius-Monument – im Römisch-Germanischen Museum Köln stehen.

An einem gut dokumentierten Abschnitt der römischen Fernstraße nach Trier (Luxemburger Straße) wurden in den Jahren 1897 bis 1899 auf einer Länge von 300 m zu beiden Seiten jeweils ungefähr acht Grabbauten nachgewiesen; eine ähnliche Dichte zeigt eine Gräberstraße der mittelitalischen Stadt Sarsina, deren Grabbauten mit den kölnischen eng verwandt sind. Schätzt man die Länge der von Gräberfeldern gesäumten Ausfallstraßen Kölns auf vier bis fünf Kilometer, so könnten an ihnen – eine gleiche Dichte der Bauten wie an der Luxemburger Straße vorausgesetzt – etwa 200 bis 250 derartige Grabmäler gestanden haben. Die wirkliche Zahl dürfte geringer gewesen sein, da wahrscheinlich nicht alle Friedhöfe solch prächtige Bauten besaßen; an der nach Norden führenden Limesstraße wurden bisher keine entsprechenden Fundamente gefunden.

Wenn die Annahme richtig ist, daß das Fundament in die Verteidigungsbauten des 4. Jahrhunderts einzureihen ist, wurden also Blöcke verbaut, die zum Zeitpunkt ihrer Wiederverwendung bereits älter als zweihundert Jahre waren. Der gute Erhaltungszustand und ihre Provenienz von verschiedenen Bauten machen es wahrscheinlich, daß es Lagerplätze gab, an denen Spolien zwischengelagert wurden. Andernfalls hätte man doch wohl eher ganze Grabmäler abgebaut und wiederverwendet. Die Außenschale des Poblicius-Grabmals bestand aus ca. 240 Blöcken; diese hätten also mehr als ausgereicht, um ein Fundament wie das ergrabene zu bauen.

Die Grabbauten, von denen die Quader stammen, waren überwiegend größere Mausoleen, von denen einige mit einer Relieffront – also anders als das Grabmal des Poblicius – geschmückt waren. Daneben gab es wohl auch solche mit freistehender Säulenreihe an der Frontseite. Das Fehlen von Säulentrommeln kann dadurch bedingt sein, daß diese nicht so einfach in das Gefüge des Fundaments einzubauen waren. Auch Gesimse und Blöcke, die ein Schindeldach imitieren, sind selten. Derartige Bauteile hat es aber sicher gegeben, da über den zahlreichen Blöcken mit Architrav und Fries Gesimse lagen und die geschwungene Pyramide die übliche Form des Grabdaches im Rheinland des 1. Jahrhunderts ist.

Zu den zwei bisher in Köln bekannten Teilen von Pfeilergrabmälern treten nun zwei weitere (der Kaufleute Q. Mattonius und L. Iustus), von denen besonders das des Q. Mat-

Köln, Rheinufer. Steinrelief mit einer Mänade (Ausschnitt), Mitte 1. Jahrh. n. Chr. ▷

Köln, Rheinufer. Reliefbildnis eines Mannes, Mitte 1. Jahrh. n. Chr.

Köln, Rheinufer. Relief mit Schiffsheck: Steuermann und Ruderer.

tonius und seiner Frau Iulia bemerkenswert ist, weil es nicht wie die übrigen aus lothringischem Jurakalk, sondern aus einem rötlichen Eifeler Sandstein gebaut ist. Zugleich ist es das jüngste der Reliefs; es entstand erst im 3. Jahrhundert n. Chr. Einige der Datierungen, die nur durch eine Stilanalyse gewonnen werden konnten, sind bemerkenswert: ein Block, der einen männlichen Kopf neben einem abgemeißelten korinthischen Kapitell zeigt, stammt von einem Mausoleum mit Relieffront noch aus spättiberisch/frühclaudischer Zeit (ca. 30/40 n. Chr.). Ein anderer mit dem Rest eines korinthischen Kapitells und einer Muschel aus derselben Zeit ist Teil eines Pfeilergrabmals mit Muschelnische; die ältere Theorie, das Pfeilergrabmal sei erst gegen Ende des 1. Jahrhunderts durch Monumentalisierung der Muschelnische entstanden, ist damit – wie bereits anhand der Krufter „Säule" – erneut widerlegt. Bisher war noch kein Pfeilergrabmal bekannt, das so früh wie der Block mit dem männlichen Porträt zu datieren war. Der Block mit der Muschelnische ist der älteste seiner Art; später wird dieser Grabtyp in Neumagen häufig.
Die überwiegende Mehrzahl der datierbaren Blöcke entstand im 1. Jahrhundert, wobei sich eine Häufung in claudischer Zeit, d.h. in der Mitte des 1. Jahrhunderts, abzeichnet. Vergleichsweise wenige stammen aus dem 2. Jahrhundert und nur drei (zwei Blöcke mit Zahlszenen und ein unfertiger Akanthuspilaster) wurden im 3. Jahrhundert gemeißelt. Es hat den Anschein, daß diese Häufigkeitsverteilung charakteristisch ist: im Laufe der Zeit nimmt die Zahl der repräsentativen Grabbauten ab und es finden sich andere Arten reicher Bestattung, z.B. Sarkophage und Grabgruben mit kostbaren Beigaben.
Wichtige Erkenntnisse bringen die neu gefundenen Reliefs auch zu den Fragen nach Bildhauerwerkstätten im römischen Köln. Zwei Mänadenreliefs stammen sicher aus derselben Werkstatt wie die entsprechenden am Poblicius-Grabmal, ja, es scheint, daß sie von demselben Steinmetz geschaffen wurden. Ein weiteres Relief mit der Darstellung einer Mänade ähnelt in seiner Faltengestaltung der kleinen Mädchenstatue von jenem Grabmal so sehr, daß dieselbe Werkstatt anzunehmen ist. Es können hier nicht alle Beziehungen der Blöcke untereinander und zum Grabmal des Poblicius dargestellt werden; als Ergebnis der Untersuchungen zeichnet sich jedoch ab, daß ein Großteil der Reliefs, wohl insgesamt 18, aus der Werkstatt des Poblicius-Grabmals oder dessen unmittelbarer Umgebung stammt. Neben der bereits von H. Gabelmann erschlossenen Grabstelen-Werkstatt in Köln muß es also eine Werkstatt gege-

ben haben, die die Reliefs für große Mausoleen herstellte. Bisher waren die Reliefs des Poblicius-Grabmals isoliert; jetzt sind sie in eine Fülle ähnlichen Materials eingebunden. Die Tatsache, daß alle Reliefs dieser Art in Köln und nicht im übrigen Germanien gefunden wurden, läßt auf Köln als den Sitz dieser Werkstatt schließen. Übereinstimmende Darstellungen der Schilde in den Waffenfriesen mit solchen auf Grabstelen in Bonn lassen einen Zusammenhang zwischen dieser Werkstatt und jener, in der die Stelen entstanden, möglich erscheinen.

Ein Block mit Akanthuspilaster hat seine nächste Parallele in einem in den Heerlener Thermen als Spolie verbauten Relief; das weist wohl auf eine gemeinsame Werkstatt hin. Es muß jedoch offen bleiben, ob die Steinmetzen wanderten oder fertig behauene Steine aus der CCAA nach Coriovallum transportiert wurden.

Einige in der Art des „flavischen Barock" (spätes 1. Jahrh. n. Chr.) stärker vegetabilisch gestaltete Akanthusfriese, die in manchem den um die Mitte des 1. Jahrhunderts entstandenen Friesen ähneln, lassen die Vermutung zu, daß die Werkstatt des Poblicius-Grabmals noch in der zweiten Hälfte des 1. Jahrhunderts in Betrieb war und ihren Stil entsprechend weiterentwickelte. Die Schöpfungen dieser Werkstatt sind zwar provinziell, aber voller künstlerischer Vitalität; ein Relief mit einer Arztszene hingegen leitet seinen Motivvorrat klassizistisch aus der griechischen Kunst her, ist aber in der Ausführung sicher das Werk eines provinziellen Bildhauers.

Außer den üblichen Bildthemen liegen auch solche vor, die bisher in Köln nicht gefunden wurden. Insbesondere sind die Szenen mit Darstellungen aus dem Alltagsleben zu nennen. Die einfachen Zahlszenen leiten sich von den oft differenzierteren Vorbildern aus der Gallia Belgica her. Auch die gitterartig verzierte Rückseite eines Pfeilergrabmals war bisher nur aus jenem Gebiet bekannt und ist jetzt auch für Niedergermanien nachgewiesen. Ein Relief mit der Darstellung eines Schiffshecks steht thematisch neben den bekannten Bildern aus Trier, entstand jedoch in flavischer Zeit, ist also älter als jene und ikonographisch von ihnen unabhängig. Es besteht keine Beziehung zwischen

Köln, Rheinufer. Relief mit Lorbeerbaum und Weinstock von einem römischen Grabbau, 1. Hälfte 2. Jahrh. n. Chr.

Köln, Rheinufer. Ausschnitte aus einem römischen Steinrelief mit Siebenschläfer (links) und Papagei (rechts).

der Kölner Werkstatt, in der das Relief entstand, und den Trierer Werkstätten. Die realistische Darstellung gibt einen interessanten Einblick in die Steuertechnik der Flußschiffe. Einzigartig erscheint ein künstlerisch bedeutendes Relief mit einem Lorbeerbaum, durch den ein Weinstock rankt. Die Trauben dieses Weinstocks werden von einem Eros geerntet sowie von einem Siebenschläfer, einem Papagei und einer mächtigen Schlange gefressen. Das Relief verbindet bacchische Motive mit dem chthonischen Wesen der Schlange, die durch den Genuß der Traube ebenfalls zum dionysischen Tier wird. Schlangen und eine Girlande im Akanthusfries eines anderen Blockes zeigen vielleicht, daß die dekorativen Elemente auch inhaltliche Bezüge zum Grabwesen haben.

Insgesamt fällt die hohe bildhauerische Qualität der Reliefs auf. Einige (besonders das Arztrelief, der Architrav eines Rundbaus, der Lorbeerbaum und das Schiffsrelief) heben sich aus dem in der Provinz Niedergermanien Üblichen heraus und zeigen damit einen erhöhten Anspruch ihrer Aufraggeber, von denen drei in ihrer sozialen Stellung zu fassen sind: Arzt, Kaufmann und Steuereintreiber (dispensator). Hier lassen sich Vertreter einer Oberschicht erkennen. Zweifellos gehören auch die anderen Besitzer von Mausoleen und Pfeilergrabmälern den begüterten Kreisen an. Wenn der Hinweis auf die ursprüngliche Anzahl von Grabbauten berechtigt ist, muß diese soziale Gruppe recht groß gewesen sein. Es scheint daher nicht übertrieben zu behaupten, daß der neue Relieffund besonders für die Frühzeit der Stadt den Wohlstand einer größeren Zahl von Menschen und ein beachtliches kulturelles Niveau dieser Schicht zeigt.

Lit.: St. Neu, Römische Reliefs vom Kölner Rheinufer, Kölner Jahrbuch für Vor- und Frühgeschichte 22, 1989, 241–364.

Römische Wandmalerei in Köln

Renate Thomas

Schon in den ältesten Lehm- oder Fachwerkhäusern des Oppidum Ubiorum in Köln, die sich in den Anfang des 1. Jahrhunderts n. Chr. datieren lassen, waren die Wände verputzt und mit einer farbigen Dekoration in Freskotechnik versehen. Es handelt sich um schlichte, aber sorgfältig geglättete weiße Wände mit einem in Nachahmung einer Vertäfelung mit Marmorplatten gesprenkelten Sockel und mit Feldern in der Hauptzone, die von grünen oder schwarzen, rot eingefaßten Bändern gerahmt werden. Beispiele dieser frühen Wanddekorationen fanden sich unmittelbar westlich des Domes sowie auf der anschließenden Insula, an der heutigen Straße Am Margarethenkloster. Die Wanddekorationen haben wohl Handwerker ausgeführt, die zum Tross der Truppen gehörten, welche bei den Eroberungsfeldzügen des Kaisers Augustus nach Germanien gekommen waren. Mit den ersten aus dem Militärdienst entlassenen Veteranen, die sich in den zwanziger und dreißiger Jahren des 1. Jahrhunderts im Oppidum der Ubier niederließen, können auch schon die ersten ortsansässigen Malerwerkstätten eingerichtet worden sein. Aus dieser Zeit sind nur wenige Wandputzfragmente erhalten, die aber auf großartige, leuchtend zinnoberrote Wandflächen mit kleinteiligen figürlichen Malereien schließen lassen.

Die Blütezeit der Wandmalerei im römischen Köln liegt in der 2. Hälfte des 1. Jahrhunderts. In den Anfangsjahren der im Jahre 50 n. Chr. zur Colonia Claudia Ara Agrippinensium erhobenen Siedlung ist eine rege Bautätigkeit in der Geburtsstadt der Kaiserin Agrippina zu beobachten. Eine Reihe von Bauten wurden modernisiert, die Räume vergrößert und mit einer Fußbodenheizung versehen. In anderen Wohnvierteln entstanden Neubauten über planierten Schuttschichten von Häusern, die vielleicht bei dem von Tacitus überlieferten Brand im Jahre 58 n. Chr. zerstört worden waren. Die neuen Räume erhielten farbenprächtige Dekorationen, die mit Vorliebe große rote Felder auf schwarzem Grund zeigen. Zwischen die roten Felder sind sogenannte Schirmkandelaber gemalt. Es handelt sich um ein dekoratives Motiv, dem ursprünglich Kerzenhalter aus Bronze zugrundeliegen, die mit Schirmen

Köln, aus dem Peristylhaus an der Gertrudenstraße. Büste des Dionysos. Ende 1. Jahrhundert n. Chr.

versehen sind, die das herabtropfende Wachs auffangen sollten. Als Ziergegenstände in der Wandmalerei können diese „Schirmkandelaber" mit Ranken und Blumen umwunden sein, die Schirme sind zuweilen von verschiedenen Tieren, Göttern und Mischwesen bevölkert.

Eine der lebhaftesten und reichhaltigsten, mit figürlichen Szenen ausgestatteten Schirmkandelaberdekorationen kam bei den Ausgrabungen an der Südseite des Kölner Domes zutage. Schon die Sockelzone, die entsprechend der Hauptzone in schmale und breite, rote und schwarze Felder aufgeteilt ist, zeigt figürliche Darstellungen. Der Szene des mittleren, roten Sockelfeldes liegt der in der Mythologie überlieferte Kampf des Heros Bellerophon zugrunde, den er auf seinem Flügelpferd Pegasus gegen die Chimaera – ein Mischwesen aus Löwe, Ziege und Schlange – austrug. In spielerischer Umwandlung ist hier an die Stelle des Heros ein Putto getreten. Die roten Felder in der schwarzen Hauptzone werden von gelben und grünen Säulen flankiert, die einen architektonischen Fries mit einem Eierstab oder einem Kyma tragen. Dadurch erinnern sie an Ädikulen – von Stützgliedern mit einem Gebälk gerahmte Nischen – und lassen damit ihre Herkunft von der ursprünglichen architektonischen Wandgliederung der älteren römischen Wandmalerei des sogenannten 2. Stils erahnen. Auf dem Gebälk sitzen Schwäne und Sphingen, dazwischen stehen Holzkästen mit Masken, Musikinstrumente und Gefäße, durch Girlanden verbunden. Besonders aufwendig und phantasievoll sind die Schirmkandelaber zwischen den Feldern geschmückt. Der Schaft ist teilweise spindelförmig gebildet, mit Blattmanschetten, Ringen oder Voluten verziert und von üppigen Ranken umwunden; stellenweise wird der Schaft auch von großen Metallgefäßen oder einem stehenden Satyr unterbrochen. Auf den Gefäßen und den in Unteransicht wiedergegebenen und mit gezackten Rändern verzierten Schirmen stehen mythologische Gestalten, Harpyien, Panther, Satyrn, Schwäne oder hocken Mädchen, die sich ihr Haar ordnen.

Den obersten Schirm der beiden äußeren Kandelaber bekrönen Götterfiguren, den mittleren Szenen mit Putten und Satyrn bei der Weinernte. Die wohl zwischen 60 und 80 n. Chr. entstandenen Malereien zeugen von einer künstlerischen Qualität, die nur an den geschulten Werkstätten in Italien gemessen werden kann und kaum an eine lokale „provinzielle“ Malerschule denken läßt.

Bei den gegen Ende des 1. Jahrhunderts entstandenen Kandelabermalereien aus einen Peristylhaus (Haus mit einem zentralen, von einem Säulengang umgebenen Innenhof) an der heutigen Gertrudenstraße/Ecke Wolfsstraße erinnern die roten Felder nicht mehr an Ädikulen, sondern sind von grünen Bändern gerahmt mittig auf den schwarzen Untergrund gesetzt. Die figürliche Ausstattung der Kandelaber ist bescheidener geworden, figürliche Darstellungen in der Sockelzone fehlen ebenso wie die Dekoration auf dem oberen Felderrand. Die Schäfte der Kandelaber zwischen den Feldern sind als gleichmäßig glatte Rohre gebildet und werden nur von wenigen Blatthäkchen, Ringen und Voluten gegliedert. An keiner Stelle werden sie von Ranken, Gefäßen oder Figuren verdeckt. Auf den in Unteransicht wiedergegebenen Schirmen stehen im regelmäßigen Wechsel Schwäne, Oscilla oder Greifen. Den obersten Schirm bekrönen bakchische Büsten oder Gorgonenhäupter. Die Kandelaberfelder sind jeweils symmetrisch aufgebaut und klar gegliedert.

Die gegenüber den Dekorationen von der Domsüdseite schlichtere Ausbildung der Kandelaberfelder kann mit Blick auf das beachtliche künstlerische Niveau der Büsten nicht als qualitativer Unterschied bewertet werden, sondern entspricht offensichtlich einem gewandelten Zeitgeschmack. Die bekrönenden Köpfe sind in virtuoser Weise in mehreren, übereinander aufgetragenen Braun- und Beigetönen modelliert, zusätzliche Schraffuren unterstützen graphisch die Herausbildung der Wangenknochen und der Halssehnen. Schwungvoll und gezielt verteilte weiße Pinselstriche, die die Augenhöhlen umreißen, sowie Glanzlichter in den Augen, auf Nase, Mund und Kinn beleben den Blick der Gesichter.

Auch für diese fast ein Jahrhundert nach der römischen Landnahme in Germanien entstandenen Wandmalereien gilt, daß sie von einem römischen Maler ausgeführt worden sein müssen, der künstlerisch auf der Höhe seiner Zeit stand.

Neben diesen anspruchsvollen Malerwerkstätten hat es im römischen Köln aber in der gleichen Zeit auch Handwerksbetriebe gegeben, die unbeholfen versuchten, die künstlerisch höher stehenden Vorbilder nachzuahmen. Als Werk einer solchen lokalen, „provinziellen“ Werkstatt gibt sich eine aus dem Lager der römischen Flotte in Köln-Marienburg stammende Schirmkandelaberdekoration zu erkennen, die gelbe Felder auf rotem Grund trägt. Aus dem Fundzusammenhang geht hervor, daß der in Sturzlage mit der bemalten Seite nach unten auf dem zugehörigen Stampflehmboden des Raumes gefundene Wandverputz ebenfalls Ende des 1. Jahrhunderts n. Chr. ausgeführt worden sein muß. Der „Zeitstil“ ist derselbe. Die Wand ist als neutraler Malgrund aufgefaßt; die von Bändern gerahmten Felder erinnern nicht mehr an architektonische Bauglieder. Die Schirmkandelaber sind überschaubar gegliedert und streng symmetrisch aufgebaut, auf zusätzliche Ranken, figürliche Szenen, Darstellungen auf den Felderrändern und im Sockel wurde verzichtet. Aber die Schirme sind mit ungelenken Strichen und Häkchen versehen, die zeigen, daß die Zacken und Schleifen der qualitätvolleren Vorbilder nicht als solche verstanden worden sind.

Schirmkandelaberwände sind kein auf das römische Köln beschränktes Dekorationssystem, sondern überall im römischen Imperium verbreitet und durch zahlreiche Bei-

spiele vor allem aus dem letzten Drittel des 1. Jahrhunderts n. Chr. belegt, so in Trier, Bonn, Kempten, Augsburg, Elst (Niederlande), Straßburg, Limoges, Paris, Soissons, Bourges, Martizay, Ribemont-sur-Ancre (Frankreich), Klagenfurt (Österreich) und Balácapuszta (Ungarn) sowie Astorga und Mérida (Spanien).
Schirmkandelaberwände scheinen in den Provinzen häufiger zu sein als in Italien, was aber vor allem dadurch begründet sein wird, daß aus dieser Zeit in Italien kaum Malereien bekannt sind, denn die nach Aussage der Funde reiche Produktion in den Vesuv-Städten endet mit dem Vulkanausbruch im Jahre 79 n. Chr.
In Köln hingegen sind besonders einfallsreiche Varianten der stereotypen Kandelaberwände erhalten. So sind beispielsweise aus einem weiteren Haus südlich des Domes Dekorationen mit einer einfarbig roten Hauptzone und gelben Kandelabern bekannt, die verbunden sind mit einem schwarzgrundigen Fries von Masken und springenden Tieren im Sockel sowie einem blaugrün-grundigen Fries in der Oberzone der Wand, der mit mythologischen Schiffskampfszenen ausgestattet ist.
In einem Haus des benachbarten Wohnblocks sind rotgrundige Kandelaberstreifen zwischen hellgrüne Felder gestellt, die mit schwarzen Diagonalstreifen oder schwarzen, diagonal verlaufenden Wellenbändern verziert sind. Die Kombination dieser schematisch gemusterten Felder mit Kandelabern ist bisher ohne Parallele. Die gestreiften Felder finden sich in Pompeji nur in einer einfachen Reihung als schlichter Anstrich in Latrinen oder Gängen.
Im Verlauf des 2. Jahrhunderts n. Chr. kommen die Schirmkandelaberwände aus der Mode. Einfache Dekorationen ohne figürliche Elemente mit farbigen Feldern oder bunten Bänderrahmen auf weißem Grund, die auch im 1. Jahrhundert schon üblich waren, nehmen zu. Von den älteren Beispielen unterscheiden sie sich durch eine gröbere Oberflächenstruktur des Putzes.
Daneben erscheinen seit der 2. Hälfte des 2. Jahrhunderts Wanddekorationen mit großfigurigen, die gesamte Hauptzone oberhalb des Sockels einnehmenden Szenen, sogenannten Megalographien. Der Raum mit der rot-schwarzen Schirmkandelaberdekoration und den von Säulen

Köln, Gertrudenstraße. Römische Wandmalerei (Ausschnitt). Trennfeld mit Schirmkandelaber. Auf den Schirmen Oscilla (Bildtäfelchen) und Schwäne.

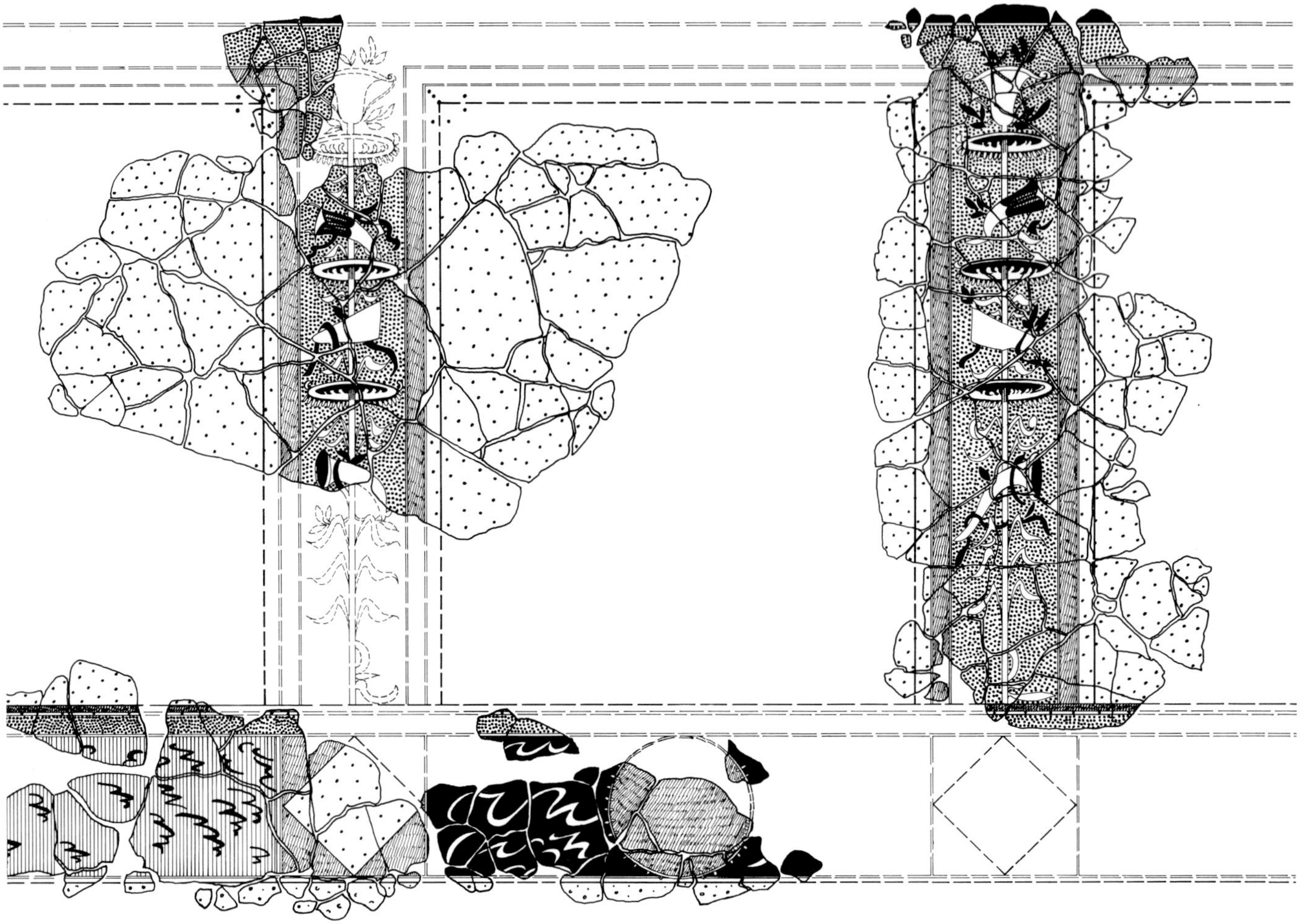

Köln-Marienburg (Alteburg). Römische Wandmalerei. Rekonstruktion der Nordwand in einem Wohnraum des Lagers der römischen Flotte. Ende 1. Jahrh. n. Chr.

begrenzten roten Feldern in dem Haus südlich der Domtürme wurde in der 2. Hälfte des 2. Jahrhunderts umgebaut und verkleinert. Das Fußbodenniveau wurde um etwa 80 cm erhöht. Der alte Verputz blieb, soweit er unterhalb des neuen Fußbodenniveaus lag, also im Bereich der Sokkelzone, teilweise an der Wand haftend erhalten; der Rest wurde von den Mauern abgeschlagen und als Unterlage für einen neuen Zimmerboden einplaniert. Die neue Ausmalung bestand aus wandbreiten, von einem roten Band eingefaßten Tierhatzszenen. Eine der erhaltenen Darstellungen zeigt ein in den Vorderhufen niedergebrochenes Pferd, dem ein Tiger in den Nacken springt. Der abgestürzte Reiter hockt mit aufgerichteter Lanze am Boden. Er ist mit einem Netzgewand bekleidet, das ihn als Gladiator in der Arena ausweist. Eine andere Szene, die unmittelbar rechts neben einer Türkante gesessen hat, welche links von einer senkrechten Ranke begrenzt wird, zeigt einen springenden Panther. Gegenüber den Malereien des 1. Jahrhunderts ist der Malstil flacher, plakativer geworden.
Es sind nicht mehr mehrere Farbschichten in feinen Abstu-

Köln-Marienburg (Alteburg). Römische Wandmalerei. Linker Schirmkandelaber der Nordwand (Ausschnitt) aus dem Wohnraum im römischen Flottenlager.

fungen übereinander aufgetragen, sondern verschiedene Farbwerte teilweise in hartem Kontrast nebeneinander gesetzt. Fragmente einer weiteren Megalographie sind auch in dem Lager der römischen Flotte in Köln-Marienburg zutage gekommen. Von diesem Bildfeld zeugt nur noch die Bodenzone mit Büschen, Füßen und einer aufgestützten Lanzenspitze. Dagegen ist der Sockel fast vollständig erhalten. Er ist weißgrundig und in Nachahmung von Marmor gesprenkelt. In der Mitte ist eine rosafarbene, ebenfalls gesprenkelte Scheibe aufgemalt. Ungeachtet dieser Imitation eines mit Steineinlegearbeiten ausgestatteten Wandsockels sind auf den gesprenkelten Grund Pflanzenbüschel gemalt, die mit Girlanden verbunden sind. In dieser Kombination von Marmorimitation und Pflanzendekor zeigt sich eine bis dahin nicht erreichte Freiheit des Künstlers bei der Bemalung der Wand.

Vergleichbare Wanddekorationen mit monumentalen figürlichen Szenen, die teilweise auch mit perspektivisch gemalten Architekturen verbunden sein können, sind in derselben Zeit auch in Britannien (Tarrant Hinton, Kingscote) sowie in Gallien (Lisieux, Chalon-sur-Saône, Famars und Arras) nachweisbar. Während jedoch die Megalographien der genannten Vergleichsbeispiele ausnahmslos mythologische Themen zum Inhalt haben, wird in den

Kölner Tierhatzszenen, die in einer Arena stattfinden, ein Thema der römischen Gegenwart aufgegriffen. Für diese Szenen konnte der Maler nicht auf ein griechisches Bildschema zurückgreifen, sondern zu einer eigenen Komposition finden.

Die weißgrundigen flächigen Dekorationen mit den von Bändern umschriebenen Feldern werden im späten 2. und vor allem im 3. Jahrhundert n. Chr. zunehmend beliebter und scheinen die figürlichen Malereien, aber auch die Dekorationen mit kräftigen, großflächig aufgetragenen Farben zu verdrängen.

Am Kölner Dom fanden sich auch Teile der Ausmalung eines Raumes aus dem Ende des 2./Anfang des 3. Jahrhunderts. Aus den erhaltenen Wand- und Deckenputzfragmenten geht hervor, daß der Raum mindestens 4 m hoch gewesen sein muß und ein Tonnengewölbe besaß. Die Dekoration ist weißgrundig. Ohne Sockel sitzen unmittelbar über dem Boden von jeweils zwei farbigen Bändern in Schwarz und Grau oder Schwarz und Gelb umschriebene Felder, die offenbar hochrechteckige Steinquader mit Randschlag (Spiegelquader) abbilden und damit das Prinzip der älteren Wandmalerei, des sogenannten 1. Stils, das die Vertäfe-

Köln-Marienburg (Alteburg). Römische Wandmalerei mit sog. Schirmkandelabern auf der Westwand eines Wohnraumes im Flottenlager (Rekonstruktion). Rechts: Ansatz einer Türöffnung.

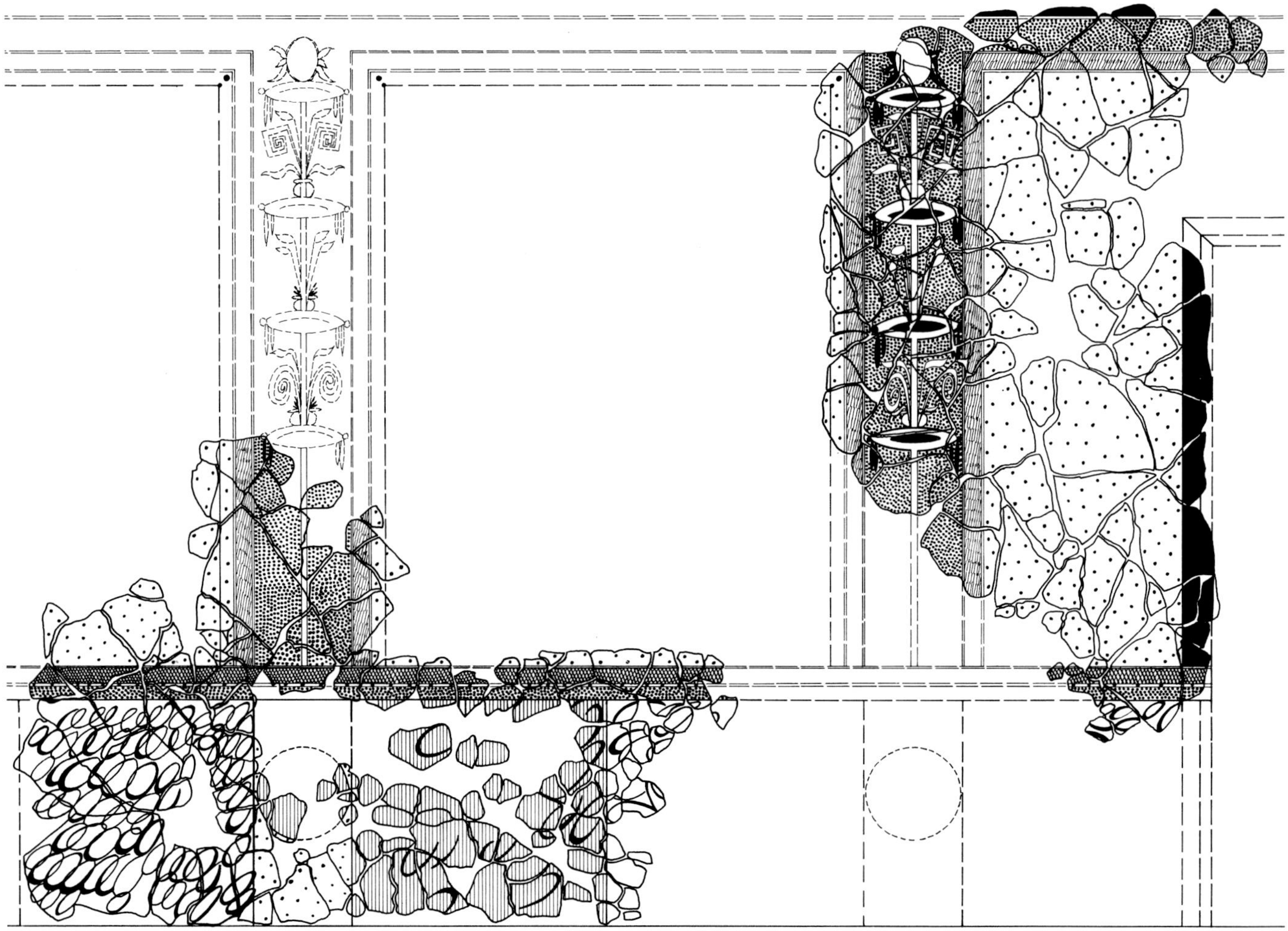

lung der Wand mit Marmorinkrustationen nachahmte, wiederaufnehmen.
In den Quadern sitzen weitere Rahmen aus rot-schwarz-gelben Leisten, die sich an den Ecken überkreuzen. Auf der oberen Leiste verläuft eine grüne Volutenranke. Über den Feldern der Hauptzone folgt ein stilisierter grüner „Gartenzaun", in dessen Mitte auf einer roten, schematisierten Stütze ein Tafelbild mit einer Jahreszeitenbüste steht. Nach den Früchten im Haar und dem Schleier zu schließen, könnte es sich um eine Personifikation des Herbstes handeln. Den oberen Wandabschluß bildet ein stark schematisierter Blattfries. Die Farbkombination der Felderrahmen wechselte an jeder der vier Wände. In den Lünetten der Schmalseiten sind aufgehängte Girlanden wiedergegeben. Die Decke wird von einem großen Mittelkreis und zwei flankierenden kleineren Kreisen beherrscht, die von mehreren farbigen Bändern in Rostrot, Gelb, Grau oder Hellrot sowie von grünen und braunen Ranken umschrieben werden.
Die Struktur des Putzes ist gegenüber der des 1. und 2. Jahrhunderts erheblich gröber geworden. Die Farben sind flüchtig mit einem breiten Pinsel und teilweise so dünn aufgetragen, daß der weiße Grund durchscheint. Von einer lässigen und flotten Ausführung zeugen Farbtropfen auf den Wänden. Eine gewisse Systematik zeigt sich jedoch darin, daß mit Ritzlinien die Wand- und Deckenmitte gekennzeichnet und die Kreise mit einem Zirkel vorgezeichnet sind. Der Malstil ist skizzenhafter, flüchtiger geworden. Unvermittelt sind Flecken und Striche nebeneinander gesetzt, die erst mit einem Blickabstand gesehen zu einem Gesicht zusammenfließen. Unmittelbare Parallelen für diese Kölner Dekoration lassen sich nicht finden. Es sind jedoch beispielsweise in Gallien vergleichbare weißgrundige Dekorationssysteme mit Bänderrahmen, stark stilisierten Architekturfriesen und gleicher Farbpalette nachweisbar.
Funde figürlicher Malereien aus späterer Zeit fehlen in Köln, was mit der schlechteren Überlieferung der Hinterlassenschaften aus der späteren römischen Kaiserzeit zusammenhängen kann, aber tendenziell auch dem Zeitstil entsprechen muß. Neben den weißgrundigen Felderdekorationen sind aus dem späten 2. und 3. Jahrhundert auch großflächige Marmornachahmungen jetzt nicht mehr nur im Sockel, sondern auch in der Hauptzone belegt.
Ein vereinzeltes Beispiel zeugt von architektonischen Malereien im 4. Jahrhundert. Erhalten ist eine Dekoration mit gemaltem Eierstab und Perlband, die zu einem Giebelschluß einer gemauerten Nische ergänzt werden können und wahrscheinlich in einer Folge dieser „Ädikulen" die Umfriedungsmauer des Thermenbezirkes bei St. Cäcilien schmückten. Ein Grund für das nachlassende Interesse an figürlichen und farbenprächtigen Wanddekorationen ist vielleicht darin zu sehen, daß im 3. Jahrhundert die Mosaikkunst mit bunten figürlichen Böden aufblüht, woraufhin die Wanddekoration zurückhaltender gestaltet worden sein kann. Darüber hinaus weisen Grabungsbefunde darauf hin, daß seit der zweiten Hälfte des 2. Jahrhunderts auch eine Vertäfelung der Wände, zumindest teilweise, mit dünnen Marmorplatten in Gebrauch kommt.

Lit.: R. Thomas, Die römische Wandmalerei des 2. Jahrhunderts n. Chr. unter besonderer Berücksichtigung der Kölner Malereien. Cahiers d'Archéologie Romande 43, 1987, 57-65. – R. Thomas, M. Schleiermacher, Neue römische Malerei in Köln (1989).

Ein römischer Reiterhelm aus Xanten-Wardt

Hans-Hoyer v. Prittwitz und Gaffron

Römischer Reiterhelm aus Xanten-Wardt/Kreis Wesel. Eisen, mit Silberblech überzogen. Detail: Stirnmedaillon mit der Büste des Tiberius.

Aus einer Kiesgrube nordöstlich von Xanten wurde ein Helm geborgen, der sich nach seiner Restaurierung in den Werkstätten des Rheinischen Landesmuseums Bonn als vollständig erhaltener Reiterhelm des Typus Weiler, benannt nach dem Fundort des namengebenden Helms im Südosten Belgiens, erweist. Bei diesem Typus handelt es sich um einen Eisenhelm, der mit figürlich getriebenem Bronze- oder Silberblech überzogen ist. Eine dazwischen angebrachte Kittschicht sichert die Treibarbeiten und fixiert das Blech. Charakteristisch sind die plastische Haarwiedergabe auf der Kalotte, der herabgezogene Nackenschutz, der schmale Nackenschirm und die mit plastischer Ohrbildung versehenen Wangenklappen.

Der Xantener Helm (Höhe 19,3 cm; Breite 25,7 cm) enthält darüber hinaus zierende Elemente, die ihm eine Sonderstellung einräumen. Auf der mittleren der in drei Schichten wiedergegebenen Lockenreihe liegt ein Lorbeerkranz mit Früchten, an dem ein Porträtmedaillon über der Stirn befestigt ist. Diese clipeata Imago wird von einem kreisförmig angeordneten Fries aus Beutewaffen gerahmt. Ausgehend von einem Amazonenschild (Pelta) schließen sich jeweils rechts und links an: Beinschiene, zwei Rundschilde mit darüber ragenden Lanzenspitzen, Brustpanzer, zwei gekreuzte achteckige Germanenschilde, Signalhorn und Helm. Das Bildnis zeigt die Büste eines mit Lorbeerkranz geehrten jungen Mannes, bekleidet mit einem Panzer und dem über die Brust verlaufenden Schwertgurt. Bis auf eine – hier allerdings gravierende – Beschädigung der Stirn oberhalb des rechten Auges bis zur linken Schläfe, durch die auch das linke Auge in Mitleidenschaft gezogen ist, ist der Kopf intakt.

Auf dem Nackenschirm verläuft ein Rankenfries, dessen Zentrum ein zu den Seiten wachsender Akanthus einnimmt. In seinen Blütenkelchen erscheinen – spiegelbildlich auf beiden Seiten – die Oberkörper zweier mit Pfeil und Bogen jagender Eroten. Ihre Jagdbeute, ein ihnen zugewandter Keiler bzw. ein flüchtiger Hirsch, ist ebenfalls aus einem Blütenkelch wachsend wiedergegeben. Schließlich sind auch die Wangenklappen mit der plastischen Angabe von Ohrmuscheln und ziseliertem lockigem Barthaar ausgestaltet.

Eisenhelm und Silberfolie sind jeweils aus einem Stück gearbeitet, angenietet waren nur die Ohrschutzbleche und das mehrfach profilierte Stirnband.

Für eine genaue Datierung des Helmes in die frühe römische Kaiserzeit ist die Bestimmung des in der Schildbüste Dargestellten entscheidend. Wegen der fehlenden Stirnlocken kann eine Benennung eher anhand der Kopfform und der Wiedergabe der Gesichtszüge vorgenommen werden. Charakteristische Merkmale sind die in Höhe der Schläfen betont ausladende und nach unten spitz zulaufende Schädelform, die lange Nase mit Angabe der Nasolabialfalte, der kurze Mund und die großen Augen mit präzise abgesetzten Lidern. Alle genannten Merkmale treffen auf einen Porträttypus des Tiberius zu, der vor allem nach dessen Adoption durch den Kaiser Augustus (4 n. Chr.) vielfach aufgestellt wurde. Von diesem Bildnistyp sind nicht nur Marmorkopien überliefert, sondern auch kleinformatige Wiedergaben in Form von Glasphalerae (militärischen Orden) bekannt. Da zur Thronbesteigung des Tiberius nach dem Tode des Augustus im Jahre 14 n. Chr. ein neues Bildnis erschien, kann die Herstellung des Helmes nur in den dazwischenliegenden Jahren erfolgt sein.
Tiberius war von 4 bis 6 n. Chr. Oberbefehlshaber der Truppen am Rhein. In dieser Eigenschaft führte er erfolgreiche Kämpfe gegen zahlreiche rechtsrheinische Germanenstämme. Sein Nachfolger, der bekannte P. Quinctilius Varus, hinterließ ihm nach der verlorenen Schlacht von 9 n. Chr. erneut die Aufgabe, die Rheingrenze zu sichern. Erst drei Jahre später kehrte Tiberius nach Rom zurück und übergab den Oberbefehl an Germanicus.
Der Bildschmuck des Helmes läßt vermuten, daß sein Träger diesen als hohe Auszeichnung erhielt; gleichzeitig demonstrierte der Besitzer seine Loyalität gegenüber seinem obersten militärischen Dienstherrn. Außerdem wird an dem Helm eine Besonderheit deutlich: der scheinbar völlig verzogene Nackenschirm ist schon bei der Herstellung bewußt so gearbeitet worden. Ferner wurde nachträglich der rechte Ohrschutz weiter nach vorn gesetzt und ein Stück Nackenschutz ergänzt, offensichtlich um den Helm der Kopfform und Kopfhaltung seines Besitzers anzupassen.
Schließlich trägt auch der Fundort zur Erhellung der Geschichte dieses Helmes bei. In der Kiesgrube wurden zahlreiche Waffen und Geräte, zum Teil aus Edelmetall, aus der Hallstattzeit bis zur römischen Kaiserzeit gefunden (s. S. 219). Die Nähe zum Rhein läßt an eine Furt denken, so daß beim Überqueren des Flusses die Gerätschaften entweder verloren wurden oder aber – wahrscheinlicher – als Opfergaben bei einer Flußüberquerung nach einer glücklichen Rückkehr geweiht wurden.

Lit.: D. v. Detten, M. Gechter, in: Archäologie im Rheinland 1987 (1988) 63 f. – H. Pflug, Antike Helme. Kunst und Altertum am Rhein Nr. 129 (1989) 53, 71 f.

◁ *Römischer Reiterhelm aus Xanten-Wardt/Kreis Wesel. Eisen, mit stellenweise vergoldetem Silberblech überzogen. Seitenansicht.*

Silber- und Bronzegefäße aus dem Altrhein bei Xanten

Ulrich Schädler

Bei Kiesbaggerarbeiten zwischen Wardt und Lüttingen nordöstlich von Xanten/Kreis Wesel kamen zwischen 1986 und 1988 bemerkenswerte archäologische Funde zutage. Die Baggerarbeiten fanden im Bereich des sogenannten Wardt-Lüttinger Bogens statt, ein während der römischen Kaiserzeit wasserführender Rheinarm. Den Großteil der Funde bilden römische Militaria sowie Bronze- und Silbergefäße römischen Eß- und Trinkgeschirrs aus der frühen Kaiserzeit.

Es handelt sich nicht um einen geschlossenen Fund wie etwa Schatz- und Hortfunde, bei denen die Gegenstände zu einem bestimmten Zeitpunkt gemeinsam deponiert wurden. Nicht alle Objekte sind gemeinsam in den Fluß gelangt. Dies läßt sich mit einiger Sicherheit lediglich von einem zusammengehörigen Paar silberner Becher sagen, das ebenfalls zum Fundmaterial gehört. Einige der römischen Gefäße, aber auch der Offiziershelm (s. S. 216) sind immerhin so gut erhalten, daß sie der Rhein nicht weit transportiert haben kann. Sie dürften daher nahe der Fundstelle ins Wasser gefallen oder geworfen und nicht lange danach bereits zugeschwemmt worden sein.

Zunächst seien hier fünf bronzene Kasserollen vorgestellt, von denen nur zwei nahezu unbeschädigt blieben, während eine sehr fragmentiert und zwei ziemlich verdrückt sind. Als Kasserollen bezeichnet man römische Gefäße mit tiefem, bauchigem Topf, meist leicht gewölbter Wandung und flachem, am oberen Rand des Topfes waagerecht angebrachtem Griff. Bronzekasserollen sind meist mit Griff aus einem Stück gegossen und auf der Drehbank abgedreht. Dies läßt sich an den kreisrunden Rillen am Gefäßboden und unterhalb der Lippe erkennen. Diese Rillen stellen meist auch die einzige Verzierung des Gefäßkörpers dar, denn gewöhnlich beschränkt sich der Schmuck auf den Griff, wo er von ziselierten Linien bis zu figürlichen Reliefs reicht. Die von den Römern wahrscheinlich Trullae genannten Kasserollen scheinen überaus vielseitig als Eß- und Trinkgeschirr, weniger zum Kochen Verwendung gefunden zu haben. Überdies konnte man platzsparende Sets von bis zu fünf ineinander passenden Stücken herstellen, was sie zu einem besonders für römische Legionäre außerordentlich praktischen Gefäß machte. Außer der Verwendung im Haushalt hatten die Kasserollen wohl auch eine religiöse Bedeutung als Weihegaben. So fällt nicht nur die große Zahl in Flüssen, besonders an Übergängen und Brücken, gefundener Kasserollen auf, die sich nicht alleine mit Verlusten bei Transport und Verladen erklären läßt. Es wurde ferner festgestellt, daß die gleichen Fundstellen häufig auch bronze- und eisenzeitliche Waffen liefern. Die Vermutung liegt nahe, daß man es in diesen Fällen mit Weihegaben zu tun hat. Eine kultische Funktion ist zumindest für die silbernen Kasserollen mit reliefierten Darstellungen religiösen Inhalts auf dem Griff anzunehmen.

Vier der bei Xanten geborgenen Gefäße gehören dem sogenannten Typus der Schwanenkopfkasserollen an. Die Bezeichnung leitet sich von der Form des halbrunden Bügels am Griffende her, der zum Aufhängen des Gefäßes dient und an beiden Außenseiten in nach innen gewendete Schwanenköpfe ausläuft. Dieser Kasserollentyp wurde von kampanischen Werkstätten augusteischer Zeit entwikkelt und war bis in die 2. Hälfte des 1. Jahrhunderts n. Chr. besonders in den nördlichen Provinzen des Römischen Reiches äußerst beliebt. Die Qualität der bronzenen Gebrauchsgefäße aus den Werkstätten Kampaniens mit dem Zentrum Capua wurde bereits in der Antike hochgeschätzt. Der ältere Plinius führt sie in seiner Naturgeschichte (34, 95) auf ein besonderes Verfahren der Kupferschmelze und Legierung zurück. Auch die Verzinnung von Gefäßen wird von Plinius beschrieben, der (nat. hist. 34, 162) angibt, Überzug aus „weißem Blei" solle Silber imitieren. Verzinnt waren die beiden Xantener Exemplare mit blauer Patina: Die Verzinnung reichte bis an die Drehrillen unter der Lippe des Gefäßkörpers, wo ein dunkler Rand zu sehen ist.

Auch den Dekor an den Griffen der Xantener Kasserollen muß man sich ursprünglich weniger unauffällig vorstellen. Den Griff der unbeschädigten Kasserolle mit blauer Patina ziert ein Thyrsos, ein in Weinlaubbündeln oder in einem Pinienzapfen endender Stab, den der Weingott Dionysos und sein Gefolge mit sich führen. Hier waren die Pinienzapfen mit Metalleinlagen versehen, wo heute nur rechteckige Vertiefungen zu sehen sind. Versuche, das Vorkommen des Thyrsos auf Kasserollen als Beweis für ihre Nutzung als Trinkgeschirr zu werten, führten zu keinem Ergebnis. Möglicherweise deutet das Thyrsosmotiv eher die kultische Funktion auch von Bronzekasserollen an. Wegen der fehlenden Bänder und Girlanden, die bei frühen Exemplaren den Thyrsos schmücken, gehört diese Kasserolle bereits zu den späteren Vertretern des Schwanenkopftypus.

Zwar paßt die Thyrsoskasserolle genau in die große Kasserolle hinein, dennoch dürften sie aufgrund der sehr unterschiedlichen Machart kein Paar gebildet haben. Die sorgfältige Behandlung der Schwanenköpfe, deren Federn durch kleine halbrunde Linien angegeben sind, gilt gewöhnlich als Merkmal einer frühen Entstehungszeit, so daß diese Kasserolle älter als die Thyrsoskasserolle sein dürfte. Der schön geschwungene Griff ist aufwendig gestaltet: An den Seiten und oben von Perlschnüren gesäumt, ziert seine Mitte eine stabartige, von Perlschnüren gerahmte Vertiefung, die ebenfalls mit Metall eingelegt war.

Besonders interessant ist die verdrückte Kasserolle, deren Schwanenkopfgriff am Gefäßkörper und am Bügel mit je einem von Perlschnüren gerahmten Eierstab verziert ist. Jeweils rechts und links unter dem Eierstab ist ein kleiner eingepunzter Kreis zu sehen. Eine Perlschnur schmückt auch die Mittelachse des Griffes. Auf dem Griff ist ein Fabrikantenstempel mit den Buchstaben MPLINFE angebracht, was als M(arcus) PLIN(ius) (Diogenes) FE(cit) zu lesen ist. Marcus Plinius Diogenes gehört zu den kampanischen Herstellern von Bronzegefäßen, deren Stempel von einigen Kasserollen bekannt sind. Die stark stilisierten Schwanenköpfe der Kasserolle lassen vermuten, daß Meister Plinius bereits im fortgeschrittenen 1. Jahrhundert n. Chr. tätig war. Auch diese Kasserolle stammt demnach aus Italien und wurde importiert oder von römischen Soldaten mitgebracht. Fabrikantennamen tauchen auf Bronzekasserollen vergleichsweise häufig auf. Sie finden sich dagegen selten auf anderen Bronzegefäßen wie Sieben und Schöpflöffeln, nur manchmal auf Strigiles oder Lampen. Über den Zweck dieser Stempel wissen wir sehr wenig. Vor allem stellt sich die Frage, warum nur manche Gefäße einer Gattung gestempelt wurden. Ob dies möglicherweise mit ihrer profanen oder religiösen Verwendung zusammenhängt, muß einstweilen offenbleiben.

Einen anderen Kasserollentypus, nämlich mit in einer kreisrunden Scheibe auslaufendem Griff, stellt das sehr schlecht erhaltene Stück dar, auf dessen Griff noch die beiden punktierten Buchstaben MS zu lesen sind.

Ebenfalls mit einem Stempel versehen ist die bronzene Kelle mit langem Stiel, die vor allem wegen ihrer komplizierten Verzierung in Durchbruchtechnik auffällt. Der Stempel ist schlecht lesbar, nur die drei Buchstaben NIC sind zu erkennen, was möglicherweise auf den italischen Kasserollen-Hersteller griechischer Abstammung P. Cipius Nicomachus hindeutet. Die genaue Lesung des Stempels ist deshalb wichtig, weil sich in Nijmegen ein identischer Griff und in Leiden und London zwei weitere Kellen mit diesem außergewöhnlichen Ornament befinden, das in ähnlicher Form auch von Kasserollen bekannt ist. Weder die Datierung noch die Herkunft dieser Gefäße – Norditalien wurde vorgeschlagen – konnten bislang geklärt werden. Das Ornament ist symmetrisch angelegt, wobei eine Linie die Symmetrieachse bildet, die von schräg in Richtung Kelle verlaufenden Linien begleitet wird, bis sie in einer Spitze endet, die in einen Kreis stößt. Zu beiden Seiten sind amazonenschildförmige Durchbrüche zu sehen, die von zwei sich zuneigenden, mit Metall eingelegten „Augen“ gebildet werden. Oben und unten schließen sich zum Stiel hineindrehende Voluten an. Der lange Griff endet in einem halbkreisförmigen Bügel, dessen Basis von einer Perlschnur und einem Eierstab gesäumt wird.

Zu den Funden aus Xanten gehören auch fünf Silbergefäße. Es handelt sich um ein Paar unverzierter Becher, einen Teller, einen kleinen Napf und ein kleines Gefäß in Kantharosform. Aus Silber gefertigte Gebrauchsgegenstände scheinen während der frühen römischen Kaiserzeit auch bei weniger begüterten sozialen Schichten üblich gewesen zu sein. Plinius klagt (nat. hist. 33, 152), daß zu seiner Zeit sogar Mägde silberne Spiegel und Soldaten Schwertgriffe mit silbernen Reliefs besäßen. Nach Sueton (vit. Domit. 1) galt ein Haushalt ohne Tafelsilber als bedauernswert arm.

Die kaum verzierten Gefäße aus Xanten gehören zum einfacheren Tafelsilber, das jedoch immer noch erheblich teurer war als entsprechende Gefäße aus Keramik. Natürlich können sie sich nicht mit den schon in der Antike raren Meisterwerken griechischer Toreuten wie Mentor, Mys oder Pytheas messen, für die selbsternannte Kenner aus der römischen Senatsaristokratie aberwitzige Summen zu zahlen bereit waren. Doch schon im Inventar der Silberschätze von Hildesheim und Berthouville sowie in den Tafelservicen des wohlhabenden kampanischen Provinz-

Frührömische Silber- und Bronzegefäße sowie durchbrochene Bronzebeschläge aus Xanten-Wardt/Kreis Wesel.

adels aus Boscoreale und der Casa del Menandro in Pompeji tauchen vergleichbar schlichte Stücke auf.
Das kleine kantharosförmige Gefäß zeichnet sich nicht nur durch seinen guten Erhaltungszustand aus: Lediglich die beiden Henkel fehlen, die nur am oberen Rand der Lippe angelötet waren. Seine charakteristische Form mit der weit ausladenden Mündung, dem eingezogenen Hals und der ausgeprägten, von einer zarten Linie markierten Schulter erweist die hohe Qualität des kaum 4 cm hohen Gefäßchens, das als Salzfäßchen bei Tisch verwendet worden sein mag.
Der kleine Teller und der Napf weisen in Material, Verarbeitung und Dekor so große Ähnlichkeiten auf, daß sie dem gleichen Service angehört haben dürften. Am Teller ist der Rand des Bodens mit einem Astragal und einer Perlschnur markiert, während das obere Profil von Perlschnüren und einem Kranz stilisierter Blätter umgeben ist. Ähnliche Blattkränze zieren die beiden Becher aus Grab 1 von Lübsow, aber auch ein Becherpaar aus dem Schatzfund von Hildesheim. Der kleine steilwandige Napf weist außer einem ebensolchen Blattkranz ein stilisiertes Flechtband auf, wie es in ähnlicher Form etwa an einem zweihenkligen Becher aus Tivoli vorkommt.
Die beiden in Größe, Form, Material und Dekor identischen Becher bildeten zweifellos das zu einem Trinkgeschirr gehörige Becherpaar. Die halbkugelige Form des Gefäßes geht auf Vorbilder aus dem Hellenismus zurück und wurde auch in Ton und Glas hergestellt; sie kommt hier gerade wegen des Fehlens jeglicher Verzierung besonders schön zur Geltung. Von besonderem Formgefühl zeugt die Gestaltung der Lippe mit dem kräftigen Wulst und der vom Gefäßkörper markant abgesetzten Kehle. Zu vergleichen wären außer dem Lorbeer-Becher aus Hildesheim ein unverzierter Becher aus dem Schatz von Berthouville sowie ein Silberbecher aus Meroë. Leider fehlt an unseren beiden Exemplaren der reich profilierte Fuß, wie er von anderen Bechern bekannt ist, doch ist an dem besser erhaltenen die kreisrunde Lötstelle am Boden noch zu sehen. Nur dieser hat auch noch einen der beiden an der Lippe und der Becheraußenseite angelöteten, über den oberen Gefäßrand hinausragenden Henkel. Die in Knospen auslaufenden Arme der Befestigung auf der Lippe sind von den Lübsow-Bechern, aber auch von Beispielen aus Boscoreale bekannt.
Auch die Silbergefäße aus dem Rhein bei Wardt-Lüttingen wurden demnach im 1. Jahrhundert n. Chr. in Italien hergestellt. Ihr ehemaliger Besitzer wird in Militärkreisen der in Vetera Castra stationierten Legionen zu suchen sein, denn selbst einfaches Tafelsilber dürfte für die meisten Einheimischen unerschwinglich gewesen sein.

Ausgrabungen in Krefeld-Gellep 1980–1990

Renate Pirling – Christoph Reichmann

Bei dem Dörfchen Gellep, das zum Stadtgebiet von Krefeld gehört, lag in antiker Zeit ein römisches Kastell namens Gelduba, das kurz nach dem Bataveraufstand der Jahre 69/70 n. Chr. errichtet wurde. Vom Krefelder Museum Burg Linn aus werden in Zusammenarbeit mit dem Rheinischen Amt für Bodendenkmalpflege in Bonn alljährlich Ausgrabungen im Kastell und seinem Umfeld sowie auf den zugehörigen Gräberfeldern unternommen.

Wir wissen heute, daß dem römischen Militärlager eine dorfähnliche Siedlung vorausging, die allerdings nicht rein zivilen Charakter hatte. Sie wurde in den zwanziger Jahren des 1. Jahrhunderts n. Chr. begründet und muß in der Bataverschlacht zerstört worden sein. Über diese sind wir durch den römischen Geschichtsschreiber Tacitus gut unterrichtet. Er schildert im 4. Buch seiner Historien ausführlich Kämpfe, die sich zwischen römischen Truppen und germanischen Aufständischen vom Stamme der Bataver im November des Jahres 69 beim Lager Gelduba abgespielt haben und höchst verlustreich für beide Seiten verlaufen sind. Bei diesem Lager handelte es sich um ein vorübergehend besetztes Marschlager für zwei Legionen, das sich noch auf dem Gebiet der mit Rom befreundeten Ubier, aber dicht an der Grenze zu den bereits mit den Batavern verbündeten Kugernern, befand.

Nach dem Bataveraufstand wurde ein festes Kastell für eine Hilfstruppeneinheit errichtet. Seine genaue Lage ist seit 1979 bekannt. Leider fiel ein Teil davon, die Praetentura, d. h. die nach Osten, dem Feind zugewandte Seite, dem Ausbau des Krefelder Rheinhafens zum Opfer und wurde abgebaggert, ehe sie vollständig untersucht werden konnte. In der gegenüberliegenden Retentura haben in den letzten Jahren Ausgrabungen stattgefunden, die für die Geschichte des Kastells neue Erkenntnisse brachten. Bislang hatte man in dem durch mittelalterlichen Steinraub nur schwer entwirrbaren Schutthügel des Kastells vergeblich nach spätantiken Mauerzügen geforscht. Jetzt stellte sich heraus, daß diese Mauern zwar vorhanden, jedoch wider Erwarten kaum fundamentiert gewesen waren. Daher blieben nach ihrem Ausbruch nur geringe Spuren erhalten. Immerhin ließ sich mit ihrer Hilfe eine Folge von Neu- und Umbauphasen feststellen.

Eine besondere Überraschung bot vor allem das erste spätantike Kastell, dessen Errichtung noch in diokletianische Zeit (Ende des 3. Jahrhundert) fällt, denn es zeigt zahlreiche, sonst nur aus dem Osten des Reiches bekannte Merkmale. Zusammen mit weiteren Funden östlicher Herkunft lassen sie den Schluß zu, daß die neue Festung auch von östlichen Truppen errichtet wurde. Dieser Umstand ist interessant, weil die Anwesenheit östlicher Truppen am Rhein zur Zeit Diokletians bislang bestritten worden ist. Weitere Bauspuren ließen sich der konstantinischen, julianischen und valentinianischen Zeit (dem frühen bis späten 4. Jahrhundert) zuweisen, einer Zeit, der auch sonst am Rhein zahlreiche Festungsumbauten und neue Festungen verdankt werden. In Gellep war der römische Ausbau jedoch damit nicht beendet. Noch unter Kaiser Theodosius, gegen Ende des 4. Jahrhunderts, erhielt das Kastell einen neuen äußeren Festungsring. Im 5. Jahrhundert bauten dann zwar germanische Foederaten (verbündete Hilfstruppen) ihre hölzernen Häuser bis dicht unter die Festungsmauern und erschwerten damit ihre Verteidigung, doch bedeutete dies nicht das Ende des Kastells. Nach dem bisherigen Stand der Untersuchungen wurde das Kastell noch bis in das 7. Jahrhundert hinein bewohnt, und abgerissen hat man die Ruinen anscheinend erst im hohen Mittelalter (13. Jahrhundert).

Die Grabungen der letzten Jahre betrafen aber nicht nur das Innere des Kastells, sondern auch das Vorgelände. Eine Überraschung war der Fund des Kastellbades, das nach früheren Beobachtungen als abgebaggert und damit als endgültig verloren gegolten hatte. Errichtet worden war es schon bald nach 70 n. Chr., wie gestempelte Ziegel zeigen, von dem Erbauer des ersten Kastells, der Ala Sulpicia, einer in Spanien aufgestellten Reitereinheit. Zwar brannte das Bad in den 80er Jahren des 1. Jahrhunderts vollständig nieder, doch errichtete die Cohors Varcianorum, eine aus Pannonien, dem heutigen Ungarn, stammende Nachfolgeeinheit, später dicht daneben ein neues, größeres Bad, das bis in das 3. Jahrhundert bestand. Erst unter Kaiser Cara-

calla (211–217 n. Chr.) wurde das Bad ein zweites Mal verlegt, und zwar anscheinend in den heute zerstörten Teil des Kastells. Auch andernorts legte man jetzt verstärkten Wert auf die Sicherheit der Badeanlagen.
Bemerkenswert ist schließlich noch der Fund einer kleinen „cocina", eines Gasthauses mit Küche, dicht neben der Badeanlage, so daß hier auch in dieser Hinsicht für das leibliche Wohl der Badegäste gesorgt war. Infolge des erwähnten Brandes fanden sich in der Küche noch zahlreiche Gegenstände, darunter ein eiserner Grill, eine eiserne Lampe und auch ein Zirkusbecher (ein formgeblasener Glasbecher mit der Darstellung eines Wagenrennens im Circus Maximus in Rom).
Die in den letzten Jahren durchgeführten Grabungen außerhalb des Kastells betrafen neben dem Bad und wirtschaftlichen Einrichtungen, wie einer Markthalle, auch kultische Anlagen. So kamen in größerer Entfernung (ca. 6 km nordwestlich des Kastells) die Reste eines großen Heiligtums zutage, u. a. die Fundamente eines steinernen Podiumstempels. Es scheint, daß hier der dem rheinischen Gegenkaiser Postumus so wichtige einheimische Gott Hercules Deusoniensis verehrt wurde. Dementsprechend erlebte das Heiligtum seinen größten Ausbaustand und seine Blüte zur Zeit des von Postumus begründeten gallischen Sonderreiches (259–273 n. Chr.). Seine politische Bedeutung in dieser Zeit erklärt allerdings wohl auch seine außerordentlich gründliche Zerstörung Ende des 3. Jahrhunderts, nach dem Fall des Sonderreiches. Von besonderem Interesse sind neben den römischen Ausbauten, darunter einer offensichtlich qualitätvollen Ausmalung des Tempels, auch die einheimischen Einrichtungen. So bildete anscheinend ursprünglich ein großer Baum den Mittelpunkt des rechteckig eingefriedeten Haines. Vermutet hatte man eine solche Anlage auch schon bei anderen einheimischen Heiligtümern, doch stieß dort der Nachweis zumeist auf Schwierigkeiten.
Einem fremden, aber unter den Soldaten sehr beliebten Kult diente ein anderer hölzerner Tempel, der 1981 unmittelbar neben dem Kastell in Gellep freigelegt wurde. Die kennzeichnende Eintiefung des ganzen Baukörpers, die als Nachbildung einer Höhle anzusehen ist, das zweifach getreppte Podium im Inneren und die sieben Säulenreihen weisen den Tempel als Mithräum aus, als Weihestätte für den Mysterienkult des persischen Lichtgottes Mithras. Mithräen gab es anscheinend fast in allen größeren Städten und militärischen Stützpunkten des Rheinlandes, doch handelt es sich hier um eine besonders frühe, d. h. schon um die Mitte des 2. Jahrhunderts errichtete Anlage und zudem um den ersten Nachweis eines vollständig in Holz ausgeführten Baues.
Vielleicht noch überraschender als das Mithräum waren die Funde in seinem Inneren. Dort lagen die Skelette von 16 menschlichen Individuen und zwei Pferden, die offensichtlich alle keines natürlichen Todes gestorben sind, sondern bei Kampfhandlungen einen gewaltsamen Tod gefunden hatten. Darunter waren auch Frauen und Kinder. Eine Frau trug einen kleinen Stoffbeutel bei sich, der vier Silbermünzen enthielt; die jüngste ist eine Prägung des Kaisers Valerian aus dem Jahre 258 n. Chr. Damit lassen sich die kriegerischen Ereignisse, bei denen diese Menschen offensichtlich einen grausamen Tod gefunden haben, in die Zeit der ersten Frankeneinfälle gegen Ende der fünfziger Jahre des 3. Jahrhunderts datieren.
Nun hatten wir in früheren Jahren auf einem unmittelbar angrenzenden Gelände schon einmal eine größere Zahl ungewöhnlicher Bestattungen von Menschen und Pferden entdeckt, die sich auf Grund einer Bronzefibel und eines Zaumzeugs in die zweite Hälfte des 1. Jahrhunderts n. Chr. datieren ließen. Bei Grabungen der Jahre 1988 und 1989 wurden mehrere hundert Meter weiter südlich mehr als 60 Pferdegräber gefunden, wobei die zweifellos gewaltsam getöteten Tiere meist in Gräben geworfen worden waren, die sich durch das Gelände ziehen und die nach Scherben- und gelegentlichen Münzfunden aus der zweiten Hälfte des 1. Jahrhunderts stammen müssen. Diese Gräben gehören sicher zu jenem Marschlager des Jahres 69 n. Chr., von dem uns Tacitus berichtet. Wir haben also in Gellep deutliche Spuren zweier Kämpfe, die im Abstand von rund zweihundert Jahren – einmal im Jahr 69, das andere Mal bei den ersten Frankeneinfällen 259/260 n. Chr. – stattgefunden haben.
Die „regulären" Gräberfelder legen sich wie ein großer Halbbogen auf der dem Rhein abgewandten Seite um das Gelände von Kastell und Vicus. Seit 1934 werden sie planmäßig ausgegraben, rund 5700 Gräber konnten bis heute aufgedeckt werden, und noch ist ein Ende nicht in Sicht. Die Belegung reicht vom frühen 1. bis zum Beginn des 8. Jahrhunderts n. Chr. Fallen die Gräberfelder schon durch ihren Umfang völlig aus dem Rahmen, so ist auch ihre

Krefeld-Gellep. Lage des römischen Kastells und des Mithräums. ▷ Grabungsareale im Bereich der Gräberfelder von 1980 bis 1990.

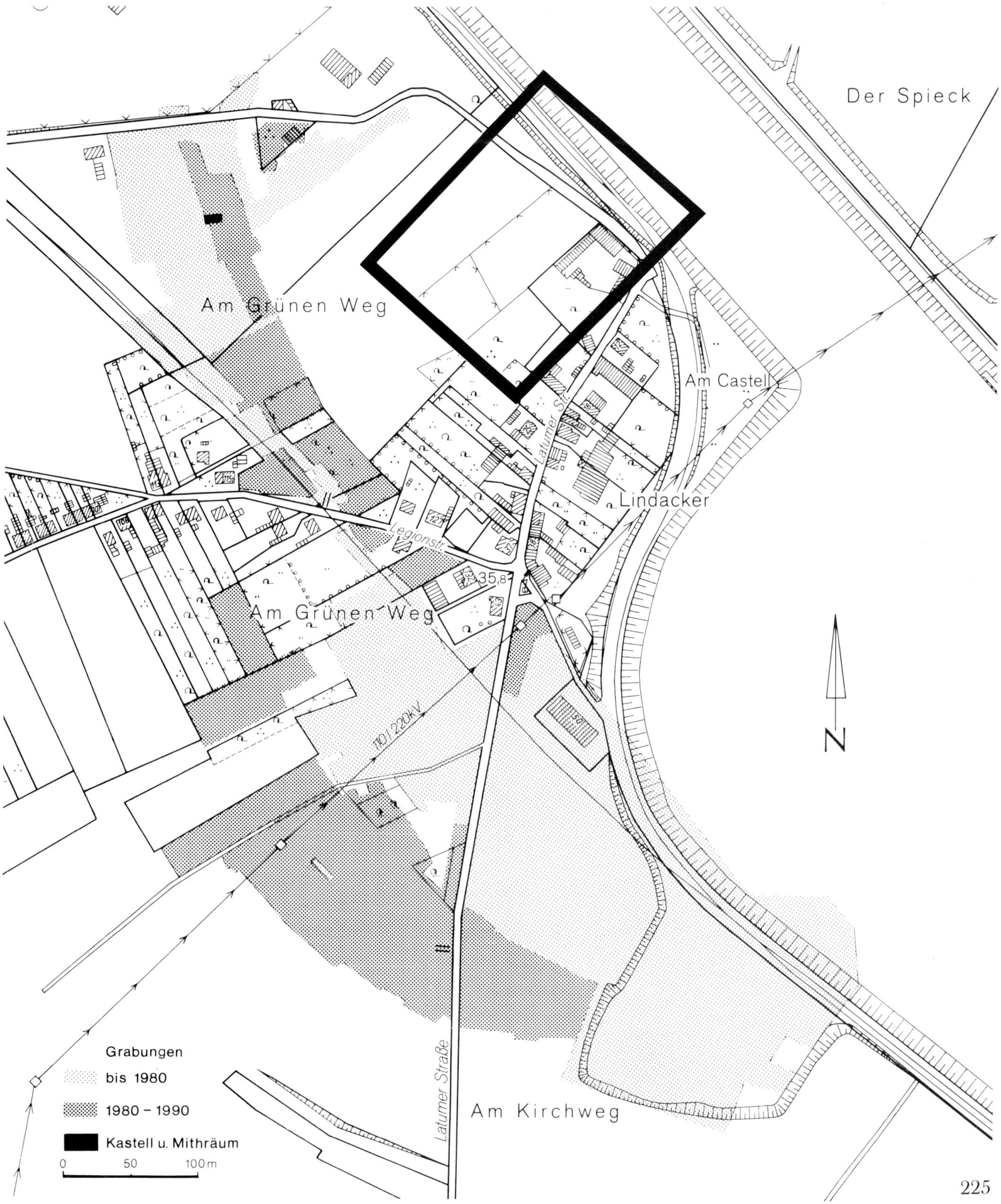
Der Spieck
Am Grünen Weg
Am Castell
Latumer Str.
Lindacker
Legionstr.
35,8
Am Grünen Weg
110/220kV
Latumer Straße
Am Kirchweg
Grabungen
bis 1980
1980 – 1990
Kastell u. Mithräum
0
50
100 m

Krefeld-Gellep. Römische Brandbestattung. Frauengrab Nr. 4756 während der Ausgrabung. Zu erkennen sind die beiden Schlangenfadengläser, die bronzenen Tutulusfibeln und die silbervergoldete Haarnadel.

kontinuierliche Fortsetzung in die fränkische Zeit hinein ganz ungewöhnlich. Gräber aus dem sonst weitgehend fundleeren 5. Jahrhundert, der Zeit des Übergangs von der Antike zum frühen Mittelalter, waren schon bei den ersten Grabungen in den dreißiger Jahren in größerer Zahl zutage gekommen und hatten die Sonderstellung Gelleps erwiesen. 1962 wurde ganz überraschend das Grab eines hohen fränkischen Adeligen, ein „Fürstengrab" aus dem frühen 6. Jahrhundert mit prächtiger Ausstattung, entdeckt, mit dem die Bedeutung Gelleps in fränkischer Zeit in einem ganz neuen Licht erschien.
Die Grabungen der letzten zehn Jahre wurden von der Deutschen Forschungsgemeinschaft finanziert. Obwohl wir uns bei der Wahl der Grabungsflächen nach dem Grad der jeweils stärksten Gefährdung durch Überbauung oder Abbaggerung richten mußten und nur selten größere Flächen zusammenhängend untersuchen konnten, gelang es, große Teile der Lücke zwischen den Grabungen im Norden des Dorfes und der großen Südostnekropole zu schließen. Dort war vom Ende des 3. bis zum Beginn des 8. Jahrhunderts durchgehend belegt worden. Hier fanden sich auch sämtliche fränkischen Bestattungen Gelleps seit dem 6. Jahrhundert.
In der Berichtszeit wurden 1430 Gräber freigelegt, die vom 1. bis zum Beginn des 5. Jahrhunderts reichen. Die ältesten wurden erwartungsgemäß im Norden, in der Nähe der

Krefeld-Gellep. Römische Brandbestattung. Grab Nr. 5595 während der Ausgrabung. Die Beigaben: verschiedene Glaskannen und andere Glasgefäße, Tonkrüge und Bronzebecken bzw. -kanne, dazu Münzen.

ersten römerzeitlichen Ansiedlung, angetroffen. Von hier breitete die Belegung sich weiter nach Süden aus, allerdings keineswegs in einer Richtung fortschreitend. Schon gegen Ende des 1. Jahrhunderts n. Chr. gab es zwei getrennte Gräberfelder, die rund 350 m voneinander entfernt lagen.

Auf dem südlich gelegenen Bestattungsplatz trafen wir viele Gräber aus dem Ende des 1. und der ersten Hälfte des 2. Jahrhunderts an, bei denen der Tote auf einem unmittelbar über der Grube errichteten Scheiterhaufen verbrannt wurde. Der antike Name Bustum ist hierfür überliefert. Einige dieser Busta wiesen ungewöhnlich große Gruben auf, wobei auffiel, daß diese entweder sehr reich mit Beigaben ausgestattet oder aber, obgleich ungestört, völlig beigabenlos waren.

Aus dem 3. Jahrhundert konnte in den letzten Jahren eine Gruppe von Gräbern aufgedeckt werden, die ihrer Anlage oder ihrer Ausstattung nach ungewöhnlich waren. Bei allen handelte es sich um Brandgräber. In einem (Nr. 5418) wurden neben einem Medaillon des Kaisers Caracalla (211–217 n. Chr.) drei eiserne Waffen, eine Axt, eine Lanzen- und eine Pfeilspitze, angetroffen. Alle drei sind ihrer Form nach unrömisch, abgesehen davon, daß Waffen bei den Römern als Grabbeigaben nicht üblich sind. Hier war sicher ein Germane bestattet, der im römischen Heer Dienst tat. Es ist dies in Gellep der älteste Hinweis auf solche Foederaten,

Krefeld-Gellep. Römische Brandbestattung. Grab Nr. 3941 während der Ausgrabung. Im oberen Teil des Bildes der Leichenbrand, im unteren die reichen Beigaben.

wie sie in den zeitgenössischen Quellen genannt werden. In seiner Nähe stießen wir auf ein Grab (Nr. 5388), das neben zwei einfachen Tongefäßen und einem Glas auch einen Bronzebecher mit figürlicher Verzierung von hoher Qualität aufwies, der sicher nicht im Rheinland hergestellt wurde und zu der eher bescheidenen Grabausstattung nicht passen will (s. S. 230). Man wüßte gern, auf welche Weise der hier Bestattete in seinen Besitz gelangt ist.

Dies gilt erst recht für einen 1989 in einem mit mehreren Tongefäßen und drei Gläsern ausgestatteten Grab (Nr. 5555) gefundenen sog. „Trierer Spruchbecher". Es handelt sich um einen 30 cm hohen prächtigen, schwarzen Firnisbecher mit Barbotineverzierung und einer weiß aufgemalten Inschrift, auf der ein Präfekt der 30. Legion, der „Hauslegion" Xantens, neben einem Soldaten ebendieser Einheit namentlich genannt ist (s. S. 232). Das Grab fällt auch dadurch auf, daß es von einem Kreisgraben umgeben war. Bei mehreren Gräbern aus der zweiten Hälfte des 3. Jahrhunderts konnten wir in den letzten Jahren feststellen, daß sie inmitten derartiger Kreisgräben von 5–9 m Durchmesser lagen; einige wenige Gräber waren von rechteckigen oder quadratischen Grabenanlagen umgeben. Alle weisen auf einer Seite eine Unterbrechung auf. Die Grabgruben lagen jeweils genau im Zentrum; sie waren durchweg nur wenig in den Boden eingetieft. Solche Kreisgräben kannte man bisher am Niederrhein nur von eisenzeitlichen, gelegentlich von frührömischen Gräberfeldern, nicht jedoch aus dem 3. Jahrhundert. In der Mitte des mit 9 m Durchmesser größten bisher entdeckten Kreisgrabens lag das ungewöhnlich reich ausgestattete Grab Nr. 5595. Acht Münzen waren dem Toten als Obolus mitgegeben worden, die jüngste eine Prägung des Kaisers Gallienus; das Grab muß demnach nach 259 n. Chr. angelegt worden sein. Die Beigaben wurden nur 1 m unter der heutigen Oberfläche angetroffen: eine fast 40 cm hohe Glaskanne und drei Miniaturgefäße derselben Form, alle völlig unversehrt, ferner drei weitere Gläser, drei Tonkrüge, eine Kanne und ein Becken aus Bronze.

Nach Aussage der Grabfunde war das 4. Jahrhundert die eigentliche Blütezeit Gelleps. Nahezu auf allen Grabungsflächen kamen auch Gräber aus dieser Zeit zum Vorschein, manchmal nur einzeln oder in kleinen Gruppen. Bis 1980 waren hauptsächlich Gräber aus der ersten Hälfte des 4. Jahrhunderts aufgedeckt worden, fast ausnahmslos Körpergräber, denn gegen Ende des 3. Jahrhunderts war der Übergang von der Brand- zur Körperbestattung erfolgt. Nahezu alle Gräber wiesen Beigaben auf, viele waren ausgesprochen aufwendig ausgestattet, der Sitte der Zeit entsprechend hauptsächlich mit Tongefäßen und Gläsern, unter diesen viele seltene und kostbare Stücke.

1983 und 1984 war die letzte noch fehlende Fläche der großen Südostnekropole aufgedeckt worden. Hier kamen mehr als 200 Gräber zutage, alle aus der zweiten Hälfte des 4. Jahrhunderts. Fast alle waren west-östlich ausgerichtet; mehr als zwei Drittel davon beigabenlos. Damit fassen wir sicher erste Anzeichen des Christentums. Viele Tote waren mit genagelten Schuhen an den Füßen bestattet worden; es dürfte sich um Soldaten handeln. Einigen wurden ihre Waffen, Streitäxte und Lanzen, ins Grab mitgegeben, die ebenso für germanische Volkszugehörigkeit ihrer einstigen Besitzer sprechen wie ein bronzener Halsring, den ein Toter trug.

Bei den Frauen sind es vor allem paarweise vorkommende Gewandschließen, sog. Fibeln, die wir als germanisches Indiz betrachten dürfen. Als besonders imposantes Beispiel sei Grab Nr. 4756 genannt. Die dort bestattete Dame trug neben einer silbervergoldeten Haarnadel ein Paar konisch hochgewölbter, sog. Tutulusfibeln aus Bronze. Außerdem waren ihr zwei prächtige Glasgefäße mitgegeben worden: eine Kanne und ein Spitzbecher mit aufgelegten dunkelbraunen und hellblauen Fäden in bizarren Mustern, ein „Schlangenfadenglas". Hier wird im 4. Jahrhundert eine Technik wieder aufgegriffen, die rund 150 Jahre vorher in Köln in hoher Blüte gestanden hatte. Der Fund eines rituell zerbrochenen sarmatischen Spiegels in einem Grab gibt einen Hinweis darauf, daß am Niederrhein im ausgehenden 4. Jahrhundert neben Germanen auch mit Angehörigen anderer Völker als Grenzverteidiger zu rechnen ist.

1989 wurde überraschend ein neuer Bestattungsplatz der zweiten Hälfte des 4. Jahrhunderts angeschnitten, dessen Untersuchung noch nicht abgeschlossen ist. Einige prächtige Gürtelgarnituren, in Kerbschnittechnik verziert, konnten geborgen werden; sie bildeten Verschluß und Besatz breiter Ledergürtel, wie sie zur militärischen Ausrüstung im spätrömischen Heer gehörten.

Einzelne Gräber lassen sich dem frühen 5. Jahrhundert n. Chr. zuweisen. Die Grabungen sollen in den nächsten Jahren weitergeführt und dadurch die einmalige Chance genutzt werden, Militärlager und Zivilsiedlung eines in der Antike nicht unbedeutenden Ortes zu einem großen Teil und die zugehörigen, bis in das frühe Mittelalter benutzten Gräberfelder nahezu vollständig archäologisch untersuchen zu können.

Ein Bronzebecher mit Pankrationdarstellung aus Krefeld-Gellep

Renate Pirling

Krefeld-Gellep. Römischer Bronzebecher aus dem Grab Nr. 5388 mit der Darstellung von Boxkämpfen (zeichnerische Abrollung).

1988 wurde in Krefeld-Gellep ein Grab entdeckt, das einen höchst ungewöhnlichen Gegenstand enthielt. Es handelte sich um das Brandgrab Nr. 5388, das nur wenig in den Boden eingetieft war. Neben zwei einfachen Tongefäßen und einem Glasbecher, die sich an das Ende des 3. Jahrhunderts n. Chr. datieren lassen, stand ein Bronzebecher, der eine reiche figürliche Verzierung aufweist. Dargestellt sind zwei Paare auffällig muskulöser nackter Faustkämpfer, dazwischen zwei einzelne männliche Figuren. Eine davon ist bekleidet und stellt sicher den Schiedsrichter dar. Bei der anderen handelt es sich wohl um einen Mann, der die Kämpfenden anfeuert. Beide halten ein langes, rutenartiges Gebilde in der Hand. Dazwischen stehen große, zweihenkelige Gefäße, wohl als Preis für den Sieger bestimmt, sowie Hermen auf schlanken Podesten mit phrygischen Mützen auf dem Kopf.

Die Gravierungen sind von sehr guter Qualität. Die Szenen, die sie zeigen, Faustkämpfe mit der bloßen Hand, bei den Griechen Pankration genannt, waren eine in der Antike beliebte Sportart, die schon im 7. Jahrhundert v. Chr. bei den panhellenischen Kampfspielen in Olympia eingeführt und bis in die späthellenistische Zeit geübt worden war. Sportliche Übungen, darunter Ring- und Faustkämpfe, wurden von den Etruskern bei Totenfeiern zu Ehren und zum Gedenken der Verstorbenen veranstaltet. Sie fanden in der Zeit der Römischen Republik Eingang in die Circusspiele.

Der Gelleper Becher ist sicher nicht im Rheinland hergestellt worden. Ein Gegenstück ist nicht bekannt; so kann man nur vermuten, daß er italischen Ursprungs ist, vielleicht kommt er auch aus östlichen Gefilden. Jedenfalls stammt er aus einem Milieu, das in der klassisch-griechischen Tradition steht. Sein Erhaltungszustand ist sehr schlecht, er war offensichtlich schon lange im Gebrauch, ehe er seinem letzten Besitzer ins Grab folgte. Man wüßte gerne, auf welche Weise der in Gellep am Ende des 3. Jahrhunderts n. Chr. Bestattete in seinen Besitz gelangt ist. Es liegt nahe, an ein Beutestück zu denken, vielleicht hat ein in Gellep stationierter Soldat ihn von einem Einsatz im Osten des Imperiums mitgebracht? Derartige Gedanken drängen sich angesichts der sehr einfachen Ausstattung des Grabes, zu welcher der Bronzebecher so gar nicht passen will, auf.

Zwei Kultscheren aus Krefeld-Gellep

Renate Pirling

1982 hat Christoph Reichmann in Krefeld-Gellep im Vorfeld des Kastells Gelduba, unmittelbar am Rande des großen Gräberfeldes, gegraben. Das Gelände steigt hier leicht in Richtung auf das Kastell hin an. In der Nähe einer römischen Straßenkreuzung, vom Kastell wie von einem kurz zuvor entdeckten Mithräum jeweils etwa 150 m entfernt, stieß er auf drei brunnenartige Schächte, die in einer Reihe, 8 bzw. 20 m voneinander entfernt, lagen. Sie waren alle je 5 m tief und reichten nicht in das Grundwasser hinab, das hier, wie wir von anderen Brunnen der Umgebung wissen, erst in 9–10 m Tiefe erreicht wird. Es war also höchst unwahrscheinlich, daß es sich um Brunnen handelte, auch die Lage in der Mitte eines leichten Abhangs sprach dagegen.

Die Füllung der Schächte enthielt auffallend viel Keramik, Scherben aller Art, aber auch ganz oder nahezu ganz erhaltene Gefäße: Becher, Töpfe und Fragmente mehrerer Amphoren. Sie erlauben eine Datierung in das 2. Jahrhundert n. Chr.

Ungewöhnlich sind vor allem zwei auf der Sohle eines der Schächte gefundene große eiserne Scheren mit Bügeln aus Bronze. Sie sind 40 cm lang und damit um ein Vielfaches

Krefeld-Gellep. Römische Kultscheren aus einem Opferschacht.

länger als die gewöhnlichen Scheren der Zeit, die zwischen 15 und 25 cm messen und die Form der sogenannten „Schafscheren“ haben. Nur einige wenige Gelenkscheren sind darunter, die für die Leder- und Blechbearbeitung Verwendung fanden. Bei diesen beiden Scheren handelt es sich um einfache Bügelscheren. Sie entsprechen im Prinzip den Schafscheren, von denen sie sich nur durch die viel aufwendigere Gestaltung und die Größe unterscheiden. Nun gibt es in römischer Zeit durchaus Scheren von extremer Größe, nämlich Tuchscheren. Sie bestehen durchweg aus Eisen, haben eine Länge von 50–135 cm und wurden mit beiden Händen benutzt. Es ist jedoch nicht eine einzige Schere dieser Art bekannt, bei der der Bügel aus Bronze gearbeitet ist. Die Gelleper Stücke sind für eine gewöhnliche Schere zu groß, für eine Tuchschere aber zu klein. Die sehr sorgfältig gearbeiteten, kräftigen Bronzebügel verhindern eine gute Federung, machen das Stück eher unhandlich. Es ist höchst wahrscheinlich, daß sie überhaupt nicht für den praktischen Gebrauch bestimmt waren. Das Vorkommen von zwei ausgezeichnet erhaltenen, fast gleichen Stücken in einer tiefen Grube spricht eher für Geräte kultischer Bestimmung. In dieser Meinung bestärkt uns die Tatsache, daß auf dem bronzenen Bügel einer der beiden Scheren zu beiden Seiten Büsten eingraviert sind. Eine davon zeigt einen pausbäckigen Knaben mit einer auffälligen Haarlocke. Nun wissen wir, daß im Kult der ägyptischen Göttin Isis, der im Römischen Reich weite Verbreitung fand, das Haaropfer von Knaben eine Rolle spielte. Bei der zweiten Büste ist ein Füllhorn deutlich zu erkennen, also das Attribut der Fortuna. Diese wurde in den nördlichen Provinzen häufig mit Isis gleichgesetzt. Die Wahrscheinlichkeit spricht also dafür, daß die beiden höchst ungewöhnlichen Geräte im Zusammenhang mit dem Isiskult gesehen werden müssen. Schon etliche Jahre vorher war in einem Gelleper Grab des 3. Jahrhunderts n. Chr. ein Sistrum gefunden worden, ein Klapperinstrument, wie es im Kult der Isis Verwendung fand.

Ein neugefundener Trierer Spruchbecher aus Krefeld-Gellep

Renate Pirling

Bei Grabungen auf den großen Gräberfeldern von Krefeld-Gellep wurde in einem römischen Grab des späten 3. Jahrhunderts n. Chr. ein prächtiges Tongefäß gefunden. Das Grab – es trägt die Nummer 5555 des gesamten Gräberfeldes – war von einem Kreisgraben von 6 m Durchmesser umgeben. Es handelte sich um ein Brandgrab. Die eigentliche Grabgrube war nur wenig in den Boden eingetieft und lag genau in der Mitte des Kreisgrabens. Drei Gläser, zwei Gefäße aus Terra sigillata und drei kleine weißtonige Henkelkrüge gehörten zur Ausstattung. Herausragendes Stück war ein 30 cm hoher, schwarzer Firnisbecher mit weißer und ockerfarbener Barbotineverzierung und weißer Bemalung, ein sogenannter Trierer Spruchbecher, nach dem mutmaßlichen Herstellungsort so genannt.
Neben der auf solchen Gefäßen üblichen Barbotineauflage in Form von Spiralranken und traubenähnlichen Gebilden trägt der Becher auf der Schulter eine in zwei Zeilen übereinander angebrachte, weiß aufgemalte Inschrift:

OLAM. FORTVNAE SVPESTINIVS FILICA CLEMENTINIO ADVENTO PREFECTO : LEG : XXX : CVM FAMILIA SVA VTATVR FELICITER

Nach Géza Alföldy, Heidelberg, ist die Inschrift so zu übersetzen: „Das Gefäß der Fortuna möge Supe(r)stinius Filica in der Zeit, in der Clementinius Adventus Präfekt der 30. Legion ist, zusammen mit seiner Familie glücklich benutzen“. D. h., das Gefäß, das der Fortuna geweiht war, gehörte einem Superstinius Filica und dessen Angehörigen, wobei Filica sich als ein Soldat der Legio XXX Ulpia Victrix unter dem Kommando des Präfekten Clementinius Adventus erweisen würde.

Krefeld-Gellep. Sog. Trierer Spruchbecher mit einer Weihung an die römische Göttin Fortuna aus Grab Nr. 5555. ▷

Krefeld-Gellep. Inschrift auf dem sog. Trierer Spruchbecher (Umschrift).

Eine andere Möglichkeit der Lesung bzw. Übersetzung schlägt Jules E. Bogaers, Nijmegen, vor. Er ergänzt den Text folgendermaßen: Ol(l)am Fortunae Supe(r)stinius Filica Clementinio Advento/pr(a)efecto leg(ionis) XXX (donum dedit). Cum familia sua utatur feliciter. „Den der Fortuna geweihten Topf (hat) Superstinius Filica dem Clementinius Adventus, Befehlshaber der 30. Legion (geschenkt). Glück damit für ihn und seine Familie!" Entsprechend hat auch Karlheinz Dietz, Würzburg, die Inschrift übersetzt.

So leicht der Text, der kaum Abkürzungen aufweist, auch zu lesen ist, seine Deutung bereitet doch Schwierigkeiten. Die 30. Legion ist die Hauslegion Xantens. Über ihr Schicksal im späten 3. Jahrhundert, nach den Frankeneinfällen von 275/76 n. Chr. und der damit verbundenen Zerstörung und Auflassung ihres Standlagers Vetera II, ist kaum etwas bekannt. Es wäre denkbar, daß ein Teil von ihr in dieser Zeit in Gellep lag. Doch es ist klar, daß es sich bei Grab Nr. 5555 nicht um das des Präfekten handeln kann. Es dürfte nach der Heeresreform des Gallienus (253–268 n. Chr.) angelegt worden sein, als es keine Legionslegaten mehr gab, sondern die Legionen von Präfekten kommandiert wurden. Und in dem doch recht bescheiden ausgestatteten Gelleper Grab kann man nicht das eines so hochgestellten Mannes sehen. Man muß sich auch fragen, ob überhaupt denkbar ist, daß dem Kommandeur einer Legion ein Tonbecher als Geschenk gewidmet wurde; ihm wäre wohl eher ein Gefäß aus Silber oder ein kostbares Glas angemessen gewesen.

In jedem Fall muß der Becher eigens in Trier bestellt worden sein, und zwar von einem Mann namens Superstinius Filica, der, wie auch der Präfekt Clementinius Adventus, sonst nicht bekannt ist. Bestellungen für die Anfertigung eines solchen Gefäßes mit individueller Inschrift müssen außerordentlich selten gewesen sein. Fast ausnahmslos weisen die Trierer Firnisgefäße Trinksprüche auf. Bis heute wurde keines bekannt, auf dem eine militärische Einheit aufgeführt oder der Angehörige einer solchen namentlich genannt wäre. So ist der Gelleper Prunkbecher ein Unikum, das vorläufig noch manches Rätsel aufgibt.

Der römische Gutshof im „Gewährhau“ bei Niederzier. – Modell einer Landsiedlung in der Germania inferior

Wolfgang Gaitzsch

Im Vorfeld der rheinischen Braunkohlentagebaue zwischen Köln und Aachen unterliegt die Bodendenkmalpflege extremen Bedingungen. Alljährlich werden rund vier Quadratkilometer einer Siedlungslandschaft abgebaut, die zu den ältesten in Europa zählt. Drei Abbaugebiete – Hambach, Inden und Garzweiler – werden durch die größte Außenstelle des Rheinischen Amtes für Bodendenkmalpflege in Niederzier-Hambach betreut. Dem jährlichen Flächenverlust kann eine Grabungskapazität von 20 Hektar entgegengesetzt werden, die Ortskernuntersuchungen und Kirchengrabungen ebenso einschließen muß wie die Untersuchung steinzeitlicher Siedlungsplätze oder fränkischer Gräberfelder. Zahlreiche Ausgrabungen der letzen Jahre galten römischen Fundstellen. Die siedlungsarchäologische Bedeutung dieser Untersuchungen zeigt in besonderem Maße der in den Jahren 1986 und 1987 südlich der aufgegebenen Ortschaft Steinstraß ausgegrabene römische Gutshof Hambach 59. Es ist die erste Villa rustica in Niedergermanien, deren Flurgrenzen in größerem Umfang freigelegt wurden. Der Siedlungsplatz konnte weiträumig untersucht werden. Das in drei Abschnitten in den Braunkohlentagebau Hambach gelangte Grabungsareal war über 7 Hektar groß.

Die erste Beschreibung des römischen Siedlungsplatzes stammt aus dem Jahre 1926. In der zu diesem Zeitpunkt noch nicht vollständig gerodeten Flur „Gewährhau“ war das Wohngebäude der Villa rustica lokalisiert worden. Baumaterial, Ziegel und Gefäßscherben verteilten sich über eine Fläche von mehr als 2 Hektar, die auch „steene Burg“ genannt wurde. Eine systematische Geländesondierung erfolgte vor Aufschluß des Hambacher Tagebaues (1978). Weitere Begehungen wurden bis Mitte der achtziger Jahre unternommen. Die Ausgrabung setzte ein, nachdem der Geländeabbau im Herbst 1985 eine südlich der Siedlung gelegene Kiesgrube erreicht hatte. Ziel der Untersuchung war es, nicht den bebauten Wohnplatz freizulegen, sondern auch die Hof- und Flurgrenzen (fossae limitales) zu erfassen. Auf Entfernungen von 350 bis 400 m wurden 14 Hektar eines größeren, mehrfach parzellierten Wirtschaftsraumes (ager limitatus) erschlossen. Die antike Siedlung lag auf einer Lößhochfläche, die ein schwaches Gefälle in nordöstlicher Richtung zum Winterbach besaß. Der im Grundriß rechteckige, etwa nach den Himmelsrichtungen orientierte Hof nahm eine Fläche von 1,5 Hektar ein. Im Norden und Osten begrenzten ihn Umfassungsgräben, im Süden ein massiver Zaun und an der Westseite verlief ein Wasserkanal. Die Bebauung folgte den Hofgrenzen und den Richtlinien, die Columella in seinem Buch über den Landbau (De re rustica 1,6,1) gegeben hat: „Die Bauglieder aber sind nach Maß und Zahl auf dem ganzen Hofgelände zweckmäßig anzuordnen und dreifach aufzuteilen, in die Wohnung für den Herrn, die Unterkünfte für Gesinde und Vieh sowie die Wirtschaftsräume“. Zugleich ist festzustellen, daß die planmäßige Anlage der antiken Siedlung architektonischen und funktionalen Konzepten des 18. und 19. Jahrhunderts entspricht. Das Wohnhaus und die Grundrisse von acht Wirtschaftsgebäuden konnten weitgehend erschlossen werden. Die außerordentlich schlechte Befunderhaltung ist auf eine starke Bodenerosion in nachantiker Zeit zurückzuführen. Kiesfundamente und Pfostengruben waren durchschnittlich nur bis zu einer Tiefe von 0,30 m erhalten. Aufgehendes Mauerwerk bestand nicht.

Das Wohn- und Hauptgebäude der Siedlung lag vor dem nördlichen Umfassungsgraben. Die Fassade des Hauses war nach Süden gerichtet, so daß der ganze Hof überblickt werden konnte. An der Westseite stand ein 20 m langes und 9 m breites Wohn- und Stallgebäude mit einem 6 m zu 10 m großen Tiergehege an der Rückseite. Die Fundamente überschnitten den Südwestflügel eines älteren Baues vergleichbarer Grundform. Vier Wirtschaftsgebäude – Stallungen und Scheunen – lagen in der Südwest- und Südostecke des Hofes. Drei sind rechteckige Pfostenbauten mit Abmessungen von 6 m bis 10 m zu 16 m bis 19 m; ein 22 m zu 16,50 m großes Gebäude zeichnete sich durch Kiesfundamente und eine innere Pfostenstellung aus. Welches der vier Gebäude als Rinder-, Schweine- oder Schafstall benutzt wurde, läßt sich aus den archäologischen Befunden nicht erschließen. Mehrere Tierknochen, einige mit Schlachtspuren, lagen in den Brunnen vor dem

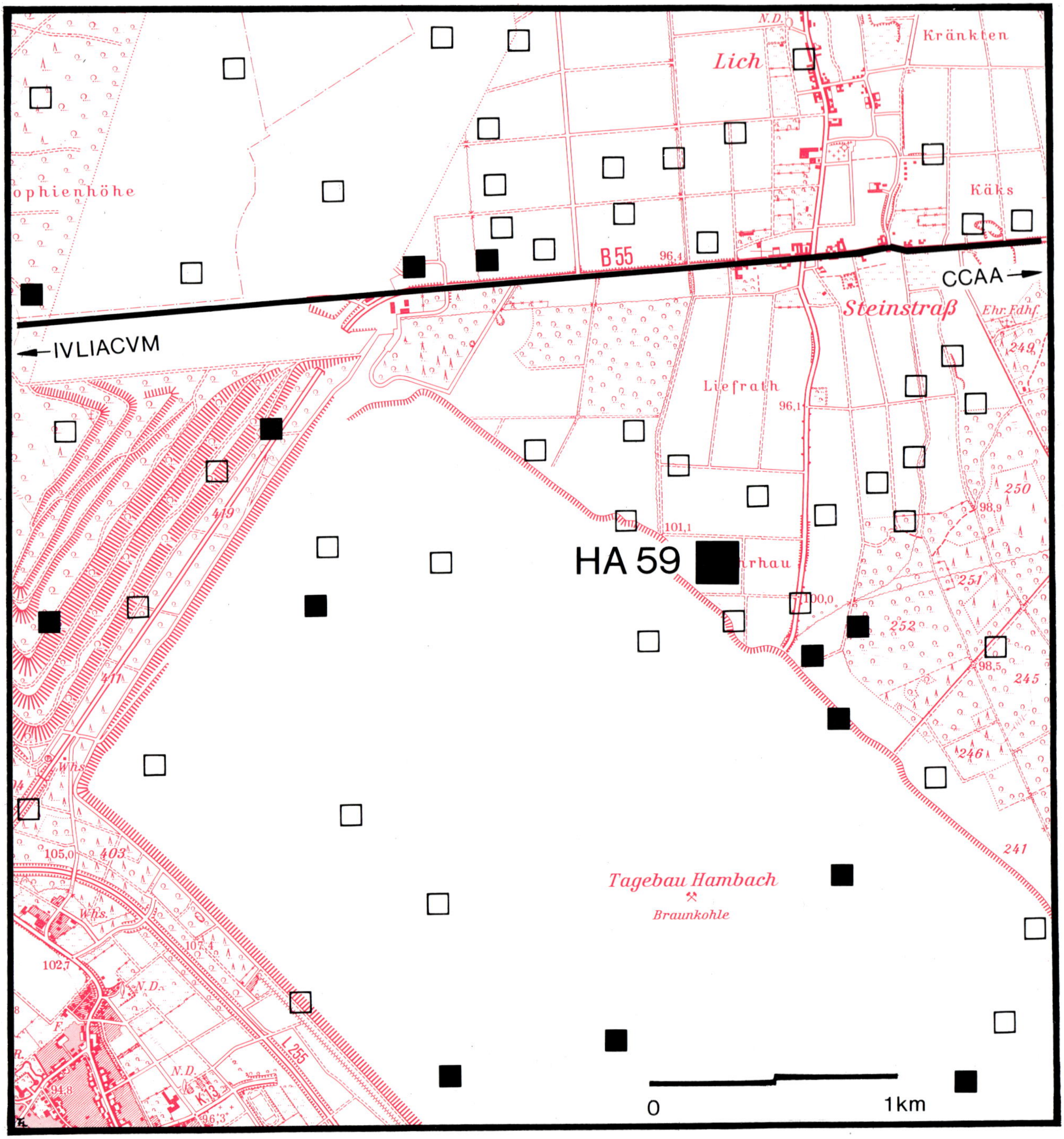

Niederzier/Kreis Düren. Lage der römischen Villa rustica im „Gewährhau" (HA 59) nahe der römischen Fernstraße Köln-Jülich und weitere römische Fundstellen (offene und geschlossene Quadrate).

Wohnhaus. Einen vorgesetzten, nach Süden gerichteten Eingang wies der Pfostenbau in der Südwestecke auf. Zwischen den Stallgebäuden bildete sich nach Regenfällen in einer natürlichen Geländemulde ein Tümpel, um den sich Enten, Gänse und Hühner versammelten. Ein im Grundriß 8 m mal 7 m großer Speicherbau lag vor der Ostseite des Hofes. Die Wirtschaftsgebäude waren mit Schindeln und Ziegeln gedeckt. Die Wände bestanden aus verputztem Fach- oder offenem Flechtwerk. Ein rund 1000 m langer unbefestigter Fahrweg (via vicinalis) verband den Siedlungsplatz mit der Fernstraße (via publica) Köln-Jülich. Die Entfernung nach Köln, zur niedergermanischen Provinzhauptstadt, betrug 35 km, die zum Vicus Iuliacum 9 km. Die Zufahrt zum Hoftor lag an der Ostseite des Hofes. Dem Tor zur Seite stand das Wohnhaus des Wächters. Entlang der Hof- und Flurgrenzen verliefen private Feldwege (itinera) und Viehtriften (actus), die von Hecken und Bäumen gesäumt wurden. Eine Wagenremise mit 3,50 m breiten Ein- und Durchfahrten war verkehrsgünstig an der Kreuzung von vier Feldwegen errichtet worden. Drei von ihnen führten in die nördlichen Flurstücke, ein vierter Weg stellt die Verbindung zur Hofeinfahrt her. Um die Transportwege etwa gleichmäßig zu verteilen, war eine zentrale Lage des Hofplatzes von Vorteil. Der Verlauf der Flurgräben deutet aber auf eine dezentrale Lage des Hofes hin. Er scheint in der Südostecke des arrondierten Landes gelegen zu haben.

Archäologisch erschlossen wurden außer dem Hofplatz vier durch Flurgräben voneinander getrennte Parzellen. Zwei von ihnen haben gleiche Größen von je einem Hektar, dem vier Iugera entsprechen. Unbekannt ist die Ausdehnung der Felder nach Norden und Westen, da die Flurgräben nicht über ihre gesamte Länge ausgegraben werden konnten. Es ist wahrscheinlich, daß die Nordgrenze durch die antike Fernstraße gebildet wurde, da zwischen dieser und der Villa rustica keine weitere Siedlung bestand. Aufgrund der nachgewiesenen Ost-West-Ausdehnung von 400 m kann daher ein Wirtschaftsraum von wenigstens 40 Hektar angenommen werden. Zu erschließen ist allerdings nicht, in welchem Umfange das arrondierte Land kultiviert wurde und mit welcher Intensität. Nach Bewertungskriterien des vergangenen Jahrhunderts waren „mittelbäuerliche Betriebe“ 5 bis 20 Hektar groß, „großbäuerliche Betriebe“ 20 bis 100 Hektar, „Gutsbetriebe“ bewirtschafteten Ländereien über 100 Hektar.

Das Wohnhaus der Siedlung besaß einen bedeutend kleineren Vorgängerbau, von dem einzelne Pfostengruben festgestellt wurden. Der 26 m zu 19,50 m große Kernbau umschloß einen zentralen Innenhof von 17 m zu 10,50 m. An die Ost- und Nordseite des Hauses wurde ein 3,50 m breiter korridorartiger Trakt angebaut. An der Westseite lag ein Bad, das mit zwei hypokaustierten Räumen ausgestattet war. Der Grundriß konnte nur fragmentarisch erfaßt werden. Zwei Eingänge lagen an der Frontseite des Hauses. Ein dritter, größerer Eingang wurde in Verbindung mit dem Anbau an der Westseite eingerichtet. Fundamentverstärkungen waren für ein Obergeschoß im Ost- und Nordtrakt des Hauses notwendig. Ein erhöhtes Untergeschoß muß an der Westseite bestanden haben, da die beheizten Unterräume auf gleichem Niveau wie die Kiesfundamente knapp unter dem rezenten Mutterboden angetroffen wurden.

Hinzuweisen ist auf einen 4 m mal 4 m großen hypokaustierten Raum, der zu einem späteren Zeitpunkt an der Vorderseite des Hauses eingebaut wurde. Ebenfalls jünger ist ein dreiräumiger Annex im Westflügel. Der Badetrakt stand mit einer unterirdischen Wasserleitung in Verbindung, die hinter dem Haus verlief und der westlichen Hofgrenze nach Süden folgte. Eine Vorstellung von der Ausgestaltung der antiken Wohn- und Schlafräume geben Bruchstücke von bemaltem Wandverputz und farbige Mosaiksteine, die im oberen Planum und in Abfallgruben gefunden wurden. Feines Tafelgeschirr aus den Werkstätten in Gallien und Sinzig am Rhein fand Verwendung, Amphorenscherben bezeugen den Import von Wein und Öl aus Spanien.

Vor dem Wohnhaus lagen vier Brunnen, die die Wasserversorgung der Siedlung gewährleisteten. Die 16 m tiefen Brunnen – beeindruckende Zeugnisse der Leistungsfähigkeit römischer Handwerker – konnten mit technischer Hilfe der Rheinischen Braunkohlenwerke vollständig ausgegraben werden. Die Bauhölzer und Fundstücke geben Aufschluß über die Dauer der Besiedlung. Die Villa rustica wurde zu gleicher Zeit gegründet wie die Provinzhauptstadt. Einer der Brunnen kann nach der Datierung seiner Bauhölzer noch in der Zeit des Kaisers Claudius (52 ± 5 n. Chr.) errichtet worden sein. Erhöhter Wasserbedarf führte bereits im Jahre 56 zu einem zweiten Brunnenbau. Beide Brunnen wurden spätestens Anfang des 3. Jahrhunderts aufgegeben bzw. verfüllt. Einer der Brunnenschächte enthielt über eintausend gut datierbare Gefäßscherben. Ausgebrochene Hohlziegel zeugen von einer Reparatur oder Zerstörung der Hypokaustanlagen im Wohnhaus. Zwei weitere Brunnen konnten dendrochronologisch

1
2
3
4
5
6
7
8
9
10
11
12
13
14
15
16
17
18
19
20
21
22
23
24
25
26
27
N
0
30m
100
101

nicht datiert werden. Ursache für die schlechte Erhaltung des Bauholzes ist ein unzureichender Grundwasserstand, der zu einer frühen Aufgabe der Brunnen geführt hatte. Einer der Brunnenkästen wurde aus Nadelholz gebaut, das dendrochronologisch nicht auswertbar ist. Die Nutzungszeit beider Brunnen ging bereits in der Mitte, spätestens der zweiten Hälfte des 2. Jahrhunderts zu Ende, wie die in den Schächten enthaltene Siedlungskeramik belegt. Unter den Fundstücken aus den vier Brunnen sind neben rauhwandigem Koch- und Vorratsgeschirr reliefverzierte Terra-sigillata-Gefäße, ein Jagdbecher und ein großer Mahlstein zu erwähnen.

Der tägliche Wasserbedarf war abhängig von der Anzahl der auf dem Hofe lebenden Tiere und Menschen. Als durchschnittliche Trink- und Nutzwassermenge galten im vergangenen Jahrhundert 10 Liter für eine erwachsene Person, 50 Liter für ein Pferd und 30 Liter für ein Rind, einschließlich Stallreinigung, und je 2 Liter für ein Schwein und ein Schaf. Daß ein Brunnen den Wasserbedarf von 25 Rindern, 80 Schweinen und 60 Hühnern, Gänsen und Enten gewährleisten konnte, zeigt das Beispiel des Winterbacher Hofes, der in der Nähe der Villa rustica lag und bis zu seiner Aufgabe im Jahre 1986 bewirtschaftet wurde. Nicht berechnen läßt sich die Ergiebigkeit der Brunnen in antiker Zeit. Im Einzugsbereich sind die geologischen und hydrologischen Verhältnisse kompliziert, was auch die unterschiedliche Holzerhaltung der vier nebeneinanderliegenden Brunnen bestätigt. Offensichtlich deckten ein oder zwei Brunnen den Wasserbedarf der antiken Siedlung im „Gewährhau" nicht. In anderen Villae rusticae wurde ein Brunnen durchschnittlich einhundert Jahre lang genutzt, bevor ein weiterer gebaut wurde.

◁ *Niederzier/Kreis Düren. Römische Villa, Befund- und Modellplan.*

1 Hofplatz; 2 Wohn- und Hauptgebäude; 3 Hoftor und Wächterhaus; 4 Remise und Wegekreuzung; 5 Wohn-Stall-Haus; 6 Speicher; 7–10 Stallungen, Scheunen und Schuppen; 11 Pfostenbau, eisenzeitlich(?); 12 Brunnen; 13 Tümpel; 14 Gemüse- und Kräutergarten; 15 Wasserleitung; 16 Zaun; 17 Ost-West-Graben mit Nordnekropole; 18 Nordgraben; 19 Südwestgraben und Südfeld; 20 Feldgarten; 21 Obstgarten und Wiese; 22–24 Felder; 25 Wiesen- und Waldweide; 26 Hofzufahrt; 27 Nord-Süd-Weg zur Fernstraße Köln-Jülich.

Wohnte der Besitzer (dominus, patronus) nicht selbst in der Villa rustica, so wurde sie durch einen Pächter (colonus) oder Verwalter (vilicus) bewirtschaftet. Ihm zur Seite standen seine Frau (vilica) und die Familienmitglieder (familia), bei größeren Gütern ein Aufseher (monitor), freie und unfreie Landarbeiter (operarii) sowie saisonale Erntehelfer (politores). Brunnenbauer (putearii) und andere Bauhandwerker wurden nach Notwendigkeit und befristet beschäftigt. Wie viele Personen zu gleicher Zeit in der Villa rustica im „Gewährhau" lebten und arbeiteten, ist auf archäologischem Wege nicht zu erschließen. Eine Besiedlungsdauer von rund 150 Jahren wird durch das archäologische Fundmaterial ausgewiesen. Damit ist mit fünf bis sechs Generationen zu rechnen. Erhalten sind aber nur 20 unvollständige Brandbestattungen, die dem späten 1. und 2. Jahrhundert angehören. Die stark verbrannten Knochen ermöglichen keine alters- oder geschlechtsspezifischen Bestimmungen. Unverbrannte Grabbeigaben wurden über den Grabgruben niedergelegt, so daß sie der Bodenerosion und dem Ackerbau zum Opfer fielen. Holzkohle und Spuren von Leichenbrand wurden während der Ausgrabung des Hauptgebäudes im frisch gepflügten Feld der Nordparzelle entdeckt. Die antike Nekropole erstreckte sich vor dem Nordgraben. Zwei Gräber lagen zwischen dem Obstgarten und dem Nordostfeld, zwei weitere Gräber vor dem Südwestgraben. Unter den Brandgräbern zeichneten sich zwei Bestattungen durch die Beigabe von Glasgefäßen aus, die verbrannt wurden und in ihrer Form daher nicht näher zu bestimmen sind. Ein Grab enthielt eine bronzene Schminkdose, ein anderes einen verzierten Trinkbecher. Der Verbrennungsplatz wurde nicht gefunden.

Die Verehrung des obersten römischen Gottes wird durch das Bruchstück einer Jupitersäule bezeugt, die im Hofgelände stand.

Für die Bestellung von 50 Hektar (200 iugera) Ackerland hält Columella (2, 12, 7) zwei Ochsengespanne und acht Feldarbeiter für erforderlich. Intensiver Obstanbau machte drei weitere Arbeiter notwendig. Nicht alle der in seinem Buch über die Landwirtschaft aufgeführten Nutzpflanzen wurden auf der Jülicher Börde angebaut oder in Bodensedimenten nachgewiesen. Die antike Feldaufteilung hält sich an das Flächenmaß von einem Iugerum (Joch), das nach Plinius (nat. hist. 18,9) mit einem Ochsengespann an einem Tage gepflügt werden konnte. Für die rund ein Viertel Hektar große Ackerfläche kalkulierte Columella (11, 2, 75) folgende Saatgutmengen:

Saatgut	modii	dm^3/Liter	dm^3 pro Hektar
Dinkel/Spelt	9–10	79–87	332
Gerste	5– 6	44–52	192
Saatweizen	4– 5	35–44	156
Lein/Flachs	8–10	70–87	316
Lupinen	8–10	70–87	316
Wicke	7– 8	61–70	260
Gerstenfutter	7– 8	61–70	260
Klee	6	52	208
Ackerbohne	6	52	208
Gartenbohne	4	35	140
Erbsen	3–4	26–35	120
Kichererbsen	3–4	26–35	120
Hirse	1/4	2	8
Linsen	1	9	36

Ein Vergleich mit rezentem Saatgut und Ertragsmengen ist nur bedingt möglich. Beispielsweise nahm Dinkel ein größeres Volumen als Nacktweizen ein, da jener mit Spelzen ausgesät wurde. Im Jülicher Land ist der mittelalterliche Weizenertrag pro Hektar auf 15 Zentner zu schätzen. Im Einzugsbereich der römischen Siedlung wurde zu Anfang des 19. Jahrhunderts überwiegend Roggen angebaut. Es folgten Hafer, Weizen und Gerste. Der Viehbestand mittelgroßer Güter lag zu dieser Zeit bei durchschnittlich 25 Rindern, 18 Schweinen, 200 Schafen und 8 Pferden.
Um das Tageslicht zu nutzen, wurde von früh bis spät gearbeitet. Unterbrechungen oder Einschränkungen gab es an den römischen Feiertagen, am Markttag oder in Sterbefällen. Nach Columella (2, 21, 3 ff.) war es an Festtagen – die er einschließlich der Regentage auf 45 bezifferte (2, 12, 8) – verboten: „Korn zu mahlen, Fackeln zu schneiden, Talglichter zu ziehen, Weinstöcke aufzubinden und zu pflegen, alte Teiche, Wasserbecken und Gräben zu räumen und zu säubern, Wiesen mit der Sichel nachzumähen, Dung umzusetzen, Heu auf die Böden zu bringen, geerntete Ölfrüchte zu speichern, Äpfel, Birnen und Feigen auszubreiten, Käse zu machen, Bäume zum Pflanzen auf dem Nacken oder mit einem Saumtier an Ort und Stelle zu bringen; Transport mit Gespannen ist nicht gestattet, ebensowenig Herangebrachtes zu pflanzen oder die Erde zu öffnen oder einen Baum auszulichten."
Das Modell des Gutshofes zeigt den Bauzustand zur Regierungszeit des Kaisers Hadrian (117–138 n. Chr.), der damals in der dritten Generation bewohnt und bewirtschaftet wurde. An einem Sommertag im Juli hat die Gerstenernte eingesetzt. Während der Brunnenbau seinen Fortgang nimmt, ruhen die Bauarbeiten im Bad und den südöstlichen Wirtschaftsgebäuden. Der Vilicus empfängt den Besuch eines Aristokraten aus Köln.
Um ein möglichst vollständiges archäologisches Befund- und Siedlungsbild zu zeigen, wurden alle Gebäude dargestellt, deren Grundrisse erschlossen worden sind und deren Fundmaterial, sofern in Baubefunden vorhanden, chronologisch einheitlich ist. Verzichtet wurde auf die Wiedergabe von Wirtschaftsgebäuden, die nicht nachgewiesen sind, aber aufgrund der Besiedlungsdauer in größerer Anzahl vorhanden gewesen sein müssen. Bauspuren dieser flach gegründeten hölzernen Gebäude haben sich nicht erhalten. Um einzelne Bauphasen zu demonstrieren, wurden Gebäude als Ruinen oder im Bauzustand dargestellt. Im Bau befindlich wurde das Bad und der dritte der vier Brunnen vor dem Wohngebäude wiedergegeben. Der große, kiesgegründete Wirtschaftsbau in der Südostecke des Hofes ist im Grundriß angelegt. Das Wächterhaus überlagert den älteren östlichen Umfassungsgraben. Nicht dargestellt werden konnte die vermutlich sehr kurzzeitige Nutzung des älteren Siedlungsplatzes in der zweiten Hälfte des 4. Jahrhunderts. Wandernde Handwerker errichteten im Bereich der Geländemulde Öfen, in denen Glas geschmolzen und verarbeitet wurde. In welchem Bauzustand sich zu diesem Zeitpunkt die Gebäude des 2. Jahrhunderts befanden, ist unbekannt.
Die vorrömische Besiedlung belegen in den nördlichen und westlichen Parzellen der Villa rustica mehrere Gruben der mittleren Jungsteinzeit. Vor der Südseite des Hofes lag ein Pfostenbau, dessen Datierung in die Jahre vor der römischen Okkupation nicht gesichert ist. Im Modell wurde der architektonisch außergewöhnliche Grundriß angedeutet.

Lit.: J. Lüning, J. Meurers-Balke, Experimenteller Gerteideanbau im Hambacher Forst. Bonner Jahrb. 180, 1980, 305–344. – P. Stuart, M.E.Th. de Grooth (Hrsg.), Langs de Weg. Villa rustica, het Romeinse boerenbedrijf in het Rijn/Maasgebied. Ausstellungskatalog Heerlen/Maastricht (1987) 55–61. – W. Gaitzsch, Geländeprospektion und Flächenstruktur römischer Siedlungen im Hambacher Forst, Kr. Düren. Arch. Korrbl. 18, 1988, 373–387.

Niederzier/Kreis Düren. Brunnen der römischen Villa im Anschnitt an der Abbaukante des Braunkohlentagebaues Hambach.

Die Wirtschafts- und Nutzungsflächen eines römischen Gutshofes. – Eine Rekonstruktion aufgrund des botanischen Befundes

Karl Heinz Knörzer – Jutta Meurers-Balke

Die römischen Gutshöfe in den germanischen Provinzen produzierten nicht allein die Nahrungsmittel für ihre Bewohner, sondern dienten auch der Versorgung von Städten und Militärlagern. Zeitgenössische Schriftsteller berichten ausführlich über die hochentwickelte Landwirtschaft der Römer und vermitteln ein Bild von der Gesamtanlage der Gehöfte, von den Feldflächen, den Gärten und den zahlreichen landwirtschaftlichen Aktivitäten auf den Gutshöfen (z. B. Columella, De re rustica. Über die Landwirtschaft). Leider fehlen solche Berichte aus dem römisch besetzen Germanien, so daß wir hier auf die bei Ausgrabungen erfaßten Funde und Befunde angewiesen sind.

Die großflächige Ausgrabung einer Villa rustica im Hambacher Forst (Hambach 59) erbrachte neben den Grundrissen von Wohn- und Wirtschaftsgebäuden im bebauten Hofareal auch Flurgräben zur Parzellierung des Wirtschaftslandes. Auf die Fragen – Was wurde auf den Feldparzellen angebaut?, Wie sah das Wirtschaftsland in der näheren Umgebung des Gutshofes aus?, Welche Pflanzen wuchsen auf dem Hofareal? – kann die Paläoethnobotanik einige Antworten geben. Hierbei erwies es sich als besonders günstig, daß in Hambach 59 vier Brunnen erfaßt wurden, in deren Schachtbasis im Grundwasserbereich sich neben verkohlten Früchten und Samen auch unverkohlte Pflanzenreste und Pollenkörner erhalten hatten.

Ihre Bestimmung und Auswertung geben einen Einblick in das Spektrum der Nahrungspflanzen: angebaute Kulturpflanzen, die in Gärten gezogenen Obst-, Gemüse- und Kräuterpflanzen, gesammelte Beeren und Nüsse, aber auch eingeführte „exotische Spezialitäten", wie z. B. Feigen. Darüber hinaus ließen sich Pflanzen nachweisen, die als Unkräuter auf den Feldern und in den Gärten, auf dem Hofplatz selbst an Trittstellen und durch Mensch und Tier häufig gestörten Plätzen sowie im beweideten Wirtschaftsland wuchsen.

Auf der Basis der archäologischen und der botanischen Befunde läßt sich somit ein Modell erstellen, welches das Leben auf einem römischen Gutshof des 2. Jahrhunderts n. Chr. zeigt. Es wurde angestrebt, den Vegetationszustand in der ersten Hälfte im Sommer (Anfang Juli) darzustellen.

Aus den Bodenproben der Brunnensedimente von Hambach 59 wurden sowohl die pflanzlichen Großreste als auch die Pollen untersucht und ausgewertet. Beide Methoden bestätigen und ergänzen einander: Während die nachgewiesenen Früchte und Samen überwiegend aus der lokalen Vegetation in unmittelbarer Brunnennähe stammen (bzw. Pflanzenmaterial unbeabsichtigt oder beabsichtigt in den Brunnen geworfen wurde), liefert die Pollenanalyse auch ein Bild der regionalen Vegetation, aus der Pollen und Sporen durch den Wind in die Brunnenschächte eingeweht wurden.

Neben den in Hambach 59 nachgewiesenen Pflanzenresten (643 Großreste von 65 Pflanzenarten, 1597 Pollenkörner von 49 Pflanzenarten, -gattungen oder -familien) wurden zur Vervollständigung auch die Ergebnisse der botanischen Untersuchungen von 17 weiteren, benachbarten Villae rusticae einbezogen.

Die Feldflächen

Zahlreiche Getreidepollen in den Brunnensedimenten von Hambach 59 belegen die Bedeutung des Getreideanbaus für diesen landwirtschaftlichen Betrieb, wobei – wie die Korn- und Ährenreste zeigen – der Dinkel an erster, die Gerste an zweiter Stelle stand. Einige Felder dürften auch Emmer, Saatweizen und Zwergweizen getragen haben; verkohlte Emmer-Reste fanden sich nur in einem Brunnen, für die beiden anderen Weizenarten liegen Belege aus anderen römischen Gutshöfen des Rheinlandes vor.

Der Dinkel wurde vermutlich als Wintergetreide angebaut; dafür sprechen die 16 im Brunnenschacht gefundenen Arten von Getreideunkräutern, die charakteristisch für im Herbst eingesäte und erst im folgenden Spätsommer geerntete Felder sind. Im Modell sind die braunährigen Dinkelfelder im noch nicht geschnittenen Zustand dargestellt, da dieses Wintergetreide später als Emmer und die Sommergetreidearten reift.

Die Gerste konnte als Sommer- oder Winterfrucht ange-

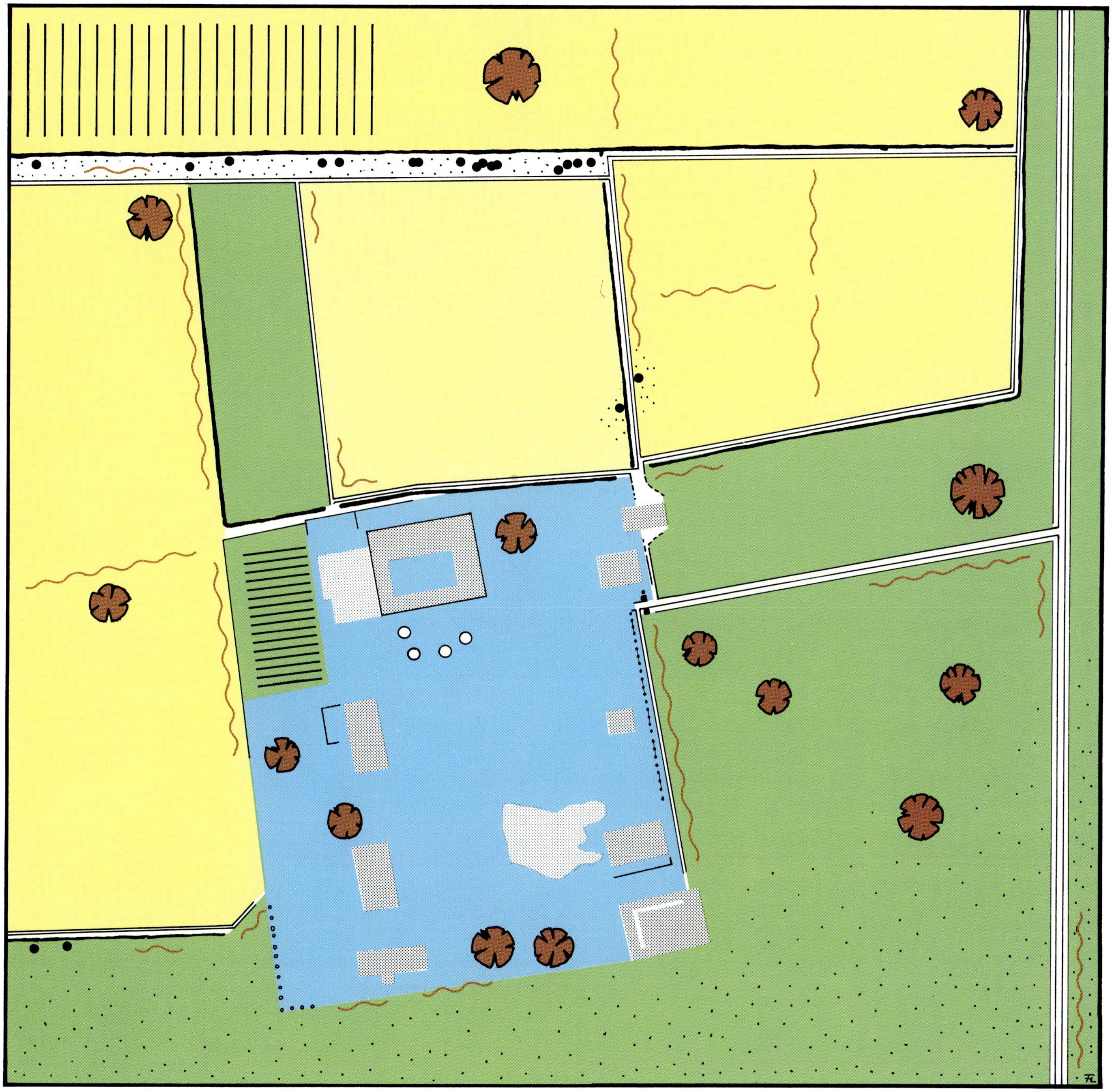

Römische Villa in Niederzier/Kreis Düren. Rekonstruktion der Wirtschafts- und Nutzflächen: blau – Hoffläche mit Krautgarten (grün); gelb – Feldflächen und Brachen; grün – Weideflächen, teils mit Niederwald.

baut worden sein. Zu den Sommergetreiden, die erst im Frühjahr eingesät werden, gehört auch die Rispenhirse, die in Hambach 59 durch einen Fund belegt ist.
Die Getreideäcker haben vermutlich innerhalb der mit Flurgräben begrenzten Parzellen gelegen; eine Aufteilung der über ein Hektar großen Parzellen in einzelne Feldflächen mit der Größe von Tagewerken ist anzunehmen. Insgesamt ist in Hambach 59 ein parzelliertes Gelände von 14 Hektar archäologisch erschlossen; es ist allerdings noch eine beträchtlich größere Feldflur anzunehmen.
Denkbar ist, daß gelegentlich Felder als Brache liegenblieben, auf denen sich neben den Ackerunkräutern zusätzlich Weidepflanzen ausbreiten konnten. Außer den Stoppelfeldern im Herbst wurden sicher auch die Brachflächen zur Beweidung genutzt.
Ein feldmäßiger Anbau ist auch für den Lein anzunehmen, der als Öl- und als Faserpflanze (Flachs) Verwendung finden konnte.

Die Feldgärten

In den römischen Brunnen des Rheinlandes finden sich regelmäßig ein Dutzend einjährige Unkrautarten, die heute in Gärten und auf Hackfruchtfeldern häufig sind. Diese Pflanzen keimen nach der Frühjahrsbestellung; die kurze Zeit reicht zur Samenbildung aus.
Im Modell wurde ein größeres Flurstück in Hofnähe für die Nutzung als Feldgarten angenommen, in dem Hülsenfrüchte und Ölpflanzen (eventuell auch Hirsen) wuchsen. Zwar ließ sich in Hambach 59 nur der Leindotter, eine in römischer Zeit viel genutzte Ölpflanze nachweisen, doch dürften nach den Funden in den Brunnen anderer Gehöfte hier auch der Schlafmohn und Hülsenfrüchte, wie Erbse, Linse und Saatwicke, gezogen worden sein.

Der Krautgarten

In der Nähe der römischen Küche hat vermutlich ein kleiner Krautgarten mit Gewürzpflanzen und krautigem Gemüse für den täglichen Bedarf gelegen.
Die Vorliebe der Römer für gewürzte Speisen wird in den zahlreichen Funden von Gewürzkräutern deutlich, von denen der Koriander in den Brunnensedimenten von Hambach 59 nachgewiesen werden konnte. Daneben sind aus dem Rheinland aber auch Dill, Thymian, Sellerie und Bohnenkraut bekannt.
Im Krautgarten hatten vermutlich auch einige für medizinische Zwecke genutzte Heilpflanzen ihren Platz. So wurden in einem Brunnen bei Aldenhoven zahlreiche Früchte der römischen Kamille und Samen vom Bilsenkraut nachgewiesen.
Ebenso wie Gewürzkräuter und Heilpflanzen gehören Gemüse in einen bäuerlichen Krautgarten: in den Hofbrunnen der römischen Gutshöfe wurden beispielsweise Reste von Möhre, Portulak, Senf und Feldsalat nachgewiesen.

Die Obstwiese

Zu einem römischen Mahl gehörte in der Regel auch frisches Obst. Außer den in Hecken, Gebüschen und an Waldrändern gesammelten Wildobstarten (wie Himbeeren und Brombeeren) wurden einige Obstarten von den römischen Landwirten in Kultur angebaut: Kerne der Süßkirsche aus Hambach 59, von Pflaume, Apfel, Birne und Maulbeere aus weiteren römischen Befunden im Rheinland lassen auf hofnahe Obstwiesen schließen. Auch der von den Römern eingeführte, durch Schalenreste und Pollen nachgewiesene Walnußbaum mag hier seinen Standort gefunden haben.
Es ist naheliegend, daß diese Obstwiesen, wie auch heute noch an vielen Bauernhöfen, ebenso zur Futtergewinnung genutzt wurden.

Die Weideflächen

In Hofnähe sind einige Flächen als Weideland dargestellt; insbesondere das Rindvieh muß als Milchlieferant in der Nähe gehalten worden sein. Reste von zwanzig Grünlandpflanzen belegen das Vorhandensein grasreicher Freiflächen; dies geht besonders aus den vielen nachgewiesenen Graspollen hervor, die mehr als die Hälfte aller Pollen aus den untersuchten Brunnenproben ausmachen. Unter den vielen durch Großreste belegten Arten überwiegen solche von extensiv genutzten Magerrasen; nur wenige Pflanzen sind höherwüchsig und könnten auf das Vorhandensein von Mähwiesen hinweisen. Vermutlich war die Viehweide von Buschgruppen durchsetzt und ging in einen Niederwald über, der ebenfalls beweidet wurde.

Der Niederwald

Die Nachweise von Waldbäumen beruhen fast ausschließlich auf Pollenfunden. Die Pollenspektren eines Brunnens bestanden zu etwa einem Fünftel aus Baumpollen, unter denen die Eiche deutlich vorherrschte. Sie ist selbst bei häufigem Einschlag zwecks Holznutzung zum Stockausschlag fähig und somit geeignet, verbuschte Niederwälder zu bilden. In diesen hier dargestellten hofnahen Wäldern war auch die schnellwüchsige Birke häufig anzutreffen. Die nur durch wenige Pollen belegten Laubhölzer Ulme, Buche, Hainbuche und Linde waren vermutlich hier nur vereinzelt beigemischt; sie werden erst in entfernteren Hochwäldern bestandbildend gewesen sein.

Die Vegetation des Hofplatzes

Neben den zahlreichen botanischen Belegen von den römischen Wirtschafts- und Nutzungsflächen enthielten die Brunnensedimente auch Reste von Pflanzen, die auf dem Hofplatz selbst wuchsen.
An häufig durch Mensch und Tier betretenen Stellen und Plätzen entwickelte sich eine charakteristische Trittpflanzengesellschaft mit einem lückenhaften Bewuchs von an den Boden angepreßten Pflanzen, von denen drei kennzeichnende Arten (Vogel-Knöterich, Wegerich, einjähriges Rispengras) auch in Hambach 59 nachgewiesen werden konnten.
An weniger gestörten Hofstellen, an Abfallplätzen sowie an Wegrändern konnten ebenso hochwachsende Wildkräuter üppig gedeihen. So waren außer weiteren Ruderalpflanzen Früchtchen und Pollen der beiden Brennesselarten (der Kleinen und der Großen Brennessel) sowie Pollen des Beifuß besonders häufig in die Brunnen gelangt. Zum Tränken des Kleinviehs, besonders aber für Enten und Gänse, ist ein flacher Teich auf dem Hof zwingend anzunehmen. Eine bei den Ausgrabungen erfaßte flache Mulde mit Tonabsätzen läßt eine solche Wasserstelle an der im Modell angegebenen Stelle vermuten. Zwar wurden weder Samen noch Pollen von ausgesprochenen Wasserpflanzen gefunden, doch könnten Feuchtpionierrasen oder Feuchtwiesen (z. B. Günsel, Kuckuckslichtnelke und Minzen) an seinem Ufer gewachsen sein. Die nur als Pollen nachgewiesenen Feuchtbodengehölze Erle und Weide standen vielleicht in der Nähe des Weihers. Für die Existenz von Hofteichen im Bereich der römischen Landgüter sprechen auch die Belege von Feuchtbodenpflanzen in den Brunnen der benachbarten Gehöfte.

Bäume im Hofbereich

Es spricht vieles dafür, daß auf der ca. 1,5 Hektar großen Hoffläche aus verschiedenen Gründen Bäume gepflanzt und unterhalten worden sind.
Am besten ist die Eiche belegt. Da außer den zahlreichen Eichen-Pollen auch viele Knospen und Knospenschuppen in den Brunnen gefunden wurden, ist anzunehmen, daß eine schattenspendende Eiche in unmittelbarer Brunnennähe stand. Möglicherweise existierte im südlichen Hofteil auch ein kleiner Eichenkamp mit fruchtenden Bäumen für die Eichelmast, wie wir ihn noch heute für die Schweinemast auf großen Bauerngehöften des Tieflandes finden.
Als Schattenbaum und als Nektarspender für die Bienen sind auch einige Linden im Hofbereich anzunehmen: relativ zahlreiche Lindenpollen fanden sich nicht nur in den Brunnensedimenten von Hambach 59, sondern ebenfalls in einem Brunnen bei Aldenhoven. Als weitere Solitärbäume auf der Hoffläche kommen auch Walnußbäume in Betracht, deren Pollen in einigen Proben so häufig auftraten, daß die Bäume offensichtlich in unmittelbarer Nähe des Brunnens geblüht haben müssen.

Heckenvegetation

Der rechteckige Hofplatz und die Feldparzellen waren, wie die Ausgrabungen ergaben, durch Flurgräben begrenzt worden. Es ist anzunehmen, daß diese Gräben von Hekken und Gebüschgruppen begleitet waren. Die Funde von Haselnuß (Pollen und Nußschalen), Schwarzholunder (Pollen und Steinkerne), Kreuzdorn (Pollen) sowie Brombeere und Himbeere (Pollen und Steinkerne) in den Brunnensedimenten könnten aus dieser Heckenvegetation stammen. Möglicherweise waren hier auch noch einige weitere Dornsträucher wie Weißdorn, Schwarzdorn und Schlehe verbreitet, von denen Belege aus einem Brunnen von Krefeld-Benrad vorliegen.
Das Vorkommen dieser Sträucher war natürlich nicht auf die das Hofareal und die Feldparzellen begrenzenden Hecken beschränkt; so wird der Schwarzholunder zweifellos auch auf Schuttplätzen im Hofareal, Haselnuß auch im Niederwald und Dornsträucher als vom Vieh gemiedene

„Weideunkräuter“ in den Gebüschgruppen der Weideflächen verbreitet gewesen sein.

Das Gräberfeld

In einem Brunnenschacht wurden zum zweiten Male im römischen Rheinland Pollen vom Buchsbaum gefunden, der – ebenso wie Walnußbaum und Maulbeere – von den Römern eingeführt wurde. Im Gegensatz zu den Brunnenbefunden bei Aldenhoven, in denen Buchsbaumpollen und -blätter darauf hinweisen, daß dieser wintergrüne Strauch in der Nähe des Hofbrunnens gepflanzt wurde, sprechen die nur acht Pollenfunde in Hambach 59 eher dafür, daß der Buchs außerhalb des Brunnenbereichs wuchs. Der Buchsbaum wurde in England mehrfach in Verbindung mit römischen Gräbern gefunden; möglicherweise hatte auch in Hambach 59 die Anpflanzung des Buchsbaumes Bezug zu der im Norden des Gehöftes nachgewiesenen Gräbergruppe.

Untersuchung und Auswertung von Brunnensedimenten

Die Untersuchung pflanzlicher Reste aus archäologischen Befunden kann unser Wissen über die Nahrungs- und Nutzpflanzen sowie über den von landwirtschaftlichen Aktivitäten des Menschen geprägten Pflanzenbewuchs deutlich bereichern. Dies gilt besonders für die Auswertung von Befunden, in denen neben verkohlten auch unverkohlte Pflanzenreste erhalten blieben. Dies ist in Brunnen, deren Schächte bis in das Grundwasser hineinreichen, der Fall.

Die aussagekräftigen Ergebnisse von botanischen Brunnenuntersuchungen, wie sie hier dargestellt werden konnten und auch aus anderen Regionen vorliegen, machen es wünschenswert, daß derartige Objekte im Hinblick auf eine interdisziplinäre Zusammenarbeit zwischen Botanikern und Archäologen stärker beachtet werden. Die Auswertungsmöglichkeiten der pflanzlichen Reste hängen dabei sehr von einer der Fragestellung angemessenen Probenentnahme ab. Um Aussagen über die Vegetationszusammensetzung zur Benutzungszeit des Brunnens zu machen, ist es notwendig – wie im Falle von Hambach 59 – vor allem die untersten Schichten, das Brunnensediment also, zu untersuchen. Die Brunnenschächte wurden nach ihrer Aufgabe meist sekundär als Abfallgruben oder Latrinen benutzt; die pflanzliche Zusammensetzung dieser Abfallschichten ist sehr heterogen und so deutlich von der Art der Einfüllung geprägt, daß sie für eine Rekonstruktion der umgebenden Vegetation weniger geeignet ist.
Der Entwurf eines römischen Gutshofes kann nur Modellcharakter haben, da weder der damalige Pflanzenbestand vollständig erfaßt werden konnte, noch sich seine exakte Verteilung im Hofbereich erschließen ließ. Die im Modell wiedergegebene detaillierte Rekonstruktion hat nicht allein die in den Brunnen nachgewiesenen Pflanzen berücksichtigt, sondern sich auch am Bewuchs neuzeitlicher Bauernhöfe orientiert.

Lit.: J.-P. Frahm, H. Friedrich, K.-H. Knörzer, H.-W. Rehagen, K. Rhenelt, Chr. Reichmann, Die Umwelt eines römischen Brunnens erschlossen durch archäologische und naturwissenschaftliche Analysen des Brunnensediments. Bonner Jahrb. 187, 1987, 505–538. – W. Gaitzsch, K.-H. Knörzer, P. Köhler, M. Kokabi, J. Meurers-Balke, M. Neyses, H. Rademacher, Archäologische und naturwissenschaftliche Beiträge zu einem römischen Brunnensediment aus der Rheinischen Lößbörde. Bonner Jahrb. 189, 1989, 225–283. – K.-H. Knörzer, Veränderungen der Unkrautvegetation auf rheinischen Bauernhöfen seit der Römerzeit. Bonner Jahrb. 184, 1984, 479–503.

Ein bedeutender Bernsteinfund im Hambacher Forst. – Rekonstruktionsversuch eines antiken Schmuckensembles

Wolfgang Gaitzsch – Friedrich Gelsdorf

Niederzier-Hambach/Kreis Düren. Teile eines Bernstein-Kolliers und Bernsteinrocken aus einer römischen Sarkophagbestattung.

Nach Abschluß der Ausgrabung einer Villa rustica bei Niederzier, Kreis Düren, erreichte der Braunkohletagebau Hambach I im Frühsommer des Jahres 1981 das Grabungsareal (s. S. 235 f.). 100 m nordwestlich der römischen Siedlung stieß der Bagger auf zwei steinerne Sarkophage. Der Aufmerksamkeit des Baggerführers war es zu verdanken, daß die Maschine gestoppt wurde und eine archäologische Untersuchung eingeleitet werden konnte. Die riskante Bergung in der Abbaukante führte zur Entdeckung eines Bernsteinschmuckes, für den es keine antiken Parallelen gibt.
Das Schmuckensemble aus 183 Einzelteilen hat ein Gesamtgewicht von über 300 g, so daß eine erheblich größere Menge an Rohmaterial vorausgesetzt werden muß. Nach Aussage des archäologischen Befundes besteht die Schmuckgarnitur aus zwei Teilen. In Kopfhöhe der bestatteten Frau fand sich ein Hals- und Brustschmuck aus 169 Einzelteilen; in der Nähe der linken Hand lagen 14 runde und zylindrische Perlen. Alle Fundstücke waren von einer dichten Schlammschicht umhüllt und an die Seite des Sarkophags verlagert.
Die Bernsteinglieder haben eine honiggelbe bis hellbraune Farbe und sind gleichmäßig lichtdurchlässig. Die Oberflächen sind poliert und scheinen gläsern. Nur wenige

Perlen zeigen weißgelbe Einschlüsse oder bestehen aus einem dunkleren Material. Die Durchbohrungen der einzelnen Schmuckelemente erfolgten mit verschiedenen Bohrdurchmessern vertikal oder horizontal zu ihrer Achse. Das Kollier wurde von 165 tropfenförmigen Perlen und einem größeren Anhängerteil mit 4 Elementen gebildet. Die Perlen weisen Abmessungen von 2,5 bis 1,0 cm auf und haben einen runden bis ovalen Querschnitt. Schwierigkeiten bereitet die originale Anordnung der Kettenglieder. Der Befund läßt keine Rückschlüsse zu, da sich die Beigaben nicht in situ befanden. Auch fehlen vergleichbare antike Halsketten, die ähnliche Schmuckelemente besitzen. Die tropfenförmigen Perlen erlauben zunächst einmal eine Ordnung nach ihrer Größe. Der Anschluß des rhombischen Verteilers mit den Weinblättern ist dagegen problematisch. Das dreifach durchbohrte Stück kann nur über die konische Hülse mit Spiralverzierung an die Kette angeschlossen worden sein. Mit ihren unterschiedlich großen Bohrlöchern läßt sich die 4,8 cm lange Hülse nur schlecht zwischen die tropfenförmigen Perlen eingliedern. Der verzierte Verteiler trug beide Weinblätter an seinen Enden, die senkrecht durchbohrt sind. Der mittlere Bohrdurchmesser ist größer. Die Vorderseiten der dünnen Blätter (ca. 6 cm zu 5 cm) wurden mit einem flachen Relief verziert. Zusätzlich sind Blattadern eingeritzt. Ein gleicher Dekor findet sich auf den Rückseiten. Die einzelnen Blattsprossen hat der Künstler mit jeweils vier Durchbrechungen angedeutet.
Plinius berichtet, daß Bernsteinketten als Frauenschmuck, aber auch als Heilmittel bei Halskrankheiten Verwendung fanden. In unserem Falle bekommt das Kollier durch die beiden Weinblätter einen zusätzlichen Akzent. Norditalische Bernsteinanhänger belegen ähnliche Blattformen, auf deren Rückseiten bakchische Motive dargestellt sind. Der Kult des Bacchus kann daher auch mit unserer Bernsteinkette in Verbindung gebracht werden, so daß folgende Anordnung der Schmuckteile möglich ist: Das konische, schräg geriefte Zwischenstück könnte in stilisierter Form das Aststück eines Weinstockes, der zu solch tordiertem Wuchs neigt, darstellen. Das dreieckige Stück scheint in seinen hochgebogenen Enden die Form eingerollter Weinranken aufzunehmen. Diese formalen Bezüge legen es nahe, in den ovalen Kettenperlen die Weintrauben zu sehen, die ja auch in der Natur von unterschiedlicher, innerhalb der ganzen Traube von oben nach unten abnehmender Größe sind. Allerdings können nicht alle 165 Bernsteinperlen zur Bildung einer Traube Verwendung gefunden haben, weil diese dann als Halsschmuck nicht mehr „tragbar" wäre. Die Perlen zwischen Traube und Halskette wurden daher so aufgeteilt, daß sich ein ausgewogenes Verhältnis zwischen ihnen ergab. Da die Perlen außerdem von sehr unterschiedlicher Form sind, sind die von mehr rundem Querschnitt der Traube, die von mehr flachem Querschnitt der Kette zugewiesen worden. Für die Konstruktion der Traube wurde das an modernen Glastrauben in Murano beobachtete Prinzip der Aufhängung der einzelnen Perlen an separaten Fäden zugrunde gelegt.
Das nächste Vergleichsstück für die Hambacher Kette ist die heute in Berlin aufbewahrte Bernsteinkette mit 50 Perlen aus der römischen Grabkammer in Köln-Weiden.
Der im Bereich der linken Hand der Toten gelegene Schmuck bestand aus vier spindelförmigen Gliedern, deren Oberflächen mit Spiralwindungen verziert sind. Die etwa 3 cm langen Hülsen wurden mit kleineren Perlen und zwei knopfförmigen Scheiben in einer Reihe verbunden. Den oberen Abschluß bildet ein schalenförmiger Aufsatz, den vier konzentrische Kreise schmücken. Die Länge beträgt 17,8 cm. Die Rekonstruktion der nicht in originaler Lage angetroffenen Perlen bereitete zunächst Schwierigkeiten. Doch konnte ein identisches Fundstück aus Dorweiler, Kr. Düren, herangezogen werden. Dieser Perlenstab besitzt nicht vier, sondern zwei verzierte Spiralhülsen von etwa 5 cm Länge. Die Reihung der Perlen erfolgte auf einem dünnen Metallstab, der bei unserem Beispiel aus organischem Material bestanden haben dürfte, da sich keine Reste erhalten haben. Weitere Perlenstäbe, allerdings einer etwas abweichenden Form, wurden in Aquileia, Ptuj (Pettau), Sopron (Ödenburg), Esch und auch Köln gefunden.
Die funktionale Deutung gibt Rätsel auf. Vorgeschlagen wurde eine Interpretation als Spinnrocken (Kunkel), Räucherstab, Schminkstab oder Zepter. Ein Rocken diente beim Spinnen zur Aufnahme der unversponnenen Wolle. Wegen der geringen Bruchfestigkeit und Größe des Rohmaterials bestehen die antiken Bernsteinrocken immer aus mehreren Einzelteilen. Die Mittel- und Endstücke sind besonders gestaltet. Neben dem Hambacher Fundstück besitzt das Rheinische Landesmuseum Bonn noch zwei weitere Exemplare des gleichen Typs, so daß sie wohl derselben Werkstatt zugewiesen werden können.
Auch aus anderem Material sind römische Rocken erhal-

Bernstein-Kollier aus einem römischen Sarkophag aus Niederzier-Hambach/Kreis Düren (Rekonstruktionsversuch). ▷

ten, so aus Gagat und Bronze. Die Geräte sind fast immer in der Mitte unterteilt; ihre Länge bewegt sich mit auffälliger Konstanz um 19 cm. Damit sind sie gerade zwei Handbreiten lang; die Hälfte der Länge entfällt also auf die haltende Faust, die andere Hälfte steht für die Aufnahme des Wollvorrates zur Verfügung. Geradezu handgreiflich führt dies ein bronzener Möbelgriff aus Metz vor Augen, der in Form einer den Rocken haltenden Hand gestaltet ist. Die Kleinplastik zeigt auch deutlich, daß der Rocken mit einer Art Garn von bandförmigem Querschnitt umwickelt ist. Hier zeigt sich eine Besonderheit der antiken Spinntechnik. Während beim heutigen Handspinnen auf dem Rocken die ungeordnete Fasermasse steckt, von der durch Herauszupfen der Faden gebildet und direkt versponnen wird, war im Altertum noch ein zusätzlicher Arbeitsgang eingeschaltet. Aus der ungeordneten Fasermasse wurde zunächst durch Herauszupfen und Langziehen ein kontinuierlicher Strang von gleichmäßiger Stärke hergestellt und auf den Rocken gewickelt. Diesem „Vorgarn" fehlte nur noch die Drehung in sich, die Torsion, die es dann beim eigentlichen Spinnen erhielt. Das Vorgarn wurde bei der Herstellung üblicherweise zum Glätten über das hochgestellte Knie gezogen. Der antike Rocken war also nichts weiter als eine Spule zum Aufwickeln des Vorgarns. Damit konnte er kleiner sein als ein heutiger Rocken.

Griechische Vasenbilder zeigen den Arbeitsablauf in seinen einzelnen Phasen. Aus Palmyra in Syrien gibt es eine ganze Reihe von Grabreliefs, auf denen Frauen dargestellt sind, die Spindel und Rocken in der Hand halten. Auf diesen Reliefs, die überwiegend dem 2. und 3. Jahrhundert n. Chr. angehören, entsprechen Konstruktion und Größe des Gerätes dem, was wir von erhaltenen Stücken und der Bronzehand mit Spinnrocken aus Metz kennen. Es ist zu vermuten, daß die Rocken aus Bernstein keine echten Gebrauchsgegenstände waren, sondern Grabbeigaben mit symbolischer oder kultischer Bedeutung. Über den Herstellungsort des Bernsteinschmucks können gegenwärtig nur Vermutungen angestellt werden. Eine Verbindung der rheinischen Fundstücke mit den in Köln angenommenen Werkstätten ist denkbar. Beziehungen bestehen aber auch nach Aquileia, dem großen Umschlagplatz römischer Bernsteinarbeiten.

Lit.: H. Blümner, in: Realencyclopädie der class. Altertumswiss. Bd. III (1899) 295 ff. s. v. Bernstein. – A.-B. Follmann, in: Hoops Reallexikon der germ. Altertumsk. Bd. 2 (^{2}1976) 288 ff. s. v. Bernstein. – Bonner Jahrb. 149, 1949, 87 ff.; ebenda 182, 1982, 502 ff. – R. Pirling, Klothos Kunkel. Festschr. W. Haberey (1976) 101 ff. – Aquileia Nostra 48, 1977, 94 ff. – Ambra oro del Nord. Ausstellungskatalog Venedig (1978).

Der römische Gutshof von Rheinbach-Flerzheim

Michael Gechter

Fährt man von Bonn nach Südwesten in Richtung Rheinbach/Rhein-Sieg-Kreis, so gelangt man, sobald man die Rheinhöhe überquert hat, hinter Duisdorf auf die Straße nach Witterschlick. Diese Straße geht auf eine alte römische Trasse zurück. Kurz vor Flerzheim, nachdem man das Waldgebiet des Kottenforstes passiert hat, erreicht man das Tal der Swist. Der Nordabhang dieses Tales ist ca. 10 m hoch und ziemlich steil. Im Süden wird das Swisttal durch den Nordhang der Eifel begrenzt. Geologisch gesehen haben wir es hier mit der Rheinbacher Lößplatte zu tun, den östlichen Abschluß der Zülpicher Lößbörde. Die Lößmächtigkeit ist unterschiedlich. Im östlichen Teil, um Meckenheim herum, ist sie stärker als im westlichen zur Erft hin. Das Tal ist schon in vorgeschichtlicher Zeit besiedelt gewesen. Wie auch auf den anderen rheinischen Lößbörden, bricht diese Besiedlung im letzten Jahrhundert v. Chr. ab. Eine erneute Besiedlung in römischer Zeit erfolgte seit Mitte und verstärkt ab Ende des 1. Jahrhunderts n. Chr.

Während heute die Höhen mit Wald bedeckt sind und nur auf der Lößebene Ackerbau getrieben wird, wurden in römischer Zeit auch die Höhen als Acker- und Weideland genutzt. Erst in nachrömischer Zeit breitete sich hier der Wald aus; der Kottenforst ist noch ein Restbestand.

In römischer Zeit war die Gegend durch Straßen geprägt, die alle nach Bonn führten. Es waren dies die Abzweigungen von der großen Fernstraße Trier – Köln, die über Rheinbach-Flerzheim und über Euskirchen-Billig nach Bonn verliefen.

Die römerzeitliche Besiedlung entwickelte sich zuerst entlang der Straßen. Bei Rheinbach-Flerzheim wurde im zweiten/dritten Jahrzehnt des 1. Jahrhunderts n. Chr. eine Straßenstation angelegt. Im Umfeld entstanden vereinzelt Bauernhöfe, so auch der Hof von Rheinbach-Flerzheim. Erst gegen Ende des Jahrhunderts, zeitgleich mit der Einrichtung der römischen Provinz um 85 n. Chr., können wir einen regelrechten Entwicklungsschub in der Landwirtschaft feststellen. Überall auf den bis dahin spärlich besiedelten Lößbörden entstanden zu dieser Zeit Hofstellen. Diese Entwicklung hielt relativ ungebrochen bis gegen

Rheinbach-Flerzheim/Rhein-Sieg-Kreis. Römischer Sandsteinsarkophag mit zwei Kinderbestattungen und reichen Beigaben.

Rheinbach-Flerzheim/Rhein-Sieg-Kreis. Gläser im Inneren des römischen Sandsteinsarkophages in Fundlage.

Ende des 2. Jahrhunderts n. Chr. an. Wir können allerdings nachweisen, daß einzelne Hofstellen aufgelassen wurden, dafür wurden an anderer Stelle neue gegründet. Bis in die zweite Hälfte des 2. Jahrhunderts überwog die Anzahl der Neugründungen die der Auflassungen. Erst gegen Ende des 2./Anfang des 3. Jahrhunderts nahm die Zahl der Neugründungen ab. Diese Entwicklung wurde durch den Frankeneinfall von 275 n. Chr. dramatisch beschleunigt. Nach diesen Zerstörungen verringerte sich der Bestand an Hofstellen auf der Rheinbacher Lößplatte um die Hälfte.
Der Frankeneinfall in den Jahren 352 bis 360 reduzierte diese Zahl noch weiter. In der ersten Hälfte des 5. Jahrhunderts können wir nur noch zwei Siedlungsstellen im Rheinbacher Lößgebiet nachweisen, den Hof von Rheinbach-Flerzheim und die Straßenstation. Gegen Mitte des 5. Jahrhunderts verschwanden auch sie. Es sieht so aus, als ob sich die Bewohner der Einzelhöfe in die spätantiken Festungen zurückgezogen hätten. Nur sie boten noch Schutz gegen Streifscharen von Germanen oder räuberische Banden ehemals seßhafter Landbevölkerung. Im Bereich der Festung von Zülpich kann man dieses Phänomen gut an der Massierung von Ortsnamen erkennen, die auf eine romanische Namenstradition zurückgehen.
Die Villa rustica von Rheinbach-Flerzheim ist einer der wenigen Höfe, die seit dem 1. Jahrhundert kontinuierlich besiedelt waren und die noch in der ersten Hälfte des 5. Jahrhunderts bestanden. Die erste systematische Geländeprospektion vor über 20 Jahren im Bereich der Gemarkung „Auf dem Richterberg“ ergab erste Hinweise auf diese römische Siedlungsstelle. Sie liegt nördlich von

Rheinbach-Flerzheim auf der Höhe des Nordabhanges des Swisttales, gut 10 m über der Talsohle. Hier stand im Mittelalter der Flerzheimer Galgen.

Als im Sommer 1975 in einer Kiesgrube beim Abschieben des Humus römische Mauern zutage traten, dachte niemand daran, daß das Rheinische Landesmuseum Bonn hier über ein Jahrzehnt lang tätig sein würde. Bis 1985 konnte eine Fläche von ca. 250 m x 300 m untersucht werden, bevor sie dem fortschreitenden Kiesabbau zum Opfer fiel. Durch das Entgegenkommen und die tätige Mithilfe des Kiesgrubenbesitzers war es das erste Mal möglich, im Bereich der Rheinbacher Lößplatte einen römischen Gutshof mit Nebengebäuden, Hofeinfriedung und zugehörigem Friedhof annähernd vollständig auszugraben. Die Bauflucht der Hofanlage folgte der vom Nordhang des Swisttales vorgegebenen Richtung. Die Gebäude waren U-förmig nach Südwesten angeordnet. Die Anlage war nicht sehr groß und schien nur eine der vielen kleinen Gutshöfe zu sein, die im Köln-Bonner Umland im 1. Jahrhundert entstanden waren. Nach Ausweis der keramischen Funde wurde die Hofanlage Mitte des 1. Jahrhunderts n. Chr. errichtet. Zuerst bestand sie aus Fachwerkgebäuden. In der ersten Hälfte des 2. Jahrhunderts wurden diese durch Steingebäude ersetzt. Anfang des 3. Jahrhunderts sah die Hofeinteilung wie folgt aus: Das zentrale Gebäude war das Hauptgebäude. Es lag an der nördlichen Hofseite. Die westliche und östliche Hofseite wurde von den Nebengebäuden eingenommen. Nach Süden war die Hoffläche unbebaut. Bei dem Hauptgebäude handelte es sich um den üblichen Eckrisalit-Typ. Zwischen den beiden Risaliten befand sich zur Vorderseite hin eine Portikus. Hinter dieser Säulenhalle lag ein großer Hauptraum, der überdacht war. Rechts und links dieses Raumes schlossen sich die Wohntrakte an. Ende des 2. Jahrhunderts wurde an die Rückseite des Gebäudes noch ein Badetrakt angebaut. Die Maße des Hauptgebäudes betrugen 37 m x 20 m. Rechts und links von ihm befanden sich in einem Abstand von 30 bzw. 40 m steinerne Speichergebäude. Die östliche Anlage von ca. 22 m x 10 m war eine Durchfahrscheune mit seitlich angebauter Schmiede. Das westliche Scheunengebäude von 10 m x 17,5 m diente als Getreidespeicher. Vor dem Hauptgebäude befanden sich die Brunnen. Unmittelbar vor der Portikus war ein mit Ton ausgekleidetes hölzernes Wasserbecken eingetieft. Neben dem westlichen Getreidespeicher lag ein dreischiffiges Gesindehaus, das wahrscheinlich aus Fachwerk auf einem Steinsockel errichtet war. Der Umfang betrug ca. 12,5 m x 20 m. Auf der östlichen Seite des Hofes standen Fachwerkställe, deren Grundrisse bislang nicht rekonstruiert werden konnten. Auf dem nicht bebauten Hofareal lagen sicher der Küchengarten und die Hausweiden. Nördlich des Hauptgebäudes, außerhalb des Hofareals, befand sich der Friedhof der Gutsbesitzer und des Gesindes. Dieser Friedhof wurde im zweiten Drittel

Rheinbach-Flerzheim/Rhein-Sieg-Kreis. Doppelhenklige Glasschale (Skyphus) mit Trinkspruch aus dem römischen Sandsteinsarkophag.

Rheinbach-Flerzheim/Rhein-Sieg-Kreis. Silberner, teils vergoldeter Becher aus dem römischen Sandsteinsarkophag.

des 2. Jahrhunderts angelegt und wurde bis ca. 230/240 n. Chr. benutzt. Die Gutsbesitzer wurden in Sarkophagen aus Holz oder Stein bzw. in steinernen Aschenkisten bestattet. Fünf Gräber waren in einer Reihe hintereinander von Südwesten nach Nordosten angeordnet. Die Gräber des Gesindes, insgesamt zehn, bestanden aus einfachen Brandbestattungen, die um die Holz- und Steinsarkophage angeordnet waren. Die sozialen Unterschiede der Gräber zeigten sich deutlich in den Grabbeigaben. Später wurden die Toten der Gutsfamilie innerhalb des Hofareals, ca. 60 m südlich des Hauptgebäudes, bestattet. Die Bestattungen erfolgten parallel zu der südlichen Hofeinfriedung. Eine Aschenkiste, die schon beraubt war, lag weiter nach Osten. In diese Zeit fällt auch die Errichtung einer kleineren Befestigungsanlage an der Nordecke des Hofareals, die aus einem hölzernen Wehrturm von 12,5 m x 12,5 m Kantenlänge bestand. Eine einfache Palisade von 20 m x 22,5 m und ein Doppelgraben umschlossen den Turm.

Die 1985 aufgedeckten Gräber zeigten sehr deutlich, wie wohlhabend die Familie gewesen sein muß. Diese Gräber waren nach Ausweis der beigegebenen Münzen innerhalb kurzer Zeit zwischen 260 und 280 n. Chr. angelegt worden. Die Grabgruben überschnitten sich jeweils so, daß eindeutig nachgewiesen werden konnte, welches das jüngste und welches das älteste Grab war. Es handelte sich um zwei Holzsärge, einem Steinsarkophag und eine Brandbestattung. Die Holzsärge waren mit Bleiblech verkleidet. In dem älteren Holzsarg lagen die Reste einer Brandbestattung. Etwas später erfolgte die zweite Holzsargbestattung. Der oder die Tote waren unverbrannt bestattet worden. Die Grabgrube des Sandsteinsarkophages überschnitt die des jüngsten Holzsarges. Der Sarkophag besteht aus rötlichem Eifelsandstein und war 2,20 x 0,95 x 1,05 m groß. Sein Gewicht beträgt 4,5 Tonnen. In ihm waren, nach Ausweis der Zahnuntersuchung, zwei Kinder im Alter von ca. 10 Jahren bestattet. Die beiden Leichname waren mit einem Unter- und einem Übergewand aus Leinen bekleidet. Der Stoff des Untergewandes bestand aus einem sehr lockeren, der des Obergewandes aus einem dichten Gewebe. Beide Körper waren mit Goldbrokatstoff bedeckt gewesen. An der linken Innenseitenwand des Steinsarges waren die meisten Beigaben des Doppelgrabes niedergelegt worden. Rechts der Köpfe der Toten standen eine Glasflasche und ein Becher. Die Glasflasche war bei der Auffindung noch mit einem Pfropfen verschlossen; sie ist mit Olivenöl gefüllt. Ein halbkugeliger, teilweise vergoldeter Trinkbecher aus Silber war als Schmuckkästchen benutzt worden. Im Innern des Bechers lagen zwei Ketten aus Gold, eine war aus Fuchsschwanzgliedern gefertigt, die andere mit Perlen besetzt. Bei den Perlen handelte es sich um Saphire und Süßwasserperlen. Zusätzlich fand sich noch ein kleiner goldener Fingerring mit einem Cabochon aus hellrotem Glas. Auf der linken Seite der Toten lagen zwölf Glasgefäße, unter ihnen acht, die als Parfumfläschchen anzusehen sind; die übrigen gehören zum Trink- und Eßgeschirr. Eine flache zweihenklige Schale mit konischem Standring und Henkeln trägt auf der Außenseite, über einem umlaufenden Kerbband, in griechischer Schrift den Trinkspruch: „Trinke! Lebet glücklich!"

Eine Attis-Statuette aus Gagat stand in der linken unteren Ecke des Sarges; sie ist aus fünf Einzelteilen gefertigt, die mit Birkenrindenpech verleimt sind. Ebenfalls aus Gagat waren drei Haarnadeln, die in Kopfhöhe der Leichname deponiert worden waren. Rechts neben den Toten lagen drei Münzen des Antoninus Pius und des Marcus Aurelius, die zur Zeit der Niederlegung schon einhundert Jahre im Umlauf gewesen waren. Die Grabgrube des Sarkophages wurde von einem Brandgrab überlagert. Dieses Grab eines alten Mannes ist durch eine Münze des Jahres 276 n. Chr. schon nach dem Frankeneinfall von 275 zu datieren.

Während dieses Frankeneinfalles wurden die Gebäude der Villa zerstört, nur der Wehrturm blieb erhalten. Im 4. Jahrhundert wurden die Gebäude – so das Hauptgebäude und die beiden Speicher – wieder aufgebaut. Neu errichtet wurde das Gesindehaus. Es war wiederum ein Fachwerkbau auf Steinsockel, der jetzt aber mit zwei vorspringenden Eckrisaliten versehen war. Ebenfalls in dieser Zeit kam ein Keller hinzu, der außerhalb des Gebäudes lag. Auf der östlichen Hofseite wurden zwei Getreidedarren angelegt, die wahrscheinlich zur Malzherstellung benutzt wurden. Weiter im Süden lag ein offenes Gebäude, in dem Eisenschmelzöfen betrieben wurden. Es wurde also hier im 4. Jahrhundert noch Eisen umgeschmolzen und geschmiedet. Ohne sichtbare Zerstörung wurde der Hof in der ersten Hälfte des 5. Jahrhunderts aufgegeben.

Rheinbach - Flerzheim / Rhein - Sieg - Kreis. Gagat-Statuette des sitzenden Attis aus dem römischen Sandsteinsarkophag. ▷

Antiker Fruchtbarkeitskult auf dem Lande. – Die Matronenverehrung in Eschweiler-Fronhoven

Brigitte Beyer – Wolfgang Gaitzsch

Führte der fortschreitende Braunkohlentagebau einerseits zu einer räumlichen und zeitlichen Einschränkung der archäologischen Untersuchung, so ist ihm andererseits aber auch die Entdeckung der Kultdenkmäler zu verdanken. Sie wurden in einem 20 m tiefen Brunnen gefunden, der nach Abschluß der Ausgrabung bei einer Auskiesung angeschnitten wurde. In seiner Bauweise entsprach dieser spätantike Brunnen einer seit dem 1. Jahrhundert nachgewiesenen Form. Die steinerne, im Querschnitt runde Brunnenwandung ruhte auf senkrecht in den Grundwasserhorizont abgesenkten Eichenbohlen.
Der etwa 80 m x 90 m große Kultplatz war von einem Gra-

Eschweiler-Fronhoven/Kreis Aachen. Oberteil eines fragmentierten Weihealtars für die Matronae Amratninae mit Darstellung der Matronendreiheit.

Während die römischen Tempelanlagen in Mariaweiler, Nettersheim und Kornelimünster unter Denkmalschutz gestellt und teilweise rekonstruiert wurden, konnte das Matronenheiligtum von Fronhoven weder ausreichend untersucht noch erhalten werden. Im Januar 1980 entdeckt, wurde es im gleichen Jahr vom Braunkohlentagebau Zukunft-West erfaßt und abgebaggert. Das Heiligtum lag am Westrand des Domerberges, südlich der vom Geländeabbau eingekreisten Ortschaft Fronhoven. Starke Bodenerosion hatte sowohl die Gebäudefundamente als auch ein hangaufwärts liegendes spätlatènezeitliches Brandgräberfeld erfaßt. Zudem stellte man im Laufe der Untersuchung vor Ort fest, daß die Fundamente ausgebrochen waren.

Eschweiler-Fronhoven / Kreis Aachen. Oberteil eines fragmentierten Weihealtars für die Matronae Alaferchuiae mit Darstellung der Matronendreiheit.

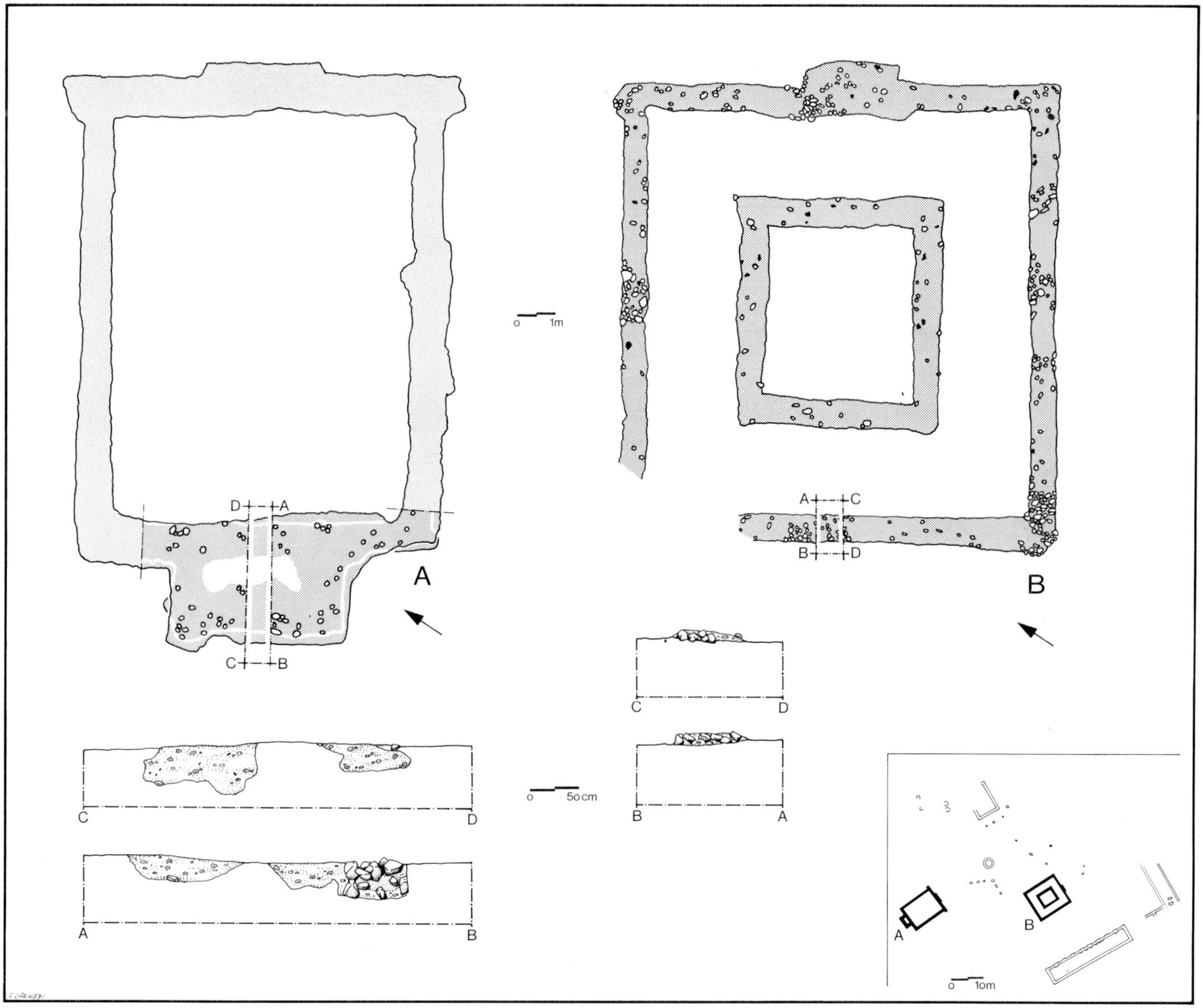

Eschweiler-Fronhoven/Kreis Aachen. Fundamente und Lageplan der Kultbauten: Gallo-römischer Umgangstempel (B) und Curia (A).

ben und einer Mauer eingefriedet. Ihr paralleler Verlauf konnte im Nordosten des quadratischen Areals erschlossen werden. Die südöstliche Begrenzung bildete eine auf 30 m Länge zu ergänzende Halle mit einer pilasterartigen Fassadengliederung. Der Halle vorgelagert war ein gallorömischer Umgangstempel, dessen Eingang im Nordosten lag. Die Abmessungen der Cella betrugen 6 m zu 5,2 m, die der äußeren, weniger tiefen Fundamentierung 11,20 m zu 12 m. Ein zweiter, im Grundriß abweichender Kultbau lag knapp 30 m westlich des Tempels. Bei gleicher Eingangsorientierung war das rechteckige Gebäude durch eine verbreiterte Frontseite und eine 2 m breite und 4,60 m tiefe Apsis an der Rückseite charakterisiert.
Die Deutung des Grundrisses als Überreste des Versammlungshauses einer Kultgemeinde geht aus dem Vergleich mit der Basilika im Tempelbezirk von Bad Münstereifel-

Noethen (Pesch) hervor. Außerdem lassen sich zwei Inschriften einer Curia Amratnina an Merkur, die in den Kirchen der benachbarten Orte Lohn und Laurenzberg verbaut waren, auf das Fronhovener Kultgebäude beziehen. Die Verbindung ergibt sich aus 38 Weiheinschriften bzw. deren Fragmenten, die als Bausteine einer Brunnenwandung dienten. Die Inschriften besitzen nicht nur einen erheblichen epigraphischen Quellenwert für die mittlere Kaiserzeit, sondern geben auch Auskunft über die antiken Kultverhältnisse. Die inschriftlichen Weihungen weisen das Heiligtum auf dem Domerberg bei Fronhoven als ein Doppelheiligtum aus, in dem die (Matronae) Alafer(c)huiae und die (Matronae) Amfratninae verehrt wurden. Erstere sind durch sechzehn, letztere durch zwölf namentliche Nennungen und ein nicht im Brunnen gefundenes Inschriftenfragment nachgewiesen. Eine Inschrift wandte sich an beide Matronengruppen, deren Aussehen drei figürliche Darstellungen überliefern. Die Abbildung eines geflügelten Merkurstabes auf einem Altar der Alafer(c)huiae stellt eine Verbindung zu Merkur her. Unbekannt ist, ob beide Muttergottheiten gleichzeitig und gleichwertig im gallo-römischen Umgangstempel verehrt wurden, oder ob der rechteckige Kultbau einbezogen wurde, den C.B. Rüger anhand der Curia-Inschriften einer männerbündischen Kultvereinigung zuwies. Aus dem archäologischen Befund geht hervor, daß die Fundamente des Rechteckbaus ausgebrochen wurden, die des Tempels nicht. Die kultische Nutzung eines vierten Gebäudes nordwestlich des Tempels, dessen Fundamente stark erodiert waren, ist nicht auszuschließen.

Die Verehrung der dreizahligen Matronae, wie sie hier in Fronhoven überliefert sind, findet sich im Rheinland häufig, ansonsten in dieser Form nur noch in Oberitalien und in etwas veränderter Benennung (als Matres oder Matrae) in Nordspanien, Gallien und Britannien. In Niedergermanien sind bis jetzt annähernd 850 inschriftliche Zeugnisse bekannt, die Matronae nennen, seltener Matres. Sie sind mit einem Beinamen keltischen oder germanischen Ursprungs versehen, der als lateinisch gebildetes Adjektiv in lateinischem Kontext erscheint. In einigen Fällen findet sich auch ein germanischer Dativ. Wahrscheinlich handelt es sich um einen Kult einheimischer Muttergottheiten, der bereits vor der Übersiedlung der germanischen Ubier auf das linke Rheinufer in das Gebiet der römischen Provinz weit verbreitet war. Leider besitzen wir keinerlei literarische Zeugnisse.

Von den „Beinamen", mit denen dieser weibliche Archetyp näher bezeichnet wurde, kennen wir bisher 65 verschiedene für die Matronae und 15 für die Matres. Die Namen, deren Etymologie in vielen Fällen noch nicht geklärt ist, beziehen sich auf den Natur- und Lebensraum des Menschen, aber auch auf soziale Strukturen. Die Vielzahl der Belege korreliert mit der Anzahl der Heiligtümer, die in Niedergermanien meist ebenfalls diesen Göttinnen zuzuweisen sind. Ihr männliches Pendant ist zum einen Merkur, der oberste Gott des keltischen Pantheon, zum anderen der Genius, der männliche regionale Schutzheilige. Sie treten jedoch gegenüber den weiblichen Gottheiten relativ selten in Erscheinung.

Außer den Weihesteinen besitzen wir eine Vielzahl von Terrakotten, vor allem aus Kölner Werkstätten. Trotz dieser reichen Überlieferung wissen wir kaum etwas über die Form des Kultes.

Bei den Funden aus Fronhoven handelt es sich – von einem Kalksteinaltar abgesehen – um Altäre aus einheimischem Gestein, zumeist Sandstein. Die drei Göttinnen sind sitzend in einer Nische dargestellt, gemeinsam auf einer Bank mit hoher Rückenlehne. Die beiden äußeren Matronen tragen auf dem Kopf die großen Hauben der verheirateten Frau, die mittlere unbedeckte, gescheitelte Haare. Wie die große Haube gehören auch Mantel und Gewänder zur einheimischen Tracht. Um den Hals tragen sie halbmondförmige Anhänger (lunula), Fruchtbarkeitssymbole, und auf dem Schoß halten sie Fruchtkörbe.

Die Dreizahl der abgebildeten Göttinnen, deren Darstellung vielleicht von den Matronae Aufaniae in Bonn überall im Land beeinflußt wurde, läßt sich aus dem keltischen Glaubenskreis heraus erklären. Sie steht für die Allmacht der göttlichen Kraft.

Die Matronae stellen den indoeuropäischen Archetyp einer weiblichen Gottheit dar, in der sich das Leben in seinem Werden und Vergehen manifestiert. Sie waren in der agrarisch strukturierten Gesellschaft daseinsbestimmend und wurden als Helferinnen im Kampf um die materiellen Grundlagen des Lebens angerufen.

Das Entstehen und Vergehen im Jahres- wie im Lebenszyklus, aber auch Kontinuität und Stärke werden durch den Baum symbolisiert, dem die göttliche Kraft innewohnt. Die göttlichen Gaben der Früchte des Feldes und Waldes spendet das Füllhorn. Sowohl Baum als auch Füllhorn sind daher des öfteren auf den Seiten der Weihedenkmäler dargestellt. Die göttliche Allmacht zeigt sich in der Zahl drei und in ihrer menschlichen Darstellung durch das Weibliche: die Frau als sichtbarer Teil der göttlichen

Segnungen, die Wohlstand und Fortbestand der Familie gewährleistet, üblich vor allem bei seßhaften, bäuerlichen Kulturen.
Es lassen sich sechs Verehrungsaspekte benennen:
1. Die Fruchtbarkeit der Natur von Feld und Vieh; Wohlstand und reiche Ernte des Bauern.
Die einheimische Tracht der Göttinnen macht deutlich, daß sie als ingenuine Förderer und Bewahrer der ländlichen Bevölkerung verehrt wurden. Die uns bekannten Weihenden lassen sich daher auch zu drei Viertel der einheimischen Bevölkerung zuordnen, für die diese Verehrung lebenswichtig war. Erst in zweiter Linie wurde, nach C. B. Rüger und H. G. Horn nicht vor 160 n. Chr., der Kult mit bildlichen Darstellungen in das Pantheon der römischen Bevölkerungsschicht übernommen. So treffen wir vor allem in Bonn im 2. und in der ersten Hälfte des 3. Jahrhunderts hohe römische Beamte und deren Frauen sowie römische Soldaten an, die Weihesteine für die Matronae Aufaniae errichteten.
Ikonographisch zeigt sich der Fruchtbarkeitsaspekt in der Darstellung von Ähren, Füllhörnern, Fruchtkörben und den als Opfergaben dargebrachten Früchten, die in Stein auf dem Altar abgebildet sind, sowie Zweigen und Bäumen. Der Kranich, der das Werden und Vergehen der Vegetation im Jahreslauf symbolisiert, ist ebenfalls auf einigen Weihedenkmälern zu sehen.
2. Die Göttin als Mutter.
In den Zyklus des Lebens ist auch der Mensch eingebettet. Zwar kennen wir Darstellungen mit Kindern und Windeln nur aus Gallien, doch lassen sich die Lunula und die große Haube der verheirateten Frau sowie die Verbindung der Göttinnen zu den Iunones und Lubicae auch diesem Aspekt zuweisen. Das zugehörige Tier ist der heilige Pfau der Iuno. Die Terrakotten stellen die Verbindung zu Venus her.
3. Gesundheit und Heilung.
Dieser Aspekt, der sich in Namen wie Medicinae, Suleviae und vielleicht Lubicae zeigt, steht in Verbindung zu den Heilquellen und wird deutlich in Weihungen wie „pro salute" (zum Heil) und „pro se et suis" (für sich und die Seinen).
4. Die Göttin als Todbringende.
Hinweise auf Glück, Gesundheit und die Allgegenwart des Schicksals geben Darstellungen von Rad und Steuerruder, die zur Fortuna gehören. Der chthonische Verehrungsaspekt gehört zu den Kreuzweggöttinnen und zu Hekate. Nur am Rande sind sie wohl auch als Kriegsgöttinnen zu deuten. Das Keltische kennt die Verbindung von Kriegs- und Fruchtbarkeitsgottheit in der semantischen Gleichsetzung von Volk, Land und Krieg. Hierauf Bezug nehmen eine Kampfdarstellung, eine Opferszene mit Soldat und Siegesgöttinnen (Viktorien).
5. Land, Stamm, Sippe, Familie.
Als Beschützerinnen der sozialen Strukturen stehen die Matronen an der Seite der männlichen Beschützer, der Genien und Laren, die in jedem römischen Haus verehrt wurden. Hier werden sie mit so persönlichen Epitheta wie „domesticae", „suae", „maternae" und „paternae" bezeichnet; der Weihende stellt den Altar „pro se et suis" auf. In ihrer Funktion als Schützerinnen der Sippe werden sie vielleicht mit dem Männerbund der Kurie und Merkur ver-

Bergheim-Thorr/Erftkreis. Füllhörner und Vögel auf den Seitenflächen eines Matronensteines.

Eschweiler-Fronhoven/Kreis Aachen. Fragment eines Matronensteines mit der Weihung an die Alaferchuiae.

Eschweiler-Fronhoven/Kreis Aachen. Füllhorn und Vögel auf der Seitenfläche eines Matronensteines.

bunden, worauf möglicherweise das „Versammlungshaus" in Fronhoven hindeutet. Als Beschützerinnen der Stämme werden die Matres Remae, Suebae, Frisavae u. a. genannt. In der keltischen Vorstellung ist das Land weiblich, das männliche Pendant sind die Flüsse.

6. Wasser, Flüsse, Quellen.

Neben dem männlichen Rhenus gibt es die Matronae Renahenae. Wie Nymphen und Suleviae wurden auch die Matronae mit Heilquellen in Verbindung gebracht.

Die im Heiligtum von Fronhoven aufgefundenen Weihungen, die uns mit 31 Personen aus der ländlichen Bevölkerung bekannt machen, lassen sich, wie die übrigen bekannten Weihungen, in die zweite Hälfte des 2. und die erste Hälfte des 3. Jahrhunderts datieren. Der Kultplatz wurde aber auch noch im 4. Jahrhundert aufgesucht, wie spätantike Keramik und einige valentinianische Münzprägungen belegen. Von historischer und möglicherweise erneuter kultischer Bedeutung zeugt der Brunnen, der nach dendrochronologischer Datierung zu Beginn des 5. Jahrhunderts im Zentrum des alten Kultplatzes erbaut wurde. In seiner Wandung waren die halbierten Altarsteine vermauert, die zwischenzeitlich wohl noch andere Verwendung gefunden hatten, wie ein zur Hälfte versinterter Stein ausweist.

Lit.: W. Gaitzsch, Das Matronenheiligtum von Eschweiler-Lohn. Schriftenreihe des Eschweiler Geschichtsvereins 4, 1981, 13 ff. – C. B. Rüger, Römische Inschriftenfunde aus dem Rheinland 1978–1982, mit einem Beitrag von B. Beyer. Epigr. Stud. Bd. 13, (1983) 115 ff. – A. B. Follmann-Schulz, Tempelanlagen in der Germania Inferior. In: H. Temporini, W. Haase (Hrsg.), Aufstieg und Niedergang der römischen Welt. II. Prinzipat XVIII.1, Religion (1986) 726 ff. – H. G. Horn, Bilddenkmäler des Matronenkultes im Ubiergebiet. In: Matronen und verwandte Gottheiten. Beih. Bonner Jahrb. Bd. 44 (1987) 31 ff. – C. B. Rüger, Beobachtungen zu den epigraphischen Belegen der Muttergottheiten in den lateinischen Provinzen des Imperium Romanum. Ebenda 31 ff.

Spiel, Spannung und Geschichte. – Zu einem römischen Würfelturm

Heinz Günter Horn

Vor etlichen Jahren wurden auf einem umgepflügten Acker bei Vettweiß-Froitzheim/Kreis Düren verschiedene Metallteile, unter anderem mehrere dünne Kupferbleche, gefunden, die sich zu einem quadratischen, oben offenen Turm mit durchbrochenen Wandflächen zusammensetzen ließen.
Im Inneren dieses Turms, der eine Grundfläche von 9,5 cm x 9,5 cm besitzt und 22,5 cm hoch ist, befinden sich drei treppenartig schräg gegeneinander versetzte, quer gewellte Bleche (das oberste modern ergänzt), von denen das unterste auf der Vorderseite durch eine breite Öffnung – wie eine vorgelagerte Freitreppe rechts und links von springenden Delphinen mit hochgereckten Schwanzflossen flankiert – aus dem Turm hinausführt. Darüber steht in sechs weitgehend frei gestellten Zeilen ein flächenfüllendes Hexagramm, d. h. ein Text aus sechs Wörtern mit je sechs Buchstaben zu lesen (von oben nach unten): PICTOS/VICTOS/HOSTIS/DELETA/LVDITE/SECVRI – „Die Pikten sind besiegt; der Feind ist vernichtet. Spielt unbekümmert!" Die Rück- und Nebenseiten sind mit vergleichsweise regelmäßig ausgestanzten Kreis- und Kreuzmustern sowie konzentrischen Kreispunzen verziert; außerdem bindet sie das friesartige und seitenübergreifende Buchstabenband des Glücks- und Segenwunsches VTERE/FELIX/VIVAS – „Benutze ihn, Glücklicher! Du sollst gut leben!" zusammen. Nach den Lötspuren zu urteilen, trug der Turm ursprünglich einen Zinnenkranz; an den Ecken waren Pinienzapfen aufgesetzt. Entlang der Kanten verliefen ehemals vermutlich profilierte Zierleisten. Über der Öffnung auf der Vorderseite hingen wohl drei halbkugelige Glöckchen.
Bei dem Spielgerät handelt es sich um einen römischen Würfelturm (turricula, pyrgus), der seit der zweiten Hälfte des 1. Jahrhunderts n. Chr. (z. B. Martial 14, 16 f.) des öfteren im Zusammenhang mit Brett- und Würfelspielen literarisch bezeugt ist; dargestellt finden wir ihn allerdings vornehmlich auf spätantiken Mosaiken, z. B. aus Daphne bei Antiochia am Orontes/Türkei. Besonders bekannt ist die Darstellung auf dem Dezemberblatt des Philocalus-Kalenders für das Jahr 354 n. Chr. Ein hölzerner Würfelturm aus einem nubischen Grab in Qustul/Ägypten (um 360 n. Chr.) bildet bislang die einzige wirkliche Parallele zu dem Froitzheimer Stück.
Vieles spricht dafür, daß man den Würfelturm vor allem beim sogenannten Zwölf-Buchstaben-Spiel (ludus duodecim scriptorum), das wohl am ehesten mit dem heutigen Backgammon verglichen werden kann, benutzte.
Zu diesem Würfelspiel gehörten außerdem noch zwei oder drei Würfel, je 15 schwarze und weiße Spielsteine sowie ein Spielbrett mit 3 x 12 Spielfeldern, die oft auch durch die Buchstaben eines Hexagramms gekennzeichnet waren. Die Spielsteine wurden nach der gewürfelten Augenzahl auf dem Spielbrett hin und hergeschoben. Der Würfelturm sorgte dabei für korrekte Würfelergebnisse. Da die Würfel oben in den Turm hineingeworfen wurden, ohne Manipulationen von außen über die schiefen Ebenen im Inneren nach unten kullerten und durch die breite Öffnung auf die Tischplatte rollten, konnte keiner der Spieler schon beim Würfeln mogeln.
Die Hexagramme auf den Zwölf-Buchstaben-Spielbrettern beziehen sich gelegentlich auf historische Ereignisse. Dies trifft wohl auch für das Hexagramm auf dem Würfelturm aus Froitzheim zu. Die in der Inschrift erwähnten Pikten machten seit Ende des 3. Jahrhunderts n. Chr. den Römern zunehmend zu schaffen. Militärische Unternehmungen römischer Kaiser gegen diesen kriegerischen Volksstamm im heutigen Schottland, der immer wieder im nördlichen Britannien für Mord und Zerstörung, Angst und Schrecken sorgte, sind für die Jahre 297 und 306 (Constantius Chlorus) sowie 342/343 (Constans) bezeugt. Besonders groß war die Piktengefahr offenbar nach der Mitte des 4. Jahrhunderts. In den Jahren 368/369 konnte erst ein von Kaiser Valentinian in aller Eile aus gallischen und germanischen Truppenteilen zusammengestelltes Expeditionscorps unter dem Kommando des Theodosius d. Ä. nach mühevollen und auch verlustreichen Kämpfen die Pikten vernichtend schlagen. Das Hexagramm auf dem Froitzheimer Würfelturm feiert offensichtlich diesen Sieg in propagandistischer Absicht. Vielleicht war sogar sein Besitzer in irgendeiner Form an diesem Erfolg betei-

ligt und hatte das Spielgerät später als ehrendes Geschenk erhalten. Ob es sich dabei um den Verwalter oder Pächter des wohl kaiserlichen Landgutes handelt, in dessen Bereich der Würfelturm gefunden wurde, muß offen bleiben.
Der historische Bezug auf die Piktenkämpfe der Jahre 368/369 n. Chr. datiert den Würfelturm in die Zeit nach diesen Ereignissen. Dem widersprechen auch nicht seine stilistischen Eigenheiten, wie etwa die für die Spätantike charakteristische Durchbruchsarbeit (opus interrasile), die astragalierten Zierstreifen, die Punzenverzierungen oder die von Überschneidungen und Segmenten geprägten Kreismuster, die uns vornehmlich auf militärischen Ausstattungsstücken aus der Zeit um 370 n. Chr. begegnen.

Lit.: H. G. Horn, Bonner Jahrb. 189, 1989, 139 ff.

Vettweiß-Froitzheim/Kreis Düren. Römischer Würfelturm aus Kupfer. Die Würfel davor wurden in Neuss gefunden. ▷

PICTOS
VICTOS
HOSTIS
DELETA
LVDITE
SECVRI

Siedlung und Friedhof der römischen Kaiserzeit und der frühen Völkerwanderungszeit in Bielefeld-Sieker

Anton Doms

In Westfalen sind seit den beachtenswerten Ergebnissen der Ausgrabungen in Westick, Kreis Unna, und in Soest keine großflächigen archäologischen Untersuchungen in Siedlungen der römischen Kaiserzeit mehr erfolgt.

In den letzten Jahren haben archäologische Großgrabungen, vor allem im nordwestdeutschen Raum, unsere Kenntnisse über das Siedlungswesen in frühgeschichtlicher Zeit, über die Anlage von Haus und Hof und über die Wirtschafts- und Sozialstruktur bedeutend erweitert.

Unter diesen Aspekten richtete sich 1981 die Aufmerksamkeit auf das Neubaugebiet Meyer zu Elentrup in Bielefeld-Sieker. Das Gelände reicht von der Hofstelle, im Norden von der Oldentruper Straße begrenzt, nach Westen bis zum Gemeindefriedhof Sieker.

Dort ist in seinem östlichen Teil 1960–1973 bei dem Ausheben von Grabschächten und einer planmäßigen Ausgrabung ein Brandgräberfriedhof des 2. bis 4. Jahrhunderts n. Chr. mit 66 Gräbern bekannt geworden.

Die Verbrennung der Toten auf dem Scheiterhaufen in voller Tracht und mit Beigaben war damals üblich. Begraben wurde in einer im anstehenden Lehm ausgehobenen vier- oder rechteckigen Grube. Über das darin niedergelegte, mit Leichenbrand gefüllte Tongefäß (Urne) oder den Behälter aus organischem Material (Leder oder Leinen) wurden die Rückstände des Scheiterhaufens geschüttet. Diese enthielten neben Holzkohle und Asche oft auch Reste der Tracht (Fibel, Perlen, Kamm, Gürtelschnalle), Messer, Schere und Gefäße aus Ton oder Metall (Eimer, Becken, Siebkelle). Erwähnenswert ist ein eleganter spätrömischer Spruchbecher mit glänzend schwarzem Überzug und einer Weißbarbotine-Verzierung sowie der Aufschrift PETE VINUM, „Gib mir Wein" (Hol mir Wein). In einem anderen Grab lag in der Schüttung über dem Leichenbrandrest ohne weitere Beigabenreste eine als Anhänger getragene, leicht angeschmorte seltene Goldmünze des Kaisers Postumus (258–268 n. Chr.). Neben den Urnen und Beigabengefäßen aus einheimischer Keramik (Rhein-Weser-Germanische Formen) kommt auch spätrömische Drehscheibenware (Terra-Sigillata-Bilderschüssel) vor. Dieses Geschirr weist auf eine lebhafte Verbindung zum linksrheinischen Raum hin.

Die anthropologische Untersuchung der Leichenbrände durch B. Genschel-Helm und P. Volk, Hannover, ergab weitere Aussagen zum Gräberfeld: „Von 51 Personen wurden 18 als Frauen und 19 als Männer erkannt. Die Sterblichkeit der Frauen lag zwischen 26 und 33 Jahren, die der Männer zwischen 33 und 46 Jahren. In 24 Gräbern konnten Tierbeigaben, darunter eindeutig die vom Schwein, festgestellt werden. Insgesamt zeigte sich das Bild einer Bevölkerung, deren Altersstruktur relativ jung war und ein ausgeglichenes Geschlechtsverhältnis aufwies. Die Lebenserwartung war im Vergleich zu heute gering, so daß die Lebensbedingungen vergleichsweise hart gewesen sein müssen ..."

Aus den Grabfunden ist ablesbar, daß die Bestatteten Angehörige einer ansehnlichen Siedlungsstätte am Nordrand des Teutoburger Waldes (Osning) waren. Auf ihre Lage machten Scherbenfunde der römischen Kaiserzeit und des 9./10. Jahrhunderts in der Feldflur westlich des Hofes Meyer zu Elentrup aufmerksam.

Da bei den vorgesehenen Erdarbeiten die vermuteten archäologischen Befunde und Funde unwiederbringlich zerstört würden, erfolgten 1981–1986 in den Straßentrassen, in den Flächen der Wohn- und Gewerbebauten sowie der neuen Friedhofserweiterung archäologische Ausgrabungen. Erklärtes Ziel war es, möglichst großflächig kaiserzeitliche Hofanlagen zu erkennen und freizulegen.

Die in einem Gebiet von fast 22 000 m^2 in Plänen und Fotos dokumentierten Besiedlungsspuren liegen überwiegend an der Westseite eines flachen, von Südwest nach Nordost verlaufenden 300 m langen und 110 m breiten Geländerückens zwischen zwei kleinen Bächen in seichten und schmalen Tälern. Unter dem mit dem Bagger abgetragenen, 60–70 cm mächtigen humosen Boden zeichneten sich nach einer Feinplanierung im anstehenden eiszeitlichen Löß größere und kleinere, grau bis braunschwarze Verfärbungen ab, von denen die größeren meist Abfallgruben waren. Bei den kleineren, viereckigen, länglichen bis runden Spuren handelte es sich um die Eingrabungen, in

die die Pfosten der Hausgerüste eingesetzt waren. In etwa regelmäßigen Abständen angelegte Pfostengruben erschlossen in geraden und rechtwinkelig dazu verlaufenden Reihen die Länge und Breite sowie die Innengliederung der Hausgrundrisse. In den Bereichen abgetragener und wiedererrichteter Gebäude hinterließen die Überschneidungen im Planum häufig ein verwirrendes Pfostenbild.
Insgesamt wurden Ausgrabungsfeld meist nordwest-südost-orientierte vollständige bzw. teilweise am Hang des Bachtales gestörte Grundrisse von 25 Haupt- und Nebengebäuden, 13 Speichern und 5 Grubenhäusern aufgedeckt. Überwiegend gehörten sie zu der kaiserzeitlichen und früh-völkerwanderungszeitlichen Siedlung; es gibt aber auch einige Bauten der vorrömischen Eisenzeit (500 v. Chr. bis zur Zeitenwende) und aus dem Mittelalter (9./12. Jahrhundert).
Unter den Hauptgebäuden ragen zwei komplette und sechs unvollständige Grundrisse von Langhäusern mit ca. 30 bis 52 m Länge und 5,20 bis 7 m Breite heraus. Von einer ca. 37 m langen einschiffigen Halle abgesehen, zeigt sich die recht bemerkenswerte Gliederung in einen dreischiffigen und einen einschiffigen Abschnitt: den Stall und den hallenartigen Wohnteil. Der Stallbereich besteht aus

Bielefeld-Sieker. Grabungsbefund mit Pfostenstellungen eines Wohn-Stall-Hauses aus der römischen Kaiserzeit.

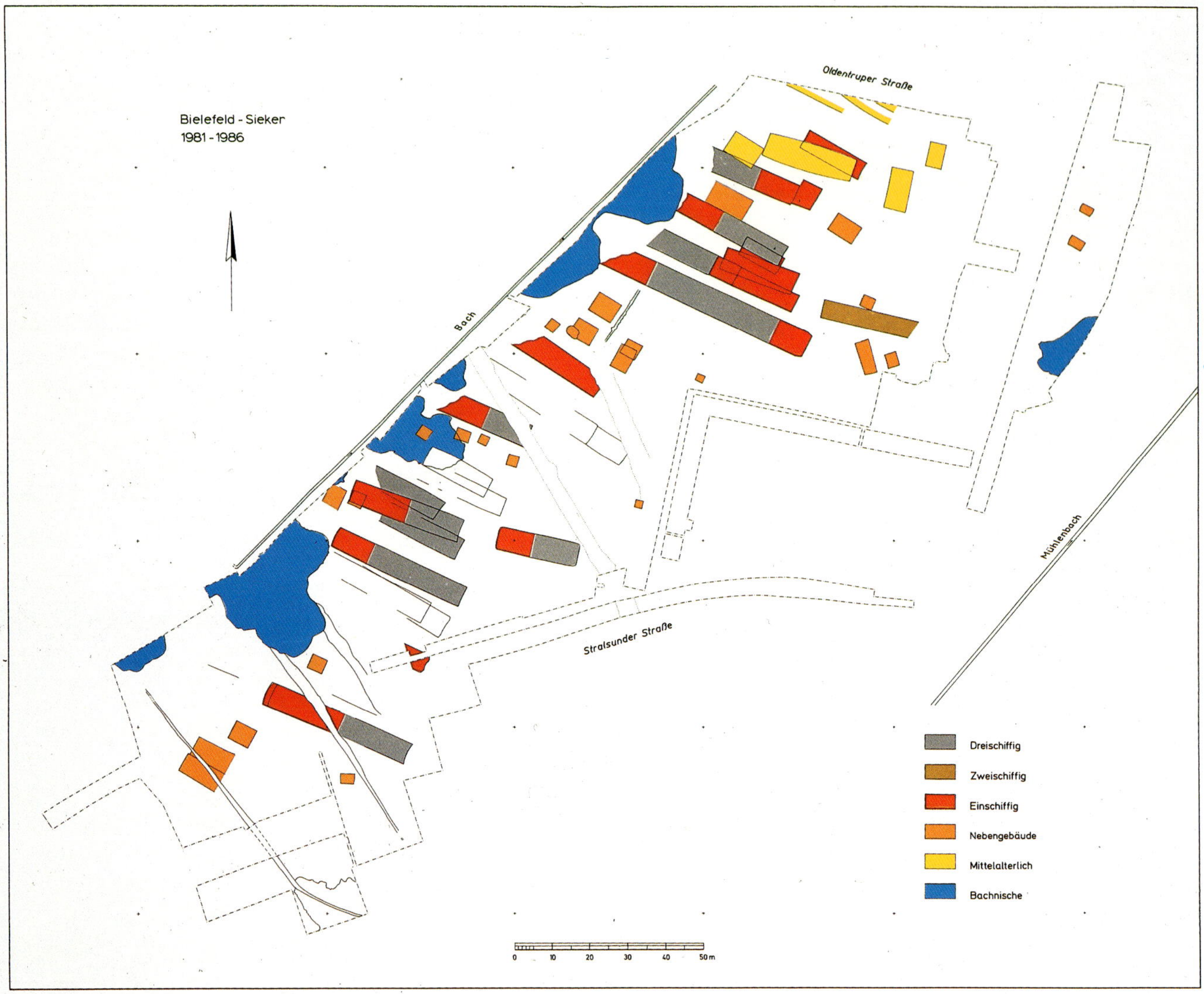

Bielefeld-Sieker. Plan der Siedlung nach den Befunden der Grabungen 1981–1986.

einem ca. 2,50 m breiten „Mittelschiff" und zwei ca. 1,70 m breiten „Seitenschiffen". In diesen liegen zwischen den im Abstand von 1,80 m – 2,0 m gesetzten Mittelschiffpfosten die Viehboxen. Nach der unterschiedlichen Ausdehnung der Ställe – immerhin 15 m bis 27,20 m lang – ist mit einer Aufstallung von 12 bis 26 Tieren zu rechnen. Anzumerken ist, daß die Dreischiffigkeit in den Gebäuden fünfmal im Südosten, zweimal im Nordwesten und einmal in der Mitte vorkommt. Bei zwei von rund zehn dreischiffigen Grundrissen fehlt die Fortsetzung oder der Abschluß. Die Hauswand wird von nahestehenden, etwa 0,80 bis 1 m voneinander entfernten Pfosten gebildet, wahrscheinlich verbunden mit lehmverputztem Flechtwerk. In der Mitte der südöstlichen Giebelseite weisen bei acht Häusern leicht

Bielefeld-Sieker. Siedlung der römischen Kaiserzeit (Rekonstruktion). Zwei Hofstellen mit Wohn-Stall-Häusern und Nebengebäuden. Im Vordergrund rechts das Gräberfeld.

nach innen versetzte Pfosten auf einen 1,20 m breiten Eingang und ein riedgedecktes Walmdach hin. Auch treten breite, teilweise durchgehende Eingänge in den Langseiten des Wohnteils auf. Darin vorkommende Pfostengruben ergeben kein zusammengehörendes Bild vom Aufbau und der Einrichtung des Innenraumes. Hinweise auf Herdstellen in den Bauten fehlen völlig. Über die aufgehenden Wände und die Konstruktion der Wohn-, Wirtschafts- und Nebengebäude kann nur eine hausforschungskundliche Rekonstruktion eine Vorstellung vermitteln. Der Grundriß entspricht dem Typ des Wohnstallhauses, das im nordwesteuropäischen Raum verbreitet ist.
Bei den in den Maßen abweichenden rechteckigen Pfostengrundrissen, entweder an die Langbauten angefügt oder isoliert stehend, handelt es sich um Nebengebäude. Die ursprüngliche Nutzung (z. B. Scheune oder Werkstatt) bleibt unbekannt. Eine naturwissenschaftliche Untersuchung des Phosphatgehaltes im Boden erbrachte keine aussagekräftigen Ergebnisse.
Ein einziger, unvollständig erhaltener Grundriß von 17 m Länge und 5,50 m Breite hebt sich als schmaler Fundamentgraben mit eingestellten Pfosten ab. Daneben finden sich vier- und rechteckige, 4 m x 4 m bzw. 3,50 x 9 m große, mit 7 bis 15 Pfosten errichtete Speicher zur Lagerung der Ernte. Fünf eingetiefte Grubenhäuser, die wohl zu handwerklichen Arbeiten wie Spinnen und Weben genutzt wurden, sind im Sohlenbereich nachweisbar. Den durchschnittlich 2 m x 3 m großen Grundriß bilden zwei, vier

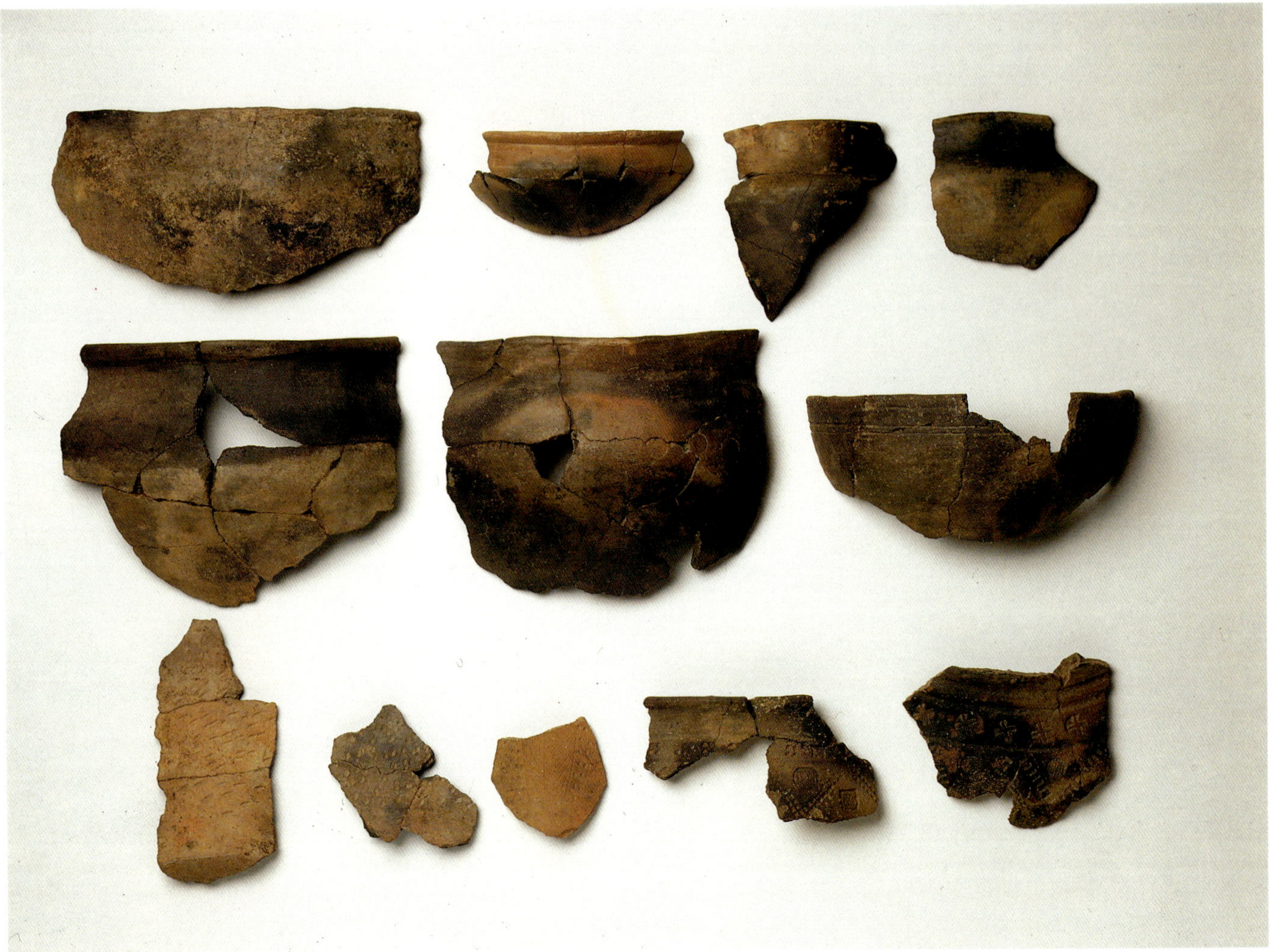

Bielefeld-Sieker. Fragmente handgemachter einheimischer Keramik mit Ritz- und Stempelverzierung.

oder sechs Pfosten oder ein Fundamentgräbchen. Auffallend ist, daß die Grubenhäuser sehr flach liegen. Vermutlich waren wegen des wasserstauenden Untergrunds Gebäude mit stärker eingetieftem Boden nicht möglich.

Die notwendige Wasserversorgung erfolgte sicher durch den in Windungen vorbeifließenden Bach. Es gibt Anhaltspunkte, nach denen in Gruben eingesetzte Fässer als Faßbrunnen gedeutet werden könnten. Nur mit grober Holzkohle gefüllte Gruben dienten wahrscheinlich technischen Zwecken, z. B. der Metallverarbeitung. Zäune als Grenzen von Hofplätzen gab es wohl nicht. Nach der Art der Gebäudegruppierung ist mit zwei im Standort wechselnden Hofstätten und ihren Bauten zu rechnen.

Auf dem Rücken der Geländeschwelle weicht von der Nordwest-Südost-Richtung der Langhäuser ein etwa 28 m langer und 5 m breiter zweischiffiger Hausgrundriß mit Westost-Orientierung ab. Der Abstand der weitgestellten Wandpfosten beträgt 1,60 m und der axialen Firstpfostenreihe 3,80 m. Die Datierung in die mittlere vorrömische

Eisenzeit legen Scherben aus einer benachbarten Grube und einem langrechteckigen Pfostenspeicher, der ein vollständiges Kegelhalsgefäß enthielt, nahe.
Im Süden wurde ein nicht überbauter 22 m langer und 6,30 m breiter Pfostengrundriß mit abgerundeten Ecken aufgefunden. Außen liegt nahe der 1,20 m entfernt stehenden Wandpfosten eine Pfostenstellung im Abstand von 1,60 m, deren Pfosten auf Lücke zur Wand gesetzt sind. Der in der Mitte der Längsseite durchgeschobene 1,50 m breite Eingang mit Türpfosten teilt das Gebäude in zwei Abschnitte. Der südöstliche ist dreischiffig und die Gegenseite einschiffig. Beidseitig des 3,2 m breiten Mittelschiffes verläuft ein 1,50 m breites Seitenschiff. Die Reihen der fünf im Abstand von 1,60 m gegründeten Mittelschiffspfosten überspringen den Eingang mit je einem Pfosten und schließen in einer Zwischenwand den anschließenden Hallenraum ab. Dahin führt ein Zugang im Nordwesten von der Längsseite. Schmale, rechteckige Pfostengruben – ausgeprägter am Hallenteil – sprechen für ein aus Bohlen gebautes Hausgerüst. Durch die den Wohn-Stall-Grundriß begleitenden Außenpfosten hebt sich ein älterer Bauhorizont ab, der aufgrund der keramischen Funde aus dem Hofbereich um die Zeitenwende zu datieren sein wird.

Zu der in der nördlichen und nordöstlichen Fläche erfaßten mittelalterlichen Besiedlung (9. bis 12. Jahrhundert) gehören ein 23,5 m langes und 6,20 m breites Pfostenhaus mit um einen Meter ausbauchenden Längswänden und der im Süden offene Nord-Süd-Grundriß eines Gebäudes von 10,50 m Länge und 5,20 m Breite. In der Umgebung liegen ein Sechs- und ein Zwölfpfostenspeicher sowie ein Grubenhaus. Das Fundgut umfaßt Kugeltopfscherben, Eisengegenstände – so eine Lanzenspitze, Schlüssel, Beschlagteile, Nägel –, Schlacke und zwei Emailscheibenfibeln mit Kreuzdarstellung. Diese mittelalterlichen Siedlungsspuren finden sich in der Nähe des im letzten Jahrhundert zerstörten und überbauten runden Gräftenhofes des Meyer zu Elentrup, eine durch einen Graben geschützte Hofstätte. Die Vielfalt der Funde und Befunde verdeutlicht nicht nur den zeitlichen Ablauf der Siedlungsvorgänge, sondern auch die besondere Siedlungsgunst des Geländes.

Bielefeld-Sieker. Römische Scheibenfibel mit Emaileinlage (oben); einheimische Scheibenfibel aus Bronze mit vergoldeter Preßblechauflage (unten).

Bielefeld-Sieker. Modell eines Wohn-Stall-Hauses der römischen Kaiserzeit.

Die Datierung der Großbauten in die römische Kaiserzeit und in die frühe Völkerwanderungszeit wird trotz der relativ wenigen Funde aus den Hausflächen durch die große Menge des Fundmaterials aus den Erosionsufernischen des Baches gestützt. Die Scherbenfunde aus den wenigen Abfallgruben ergänzen die zeitliche Einordnung. Das in den einplanierten und verschwemmten Füllungen der Bachnischen geborgene Fundgut, der Siedlungsschutt, ist für die Aussage zu den Siedlungshorizonten und im Blick auf die Wirtschaftsstruktur von besonderer Bedeutung.
Zum reichhaltigen Fundinventar zählen Scherben handgemachter Töpfe Rhein-Weser-Germanischer Formen, teilweise mit verschiedenen Ornamenten und Stempelmustern verziert, und spätrömische Drehscheibenkeramik (Terra Sigillata, Terra Nigra, Reibschüsseln). Das Spektrum der Metallfunde umfaßt römische Münzen des 1. bis 3. Jahrhunderts, Bruchstücke einer Siebkelle und eines Bronzebeckens, eine Soldatenfibel, mehrere Armbrustfibeln, zwei emaillierte provinzialrömische Fibeln, eine Scheibenfibel mit Preßblech, eine Ringfibel, etliche verzierte Nadeln, Nietsporen mit Stachel, Zügelring sowie eine Pfeilspitze, Schnallen, Ringe, Messer, Schabeisen, Beschlagteile, Nägel verschiedener Formen. Knochenkammbruchstücke, eine blaue Gemme mit eingeschnittener Merkurdarstellung, Glasperlen, Glasbruchstücke von Sturz- und Spitzbechern (teilweise mit Fadenauflage), aber auch Mahlsteinbruchstücke und viele Tierknochen runden das Bild ab. Insgesamt deuten diese Funde auf eine Besiedlung vom 2. bis ins 5. Jahrhundert.
Ackerbau und Viehzucht bildeten die wirtschaftliche Grundlage der Hofstätten; daneben werden für die Eigenversorgung handwerkliche Tätigkeiten ausgeführt worden sein. So belegen Spinnwirtel und Webgewichte die Fertigung von Geweben, Eisenverhüttungsreste (Schlacke, kleiner Hammer) das Schmiedehandwerk.
Von besonderer Bedeutung für die Siedlungsarchäologie ist die Verbindung dieser reichen Siedlung mit einem 300 m westlich liegenden Friedhof. Einige der Urnen, darunter auch nachgemachte Drehscheibenware, haben ihre Parallelen in Gefäßscherben der Siedlung, in der die Keramik wohl hergestellt wurde.
Die ergrabenen Hausgrundrisse und die Funde aus Siedlung und Friedhof belegen auf eindrucksvolle Weise den Kulturraum des 2. bis 5. Jahrhunderts im rechtsrheinischen Gebiet mit den Verbindungen zum römischen Land am Rhein und nach Norden bis zur Küste.

Das Gräberfeld von Herzebrock-Clarholz. – Ein seltener Fundplatz der Völkerwanderungszeit in Ostwestfalen

Werner Best

Mit dem Ende der späten Römischen Kaiserzeit (Mitte 5. Jahrhundert n. Chr.) findet eine längere Phase relativer Ruhe und politischer Stabilität in der Germania Libera ihren Abschluß. Dies läßt sich in erster Linie anhand der Aufgabe zahlreicher Friedhöfe und Siedlungen erkennen, deren Bewohner offensichtlich ihre Wohnsitze verließen und sich immer stärker nach Süden und Südwesten zum Rhein und zu den Gebieten des inzwischen verfallenden weströmischen Reiches hin orientierten.
Von der sich schnell in Europa ausweitenden Unruhe der Völkerwanderung wurden auch das Münsterland und Ostwestfalen berührt, was nicht zuletzt durch Verwahrfunde, wie in Beelen/Kr. Warendorf mit wertvollem Gold- und Silberschmuck angezeigt wird. Unsichere Zeiten bewegten die Menschen dazu, ihre Reichtümer zu verstecken. Ihr weiteres Schicksal erlaubte es dann oft nicht, wieder in den Besitz ihres Eigentums zu gelangen.
Die alte Ordnung geriet ins Wanken; der Druck von Norden und Nordosten vorstoßender Völkerscharen, verbunden mit der Hoffnung auf ein besseres Leben und reiche Beute jenseits des Rheins, verursachte eine ausgeprägte Diskontinuität der Besiedlung in unserem Raum. In manchen Gebieten, vor allem im Münsterland, rechnet die Forschung sogar mit einem Siedlungsabbruch im ausgehenden 4. Jahrhundert n. Chr.
Gelegentliche Einzelfunde und die Ergebnisse kleinerer Grabungen wie etwa in Hiddenhausen-Oetinghausen/Kr. Herford beweisen jedoch, daß Reste der Bevölkerung geblieben sind bzw. nachrückende Landnehmer sich alsbald der freigewordenen Gebiete bemächtigten. Die archäologischen Hinterlassenschaften dieser Menschen lassen oft keine klare Unterscheidung zu, ob sich ein neuer, in unserem Gebiet sächsischer Einfluß bemerkbar macht.
Die 1988 und 1989 vom Westfälischen Museum für Archäologie, Außenstelle Bielefeld unternommenen Grabungen in Herzebrock-Clarholz, Bauerschaft Heerde/Kr. Gütersloh erhellen schlaglichtartig diesen Zeithorizont der westfälischen „dunklen Jahrhunderte" und vermitteln zumindest einen Einblick in das Bestattungswesen und den Totenkult in der Mitte des 5. Jahrhunderts n. Chr. Das Gräberfeld mit 20 Brandgräbern, einem Körpergrab und Resten des Scheiterhaufenplatzes ist eine der noch sehr seltenen völkerwanderungszeitlichen Geschichtsquellen dieser Region.

Die Brandgräber

Seit der mittleren Bronzezeit gingen die Menschen in unserem Raum vermutlich unter dem Einfluß fremder Kulturen dazu über, ihre Toten nicht mehr in Körpergräbern zu bestatten, sondern auf Scheiterhaufen zu verbrennen, um sodann nur noch die Asche beizusetzen. Die Brandgräber von Herzebrock-Clarholz wurden zu einer Zeit angelegt, als diese Bestattungssitte ihrem Ende entgegenging.
Durch die Untersuchung der Gräber, die mit durchschnittlich etwa 40 cm Durchmesser und 15–20 cm erhaltener Tiefe einen recht bescheidenen Eindruck hinterließen, wurden zwei Arten der Bestattung festgestellt. In einigen Gräbern fanden sich die verbrannten Knochenreste (Leichenbrand) konzentriert an einer Stelle der Grabgrube. Ein solcher Befund zeigt, daß man den Leichenbrand aus den Resten des Scheiterhaufens heraussammelte und vermutlich in ein Behältnis aus organischem Material, vielleicht einen Leder- oder Tuchbeutel, füllte. Während die Umhüllung längst, ohne Spuren zu hinterlassen, vergangen ist, hat sich der Inhalt als kompaktes sog. Leichenbrandnest erhalten.
Andere Gräber dagegen waren wahllos mit Rückständen der Leichenverbrennung gefüllt, so daß sich Leichenbrand, Beigabenfragmente und Holzkohle in den Gruben ohne erkennbare Ordnung verteilten. In keinem Fall fand sich eine tönerne Urne als Grabgefäß.
In fast jedem Grab wurden Reste von im Scheiterhaufenbrand zerstörten Beigaben gefunden, die eine insgesamt wohlhabende Gemeinschaft andeuten. Einige Fundstücke können mit Sicherheit als rheinischer Import angesprochen werden. Dazu zählen neben den Resten eines scheibengedrehten Henkelkruges vor allem die Scherben von

Glasbechern. Durch einen glücklichen Zufall blieb das Randstück eines Bechers soweit erhalten, daß eine rekonstruierende Beschreibung möglich ist. Das Gefäß aus honiggelbem, durchscheinendem Glas wies einen Randdurchmesser zwischen 7 cm und 8 cm auf und war zumindest unterhalb des Randes in einer 2 cm breiten Zone mit feinen, horizontal verlaufenden Glasfäden gleicher Farbe verziert. Die gerade Seitenwandung lief zum unteren Ende konisch zu; Gläser dieser Art werden daher als Spitzbecher bezeichnet. Die Form ließ ein Abstellen in gefülltem Zustand nicht zu.

Auffällig sind weiterhin Fragmente aus Bronze gefertigter Gürtelbeschläge und Niete, die zum Wehrgehänge damaliger Krieger gehörten. Sicherlich einheimische Arbeiten waren reich mit Kreisaugen verzierte Knochenkämme, handgeformte Tongefäße und Glasperlen. Besonders gut erhalten war eine Gewandspange (Fibel) aus Eisen, deren Bügel und Fuß mit Kerbschnitt verziert sind.

Alle diese Funde, so sehr sie auch durch die Einwirkung des Feuers auf dem Scheiterhaufen beschädigt wurden, erlauben eine Datierung der Gräber in die Mitte des 5. Jahrhunderts n. Chr.

Aber auch ein Leichenbrand ist von hohem wissenschaftlichem Wert; er dient als Informationsträger für Erkenntnisse über die bestatteten Personen. Untersuchungen des Anthropologischen Instituts der Universität Göttingen haben ergeben, daß von den verbrannten Toten zwei im Kindesalter zwischen einem und sechs Jahren und unter den fünf Frauen eine im Alter zwischen 20–40 Jahren und zwei im Alter zwischen 40–60 Jahren starben. Demgegenüber starben nur drei Männer in ähnlichem Alter. Als Besonderheit kann herausgestellt werden, daß der Tote, der in Grab 20 beigesetzt war, möglicherweise an einer Schädelverletzung (Schwerthieb?) gestorben ist.

Die unterschiedlichen Bestattungsformen erwiesen sich nicht als geschlechtsspezifisch; ebensowenig ließ die Verteilung der ehemals reichen Beigaben Rückschlüsse auf unterschiedliche soziale Stellungen der Toten zu.

Das Körpergrab

Als die Ausgrabungskampagne 1988 schon fast beendet war, wurde beim vorsichtigen Glätten der Sandoberfläche am südöstlichen Rand des Brandgräberfeldes eine rechteckige Verfärbung erkannt. Die schwach humos durchsetzte Füllung maß etwa 1,5 m x 0,6 m und war Süd-Nord ausgerichtet.

Innerhalb der Grube hob sich sehr deutlich eine dunkelbraune Verfärbung von etwa 1,2 m x 0,3 m ab. Es zeigte sich, daß hier ein Körpergrab angelegt worden war, aus dessen Resten sich sogar die Spuren eines Sarges oder Totenbrettes abzeichneten. Wenngleich auch das Skelett des Bestatteten im Sand völlig vergangen war, deuteten die Maße des Sarges auf ein Kindergrab hin.

Im Laufe der weiteren Ausgrabungen kam zunächst ein kleines Tongefäß mit Henkel und scharf geknickter Wandung ans Tageslicht. Die kleine Tasse, die im Bereich des linken Oberschenkels lag, ist oberhalb und unterhalb des Wandungsknickes mit je einer Reihe eingestempelter Kreuze verziert. Ihre Form erinnert an typische frühe fränkische Gefäße, sog. Knickwandtöpfe. Die Datierung des Töpfchens ins 5. Jahrhundert n. Chr. lieferte den ersten Hinweis einer zeitlichen Einordnung des Grabes. Im Bereich der Hüfte oder des Bauches des Bestatteten fand sich ein Korrosionsklumpen, der en bloc geborgen wurde. Auf einer Röntgenaufnahme war anhand von sieben im Halbkreis angeordneten Nieten und einer zierlichen Hängeöse aus Bronze zu erkennen, daß es sich mit aller Wahrscheinlichkeit um die Reste eines Täschchens handelte. Sein Inhalt bestand aus einer Gewandspange aus Eisen und aus einem Feuerstahl. Am südlichen Ende der Sargverfärbung, d. h. im Bereich des Kopfes, lagen ein Feuerstein und ein sehr stark korrodiertes Metallplättchen. Aus diesem unscheinbaren Fundstück gelang den Restauratoren die Freilegung einer Silbermünze. Damit war das erste münzdatierte Körpergrab der Völkerwanderungszeit Westfalens entdeckt.

Bei dem Geldstück handelt es sich um eine frühe fränkische Prägung aus der Mitte des 5. Jahrhunderts n. Chr. Prägeherr und Prägeort lassen sich wie bei vergleichbaren Stücken bislang nicht identifizieren. Dieses Geld ist wohl zwischen 430 und 470 n. Chr. als Nachahmung spätrömischer Münzen in dem zu dieser Zeit neu gegründeten fränkischen Reich am Rhein geprägt worden. Anhand der Münze läßt sich die Datierung des Kindergrabes aus Herzebrock-Clarholz näher eingrenzen. Es kann aufgrund des angenommenen Prägedatums nicht vor der Mitte des 5. Jahrhunderts angelegt worden sein. Die Gewandspange, die ihre Hauptverbreitung in der zweiten Hälfte des 5. Jahrhunderts fand und vereinzelt noch zu Beginn des 6. Jahrhunderts auftritt, weist darüber hinaus auf eine Niederlegung der Bestattung zwischen 450 und 500 n. Chr.

Herzebrock-Clarholz/Kreis Gütersloh. Grabung in einem völkerwanderungszeitlichen Gräberfeld. Scheiterhaufenreste.

Die Scheiterhaufenreste

Bei den meisten Ausgrabungen, in deren Verlauf Brandgräber untersucht wurden, blieb der Platz, an dem die Leichenverbrennung stattfand, unbekannt. Dieser Sachverhalt findet seine einfache Erklärung darin, daß die Scheiterhaufen gegenüber den eingetieften Gräbern ebenerdig angelegt waren. Während die Grabgruben die spätere landwirtschaftliche Nutzung des Geländes mehr oder weniger schadlos überstanden, wurden die an der Erdoberfläche befindlichen ruhenden Reste der Verbrennungsplätze zerstört. Durch einen glücklichen Zufall haben sich in Herzebrock-Clarholz Bestandteile der Scheiterhaufen und der darin verbrannten Beigaben – wenngleich verlagert – erhalten.

In einer Senke zwischen zwei vermutlich im Mittelalter eingeebneten Dünen lagen in einer etwa 10 cm dicken, grauen Schicht, eingebettet in sumpfiges, schwarzbraunes Sediment, zwischen vielen Leichenbrandteilen zahlreiche Fragmente verbrannter Tongefäße, Teile zerschmolzener Gläser und Glasperlen, Stücke zerbrochener Knochenkämme und nicht zuletzt ein halber goldener Fingerring mit Kerbverzierung. Der Vergleich einzelner Scherben mit solchen aus zwei bereits untersuchten Brandgräbern zeigte, daß sie zu denselben Gefäßen gehörten. Diese Beobachtung ließ zu, in den Funden aus der Senke Reste der Leichenverbrennung zu erkennen.
Sehr sorgfältige Untersuchungen des Aufbaus der fundführenden grauen Schicht verdeutlichten, daß es sich hierbei um Einschwemmungen, d. h. verlagerte Funde, handeln

Herzebrock-Clarholz/Kreis Gütersloh. Links: Beigaben einer münzdatierten Körperbestattung aus der zweiten Hälfte des 5. Jahrhunderts. – Rechts oben: Gewandspangen (Fibeln) aus Eisen, davon eine mit Kerbschnittverzierung. – Rechts unten: Knochenkamm mit Kreisaugenverzierung.

mußte. Vermutlich hat der Verbrennungsplatz auf einer der nicht mehr erhaltenen Dünen gelegen; starke Regengüsse spülten dann wahrscheinlich zurückgelassene Scheiterhaufenreste in die sich unmittelbar anschließende Senke.

Zur historischen Deutung des Fundplatzes

Mit der Entdeckung des Gräberfeldes von Herzebrock-Clarholz steht die Forschung erst am Beginn einer systematischen Erforschung der Völkerwanderungszeit Westfalens. Dennoch lassen sich aus den Ergebnissen der Ausgrabung schlaglichtartige Aussagen zur Kultur der germanischen Bevölkerung im 5. Jahrhundert n. Chr. ableiten. Die Brandgräber, in denen ohne Urnen bestattet wurde, erlauben, in ihnen die letzte Ruhestätte nicht ausgewanderter Bevölkerungsteile zu sehen; denn die vermutlich auch schon zu dieser Zeit von Norden nach Ostwestfalen nachrückenden Sachsen bestatteten ihre Toten in der Regel in tönernen Grabgefäßen. Offensichtlich hatten die Menschen aber bereits zu den Gebieten am Rhein engeren Kontakt, der durch einige Beigaben in den Brandgräbern und nicht zuletzt durch das Süd-Nord gerichtete, ganz nach fränkischer Sitte ausgestattete Kindergrab belegt wird. Es muß allerdings offen bleiben, ob die Grabbeigaben als Handelsgut, Beute oder auch als Geschenke an die obere Ems gelangten.
Die Anlage der Brandgräber und auch die Scheiterhaufenreste erlauben einen Blick auf die Bestattungssitten der Zeit. Die Gewandnadel, bronzene Gürtelbeschläge und Glasperlen zeigen, daß die Toten in ihrer Tracht zur Ver-

brennung niedergelegt wurden. Den Jenseitsvorstellungen entsprechend gab man ihnen ein oder mehrere Gefäße, wahrscheinlich mit Speisen oder Getränken gefüllt, mit auf den Scheiterhaufen. Nachdem das Feuer erloschen war, wurde aus bislang unbekannten Gründen dann entweder der Leichenbrand aus den verkohlten Resten ausgelesen und in einem Beutel beigesetzt oder aber die bescheidene Grabgrube mit den unsortierten Resten des Scheiterhaufens gefüllt. In beiden Fällen gelangte aber nur ein geringer Teil der Verbrennungsrückstände in die Gräber. Das Übrige verblieb am Verbrennungsplatz, wie die erwähnten Reste in der Dünensenke belegen.

Künftige Ausgrabungen werden diese ersten Forschungsansätze stützen müssen. Es darf jedoch als gesichert gelten, daß im 5. Jahrhundert n. Chr. in Ostwestfalen kein völliger Siedlungsabbruch stattfand. Vielmehr sind, möglicherweise nur geringe, Bevölkerungsteile in ihren angestammten Wohngebieten geblieben. Die Überlagerung durch die Sachsen wird man sich demnach nicht als plötzlichen Wechsel sondern eher als kontinuierlichen Prozeß vorstellen müssen.

Lit.: W. Winkelmann, Frühgeschichte und Frühmittelalter. In: W. Kohl (Hrsg.), Westfälische Geschichte Bd. 1 (1983) 188–230. – H. Polenz, Römer und Germanen in Westfalen (1985) 59 ff.

Archäologische Beobachtungen zur frühmittelalterlichen Besiedlung von Niederkassel

Nora Andrikopoulou-Strack

Die Bodendenkmalpflege steht heute unter dem Eindruck sich rasch vollziehender Veränderungen unserer Umwelt. Insbesondere jeder mit Bautätigkeit verbundene Eingriff in einen Stadt- oder Ortskern bedeutet einerseits die Erschließung neuer Quellen zur Stadt- oder Ortsgeschichte, gleichzeitig aber auch ihre Zerstörung, so daß die gebotene Chance der Beobachtung sorgfältig wahrgenommen werden muß. Besonders schmerzlich sind die Verluste, die durch großflächige Sanierungsmaßnahmen, verbunden mit einer gründlichen Umgestaltung der bisherigen Bebauung, erfolgen. Sie betreffen nicht nur die oberirdisch gewachsenen Stadtbilder, sondern häufig auch fast alle heute noch vorhandenen Restflächen ungestörter unterirdischer, archäologischer Substanz. Diese ist damit unwiderruflich verloren und im Nachhinein nicht mehr erschließbar. Anders als an der Peripherie von Städten und Dörfern, wo große Neubaumaßnahmen oder Industrieansiedlungen auf archäologische Quellen geringerer Dichte und Kontinuität treffen und großflächige, planmäßige Grabungen gefährdeter Objekte leichter möglich sind, ist die bodendenkmalpflegerische Betreuung der Stadt- und Ortskerne ein langwieriger Prozeß, der mit sehr viel Ausdauer betrieben werden muß, um aus den zahlreichen, über Jahre und Jahrzehnte sich verteilenden Einzelbeobachtungen ein komplexes Bild der Entstehungsgeschichte eines Ortes zu entwerfen.

Die fränkische Landnahme im Rheintal ist der Beginn eines neuen Zeitalters, das die Entwicklung dieses Raumes einschneidend beeinflußt hat. Viele Siedlungs- und Territorialstrukturen haben damals ihren Anfang genommen und bis in die Neuzeit hinein Bestand. Unsere historisch gewonnenen Kenntnisse der geschlossenen Ortschaften in diesem Raum entsprechen allerdings – wie auch anderswo – zumeist dem im späten Mittelalter oder in der frühen Neuzeit entstandenen Siedlungsgefüge. Die Entstehung und das Aussehen dieser Ortskerne im frühen und hohen Mittelalter und ihre Entwicklung liegen häufig im dunkeln. Anhand einzelner Beurkundungen oder anderer schriftlicher Quellen kann punktuell nur der Entstehungszeitraum einiger Bereiche, wie bestimmter Höfe oder Kirchen, näher eingegrenzt werden. Die Entwicklungsprozesse, die zur Bildung der heutigen Ortskerne geführt haben, lassen sich mit Hilfe dieser Urkunden nicht erschließen. Hier kann die Bodendenkmalpflege durch die kontinuierliche Beobachtung der alltäglich in Städten und Dörfern erfolgenden baulichen Eingriffe Zeugnisse älterer Siedlungstätigkeit sichern und dazu beitragen – zusammen mit Nachbardisziplinen –, ein Bild des abgehenden Siedlungsbereiches, seiner Entstehung, seiner Entwicklung und seiner Funktion zu erstellen.

So waren es nicht so sehr die zu erwartenden reichen Funde, die die Bodendenkmalpflege im Frühjahr 1988 zu einer gezielten Untersuchung des fränkischen Gräberfeldes in Niederkassel-Rheidt, Rhein-Sieg-Kreis, bewegt haben. Es war vielmehr die infolge der Aufarbeitung historischer und auch archäologischer Quellen aus dem Niederkasseler Raum entstandene Frage nach dem Zusammenhang der zahlreichen dort überlieferten fränkischen Gräberfelder – als Zeugnis der in fränkischer Zeit erfolgten Landnahme – und der in unterschiedlichen Quellen urkundlich überlieferten mittelalterlichen Höfen, die sich oft bis in die Neuzeit hinein belegen lassen. Auf dem Gebiet von Niederkassel befinden sich in den – heute eingemeindeten, ehemals selbständigen, im Mittelalter bereits urkundlich erwähnten – Ortschaften Lülsdorf, Mondorf, Niederkassel und Rheidt sechs gesicherte fränkische Gräberfelder. Sie gehören zu einer Reihe fränkischer Friedhöfe und Siedlungsstellen, mit denen zu beiden Seiten des Rheins am Rande der Niederterrassenkante die fränkische Landnahme in diesem Raum einsetzt. Die jetzige Kenntnis der einzelnen Fundstellen erlaubt noch keine Schlüsse auf die Siedlungsstruktur in fränkischer Zeit im Bereich der heutigen Stadt Niederkassel. Ob die überlieferten Gräberfelder die Population einzelner Höfe oder die von kleinen Weilern und Einzelhöfen belegen, kann an den Gräberfeldern selbst nicht abgelesen werden. Der Raum Niederkassel bietet aber aufgrund seiner sehr dichten Verteilung fränkischer Fundstellen gute Voraussetzungen, um mit prospektiven Methoden auf den agrarisch genutzten Flächen außerhalb der Ortslagen und mit Hilfe von Baustellenbeobachtungen der Frage der frühmittelalterlichen Siedlungsgenese nachzugehen. Für die mittelalterliche Siedlungsgeschichte wird die Feststellung von großer Bedeutung sein, ob die Struktur der mittelalterlichen Orte an bereits fränkisch besiedelten Plätzen angelegt ist.

Am Beispiel des Friedhofes von Niederkassel-Rheidt galt es festzustellen, ob die Belegungsdauer des Bestattungsareales zeitlich an einen räumlich nahegelegenen, bereits für das frühe 9. Jahrhundert urkundlich belegten Hof mit Kirche anschließen könnte. Ebenso wie bei den anderen Gräberfeldern im Raume Niederkassel lagen auch hier bereits ältere Informationen über fränkische Funde vor, die seit dem vergangenen Jahrhundert dem Rheinischen Landesmuseum Bonn gemeldet worden waren. Von der Bodendenkmalpflege waren nur wenige gezielte Begehungen unternommen worden. Der Wachsamkeit von J. Eich, eines archäologisch interessierten Bürgers von Niederkassel, verdankt die Bodendenkmalpflege ihre jüngste Rettungsmaßnahme im Gräberfeld am Markt von Niederkassel-Rheidt. Das Denkmalschutzgesetz bot dem Rheinischen Amt für Bodendenkmalpflege das Instrumentarium, um in eine bereits laufende städtische Sanierungs- und Erschließungsmaßnahme angemessen einzugreifen. In einer siebenmonatigen Kampagne konnten die westliche, östliche und südliche Begrenzung sowie der Kernbereich des auf einer hochwasserfreien Erhebung gelegenen Gräberfeldes erfaßt und untersucht werden. Es belegte nach allen bislang bekannten Funden eine Fläche von ca. 5000 m^2. Im ergrabenen Areal von annähernd 2000 m^2 wurden 176 in bis zu drei Lagen übereinander angeordnete Bestattungen freigelegt. Auch wenn die technische Bearbeitung des Fundgutes und die wissenschaftliche Auswertung der ergrabenen Befunde noch längere Zeit in Anspruch nehmen werden, so sind bereits zum jetzigen Zeitpunkt einzelne Erkenntnisse gewonnen.

Die Mehrzahl der Verstorbenen ist in Ost-West-Richtung in Holzsärgen oder auf Holzbrettern bestattet worden. Die reichen Beigaben, die den Verstorbenen ins Grab gegeben wurden, lassen männliche und weibliche Individuen wie auch Kinder erkennen. Es sind vor allem Trachtbestandteile, wie Fibeln, Gürtelgarnituren, aber auch Waffen, die eine Geschlechtszuweisung erlauben; zusammen mit Keramikgefäßen ermöglichen die Funde vor allem die genaue zeitliche Einordnung der Gräber und geben einen Belegungsbeginn des Friedhofes im 6. Jahrhundert an.

Aus dem breiten Beigabenspektrum hebt sich eine im Durchmesser 7,1 cm große, aus Goldblech gearbeitete und mit Glassteinen besetzte Scheibenfibel des 7. Jahrhunderts heraus. Die zungenförmigen, radial angeordneten und plastisch hervortretenden Felder bilden zusammen mit dem erhöhten Zentralfeld zwei um 45° gegeneinander verschobene Kreuze. Diese aufwendige Grabbeigabe weist auf eine exponierte gesellschaftliche Stellung der Bestatteten in Grab 140 hin.

Die zahlreichen beigabenlosen Bestattungen, die in die älteren eingreifen und den Befund zerstören, weisen auf eine fortdauernde Belegung des Gräberfeldes auch im

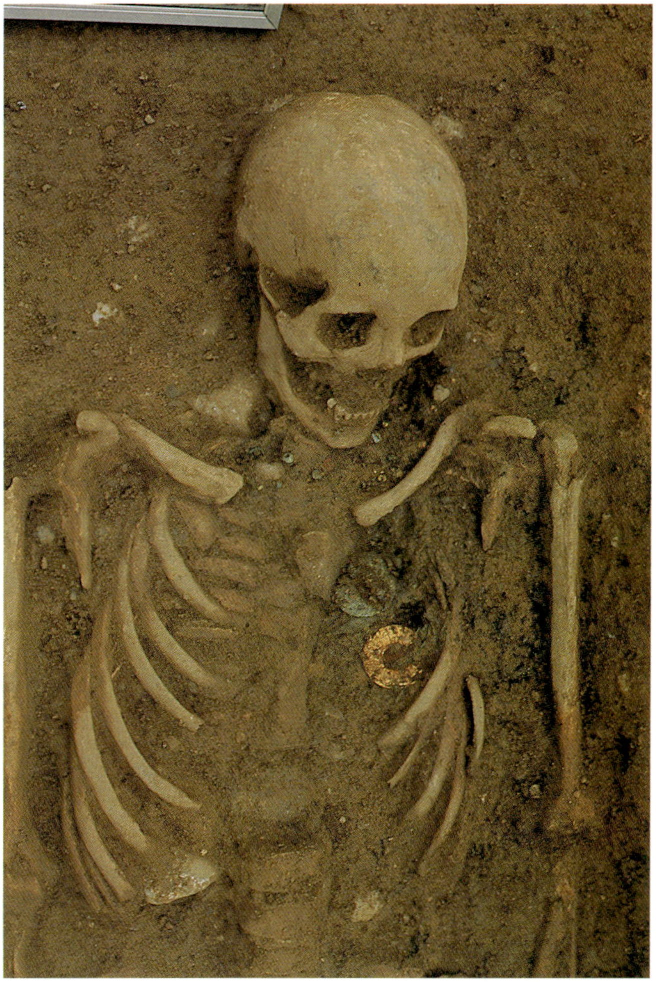

Niederkassel-Rheidt/Rhein-Sieg-Kreis. Fränkische Goldscheibenfibel in Fundlage.

Fränkische Goldscheibenfibel aus Niederkassel-Rheidt/Rhein-Sieg-Kreis, 7. Jahrh. n. Chr.

8. Jahrhundert hin. Die endgültige Verdrängung der Beigabensitte erschwert dem Archäologen die zeitliche Ansprache dieser Gräber; hier kann eine statistische Auswertung die Zahl gleichzeitig lebender Individuen erschließen. Grabraub zu fränkischer Zeit – sonst durchaus häufig – konnte an keiner Bestattung festgestellt werden. Der zentralen Lage des Friedhofes innerhalb des Marktes von Rheidt ist wahrscheinlich der glückliche Umstand zu verdanken, daß die Gräber auch in den nachfolgenden Jahrhunderten nicht beraubt worden sind.

Im Rahmen der archäologischen Untersuchung des Gräberfeldes konnte der größte Teil des Friedhofes freigelegt werden. Die Belegungsdauer, die an den Bestattungen abgelesen werden kann, reicht unter Berücksichtigung der beigabenlosen Gräber zeitlich an den für das frühe 9. Jahrhundert belegten und vermutlich bereits im 8. Jahrhundert errichteten Hof mit Kirche heran. Die Ergebnisse der Ausgrabung scheinen damit eine Siedlungskontinuität nachweisen zu können.

Die noch nicht abgeschlossene Sanierung des Zentrums von Rheidt wird der Bodendenkmalpflege die Gelegenheit bieten, weitere Sondagen in dem nördlichen Bereich dieses Gräberfeldes durchzuführen. Es ist zu erwarten, daß dabei auch die nördliche Grenze dieses Bestattungsareals angetroffen wird. Es ist zu hoffen, daß die Kenntnisse über Ausdehnung, Belegungsstärke und Belegungszeit des Friedhofes Aussagen zur Frage der Siedlungskontinuität geben können.

Die am Beispiel von Rheidt gewonnenen Ergebnisse werden von der Bodendenkmalpflege in den kommenden Jahren auch an den anderen im Raume Niederkassel archäologisch überlieferten Gräberfeldern überprüft werden müssen. Die heute noch landwirtschaftlich genutzten Flächen bieten die Möglichkeit einer prospektiven Erkundung zeitgleicher fränkischer Siedlungsplätze. Die fortschreitende Urbanisierung des Raumes Niederkassel wird der Bodendenkmalpflege diese Chance allerdings bald entziehen.

Lit.: J. Giesler, Frühmittelalterliche Funde aus Niederkassel, Rhein-Sieg-Kreis. Bonner Jahrb. 183, 1983, 475–579.

Das fränkische Gräberfeld von Bedburg-Königshoven

Jennifer Göbel

Im Jahre 1955 unternahm Adolf Herrnbrodt eine Ausgrabung auf dem Morkener Kirchberg. Unter der abgebrochenen romanischen Kirche entdeckte er sechs Ost-West ausgerichtete fränkische Gräber. Die Freilegung ergab, daß fünf Gräber beigabenlos oder ärmlich ausgestattet waren. Im sechsten Grab war in einem Sarg an der Nordseite einer mächtigen 2,65 m x 1,80 m großen Holzkammer ein fränkischer Adeliger mit reichen Beigaben beigesetzt worden. Angesichts der geringen Anzahl der gefundenen Gräber wurde die Existenz eines in der Nähe liegenden Hauptgräberfeldes vermutet. Erst dreißig Jahre später, im Jahre 1983, konnte diese Annahme durch die Entdeckung eines

Ausgrabungen in einem fränkischen Reihengräberfeld am Rande des Braunkohlentagebaus Frimmersdorf-Süd in Bedburg-Königshoven/Erftkreis.

Bedburg-Königshoven/ Erftkreis. Gesamtplan des fränkischen Reihengräberfeldes.

Gräberfeldes am Westrand von Morken, etwa 400 m von dem Kirchberg entfernt, bestätigt werden.
Mit der Ausgrabung auf dem Morkener Kirchberg konnte zum ersten Mal im Rheinland ein merowingerzeitliches fränkisches Adelsgrab untersucht werden. Die Beigaben weisen den Bestatteten aus Morken als berittenen Krieger und Adeligen aus. Als überzeugendes Herrschaftszeichen muß der wohl im ostgotischen Italien angefertigte Spangenhelm gelten, dessen aufgenietete Bronzeplatten und Spangen mit geometrischen, am Stirnreif mit figürlichen Mustern verziert und vergoldet waren; er war mit Wangenklappen sowie einem eisernen Kettengeflecht als Nackenschutz versehen.
Zu seiner Waffenausrüstung, die aus Ango, Lanze, Franziska, Jagdspieß und Spatha bestand, gehörte zudem ein wohl lederbezogener Holzschild. Die Form und die Verzierung des Schildbuckels sowie die Schlangenköpfe an der Schildfessel deuten auf eine skandinavische Herstellung. Das Grab enthielt weitere Kostbarkeiten aus fränkischen und ausländischen Werkstätten, u. a. einen Seidenstoff, eine mit Silber- und Messingdraht tauschierte Gürtelgarnitur und einen Solidus des oströmischen Kaisers Tiberius II. Alle Beigaben unterstreichen den persönlichen Reichtum und die gesellschaftliche Stellung des um 600 n. Chr. Bestatteten.
Das 1983 entdeckte Gräberfeld lag im westlichen Randbereich von Morken. Das Gelände, ein ursprünglich zur Erftniederung sanft abfallender Sporn, war durch moderne Bodeneingriffe tiefgreifend gestört. In einer viermonatigen Grabungskampagne wurden außer im Süden die Grenzen des Gräberfeldes erreicht. An der Abbaukante des Braunkohlentagebaus konnte die Lage einiger Gräber nur an-

hand von Eisenausfällungen unter den Grabsohlen nachgewiesen werden. 481 Gräber wurden freigelegt.
Die Belegung begann wohl mit einer kleinen Gruppe Nord-Süd ausgerichteter Gräber im nördlichen Bereich des Gräberfeldes, ihr folgten kleinere Gruppen Ost-West orientierter Gräber, die sich überlagern und überschneiden. Diese älteren Gräber wurden von mehr oder weniger geordneten Gräberreihen überlagert, die das Gesamtbild des Friedhofes prägten.
In dem tiefgründigen Lößlehm waren die grau-brauen, rechteckigen Grabgrubenverfärbungen (Breite: 1–2,50 m, Länge: 2–3,50 m) ca. 50 cm unter der Oberfläche erkennbar. Bereits in dieser Tiefe konnten verschiedene Grabeinbauten erkannt werden. Die Bretter der Grabkammern und Särge waren zwar vergangen, zeichneten sich aber als dunkelgraue bis schwarze, fettige Tonspuren ab. Eingestürzte Decken, eingedrückte Kammer- und Sargwände und die Konstruktion der Böden – meist aus zwei Unterlegbalken mit in Quer- und Längsrichtung aufgelegten Brettern – konnten dokumentiert werden. Mehrheitlich lagen Grabgruben mit eingebauten Holzkammern verschiedener Größen vor, deren Bretter an ihren Enden über Kreuz verfugt und oft durch Eckpfosten versteift waren. Eine Vernagelung der Bretter, auch bei Särgen, konnte nur selten nachgewiesen werden. An der Nordwand der größeren Kammern sowie in den schmalen Grabgruben wurden Beisetzungen in Särgen beobachtet. Einmalig waren die Spuren eines vergangenen Baumsarges. Totenbretter und einfache Erdgräber wurden auch festgestellt.
Durch die ungünstigen Bodenverhältnisse blieb von den Bestatteten wenig erhalten. Mit einzelnen Ausnahmen waren die Knochen, abgesehen vom Zahnschmelz, der häufiger geborgen wurde, im kalkarmen Boden völlig vergangen. Leichenschatten wurden öfters dokumentiert: ein besonderes Beispiel bildete die einzige Pferdebestattung im Gräberfeld. Obwohl sich nur das Gebiß und wenige Knochen der rechten Vorderhand erhalten hatten, konnten der Umriß und bestimmte Details des Körpers, wohl ein Kleinpferd mit Stockmaß von ca. 130 cm, deutlich erkannt werden. Das Pferd wurde ungezäumt vergraben.
Deutliche weiß-grau schluffig verfüllte, trichterförmige Störungen im Brust- und Gürtelbereich der Bestatteten deuteten immer wieder auf antike Beraubung hin. Die größten Kammergräber waren ausnahmslos geplündert; gelegentlich blieben die im Fußbereich abgelegten Beigaben – eine Bronzeschüssel, ein Holzeimer mit maskenverzierten Bronzebeschlägen – unbeachtet liegen. Die

Grabgruben im fränkischen Reihengräberfeld Bedburg-Königshoven/Erftkreis.

genaue Zahl der beraubten Gräber ließ sich bei den hervorragend erhaltenen Befunden anhand der Grabungsdokumentation ermitteln. 154 Gräber waren beigabenlos. Einige hundert Beigaben wurden geborgen, die in das 6. und 7. Jahrhundert datiert werden können: Trachtbestandteile und Schmuck der Frauen, Waffen und Gürtelgarnituren der Männer sowie Eß- und Tringeschirre, außerdem so seltene Beigaben wie Pferdegeschirre, Bronzegefäße, bronzebeschlagene Eimer und Schmuckkästenbeschläge.
Die Art und Qualität sowie die Zusammenstellung der Beigaben ermöglichen nicht nur die Rekonstruktion des zeitlichen Belegungsablaufes, sondern erlauben auch Rückschlüsse auf die gesellschaftliche Stellung der Bestatteten. Die Ausstattung der Gräber in Bedburg-Königshoven lassen drei Gruppen erkennen: Die Armen, die Wohlhabenden und die überdurchschnittlich Wohlhabenden. Während die ärmsten und die reichsten Gräber sofort erkennbar sind, sind die Übergänge in dem mittleren Bereich vielfältig und undeutlich. Die endgültige Zuweisung der einzelnen Gräber zu einer Gruppe wird von einer Reihe chronologischer, wirtschaftlicher und regionaler Faktoren abhängig sein. Zu einer vierten und somit ranghöchsten Gruppe gehören nur die Beigaben des Adelsgrabes von Morken.

Lit.: J. Göbel, Ein fränkisches Gräberfeld in Bedburg-Königshoven, Erftkreis (Frimmersdorf 50). Ausgrabungen im Rheinland '83/84 (1985) 174 ff. – A. Herrnbrodt, Bonner Jahrb. 157, 1957, 446–457. – O. Doppelfeld, R. Pirling, Fränkische Fürsten im Rheinland. Schriften des Rheinischen Landesmuseums Bd. 2 (1966) 66 ff.

Frühmittelalterliche Siedlungen im Münsterland

Walter Finke

Die Notgrabungen der letzten Jahre im Regierungsbezirk Münster haben, obwohl keine der Grabungen aus archäologischer Sicht geplant war, besondere Schwerpunkte für die Erforschung der Ur- und Frühgeschichte dieses Raumes ergeben. Einer dieser Schwerpunkte erbrachte wichtige neue Quellen für die frühmittelalterliche Siedlungsgeschichte im Münsterland. Während die literarischen Quellen für das 6.–7. Jahrhundert, wenn auch sehr lückenhaft, die großräumige Entwicklung im fränkisch-sächsischen Gebiet zeigen, beleuchten die archäologischen Quellen zunächst punktuell den Beginn und den Ausbau sächsischer Siedlungen im Münsterland. Dabei lassen sich Gemeinsamkeiten der einzelnen Siedlungsplätze erkennen, aber es gibt auch erste Anzeichen für Unterschiede in der inneren Struktur der Siedlungen.

Archäologische Fundkarten können nur selten das wahre Bild einer zeitlich definierten Siedlungslandschaft spiegeln, fehlende Fundorte können durch mangelnde Aufschlüsse und damit als Wissenslücke einen nicht besiedelten Raum vortäuschen. Betrachtet man eine solche Karte, so scheint es, als würden sich frühmittelalterliche Siedlungen in der Nähe von Fluß- und Bachläufen häufen, während in anderen Gebieten solche Siedlungsschwerpunkte nicht zu erkennen sind. Bedenkt man bei einer solchen Betrachtung aber, daß die Geländeaufschlüsse in den Fluß- und Bachniederungen etwa durch Sandgruben besonders zahlreich sind, so könnte hier eine größere Siedlungsdichte gegenüber anderen weniger aufgeschlossenen Gebieten auch vorgetäuscht sein. Weiß man überdies, daß einige Gebiete von ehrenamtlichen Mitarbeitern häufiger begangen werden als andere, einige Aufschlüsse also ständig, andere überhaupt nicht beobachtet werden, so wird die Gefahr eines Fehlschlusses anhand einer solchen Karte immer deutlicher. Sieht man sich die Funddichte im Bereich der Ems an, so wird deutlich, daß zumindest hier (in der Regel) frühmittelalterliche Siedlungen in einer Entfernung von höchstens fünf Kilometern zueinander angelegt wurden.

Die Frage, warum die einzelnen Standorte als Siedlungsplatz gewählt wurden, ist bei vordergründiger Betrachtung leicht zu beantworten. Anscheinend waren die hohen Ufer der Fluß- und Bachläufe das auslösende Moment für eine Niederlassung. Es ist bisher häufig gesagt worden, die Siedlungen seien in Wassernähe, aber hochwasserfrei angelegt worden, um die Wasserversorgung zu sichern, jedoch ohne von den Gefahren eines Hochwassers bedroht zu sein. Doch diese Aussage ist zu relativieren. In allen frühmittelalterlichen Siedlungen, von denen größere Teile ergraben wurden, sind (oft zahlreiche) Kasten- oder Baumbrunnen gefunden worden. Selbst in unmittelbarer Wassernähe wurden solche Brunnen angelegt. Das zeigt, daß die natürlichen Fließgewässer für die Wasserversorgung der Siedlungen keine wesentliche Rolle gespielt haben. Eher ist damit zu rechnen, daß die Fluß- und Bachauen u.a. als Viehhude genutzt wurden. Es ist möglich, daß die Fließgewässer als natürliche Verbindungswege eine Rolle gespielt haben.

In Gittrup, einer Bauerschaft im Norden der Stadt Münster, konnte eine sehr alte Wegetrasse aufgedeckt werden, die in keiner Quelle belegt ist, die aber für die frühmittelalterliche Siedlung eine besondere Bedeutung gehabt haben muß. Hier führte eine Straße aus der Gegend von Münster durch eine ehemalige Emsfurt nach Norden. Die Trasse zeichnet sich außerhalb des Grabungsgeländes noch als ein in die Terrassenkante der Ems eingeschnittener Hohlweg ab. Er dient heute nur als Feldzufahrt. Ursprünglich muß dieser Hohlweg wohl zu einer Furt durch einen inzwischen verlandeten Emsarm geführt und in seinem weiteren Verlauf nach Norden im Bereich des „alten Postweges" gelegen haben, der alten Verbindung zwischen Münster und Osnabrück, die heute zu einer unbedeutenden kleinen Straße geworden ist.

Nur an wenigen frühmittelalterlichen Siedlungsplätzen darf eine wie auch immer geartete Siedlungskontinuität vermutet werden. Wenn auch häufig außer frühmittelalterlichen Siedlungsspuren an den gleichen Fundplätzen Hinweise auf Ansiedlungen älterer Zeiten gefunden werden, so liegen zwischen den frühmittelalterlichen Siedlungen und ihren Vorgängern oft Jahrhunderte. Eine von früheren Bewohnern urbar gemachte Landschaft kann daher kaum

Münster-Gittrup. Frühmittelalterliche Hakenfurchen überschneiden ein Grubenhaus aus einer früheren Siedlungsphase.

die erneute Wahl einer Siedlungsstelle beeinflußt haben. Eher sind es wohl die natürlichen geographischen Bedingungen, die Menschen in unterschiedlichen Zeiten an die gleichen Plätze geführt haben. Nach heutigem Wissensstand läßt sich, wenn auch mit einigen Unsicherheiten, eine Siedlungsentwicklung erkennen. In einem Gebiet, das im Osten ungefähr bei Warendorf/Milte, im Süden durch die Lippe begrenzt ist und dessen Westgrenze im Bereich des großen Moorstreifens nördlich von Haltern liegt, brechen die kaiserzeitlichen Siedlungen früh ab. In das seit dieser Zeit zumindest siedlungsarme Gebiet dringen von Norden im 6./7. Jahrhundert sächsische Siedler ein. Eine Durchsicht des Fundgutes dieser Zeit scheint auf den Oldenburger Raum zu weisen, und auch andere Überlegungen lassen es möglich erscheinen, daß diese Siedlungsbewegung von dort ausgeht. Auf alten Fernwegen dringen diese Ackerbauern wahrscheinlich in ihre neuen Siedlungsgebiete ein. Die in Gittrup aufgedeckte Wegetrasse wurde vermutlich schon in der späten Bronze-/frühen Eisenzeit genutzt. Die Siedlungen werden an unbewohnten Stellen in der Regel in der Nähe von Bach- und Flußauen hochwasserfrei auf den Terrassen errichtet. Während in den schriftlichen Quellen das Vorrücken der Sachsen nach Süden stets mit kriegerischen Auseinandersetzungen verbunden ist, läßt sich in den archäologischen Quellen an keiner Stelle erkennen, daß die Neusiedlungen mit solchen Auseinandersetzungen in Verbindung stehen.

Die sächsischen Bauern gelangen wahrscheinlich mit ihrem Vieh in ihre neuen Siedlungsgebiete. An günstiger Stelle errichten sie ihre ersten Hofstellen. Ihre aus Holz gebauten Häuser sind zunächst rechteckig, erhalten jedoch bald die typische schiffsförmige Gestalt. Diese Häuser sind durch vorgezogene Eingänge an den Längsseiten aufgeschlossen. Der seitliche Schub des Sparrendaches, das über ein Rähm auf den Wandpfosten aufliegt und frei den Innenraum überspannt, wird von schräg gegen die Wand gestellten Außenpfosten aufgefangen. Zu einem mit einem Zaun umfriedeten Hofplatz gehörten neben dem Hauptgebäude verschiedene Nebengebäude. In kleinen, in die Erde eingetieften sog. Grubenhäusern wurden handwerkliche Tätigkeiten ausgeübt. Am häufigsten fanden sich in ihnen Hinweise auf die Herstellung von Textilien, etwa die Standspuren stehender Webstühle oder tönerne Webgewichte und Spinnwirtel. Aber auch andere handwerkliche Tätigkeiten konnten nachgewiesen werden. Bei den handwerklichen Tätigkeiten zeigt sich, daß bei vielen Gemeinsamkeiten die innere Struktur der frühmittelalterlichen Siedlungen doch unterschiedlich gewesen sein wird.

Während die Siedlung in Gittrup rein agrarischen Charakter hat, gibt es in Ostbevern, Kr. Warendorf, deutliche Hinweise auf eine mehr handwerklich ausgerichtete Struktur. Hier sind die Gebäude für die handwerklichen Tätigkeiten (Grubenhäuser) wesentlich sorgfältiger errichtet. Sind die Wände der Grubenhäuser in Gittrup aus einfachem Flechtwerk aufgebaut, so sind sie in Ostbevern sorgfältig verbrettert. Alle frühen Siedlungen sind in ihrem täglichen Bedarf weitgehend autark gewesen. Anders scheint es in Ostbevern gewesen zu sein. Hier weisen Funde darauf hin, daß über den eigenen Bedarf hinaus produziert worden ist. Nicht nur die verhältnismäßig große Zahl der Grubenhäuser und ihre sorgfältigere Bauweise deuten darauf, daß diese Hütten im textilhandwerklichen Bereich nicht nur zeitweise genutzt wurden. Wenig eingetiefte größere Häuser in fortschrittlicher Schwellbalkenkonstruktion dienten unter anderem einem Feinschmied als Werkraum. Die Vielzahl der zum Teil tauschierten eisernen Tracht- und Ausrüstungsteile, die von diesem Schmied an Ort und Stelle hergestellt wurden, belegen ebenso den Reichtum dieser Siedlung wie die Keramik- und Glasimporte aus fränkischen Gebieten.

Die Siedlung in Münster-Gittrup dagegen hat rein bäuerlichen Charakter. Hier errichteten sächsische Neusiedler an einem alten Weg in der Nähe einer Emsfurt einen ersten Hofplatz (Hofplätze). Sie siedelten rund 200 m von der Emsaue entfernt am Rande eines Waldes und legten bei ihrem Hof (ihren Höfen) blockartige Ackerfluren an. Ihre hauptsächliche Nahrungsgrundlage scheint zunächst das mitgebrachte Vieh gewesen zu sein, das in der Aue und im Wald weidete. Von besonderer Bedeutung sind an diesem Fundplatz die archäologischen Flurformen. Hier gilt es, unter jungen Veränderungen, etwa Verkampungen der Langstreifenfluren, den älteren Zustand zu rekonstruieren. Im Urkataster von Gittrup sind die ehemaligen Langstreifenfluren nur noch rudimentär zu entdecken, als Bodenbefund verlaufen sie jedoch durch alle bisher untersuchten Bereiche als Wölbäcker (Ackerbeete). Obertägig sind diese Ackerbeete an keiner Stelle mehr zu erkennen. Die in der Urmessung vorhandenen Kampfluren müssen jüngere Veränderungen im Bereich der Langstreifenfluren sein, die nicht in den anstehenden Boden eingegriffen haben; ihre Spuren sind im aufgetragenen Plaggendung der Langstreifenfluren nicht sichtbar.

Die Spuren der älteren Langstreifenfluren überlagern alle frühmittelalterlichen Siedlungsspuren, sie können daher nicht die ältesten Flurformen sein. Unter den Nord-Süd verlaufenden Wölbäckern, die Zeugnisse sowohl der Langstreifenfluren als auch der Nutzung des Beetpfluges (Streichbrettpfluges) sind, wurden nun überraschend andere, Ost-West verlaufende Furchenspuren im anstehenden Sand entdeckt. Im Gegensatz zu den Nord-Süd verlaufenden Eingriffen des Streichbrettpfluges handelt es sich hierbei um Furchen, die mit einem Haken in den Sand gezogen wurden. Doch auch diese Hakenfurchen können noch nicht als Beleg für die ältesten Flurformen gelten, denn auch sie liegen zwar unter den Wölbäckern, jedoch deutlich über den ältesten Siedlungsspuren. Es handelt sich also auch hier um die Spuren eines vielleicht ersten Flurausbaus.

An mehreren Stellen konnten erste, Ost-West gerichtete Wölbackerspuren und damit der erste Einsatz eines Beetpfluges über den Ost-West gerichteten Hakenfurchen festgestellt werden. Noch in der alten Flurform wurde daher der Haken vom Streichbrettpflug abgelöst und das Flursystem geändert und Nord-Süd gerichtete Langstreifenfluren angelegt.

Ähnlich scheinen die Verhältnisse an anderen jüngst ergrabenen zeitgleichen Siedlungsplätzen zu sein. Nach einem ersten Siedlungsansatz wird der Siedlungsplatz kleinräumig verlagert, die Fluren werden weiterhin nicht gedüngt und der Haken als altes Ackerbaugerät noch genutzt. Die ältesten Fluren, vermutlich Blockfluren, die in der Nähe der Höfe lagen, werden weiter genutzt, doch über die alten Hofplätze hinaus erweitert. Hakenspuren überschnitten an mehreren Stellen Hausgrundrisse der frühesten Siedlungsphase. Mit dem ersten Abrücken der Wohnplätze von der Emsaue in Richtung Süden auf die Coerheide setzt eine Siedlungsentwicklung ein, die in dem heute noch bestehenden Drubbel Gittrup endet.

Für eine solche Entwicklung gibt es sicher mehrere Gründe. Zum einen wird eine zunehmende Ackerwirtschaft und damit verbunden eine rückläufige Bedeutung der Viehhaltung dafür gesorgt haben, daß man die notwendigen Neubauten möglichst aus der Nähe des Ackerlandes verlegte, um den alten Siedlungsplatz zur Erweiterung der Altflur zu nutzen. Zum anderen haben auch sicher landbautechnische Entwicklungen, etwa die beginnende Plaggendüngung und die damit verbundene Umstellung auf den Streichbrettpflug (auf den Acker aufgebrachter frischer Dung erforderte den Einsatz des Wendepfluges) diese Vorgänge beschleunigt.

Wie weit die Wohnplatzverlagerung zur Zeit der Umstellung der Fluren und damit verbunden die Nutzung des Streichbrettpfluges und die Düngung durch Plaggen fortgeschritten war, läßt sich beim augenblicklichen Stand der Ausgrabung nicht sagen. Ebenso ist es noch nicht möglich, einen genauen Zeitpunkt anzugeben, zu dem diese Umstellung erfolgte. Sicher ist lediglich, daß noch nach dem 8. Jahrhundert der Acker mit dem Haken bearbeitet wurde und in dem alten Flursystem die Umstellung auf den Streichbrettpflug erfolgte.

Wie die weitere Entwicklung bis zur heutigen Eschrandlage des Drubbels Gittrup verläuft, ist noch nicht in allen Einzelheiten zu erkennen. Der Bau einer Ferngasleitung zwischen der Grabungsstelle und den neuzeitlichen Häusern ergab die Möglichkeit, die ca. 16 m breite Trasse zu untersuchen. Dabei zeigte sich, daß in gerader Richtung vom ältesten Siedlungsansatz auf das heutige Gittrup keinerlei mittelalterliche Siedlungsspuren vorhanden waren. Um einige hundert Meter nach Südwest versetzt in Richtung auf die Flur „Die Wort" fanden sich jedoch Spuren eines großen ebenerdigen Gebäudes und dazugehörige Nebengebäude, die in das 10./11. Jahrhundert datiert werden können. Es scheint im Augenblick so, daß auch die Ergebnisse der Flurnamenforschung anhand der Urkunden überprüft werden müssen. Die Siedlungsentwicklung bringt die Höfe im Laufe der Zeit in die wirtschaftlich günstigste geographische Lage. Unmittelbar südlich an die Höfe schließt die Heide an, die für die Rohstoffgewinnung der Plaggen unentbehrlich war, und im Norden vor den Höfen breitet sich der Esch aus, der mit dem Plaggendung auf den mageren Sandböden erst eine intensive ackerbauliche Nutzung möglich macht.

Ähnlich, wenn auch nicht gleich, verlaufen die Entwicklungen an anderen, in jüngster Vergangenheit ergrabenen Plätzen. Der erste Siedlungsansatz liegt in der Regel unter den späteren Eschen. In Ostbevern (20 km östlich von Münster) bleibt die Besiedlung bis heute in der Nähe der Beveraue, jedoch um mehrere hundert Meter nach Osten verschoben liegt das heutige Gehöft am Rande des Eschs. In Telgte-Wöste, Kr. Warendorf, rücken die später geteilten Höfe Große und Lütke zu Telgte von der sanften Eschkuppe auf flache Erhebungen in das feuchte Umland am Rand des Eschs. Vieles deutet darauf hin, daß der Volksmund der Wissenschaft ein gutes Stück voraus war. In Nordwestfalen heißt es: „De ollen Hüöwe legget unnern Esk".

Daß sich an diese Feststellungen weitere historische Fragen anschließen, liegt auf der Hand. So sind zunächst Begriffe wie „Esch" und „Die Wort" genauer zu definieren. Wenn der Begriff „Esk" schon im Altsächsischen als Bezeichnung für Ackerland gebraucht wird und die frühen Wohnplätze von einem späteren in Langstreifenfluren aufgeteilten, mit Plaggen aufgedüngten Esch überdeckt werden, so kann der Esch nicht weiter als Dauerackerland bezeichnet werden, sondern muß in einem zeitlichen Bezug zu einer bestimmten Siedlungsphase gesehen werden. Es kommt hinzu, daß weder Plaggendüngung noch eine bestimmte Flurform, etwa die Langstreifenfluren, charakteristische Merkmale für den allgemeinen Begriff „Esch" sind. Wenn in Gittrup die Flur „Die Wort" außerhalb des ersten Siedlungsansatzes liegt und sich die Siedlung erst im 10./11. Jahrhundert in diesen Bereich verlagert, dann ist auch der Flurname „Die Wort" kaum als Hinweis auf einen frühen Siedlungsansatz zu verwenden.

Auch bei den Ortsnamen zeigt sich, daß sich in ihnen nur bedingt alte Siedlungsstrukturen spiegeln. Versteht man die auf -trupp endenden Orte als aus dem sächsischen thorpa entwickelte Namen als Hinweis auf eine sächsische Siedlungsschicht, so wird diese Interpretation in Münster-Gittrup oder Greven-Wentrup durch die archäologischen Quellen bestätigt. Andere frühmittelalterliche Fundplätze wären jedoch aus den literarischen Quellen nicht zu erschließen. Die sächsische Siedlung in Telgte liegt in der heutigen Bauerschaft „Wöste". Die sich daraus entwickelnden Höfe „zu Telgte" weisen mit ihrem alten Namen Südtelgte ebensowenig auf ihren sächsischen Ursprung wie die sächsische Siedlung in Ostbevern, die in der Bauerschaft Schirl liegt und deren näheres Gebiet in alten Kartenwerken Rottwinkel heißt. Solche Beispiele lassen sich unschwer ergänzen. Es gibt sogar Hinweise, daß alte Orte in jüngerer Zeit einen neuen Namen erhalten, der auf -trupp endet; daher müssen diese Quellen für die sächsische Siedlungsgeschichte mit Vorsicht interpretiert werden.

Durch einen Schwurring ewig ausgezeichnet. – Der Mann aus dem Adelsgrab von Fürstenberg

Daniel Bérenger

Das Adelsgrab von Fürstenberg wurde 1983 in einem Geländestreifen entdeckt, der wegen Bauarbeiten archäologisch untersucht werden mußte. Rund 20 km südlich von Paderborn, dort, wo die Westfälische Bucht in die auf das Sauerland angelehnte Kalkhochfläche ausläuft, hatte der Bagger am Nordwestrand des Dorfes Fürstenberg (Stadt Wünnenberg, Kreis Paderborn) auf einem steinigen Bergsporn die ersten frühmittelalterlichen Grabfunde zum Vorschein gebracht. Die daraufhin eingeleitete Rettungsgrabung beschränkte sich nur auf die gefährdeten Teile der neuen Fundstelle und führte zum Nachweis von insgesamt 63 Gräbern – dem Ausschnitt eines Friedhofes von noch unbestimmbarer Größe.

Wünnenberg-Fürstenberg / Kreis Paderborn. Ausgrabungen im merowinger-/karolingerzeitlichen Gräberfeld.

Zu diesem Friedhofsareal gehörten fünf weit auseinanderliegende Gräber der Merowingerzeit (um 600 n. Chr.) und eine dicht gesetzte Gruppe von 49 Gräbern, die zur Zeit der Karolinger, um 800 und in den folgenden Jahrzehnten, angelegt wurden. Von den neun übrigen Grabgruben, die je das Skelett eines bestatteten Pferdes enthielten, können fünf dem älteren Friedhofsteil zugerechnet werden.

Die jüngeren Gräber waren alle West-Ost orientiert und reihenweise geordnet. Ihre Länge und Breite schien immer eng an den Körpern der Bestatteten (Männer, Frauen und zu fast 35 Prozent Kinder) angepaßt zu sein. Was sie von den älteren aber besonders unterscheidet, ist ihre Beigabenarmut. Immerhin barg ein Drittel der Gräber zumindest einen Trachtgegenstand: Gürtelschließe, Messer, Glasperlen, Armreif oder Fibel. Die Schmuckstücke erwiesen sich als besonders wichtig für die Auswertung: Die Symbolik (Kreuz und Taube) von vier der sieben geborgenen Fibeln zeichnete deren jeweilige Trägerin als Christin aus. Und da eine von ihnen als Brosche eine frischgeprägte Silbermünze Ludwigs des Frommen (Regierungszeit 814–840) verwendet hatte, ergab sich ein guter Zeitansatz für das Ende der Friedhofsbelegung. Erst nach der Mitte des 9. Jahrhunderts hat man in Fürstenberg damit begonnen, den Friedhof in die Nähe einer Kirche zu verlegen, wie es die sächsischen Gesetze Karls d. Gr. seit 782 vorschrieben.

Das früheste Grab im bisher bekannten Friedhofsareal ist ca. dreihundert Jahre älter und enthielt ebenfalls eine – allerdings nicht prägefrische – Silbermünze. Es handelt sich nämlich um einen Denar, der im Jahre 90 v. Chr. in

Wünnenberg-Fürstenberg / Kreis Paderborn. Rekonstruktion des Adelsgrabes: Der Tote liegt in einem Holzsarg; die Grabkammer ist mit Bohlen abgedeckt.

Rom von C. Vibius C. f. Pansa in Verkehr gebracht und zwischenzeitlich als Anhänger getragen worden war, bevor er nun, in der zweiten Hälfte des 6. Jahrhunderts n. Chr., als Charon-Pfennig in das Grab kam.

Dieses „Gründergrab“ von Fürstenberg hob sich nicht nur durch diese Münzbeigabe ab. Während die anderen, wenig jüngeren merowingerzeitlichen Gräber (zwei Krieger, eine Frau und ein Mädchen) alle Süd-Nord orientiert waren, wies das Adelsgrab die West-Ost-Ausrichtung auf, die sonst für die späteren, karolingerzeitlichen Gräber typisch war. Trotz dieser Übereinstimmung ist eine Verwechslung ausgeschlossen: Die Grube war nicht nur von einem jener jüngeren Gräber überlagert, sie fiel vor allem durch ihre Maße (2,7 m–3,2 m Länge, 1,3 m Breite und 1,2 m Tiefe) aus dem Rahmen. Dies nicht ohne Grund, denn es handelte sich um eine große Grabkammer, deren Wände wahrscheinlich holzverschalt waren und deren Decke aus längsgelegten Bohlen bestanden hatte.

Auf der Sohle der Kammer fanden sich die Scherben einer zerdrückten Tonschüssel und die 52 cm große eiserne

Spitze einer Lanze, die mit ihrer ursprünglichen Holzschäftung die beeindruckende Länge von 3 m erreicht haben dürfte. Dicht vor der Nordwand der Kammer ließen sich die Spuren eines Holzsarges von 2,2 m Länge und 0,7 m Breite erkennen, in dem ein etwa dreißigjähriger Mann bestattet lag.

Zu Lebzeiten muß sich dieser Mann vornehmlich als Krieger verstanden haben. Seine Lanze hatten wir bereits erwähnt. Auf der rechten Seite des Leichnams lag mit dem Griff in Augenhöhe seine Spatha, ein zweischneidiges Schwert, dessen Klinge in Furniertechnik damasziert und dessen hölzerne, bastumwickelte Scheide innen mit Fell ausgekleidet war. Seine übrigen Angriffswaffen hatte man ihm in Handnähe zur linken Seite gelegt: ein kurzes, einschneidiges Schwert (der Sax), drei Pfeile, von denen freilich nur die Eisenspitzen erhalten waren, und eine Wurfaxt, die sog. Franziska. Außerhalb des Sarges war der Schild deponiert worden, dessen eiserne Bestandteile nun auf seinem linken Unterarm lagen, die Fessel und der handschützende Buckel, beide mit angelöteten Bronzeplättchen verziert.

Die übrige persönliche Ausstattung des Toten bestand aus einer vierteiligen Gürtelgarnitur, die aus zinnreicher Bronze hergestellt worden war, und einer verschlossenen Gürteltasche, die zwei eiserne Messer und das Feuerzeugbesteck enthielt, einen Feuerstahl und einen Feuersteinabschlag.

Überraschend, weil für die Speisebeigaben eine Schüssel auf dem Boden der Kammer bereits zur Verfügung stand, war das Ergebnis der Untersuchung einer dünnen Moderschicht, in der Bronzefetzen erkennbar waren, und die sich auf der rechten Brustseite befand. Es handelte sich nämlich um die zerdrückten Reste eines Eimers, der aus einem zusammengesetzten Boden und zwölf kleinen Holzdauben sowie zahlreichen Bronzeblechstreifen, -beschlägen, -henkel und -nägeln, insgesamt aus 73 Einzelteilen bestand und nur 12 cm x 12 cm groß war. Durch eine sorgfältige Restaurierung ist die ursprüngliche Betonung des dekorativen Charakters dieses Gefäßes deutlich geworden. Von der Gattung her gehörte es zum Trinkgeschirr der gehobenen Schicht der merowingerzeitlichen Gesellschaft und diente hier wahrscheinlich der Aufbewahrung eines Getränkes. Doch es war dem Hersteller so sehr auf die Verzierung angekommen und so wenig auf die Funktion, daß beispielsweise die Spitzen der Ziernägel innen überhaupt nicht oder sehr unvollkommen gebogen worden waren: Sie ragten bis zu 1 cm weit in das Gefäß hinein.

Das Kammergrab von Fürstenberg läßt sich anhand des Grabinventars gut datieren. Die meisten Gegenstände (Gürtelschnalle, Spatha, Schildbuckel und Lanzenspitze) sind Mitte des 6. Jahrhunderts entstanden, weisen aber Abnutzungsspuren auf, die einen langen Gebrauch voraussetzen. Die beigegebene Tonschüssel ist daher ausschlag-

Tracht und Bewaffung des Adeligen aus dem Grab von Wünnenberg-Fürstenberg/Kreis Paderborn (Rekonstruktion).

gebend, da sie auf rheinischen Friedhöfen erst Ende des 6. Jahrhunderts belegt ist.
Um diese Zeit, kurz vor 600 n. Chr., wird die Grabkammer des Kriegers angelegt worden sein.
Vom Bauaufwand und vom Beigabenspektrum her gehört das Grab zwar zu den reicheren seiner Zeit, jedoch nicht zu den reichsten. Luxusgüter, Edelmetalle und Edelsteine sind hier im Vergleich zu den bekannten Gräbern unter dem Kölner Dom und in Krefeld-Gellep im Rheinland oder Beckum in Westfalen kaum oder nicht vorhanden. Im Gegenteil: Die Schnallen des Gürtels und der Gürteltasche waren sogar aus zinnreicher Bronze hergestellt, um Silber vorzutäuschen. Und dennoch war der Fürstenberger Krieger zu Lebzeiten und im Grab als Angehöriger der Führungsschicht der Merowingergesellschaft ausgezeichnet. Am vergoldeten Silberknauf seines Schwertes hing in einer silbernen Ringöse ein kleiner Silberring von 1,6 cm Durchmesser. Bei diesem (waffentechnisch funktionslosen) Anhänger handelte es sich um ein kriegerisches Rangabzeichen, das nur wenigen vorbehalten war. Es scheint zugleich die Marke eines magischen Gefolgschaftsbundes gewesen sein, der bei den Franken im 6. Jahrhundert entstand und bald führende Persönlichkeiten vom langobardischen und alamannischen Bereich bis nach Südengland und Skandinavien symbolisch verband.
Ein solcher Schwurring war in Westfalen bisher nur aus dem ungleich reicheren, etwas jüngeren Fürstengrab von Beckum bekannt. Der Beckumer „Fürst", dem mehrere Pferde geopfert und damit für das jenseitige Leben zur Verfügung gestellt worden waren, muß nach Ausweis seiner Grabausstattung ein Sachse gewesen sein. Der Fürstenberger Edelmann, dem allem Anschein nach auch ein Reitpferd in einem separaten Grab beigegeben worden war, muß hingegen als Franke gelten. Dies ergibt sich aus dem Vergleich seiner Bewaffnung und seiner Beigaben mit den rheinischen zeitgenössischen Gräbern und gilt auch für zwei weitere Krieger, die eine Generation später in demselben Friedhofsteil bestattet wurden. Der Osten der Westfälischen Bucht erweist sich durch die Grabfunde von Beckum, Soest und Fürstenberg bis zum frühen 7. Jahrhundert als Bestandteil des fränkischen Reiches. In der gleichen Zeit treten aber in Beckum, Soest und Paderborn auch sächsische Grabausstattungen auf, die die Ausbreitung der engrischen Herrschaft bis südlich der Lippe belegen.
Dieser Prozeß der sächsischen Machtübernahme ist in Fürstenberg nicht sichtbar, jedenfalls nicht unmittelbar. Sachsen lassen sich erst nachweisen, als sie am Ende des 8. Jahrhunderts in das fränkische Reich eingegliedert und zugleich christianisiert wurden. Ob die fast zweihundert Jahre lange Belegungslücke, die zwischen den beiden Gräbergruppen klafft, historisch, so durch eine erste Aufgabe des Friedhofes zur Zeit der sächsischen Machtübernahme im 7. Jahrhundert, oder nur durch das geringe Untersuchungsareal bedingt ist, läßt sich ohne weitere Ausgrabungen nicht entscheiden.

Wünnenberg-Fürstenberg/Kreis Paderborn. Merowingerzeitlicher Holzeimer mit Bronzebeschlägen aus dem Adelsgrab.

Lit.: D. Bérenger, Das frühmittelalterliche Körpergräberfeld von Fürstenberg im Sintfeld, Stadt Wünnenberg, Kreis Paderborn – Vorbericht über die Grabung 1983–1984. Ausgrabungen und Funde in Westfalen-Lippe 4, 1986, 139–166. – W. Melzer, Das frühmittelalterliche Gräberfeld von Wünnenberg-Fürstenberg, Kreis Paderborn. Mit Beiträgen von D. Bérenger, P. Caselitz, P. Ilisch, K. Tidow, R. Springhorn und H. Westphal. Bodenaltertümer Westfalens (in Vorbereitung).

Salzsieder in Soest

Gabriele Isenberg

In der Literatur zur Geschichte Soests wird immer wieder behauptet, die Stadt verdanke ihre Größe und ihren Reichtum dem Getreide und dem Salz. Daß die fruchtbare Börde eine Quelle des Wohlstands für Soest gewesen ist, kann man noch heute nachvollziehen. Das Salz dagegen spielt in der neuzeitlichen Stadt so gut wie keine Rolle, ja gelegentlich wurde sogar angezweifelt, ob denn hier überhaupt Salz produziert worden sei. Denn anders als die Salztraditionen, die die Nachbarorte Werl und Sassendorf aufweisen können, finden sich in Soest weder in der städtischen noch in der privaten Überlieferung irgendwelche Hinweise darauf, daß das Salz einmal für die Stadt eine Bedeutung gehabt hat.

Doch gibt es einen Beleg für Soest als bedeutende Stätte der Salzproduktion, der von weit außerhalb kommt. Er steht im Reisebericht eines Mannes aus Tortosa mit Namen Ibrahim Ibn Jaqûb, der als Mitglied einer arabischen Delegation, die dem ottonischen Hof in der 2. Hälfte des 10. Jahrhunderts einen Besuch abstattete, die Gelegenheit hatte, das ostrheinisch-sächsische Gebiet, die „Slaven", wie er die Bewohner dieser Region nennt, und dabei auch Soest kennenzulernen.

Was er über Soest in seinem Reisebericht vermerkt hat, soll ausführlich zitiert werden: „Soest (Susit) ist ein Kastell im Lande der Slaven. Dort gibt es eine salzige Quelle, während es sonst durchaus kein Salz in dieser Gegend gibt. Wenn die Leute Salz brauchen, nehmen sie von dem Wasser dieser Quelle, füllen damit die Töpfe, stellen sie in einen Ofen aus Steinen und machen darunter ein großes Feuer an, so wird es dick und trübe. Dann läßt man es, bis es kalt wird, und es wird festes weißes Salz. Auf diese Weise wird das weiße Salz in allen Ländern der Slaven hergestellt."

Interessant ist in diesem Zusammenhang das, was der Herausgeber des Reiseberichts, der Arabist Georg Jacob, zu dieser Stelle anmerkt. Er bezieht den Text nicht etwa auf eine Salzquelle in Soest selbst, sondern auf Salzproduktionsstätten im benachbarten Werl und Bad Sassendorf. Doch hat er dabei übersehen, daß es bei gründlichem Hinsehen durchaus Spuren einer Sälzertradition in Soest gibt. Durch Straßennamen wie Solgasse, Salzbrink, Salzgasse, Zu der Salzmühle wird ein Gebiet nördlich des karolingisch-ottonischen Kerns der Stadt umschrieben, für das ein modernes hydrologisches Gutachten das Vorkommen von Salzwasserquellen nachgewiesen hat. Im frühen 19. Jahrhundert wollte man hier, so berichtet der Chronist A. Geck, sogar ein Solebad einrichten, das sich aber, vermutlich wegen des geringen Salzgehaltes des Wassers, gegen die Konkurrenz Bad Sassendorfs nicht behaupten konnte und bald wieder verschwand.

Als Anfang der 80er Jahre in diesem Gebiet ein großer Kaufhausneubau errichtet werden sollte, war das der Anlaß, mit einer archäologischen Untersuchung zu überprüfen, was es mit der Bedeutung des Salzes für die Stadt Soest auf sich hatte. Bei der 1981–1982 durchgeführten Grabung auf einer ca. 230 m^2 großen Fläche an der höchsten Stelle in der Südwestecke des zur Bebauung vorgesehenen Geländes konnten dann tatsächlich bis zu einer Tiefe von 4,50 m unter der rezenten Geländehöhe rund 60 Ofenanlagen freigelegt werden, deren Bauart und Funktionsweise sowie das sie umgebene Abfallmaterial sie als Produktionsstätten der Salzsieder auswies. Es handelte sich um jeweils 2 m bis 2,50 m lange Kanäle, deren Wände aus weißem oder blaßgrauem Ton, in spatentiefen Plaggen verarbeitet, gemauert waren. Vereinzelt hatte man zum Bau der Öfen auch Kalkstein- oder Sandsteinmaterial verwandt, war aber offenbar wieder davon abgekommen, weil es unter Hitzeeinwirkung stark splitterte oder mehlte und sich daher nicht so bewährte wie der Ton, der durch das Feuer zum Backstein wurde.

Die Innenseiten der Kanalwände wiesen jeweils eine braun- bis orangerote Verziegelung auf, die am Eingang der Öfen wesentlich stärker zu beobachten war als in deren hinterem Bereich, wo eine Rötung manchmal sogar vollständig fehlte. Diese Füllung der Kanäle bestand in der Regel aus einer Lage konzentrierter Holzkohle, die die ebenfalls unterschiedlich stark verziegelte Sohle etwa in Fingerdicke überzog. Die Holzkohlenschicht war meist von einem dünnen Band aus einem weißlichen, ascheähnlichen Material überzogen, das auch in der Umgebung der Ofenanlagen, dort vermischt mit Holzkohle, verziegeltem

Ton, Lehm und organischem Material, festgestellt werden konnte. Über dem weißlichen, ascheähnlichen Material hatte man dann bei Aufgabe der Öfen die Kanäle mit einer buntgescheckten Mischung aus Brandschutt, Ton und Lehm gefüllt.

Am Eingang der Öfen öffneten sich die Kanäle dann zu flachen, muldenförmigen Gruben, die in der Regel sehr groß waren, manchmal einen Durchmesser von etwa 3,00 m aufwiesen, deren braunrot verziegelte Sohle ebenfalls mit einer Schicht aus konzentrierter Holzkohle überdeckt war. Von diesen Mulden aus dürfte gefeuert worden sein, denn die Öfen waren nicht über dem Fußbodenniveau errichtet, sondern etwa 0,50 m tief in den Boden eingegraben. Wie der Zug funktioniert hat, ließ sich an dem archäologischen Befund nicht genau ablesen. Ein Hinweis auf die Führung des Zuges mag in der Beobachtung liegen, daß sich die Kanäle von etwa 0,40 m am Eingang auf 0,25 mm hinteren Ende verjüngten, wobei die Sohle in der Regel um ca. 0,10 m anstieg.

Daß die Kanäle nach oben mit Bleipfannen abgedeckt waren, dafür sprechen Reste des Materials, das sich in abgetropfter Form überall auf der Holzkohlenschicht in den Kanälen und den Feuerungsmulden befand. Daß man sich die Pfannen, in denen die Sole zum Sieden aufgesetzt wurde, als größere, rechteckige „Kuchenbleche" vorzustellen hat, belegen das jüngere Exemplar eines solchen Behälters, das sich aus der Ausstattung der Lüneburger Saline erhalten hat, aber auch die Abdrücke im Lehm als Model einer Siedepfanne, wie sie bei Grabungen in Bad Nauheim zutage getreten sind. Wieviele solcher Pfannen in Soest auf einem Ofen aufgestellt und welche Aufgaben ihnen im Siedeprozeß zugedacht worden sind, ließ sich auf archäologischem Wege nicht ermitteln. Die unterschiedliche Stärke der Verziegelung in den Kanälen läßt jedoch vermuten, daß sich das eigentliche Sieden im Eingangsbereich der Öfen, also in der Nähe der Feuerung vollzogen hat, während für die hintere Ofenzone ein Trocknen des Salzes nach Abschluß des eigentlichen Kochprozesses vorzustellen ist.

Reste von ovalen Flechtwerkkonstruktionen um die meist als Zwilling angelegten Öfen und Spuren einer ausgedehnten Überkonstruktion belegen, daß sich die Salzproduktionsstätten in Räumen befanden, die beim Siedevorgang zumindest Wetterschutz boten. Die ovalen Flechtwerkkonstruktionen waren in ca. 1 m Abstand um die Ofenanlagen herum gebaut. Nur im Bereich der Feuerungsmulde am Ofeneingang betrug die Entfernung zwischen Flechtwerk und Ofen durchweg 2 m–2,50 m, weil man hier vermutlich für verschiedene Arbeitsgänge einen größeren Werkraum brauchte. An dieser Stelle lag auch der Eingang in die Flechtwerkkonstruktion, die jeweils von der Straße her zu erreichen war. Immer links von dieser Öffnung hatte man außerhalb der hölzernen Umgrenzung Holzlagerplätze eingerichtet, an denen noch Holzreste in Form von Astabschnitten und stärkerem Zweigwerk vorhanden waren. Es handelte sich hierbei vorwiegend um das Holz eines acht- bis zehnjährigen Auenwalds, der in erster Linie aus Erle, Hainbuche und Haselnuß bestand. Die Holzlagerplätze hatten in der Regel einen Durchmesser von ca. 3 m. Zu

Soest. Ausgrabungen im mittelalterlichen Sälzerquartier.

beobachten war, daß die Holzschichten immer wieder von schmalen Streifen unterbrochen wurden, die aus dem gleichen hellen, manchmal blaßgrauen Tonmaterial bestanden, aus dem auch die Öfen gebaut waren. Offenbar benutzte man die Holzlagerplätze beim Neubau oder der Reparatur der Anlagen auch zur Lagerung des Baumaterials. Der Boden innerhalb des Flechtwerkovals stieg zu der eingegrabenen Ofenanlage jeweils flach hügelartig an. Doch zeigte sich um die Öfen herum kein einheitliches Laufniveau; es gab immer wieder Unterbrechungen mit Flecken einer buntgescheckten Mischung aus den tönernen Abfällen des Ofenbaus oder -abbruchs, den bleiernen Resten zerschmolzener Siedepfannen und den Rückständen der Salzgewinnung, die, wie eine mineralogische Untersuchung erbrachte, vor allem aus Calcit und Argonit bestehen.

Die ovalen Flechtwerkkonstruktionen lagen nahezu Wand an Wand oder doch nur mit sehr geringen Abständen, durchweg etwa 0,5 m, nebeneinander. Eine Ausnahme wurde nur dann gemacht, wenn sich die Straßenflucht änderte, wie das im Falle des Salzbrinks beobachtet werden konnte. Der Richtungsänderung folgten dann die jeweils rechtwinkelig zur Straße angelegten Ofenanlagen, wodurch ein größerer Zwischenraum erzwungen wurde. Der Grund für die Änderung des Straßenverlaufs war beim Salzbrink auf archäologischem Wege allerdings nicht erkennbar.

Da die Flechtwerkkonstruktionen mit einer Pfahlstärke von 6 cm x 2 cm und einem Abstand der Pfähle von abwechselnd 0,3 und 0,4 m sehr schwach gegründet waren, fällt es schwer, sich hier mit Dach versehene, vollständige Hütten vorzustellen. Näher liegt der Gedanke an schlichte Windfänge. Dafür sprechen auch größere Pfostensetzungen außerhalb der Flechtwerkkonstruktionen, die die Existenz einer vermutlich seitlich offenen, gemeinsamen Überdachung mehrerer Windfänge als Regenschutz vermuten lassen. Der Vorteil dieser Kombination liegt darin, daß von den Siedestätten Wind und Regen abgehalten werden, gleichzeitig aber der sich entwickelnde Rauch ungehindert abziehen konnte. Leider waren die Befunde, die auf eine Regenschutzüberdachung hindeuteten, durch Kriegseinwirkungen und jüngere Kellereinbauten stark gestört, so daß die Interpretation im Bereich der Vermutung bleiben muß.

Ungeklärt blieb wegen des stark begrenzten Grabungsareals auch, wo die Quelle lag, aus der die Salzsieder ihre Sole schöpften. Hinweise auf Soleleitungen oder -kanäle, wie man sie aus jüngerer Zeit bei anderen Salinen kennt, gab es ebenfalls nicht, so daß keine Vorstellungen darüber möglich sind, in welchem Verhältnis die „Siedehütten" zur Solequelle angeordnet waren und in welcher Weise sich die Beschaffung der Sole in den Arbeitsprozeß eingliederte.

Das größte Problem der Grabung aber lag in der zeitlichen Einordnung der Befunde. Die Anordnung der Öfen und der sie umgebenden „Siedehütten" sprechen für ein reines Gewerbegebiet, in dem, abgetrennt von den Wohnbereichen der Salzsieder, das „weiße Gold" produziert wurde. Das ist zwar sehr ungewöhnlich für Zeiten, in denen Betrieb und Wohnung in der Regel eine Einheit bildeten. Diese wird aber aufgrund der ständigen Brandgefahr aufgegeben worden sein. Die Trennung von Wohnung und Gewerbe bewirkte aber, daß die Siedlungsabfälle, die zur Entsorgung von den Bewohnern eines Hauses wie allgemein üblich in großen Gruben im Hofraum oder Garten untergebracht wurden, vollständig fehlen und damit dem Archäologen die Möglichkeit genommen war, mit diesem Fundgut seine Befunde genau zu datieren. Auch der technische Standard der Saline kann hier keine entscheidende Hilfestellung leisten. Denn im Prinzip war das in Soest aufgespürte Siedeverfahren langlebig. Schon für das 7. Jahrhundert fanden sich in Bad Nauheim Öfen ähnlicher Bauart und noch in der frühen Neuzeit beschreibt Agricola die technische Ausstattung der Salzsieder mit einer nur geringen Fortentwicklung gegenüber dem Soester Befund. Zahlreiche Holzproben aus den Pfosten der Überbaukonstruktionen ließen wegen der großen Zahl an Jahresringen anfänglich darauf hoffen, mit Hilfe der Dendrochronologie zu einer genauen Datierung der Tätigkeit der Soester Salzproduktionsstätte zu kommen. Diese Hoffnung zerschlug sich jedoch, als sich bei den Untersuchungen zeigte, daß das Eichenholz aus Feuchtgebieten stammte. Die Bäume hatten keine genügend charakteristischen Ringstärken ausgebildet, um zuverlässig in die Jahresringkurve eingehängt werden zu können.

Auch eine weitere Möglichkeit, den Befund zu datieren, erwies sich als Fehlschlag. Denn aus unterschiedlichen Gründen konnte weder der Zeitraum vor Beginn der Salzsiedetätigkeit noch der nach Aufgabe der Salzproduktion an dieser Stelle archäologisch erfaßt werden: dem Abtrag der Geländekuppe, der vermutlich erst in diesem Jahrhundert erfolgte, war die Zone zum Opfer gefallen, die über das Ende der Salzsiederei in Soest hätte Auskunft geben können. Bereits unmittelbar unter der rezenten Geländehöhe erschienen die ersten Ofenanlagen. Die ältesten Spuren der Produktionsstätte lagen erheblich unter dem Grundwasserspiegel. Deshalb mußten trotz eines trockenen Sommers bei einer Tiefe von 4,50 m die Arbeiten eingestellt werden, ohne die Anfänge der Salzsiederei erfaßt zu haben.

Es bleiben also nur einige mittelbare Hinweise, die eine vorsichtige Interpretation zur Zeitstellung zulassen. Die Tatsache, daß in der seit dem 13. Jahrhundert sich verdichtenden städtischen Überlieferung eine Saline in Soest keine Erwähnung findet, deutet an, daß das Salzsiedergewerbe bereits vor dem 13. Jahrhundert aus der Stadt abgewandert sein muß.

Vielleicht ist es durch einen Süßwassereinbruch oder ein anderes Ereignis nach Sassendorf übergesiedelt, denn zwischen den Sälzern dieses Orts und dem Soester Rat bestanden in der Folgezeit bemerkenswerte Beziehungen. Daß zur Zeit des Besuchs jenes Ibrahim aus Tortosa in Soest Salz produziert worden ist, läßt sich durch den Nachweis der Saline und ihrer Arbeitsweise, wie sie der Araber beschreibt, nun mit einiger Sicherheit annehmen. Daß sie bereits im 7. Jahrhundert oder sogar früher bestanden haben könnte, dafür sprechen C-14-Daten, die trotz des unsicheren Verfahrens in Ermangelung dendrochronologischer Ergebnisse aus der Untersuchung weiteren organischen Materials gewonnen wurden.

Ebenso aber, wie die zeitliche Einordnung der Befunde im Dunkeln bleibt, läßt sich auf archäologischem Wege auch wenig über die Menschen ermitteln, die hier gearbeitet haben. Daß ihre Arbeit durch Hitze und Rauch schwer war, läßt sich aus dem Grabungsbefund ablesen. Ob sie aber selbständig oder abhängig, wohlhabend oder arm waren und wen sie als Handelspartner hatten, auf diese Fragen konnte die Grabung keine Antwort geben.

Soest. Modell eines mittelalterlichen Salzsiedeofens mit zwei Salzpfannen nach den archäologischen Befunden.

Lit.: G. Isenberg, Mittelalterliche Salzgewinnung in Soest. Ein Vorbericht über die Ausgrabungen auf dem Kohlbrink 1981–82. Soester Zeitschrift 95, 1983, 25–32. – G. Jacob, Ein arabischer Berichterstatter aus dem 10. oder 11. Jahrhundert (1890). – H. Kaja, Xylotomische Untersuchung und pflanzensoziologische Auswertung eines mittelalterlichen Holzfundes aus der Grabung Kohlbrink, Soest. Ausgrabungen und Funde Westfalen-Lippe 3, 1985, 101–109. – F. V. Klocke, Salzwerk und Sälzertum in Soest und Sassendorf. Aus Soester Vergangenheit (1927) 201–225. – L. Süss, Die frühmittelalterliche Saline von Bad Nauheim. Materialien zur Vor- und Frühgeschichte von Hessen Bd. 3 (1978) 30 ff.

Stadtarchäologie in Duisburg

Günter Krause

Schon in vorgeschichtlicher Zeit ist das Gebiet der Stadt Duisburg am Zusammenfluß von Rhein und Ruhr ein recht dicht besiedelter Raum gewesen. Die Verkehrsverbindungen zu Wasser und zu Lande bilden hier einen Knotenpunkt von besonderer Bedeutung für den gesamten unteren Niederrhein. Für die fränkische Epoche (5. bis 8. Jahrhundert) sind im heutigen rechtsrheinischen Stadtgebiet nördlich und südlich der Ruhr mindestens zehn Friedhöfe belegt. Schon damals dürfte der Bereich um den Burgplatz, das spätere Zentrum Duisburgs, bis in unsere Zeit durch seine Lage an einem günstigen Rheinübergang und unweit der Ruhrmündung einen bevorzugten Platz eingenommen haben.

Mehrere Rheinverlagerungen sind nachzuweisen. Die bisher älteste datierbare gehört in römische Zeit. Der spätrömisch-frühmittelalterliche Rheinlauf konnte unlängst unter und um den Alten Markt herum mit Sicherheit nachgewiesen werden. Er ist noch heute deutlich sichtbar, wogegen der Bereich des Rheinbettes aus der Zeit des 9. bis 12. Jahrhunderts durch den Innenhafen und durch moderne Bebauung weitgehend verschwunden ist.

Die Senke des Rheinbettes bis ins 8. Jahrhundert n. Chr. ist im westlichen Teil der Duisburger Altstadt in fast der ganzen Nord-Süd-Erstreckung zu erkennen. Vor dem damaligen Stapeltor im Norden floß im großen Bogen die Ruhr in den Rhein. An der alten Rheinfront unweit des Marktes ist der alte Hafen zu vermuten, der sicherlich wesentlich zur Bedeutung des frühen Duisburg beigetragen hat. Bis etwa um 1200 floß der Rhein direkt an Duisburg vorbei. Vom Burgplatz waren es nur etwa 500 m bis zum anderen Rheinufer. Diese kurze Entfernung ist einmalig am ganzen Niederrhein.

Das älteste gesicherte historische Zeugnis über Duisburg gehört in das Jahr 883. Die Normannen erobern das „Oppidum Diusburch", in dem sie bis zum Frühjahr 884 bleiben. Aus dem Ende des 9. Jahrhunderts stammen erste Nachrichten über einen Königshof und eine Kirche auf dem Burgplatz, die anscheinend befestigt waren. Im Schutze des Königshofes, aus dem später eine Pfalz entstand, dürfte sich eine Siedlung entwickelt haben, in der sich nachweislich am Ende des 9. Jahrhunderts friesische Händler niedergelassen hatten. Sie kontrollierten damals den Fernhandel.

Im 10. und 11. Jahrhundert ist Duisburg ein wichtiger Pfalzort mit zahlreichen Königsaufenthalten und Tagungen. Um 1120 kommt es zum Bau der ersten Stadtbefestigung, eine der frühesten im Rheinland. Politische Veränderungen lenken aber schon bald das Interesse des Königs auf den Süden. Die im 13. Jahrhundert erfolgte Rheinverlagerung tut ein übriges. 1290 wird die freie Reichsstadt Duisburg an den Grafen von Kleve verpfändet und nicht wieder eingelöst. So wurde sie allmählich zur Klever Landstadt. Aus dieser Periode stammt der detailgetreue Stadtplan des Johannes Corputius von 1566, eines Schülers Gerhard Mercators. Die Stadtbefestigung gehört ins ausgehende 13. Jahrhundert. Obwohl Duisburg 1614 brandenburgisch-preußisch und von 1654–1818 Universitätsstadt wird, ändert sich bis in die Zeit der frühen Industrialisierung wenig. Erst 1820 wird das erste Haus außerhalb der mittelalterlichen Stadtmauern erbaut.

Bis in den Zweiten Weltkrieg und die frühe Nachkriegszeit hinein hatte sich das alte Stadtbild mit etwa 80 Prozent der Stadtmauer, zahlreichen mittelalterlichen und frühneuzeitlichen Gebäuden und den alten Straßenzügen und Gassen erhalten. Der Neuaufbau Duisburgs nach dem Kriege, ohne Rücksicht auf gewachsene Strukturen, ist nicht untypisch für deutsche Städte. Verbunden damit war auch die Beseitigung von großen Teilen der Stadtmauer und alter Bausubstanz. Das hat viel zu dem allgemein vorherrschenden falschen Bild von Duisburg als erst durch das 19. und 20. Jahrhundert geprägter, eigentlich gesichts- und geschichtsloser Industriestadt beigetragen.

War damit das alte, seit dem Mittelalter gewachsene Duisburg fast vollständig verschwunden, so blieben auch die im Boden erhaltenen Reste nicht unberührt. Tiefe Bodeneingriffe beim Abräumen alter Gebäude, bei Neubauten, beim Bau von Tiefgaragen, bei der Neuanlage von Verkehrswegen und Versorgungsleitungen haben auch die noch unterirdisch erhaltenen Zeugnisse größtenteils zerstört und gefährden sie weiter, so daß am Ende wie an vie-

Duisburg im Jahre 1566. Stadtansicht aus der Vogelschau von Johannes Corputius.

len anderen Orten eine archäologisch-historische Wüste stehen könnte. Dies zeigt, wie folgenreich auch hier der Zweite Weltkrieg ist, wie stark wir durch die Kriegsereignisse von unserer gewachsenen, uns umgebenden Vergangenheit, einem Teil unserer Identität, abgeschnitten worden sind.

Bodenfunde und Ausgrabungen in der Duisburger Altstadt seit 1980

Als die Stadtwerke Duisburgs im Zuge des Stadtbahnbaus 1980 einen Leitungsgraben über den Burgplatz und den Alten Markt legten, wurden – nicht ganz unerwartet – Reste der mittelalterlichen Pfalz freigelegt. Völlig überraschend war jedoch, daß im Leitungsgraben auf dem Alten Markt zahlreiche Schichten, die bis ins 5. Jahrhundert n. Chr. zurückreichten, zum Vorschein kamen.

Die Entdeckungen auf dem Alten Markt 1980 gaben den Ausschlag, 1981 mit wissenschaftlichen Ausgrabungen zu beginnen. Sie werden bis heute vom Niederrheinischen Museum im Auftrag des Rheinischen Amtes für Bodendenkmalpflege Bonn mit Mitteln der Stadt Duisburg und des Ministeriums für Stadtentwicklung, Wohnen und Verkehr des Landes Nordrhein-Westfalen fortgesetzt. Sie dienten zuerst der Klärung der Schichtenfolge, später der Frei-

Duisburg. Grabungsprofil am Alten Markt mit der Schichtenfolge vom 5. Jahrhundert bis in die Gegenwart.

legung größerer zusammenhängender Marktflächen und des Markthallenkomplexes, der etwa seit Anfang des 14. Jahrhunderts auf dem Alten Markt entstanden war. Seit 1983 wurden die Ausgrabungen auch auf andere Bereiche der Altstadt ausgedehnt.
Auf dem Alten Markt ließen sich über fünf Meter mächtige Ablagerungen feststellen. Sie haben eine detaillierte Schichtenfolge ergeben, die vom 5. Jahrhundert, als hier ein Rheinufer lag, bis in die Gegenwart reicht. Durch die Feuchtigkeit des Untergrundes sind nicht nur Keramik- und Metallreste, sondern auch Holz, Leder, Knochen und Pflanzenreste gut erhalten. Der Alte Markt erwies sich wirklich als der Marktplatz des frühen Duisburg, der ehemals direkt vom Rhein aus zu erreichen war. Zahlreiche Strukturen des Marktplatzes wie Pflasterungen, Schichten mit Abdrücken von Wagen, menschlichen Füßen und Tierspuren, Holzbaureste und Überreste handwerklicher Aktivitäten (Schuster- und Schmiedewerkstätten, Glockengießerei) und die meterhoch erhaltenen Fundamente der mittelalterlichen Markthallen ließen sich feststellen.
In Schicht 4 (Ende des 13. Jahrhunderts) begegneten die Ausgräber erstmalig einem Befund, der seitdem geradezu typisch für verschiedene Marktniveaus vom 9. bis zum 19. Jahrhundert geworden ist. Unter einer hellen Sand-Kies-Schicht, etwa 20–30 cm dick, lag eine dunkle, feste, erdig-lehmige Schicht mit einzelnen Steinen. Sie hatte ein unregelmäßiges Oberflächenrelief, für das erst nach einiger Überlegung eine Erklärung gefunden werden konnte, so ungewöhnlich war es: Durch Regen und den die Feuchtigkeit stauenden schluffigen Untergrund war diese alte Marktoberfläche ehemals so aufgeweicht, daß Mensch und Tier bis über die Knöchel eingesunken und Fuhrwerke nur schwer vorwärts gekommen waren. Auf die aufgeweichte Oberfläche hatte man dann Sand aufgebracht, um sie wieder begehbar zu machen. Er war auch in die Spuren von Menschen, Tieren und Fahrzeugen eingedrungen und hatte sie ausgefüllt. So erhielt sich fast wie in einer Momentaufnahme das Geschehen eines geschäftigen Markttages im Boden. Die Schicht mit den Abdrücken war mit zahlreichen Funden wie Scherben, Knochen, Lederresten, Holzteilen, Metallgegenständen und vereinzelten Silbermünzen durchsetzt. Nach ihrem Abtragen stießen die Ausgräber auf eine weitere Sandschicht, bis zu einem halben Meter mächtig, unter der ein zweiter Spurenhorizont sichtbar wurde (Schicht 5). Seine Oberfläche war noch stärker durch Abdrücke gegliedert als das vorige Niveau. Sie lag auf einer Pflasterschüttung aus Kieselsteinen. Deutlich ließen sich menschliche Fußabdrücke, Hufe von Pferden, Eseln und Rindern sowie Wagenspuren erkennen.

Seit 1982 konnte auf dem Alten Markt ein Gebäudekomplex untersucht werden, der zum Markt gehört. Erste historische Nachrichten von Einnahmen aus der „Halle", d. h. der Markthalle, stammen aus der Mitte des 14. Jahrhunderts. Auf dem Stadtplan des Johannes Corputius sind zwei Gebäudegruppen zu unterscheiden, die dieser auch als Markthalla bezeichnet: auf der Marktseite ein Doppelhaus aus Fachwerk, zur Schwanenstraße ein Ziegelhaus mit gotischen Treppengiebeln. Erst im letzten Kriege wurde dieser Gebäudekomplex zerstört und danach einplaniert.
Die Ausgrabungen ergaben folgendes Bild: Gegen Ende des 13./Anfang des 14. Jahrhunderts wurde das marktseitige unterkellerte Doppelgebäude errichtet. Wohl noch in

der ersten Hälfte des 14. Jahrhunderts kam es zum Anbau der großen, auf beiden Schmalseiten offenen zweischiffigen Halle mit gotischen Treppengiebeln. Sie ist nicht unterkellert. 1507 wurden nach der schriftlichen Überlieferung die Halle unterteilt und wohl auch die offenen Seiten geschlossen. Diesen Zustand zeigt der Stadtplan des Johannes Corputius von 1566. Seitdem wurden bis ins 20. Jahrhundert zahlreiche Umbauten durchgeführt, die das Aussehen der Gebäude stark veränderten.

Seit Herbst 1983 ermöglichten zwei große Bauvorhaben an der Schwanenstraße und am Innenhafen Einblicke in die frühe Besiedlung um den Alten Markt. 1986 begann man mit der Untertunnelung der Schwanenstraße am Alten Markt im Zuge des Stadtbahnbaus. Die heutige, erst nach dem Kriege entstandene Straßenführung schneidet die bis ins Mittelalter zurückreichende alte Wohnbebauung. Die Ausgrabungen auf dem Alten Markt hatten das Verständnis und Interesse an der Duisburger Vergangenheit so weit gefördert, daß die Stadt Duisburg – zugleich Träger des Stadtbahnbaus und der Ausgrabungen in der Altstadt – baubegleitende Untersuchungen mit in die Ausschreibungen für den Stadtbahnbau in der Schwanenstraße einbezog.

Im Rahmen der Mitte der 80er Jahre begonnenen Altstadtsanierung und Neugestaltung erschien es sinnvoll, noch erhaltene Teile der Stadtbefestigung mit zu berücksichtigen und einzubeziehen. Fragen nach ihrer Erhaltung, ihrem ursprünglichen Zustand und ihrer Baugeschichte sollten geklärt werden. Auf dieser Grundlage waren dann Vorschläge für eine Einbeziehung der Stadtmauer in die geplante Umgestaltung zu erarbeiten. Die Ausgrabungen und baugeschichtlichen Untersuchungen begannen 1985 am Innenhafen und Springwall nördlich des Burgplatzes und sind noch nicht abgeschlossen.

1987 und 1988 fanden Ausgrabungen an der Marienkirche statt. Hier wurde in der Mitte des 12. Jahrhunderts die erste Niederlassung des Johanniterordens in Deutschland mit Kirche, Kommende und Hospital errichtet. Der heutige Kirchbau wurde 1802 geweiht. 1984 und erneut seit 1988 konnten Teile des Minoritenklosters untersucht werden. Das Kloster wurde in der zweiten Hälfte des 13. Jahrhunderts gegründet und bildete den größten zusammenhängenden Gebäudekomplex der mittelalterlichen Stadt. 1988 wurden auch die Reste des südwestlichen Eckturmes der Stadtmauer, des sog. Hugenturmes, freigelegt.

1989 kamen Teile der Befestigung der Vorburg der Königspfalz oberhalb des Alten Marktes und ihre rheinseitige Zufahrt zum Vorschein. Im Sommer des gleichen Jahres stieß man bei Verschönerungsarbeiten unter dem Rathausbogen auf monumentale Reste eines Pfalzgebäudes.

Duisburg. Zwei durch Kiesaufschüttung voneinander getrennte Marktniveaus aus der zweiten Hälfte des 13. Jahrhunderts.

Ebenfalls Mitte 1989 begannen die Bauarbeiten zur Neubebauung des Geländes zwischen Niederstraße und Stadtmauer mit fünf Wohnblocks. Im Bereich der Baugruben werden seitdem intensive Fundbeobachtungen und Ausgrabungen durchgeführt.

Die Untersuchungen wurden mit Mitteln der Stadt Duisburg und des Landes Nordrhein-Westfalen, mit Arbeitsbeschaffungsmaßnahmen und qualifizierten freiwilligen Mitarbeitern aus der Duisburger Bürgerschaft betrieben. Alle Untersuchungen gingen trotz häufig schwieriger äußerer Bedingungen über eine Notgrabung hinaus. Eine vielfältige Öffentlichkeitsarbeit trug zur Akzeptanz der Arbeiten und zu einem wachsenden Interesse an der Stadtge-

Duisburg. Stadtkerngrabung. Reste der Königspfalz des 12. Jahrhunderts unter dem Rathausbogen.

schichte bei der Duisburger Bürgerschaft bei. Rat und Verwaltung der Stadt Duisburg bemühen sich zunehmend um die Berücksichtigung der Belange der Bodendenkmalpflege beim Stadtbahnbau, bei Projekten der Altstadtsanierung und anderen Bauvorhaben und um die Erhaltung archäologisch-baugeschichtlicher Denkmäler.

Ergebnisse der Duisburger Altstadtgrabungen

Die Ergebnisse der Untersuchungen und die Vielfalt des gesammelten Materials machen Duisburg nach knapp zehn Jahren zu einem der interessantesten Orte mittelalterlicher und neuzeitlicher Archäologie in Westdeutschland.
Die ältesten Siedlungsfunde aus der Duisburger Altstadt gehören bisher in die Mitte des 1. Jahrhunderts v. Chr. Es sind einfache Scherben handgemachter Gefäße, Hüttenlehmbrocken und Holzkohlenspuren aus einer eisenzeitlichen Siedlung an der früheren Ruhrmündung unterhalb der Niederstraße.
Eine durchlaufende Besiedlung läßt sich aber erst seit der mittleren römischen Kaiserzeit (2.–3. Jahrhundert n. Chr.) erkennen. Doch ist der Siedlungsbereich dieser Zeit, oberhalb des Rheinufers des 8. Jahrhunderts gelegen, bisher kaum untersucht worden.
Zahlreicher sind fränkische Siedlungsfunde (5.–8. Jahrhundert), die in den letzten Jahren vor allem am Rande des Burgplatzes und an der Beekstraße ausgegraben wurden. Das Zentrum des fränkischen Duisburg ist auf dem Burgplatz und in seiner Umgebung zu suchen. Möglicherweise lag auch der Sitz des ersten namentlich bekannten fränkischen Königs Chlodio (erste Hälfte 5. Jahrhundert) hier.

Im späten 9./10. Jahrhundert war Duisburg schon ein wichtiger Handelsort, der die ganze Rheinfront der späteren mittelalterlichen Stadt einnahm. Unterhalb der Niederstraße wurde ein befestigter Teil dieser Siedlung ausgegraben. Hier fanden sich auch zahlreiche Hinweise auf Metallverarbeitung.
Schon 1980 war am Rande des Burgplatzes zwischen Rathaus und Salvatorkirche die Außenmauer des Pfalzbezirkes des 12./13. Jahrhunderts angeschnitten worden. Völlig überraschend kam die wichtige Entdeckung einer befestigten Vorburg der Pfalz des 10. Jahrhunderts unterhalb des Burgplatzes mit Wall und Wassergraben. Die Auffahrt zur Vorburg der Pfalz von der Rheinseite erfolgte über einen dammartigen Weg mit einer steinernen Brücke über den sich kanalartig verengenden Graben in Richtung der späteren Schwanenstraße. Die Brücke wurde direkt neben der Markthalle freigelegt. Noch überraschender ist das Auffinden der Südfront eines Pfalzgebäudes aus dem 12. Jahrhundert, das noch im letzten Jahrhundert als Rathausbau genutzt wurde. Seine Bruchsteinfundamente reichen noch bis 3 Meter unter die heutige Geländehöhe. Es widerlegt die Annahme, daß die Pfalzreste beim Rathausneubau um die Jahrhundertwende vollkommen ausgebrochen wurden.
Bis ins 10./11. Jahrhundert zurückreichen können mehrere Adelshöfe, die später in die Stadtbefestigung einbezogen wurden. Es sind das feste Haus, das dem königlichen Vogt Herzog Walram von Limburg im 13. Jahrhundert gehörte, der steinerne Wohnturm des Hermann Hugon, der später zum südwestlichen Eckturm der Stadtmauer wurde, und ein weiterer von einem Wassergraben umgebener Adelssitz als Vorgänger der Niederlassung des Johanniterordens. Untersuchungen am Minoritenkloster führten zur Aufdekkung von Gebäudeteilen aus der Gründungszeit (zweite Hälfte 13. Jahrhundert), die noch meterhoch erhalten sind. Direkt vor die Stadtmauer war die große, festungsmäßig ausgebaute viereckige Klosterlatrine gesetzt, die in den Stadtgraben entleert wurde (15./16. Jahrhundert).
Besonders hervorzuheben ist die kompakte, älteste Steinbebauung des 12. bis 13. Jahrhunderts zu beiden Seiten und oberhalb der Schwanenstraße, die vor allem beim Stadtbahnbau aufgedeckt wurde. Darunter kamen z. T. noch Reste älterer Vorgängerbauten aus Holz und Lehm zum Vorschein, die bis ins 9. Jahrhundert zurückreichen. Weitere frühe Steinbauten stammen von der Niederstraße. Sie sind wichtige Zeugnisse des frühen Steinbaus im Rheinland und haben die Vorstellungen über das hochmittelalterliche Duisburg vollkommen verändert. Es wurde deutlich, daß die bis in die jüngste Vergangenheit bewahrte Gliederung der Duisburger Altstadt ins 12./13. Jahrhundert zurückreicht.
Ganz anders stellt sich die im Winter 1989 aufgedeckte,

Siegburger Krug, Trinkgläser, Tonpfeife und Zinnlöffel des 16./17. Jahrhunderts aus der Duisburger Altstadt. ▷

Niederrheinische Irdenware des 17. Jahrhunderts aus der Duisburger Altstadt. ▷▷

bisher völlig unbekannte Steinbebauung kommerziell-gewerblichen Charakters unterhalb der Niederstraße aus dem 13. Jahrhundert dar. Sie besteht aus ebenerdigen, langgestreckten, aneinanderstoßenden Lagerhallen mit dünnen Wänden aus Naturstein oder Ziegeln, die schon Ende des 15. Jahrhunderts völlig verschwanden. Auf dem Stadtplan von 1566 gibt es in diesem Gebiet nur noch Gärten. Diese Bauten bestätigen die Vermutung, daß hier – unweit des Hafens – das Händlerquartier gelegen hat.
Die Untersuchung der noch über mehrere hundert Meter zu verfolgenden Stadtmauer am Innenhafen und am Springwall brachte überraschende Ergebnisse. Unter dem Koblenzer Turm der Stadtbefestigung kamen nicht nur die Fundamente mindestens eines älteren Turmes, sondern auch noch die Ecke der älteren Befestigung, die noch keine Ecktürme hatte, zum Vorschein. Diese bisher nur urkundlich überlieferte Mauer aus der ersten Hälfte des 12. Jahrhunderts ist am Springwall sogar noch in Teilen bis zu 5 Meter hoch erhalten. Andere Mauerabschnitte am Innenhafen aus dem 13. und 14. Jahrhundert erheben sich noch bis zur vollen Zinnenhöhe. Sie waren nur durch Geländeaufhöhung beim Bau des Innenhafens bis zu 3 Meter tief verschüttet. Die sorgfältige Freilegung, baugeschichtliche Analyse und Dokumentation der Stadtbefestigung, ihre Erhaltung, Konservierung, vorsichtige Restaurierung und Freistellung ist somit inzwischen wichtiger Bestandteil der von Bund und Land geförderten Altstadtsanierung. Ein wichtiges Denkmal städtischer Geschichte hat somit wieder seinen Platz im Bewußtsein der Öffentlichkeit gefunden.

Geologische und ökologische Untersuchungen

Die zahlreichen Bodenaufschlüsse werden zu intensiven geologischen Untersuchungen genutzt. Flußlaufveränderungen des Rheins und der Ruhr, z.T. archäologisch gut datiert, sollen möglichst genau erfaßt und in ihrer Auswirkung auf die Entwicklung menschlicher Lebensbedingungen in Duisburg untersucht werden. Daten für eine historische Ökologie verspricht auch die begonnene Bestimmung von Umweltbelastungen, wie sie in den mittelalterlichen Marktschichten und an anderen Stellen der Altstadt faßbar werden (Nitrat- und Phosphatbelastungen, Schwermetalle). Diese historischen Altlasten sind auch nach heutigen Maßstäben immer noch bedenklich. So waren beispielsweise die Fische, die regelmäßig in den mit Fäkalien und anderen Abfällen belasteten Stadtgraben gefangen wurden, schwer nitrat- und phosphatverseucht und somit nach heutigen Maßstäben nicht zum Verzehr geeignet.

Organische und anorganische Zeugnisse

Pflanzliche Reste und ihre gute Erhaltung wurden schon 1980 erkannt und führten zu intensiven botanischen Untersuchungen, die bis heute andauern. Sie geben nicht nur Aufschluß über die pflanzliche Nahrung, über die Entwicklung des Acker- und Gartenbaus, sondern auch über die Vegetationszusammensetzung in Duisburg seit dem 5. Jahrhundert n. Chr. Mit gleicher Aufmerksamkeit werden auch tierische Überreste wie Knochen, Fischreste, Insekten usw. beobachtet und gesammelt. Die Untersuchung der Tierknochen ergab, daß bereits im 9. Jahrhundert Haustiere die wesentlichen Fleischlieferanten waren und die Jagd keine Rolle mehr spielte.
Vom Menschen hergestellte und benutzte Gegenstände aus Holz, Pflanzenfasern, Haaren, Leder, Knochen, Stein, Glas, Metall und Keramik sind überaus zahlreich und stammen aus vielen Lebensbereichen. Sie geben einen Einblick in den Wandel der Bedürfnisse und des Geschmacks der Menschen über einen Zeitraum von mehr als 1500 Jahren.
Am zahlreichsten findet sich Gebrauchskeramik. Töpfereierzeugnisse aus dem Rheinland waren über viele Jahrhunderte eines der wichtigsten Handelsgüter im nördlichen Europa. Ihre Verbreitung reicht bis nach England, Skandinavien und zum Baltikum. Die Duisburger Grabungen ermöglichen es, für diese Waren und ihre Begleitfunde eine sichere Datierung zu liefern. Sie ist eine Grundlage zur Lösung vieler historischer und kulturgeschichtlicher Fragen.
Die Ausgrabungen in der Duisburger Altstadt haben sich seit ihrem Beginn im Jahre 1980 zu einem größeren Forschungsvorhaben entwickelt. Zusammen mit anderen Disziplinen wie den Geschichts- und Naturwissenschaften hat die Stadtarchäologie begonnen, die Grundlagen für die ältere Geschichte Duisburgs neu zu erarbeiten. Das Rückgrat für die Untersuchungen bildet der Alte Markt mit seiner Stratigraphie. Sie ist der Aufhänger für alle weiteren, häufig unter ungünstigeren Bedingungen durchgeführten Arbeiten. Ein immenses Fundmaterial und zahlreiche Befunde lassen eine ununterbrochene Siedlungsfolge zumindest seit dem 2./3. Jahrhundert n. Chr. erkennen. Sie

macht das wesentliche Ergebnis der Ausgrabungen in Duisburg aus und ist von exemplarischer Bedeutung für die Erforschung menschlicher Lebensbedingungen in ihrem Wandel bis in unsere Zeit.
Trotz zahlreicher Probleme, vor allem einer unsicheren Finanzierung, die immer wieder zu Personalmangel und -fluktuation führt – jedes Jahr muß von neuem um Mittel gekämpft werden –, konnte dennoch mit Improvisation und Einsatz eine kontinuierliche und gezielte Arbeit betrieben werden. Neben der tatkräftigen Unterstützung durch die Stadt Duisburg und das Land Nordrhein-Westfalen war und ist die Mithilfe engagierter Freiwilliger aus der Bürgerschaft für das Gelingen der Ausgrabungen von großer Wichtigkeit. Ein wachsendes Interesse der Öffentlichkeit führte zu einer Rückbesinnung auf die Vergangenheit der Stadt. So ist im Zuge der Erneuerung der Duisburger Altstadt begonnen worden, die Grabungsstätte auf dem Alten Markt als Denkmal zu erhalten und zu einer „Archäologischen Zone" auszubauen. Die noch vorhandenen umfangreichen Teile der Stadtmauer werden freigelegt, restauriert und wieder zur Geltung gebracht. In unmittelbarer Nähe des Alten Marktes und der Stadtbefestigung entsteht gleichzeitig am Innenhafen ein neues, größeres Niederrheinisches Museum mit besonderer Berücksichtigung der Stadtgeschichte.

Lit.: Duisburg und die Wikinger. Begleitheft Ausstellung Duisburg (1983). – Duisburg im Mittelalter. Begleitheft Ausstellung Duisburg (1983). – L. Heid u. a., Kleine Geschichte der Stadt Duisburg (1983). – J. Naumann (Hrsg.), Keramik vom Niederrhein. Die Keramik der Düppen- und Pottbäcker zwischen Köln und Kleve (1989).

Die mittelalterliche Handwerkssiedlung Barkhof im Emmertal

Friedrich Hohenschwert

Beim Bau des Emmerstausees zwischen den Ortsteilen Schieder und Glashütte, Stadt Schieder-Schwalenberg, Kreis Lippe, in den Jahren 1980–1982 wurde im oberen, westlichen Teil der Boden der Talaue in ganzer Breite bis zu 3 m tief ausgebaggert. Dabei traten nach Abtrag des stark humosen Oberbodens in einer Tiefe von 40–50 cm die ersten Siedlungsspuren zutage: Keramik des 13.–14. Jahrhunderts, großflächige Brandreste mit Holzkohle und Rotlehm sowie Grubenfüllungen.

Eine Vielzahl bedeutender archäologischer Bodendenkmäler säumen das Durchbruchstal der Emmer vom Steinheimer Becken durch das südostlippische Bergland in nordöstlicher Richtung zur Weser. Oberflächenfundstellen des Neolithikums, eine Gruppe bronzezeitlicher Hügelgräber am „Hirschsprung", der karolingische Königshof Altschieder südlich des Emmertales, die das Tal beherrschende, zweiperiodige – eisenzeitliche und sächsische – Herlingsburg – Skidrioburg, mehrere mittelalterliche Höfe nördlich des Tales und zahlreiche Bündel alter Wegespuren mit zugehörigen Sperranlagen ließen mit Bodenfunden auch in der Talaue rechnen. Niemand hatte jedoch in der heute fast jährlich ein- bis zweimal bei Schneeschmelzen oder Starkregen überschwemmten Talaue eine ausgedehnte Siedlung erwartet! Auf einer Fläche von ca. 400 m x 250 m (10 Hektar) lag sie unter 1–2 m mächtigem Auelehm verborgen, innerhalb eines weiträumig nach Süden ausschwingenden Bogens des in der heutigen Aue eines weiten Durchbruchstales kräftig mäandrierenden Flusses. Auf älteren Karten trägt das Gelände den Namen Berghof, am Barghof, Berghofwiese. 1328 wurde der Edelherr Otto zur Lippe vom Erzbischof Otto von Magdeburg mit dem um 1230 erstmals erwähnten Barkhof belehnt. Aus keiner der historischen Quellen ist etwas über Lage, Größe, besondere Struktur oder Funktion des Hofes und der ihm zuzuordnenden Siedlung zu entnehmen.

Extreme Wetterverhältnisse von Frühjahr bis Herbst 1980 und 1981 mit mehrfachen Totalüberschwemmungen der gesamten Abbau- und Grabungsfläche durch Sommer- und Winterhochwasser sowie unveränderbare Finanzierungs- und Leistungstermine für das Großprojekt Emmerstausee machten es für alle Beteiligten unmöglich, nach Bekanntwerden der sich mit fortschreitendem Abbau immer weiter und in zunehmender Tiefe in Flußrichtung erstreckenden Siedlungsfläche die voll eingerichtete Großbaustelle stillzulegen. Die Abbaumethoden mit Großbaumaschinen wie Schürfkübelraupen, großen Löffelbaggern, Planierraupen und zwölffach bereiften Kübelwagen zwangen für den Wiedereinbau des Bodens dazu, den Abbau von West nach Ost flußabwärts durchzuführen. Der Transport mußte immer über die offenen und die noch freizulegenden Grabungsflächen erfolgen. Dabei entstanden in Teilflächen der Siedlung unvermeidbare Arbeitserschwernisse, Störungen und Totalverluste an Befunden. Der Übersichtsplan der Siedlung zeigt solche „Forschungslücken". Diese Arbeitsbedingungen und der sehr enge Personal- und Finanzrahmen für die nicht vorzuplanenden Kampagnen der Rettungsgrabung wurden sehr bald bestimmend für die Absicht, vorrangig durch Erfassung aller zu beobachtenden Siedlungsreste die einmalige Chance zu nutzen, einen möglichst vollständigen Strukturplan dieser Siedlung zu gewinnen. Detailuntersuchungen konnten nur an einigen besonders wichtig erscheinenden Objekten im Zentrum und Süden des Dorfes erfolgen. Hier wurde auch durch Umstellung des Abbauplanes der Bauleitung für einige Monate eine auf Teilflächen begrenzte, befristete Stillegung erreicht. Dabei mußten aber einige bis in den Grund zerfahrene Transportwege durch die Siedlung hingenommen werden, ebenso der Verlust sehr tief liegender Befunde im östlichen Teil der Siedlung und der nach Nordosten anschließenden Talaue, in dem der Abbau zwischenzeitlich vorangetrieben wurde.

Im Zuge des Abbaues konnten quer durch das Tal einige Profile beobachtet werden. Sie machten deutlich, daß die Siedlungsreste auf einem langgestreckten, flachen, lehmigkiesigen Rücken in einer deutlichen Bodenbildung und Kulturschicht lagen. Diese war in der größten Breite der Siedlungsfläche wiederum durch flachmuldige Längsrinnen in vier stark bebaute Streifen gegliedert. Im Norden befand sich ein erst nach der Aufgabe der Siedlung verlandeter Altarm mit Erlenbruch und moorigem Schlamm, der

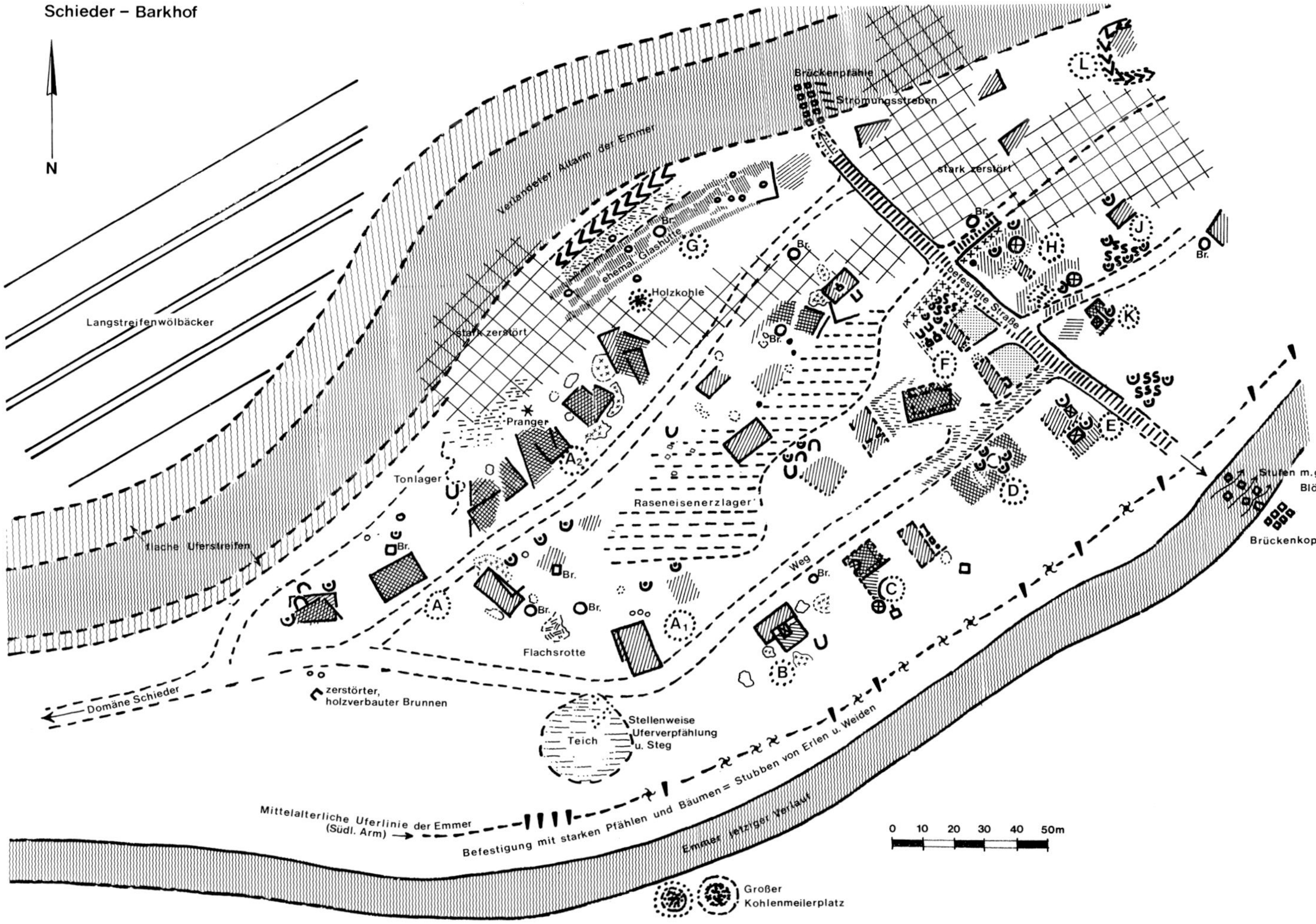

Schieder-Schwalenberg/Kreis Lippe. Plan der mittelalterlichen Handwerkersiedlung Barkhof.

noch bis in die Gegenwart als sumpfiger Wiesenstreifen erkennbar war. Damit wurde deutlich, daß es sich um eine von zwei Flußarmen eingeschlossene Werdersiedlung handelte. Die nach Abbau des Talauelehmes zutage tretenden starken Weiden- und Erlenstubben in Abständen von wenigen Schritten mit manchmal dazwischen eingerammten, lang angespitzten stärkeren Pfählen geben Hinweise auf eine planmäßige Uferverbauung mit einzelnen Anlegestellen. Die Siedlung war durch eine hier das Tal durchquerende Wegeführung eingebunden in die alten Verkehrswege auf der nördlichen und südlichen Terrasse des Emmertales. Der südliche Emmerarm wurde wahrscheinlich von einer Brücke mit Widerlager aus Steinen in Verbindung mit Holzkonstruktionen überspannt, wie der Rest eines Brückenkopfes und eine aus großen Felsbrocken bestehende Stufe im Fluß erkennen ließen. Im nördlichen Flußarm waren zwei Reihen starker und tief eingerammter Holzpfosten und – im Abstand von ca. 4 m östlich dazu – eine Reihe kleinerer Pfosten, die zur Abstützung der Brücke gegen die Strömung dienten, bei der Ausschlammung des Altarmes zu beobachten. Die Dorfstraße selbst hatte in einer Breite von 5 m eine gut gesetzte Packlage. Die weiteren Wege innerhalb der Siedlung konnten teils durch Reste der alten Wegepflasterung, teils durch Trokkenmauern von Hofbegrenzungen und Zugangs- bzw. Traufenpflasterungen einzelner Gebäude erschlossen werden. Sie ermöglichen die Rekonstruktion eines Wegenetzes, wie es dem Dreistraßenschema früher lippischer Gründungsstädte in auffälliger Weise entspricht. Es ist anzunehmen, daß die beiden Wasserläufe Schutzfunktion für die Siedlung im Tal hatten. Die zweimalige Zerstörung der Siedlung durch Feuer und ein Wiederaufbau lassen erkennen, daß man sie zunächst nur ungern aufgab. Stark an Wasser und Wald gebundenes Handwerk, nämlich Töpferei, Eisengewinnung, -aufbereitung, Schmiede und Glashütte, dürfte der Grund dafür gewesen sein. Innerhalb der Siedlung und am Fluß wurden Reste von Holzkohlelagern und Meilerplätzen festgestellt. Zahlreiche, später mit Siedlungsabfällen und Brandresten verfüllte, tief angelegte Tongruben und großflächige Becken, in denen, noch bis zu 50 cm mächtig, eisenhaltiger Schlamm lagerte, weisen darauf hin, daß vor Ort Ton und Raseneisenerzvorkommen abgebaut wurden. Mineralogisch-metallurgische Untersuchungen der in großen Mengen geborgenen Eisenluppen und Schlacken brachten die Bestätigung. Das gleiche gilt für den Glashüttenbetrieb und seine Rohstoffe, beispielsweise den hohen Holzverbrauch.

In dem Siedlungsgelände befanden sich zahlreiche Brunnen zur Versorgung mit Trinkwasser; Brauchwasser für das Vieh und den hohen Bedarf der handwerklichen Betriebe lieferten dagegen beide Flußarme. Tief angelegte Arbeitsgruben vor den Schmelz- und Töpferöfen reichten bis zu 4 m unter das Niveau der Oberfläche. Daran ist zu erkennen, daß während der mittelalterlichen Besiedlung völlig andere Wasserverhältnisse als heute herrschten. Das Tal war damals noch weiträumig tiefer und nicht hochwassergefährdet. Erst im Zuge des mittelalterlichen Landausbaues trat die Veränderung ein. Klostergründungen, zahlreiche Dörfer, große Gutshöfe im Zuflußbereich der Emmer dehnten ihre Ackerflächen so erheblich auf Kosten des Waldes aus, daß dessen Rückhaltefunktion bei der Schneeschmelze und bei starken Niederschlägen sommerlicher Gewitter entfiel und eine starke Hangerosion einsetzte. Die Flußsedimente bewirkten einen erheblichen Reliefausgleich. Seither floß die Emmer stark mäandrierend in dem durch die Überschwemmungen entstandenen Talaueboden zwischen Steilufern und Gleithängen, sich ständig verändernd. Die Einengung des in seine eigenen Ablagerungen eingeschnittenen Flußlaufes führte weiterhin zu regelmäßigen Überschwemmungen, die in sechs Jahrhunderten die mächtige Ablagerung des Talauebodens bewirkten. Sie wurde im Bereich der Siedlung noch dadurch verstärkt, daß das Tal unterhalb durch „Hirschsprung“ und Kleinen Heinberg stark eingeengt ist, wodurch bei Hochwasser ein Rückstau und somit eine verstärkte Sedimentation erfolgten. Die ausgegrabene Siedlung mit ihrer besonderen topographischen Situation ist wahrscheinlich auf Betreiben des Grundherrn zur Nutzung der hier vorgefundenen, vielfältigen Rohstoffe und natürlichen Gegebenheiten entstanden. Ihre Struktur läßt erkennen, daß bäuerliche Wirtschaft keine bedeutende Rolle spielte, obwohl direkt nördlich des Altarmes der Emmer unter den Talauelehmen die Reste einer mittelalterlichen kleinen Flur mit Langstreifenäckern sichtbar wurden. Diese hat sich wahrscheinlich noch weiter hangaufwärts in Richtung auf den Stammhof und die Siekholzschanze erstreckt. Das Gelände der Handwerkersiedlung gehörte zum Besitz des im 13. Jahrhundert urkundlich genannten erzbischöflich-magdeburgischen Haupthofes Barkhof. Die Flur behielt diesen Namen bis in die Gegenwart. Der Hof selbst wird unter dem seit dem Spätmittelalter ausgebauten mächtigen Baukomplex der Domäne Schieder zu suchen sein.

Auf der ca. 100 000 Quadratmeter großen Fläche wurden neben quartärgeologischen, bodenkundlichen und topographischen Beobachtungen die Fundstellen in unterschiedlicher Art und Vollständigkeit dokumentiert.

Insgesamt wurden 35 Baugruppen mit Häusern, offenen Hallen, Speichern und Resten vielfältiger technischer Anlagen mit ca. 600 Pfostengruben, 40 Steinfundamenten, Einfassungen, Packlagen und Pflasterungen beobachtet. Dazu kommen 25 technische Öfen, Essen und andere Feuerungs- und Meilerstellen, 60 Gruben unterschiedlicher Größe, Form und Funktion sowie 10 Brunnen, die nur zum Teil vollständig untersucht werden konnten, und Hunderte von Holzfunden. Geborgen und erhalten werden konnten nur Geräte und Werkstücke. Außerdem wurden einige Doppelzentner ausgewählte Schlacken, Luppen, Gesteinsproben, Werksteine, deren Mengen im Gelände nur nach vielen Lkw-Ladungen in Tonnen zu bemessen wären, sichergestellt. Eine Probenauswahl konnte mit Unterstützung von G. Müller im Mineralogisch-Petrographischen Institut der Technischen Universität Clausthal von Y. Zippert untersucht werden. Das Ergebnis ist: Aus-

schließlich Raseneisenerze, wie sie in Resten in verschiedenen ausgeräumten Mulden innerhalb der Siedlung vorkamen, wurden in Renn- bzw. Stücköfen verhüttet.
Boden-, Getreide-, Holz- u.a. Materialproben wurden von U. Willerding, Göttingen, für eine paläo-ethnobotanische Auswertung vorbereitet. Beim Getreide handelte es sich um einen Vorratsfund, der „überwiegend aus Gerste und Hafer" mit Beimengung von Wildkräutern bestand, die es ermöglichten, „z.T. recht detaillierte Aussagen über die damaligen Standortsverhältnisse auf den Produktionsflächen und die Anbauformen abzuleiten".
Von den mehr als eintausend Metallobjekten, vorwiegend Eisengeräte, Beschläge und Spezialwerkzeuge, konnte bisher nur eine Auswahl bearbeitet und restauriert werden. Die mehr als 18 000 keramischen Gefäßfragmente stellte der Ausgräber U. Halle als Material für eine Dissertation zur Verfügung. Die wesentlichen Ziele der Auswertung waren, Datierungshilfen für die Dauer der Siedlung bzw. bestimmter Bauformen zu gewinnen. Interessant ist auch der Versuch, anhand der Verteilung bestimmter Gefäßtypen und -qualitäten etwas über Funktionen bestimmter Baugruppen und die Sozialstruktur der Siedlung zu erfahren.
Eine umfassende Monographie ist in Vorbereitung, kann aber erst nach Bearbeitung und Auswertung aller Materialien, Baubefunde und naturwissenschaftlichen Beiträge vorgelegt werden, da die Ergebnisse der anderen Disziplinen die Interpretation bestimmter archäologischer Befunde hilfreich fördern oder kritisch überprüfen helfen.

Baugruppen und Fundzusammenhänge

Am Anfang bestand die Siedlung aus 15 bis 20 Pfostenbauten, die sich im westlichen Teil auf flachen, sandig-kiesigen, lehmüberdeckten Rücken locker gruppierten. Die ausgeflossenen, kiesigen Senken dienten zum Teil als Verkehrsflächen, zum Teil lagen in ihnen auch Ton- und Raseneisengruben. Nach Westen, auf einen alten Emmerbogen zu, liefen die Wege zusammen. Schon vor Beginn der Grabungen wurde hier im Steilufer des Prallhanges in 1,5 m Tiefe eine 4,5 m breite Packlage eines Weges beobachtet. Von den Pfostenbauten sind acht als Wohn- und Werkstattgebäude anzusprechen. Davon sind nur zwei mit einiger Sicherheit dreischiffige Hallenhäuser mit einer Grundfläche von 10 m x 12–15 m. Bei den anderen handelt es sich um zwei- bis dreiräumige einschiffige Häuser, teilweise mit einer Firstpfostenreihe. Die Grundflächen betrugen 5–8 m x 10–12 m. Auch kleine Anbauten und Überdächer wurden beobachtet. Da alle Bauten niedergebrannt waren, ergaben sich gute Anhaltspunkte für die Bauweise: Holzwände hinterließen dicke, verkohlte Reste, Lehmausfachung hingegen starke verziegelte Wandlehmlagen. Offene Schuppen und Hallen waren in ihrem Grundriß an den nur noch mit Pfostengruben besetzten Flächen erkennbar. Spuren der Inneneinrichtungen, Herdpflasterungen, kleine Backöfen, Aschengruben ließen auf unterschiedliche Tätigkeit in den Häusern schließen. Bei einem Haus mit einer kastenförmigen, holzverkleideten, flachen Grube an der rückwärtigen Giebelwand und einem kleinen Steinanbau auf der Längsseite handelte es sich offensichtlich um eine Waschstelle – es lag direkt an einem Teich mit Uferverpfählung, in den ein Steg führte.
In einem nahe gelegenen Brunnen wurden Lederschurz, Schaft-, Oberleder und Sohlen von spitzen Schuhen gefunden. Bei einem auffälligen, flachen, holzverbauten Kasten (Länge 2 m – 2,5 m, Breite 1,0 m, Tiefe 0,20 m – 0,30 m) mit darin liegenden Steinen (zum Beschweren?) stellt sich die Frage nach einem Zusammenhang mit Lederherstellung und -behandlung, Gerberei oder Schuhmacherei. In einem anderen, leider sehr schlecht erhaltenen Haus wurden zahlreiche Metallteile von Ledergeschirr, Riemenschnallen, Verteilerringe und Besatzblechreste, gefunden. Auch hier liegt ein Zusammenhang mit Lederverarbeitung bzw. Sattlerei nahe.
An den zuvor schon erwähnten Teich grenzte eine größere fundleere Fläche mit tiefgründigem Lehm. Daran anschließend lag vor einem Hauseingang ein sehr flacher Teich mit humoser Verfüllung. Wahllos in kleinen Gruppen lagen darin einige kopfgroße Steine. In der Bodenprobe der grauen Teichverfüllung wurden zahlreiche Leinsamen gefunden. Dieser Befund erlaubt eine Deutung als Flachsrotte. Die angrenzende, zum Teich und Fluß hin gelegene fundleere Fläche war in Verbindung mit einem Brunnen wohl eine gute Bleiche. So darf man daraus schließen, daß im benachbarten Haus Flachsverarbeitung und Leinen eine Rolle spielten.
Auffällig erscheint, daß im westlichen Drittel der Siedlungsfläche ausschließlich Pfostenbauten vertreten sind und nur in diesem Bereich die älteren, mit Holz verbauten und mit Brandschutt verfüllten Brunnen liegen. Die Häuser auf den meisten Parzellen wurden mindestens zweimal leicht versetzt neu errichtet. Im äußeren Westen der Grabungsfläche lag eine Töpferei mit offensichtlich altertümli-

chem Ofen. Nur in diesem Teil der Siedlung tritt die älteste Form der seit der Eisenzeit in unserer Region bekannten Rennfeuer in birnförmigen bis rundlichen Gruben mit Schlacken-, Luppen-, Holzkohleresten und Rotlehm auf. Im Zentrum der Siedlung gruppieren sich nach Osten Steinfundamente von zwei- bis dreiräumigen Häusern (5 – 7 m x 8 – 12 m), technische Öfen sowie Amboßfundamentpflasterungen um zwei große, ausgeräumte Gruben mit Resten von Raseneisenerz. Später verfüllte man diese Gruben und nutzte die Fläche als Dorfanger. Nur randlich wird die Fläche zum Teil mit leichten Gebäuden (Schuppen?), kleinen Pfostenreihen und -gruppen für Trocknungsgerüste u.a. besetzt. Der modernere Brunnentyp mit Steinfassung ist vorwiegend den Pfostenbauten, Handwerker- und Wohnhäusern zugeordnet. Zwei oder mehr Häuser bilden eine Brunnengemeinschaft, wie sie für das Mittelalter durch Stadtgrabungen bekannt sind. Die Brunnenbefunde liefern vielfältige Hinweise auf Lebensverhältnisse und Geschehen in der Siedlung. Der ältere quadratische, holzverbaute und der jüngere runde, in Stein gefaßte Brunnentyp haben einiges gemeinsam. Um sauberes Trink- und Brauchwasser verfügbar zu haben, baute man die Brunnen vor allem im westlichen Wohn- und Werkstattbereich. Alle Brunnengruben wurden trichterförmig 3 m – 4 m bis in untere, sauberes Wasser führende Kiesschichten eingetieft. Im unteren Bereich waren sie mit Reisigbündeln ummantelt, um den ungehinderten Zutritt des Grundwassers zu gewährleisten und zugleich Ausspülungen zu vermeiden. Nach oben hin war Ton oder Lehm fest eingestampft, um das Eindringen des sicher stark verunreinigten Oberflächenwassers zu vermeiden. Die Brunnen mit Holzeinbau waren mit Brandschutt, Steinen, verziegeltem Lehm, Holzresten und Scherben verfüllt, d.h. man hatte sie offensichtlich nach einer Brandkatastrophe aufgegeben und beim Neuaufbau des Dorfes planmäßig zugeschüttet. Die jüngeren Brunnen mit sorgfältiger Steinfassung waren mit eingeschwemmter Erde verfüllt. Daraus läßt sich schließen, daß diese Brunnen bis zur Aufgabe der Siedlung bestanden und erst dann allmählich durch die immer stärker werdenden Überflutungen, die letztlich zur Bedeckung der gesamten Siedlungsfläche mit Talauelehm führten, zugeschwemmt wurden. Ein aufschlußreiches Detail war der Fund von Felgenteilen schadhafter Wagenräder auf der Brunnensohle; sie sollten das Unterspülen der Steine verhindern und den Aufbau erleichtern. Sie dienten dem Brunnenbauer als „Lehre“ für den Rundaufbau.

Aus einem Brunnen wurden wichtige organische Materialien wie Brandsohlen und Oberleder mittelalterlicher Schuhe geborgen. In einem anderen Brunnen, der unterhalb des Wasserspiegels leider nur mit dem Baggerlöffel geräumt werden konnte, lagen Fragmente eines in Spantechnik hergestellten Holzeimers oder Getreidescheffels mit massivem Boden und mit Weidenruten gebundener Wandung. Aus diesem Brunnen stammt einer der frühesten aus dem Mittelalter bekannten Belege eines Hirschfängers mit Beimesser, der in einer durch Prägung reich verzierten Lederscheide steckte. Mundblech und Ortband waren aus Silber, die aus Holz geschnitzten Griffschalen aufgenietet.

Von besonderer Bedeutung für die Hausforschung sind die Baubefunde. Reste kleiner Grubenhäuser, Wohn- und Werkstattgebäude, offene Hallen, Speicher und kleine Schuppen können vor allem in den mehrfach überbauten Bereichen erst nach Analyse aller Pfostengruben beschrieben werden. Für den Übergang vom Pfosten- zum Ständerbau in dieser ländlichen Siedlung des Spätmittelalters liegen mehrere Beispiele vor. Nach Auswertung der Verteilung datierender Keramik kommen in der jüngeren Bebauung Pfosten- und Ständerbauten mit Steinfundamenten gleichzeitig vor.

Auf einer Parzelle konnten durch unterschiedlichste Beschaffenheit der Pfostengruben zwei sich überschneidende Bauten sicher erkannt werden. Mit Brandschutt verfüllte Standspuren in Pfostenlöchern gehörten zu einem kleineren Grundriß mit einem zusammengestürzten Backofen und einer Aschengrube. Da dieser Befund bei den meisten Häusern fehlt, dürfte er hier als Gemeinschaftsbackhaus gedeutet werden. Nach der Zerstörung dieses Hauses wurde an gleicher Stelle ein größerer Pfostenbau mit mächtigeren Pfosten errichtet. Die Pfostengruben wurden später allmählich zugeschwemmt. Die umliegenden Lehmentnahmegruben enthielten viel rot verziegelten Hüttenlehm, anderen Brandschutt und Keramik.

Die mehrfache Überbauung einzelner Parzellen im Dorf bei gleichzeitiger Weiterentwicklung der Bautechnik wurde auf der Nachbarparzelle deutlich. Hier wurden die ersten Steinfundamente entdeckt. Sie gehörten zu einem Gebäude in Schwellenbauweise. Die Fundamente waren leider durch jüngste ackerbauliche Nutzung (Hochpflügen der Fundamente) teilweise gestört. Ein rundes, starkes Fundament aus Sandsteinblöcken mit 3,5 m Durchmesser war in den Grundriß eingebunden. Ein zweites mit 4 m Durchmesser, nach Süden zur Emmer hin gelegen, war durch

Schieder-Schwalenberg/Kreis Lippe. Tongefäße und Spinnwirtel aus der mittelalterlichen Handwerkersiedlung Barkhof.

einen Zwischenbau angegliedert. Daneben lag ein stark gepflastertes Fundament für einen Amboß. Zahlreiche Eisenfunde, Bandeisen, Baubeschläge, Spatenschneiden, Messer und Schlüssel lassen eine Schmiede vermuten. Die Reste der Steinfundamente und die Abmessungen von 10 m x 12 m lassen hier auf ein dreischiffiges Hallenhaus schließen.

An einer Wegekreuzung lag ein Hauskomplex mit Eisenaufbereitung und Schmiede. Aufgrund der gut erhaltenen Reihung von Standplatten ist in einer Länge von 9 m und einer Breite von 5 m ein großer, zweiräumiger Hausgrundriß erkennbar. Es wird ein riegelverzimmertes Haus gewesen sein. Die gesamte Parzelle ist durch Reste der Grundstückseinfriedung in Form einer Trockenmauer deutlich von der geschotterten Durchgangsstraße und dem Weg zu einem großen Raseneisenlager und späteren Dorfanger abgegrenzt. Im nördlichen Vorhof wurden Konzentrationen von Eisenluppen gefunden, die dort offensichtlich als Vorrat lagerten. Neben ihnen wurden die Spuren mehrerer kleiner Ausheizöfen beobachtet, ebenso große Steinblöcke, die als Amboßsteine dienten, auf denen man die Luppe zerschlug, um die Eisenkonzentration zu entnehmen und im erneuten Ausheizprozeß weiter anzureichern. Die Weiterverarbeitung erfolgte auf ebenerdigen,

Schieder-Schwalenberg/Kreis Lippe. Hirschfänger mit Teilen der Lederscheide und Beimesser aus Barkhof.

Schieder-Schwalenberg / Kreis Lippe. Eiserne Prangerfessel aus Barkhof.

mit Steinplatten eingefaßten Essen und auf den Ambossen, die ursprünglich auf den hier und noch mehrfach in der Siedlung gefundenen, etwa 1 Quadratmeter großen Steinfundamenten standen. Direkt daneben lagen der beim Schmiedevorgang entstehende „Hammerschlag" und der Lagerplatz für die Holzkohle. Jenseits einer kleinen Stichstraße lag das Steinfundament eines anderen Handwerkerhauses. Beide Häuser hatten geschotterte Eingangsrampen. Zwischen der geschotterten Straße und den annähernd parallel dazu liegenden beiden Handwerkerhäusern lagen zwei tiefgründig humose, fundleere Gartenparzellen.

Im östlichen Teil der Siedlung lagen weitere Arbeitsplätze für die Eisenverarbeitung mit Gruben, die Holzkohle, Eisenschlacken und Lehmkuppelbrocken enthielten sowie Reste von Stück- und Ausheizöfen. Rechteckige, steingefaßte Öfen mit in Bruchstein gesetztem Zuluftkanal, einer vorgelagerten, tief angelegten Arbeitsgrube, in der zahlreiche kalottenförmige Luppen lagen, und einem hohen, mit Bruchsteinen umkleideten Kuppeloberbau aus Lehm könnten schon als kleine Hochöfen oder Frischöfen betrachtet werden. Diese Befunde hatten einschließlich Arbeitsgrube in der Regel eine Länge von 3 m – 3,50 m und eine Breite von 1,50 m – 2 m. Sie lagen in Gruppen von zwei bis drei Anlagen. Eine in der Form abweichende rechteckige Ofenanlage von 1,20 m x 1,80 m Größe mit Steinfassung und Lehmkuppel im Inneren eines Pfostenhauses stand neben einem rechtwinklig ausgekleideten Getreidespeicher von 3 m x 4 m, der einen 0,70 m unter alter Oberfläche eingetieften, stufenförmigen Zugang besaß. Die Begleitfunde – Keramik und Hausgerät – lassen eine Deutung als Trocken-, Darre- oder Malzofen zu.

Besonders bemerkenswert sind die großen kreisförmigen Steinfundamente aus Rätquarzitblöcken mit einem Durchmesser von 3,50 m – 4 m. Bei ihnen ist ein kuppelförmiger, dickwandiger Oberbau anzunehmen. Offensichtlich hatten diese Öfen unterschiedliche Funktionen. An einem Fundament lagen mit dicken Rotlehmbrocken verfüllte Gruben. Mit diesen Fundamenten in direktem Zusammenhang sind die Pfostenreihen zu größeren offenen Hallen zu sehen (Länge 12 m – 16 m; Breite 8 m). An der Basis der darin befindlichen, weitgehend mit hellem geschlämmtem Lehm verfüllten Gruben (Länge 5 m – 7 m; Tiefe 1 m – 1,20 m) fanden sich verkohlte Hölzer und zahlreiche Keramikfehlbrände. An drei Fundamenten dieser Gruppe fehlten Eisenschlacken und -luppen in der Umgebung völlig. Bei diesen Komplexen wird es sich um Töpfereien handeln.

An vielen anderen Stellen der Siedlungsfläche wurden die Aktivitäten der Töpfer durch weniger aufwendige Anlagen sichtbar. Während des Abbaues des Talauenlehms konnten immer wieder Gruben beobachtet werden, die bis in den im Untergrund liegenden blauen Ton zur Tonentnahme abgegraben und später mit Bauschutt und Siedlungsresten verfüllt waren. Steine, verbrannter Hüttenlehm, Holzkohle, Scherben und Brocken von Ofenkuppeln ließen erkennen, daß Öfen am gleichen Platz erneuert wurden. Im östlichen Teil der Siedlung konzentrierten sich die großen Rundöfen und andere handwerklich-technische Anlagen in auffälliger Weise. Ihre Lage zur übrigen Siedlung ist von der vorherrschenden Windrichtung bestimmt: Man wollte schädliche Emissionen und Feuergefahr mindern.

Neben der gewerblichen Töpferei und der Eisengewinnung und -verarbeitung bis hin zum Fertigprodukt war eine Glashütte der dritte wirtschaftliche Schwerpunkt der Siedlung. Ihre Bauspuren konnten nur unzureichend archäologisch untersucht werden. Die Anlagen erstreckten sich ca. 100 m parallel zum Altarm der Emmer am Nordrand der Siedlung. Ein Kiesweg und ein parallel verlaufender künstlicher Graben lassen auf einen Abtransport der Erzeugnisse mit Kähnen oder Flößen auf der Emmer schließen. Mächtiger Abbruchschutt mit zerbrochenen Ofensteinen und Glasfluß, Bruchstücke großer Schmelztiegel und zahlreiche Glasflußperlen sind ein sicherer Beleg für die Hütte. Brandflächen an den Standplätzen der Öfen und große Pfostengruben lassen die Ausdehnung der Anlage mit einer Reihe von Öfen unter offenen Hallen erkennen. Da kein einziges Gefäß geborgen wurde, darf angenommen werden, daß hier vorwiegend Flachglas für den spätmittelalterlichen Kirchenbau hergestellt wurde. Die zeitliche Einordnung würde mit dem Beginn der Gotik und ihrem großen Bedarf für Verglasung zusammenfallen. Diese Annahme mag durch die grundherrschaftlichen Verhältnisse gestützt werden. Die Siedlung befand sich während ihrer Blütezeit im Besitz des Magdeburger Erzbischofs. Alle nachgewiesenen wirtschaftlichen Aktivitäten weisen auf eine intensive Nutzung lokaler Ressourcen wie Tonvorkommen, Raseneisenerz, Quarzsand und den Waldreichtum zur Gewinnung von Brennmaterial, Scheitholz und Holzkohle in Verbindung mit dem am Ort reichlich vorhandenen Wasser hin.

Ein Schlaglicht auf die Rechtsverhältnisse in der Siedlung wirft wohl der Fund einer Prangerfessel. Der verkohlte Pranger mit der noch an der Basis liegenden Fessel wurde an einem freien Platz nahe der Glashütte entdeckt, Hinweis auf die hier ausgeübte niedere Gerichtsbarkeit. Die Fessel mit zwei verschiedenen Schließsystemen, einem Zylinderschloß und einem Überwurf für ein Vorhängeschloß, sowie Reste der Kette für die Befestigung am Pranger deuten auf das im mittelalterlichen Strafvollzug übliche „Krummschließen" des Delinquenten hin.

Für die Aufgabe der Siedlung kann man viele Gründe anführen: Die durch die mittelalterliche Rodung sich stark verändernde Wasserführung der Emmer; die Veränderung der politischen und Besitzverhältnisse im Grenzgebiet der Lippe zur älteren Grafschaft Schwalenberg; die weitgehend abgeschlossene Ausbeute des Raseneisenerzes und letztlich die verheerenden Auswirkungen der Eversteinschen Fehde für den lippischen Südosten. Das Enddatum der Siedlung ist um 1408 anzunehmen, symbolisch belegt durch die Prägung einer kleinen Silbermünze Simons III. aus der Zeit um 1400, die nur durch einen Zufall aus den etwa 20 000 Kubikmeter bei der Grabung bewegten Bodens geborgen wurde. Die Tradition der frühen Glashütte wurde mit der Gründung einer neuen Hütte im heutigen Ortsteil Glashütte in der zweiten Hälfte des 15. Jahrhunderts wieder aufgenommen.

Die wüst gewordene Siedlung verschwand unter dem immer mächtiger werdenden Talaueboden, der das alte Durchbruchtal auffüllte. Auf ihm entwickelten sich in den letzten Jahrhunderten Fett- und Milchviehweiden, die die wirtschaftliche Bedeutung der alten Landesdomäne ausmachten.

Lit.: U. Halle, Die Keramik der mittelalterlichen Siedlung Schieder-Barkhof, Stadt Schieder-Schwalenberg, Kr. Lippe (1989). – F. Hohenschwert, Die mittelalterliche Handwerkersiedlung „Barkhof" im Emmertal bei Schieder, Kreis Lippe. Vorbericht über die Rettungsgrabungen 1980–82. Ausgrabungen und Funde in Westfalen-Lippe 1, 1983, 111–123. – ders., Zur topographischen Situation mittelalterlicher Wüstungen. In: Führer zu archäologischen Denkmälern in Deutschland Bd. 10 (1985) 222–226. – Y. Zippert, Mineralogische und gefügekundliche Untersuchungen an spätmittelalterlichen Eisenschlacken aus der Grabung Schieder, Emmertal (Ms. 1984).

Ausgrabungen und Bauforschungen in Haus Herbede

Gabriele Isenberg – Hans-Werner Peine

Haus Herbede in Witten, Ennepe-Ruhr-Kreis, gehört zu den zahlreichen Talburgen und befestigten Häusern an der Ruhr, deren Burgenlandschaft man im Gegensatz zu der am Rhein bisher nur wenig zur Kenntnis genommen hat – verbindet sich der Name des Flusses Ruhr in unserer Vorstellung doch nahezu ausschließlich mit dem Begriff der Industrie.

Jedoch läßt sich nicht leugnen, daß gerade von den weltlichen und kirchlichen Herrschaften beiderseits der Ruhr erhebliche Bewegung in die Geschichte der vorindustriellen Zeit gebracht worden ist. Erinnert sei in diesem Falle nur an die Ermordung des Erzbischofs Engelbert II. von Köln durch den Grafen Friedrich von Isenberg, der seine Stammburg nur wenige Kilometer westlich von Herbede in einer Ruhrschleife bei Hattingen im Jahre 1225 errichtet hatte. Die Folgen dieser Tat erschütterten das Stauferreich noch über einen großen Zeitraum hinweg und begründeten den Beginn einer langandauernden Fehde zwischen der Kölner Kirche und den westfälischen Grafen, die in der Schlacht bei Worringen 1288 ihr vorläufiges Ende fand.

Das heutige Haus Herbede besteht aus einer umgräfteten Hauptburg und einer nicht durch einen Graben geschützten Vorburg. Das Gelände der Hauptburg ist durch eine den Innenhof umschließende Vierflügelanlage besetzt, deren einzelne Gebäude aus verschiedenen Bauperioden stammen. Die mauerumwehrte Vorburg dagegen zeigt sich bis auf ein jüngeres Haus, das sich an die Südwand der Umfassungsmauer lehnt, als freier Raum, der bis in die jüngste Zeit als Garten genutzt wurde. Haus Herbede dürfte aufgrund von Hinweisen in der archivalischen Überlieferung bereits im frühen 13. Jahrhundert existiert haben und im Zuge der Belehnungen seines Eigentümers Arnold von Didinghofen mit der Grundherrschaft Herbede 1225/1227 durch das hessische Kloster Kaufungen zum Adelssitz aufgestiegen sein.

Bei der archäologischen Untersuchung des Hauses, die im Rahmen von Umbaumaßnahmen 1985–1989 notwendig geworden waren, ließ sich jedoch für die Frühzeit Herbedes keine eindeutige Aussage über die Gestalt der Gebäude und die Art ihrer Befestigung machen. Ein wasserführender steinerner Kanal und mehrere, in einer Zeile angeordnete Pfostengruben sprechen aber dafür, daß dort im 13. Jahrhundert Holzbauten gestanden haben müssen, die mit dem technischen Standard der Zeit entsprechenden Entsorgungseinrichtungen ausgerüstet gewesen sein dürften.

Der Nachfolger dieser hölzernen Gebäude war ein anderthalbgeschossiger Steinbau mit einer Grundfläche von 6 m x 7 m, der sich aufgrund von Mauerbefunden in der Südwestecke des Hauptburgareals rekonstruieren ließ. Teile dieses ältesten Steinhauses finden sich heute noch in der Süd- und Westwand der bestehenden Anlage sowie in der Trennwand zwischen dem östlichen und westlichen Bereich des Südflügels. Verschiedene Spuren weisen überdies darauf hin, daß zumindest der Süd- und der Westarm der noch heute vorhandenen Gräfte auch bei Errichtung des ersten Steingebäudes schon bestanden haben muß. Diese Beobachtung führt zu dem Schluß, daß nördlich und östlich des festen Hauses ein größeres Gelände innerhalb der Umgräftung gelegen haben dürfte, das aber keinesfalls frei gestanden hat, sondern nach allem, was man von der Ausstattung anderer Burgen weiß, mit kleineren Holzgebäuden besetzt gewesen ist. Deren Spuren fielen ganz offensichtlich der Unterkellerung der späteren Anlage an dieser Stelle zum Opfer. Das älteste Steinhaus im Südwesten des Hauptburgareals erhielt dann einige Zeit später im Osten einen steinernen Anbau, der es mit insgesamt drei Geschossen turmartig überragte.

Ob diese Steingebäude ihre Entstehung dem Blankensteiner Burgmann Burchhardt von Elverfeldt verdanken oder erst von seinen Nachfolgern in Angriff genommen worden sind, ließ sich aufgrund mangelnder Datierungshinweise nicht genau feststellen. Burchhardt hatte über eine familiäre Verbindung mit denen von Didinghofen die Grundherrschaft Herbede und das Schultheißenamt übernommen, 1342 war ihm von seinem Dienstherrn Engelbert von der Mark auch die Belehnung mit der Vogtei Herbede für seine Erben zugesagt worden. So wäre es durchaus verständlich, wenn die neue Machtfülle der Familie von

Witten/Ennepe-Ruhr-Kreis. Ausgrabungen in der mittelalterlichen/frühneuzeitlichen Burganlage Haus Herbede. Innenhof.

Elverfeldt ihren Ausdruck auch in repräsentativen Steinbauten anstelle der älteren Holzgebäude gefunden hätte. Aber die zur zeitlichen Einordnung der Neubauten notwendigen Funde blieben aus, denn bei den baulichen Veränderungen des 16. Jahrhunderts wurde auch der Fußboden der Steinhäuser um etwa 0,30 m abgesenkt. Bei dieser Maßnahme verschwanden offenbar alle älteren Schichten, in denen reichlich datierendes Fundmaterial zu erwarten gewesen wäre.

Als die Zeit der größten Veränderungen an Haus Herbede aber muß das 16. Jahrhundert gelten. Sie prägten weitgehend die heutige Gestalt der Burganlage. Ein durch Archäologie und Bauforschung nachgewiesener Brand um 1500 war zunächst vermutlich einer der Gründe, warum sich die Familie von Elverfeldt an die Umgestaltung des offenbar schwer beschädigten Hauses machte. Es folgte Baumaßnahme auf Baumaßnahme. Gerade Gebautes wurde wieder verändert oder sogar aufgegeben. Dabei blieben aber im Kern die älteren Steingebäude bestehen und wurden als Südtrakt in die Vierflügelanlage einbezogen.

Die Bauabfolge stellt sich aufgrund der Ergebnisse von

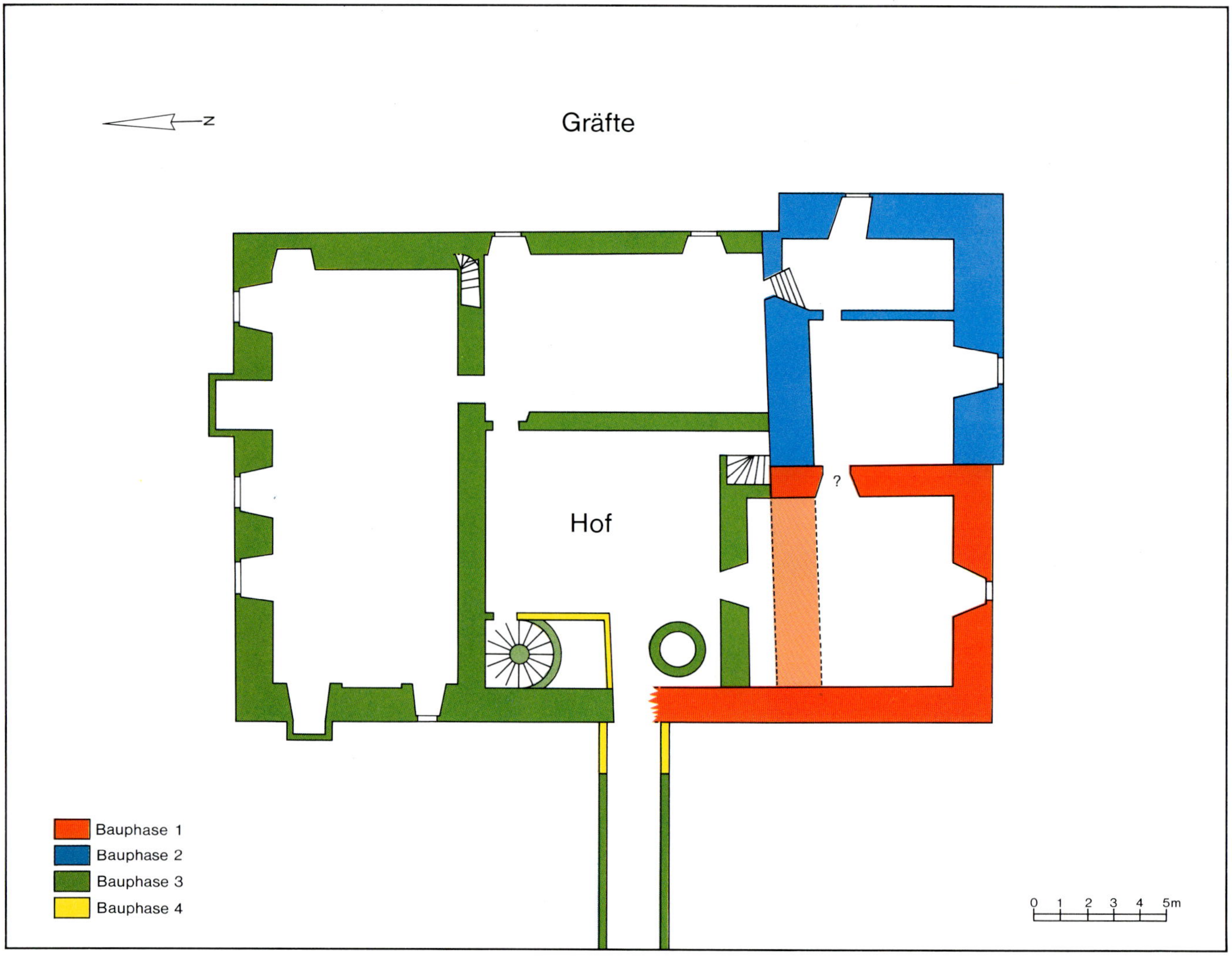

Witten/Ennepe-Ruhr-Kreis. Grundriß und Bauphasen von Haus Herbede.

Bauforschung und Archäologie folgendermaßen dar: Zunächst entstand nördlich der älteren Steinhäuser mit zu diesen paralleler Firstrichtung ein steinerner Neubau, den man vermutlich auf den Nordrand der bereits vorhandenen Gräfteninsel stellte. Die Errichtung dieses zweistöckigen unterkellerten Gebäudes läßt sich in die Zeit um 1540 datieren. Kurz vor oder um 1563 erfolgte dann die Schließung der Lücke zwischen dem südlichen und nördlichen Trakt durch einen weiteren Steinbau entlang des vermutlichen Ostrandes der Gräfteninsel. Es entstand eine Dreiflügelanlage, die im 17. Jahrhundert durch die Erweiterung mit einer Stein-Fachwerk-Konstruktion in Anlehnung an die Westmauer zu einer vierflügeligen Burg ausgebaut wurde.

Die großen Bauaktivitäten des 16. Jahrhunderts sind aber nicht nur durch die Brandzerstörung der alten Anlage um 1500 begründet, sondern sind auch der sichtbare Beleg für den politischen Ehrgeiz derer von Elverfeldt gegenüber den Grafen von der Mark, in deren Herrschaft Herbede eine Art Enklave bildete. Unmittelbarer Ausdruck dieses Anspruchs ist die Ausstattung der zum Innenhof gerichteten Wand des Ostflügels mit einem aufwendigen Säulen-

und Figurenrelief, das dem Besucher beim Betreten der Hauptburg sofort ins Auge fällt. Im gleichen zeitlichen Zusammenhang dürfte auch die im Westen der Hauptburg liegende, durch ein Tor von Süden her zu betretende Vorburg entstanden sein. Diese bestand zunächst aus einem langgestreckten vielräumigen Haus im Norden des später vollständig ummauerten, zungenförmig gestalteten Areals, für das sich sowohl Werkstatt als auch Wohnnutzung nachweisen ließ. Die südliche Hälfte des Vorburgbereichs wurde dann im Laufe der Zeit überdacht und vermutlich als Remise benutzt.

Da diese Vorburg erst mit Ausbau der Hauptburg zu einer Mehrflügelanlage entstand und offenbar nie mit einer Gräftenanlage geschützt war, läßt sich vermuten, daß Herbede als befestigtes Haus, nicht aber unmittelbar als Burganlage errichtet worden ist. Burgcharakter erhielt es erst, als Konrad von Elverfeldt im 16. Jahrhundert seine Machtansprüche gegen die Grafen von der Mark durchzusetzen versuchte, 1583 aber unterlag und sich dem Herzog von Kleve und Graf von der Mark unterwerfen mußte. Gerade wegen dieser Beobachtung und wegen der aufwendigen Gestaltung vieler Teile versetzt der Inhalt der Herbeder Rüstkammer, der im Zuge der Brandkatastrophe in der Zeit um 1500 in den Boden und 1987 bei den Ausgrabungen wieder zutage kam, in Erstaunen; er widerspricht sogar den Ergebnissen der Bauforschung und der Archäologie. Er zeigt, daß auch schon zu Beginn des 16. Jahrhunderts die Herbeder Herren in einer Weise ausgestattet waren, die es ihnen durchaus erlaubte, sich mit den Trägern bedeutenderer Herrschaften zu messen.

Das Fundgut

Bedingt durch die Brandkatastrophe gelangten in Haus Herbede zahlreiche Gegenstände der Gebäudeausstattung, des Hausrats sowie Werkzeuge, Geräte und Waffen in die Kellereinfüllung. War diese Katastrophe damals ein mehr oder weniger großes Unglück für die Bewohner der Burg, so stellt sie heute für die westfälische Mittelalterarchäologie einen Glücksfall dar. Kamen doch hierdurch weitaus mehr Sachgüter in den Boden als dies etwa beim Auflassen der Burg der Fall gewesen wäre. Unter den erhaltenen Gegenständen stellt das Eisen die umfangreichste Fundgruppe dar, hinzutreten Buntmetalle, Keramik, Glas und Stein. Da bislang nur ein Bruchteil der Eisenfunde restauriert ist, kann im Augenblick nur eine vorläufige Übersicht des Fundgutes erfolgen. Es gewährt dennoch schon einen Einblick in den Realienbestand und in das Leben auf einem Adelssitz des 15. und frühen 16. Jahrhunderts.

Gebäudeausstattung

Neben einer Vielzahl von einfachen Bauteilen, wie Nägeln, Krampen, Klammern, Ösen und Haken, fanden sich auch Eisengegenstände, die auf verbrannte hölzerne Baubestandteile (z. B. Türen, Fenster) sowie Mobiliar (u. a. Truhen, Schränke) hinweisen. Hierzu zählen Türkloben und -angeln, Scharnierbänder, schlichte und verzierte Beschläge sowie Ziernägel. Massive Eisenringe, die wahr-

Witten/Ennepe-Ruhr-Kreis. Bauuntersuchungen in der mittelalterlichen/frühneuzeitlichen Burganlage Haus Herbede.

Witten/Ennepe-Ruhr-Kreis. Mittelalterliches Fallenschloß mit Überwurfbügel aus Haus Herbede.

scheinlich als Griffringe gedient haben, dürften ebenfalls hierher gehören.
Bemerkenswert ist der Fund von wenigstens zehn Schlössern mit z.T. verschiedenen Schließmechanismen. In der Mehrzahl handelt es sich dabei um Fallenschlösser, deren Mechanik, bestehend aus Falle (Riegel), Feder und Eingerichte (Schlüsselführung), auf quadratische, rechteckige und geschweifte Schloßbleche montiert ist. Die entweder außen oder innen aufgesetzten Schlösser konnten nur von außen mit Drehschlüsseln bedient werden, welche auch im Fundgut vertreten sind. Zu den außen aufgesetzten Schlössern zählt auch das einzige im Fundgut vorhandene Kastenschloß. Als wichtiges Zubehör gehören zu einem Teil der Schlösser Überwürfe. Der Überwurf eines Fallenschlosses besteht aus einem verschiebbaren Rundeisen, welches zugleich einen Riegel gebildet haben kann, und dem Verschlußbügel, an dessen Ende sich eine Öse befindet. Letztere ist in einen dafür vorgesehenen Schlitz des Schloßbleches eingeführt. Beim Verschlußvorgang hat sich dann der innere Schloßriegel, die Falle, in diese Öse geschoben und das Schloß verriegelt. Zur besseren Handhabung des Verschlußbügels trug ein Griffring bei. Bei den Schlössern handelt es sich um Tor- bzw. Türschlösser, vor allem aber um Truhen- und Schrankschlösser. Die Truhe oder Lade war im Mittelalter das eigentliche Möbelstück zum Aufbewahren von Kleidern, Wäsche und Vorräten. Dagegen kam der Schrank erst im Laufe des Spätmittelalters auf; er diente der Verwahrung wertvollsten Gutes, wie etwa Büchern, kostbaren Silbergeschirrs und Schmuck. Schmuck und Briefschaften wurden auch in kleineren Kästchen untergebracht, auf die kleine Zierbeschläge hinweisen. Die sicherlich vorhandenen Tische, Stühle und Bänke fielen dem Feuer ebenso zum Opfer wie die Truheninhalte, so daß durch das Fundgut nur auf einige wenige Ausstattungsgegenstände geschlossen werden kann. Als letztes sei aus diesem Bereich auf einige Fundstücke hingewiesen, die eine Zugbrücke belegen. Dabei handelt es sich insbesondere um eine Rolle und Halterungseisen, mit welchen diese seitwärts am Torbogen in der Wand angebracht war. Über zwei dieser Rollen liefen Ketten, die am vorderen Ende der Brückenklappe befestigt waren. Sie konnte nun mit Hilfe eines Gegengewichtes, das sich in einem Hohlraum unter dem Torweg befand, oder einer Winde, die – um den Torweg freizulassen – ebenfalls darunter oder darüber angebracht war, heraufgezogen werden.

Hausrat, Geräte, Werkzeuge

Im Gegensatz zu den zahlreichen Belegen für Baubestandteile und Mobiliar besteht eine ungewöhnliche Armut an Fundstücken, die auf den Hausrat hinweisen. Keramik, die – u. a. bedingt durch ihre Unvergänglichkeit im Boden – in der Regel die umfangreichste Fundgattung darstellt, ist in Haus Herbede nur in kleineren Mengen vertreten. Dies ist vor allem durch den Grabungsbefund selbst zu erklären. Daß die Geschirrausstattung von Burgküche und -tafel zu einem Großteil aus Keramik bestanden hat, darf jedoch als sicher gelten. Auch in die Kellerfüllung gelangten nur wenige Scherben, von denen eine mit einer noppenverzierten Medaillonauflage versehen ist. Zu Bechern oder Krügen gehörend, müssen sie dem Trinkgeschirr zugeordnet werden und hier einer speziellen Ware, dem in Siegburg gefertigten, vollentwickelten Steinzeug, einer Massenware, die im gesamten Hanseraum Verbreitung fand. In diesem Zusammenhang sei hier ein weiteres, jedoch nicht aus der Kellerfüllung stammendes Fundstück der Grabung erwähnt. Es handelt sich um das Fragment eines Siegburger Trichterhalsbechers mit zwei Medaillonauflagen. Die eine, fast vollständig erhaltene Rundauflage, zeigt einen Mann im Garten sitzend und ein Buch haltend. Der Schlüssel zu seinen Füßen sowie der Schriftzug S·PETRI über seinem Haupt weisen ihn als Petrus aus. Das

Fragment datiert in die zweite Hälfte des 16. Jahrhunderts. Zurück zum Fundmaterial der Kellerfüllung: hier müssen kleinere, eiserne Kettenglieder (Herdkette?), ein Eisenmesser sowie Fragmente eines Siebes aus Buntmetall zu den Küchengerätschaften gezählt werden.
Unter den normalen Fundbestand auf Burgen fallen auch Werkzeuge aus Landwirtschaft und Handwerk. So belegen in Haus Herbede z. B. ein Spaltkeil und ein Ziehmesser die Holzverarbeitung.

Bewaffnung und Reitzubehör

Neben den Gegenständen des friedlichen Alltags besteht die Hauptmasse der Funde aus verschiedenen Waffen und Waffenteilen, die auf die kriegerische Lebensweise der Burgbesatzung hinweisen. Dies ist äußerst ungewöhnlich, da Waffen unter den Bodenfunden sehr selten sind. Hier gestattet uns das Fundgut jedoch einen Blick in die Rüstkammer eines Herrensitzes. Sie setzt sich zusammen aus Schutz-, Angriffs- und Turnierwaffen sowie Reitzubehör.

Schutzwaffen: Als erstes sei hier die schiffbugartige, scharf gegratete Vorderplatte eines Helmes angeführt, über welcher sich der Sehschlitz befand. Aus mehreren Platten zusammengenietete Helme, Topfhelme genannt, kamen im 13. Jahrhundert auf. Während der ersten Hälfte des 14. Jahrhunderts wurden die unteren Helmplatten dann soweit verlängert, daß der Helmrand schließlich auf den Schultern ruhte. Aus diesem schweren Kübelhelm ging im späten 14./frühen 15. Jahrhundert der Stechhelm hervor, welcher wichtiger Bestandteil einer speziellen Turnierausrüstung, des sog. Stechzeugs, war. Mit ihren steilen, hohen Wänden muß die gefundene Vorderplatte (Visierplatte) einem späten Kübelhelm oder aber einem frühen Stechhelm zugeordnet werden.
Als spektakuläres Fundstück muß ein leicht gewölbter, auf der Schulter zu verschnallender Brustharnisch mit großen Armausschnitten und aufgebogenem Halsausschnitt angeführt werden. Wohl der Transpiration wegen wurde der Brustharnisch durchbrochen gearbeitet. An den Ecken der annähernd quadratischen Durchbrüche (Seitenlänge ca. 1,5 cm) finden sich Dreiergruppen von Ziernieten. Desweiteren ist das Bruststück am Rande von einer dicht gedrängten Nietreihe eingefaßt; eine Ausnahme bildet der untere Rand. Hier greift der fragmentarisch erhaltene

Witten/Ennepe-Ruhr-Kreis. Mittelalterlicher Brustharnisch aus Haus Herbede.

Witten/Ennepe-Ruhr-Kreis. Arm- und Beinzeug einer mittelalterlichen Panzerung aus Haus Herbede.

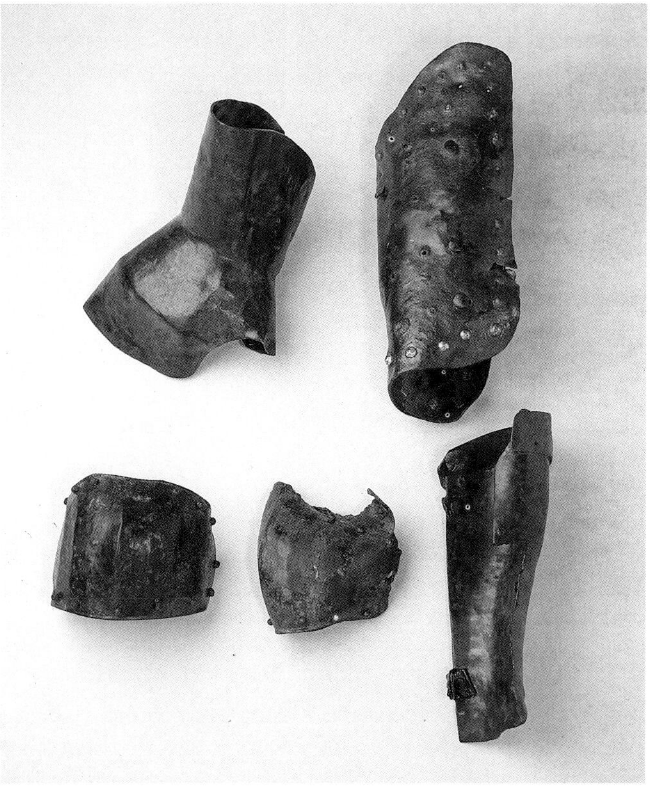

Witten/Ennepe-Ruhr-Kreis. Mittelalterliche Fesseln mit Spreizfederverschluß und Schlüssel aus Haus Herbede.

oberste Bauchreif über die Brustplatte. Am oberen Rand dieses 2,5 cm hohen Bauchreifs zeigt sich eine entsprechende Nietreihe, ebenso an weiteren bis zu 20 cm langen Fragmenten von Bauchreifen und an weit über 100 Eisenplättchen von 6,7 cm bis 9 cm Länge und 1,8 cm bis 2,6 cm Höhe. Nur wenige dieser leicht gewölbten Eisenplättchen (Schuppen) weisen am unteren Rand eine zweite Nietreihe auf. Damit gehören Harnischbrust, Bauchreifen und Schuppen mit großer Sicherheit zusammen. Sie waren außen von einer aufgenieteten Stoffhülle bedeckt, so daß nur die Nieten an der Außenseite als dekoratives Element sichtbar waren.

Zahlreiche weitere Fundstücke, die zur Panzerung zählen, seien hier nur am Rande erwähnt. Darunter fallen vor allem viele Plattenbruchstücke, die z.T. mit verschieden geformten Ziernieten aus Buntmetall und Eisen versehen sind, aber auch Schnallen und Durchzüge aufweisen können. Auch Teile von Arm- und Beinzeug sind mehr oder weniger fragmentarisch erhalten, u. a. Schienen und Röhren. Hervorzuheben sind hier zwei mehrfach vertikal gegratete Kniebuckel aus Buntmetall, die am Rande mit kugeligen Nieten verziert sind, sowie ein Eisenhandschuh (sog. Hentze) für eine rechte Hand.

Die relativ geringe Größe von Brustharnisch sowie Arm- und Beinzeug lassen entweder auf einen heranwachsenden oder einen kleingewachsenen Träger schließen. Skelettfunde und Harnischstudien zu Körpergrößenverhältnissen zeigen jedoch, daß die Ritter jener Zeit nicht die großen, imponierenden Gestalten waren, wie sie uns in der Märchen- und Sagenwelt entgegentreten, sondern daß sie mit Körpergrößen um 165 cm nicht größer waren als die Mitglieder der einfacheren Sozialschichten.

Stangenwaffen und Fernwaffen: Zur Turnierausrüstung gehört der schwere Rüsthaken, der mittels Kloben an einer Harnischbrust befestigt wurde und zur Auflage der Stangenwaffen diente. Die für die verschiedenen Turniergattungen erforderlichen Stangenwaffen lassen sich anhand eines schweren Krönigs für das Stechen, eines Turnierspießeisens für das Feldturnier und eines fragmentarisch erhaltenen Renneisens für das Rennen nachweisen. Diese relativ kleinen Spitzen saßen auf bis zu 4 m langen Holzschäften, die aus splitterfreudigen Holzarten bestanden, um sie möglichst spektakulär am Schild des Gegners zu brechen. Die Hand des Stechers wurde dabei durch eine Brechscheibe oder einen Brechschild geschützt. Wahrscheinlich dienten zwei ringförmige Manschetten mit Durchmessern von ca. 9,5 cm (lichte Durchmesser 5,2 cm bzw. 5,4 cm) zur Befestigung der Brechscheiben oder -schilde an den Stangen.

Auf eine Fernwaffe mit hoher Durchschlagskraft, die Armbrust, weisen zahlreiche Bolzeneisen hin. Der Fund einer Steinkugel belegt ein frühes Pulvergeschütz, eine sogenannte Bombarde. Letztendlich trug auch die Ausbreitung der Feuerwaffen erheblich zum Niedergang des Rittertums bei.

Reitzubehör und Sonstiges: Daß der adlige Krieger jener Zeit beritten war, zeigen die Funde eines Rädchensporns, der wesentliches Kennzeichen eines Ritters war, sowie Hufeisen und Riemendurchzüge des Zaumzeugs.

Teile von wenigstens drei Fesseln mit Spreizfederverschluß und ein entsprechender Schlüssel, der vermutlich zu einer weiteren Fessel gehört, geben einen Hinweis auf die Strafgewalt der Herbeder Burgherren.

Lit.: W. A. Eckhardt, Der Hofesverband Herbede, das Kloster Kaufungen und die von Elverfeldt. In: B. J. Sobotka (Hrsg.), Haus Herbede in Witten. Umwelt – Denkmal – Bedeutung (1988), 181 ff. – G. Isenberg, Die archäologischen Untersuchungen in Haus Herbede 1986–87. Ebenda 225 ff. – J. Kloosterhuis, Fürsten, Vögte, Hofesleute – Das Eigengericht Herbede im Rahmen der märkischen Lokalverwaltung. Ebenda 117 ff. – U. Quednau, Zur Baugeschichte des Hauses Herbede. Ebenda 251 ff. – H.-W. Peine, Bestandsaufnahme und Auswertung des Fundgutes von Haus Herbede. Ein Beitrag zur Sachkultur auf einem westfälischen Adelssitz. Ausgrabungen und Funde in Westfalen-Lippe (in Vorbereitung).

Ausgrabungen im Schloß Brake

Helmut Luley

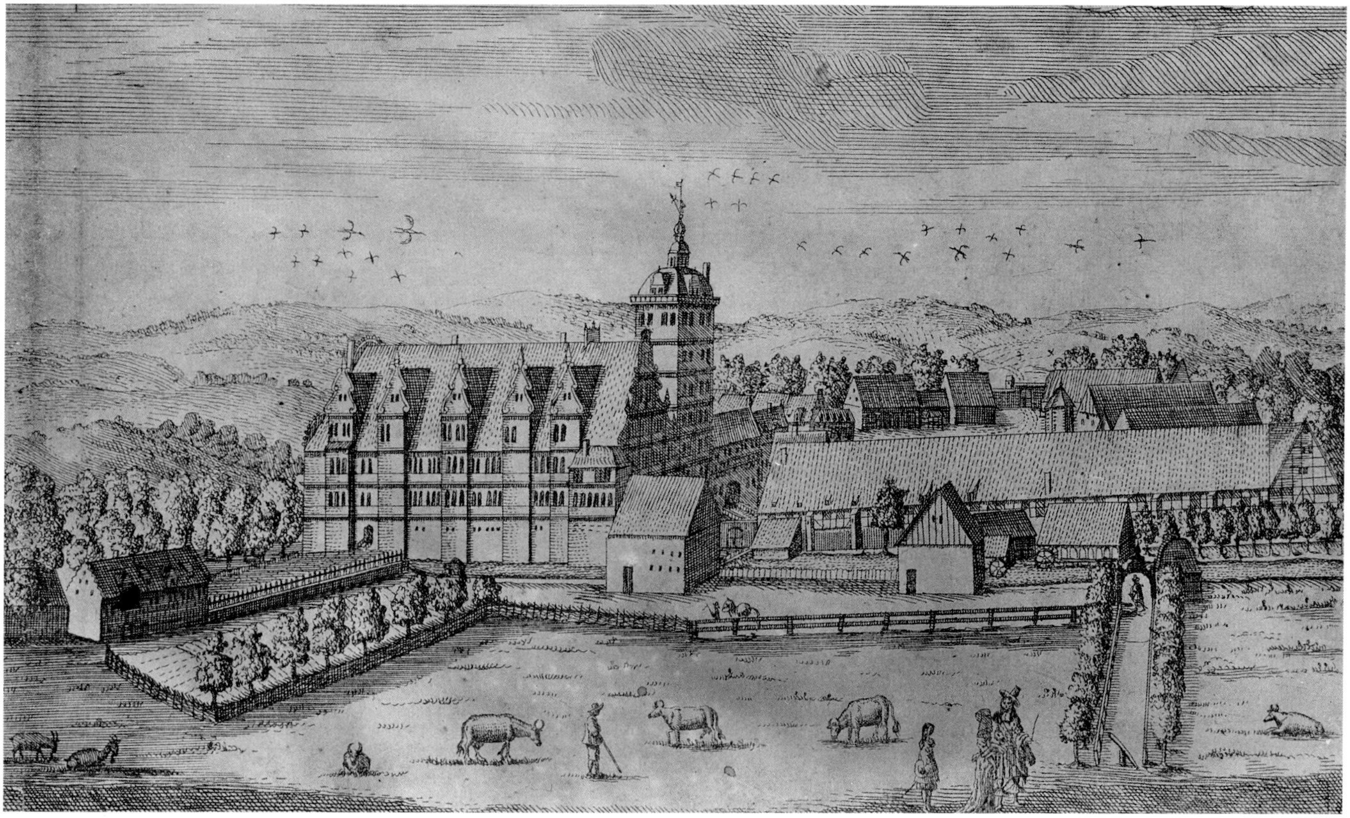

Lemgo/Kreis Lippe. Schloß Brake von Nordwesten. Stich von Elias van Lennep, um 1663.

Als im Sommer 1982 im Schloß Brake, Stadt Lemgo, Kreis Lippe, einem bedeutenden Baudenkmal der Weserrenaissance, Sanierungsmaßnahmen in Angriff genommen wurden, traten an verschiedenen Stellen innerhalb der Gebäude ausgedehnte Mauerzüge zutage, die zu einer bis dahin nur vermuteten mittelalterlichen Vorgängeranlage gehören. Im Zuge der Sanierungs- und Wiederherstellungsarbeiten durch den Landesverband Lippe konnten noch im selben Jahr erste Ausgrabungen durch das Lippische Landesmuseum Detmold, Abt. Bodendenkmalpflege, durchgeführt werden.
Sie wurden in den folgenden zwei Jahren als baubegleitende Untersuchung in den teilweise nicht unterkellerten Teilen des Schlosses fortgesetzt mit dem Ziel, eine gesicherte Datierung der verschiedenen Bauphasen der erhaltenen Befunde mittels Stratigraphie und Fundzuordnung zu erhalten. Großflächige Grabungen seit 1987 konzentrierten sich auf den ca. 30 m x 50 m großen Innenhof und auf das dem Schloß zugehörige Waschhaus aus dem Jahre 1603, in dem die Reste der ehemaligen technischen Waschanlage der Renaissancezeit aufgedeckt werden konnten. Die archäologischen Untersuchungen mit einem Umfang von ca. 1550 m^2 fanden 1988 ihren vorläufigen Abschluß. Darüber hinaus geplante kleinere Sondierun-

gen und Tiefbohrungen im umliegenden Schloßgelände sollen detaillierte Aussagen zur mittelalterlichen Topographie der Burganlage liefern.

Geographische Lage

Die Schloßanlage liegt südöstlich der Stadt Lemgo auf einem von Norden in die Niederung des Flüßchens Bega birnenförmig vorspringenden Geländesporn. Die renaissancezeitliche Bausubstanz steht zu einem Großteil auf künstlichen Geländeaufhöhungen des ursprünglich nach Süden abfallenden Spornes. Dabei liegen die bis zu 4,50 m hohen Kellerräume an der Außenfront über dem umliegenden flachen Gelände, während der Boden des Schloßhofes in etwa mit dem Erdgeschoßniveau abschließt.

Geschichte der Burg- und Schloßanlage

Ein „castrum Brac" taucht erstmals 1306 in einer Urkunde als Sitz des Edelherrn Simon I. zur Lippe auf. Vieles spricht aber für ein Gründungsdatum Ende des 12. Jahrhunderts. Vermutlich hatte der Edelherr Bernhard II., der neben Lippstadt um 1190 die Stadt Lemgo gründete, die Burganlage bereits in seinem Besitz. Rege Bautätigkeiten lassen sich erst für das 16. Jahrhundert nachweisen. Unter dem Grafen Simon VI. begann der Umbau zu einem Residenzschloß der Weserrenaissance. Um 1510 entstand der Südflügel, der 1571 durch den Lemgoer Baumeister Hermann Wulff eine Erneuerung erfuhr. Bis 1586 nahm das Obergeschoß den großen Rittersaal auf. 1584–1592 errichtete der gleiche Baumeister nach Abriß eines Wirtschaftstraktes den Nordflügel und den siebengeschossigen Turm, in dem die Wohnräume des Grafen Simon VI. und die Haupttreppe des Schlosses untergebracht wurden. Der Ostflügel mit älterer Bausubstanz wurde 1666 in frühbarocken Formen neu gestaltet. Vom ehemaligen Westflügel, der 1603 vom Lemgoer Baumeister Hermann Roleff errichtet wurde, zeugen heute nur noch Baureste an der westlichen Außenmauer und an sichtbaren Dachschrägen an der Südfassade des Turmes. 1811 wurde dieser Flügel samt Torbau niedergelegt. Der Ost- und Südflügel nahm im Jahre 1825 die Fürstliche Brauerei auf, die bis 1908 hier ihren Bestand hatte. Das Schloß diente im 19. und 20. Jahrhundert als Sitz der Amts- bzw. Kreisverwaltung. Nach Abschluß der Teilsanierung 1985 verlegte der Landesverband Lippe seinen Verwaltungssitz in Teile des Schlosses. Danach erfolgte in vierjähriger Ausbauzeit die Einrichtung des „Weserrenaissance-Museums Schloß Brake", das 1989 eröffnet wurde.

Die archäologischen Untersuchungen 1982–1988

Die ältesten Siedlungsspuren auf dem Geländesporn konnten im nordwestlichen und südöstlichen Teil in unmittelbarer Nähe zur Beganiederung festgestellt werden. Etwa 2,50 m – 3 m unter dem heutigen Hofniveau traten bei der Freilegung der nicht unterkellerten Räume und an der hofseitigen Außenmauer des spätmittelalterlichen Ostflügels die Reste von jüngereisenzeitlichen und frühgeschichtlichen Siedlungsbefunden auf. Neben einigen undeutlichen und kleinflächigen Verfärbungen enthielten mehrere grubenförmige Vertiefungen zahlreiche, teilweise verzierte Scherben von verschieden großen Töpfen und Schalen dickwandiger Machart. Während eine im Mittelalter erfolgte künstliche Aufhügelung die im Nordteil des Geländes gelegenen älteren Befunde vor den tiefgründigen Bauaktivitäten weitestgehend unberührt ließen, kam es hier im Zuge der Planierungsmaßnahmen für den Bau der Südflügelanlage zu großflächiger Zerstörung. Weitere Details über Struktur und Zugehörigkeit beider Fundstellen konnten wegen ihrer isolierten Lage nicht ermittelt werden.
Unter dem nicht unterkellerten östlichen Teil des Nordflügels wurden die Reste einer Turmhügelburg ergraben. Sie lag, überdeckt von mittelalterlichem Mauerwerk und Werkabfall der Baumaßnahmen des 16. Jahrhunderts, in einer Tiefe von ca. 4 m unter dem Niveau des renaissancezeitlichen Fußbodens. Die freigelegten Befunde ergaben eine über der alten humosen Oberfläche aufgebrachte 2 m mächtige Schüttung. Der Schichtenaufbau der künstlichen Aufhügelung zeigt deutlich Materialanteile des anstehenden Bodens in einer Profilumkehr, wobei der humose braunlehmige Oberboden zuunterst, darüber die Talauelehme und der anstehende grusige Kies aufgetragen worden waren. Offenbar hatte man den in die Begaaue ausgreifenden Sporn von dem nach Norden ansteigenden Gelände mit Hilfe eines Grabens zur Sicherung der Anlage abgetrennt. Von der ehemaligen Bebauung fanden sich neben Pfostengruben die Reste von verziegelten Lehmtennen. Spätestens Anfang des 13. Jahrhunderts ist der Turmhügel in einer großen Burgerweiterung aufgegangen.

Im Zuge der Sanierungsarbeiten im gesamten Nordflügel war es möglich, auf einer Länge von 50 m die Fundamente der bereits in der Nordostecke beobachteten Befestigungsmauer freizulegen. Die Mauer weist eine Dicke von etwa 1,3 m – 1,4 m auf mit nach Süden gerichteten Pfeilervorlagen von 1,4 m x 1,2 m Ausmaß und Mittenabständen von 4,5 m. Das Fundament wurde direkt auf den anstehenden Keupermergel gesetzt und war unter der Pflasterung der unterkellerten Bereiche des Nordflügels nur noch in einer Höhe von 0,5 m erhalten. Hier ließ sich in einem angelegten Schnitt die schmale, nur wenige Zentimeter breite Baugrube auf der Südseite erkennen. In der Nordostecke des Nordflügels, wo die Burgmauer über der Turmhügelschüttung bis in 4 m Höhe erhalten war, kam ein lagerhafter Mauerverband zum Vorschein. Mauer und Pfeilervorlagen zeigten ein auffällig sorgfältig verarbeitetes Sichtmauerwerk mit einer im Kern verbauten Steinschüttung mit hohem Mörtelanteil. Neben einem einzelnen an die Nordseite der Mauer angesetzten, 1,8 m breiten und etwa 2 m tiefen Strebepfeiler wies der gesamte Baubefund mehrere Reparatur- und Umbaumaßnahmen auf, zu denen der Ansatz eines Schalenturmes gehört, der bei der Anlage des

Lemgo/Kreis Lippe, Schloß Brake. Reste der Turmhügelanlage und der Teilüberbauung durch die mittelalterliche Befestigungsmauer.

Lemgo/Kreis Lippe, Schloß Brake. Teile der mittelalterlichen Befestigungsmauer und Fundamente jüngerer Erweiterungsbauten im renaissancezeitlichen Ostflügel.

renaissancezeitlichen Ostgiebels zerstört wure. An der entgegengesetzten Westseite der Befestigungsmauer konnte ein ähnlich gestalteter, nach Südwesten bogenförmig ausschwenkender Mauerrest beobachtet werden. Offensichtlich gehörte das in einer Baufuge ansetzende, bis zu 2 m starke Fundament zu einer sog. Eckbastion, die gleichzeitig zur künstlichen Aufhöhung des hier nach Westen zur Beganiederung abfallenden Geländespornes mit Erdmaterial hinterfüllt wurde. Wie an der Nordostseite ergaben auch hier die breit angelegten Baugruben für die Anlage der renaissancezeitlichen Gebäude keine eindeutig klaren Baubefunde. Darüber hinaus wiesen die Fundamentreste Spuren einer Abbruchtätigkeit auf, die offenbar in nachmittelalterlicher Zeit durchgeführt wurde. Zum Teil vom viereckigen Wohnturm und den Nordflügelfundamenten der Renaissancezeit überbaut, liegt etwa 2,4 m südlich der Befestigungsmauer das 12 m im Durchmesser große und maximal 4 m hoch erhaltene Fundament des mittelalterlichen Bergfrieds. Seine Fundamentierung geschah nicht direkt im anstehenden Boden, sondern in einer unregelmäßigen, steinigen Füllmasse, die mit vereinzelten Kulturschichtresten und verschiedenen Fundmaterialien durchsetzt war. Fundamentuntersuchungen an der hofseitigen Außenmauer des Nordflügels ließen die alte, nach Südwesten abfallende Geländesituation erkennen, was sich auch deutlich am abgesetzten Sichtmauerwerk des Rundturmes abzeichnete.

Ausgedehnte mittelalterliche Baureste traten bei der Freilegung des nicht unterkellerten südlichen Teilabschnittes des Ostflügels nur wenige Meter unterhalb der Erdgeschoßdecke in Erscheinung. Auf einer Gesamtlänge von nahezu 25 m erbrachten die Ausschachtungsmaßnahmen ein beidseitig mit z.T. größeren Quadern, vorwiegend Keupersandstein, sorgfältig auf Sicht gemauertes Steinwerk von 1,3–1,5 m Breite und 4 m erhaltener Höhe. Auf eine mehrphasige Bauabfolge deuten mehrere in der Südostecke freigelegte Mauerreste, wovon ein nach Osten fast rechtwinklig anschließendes Fundament eine auffällig sorgfältige Steinverarbeitung zeigt. Die Breite des aufgehenden Mauerwerks mißt 0,90–1 m. Nach Norden ist sie mit einer exakt ausgemauerten Türnische von 1,5 m lichter Weite auf der Süd- und 1,7m Breite auf der Nordseite versehen. Ein turmartiger Befund von 10,5 m Breite und etwa 6 m Tiefe mit abgeschrägten Außenecken weiter nördlich an der Ostseite der parallel zur Böschungskante des Geländespornes verlaufenden mittelalterlichen Befestigungsmauer gelegen, stellt eine nachträgliche Ergänzung der frühen Ostflügelanlage dar. Hier konnte festgestellt werden, daß das Turmfundament ohne Verzahnung mit einer deutlichen Baunaht an die Außenmauer anschloß. Sämtliche

Lemgo/Kreis Lippe, Schloß Brake. Reste des mittelalterlichen Bergfrieds in der NW-Ecke des Schloßhofes.

mittelalterlichen Baubefunde stehen unmittelbar an der steilen Böschungskante des Prallhanges der Bega. Trotz erheblicher Fundamenttiefe warf der instabile Baugrund beim Bau der Längsmauer erhebliche Probleme auf. Unter dem fast vier Meter tiefer liegenden Braukeller des Ostflügels deuten die vorgefundenen, in Versturz liegenden mächtigen Mauerblöcke auf ein Abrutschen ganzer Hangbereiche hin.

Eine Sondierung im Bereich des 1811 abgerissenen Westflügels blieb nur auf eine 20 m x 8 m große Fläche des südwestlichen Hofbereiches beschränkt. Die Untersuchung der ehemaligen Standfläche des 1603 errichteten Torbaues in unmittelbarer Nähe zum renaissancezeitlichen Wohnturm konnte aus technischen Gründen nicht erfolgen. Unter einer etwa 1,2 m mächtigen Bauschuttverfüllung kamen Baubefunde zum Vorschein, die wenigstens drei verschiedenen Bauphasen zuzuweisen sind. Im nördlichen Bereich, direkt an der westlichen Schloßbegrenzungsmauer angelehnt, befand sich ein 4 m langes und 1,2 m breites Mauerstück mit einem kleinen, nach Osten vorspringenden Fundamentwinkel. Das noch 3 m hoch erhaltene Mauerwerk verschmälert sich nach Süden auf eine Breite von 0,5 m. Obwohl eine Deutung dieses Befundes recht schwierig ist, dürfte es sich hier vermutlich um den Rest eines mittelalterlichen Turmansatzes oder Treppenaufganges handeln. Zur hochmittelalterlichen bzw. neuzeitlichen Bauabfolge gehören zwei kellerartige Räume von je 2,3 x 2 m lichter Größe mit einem sorgfältig verlegten Bodenpflaster. Sie lagen südlich des älteren Mauerbefundes auf einem etwa 2,5 m höher gelegenen Niveau. Da die Fundamentreste mit einer Wandstärke von 0,75 m nur 0,6 m tief in Verfüllschichten gründeten, ist eine Verbindung weder mit einem Westflügel noch mit einem ähnlich komplexen Gebäude möglich. Eine Überbauung des renaissancezeitlichen Hofbereiches konnte im Verlauf der Sondierungen entlang des Ostflügels auf einer Länge von 30 m festgestellt werden. Die knapp 0,8 m breiten Fundamente gründeten unmittelbar auf bzw. in einem zuunterst liegenden Pflasterhorizont, etwa 1,3 m – 1,5 m unter dem neuzeitlichen Hofniveau. Obwohl die Baureste mit quer und längs verlaufenden Mauern, anbindenden Bodenbelägen und Treppenansätzen keinerlei Zusammenhang mit den im Südosten liegenden mittelalterlichen Bauresten vermuten lassen, deutet ein mit den Fundamenten im Hofraum in Zusammenhang stehender Befund auf einen Zeitabschnitt, der zumindest an den Beginn einer spätmittelalterlichen Bauphase zu setzen ist. Innerhalb einer mit

Lemgo/Kreis Lippe. Schloß Brake. Frühneuzeitliche Keramik und Haushaltsgeräte.

dunkelhumosem Material angereicherten Grube unterhalb der Fundamentierung der nordsüdlich verlaufenden Längsmauer stand ein unversehrter, riefenverzierter Kugeltopf des 14. Jahrhunderts, angefüllt mit Knochenstücken vom Rind, Hund und Schwein. Dies könnte aufgrund der Zusammenstellung auf ein Bauopfer deuten. Die Grube war in den alten humosen Oberboden eingetieft, der in einer Tiefe von 1,8 m unter dem heutigen Schloßhofpflaster von Norden nach Süden bis auf wenige Unebenheiten waagerecht verlief. Erst in unmittelbarer Nähe der südlichen Schloßbebauung fiel das Gelände allmählich ab. Hier sind durch die renaissance- und neuzeitlichen Baumaßnahmen die äußeren Geländebereiche der Spornlage bis auf den anstehenden felsigen Untergrund abgetragen worden.

Die Baumaßnahmen seit dem 16. Jahrhundert bis ins 20. Jahrhundert hinein haben auf dem Geländesporn nicht nur zu mehr oder weniger großen und tiefgreifenden Zerstörungen geführt, sondern auch die dazugehörenden Fundmaterialien aus ihrem ursprünglichen Zusammen-

Lemgo/Kreis Lippe. Schloß Brake. Renaissancezeitliche Ofenkacheln mit z. T. biblischen und allegorischen Darstellungen, signiert von Hans Berman 1550 oder 1560. ▷

hang gerissen. Manches findet sich aufgrund der Auffüllmaßnahmen konzentriert an den Randbereichen zur Beganiederung. Stark gestört durch Fundamentgruben des Nordflügels konnte noch der Rest einer etwa 5 m breiten Kellergrube ausgegraben werden, die Keramik des 13. Jahrhunderts enthielt. Die Hauptmasse der Funde setzt sich aus Geschirrfragmenten, Haustierknochen, Objekten aus Glas, Metall und Holz des 16.–19. Jahrhunderts zusammen, weniger dagegen aus den Zeitabschnitten der Burgbebauung. Unter dem spätmittelalterlichen keramischen Fundgut tritt hier die Geschirrkeramik in den Vordergrund mit reduzierend gebrannten grauen Irdenwaren, wie den Henkelgrapen, den Kugeltöpfen und den Vierpaßbechern mit schwach ausgeprägtem Wellenfuß.
Bei einer hofseitigen Fundamentsicherung vor dem Ostflügel kamen aus einer Baugrube unter dem barockzeitlichen Pflasterhorizont zahlreiche Fragmente renaissancezeitlicher Ofenkacheln zum Vorschein. Sie lagen konzentriert an einer Stelle des nördlichen Flügelbereiches und stammen wohl aus einer Umnutzungsphase, die sich aber anhand der Baugrubenfüllung nicht zeitlich einordnen ließ. Neben einigen wenigen mit dem Datum 1550 oder 1560 versehenen, vom Hafnermeister Hans Berman signierten Kacheln datiert das übrige Material in die zweite Hälfte des 16. und in die erste Hälfte des 17. Jahrhunderts. Eine Vielzahl von Ofenkacheln konnte zusammengesetzt, ergänzt und restauriert werden. Neben Blattkacheln mit den Bildnissen eines lautenspielenden Mannes und einer Dame mit Fächer und Handschuhen zeigen Großformate religiöse Themen wie den Evangelisten Markus am Schreibpult und als allegorische Darstellung die „Liebe". Die freigestellte plastische Figur eines bärtigen Mannes mit weiter Kniebund-Pluderhose auf einer Eckleistenkachel gehört wie die Ecksimskacheln in Form eines Löwen oder mit floralem Dekor und säulchenartigen Ausführungen zu den Architekturkacheln.

Lit.: F. Hohenschwert, Turmhügel und mittelalterliche Burg Brake. In: Führer zu archäologischen Denkmälern in Deutschland, Bd. 11 (1985) 58 ff. – U.-D. Korn, Brake, Burg- und Schloßanlage. Ebenda 56 f. – F. Hohenschwert, Die mittelalterliche Turmhügel- und Wasserburg Brake. Heimatland Lippe (1986) 105 ff. – G. U. Großmann (Hrsg.), Renaissance im Weserraum. Schriften des Weserrenaissance-Museums Schloß Brake Bd. 1 (1989).

Stadt Lemgo/Kreis Lippe. Schloß Brake. Eckleistenkachel eines bärtigen Mannes mit Kniebund-Pluderhose, 16. Jahrhundert.

Hochmut ist die Wurzel aller Laster

Werner Schäfke

Zu Beginn des Jahres 1984 gelang es, zusammen mit anderen Bodenfunden aus dem verkippten Aushub des Kölner Rheinufertunnels, eine gravierte romanische Bronzeschale mit Hilfe des Kölner Amtes für Bodendenkmalpflege für das Kölnische Stadtmuseum zu erwerben, die interessante Aspekte mittelalterlichen Lebens belegt.
Von den derzeit etwa zweihundert bekannten Bronzeschalen dieser Art, die lange entsprechend ihrem Verbreitungsgebiet als Hanseschüsseln bezeichnet wurden, zeigen etwa 45 eine ähnliche Darstellung. Im Spiegel der flachen Schale erkennt man eine weibliche Gestalt, mit einem ungedeuteten kreisförmigen Gegenstand in der linken Hand. Ihre mahnend erhobene Rechte weist in die Umschrift SUPERBIA (Hochmut) hinein. Die im 12. Jahrhundert aufblühende Scholastik hat sich intensiv bemüht, die Gruppierung und Definierung von Lastern und Tugenden zu systematisieren. Der Erfolg ihrer popularisierten Arbeit an der Klärung der Vorstellungen ihrer Zeit von Welt, Mensch und Gott ist mit den romanischen gravierten Bronzeschalen in einem Medium ablesbar geworden, das dem gewohnten Umgang der Geistesgeschichte mit wohl edierten und kommentierten Quellen nicht entspricht. Wir erfahren durch diese Funde etwas von der Breitenwirkung der theologischen Arbeit, die uns sonst verborgen bliebe.

Schemata für Tugenden und Laster wurden beispielsweise von Johannes Cassianus oder Augustinus entwickelt, vom spätantiken spanischen Dichter Prudentius dramatisiert, von Papst Gregor dem Großen ausgearbeitet, der erstmals das Bildthema der Schalen formuliert: „Hochmut ist die Wurzel aller Laster und Übel“. In der Scholastik des 12. Jahrhunderts wird dieses Bild ausgearbeitet und über den Schul- und Studienbetrieb weithin verbreitet. Als Wurzel verschiedener Lasterbäume tritt nun der Hochmut, die Superbia, wie auf unserer Schale auf. Das Latein der Beischriften der sechs Laster – auf manchen Schalen sind es nur vier, auf einer sogar acht – und der zusätzlichen Laster(-früchte) in den Bäumen ist nicht immer das beste. Die Werkstätten und die darin beschäftigten Handwerker scheinen im Laufe der Jahre nachlässig geworden zu sein. Zudem war man dort oftmals wohl kaum des Lesens und geschweige des Lateins mächtig. Auch für die bessergestellte bürgerliche Kundschaft wird die Kenntnis des Lateins ein seltener Schmuck gewesen sein. Entscheidend war, daß man wußte, was gemeint war, und dafür war mit dem wohlgepflegten Bewußtsein der Zeitgenossen von der Sündhaftigkeit des Menschen und seiner Anfälligkeit für die Versuchungen der Laster gesorgt.
Zur Superbia treten Begierde, Geiz, Götzenanbetung, Neid, Zorn und Verschwendung als die nächsten Töchter. Die Darstellung überrascht uns durch eine kronenförmige Zier des Hauptes. Aber es ist keine Krone gemeint. Die romanische Bildsprache schildert hier das gesträubte Haar der Wahnsinningen, derer, die im Laster der Vernunft des Glaubens entglitten sind. Zumindest ein Paar der Früchte der Lasterbäume seien genannt: List, Haß, Eitelkeit, Verzweiflung, Streit, Wut, Boshaftigkeit, Trunkenheit, Ehrgeiz, Heuchelei, Verdacht und Täuschung ...
Es sind nur etwa halb soviel Tugend-Schalen wie Laster-Schalen erhalten geblieben. Andere Schalen greifen mythologische Themen aus den Metamorphosen des Ovid, die Legende des Apostels Thomas, der heiligen Ursula, die Geschichte Samsons, Daniels und Susannas oder populäre theologische Themen auf. Gefunden hat man sie von Skandinavien bis nach Italien, aber auch in Osteuropa oder in Palästina. Die weite Verbreitung führte – wie gesagt – zur Bezeichnung Hanseschüsseln. Da die gravierten romanischen Bronzeschalen aber in einer Zeit vor dem Aufblühen der Hanse entstanden, verzichtet man heute auf diese griffige, aber nicht zutreffende Bezeichnung. Produktion, Transporte und Handel gingen allerdings schon vor den Bündnissen der Hansekaufleute ähnliche Wege. Und so mag auch in der Zeit um 1200 der Erzbergbau im Harz den Rohstoff für die Handwerker auch in Köln geliefert haben, die mit diesen Schalen ein Produkt

Köln, Rheinufer. Gravierte romanische Bronzeschale mit Darstellung der Superbia (Hochmut). ▷

für den gehobenen Bedarf fertigten. Überliefert ist die Nutzung solcher Schalen – auch aus edleren Metallen – als Handwaschbecken vor der festlichen Mahlzeit oder in der Liturgie vor der Feier der Eucharistie am Altar. Ähnlich genutzte und geformte Schalen, kupfergegossen und emailliert, gefertigt in Limoges, für die gleichen Aufgaben kennen wir auch aus Frankreich und den Nachbargebieten.

Lit.: W. Schäfke, Initium omnis peccati superbia. Beobachtungen zu zwei neuerworbenen romanischen gravierten Bronzeschalen im Kölnischen Stadtmuseum. Wallraf-Richartz-Jahrbuch 47, 1986, 157–175.

Köln. Trinkgefäß in Buchform, Westerwälder Steinzeug des 17. Jahrhunderts. ▷

Zum Lesen ungeeignet

Werner Schäfke

Buchattrappen in Pappe für den Möbelhandel, in Leder als Minibar, in Blech als Kassette und in vielen anderen Formen sind kein ungewohnter Anblick, sie sind sogar ein mit Elan gepflegtes Sammelgebiet geworden. Zu den Seltenheiten gehören die relativ kleinen Trinkgefäße in Steinzeug oder Irdenware des 16. und 17. Jahrhunderts. Als Vorbild wurden gotische oder zeitgenössische Renaissance-Einbände gewählt, nicht selten erinnert die Ausstattung wie das Taschenbuchformat an Gebetbücher.

Gern bezeichnete man Spielkarten als des Teufels Gebetbuch – leicht ließe sich dies auf solche Trinkgefäße übertragen. Das relativ geringe Volumen der Gefäße mit einer Trinköffnung im oberen Schnitt des Buchblocks spricht für eine hochprozentige Füllung. Auf einem anderen Exemplar eines Trinkgefäßes in Buchform, das das Kölnische Stadtmuseum besitzt, ebenfalls zu Beginn des 17. Jahrhunderts im Westerwald entstanden, führt ein stehender Mann formvollendet die Benutzung eines solchen Gefäßes vor. Scherzgefäße und skurrile Formen für Trinkgefäße sind im späten Mittelalter und den ersten Jahrhunderten der Neuzeit nicht ungewöhnlich. Unterschiedlichste Gestalten treten auf. Bären und Hund, Eulen oder ein Hirsch, menschliche Gestalten oder Bauformen wurden zum Trinken genutzt. Bei der Form des Buches mögen zusätzliche Bedeutungen eine Rolle gespielt haben. Das immer noch gerne geübte Wortspiel mit dem geistigen Gehalt, der aus der Steinzeugform rascher verinnerlicht werden konnte, mag eine Rolle gespielt haben. Schließlich hatte erst das Mittelalter das langsame Aufblühen der Destillierkunst gesehen, die den spiritus vini – den Geist des Weines – einzufangen wußte. Dazu hatte das 16. Jahrhundert in Reformation und Gegenreformation die Wirkung von Büchern in einer Form kennengelernt, wie sie erst durch die Erfindung der Druckkunst möglich geworden war.

Das graue, salzglasierte Steinzeug dieses Gefäßes ist mit Auflagen und kobaltblauer Bemalung dekoriert worden. Der ornamentale Schmuck wurde in Modeln geformt, dann auf das vorgefertigte Gefäß aufgelegt. Die gleichen Schmuckelemente, wie beispielsweise die Maske auf den Buchdeckeln, konnte man natürlich auch für andere Gefäße verwenden. Aber da auch die Schließen, die beim „richtigen“ Buch das Aufspringen des Buchblocks verhinderten, in Modeln gefertigt sind, scheinen die heute seltenen Gefäße doch einst zum regulären Programm der Töpfer gehört zu haben. Und in manchen Gebieten blieb die Buchgestalt bis in das 19. Jahrhundert eine beliebte Gefäßgestalt.

Lit.: K. Köster: Schnapsbibeln und Teufelsgebetbücher. Festschrift P. W. Meister (1975) 136–150.

KSM 1988/178

Der Münzschatz von Meschede

Philipp-Rupert Hömberg

Im November 1988 wurde bei Kanalisationsarbeiten, die im Zusammenhang mit einer neuen innerstädtischen Umgehungsstraße im Südosten der Stadt Meschede, Hochsauerlandkreis, standen, Teile eines Münzschatzes gefunden. Ein auf der Baustelle beschäftigter Bauarbeiter bemerkte bei laufenden Baggerarbeiten die Münzen und konnte 15 Gold- und 199 Silbermünzen zusammen mit einem kleinen Krug bergen. Die sofortige Benachrichtigung der Unteren Denkmalbehörde und des Amtes für Bodendenkmalpflege ermöglichte eine genaue Nachuntersuchung des teilweise wieder verfüllten Kanalgrabens. Die Untersuchung des Grabens und des bereits wieder eingebrachten Bodenaushubs förderte weitere 223 Silbermünzen zutage. Die weitgehend fertiggestellte Baustelle ließ eine genaue archäologische Untersuchung der Fundstelle nicht mehr zu; immerhin waren einige Beobachtungen möglich. So steht fest, daß alle Münzen aus einem etwa 2 m x 1,5 m großen Teilstück des Kanalgrabens stammen. Man muß also davon ausgehen, daß alle Münzen ursprünglich dicht beieinander lagen.
Bei dem kleinen Schatzgefäß handelt es sich um einen hart gebrannten, 13 cm hohen Becher mit Wellenfuß und weit ausladendem Rand. Die genaue Untersuchung des Münzgefäßes zeigt, daß dieses – beim Auffinden in einer oberen und einer unteren Hälfte geborgen – nicht erst durch die Bauarbeiten zerbrochen wurde. Dies wird bei der Betrachtung der Bruchflächen der beiden Hälften deutlich; sie weisen starke Oxydreste auf, die nur durch Berührung mit den kupferhaltigen Münzen entstanden sein können. Da der heutige Kanalgraben in und neben einem älteren verläuft, erscheint es nicht ausgeschlossen, daß der Schatz bereits bei Anlage des älteren Grabens „angeschnitten" worden ist, ohne daß er bemerkt worden wäre. Während der früheren Erdarbeiten könnte auch das Schatzgefäß zerbrochen sein.
Die Münzen wurden von P. Ilisch bestimmt. Bei den Goldmünzen handelt es sich überwiegend um Goldgulden der Erzbistümer Köln (6 Stück) und Mainz (2), dem Bistum Utrecht (3), der Stadt Köln (1) und Prägungen König Friedrichs III. aus den Münzstätten Frankfurt (2) und Lüneburg (1). Das Gewicht der Münzen schwankt zwischen 2,64 g und 3,43 g, das Prägedatum zwischen 1414 und 1476. Zahlenmäßig weitaus häufiger vertreten sind Silbermünzen (Weißpfennige/Albus, Blanken, Jager und einige wenige Schillinge). Zwei Drittel der 422 Münzen stammen aus dem Bistum Utrecht (90 Stück), den Erzbistümern Köln (69), Trier (34) und Mainz (22) und dem Kurfürstentum Pfalz (64). Die Städte Deventer und Köln sind mit 23 bzw. 21 Münzen vertreten. In kleineren Zahlen handelt es sich weiter um solche der Herzogtümer Kleve (10), Brabant (4), Berg (4), Jülich-Berg (3) und Jülich (1), des Landgrafen von Hessen (15), der Grafschaften Pfalz-Simmern (13), Pfalz-Zweibrücken-Veldenz (9), Flandern (5), Limburg (4) und Moers (3), der Städte Lübeck (13), Hamburg (6), Neuss (2), Groningen (2) und Wismar (1). Aus der Abtei Essen kommen zwei Münzen, das Bistum Bamberg und die Abtei Werden sind mit je einer Münze belegt. Münzstätten sind Bacharach, Bergheim, Bingen, Bonn, Broich, Deutz, Heidelberg, Koblenz, Königsdorf, Mainz, Mülheim, Rheinberg, Riel, Schmalkalden (?), Simmern, Veldenz, Wachenheim, Wesel und Wijk bij Durstede. Die Prägedaten liegen zwischen den Jahren 1419 und 1480. Da mehrere prägefrische Münzen der Jahre 1475 und 1478 vorhanden sind, wird man wohl annehmen dürfen, daß der Münzschatz um 1480 in den Boden gekommen ist. Der Grund für die Niederlegung könnten kriegerische Auseinandersetzungen gegen Ende des 15. Jahrhunderts gewesen sein. Seit 1473 fand zwischen Ruprecht von der Pfalz, dem Kölner Erzbischof, dessen Münzen in dem Schatzfund vertreten sind, und dem in diesem Jahr von den Kölner Ständen zum Verweser des Erzstiftes gewählten Hermann v. Hessen ein Machtkampf um das Kölner Erzbistum statt. 1480 konnte er das Erzstift Köln für sich gewinnen, 1498 zusätzlich auch noch das Bistum Paderborn. In diesem Zusammenhang können auch Unruhen den Mescheder Raum, Teil des Herzogtums Westfalen und zu Köln gehörend, berührt und zur Vergrabung des Schatzes geführt haben.

Im Gegensatz zu zahlreichen anderen Münzschätzen ergeben sich in Meschede vielleicht Hinweise auf einen mögli-

Schatzfund aus Meschede/Hochsauerlandkreis, 15. Jahrhundert.

chen ehemaligen Eigentümer, der die Münzen dem Boden anvertraut haben mag. Das Grundstück, heute der Ernestinischen Stiftung gehörend, war vor 1806 ein Propsteilehen des in unmittelbarer Nähe liegenden Stiftes S. Walburga. Aus dem erhaltenen Hausstellenverzeichnis (Nr. 181) wissen wir, daß 1533, also knapp ein halbes Jahrhundert nach der Niederlegung des Schatzes, ein Balthasar Borchatz, Sohn des Borchart Kremer, durch den Mescheder Propst mit der Hausstelle belehnt worden ist. Für 1559 ist ein weiteres Mitglied dieser Familie überliefert, nämlich Jobst Burchardi, Kanoniker in St. Aposteln und Cäcilien in Köln, der in seinem Testament 400 Goldgulden für eine Stiftung aussetzt, die einem Studenten der Kölner St.-Laurenz-Burse zugute kommen sollte (Mitteilung von R. Köhne, Meschede). Die Familie Borchatz scheint eine vermögende Kaufmannsfamilie in Meschede gewesen zu sein. Der Vater oder Großvater des 1533 genannten Balthasar Borchatz mag anläßlich von Unruhen sein Geld dem Boden anvertraut haben, konnte es aber aus unbekannten Gründen nicht mehr bergen.

Ein spätmittelalterlicher Tiefbrunnen in Barntrup

Friederich Hohenschwert

Im Sommer 1982 wurde in Barntrup, Kreis Lippe, beim Ausbau der heutigen Oberen Straße ein bisher nicht bekannter Brunnen entdeckt. Er liegt im Bereich einer Ausweitung der Straße zu einem kleinen Platz an der Einmündung einer Gasse und fügt sich deutlich in die seit der Gründungszeit des Ortes Anfang des 14. Jahrhunderts an dieser Stelle kaum veränderte Straßenführung und Parzellierung ein. Bei Bürgern und Stadtverwaltung wurde Interesse daran geweckt, den Brunnen wieder instand zu setzen und als Denkmal mittelalterlicher Stadtgeschichte in die Planung des Straßenraumes einzubeziehen.

Da eine planmäßige Ausgrabung höchsten sicherheitstechnischen Aufwand erfordert hätte und weder zeitlich, personell noch finanziell durchführbar war, wurde die Füllung mit einem zur Verfügung stehenden Seilzugbagger mit Greifer unter ständiger Beobachtung ausgehoben. An anderer Stelle – nach Fuhren getrennt – deponiert, konnte dann das Fundgut durch Frau I. Krehbiel vom Lippischen Landesmuseum Detmold geborgen und aufbereitet werden. Bei der Ausräumung war schon zu beobachten, daß die Verfüllung in zwei Abschnitten erfolgte. Die obere Füllung in 3 m–7 m Tiefe enthielt Hausmüll mit Kleingeräten, Werkstattabfälle und Bauschutt des 17./18. Jahrhunderts; sie war mit Schlammablagerungen von Abwässern durchsetzt. Offensichtlich hat man den Brunnen einige Zeit als Abfall- und Sickergrube genutzt. Die untere, über 25 m mächtige, dichte und in kurzer Zeit nach dem Dreißigjährigen Krieg eingebrachte Füllung zeichnete sich deutlich davon ab. Sie stammt sicher von einer Aufräumungsaktion aus dem nahegelegenen, zerstörten Oberen Hof – der ehemaligen Stadtburg – und den umliegenden Häusern. Die Verfüllung des mit sehr großem Aufwand gebauten Brunnens ist nur damit zu erklären, daß er unbenutzbar wurde (durch kriegerische Handlung, Seuchengefahr?), denn bei der Räumung wurde in 30 m Tiefe der Wasserspiegel erreicht. Bei 32 m wurde die Arbeit eingestellt, weil im nach unten allmählich immer enger werdenden Schacht der verfügbare Greifer sich nicht mehr öffnen ließ. Die Brunnensohle war, nach der Beschaffenheit des Aushubs zu urteilen, noch nicht ganz erreicht.

Der Brunnen hat einen oberen lichten Durchmesser von 2,4 m und ist mit rund gesetzten, steinmetztechnisch sorgfältig bearbeiteten Sandsteinquadern bis in eine Tiefe von 8 m eingefaßt. Darunter ist er in den anstehenden Ton und Mergelstein des Mittleren Keuper geschlagen. Bei 32 m Tiefe beträgt der Durchmesser noch etwa die Hälfte des oberen.

Der Brunnen dürfte wegen seiner besonderen Lage am höchsten Punkt eines langgestreckten Rückens, auf dem die planmäßige Stadtgründung erfolgte, zwischen dem kirchlichen Besitz und dem zur landesherrlichen Burg gehörigen Oberen Hof sicher nicht nur für die Versorgung der in der Nachbarschaft zahlreich wohnenden Handwerker, landwirtschaftlichen Arbeiter und Tagelöhner angelegt worden sein. Für die Oberstadt ist er neben einem überlieferten Brunnen der Burg der größte bisher bekannte. Seit den Anfängen der Stadt wurde er bis in die Zeit des Dreißigjährigen Krieges benutzt.

Das Fundmaterial – Keramik, Glas, Metall, Holz und große Mengen von Leder, vor allem Schuhwerk vom Soldatenstiefel bis zum Kinderschuh – gehört vorwiegend dem 16. und 17. Jahrhundert an. Unter den zahlreichen Tierknochen fallen mehr als 20 Rinderschädel besonders auf. Bemerkenswert ist, daß die Knochen der wesentlichen Fleischpartien wie Vorder- und Hinterkeule, Nacken- und Rückenpartien weitgehend fehlen. Das legt den Schluß nahe, daß die Herde des Oberen Hofes im Kriegsgeschehen abgeschlachtet und die besten fleischtragenden Partien für die Verproviantierung durchziehender Truppen mitgenommen wurden. Vertreten sind aber alle Haustiere wie Schwein, Hund, Katze und Geflügel als auch Pferd, Schaf und Ziege; vom jagdbaren Wild ist der Hirsch belegt.

Das Fundgut aus dem Bereich der hauswirtschaftlichen Sachgüter weist überwiegend auf eine Herkunft aus der oberen sozialen Schicht hin. Dafür sprechen zahlreiche, in unterschiedlicher Technik reich verzierte Fragmente von Trinkgläsern, Pokalen und Flaschen. Unter dem Steinzeug und der Irdenware befinden sich viele, mit Ösenhenkeln

und Griffzungen verzierte und bemalte Teller, Schalen und Schüsseln sowie Grapen und Stielpfannen.
Von den Metallfunden ist besonders eine in feinster Durchbruchtechnik gearbeitete Renaissance-Schwertklinge zu nennen, die später eine Änderung des Griffes, am Korb und am Knauf, erfuhr. Die Klinge dürfte eine spanische oder norditalienische Arbeit oder derartigen Vorbildern nachgestaltet sein. Eine Waffe dieser Qualität wurde sicher nur von einer hochgestellten Persönlichkeit geführt. Sie mag in Verbindung mit Ereignissen des Dreißigjährigen Krieges an diesen Ort gelangt sein.
Weiter sind zu nennen: ein am Stielende figural verzierter Zinnlöffel, mehrere Tafelmesser mit Horngriffen, die mit eingravierten Punktgruppen oder Strichbündelornamenten verziert sind, ein Zapfhahn aus Messing, Vorhängeschlösser unterschiedlicher Form, ein kleines Metallkästchen und gußeiserne Eckleisten renaissancezeitlicher Öfen. Unter den Arbeitsgeräten sind hervorzuheben: eine gezahnte Sichel mit einem Werkstatt- oder Meisterzeichen, die Tülle einer kleinen Spitzhaue, Pferdetrense und Metallteile von Pferdegeschirren, Wagenbeschläge und Herdgerät einschließlich mehrerer gußeiserner Grapen.
Das reiche Material vermag nach systematischer Aufarbeitung Kenntnisse von den wirtschaftlichen Beziehungen des Ortes zu Töpferwerkstätten und Glashütten sowie ein Bild spätmittelalterlichen Lebens, sozialer Strukturen einer Kleinstadt, Haushaltsausstattung und Tischsitten zu Beginn der Neuzeit zu vermitteln. Das in großen Mengen geborgene Schuhwerk wurde zur weiteren Bearbeitung und Auswertung dem Offenbacher Ledermuseum übergeben. Die Stadt Barntrup hat die Werksteinfassung des Brunnens restauriert und ihn in den neuen Fußgängerbereich einbezogen.

Lit.: F. Hohenschwert, Ausgrabungen und Funde in Westfalen-Lippe 2, 1984, 263–68.

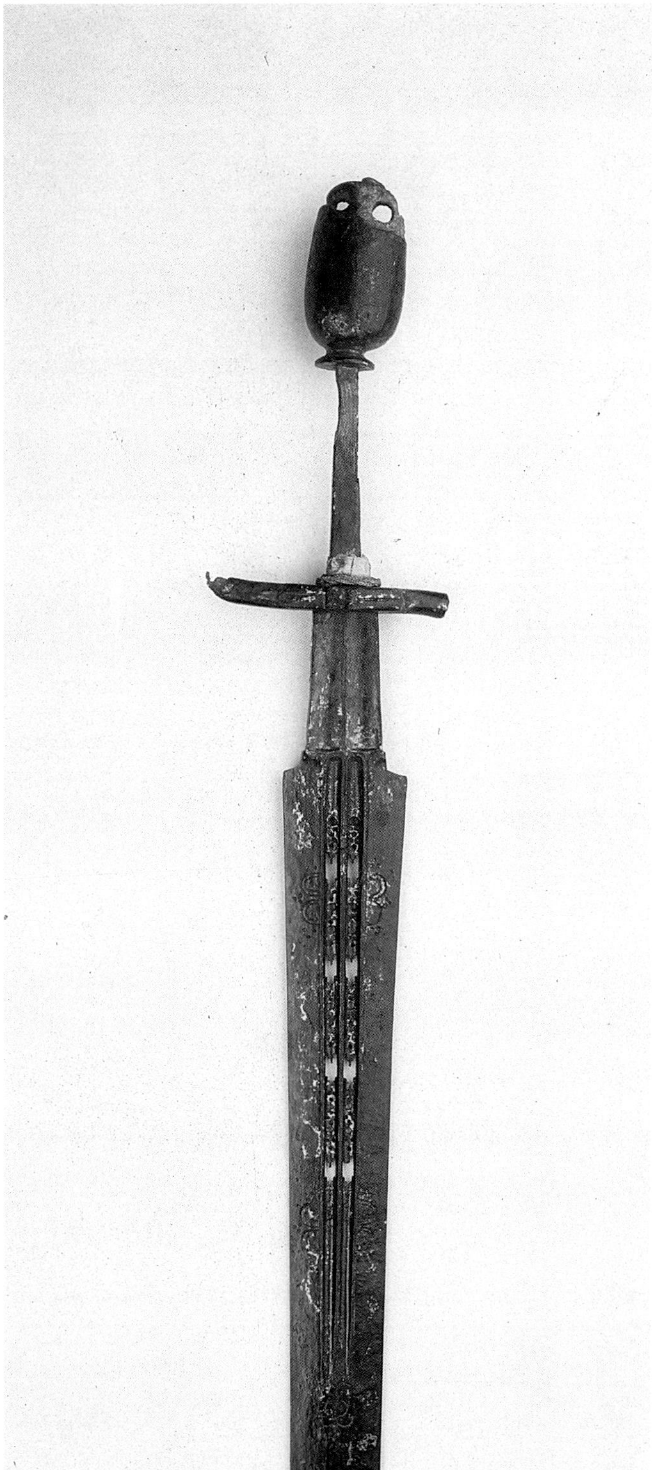

Schwert mit durchbruchverzierter Klinge aus einem spätmittelalterlichen Brunnen in Barntrup/Kreis Lippe.

Untersuchungen von Entsorgungsanlagen in der Altstadt von Höxter

Andreas König

Unter den vielfältigen Quellen stadtarchäologischer Forschungen sind mittelalterliche und frühneuzeitliche Entsorgungsanlagen, d. h. Fäkalien- und Abfallschächte, eine Kategorie von besonderem Aussagewert. Die in diesen Anlagen erhaltenen Fäkalreste, Haushaltsabfälle und sonstigen Fundstücke gestatten häufig detaillierte und weitreichende Einblicke in das städtische Leben im Zeitraum von etwa 1200 bis 1800.

In der Zeit um 1200 kommen vor dem Hintergrund steigender Einwohnerzahlen und der daraus resultierenden Siedlungsverdichtung im städtischen Milieu Kloaken auf. Dabei handelte es sich in der Regel um private Anlagen – abgesehen von Abtritten in öffentlichen Gebäuden (z. B. Rathäuser, Wirtshäuser), karitativen Einrichtungen (z. B. Leprosenhäuser, Spitäler), Klöstern und anderer kollektiv lebender Personengruppen (z. B. Beginen). Insofern spiegeln sie Entsorgungsgewohnheiten einzelner Haushalte oder Hausgemeinschaften wider. Kloaken lagen häufig in den hinteren Bereichen der Grundstücke oder waren direkt an die Gebäude angeschlossen. Die mehrere Meter tiefen Schächte wurden aus unterschiedlichen Baumaterialien errichtet – in Höxter sind Bruchstein- von Holzkonstruktionen zu unterscheiden; Faßkloaken sind bisher selten belegt. Nicht jeder Haushalt verfügte über derart aufwendige und kostspielige Tiefbauwerke zur Entsorgung; in Höxter ist der Nachweis von Kloaken in traditionell ärmeren Wohnquartieren deutlich seltener. Wahrscheinlich bediente sich hier die Bevölkerung einfacherer, unaufwendigerer Anlagen wie beispielsweise Misten oder Erdgruben.

Seit den sechziger Jahren wurden in der Altstadt von Höxter ca. 60 Fäkalien- und Abfallschächte im Rahmen von archäologischen Baustellenbeobachtungen erfaßt. Sie sind neben Brunnen häufig die letzten Bebauungsspuren, die auf Tiefbaustellen nachgewiesen werden können. Die überwiegende Mehrzahl dieser Entsorgungsanlagen konnte lediglich in Form von Notbergungen untersucht oder auch nur beobachtet werden. Die ältesten Höxterschen Kloaken entstanden an der Wende vom 12. zum 13. Jahrhundert. Aus dem darauffolgenden Zeitraum stammt das Gros der dokumentierten Anlagen; barockzeitliche Fäkalien- und Abfallschächte sind bisher selten belegt. Der weitgehend negative Nachweis für die Barockzeit steht im Gegensatz zu den zahlreichen renaissancezeitlichen Beispielen. Anscheinend begnügte man sich nach dem Dreißigjährigen Krieg bis weit in das 19. Jahrhundert mit wesentlich einfacheren Anlagen.

1988 wurden auf dem Höxterschen Postgelände umfangreiche Ausgrabungen im Vorfeld einer Großbaumaßnahme durchgeführt. Das mehrere tausend Quadratmeter große Areal zählt zu den geschichtsträchtigsten Vierteln der Altstadt. Bei den archäologischen Untersuchungen konnten u. a. 17 Fäkalien- und Abfallschächte freigelegt werden – so auch die beiden Anlagen, von denen erste Ergebnisse der Aufarbeitung vorliegen.

Auf dem Grundstück des ehemaligen von Kanneschen Hofes, dem bedeutendsten adligen Eigenhof der Stadt in der Renaissancezeit, wurde bei Ausschachtungsarbeiten für eine Tiefgarage eine Kloake angeschnitten. Der runde, aus Bruchsteinen (Buntsandstein) trocken gemauerte Schacht besaß einen inneren Durchmesser von 2 m, seine ursprüngliche Tiefe betrug ca. 7 m. Auf der Sohle war eine ca. 1,8 m starke Fäkalschichtung, durchsetzt mit Haushaltsabfällen, erhalten. Diese wurde von einer Bauschuttverfüllung überlagert, die die Aufgabe der Kloake in der Mitte des 17. Jahrhunderts dokumentiert.

Das in den Fäkalschichten geborgene Fundmaterial datiert in die zweite Hälfte des 16. und die erste Hälfte des 17. Jahrhunderts. Überwiegend handelt es sich um Keramik- und Glasfunde, unter ihnen Fragmente von bisher mehr als 270 Keramikgefäßen. Bei der Keramik dominieren einfache, weitgehend unverzierte Formen, vorwiegend Koch- und Vorratsgefäße aus Irdenware und Steinzeug. Die Funde

Höxter. Glashumpen mit Emailbemalung, auf der Rückseite der Sinnspruch „Binde den Fuchs nur feste an, so muß er Dich zufrieden lassen". Erste Hälfte des 17. Jahrhunderts. ▷

stammen aus regionalen Töpfereien, das Steinzeug vorrangig aus dem südniedersächsischen Duingen. Bemalte Irdenware ist durch Produkte – überwiegend Teller und Schüsseln – der regionaltypischen Weser- und Werraware vertreten.
Im Bereich der mittleren und unteren Werra arbeiteten in den Jahrzehnten um 1600 Werkstätten, die die sogenannte Werraware herstellten. Diese Werkstätten waren ein frühes Zentrum der Produktion bemalter Irdenware im deutschen Sprachraum. Die Erzeugnisse der Werraware, die im Übergangsbereich zwischen schlichter Handwerksarbeit und dekorativer Kunst anzusiedeln sind, zeichnen sich durch die variantenreiche Ausgestaltung der Motive und die Herausarbeitung von Details in Ritztechnik aus. Den Darstellungen liegen häufig humanistisch-antike und christliche Inhalte zugrunde. Aufgemalte Jahreszahlen zählen zu den Besonderheiten dieser Ware. Zu den wichtigsten Vertretern bemalter Irdenware der Renaissancezeit gehört weiterhin die Weserware. Seit der zweiten Hälfte des 16. Jahrhunderts produzierten Werkstätten in der Region zwischen Oberweser und Leine diese reich verzierte Keramik mit ihren stilisierten Motiven. Aufgrund ihrer handwerklichen Qualität und ihrer leuchtenden Farbigkeit fand die Weserware große Verbreitung in Nordwestdeutschland; durch den Fernhandel gelangte sie vor allem in die Niederlande, nach Großbritannien und Skandinavien.
Auffällig, d. h. für Höxter ungewöhnlich, ist der relativ hohe Anteil an Produkten aus dem Rheinland und aus Mitteldeutschland (über 14 Objekte). Der keramische Import umfaßt Fayence sowie Trink- und Schenkgeschirr aus Steinzeug. Aus Thüringen stammt Arnstädter Fayence, aus Sachsen Waldenburger Steinzeug. Rheinisches Steinzeug ist durch Erzeugnisse aus Siegburg, Raeren und dem Westerwald vertreten.
Die große Menge an Glasfunden, die in die Kloake gelangte, ist beim derzeitigen Bearbeitungsstand noch schwer zu übersehen. Neben zahlreichen Bruchstücken von Fensterscheiben fanden sich mehrheitlich Hohlgläser aus grünlichem Waldglas, die wahrscheinlich in Glashütten des Oberweserraumes hergestellt wurden. Es überwiegen achtkantige Stangengläser mit Fadenauflage; ferner lassen sich Römer, Kelchgläser, Humpen und formgeblasene Becher nachweisen. Flaschen sind in unterschiedlichsten Ausprägungen vorhanden. Unter dem Fundmaterial stechen Gläser mit geritzten Dekoren und solche mit farbiger Emailbemalung hervor, bei denen es sich wahrscheinlich ebenfalls um Produkte der Region handelt. Weiterhin heben sich Farbgläser, Pokale aus stark entfärbtem Glas und Glas in venezianischer Art von der Masse der Hohlgläser ab.
Das Spektrum an Metallfunden ist begrenzt auf einige Kleinfunde (Schmuckring, Münzen, Schlüssel, Schnallen, Stecknadeln), Messer, einen Reitersporn und Beschläge. Interessant sind die Nachweise von Metallgeschirr in Form eines Dreibeintopffußes und von Becken- oder Tellerfragmenten.
Bei den Ausgrabungen im Bereich der Höxterschen Post wurde auch der Abfallschacht des Jost Ziegenhirt untersucht. Die Zuordnung der Anlage wurde durch mehrere Gläser (Stangengläser mit Emailbemalung, Becher mit geritztem Dekor) ermöglicht, die diesen Namen tragen. 1625 unterschreibt ein Jost Ziegenhirtt als Dechant des Bäckeramtes eine Urkunde; aus den zwanziger Jahren des 17. Jahrhunderts liegen Kontributionslisten vor, aus denen die vergleichsweise hohe Taxierung des Ziegenhirtt hervorgeht. Demnach wurde mit großer Wahrscheinlichkeit der Abfallschacht eines wohlhabenden Höxterschen Bürgers der Spätrenaissance erfaßt.
Der rechteckige, aus Buntsandsteinen trocken gemauerte Schacht besaß ein lichte Weite von 1,4 m x 2,8 m; seine Tiefe betrug ursprünglich ca. 5,5 m. Etwa mittig war die Anlage durch eine Mauer zweigeteilt. In der Verfüllung der nordwestlichen Hälfte, die eine ältere Phase dokumentiert, fand sich u. a. Keramik der Zeit um 1400. Die andere Hälfte des Schachtes enthielt auffallend große Mengen von Hausabfällen, vorrangig Funde der ersten Hälfte des 17. Jahrhunderts. Eindeutige Fäkalreste wurden nicht festgestellt. Das archäologische Fundmaterial setzt sich überwiegend aus Keramik und Glas zusammen. Über 190 Keramikgefäße konnten bisher nachgewiesen werden, wobei schlichte Irdenware- und Steinzeugformen aus dem Bereich der Nahrungsbereitung und der Bevorratung dominieren (Dreibeintöpfe, Pfannen, Schüsseln, Käseformen etc.). Vergleichsweise stark vertreten sind Erzeugnisse

Höxter. Keramik und Gläser des 15. bis 17. Jahrhunderts aus der Grabung auf dem Postgelände und im Heilig-Geist-Hospital (unten rechts). ▷

der Weser- und Werraware (mindestens 36 Gefäße), die in Form von Tellern, Schüsseln und (seltener) Dreibeintöpfen vorliegen. Die Werraware zeigt im Gefäßspiegel florale Motive, Sonnen, Darstellungen von Tieren (Fisch, Hase, Hirsch, Taube), einen Engel sowie Jahreszahlen von 1601 bis 1637. Aus dem Rheinland oder aus Mitteldeutschland eingeführtes Steinzeug fehlt weitgehend. Als einzige Fayence gelangte ein Krug aus den Niederlanden in den Schacht. Zahlreiche glasierte Napfkacheln erlauben Rückschlüsse auf die Beheizung des zugehörigen Haushaltes und zeugen weiterhin von einer Ofenerneuerung während der ersten Hälfte des 17. Jahrhunderts.
Beim derzeitigen Bearbeitungsstand ist die große Anzahl der Glasfunde noch nicht vollständig zu übersehen. Deutlich überwiegen jedoch regionale Produkte aus grünlichem Waldglas, die u. a. durch Flaschen, Kannen, Stangengläser, unterschiedliche Becherformen und Römer repräsentiert werden. Bemerkenswert sind unter den umfangreichen Flachglasfragmenten Beispiele bemalter Scheiben. Metallfunde liegen in einiger Anzahl vor, wobei eisernes Gerät überwiegt.
Bereits 1986 wurden auf der Parzelle des ehemaligen Heilig-Geist-Hospitals drei Kloaken ausgegraben; der jüngste, in die frühe Neuzeit zu datierende Schacht störte zwei mittelalterliche Entsorgungsanlagen. Das Heilig-Geist-Hospital bildete die zentrale Institution der Armen- und Krankenfürsorge in Höxter. In der Zeit um 1600 werden etwa elf bis dreizehn „arme Leute" gleichzeitig im Spital versorgt worden sein.
Der annähernd runde, aus Buntsandsteinen trocken gemauerte Schacht wies den beachtlichen (inneren) Durchmesser von 2,4 m auf und war ursprünglich ca. 5 m in das Erdreich eingegraben. Von dem Fundmaterial aus der Fäkalverfüllung, das hauptsächlich der zweiten Hälfte des 16. und ersten Hälfte des 17. Jahrhunderts entstammt, konnten bisher über 60 Gefäße aus Irdenware rekonstruiert werden. Hierbei handelt es sich überwiegend um einfaches, bleiglasiertes Kochgeschirr (Dreibeintöpfe, Töpfe, Pfannen). Verzierte Irdenware, u. a. Weser- und Werraware, ist durch mehrere Stücke belegt. Import aus weiter entfernt gelegenen Zentren der Keramikproduktion fehlt. Auffällig ist das geringe Aufkommen an Hohlgläsern, das sich auf ca. 16 Objekte beläuft. Dazu zählen kleinere Flaschen, Stangengläser, ein Römer und eine Fußschale. Ferner gelangten Textil- und Lederreste in den Kloakenschacht, die z.T. der Bekleidung der Hospitalsinsassen zuzuordnen sind – ebenso zwei gläserne Knöpfe. Die wenigen Metallfunde umfassen u. a. Beschläge, Messer, einen Spiegel und Münzen. Bleiglasierte Napfkacheln erlauben wiederum Rückschlüsse auf die Beheizung des Spitals.
Die Füllungen von Fäkalien- und Abfallschächten gestatten vielfältige Einblicke in den historischen Alltag. Neben grundsätzlichen Erkenntnissen zur Problematik der Entsorgung in der Stadt können anhand der archäologischen Fundmaterialien Aussagen über die zugehörigen Haushalte getroffen werden. In der Regel handelt es sich bei den geborgenen Objekten um gängiges Gebrauchsgut aus den Bereichen der Bevorratung, Küche und Tafel. Ferner gelangten Bekleidungsstücke in die Schächte; Fensterglas, Mobiliar und Ofenkacheln liefern weitere Rekonstruktionsmöglichkeiten. Daneben erscheinen immer wieder Fundstücke, die wohl als Verluste der Kloakenbenutzer anzusehen sind (z. B. Münzen, Schmuck). Der teils hohe Niederschlag von Keramik- und Glasfunden in den vorgestellten Fundkomplexen ist vor dem Hintergrund langjähriger Verfüllungsprozesse zu sehen. Ansätze zu einer Bewertung der sozialen Stellung der Kloakenbenutzer auf der Basis ihrer Abfälle scheint die Mehrzahl der Funde nicht zu erlauben. Hier ist vor allem die Ausschnitthaftigkeit der Entsorgung über derartige Anlagen in Rechnung zu stellen. Anscheinend bilden jedoch aufwendiger gearbeitete Produkte und Importe, vor allem Glas und Keramik, Indikatoren einer sozialen Differenzierung. Die Funde bereichern den Kenntnisstand zur materiellen Kultur und ermöglichen Rückschlüsse auf Produktionsorte bzw. -zentren und deren Absatz. Bei aller Ausschnitthaftigkeit bieten die archäologischen Funde Einblicke in die Lebenswelt des Mittelalters und der frühen Neuzeit, die durch Schriftquellen nicht oder nur unzureichend beleuchtet werden können.

Kloaken und deren Inhalte eröffnen nicht nur dem Archäologen und Historiker ein reiches Betätigungs- und Erkenntnisfeld. Die spezifischen Erhaltungsbedingungen für organischen Fundmaterialien ermöglichen den naturwissenschaftlichen Nachbardisziplinen vielfältige Rekonstruktionsansätze zu Aspekten der Hygiene, Ernährung und Umwelt im Mittelalter und in der frühen Neuzeit.
Das Interesse anthropologischer Analysen von Kloakeninhalten ist auf den Nachweis von Parasiten und den daraus resultierenden Schlußfolgerungen ausgerichtet. In den Fäkalschichten haben sich in der Regel Eier von menschlichen und tierischen Eingeweideparasiten über Jahrhunderte erhalten; zu den verbreitetsten zählen der Peitschen-

wurm (Trichuris) und der Spulwurm (Ascaris). Die nachgewiesenen menschlichen Eingeweidewürmer dokumentieren den Befall der einstigen Kloakenbenutzer und erlauben Rückschlüsse auf die städtischen Hygieneverhältnisse. Die bisher gewonnenen Ergebnisse legen den Schluß nahe, daß die Durchseuchung der Bevölkerung im Mittelalter und der frühen Neuzeit erhebliche Ausmaße besaß. Starker Wurmbefall bedingt einen schlechten Allgemeinzustand und gehört somit zu den Voraussetzungen einer Infektionskrankheit. Ferner lassen sich anhand der Infektionswege der nachgewiesenen Darm- und Eingeweideparasiten Erkenntnisse über Ernährungsgewohnheiten und über Aspekte der Wirtschaftsweise (z. B. Kopfdüngung des Gemüses) gewinnen.

Von den behandelten Fundkomplexen liegen bisher nur aus der renaissancezeitlichen Kloake des Heilig-Geist-Hospitals parasitologische Analysen vor, die einen Befall der Spitalsinsassen mit Spul- und Peitschenwürmern dokumentieren. Nach B. Herrmann „ergibt sich das Bild einer mäßig belasteten Kloake bei unauffälligem Artenspektrum". Wahrscheinlich hat die Austrocknung des Schachtinhaltes durch rezenten Baumwuchs den Parasitennachweis negativ beeinflußt.

Ebenfalls wichtige Erkenntnisse erlangt die Botanik durch Analysen von Kloakeninhalten. Neben Schriftquellen (z. B. Kochbücher, Zollverzeichnisse) und zeitgenössischen Bildquellen (z. B. Städteansichten) liefern Pflanzennachweise im Rahmen archäologischer Ausgrabungen wesentliche Aufschlüsse über Ernährungsgrundlagen und Umweltverhältnisse. In den feuchten Fäkalschichten der Kloaken haben sich unter Sauerstoffabschluß große Mengen an unverkohlten Pflanzenteilen erhalten. Das botanische Fundmaterial stammt aus dem menschlichen Verdauungstrakt oder gelangte als Küchenabfall o. ä. in die Anlagen. Dabei ist zu berücksichtigen, daß die nachgewiesenen Pflanzen lediglich ein beschränktes Artenspektrum widerspiegeln. Bei den Nutzpflanzen handelt es sich häufig um Obstarten, die aus dem einheimischen Anbau stammen, von Importen abgesehen. Daneben belegt das regelmäßige Auftreten von Wildobst die Wertschätzung dieser Sammelfrüchte. Ferner lassen sich anhand von Bodenproben Getreide, Gemüse, Ölpflanzen und Gewürze nachweisen. Unkräuter und Wildpflanzen, die ebenfalls in die Kloaken gelangten und beispielsweise als Wildgemüse, Heil- und Färbepflanzen genutzt wurden, geben Auskunft über die natürlichen und anthropogenen Landschafts- bzw. Vegetationsverhältnisse in der näheren Umgebung der Städte. Vor allem das Artenspektrum der Unkräuter gestattet Rückschlüsse auf die agrarischen Produktionsflächen (Garten- und Ackerland) und deren Bewirtschaftung.

Höxter. Aus der Grabung im Heilig-Geist-Hospital. Irdenes Kochgeschirr des 16. und 17. Jahrhunderts.

Von dem renaissancezeitlichen Kloakenschacht des Heilig-Geist-Hospitals liegen erste botanische Ergebnisse vor. Das Fundmaterial war durch die starke Austrocknung des Schachtinhaltes einer deutlichen Auslese unterworfen; folglich haben nur Pflanzen mit widerstandsfähigen Samen überdauert. Unter den nachgewiesenen Nutzpflanzen überwiegen Sammelfrüchte, vertreten durch Himbeere, Walderdbeere, Schlehe, Brombeere, Kratzbeere, Holunder, Blaubeere und Heckenrose (Hagebutte). Sie stammen aus der näheren Umgebung Höxters, wo es hinreichend Standorte für die verschiedenen Wildobstarten gegeben hat. Dem Kulturobst sind Apfel und Wein zuzurechnen; daneben ist als Import die Feige vertreten. Feigen können als Obst genossen oder als Medizin verabreicht worden sein. Von den schwer nachzuweisenden Gemüsepflanzen liegen Kohl und Sellerie vor. Koriander, Fenchel, Senf und Petersilie dienten als Gewürze. Der vorgefundene Mohn kann der Gewinnung von pflanzlichem Fett entstammen. Ferner sind Hopfen (Getränkepflanze) und Akelei (Heil- oder Zierpflanze) belegt.

Eine wichtige Materialbasis für haustierkundliche Untersuchungen sind die regelmäßig in Kloaken auftretenden Tierknochen. Analysen ermöglichen Aussagen über die Haustiere und ihre Nutzung im Mittelalter und der frühen Neuzeit. Neben dem Nachweis einzelner Arten können bei

guter Erhaltung des Skelettmaterials auch Erkenntnisse über Domestikationsstand, Körpergröße, Schlacht- bzw. Lebensalter und Geschlecht der Tiere gewonnen werden. Bei den geborgenen Haustierknochen handelt es sich um Schlacht-, Küchen- und Speisereste, die wesentliche Einblicke in die Ernährungsgrundlagen der städtischen Bevölkerung gestatten. Andererseits ist zu beobachten, daß auch vollständige Skelette oder Teilskelette getöteter oder verendeter Tiere in den Kloakenschächten versenkt wurden. Sie stammen von Tieren, die ungenießbar geworden waren oder nicht zum gängigen Ernährungsspektrum gehörten (z. B. Föten, Katzen). Im Blick auf die Funktion von Kloaken sollte diesem bisher noch wenig beachteten Aspekt der Kadaverentsorgung zukünftig auf breiterer Basis nachgegangen werden.
Der zoologische Nachweis von Wildtieren erlaubt Rückschlüsse auf die Fauna in der Stadt und ihrer Umgebung. Somit können im städtischen Milieu lebende Wildtiere erfaßt und Erwägungen über ihre Lebensräume angestellt werden. Weiterhin kann die Bedeutung des Wildbrets im Ernährungshaushalt der städtischen Konsumenten geklärt werden. Von nicht minderem Interesse, besonders in an Gewässern gelegenen Städten, sind Fischfunde mit ihrer Artenzahl und Vielfalt sowie deren Anteil an der Ernährung. Derartige Untersuchungen fehlen bisher weitgehend. Der Forschungsstand zu der spezifischen Quellengattung „Fäkalien- und Abfallschächte" ist noch unbefriedigend. Bei der weiterhin expandierenden Bautätigkeit in den historischen Stadtkernen und der damit verbundenen Zerstörung von Bodendenkmälern ist auch dieses archäologische Quellenmaterial stark gefährdet. Noch immer fehlen Mittel, um das rapide schwindende Quellengut zu untersuchen. Vor diesem Hintergrund ist es dringend notwendig, zumindest eine repräsentative Anzahl mittelalterlicher und frühneuzeitlicher Entsorgungsanlagen unter günstigeren Rahmenbedingungen und verbesserten Grabungsmethoden exemplarisch zu erforschen.

Lit.: B. Herrmann, Parasitologisch-epidemologische Auswertung mittelalterlicher Kloaken. Zeitschrift für Archäologie des Mittelalters 13, 1985, 131–161. – A. König, H.-G. Stephan, Ausgrabungen 1971–1986 im Bereich des ehemaligen Heilig-Geist-Hospitals in Höxter an der Weser. Ergebnisse und Perspektiven. Mit textilkundlichen und botanischen Beiträgen von U. Regenhardt und G. Wolf. Ausgrabungen und Funde in Westfalen-Lippe 5, 1987, 343–399. – A. König, H.-G. Stephan, Untersuchungen zu einer spätmittelalterlichen Kloake in Höxter. Interdisziplinäre Beiträge zur archäologischen Erforschung von Sachgut, Entsorgung, Ernährung und Umwelt des ausgehenden Mittelalters im Weserbergland (mit Beiträgen von B. Herrmann, H. Reichstein und G. Wolf). Ausgrabungen und Funde in Westfalen-Lippe (in Vorbereitung).

Langerwehe und Frechen. –
Neue Erkenntnisse zu Brennöfen, Steinzeug und Irdenware

ANTONIUS JÜRGENS – DORETTE KLEINE

In fast allen archäologischen Sparten hat das letzte Jahrzehnt wichtige neue Funde, Befunde und Ergebnisse gebracht. Dies gilt auch für die Erforschung mittelalterlicher und neuzeitlicher Töpfereibezirke, vor allem der bedeutenden rheinischen Zentren Langerwehe, Kreis Düren, und Frechen, Erftkreis, in denen bei Bodenbewegungen vielfach nicht nur Keramikschuttlagen, sondern auch Ofenreste beobachtet wurden.

Langerwehe

Besonderes Interesse gilt einem spätmittelalterlichen Ofen aus dem Ortskern von Langerwehe, der im Frühjahr 1981 dank des Entgegenkommens des Grundstückseigentümers vor Beginn privater Baumaßnahmen im Hanggelände zwischen Hauptstraße und Schießberggraben durch gezielte Sondierungen lokalisiert und vollständig untersucht werden konnte. Im mächtigen Löß und überlagernden Lößlehm waren die in den Hang gegrabene Höhlung für den Unterbau des Ofens sowie der talseitig davor liegende Arbeitsbereich (die Grube für den Heizer) noch vollständig erhalten. Die innere Auskleidung der Ofen-Negativform bestand aus 0,30 m starkem, grauweißem Steinzeugton, der durch die hohen Brenntemperaturen vom Ofenraum her verziegelt und an den Innenflächen verglast bzw. mit Salzglasur überzogen war.
Der Ofen ist durch seine langgestreckte Schuhsohlenform mit tiefliegender Feuerkammer und zum Oberhang hin schlanker gestaltetem Brenn- oder Einsetzraum gekennzeichnet. Der im Winkel von ca. 20° ansteigende Brennraumboden wird durch drei schmale, ehemals von „Krummsteinen" (Tonwülsten) auf Lücke überdeckte Züge gegliedert. Der rundliche, leicht erweiterte hintere Abschluß des Ofens war durch eine „Tür" – erkennbar an der mitglasierten Schwelle in der Rückwand – vom Obergang her zugänglich. Durch diese Öffnung konnten der Betrieb des Ofens teilweise reguliert und das Brenngut ein- und ausgesetzt werden.
Dieses besonders ausgeprägte Exemplar ist ein „liegender"

Langerwehe / Kreis Düren, Hauptstraße. Töpferofen, Blick in den Feuerungsraum.

Töpferofen, den man in jüngerer Zeit als „Kasseler Ofen" bezeichnet. Mit sehr tiefer Feuerung, dem ansteigenden Brennraumboden mit Zügen und der hinteren „Tür" hat diese Anlage bereits alle wesentlichen Merkmale der Kannen- oder Steinzeugöfen des 16. bis 19. Jahrhunderts. Altertümlich mutet dagegen die Verwendung von Steinzeugton als Baumaterial anstelle der später gebräuchlichen, speziell für den Ofenbau gefertigten Tonsteine oder Ziegel an.

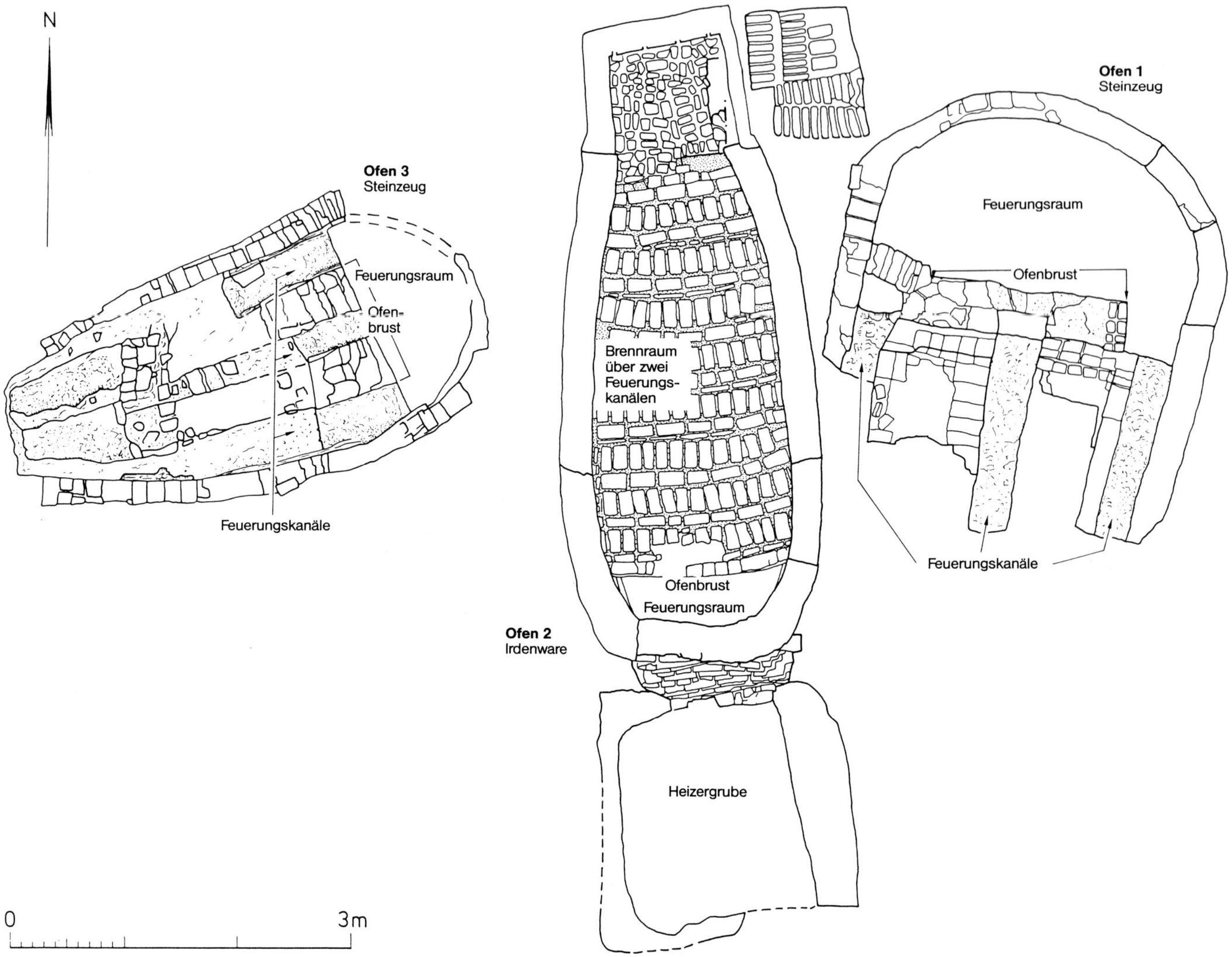

Frechen/Erftkreis, Broichgasse. Töpferöfen, Befundplan.

Aufgrund des Fehlbrandmaterials aus Ofen und Arbeitsgrube, das großenteils Ausschuß des letzten, insgesamt gelungenen Brandes zu sein scheint, sowie nach Ausweis von Keramik, die in den Ofenbau integriert war, kann eine Datierung in die Zeit um 1400 angenommen werden. Die Ware ist bereits als Steinzeug anzusprechen; nur vereinzelt sind Gefäße teilweise oder ganz unversintert geblieben, wohl bedingt durch ihren Standort im Ofen. Typisch für Langerwehe ist die stark eisenhaltige, rotviolette Engobe, die wahrscheinlich unter Zusatz von Salz gesintert erscheint. Reine Salzglasur tritt dagegen nur selten auf.

Das Keramikinventar zeigt charakteristische Formen. Kennzeichnend sind bis zu 0,50 m hohe, bauchige, manganviolette Schenkkrüge und „Pützkannen" mit teilweise enger Oberflächenriefung sowie Rollstempelfriesen am Rand und auf der Schulter und fast zylindrische, schlanke Krüge mit leicht abgesetztem Rand und konisch zulaufende Krüge mit kaum abgesetzter Schulter-Randpartie. Sehr häufig treten doppelkonische Krüge, teilweise mit Bauchknick und breitem, fast geradem Hals sowie die für Langerwehe besonders typischen Doppelhenkeltassen mit eingezogenem Rand auf. Dies trifft auch für bauchige Tas-

sen mit senkrechtem, kurzem Rand sowie konische, gerillte Becher mit Fuß- und Bauchwulst zu. Scherben von Dreibein-Gefäßen sind dagegen äußerst selten. Gleiches gilt für nicht engobierte, unglasierte Irdenware. Rundlichspitz auslaufende Unterteile von Wölbtöpfen sind mehrfach vertreten.
Außer dem beschriebenen Befund schnitten Baumaßnahmen der letzten Jahre im Ortskern von Langerwehe weitere Öfen an, die nach Bauart und Ausweis des Scherbenmaterials vorwiegend in das Ende des 15. bzw. den Beginn des 16. Jahrhunderts und später zu datieren sind.

Frechen

Wesentlich häufiger als in Langerwehe gab es im letzten Jahrzehnt Bodenaufschlüsse mit Töpfereispuren und -funden in Frechen. Vor allem dank guter Zusammenarbeit mit städtischen, kirchlichen und privaten Beteiligten konnte bei reger Bautätigkeit eine Vielzahl von Brennanlagen dokumentiert werden. Neben der Aufnahme frühneuzeitlicher und neuzeitlicher Steinzeug-(Kannen-)Öfen waren einerseits deutlich frühere mittelalterliche Befunde sowie andererseits erheblich jüngere Öfen für die neuzeitliche Irdenware-Produktion von besonderem Interesse.
Stellvertretend für viele seien Ofenbefunde an der Broichgasse genannt, die sich teilweise gut mit archivalischen Belegen (Bauanträgen und Zeichnungen des 19. Jahrhunderts) belegen lassen.
Dank eines starken bürgerschaftlichen Engagements konnten von insgesamt vier Ofenrelikten zwei 1987/1988 am originalen Standort konserviert werden und in einem Schutzbau auf Dauer der Öffentlichkeit erhalten bleiben. Als Außenstelle des Keramikmuseums der Stadt Frechen bilden die unterschiedlichen Ofenanlagen anschauliche Zeugnisse für das überregional bedeutende Frechener Töpfereigewerbe, indem sie Produktion und Brenntechnik des 16./17. Jahrhunderts (Steinzeug-/Kannenofen) und Erzeugnisse und Verfahren des 18./19. Jahrhunderts (Irdenwareofen) hervorragend belegen und demonstrieren. Besondere Erwähnung verdient ein 1989 unter einem Fachwerkhaus an der Alte Straße untersuchter Irdenwareofen. Der Brennraum diente in jüngerer Zeit als Keller; so blieb das Gewölbe erhalten und damit die Bestätigung der aus Bauanträgen mit Zeichnungen des 19. Jahrhunderts überlieferten Gewölbeform und -höhe. A.J.

Frechen/Erftkreis, Alte Straße. Ehemaliger Brennraum für Irdenware des 19. Jahrhunderts.

Frechener Keramik

Vom späten 15. bis zum frühen 20. Jahrhundert sind beinahe fünfhundert Namen von Töpfern aus Frechen bekannt. Seit kurzem läßt sich jedoch durch archäologische Nachweise die Keramikproduktion in Frechen bis in das Hochmittelalter um 1200 zurückverfolgen. Belege hierfür liefern vierzipfelige Schüsselkacheln, kugelige Becher mit breiten Drehrillen oder spiralförmig angelegten Rippen, mit Graten versehen, sowie hochschultrige gebauchte Töpfe und ein Krugfragment mit flüchtigem rotbraunem Engobeauftrag nach Pingsdorfer Art, die sich mit Brühler und Siegburger Keramik des 12. bis 14. Jahrhunderts vergleichen lassen. Ein keulenförmiger Becher mit durch Verglasung glänzender Oberfläche hat Bedeutung für den Übergang von der zum Teil hochgebrannten unglasierten Irdenware zur Steinzeugproduktion. Das 15. Jahrhundert wird durch Steinzeugfunde in Form von Krügen, Flaschen und Bechern mit Wellenfuß, Drehrillen auf dem Gefäßkörper und durch Salzanflug glänzender Oberfläche belegt.

In Frechen wurde überwiegend braunes und weit weniger graues Steinzeug hergestellt. Gerade deshalb muß mit Verweis auf Archivalien und Bodenfunde besonders deutlich gemacht werden, daß graues und grau-blaues Stei zeug, wie es aus dem Westerwald bekannt ist, auch in Frechen hergestellt wurde. Das belegt Werkstattbruch wie Krüge, Kannen, Flaschen, Pinten, Becher, Tassen sowie Siebe an verschiedensten Fundorten im Stadtgebiet. Die beachtlichen Dokumente aus Fundkomplexen und Schriftquellen lassen an der bisher in der Forschung relativ wenig berücksichtigten Produktion von grauem Frechener Steinzeug des 16. bis 18. Jahrhunderts mit dem Fertigungsschwerpunkt im 17. Jahrhundert keine Zweifel mehr zu. Das ansonsten für die Frechener Steinzeugproduktion typische „Kölsch Braun“ ist durch eine eisenoxidangereicherte Engobe und durch eine sauerstoffangereicherte Ofenatmosphäre erreicht worden.

Die seit der früheren Renaissance typischen Reliefauflagen in Form von Rosen- oder Eichenranken auf den Gefäßen liegen inzwischen aus Frechen ebenfalls als Bodenfunde vor. Rosen- und Eichenranken waren bisher ausschließlich Kölner Werkstätten zugeschrieben worden.

Die Bartmaske mit ihren unzähligen Varianten ist ebenfalls eine typische Auflagenform der Renaissance, die in allen Produktionsstätten des Rheinlandes verwendet wurde. In Frechen ist sie jedoch seit dem frühen 16. Jahrhundert, mit dem Übergang zum Barock nach der Mitte des 16. Jahrhunderts, im 17. und auch noch 18. Jahrhundert – inzwischen in reduzierter flüchtiger Ausführung – als Dekorauflage verwendet worden. Detailgenaue und realistische Ausprägungen von Bartmasken mit horizontaler Begrenzung des Bartes auf der Gefäßschulter fanden sich bisher in mehreren Frechener Töpferwerkstätten. Ihre Existenz erweitert den Forschungsstand dahingehend, daß Bartmasken mit horizontaler Begrenzung außerhalb von Köln nun nachweislich auch in Frechen als Gefäßschmuck verwendet worden waren. In einzelnen Werkstätten sind qualitativ besonders hochwertige Steinzeugprodukte entstanden. Hervorzuheben ist die Vielfalt der Kombinationen verschiedener Auflagentypen sowohl an birnförmigen und kugeligen Gefäßkörpern mit profiliertem Fuß und weitem Hals (Renaissance) als auch an kugeligen Gefäßen mit flacher Standfläche und engem Hals (Barock). Horizontal sowie oval abschließende Bartmaskenauflagen werden kombiniert mit Beerennuppen, Blütenrosetten, Spruchbändern, Ornamentbändern nach der Art Aldegrevers oder mit geometrischen Linien und Punkten, Medaillons mit Profilköpfen und/oder Akanthusblättern. In der Barockzeit wurden die Bartmasken vorzugsweise mit Wappenauflagen kombiniert, die sich später zu Phantasiewappen entwickelten. Stilistisch sind die Bartmasken zunächst realistisch gearbeitet. Der Ausdruck wandelt sich von strengen, ebenmäßigen Gesichtszügen über den ernsten Habitus zu einer breitgrinsenden Physiognomie. Die realistische Darstellungsweise weicht noch im 16. Jahrhundert einer betont ornamentalen Wiedergabe der Gesichtspartien: Gebündelte Linienschlingen, Punktreihen und gebuckelte Zonen modulieren jetzt Gesicht und Bart. Die ornamentale Gestaltungsweise mit dekorativem Charakter hebt allerdings jeden Gesichtsausdruck auf. Schließlich werden sowohl eine realistische als auch eine ornamentale Wiedergabe der Bartmasken von einfacheren und flüchtigeren Darstellungsweisen abgelöst. Jetzt vermitteln die Auflagen wieder einen erkennbaren Ausdruck: grimmig, mit dem Mund in Form einer „liegenden Acht“ oder fratzenhaft in kerbschnittartiger Holzschnitt-Manier.

Bodenfunde an bleiglasierter Irdenware haben den Kenntnisstand ebenfalls sehr erweitert. Das besondere Merkmal dieser Frechener Irdenware gegenüber anderen Produktionsorten scheint der nahezu schneeweiße Scherben gewesen zu sein. Eine solche reine, helle Brennfarbe ist typisch für niedrig gebrannte Steinzeugtone, die erst bei höheren Brenntemperaturen im Bereich des Dichtsinterns gelblich im oxidierenden oder grau im reduzierenden Brand werden. Weitere spezifische Merkmale sind die kupferoxidgrüne Bleiglasur und ein Wellenkammdekor. Zu dem Warensortiment gehörte das Geschirr, das in den Kölner Ratsprotokollen beschrieben wird als „gruene zu Frechen gebackene Düppen“ (1635). 1986 ist in der Broichgasse in erheblichem Umfang Werkstattbruch dieser Art gefunden worden.

Als Variante – zeitweilig parallel erzeugt – sind zu den oben angegebenen monochrom „grün-weißen“ Gefäßen Schüsseln, Teller, Tassen und Dreifußtöpfe zweifarbig gelb-grün hergestellt worden. Diese Stücke bestehen ebenfalls überwiegend aus weißbrennendem Ton, der auch an den nicht mit Grün behandelten Gefäßteilen mit farbloser Bleiglasur

Bartmannkrüge aus Frechen/Erftkreis. Mitte 16. Jahrhundert. Charakteristisch sind die realistischen Bartmasken.

versehen wurde, so daß eine gelbe, zum Teil rahmfarbene Farbwirkung entstand. Das Gelb resultiert entweder aus der Wechselwirkung zwischen Bleiglasur und Scherben oder aus der Wirkung der Rohstoffe, die für die Bleiglasur benutzt wurden.

Ein weiterer Fundkomplex lieferte erstmalig in größeren Mengen datiertes Gebrauchsgeschirr des frühen 19. Jahrhunderts: großformatige tiefe und flache Schüsseln mit Umschriften, kleine Teller und Kannen, viele mit polychromer Malhörnchenmalerei aus freier Hand dekoriert. Zum Teil ist die Farbkombination auf Grün und Dunkelbraun beschränkt. Funde von flachen und hohen bemalten Kannen mit gezogenem Ausguß und gegenständig oder seitlich dazu angarniertem Henkel sind insofern wichtig, als Material dieser Art bisher nicht vorgelegen hat.

Nach der Mitte des 19. Jahrhunderts wurde die handwerkliche Geschirrproduktion allmählich durch maschinengepreßte Kanalisationsrohre und Zylindertöpfe abgelöst. Die Steinzeug-Werkstätten stellten dann um 1890 während eines rasanten Aufschwunges in der Steinzeugindustrie ihren Betrieb ein. Seither bilden Abwasserrohre den Schwerpunkt der nach wie vor bedeutenden Frechener Steinzeugindustrie. Die letzte in der Tradition stehende Töpferwerkstatt für Irdenwaren wurde 1935 geschlossen.

D. K.

Bartmannkrüge aus Frechen/Erftkreis, mit Bartmasken in Holzschnittmanier, um 1700.

Lit.: G. von Bock, Die Entwicklung der Bartmaske an rheinischem Steinzeug. Keramos 34, 1966, 30–43. – K. Göbels, Rheinisches Töpferhandwerk – gezeigt am Beispiel der Frechener Kannen-, Düppen- und Pfeifenbäcker (1971). – A. Jürgens, Langerwehe – Brühl – Frechen: Neue Grabungen und Erkenntnisse in rheinischen Töpfereizentren. In: D.R.M. Gaimster, M. Redknap, H.-H. Wegner (Hrsg.), Zur Keramik des Mittelalters und der beginnenden Neuzeit im Rheinland. Brit. Archaeol. Rep. Intern. Ser. 440, 1988, 125–149 (mit weiterführender Literatur). – ders., B. Bös, Spätmittelalterliche und frühneuzeitliche Töpferöfen in Langerwehe, Kr. Düren, und Frechen, Erftkreis. Ausgrabungen im Rheinland. '81/82 (1983) 201–210. – ders., D. Kleine, Werkstattfunde aus Frechen. Brennöfen und Irdenware. In: J. Naumann (Hrsg.), Keramik vom Niederrhein. Veröffentlichungen des Kölnischen Stadtmuseums Bd. 4 (1988) 101–115 (mit weiterführender Literatur).

Schiffsfunde vom Niederrhein

Gernot Tromnau

Die Entdeckung schiffsarchäologischer Funde basiert sehr häufig auf Zufälligkeiten. Im Bereich von Binnengewässern sind es die Baggerungen in den Wasserstraßen, die Erdbewegungen in Baugruben in der Nähe von Flußläufen oder die freigespülten Schiffsteile bei Niedrigwasser. So wurde im Oktober 1980 bei Aushubarbeiten am Rande des sog. Schwafheimer Meeres, einem Niederungsgebiet in Duisburg-Rumeln, von freiwilligen Helfern des Niederrheinischen Museums ein offensichtlich bearbeiteter, ausgehöhlter Baumstamm als Einbaum erkannt und sichergestellt. Der Umsicht der Finder ist es zu verdanken, daß Mitarbeiter des Museums der Deutschen Binnenschiffahrt Duisburg-Ruhrort das gut erhaltene Wasserfahrzeug fachgerecht bergen und die Konservierung beginnen konnten.

Die Länge des aus einem kräftigen Eichenstamm gefertigten Einbaums beträgt etwa 3 m; die größte Breite mißt 0,75 m und die erhaltene Höhe 0,40 m. Im Querschnitt zeigt das Boot eine deutliche Kastenform mit flachem Boden und senkrechten Bordwänden. Vorder- und Hinterende sind stumpf gestaltet und zum Boden hin abgeschrägt. Wie mehrere Ausbesserungen belegen, war der Einbaum längere Zeit benutzt worden. Leider fehlen eindeutige Begleitfunde, so daß eine Datierung noch offen ist. Sie soll am Eichenholz des Bootes mit Hilfe naturwissenschaftlicher Methoden unternommen werden. Da der Einbaum etwa 1,20 m tief im Torf gelegen hat, dürfte er ein beträchtliches Alter haben. Wahrscheinlich ist er mittelalterzeitlich oder älter.

Daß größere Wrackteile von Holzschiffen den Schiffsarchäologen erhebliche Probleme bei der Bergung bereiten können, zeigt der Schiffsfund von Mönchenwerth (nördlich von Düsseldorf). Dort wurden am Rheinufer bei extremem Niedrigwasser Teile eines in den Kiesen des Flusses einsedimentierten hölzernen Binnenschiffes sichtbar und von den Findern teilweise freigelegt. Die zur Hilfe gerufenen Mitarbeiter des Niederrheinischen Museums konnten mit Unterstützung zahlreicher freiwilliger Helfer unter schwierigen Bedingungen das Wrack untersuchen und dokumentieren. Leider mißlang die geplante Bergung

Duisburg-Rumeln. Mittelalterlicher Einbaum aus Eiche in Fundlage.

des Vorschiffes aus technischen Gründen und durch das Eintreten von Hochwasser.

Bei ihrer Auffindung hatten die im Verbund noch erhaltenen Überreste des Wasserfahrzeuges eine Länge von über 32 m. Außer im Heckteil waren die Bordwände bis zur Höhe der nicht mehr vorhandenen Decksplanken erhalten. In einem guten Zustand befand sich die „Roof", die Schifferwohnung, im Vorschiff. Hier war steuer- und backbord jeweils ein Bettkasten eingebaut; Reste von Matratzen und Strohsäcken lagen noch an ihren ursprünglichen Plätzen. Zahlreiche Gegenstände wie Werkzeug, Kleidungsstücke, Ersatzteile und Hausrat fanden sich unter den Bettkästen bzw. in der Vorpiek. Wahrscheinlich mußte das

Schiff nach einer Havarie sehr schnell von der Besatzung verlassen werden, ohne daß die Möglichkeit bestand, die Einrichtung oder persönliches Hab und Gut zu retten. Insgesamt wurden mehrere hundert Einzelstücke aus Metall, Holz, Leder, Keramik, Glas und anderem Material geborgen. Diese erlauben zahlreiche Aussagen zum Leben an Bord und sind ein wertvoller Beitrag zur Sozialgeschichte aus dem Bereich der Binnenschiffahrt im vorigen Jahrhundert.

Die Vermessungsunterlagen, Fotos und geborgenen Holzteile ermöglichen eine weitgehend genaue Rekonstruktion des ursprünglichen Wasserfahrzeuges. Aufgrund der vorhandenen Dokumentation des Schiffsfundes dürfte es sich um ein hölzernes Frachtsegelschiff aus der Mitte des 19. Jahrhunderts handeln, das zum Typ der niederrheinischen „Aak" gehört. Wie die Untersuchung einiger Gebrauchsgegenstände ergab, ist das Schiff vor etwa 120 Jahren gesunken.

Auch wenn es wohl kaum möglich sein wird, eine völlig gesicherte Rekonstruktion der Aak von Mönchenwerth zu erstellen, so läßt sich aus den aufgenommenen Bauteilen dennoch schließen, daß es sich um ein anderthalbmastiges Segellastschiff gehandelt hat, das einen flachen Boden und schwenkbare Seitenschwerter besaß. Aufgrund der noch vorhandenen Maße dürfte die Wasserverdrängung der Aak bei 220 t gelegen haben. Solche Schiffe besaßen einen ca. 24 m hohen Großmast und eine Segelfläche von über 400 m^2.

Die Dokumentation und der herausgetrennte Hauptspant des Schiffes von Mönchenwerth sind zusammen mit den geborgenen zahlreichen Kleinfunden aus dem Wrack in der Schausammlung des Museums der Deutschen Binnenschiffahrt in Duisburg-Ruhrort ausgestellt und verdeutlichen dem Museumsbesucher die Bedeutung dieser Funde für die Erfassung des historischen Schiffbaues und der Sozialgeschichte der Binnenschiffer.

Vorschiff eines im Rhein bei Mönchenwerth gesunkenen hölzernen Frachtschiffes (Aak) aus der Mitte des 19. Jahrhunderts. ▷

Abbildungsnachweis

Die fotografischen Aufnahmen, Karten, Pläne und Zeichnungen wurden von den beteiligten Ämtern und Museen zur Verfügung gestellt.

Lebensbilder zeichneten Friederike Hilscher-Ehlert (Vorsatz vorne und hinten), Thomas Steinkemper (S. 109) und G. Lemmen (S. 117).

Die Luftbilder wurden freigegeben:

S. 13	RP Münster Nr. 8753/86
S. 15	RP Münster Nr. 17949/87
S. 21	RP Münster Nr. 6170/86
S. 25	RP Münster Nr. 6115/86
S. 33	RP Münster Nr. 16205/87
S. 45	RP Düsseldorf Nr. 16 S 1044
S. 47	RP Düsseldorf (Stadt Düsseldorf)
S. 55	RP Düsseldorf Nr. 16 P 481
S. 59	RP Düsseldorf Nr. 43 R 228
S. 70	RP Düsseldorf Nr. 71 V 82
S. 79	RP Düsseldorf Nr. 51 B 12
S. 177	RP Münster Nr. 19132/87
S. 191	RP Münster Nr. 17204/85
S. 195	RP Münster Nr. 18614/87
S. 76	Vervielfältigt mit Genehmigung des Landesvermessungsamtes Nordrhein-Westfalen

Aufbewahrungsorte

Aufbewahrungsorte der abgebildeten Denkmäler und Modelle:

Westfälisches Museum für Archäologie/Amt für Bodendenkmalpflege, Münster: 160, 164, 165, 168, 179, 181–186, 188, 193, 194, 268–270, 274, 293, 316–318

Westfälisches Museum für Naturkunde, Münster: 90, 92, 94, 95, 98–101, 103, 105, 106, 110, 111, 127, 129, 131

Rheinisches Landesmuseum, Bonn: 51, 120, 122–124, 135, 136, 154, 155, 216, 217, 247 (249), 251–253, 255, 256, 259, 260, 263, 278

Römisch-Germanisches Museum/Amt für Bodendenkmalpflege der Stadt Köln: 2, 69, 202–204, 206–209, 211, 213

Lippisches Landesmuseum, Detmold: 309, 310, 323–325, 333

Museum Burg Linn, Krefeld: 226–228, 231, 233

Archäologischer Park/ Regionalmuseum, Xanten: 221

Geologisches Landesamt Nordrhein-Westfalen, Krefeld: 113, 116

Kölnisches Stadtmuseum: 327, 329

Niederrheinisches Museum der Stadt Duisburg: 300, 301

Stadt Höxter: 335, 337, 339

Keramikmuseum, Frechen: 345, 346

Stadt Meschede: 331

Museum Burg Frankenberg, Aachen: 140

Stadt Warburg: 147

Museum in der Kaiserpfalz, Paderborn: 289

Ortsverzeichnis